第八届全国工科研究生教育工作研讨会论文集

PROCEEDINGS OF THE EIGHTH NATIONAL SYMPOSIUM ON ENGINEERING GRADUATE EDUCATION

工科研究生教育创新与改革探索

INNOVATION OF ENGINEERING GRADUATE EDUCATION AND EXPLORATION OF REFORM

中国学位与研究生教育学会工科工作委员会
哈尔滨工业大学
清华大学
主编

哈尔滨工业大学出版社
HARBIN INSTITUTE OF TECHNOLOGY PRESS

图书在版编目(CIP)数据

工科研究生教育创新与改革探索/中国学位与研究生教育学会工科工作委员会,哈尔滨工业大学,清华大学主编. —哈尔滨:哈尔滨工业大学出版社,2015.11
 ISBN 978-7-5603-5666-2

Ⅰ.①工… Ⅱ.①中… ②哈… ③清… Ⅲ.①工科(教育)-研究生教育-中国-文集 Ⅳ.①G643-53

中国版本图书馆 CIP 数据核字(2015)第 249206 号

责任编辑	王桂芝
封面设计	刘长友
出版发行	哈尔滨工业大学出版社
社　　址	哈尔滨市南岗区复华四道街 10 号　邮编 150006
传　　真	0451-86414749
网　　址	http://hitpress.hit.edu.cn
印　　刷	哈尔滨工业大学印刷厂
开　　本	880mm×1230mm　1/16　印张 34.5　字数 1016 千字
版　　次	2015 年 11 月第 1 版　2015 年 11 月第 1 次印刷
书　　号	ISBN 978-7-5603-5666-2
定　　价	148.00 元

(如因印装质量问题影响阅读,我社负责调换)

编辑委员会

主　　　任　丁雪梅　胡洪营
副 主 任　甄　良　高　栋　宋　平　王　钰
编　　　委　（按姓氏笔画排序）
　　　　　　王家平　王振国　白海力　刘劲松
　　　　　　杜朝辉　束洪春　吴爱祥　陈天宁
　　　　　　张云怀　张勤远　林述温　金保昇
　　　　　　周文辉　郭　锋

执行委员会

主　　　任　宋　平　王　钰
委　　　员　于　航　康　妮　英　爽
　　　　　　姜百川　吴　婷　纪　楠

前 言

2013年,教育部、国家发展改革委和财政部联合发布《关于深化研究生教育改革的意见》,明确要求通过改革,实现发展方式、类型结构、培养模式和评价机制的根本转变。今年5月,国务院颁布的《中国制造2025》行动纲领指出要把人才作为建设制造强国的根本,工科研究生教育肩负着培养制造业发展急需的高层次专业技术人才、经营管理人才的重任。全面深化研究生教育改革,提高研究生教育质量不仅是研究生教育自身发展的需要,也是增强我国国际竞争力,实现高等教育强国和人才强国战略目标的必然选择。

以"激发机制模式创新,深化研究生教育教学改革"为主题的第八届全国工科研究生教育工作研讨会在这样的背景下召开,从全面深化研究生教育教学改革的思路与举措、研究生招生与培养改革、研究生创新创业教育、价值观塑造与职业伦理教育、学位点评估及研究生教育质量保障体系建设等方面展开研讨和交流。会议在全国各研究生培养单位共征集到132篇论文。经过专家委员会的认真评审,114篇论文被收入本论文集,其中"校企联合培养专业学位研究生的困境及其对策研究"等10篇论文获得会议优秀论文奖。这些论文主要涉及研究生课程教学改革、研究生分类培养模式改革、博士研究生培养、招生与奖助、价值观塑造与职业伦理教育、研究生创新创业教育、学位点评估及研究生教育质量保障体系建设等多方面内容。论文凝聚着工科研究生教育专家、研究生指导教师、研究生课程教学一线教师、长期从事研究生教育工作的管理人员和研究生本人的心血和智慧,作者从各自不同的角度对我国工科研究生教育进行了积极的探索,提出了一些发人深思的见解和观点。

希望本书对读者在工科研究生教育改革中开阔视野、活跃思想和激发创新等方面能起到有益的帮助。同时,更希望今后有更多的研究生导师和研究生教育管理者积极投身于工科研究生教育教学研究与改革实践活动中,进一步发挥教育研究对研究生教育实践的促进作用。

中国学位与研究生教育学会工科工作委员会

哈尔滨工业大学

清华大学

2015年11月

目 录

第一部分 研究生课程教学

大连理工大学研究生课程体系改革实践分析 …………… 张吉礼,胡祥培,张建红,莎日娜 1
研究生高水平、国际化课程建设路径探索……………………………………… 刘劲松,徐明生 9
研究生课程体系重构的探索与实践——以西南交通大学为例…… 严喻,华宝玉,周丹,刘颖 13
研究生全英文教学对学院国际化进程的影响——以哈尔滨工业大学深圳研究生院为例
　　……………………………………………………………………………………… 周超英,吴菁 17
美国博士生课程设置对我国的启示——以乔治·梅森大学为例 ………………… 马朝晖,张莹 21
基于顶层设计的研究生英语教学改革与实践——以东南大学非英语专业研究生为例
　　……………………………………………………………………………………… 陶云,金葆昇 25
研究生教育国际化之课程建设实践——哈尔滨工业大学共建课程实践
　　………………………………………………………………… 于航,宋平,吴婷,王智鹏 30
研究生研讨课教学实践与思考 ……………………………………………………… 刘章孟,甘可行 34
研究生课程建设存在的问题与思考 ………………………………………………… 江虎维,杜瑛 38
面向计算机学科的社会需求、科研实践、学生特点三结合的研究生课程建设
　　………………………………………………………… 郭方方,王慧强,吕宏武,冯光升 43
工科研究生课程中工程、力学与数学的衔接、贯通和平衡——"路面力学与分析方法"
　　课程建设的思考与实践 ………………………………… 王东升,易军艳,冯德成,郭大智 47
基于输出驱动假设的研究生公共英语翻转课堂实践 ……………………………………… 杨琨 51
基于构建主义理论的"乳品化学"教学模式研究与实践 … 易华西,张兰威,韩雪,丛培林 55
关于工程专业硕士课程建设目标的思考 ………………………………………………… 高艳 59
建立全日制专业学位硕士研究生课程建设评价指标体系的探索 … 常俊英,徐自力,王永哲 62
军事英语翻译课程建设研究…………………………… 任小红,杨小双,康鹄伟,杨敏 65
面向国际化的工科研究生专业课程双语教学的实践探索…… 蒋平,程志君,罗鹏程,郭波 69
翻转课堂教学模式在军校工科研究生专业课教学中的应用…… 张群,高坤华,魏军,李开明 73

第二部分 研究生分类培养

校企联合培养专业学位研究生的困境及其对策研究 ………………… 陈南坤,周彬,于刚 79
构建高水平全日制工程硕士实践培养体系 ………………………………… 彭晓霞,郭红 83
创新实践基地管理模式　推进工程硕士教育改革 ………………… 刘立,王海洋,张杰 87
基于职业发展能力的交通运输工程师培养要求分析 ……………… 吴娇蓉,李淑明,叶霞飞 90
深化校企产学研合作,建设工程硕士联合培养基地 ………………………… 向诚,张云怀 99
"三跨"模式培养全日制专业学位研究生的探索与实践——以东北石油大学为例
　　……………………………………………………………………………… 孙明明,刘巨保 104
军事高科技培训与专业学位研究生教育融合式培养研究
　　………………………………………………… 林聪榕,李自力,傅中力,钟海荣,邢云燕 108
分类培养:研究生教育的不二选择 ……………………………………………………… 陈一远 112

基于开放式创新平台的工程类研究生培养机制改革思路探讨——以广东工业大学为例
.... 刘贻新, 张光宇, 袁华 116
工程硕士"产—学—研—用"四段式培养模式的实施思考——以浙江万里学院
　首届工程硕士培养为例 .... 徐荣华, 胡昌 121
工科研究生校企联合培养模式的改革与实践 .... 张光磊, 岳祖润, 康学梅 126
实践环节整合机制的构建与创新 .... 胡令启 130
全日制工程硕士研究生实践教学培养模式的探索与构建 ...... 侯庆磊, 曾溅辉, 张永学 134
对工程硕士实践基地建设与发展的思考 .... 张杰, 刘立 137
基于SWOT分析法的工程硕士培养方案探讨 ...... 汤宏群, 湛永钟, 杨文超, 梁洁, 沈章胜 140
专业学位硕士研究生实践环节的多方协同机制 .... 李国华, 刘伟华 144
军队院校专业学位研究生实践能力培养应关注的主要问题 ...... 王树礼, 丁士拥, 田洪刚 151
军队工科院校专业学位研究生实践能力培养的几点思考 ...... 丁士拥, 王树礼, 田洪刚 154
工程硕士研究生信息管理系统的建设研究 .... 周彬 158
哈尔滨工业大学风景园林学科专业硕士实践能力培养体系构建 ...... 赵晓龙, 李同予 164
研究生分类培养困境及对策探究 .... 宋晨虎, 李鹏 169
全日制专业型硕士研究生实践能力培养模式探索 .... 何建, 毛继泽, 王滨生 172
基于CDIO理念培养卓越物流师的探索与实践——以浙江万里学院物流工程专业
　硕士培养为例 .... 楼百均, 李秋正 175
创新全日制研究生培养模式的几点思考 .... 于洋, 高治军, 许景科, 王延臣 179
研究生教育校企合作双赢机制的思考 .... 魏宪宇, 闫薇, 王智鹏, 王晓磊 181
交通运输工程硕士专业学位研究生实践能力培养体系研究 .... 朱爱民 183

第三部分　博士研究生培养

英国爱丁堡大学工程博士培养特色及启示——以"海洋可再生资源"专业为例
.... 郭超君, 耿有权 189
公派联合培养博士生的管理机制建议 .... 孙金玮, 黄博妍, 张世平, 丁慧敏 194
优化培养方案　培养高层次创新人才 .... 宋平, 于航, 高栋, 姜百川 198
系统论视角下的工程博士教育改革探究 .... 陈玲 202
关于博士生研究生联合培养模式的思考 .... 孙金玮, 黄博妍, 张世平, 丁慧敏 206
博士学位论文常见问题及对策分析 .... 路淑琨, 齐云峰, 甄良, 高栋 209
清华大学学术型拔尖创新人才培养研究——基于1999~2013年全国优博论文数据分析
.... 耿有权, 吕哲 213
全国优秀博士学位论文评选的回顾与展望——兼以清华大学为例 .... 康妮 219
关于提高博士研究生培养质量的研究 .... 任金胜 225
麻省理工学院物理学博士研究生教育的特色与思考——世界一流大学国际化创新人才的
　培养模式 .... 张杨 229

第四部分　招生与奖助

基于研究生培养机制改革视角的研究生奖助体系建设——以重庆大学为例
.... 陈大勇, 冯佳文 237
标准化多维度的研究生复试方法的探索与实践 .... 苏小红, 张宏莉, 李雪, 文齐 245
面向研究生复试的结构化面试执行模式研究 .... 季景涛, 周善宝, 梁大鹏 251

深化改革,持续完善工科博士生招生选拔方式——以西安交通大学申请考核制为例
.... 罗婧,南文海,史力健,裴怡 255
基于问卷调查的生源质量提升措施研究与实践 .... 林宇斐,尹定丰,杨杰,郝锋 259
提高全日制硕士研究生入学率的策略研究 .... 邓珂,冯德芬,魏锋 264
以培养过程为主线构建全日制工程硕士奖学金体系——以"特需项目"高校北京石油
　化工学院为例 .... 张敏霞,徐自力,籍俊伟,王永哲 269
博士生培养年限与资助体系的关系研究——以哈尔滨工业大学为例
.... 王智鹏,于航,魏宪宇,王晓磊 273

第五部分　价值观塑造与职业伦理教育

高等学校学生全媒体育人平台建设方法的探索实践——以哈尔滨工业大学研究生
　全媒体建设为例 .... 谭玉磊,徐晶,王宏 279
新时期研究生思想政治教育工作模式的创新与构建 .... 范涛,周文军,洪涛 286
深化研究生教育改革背景下的研究生"三助"功能与实现途径研究——以哈尔滨
　工业大学为例 .... 王宏,闫薇,吴婷,谭玉磊 290
工科高校研究生公寓社区德育渗透方法研究 .... 谭玉磊,徐晶,王宏 294
社会主义核心价值观视角下研究生学风建设研究 .... 崔靖园,钱嫦萍 299
军队院校研究生学员领导力培养探析 .... 邢云燕,蒋平,林聪榕 304
论研究生职业伦理教育 .... 谭军华 307
研究生的学术道德问题浅析 .... 李晓宇 311
构建军队院校研究生荣誉制度方法初探 .... 冯岳,吴金强,汪信伟 314

第六部分　研究生创新创业教育

整合资源,搭建平台,营造良好的研究生创业生态环境——浙江大学研究生创业教育的
　探索和实践 .... 陈凯旋,王璐莎,吕森华 321
初探工科研究生"大工程观"的创新模式 .... 王德伟 326
新形势下高校研究生创业问题的调研与对策建议 .... 钱广 330
借鉴国际经验构建工科研究生创新人才培养体系的实践——以哈尔滨工业大学交通
　运输工程学科为例 .... 王健,胡晓伟,于航 336
仪器学科研究生创新能力培养现状及提升举措 .... 苏绍璟,周靖,郭凤 340
需求视角下某工科大学研究生创新教育现状调查 .... 石红波,魏麟霄 344
军队工科院校研究生创新能力培养对策思考 .... 王树礼,丁士拥,耿青霞 350
军校研究生招生与创新培养再探析 .... 王国红,李彦 354
工科高校研究生创业教育研究 .... 徐晶,姜亦鑫 358
江西高校"服务国家特殊需求人才培养项目"创新创业教育研究 .... 洪恩强,李硕 361
基于工科研究生自主创新能力培养的几点思考 .... 金宁,高治军,徐亭,王延臣 364
以学科竞赛为载体,培养研究生创新能力 .... 温全,高治军,刘洋,于洋 368
军校理工科研究生拔尖创新人才培养模式的探索与实践
.... 田晓霞,张立,屈绍波,马华,王斌科 373
提高军队院校工科研究生学术创新能力的思考 .... 杨喆,郑江 376
研究生创业:素质历练与学习策略 .... 张俊峰 381
地方高校研究生培养创新工程项目体系建设的思考 .... 呼丰 384

第七部分　学位点评估及研究生教育质量保障

基于因子分析法的学科建设核心要素的定量分析——以北京工业大学市级重点学科
　　绩效评估结果为例 …………………………………………………………… 李娟, 程兰芳　391
我国高校引入学科国际评估的探讨 …………………………………………………… 双勇强　399
高校内部开展研究生教育评估的探索与实践——以哈尔滨工业大学为例
　　………………………………………………………………… 甄良, 梁大鹏, 苗茹花, 英爽　404
基于毕业研究生的发展质量跟踪评价模式研究 ………………… 闫薇, 王晓磊, 魏宪宇　410
学位点自我评估的理性省思与实践探索 ………………… 齐昌政, 汪志明, 赵弘, 郝书会　414
基于学生视角的全日制工程硕士教育质量研究及思考 ……… 包艳华, 于苗苗, 马永红　419
"四位一体"的在职工程硕士生培养过程质量保障体系建设
　　……………………………………………………………… 王亚男, 王雪华, 张吉礼, 刘旭　430
研究生课程学生评教体系优化研究 …………………………… 杨皆平, 张永学, 冯叶　434
提高科研单位研究生培养质量须把好五"关" ………………………………… 田涛, 王丽　438
全日制专业学位研究生培养质量体系建设研究 ……………………………………… 傅江浩　442
学位点评估与研究生质量保障体系的探讨 ……… 聂飞, 秦涛, 姚青, 马学虎, 胡祥培, 林恺　447
浅谈参加军队学位授权点自评要把握好的三个关系 …………… 甘可行, 尹健, 方毅　450
提高工科院校研究生学位论文质量的几点思考 ……… 高治军, 温全, 许景科, 郭洋　453
工程硕士"不同形式专业学位硕士学位论文标准"应用情况的调研与思考
　　………………………………………………………………………………………… 郭炜, 纪洁菲　458

第八部分　管理与思考

京津冀研究生教育协同与资源共享:壁垒与机制设计 ………………… 陈岩, 李毅, 李博　465
我国工科研究生教育发展现状与改革实践探索 ………………… 英爽, 高栋, 姜百川　471
军队工科院校研究生培养机制改革与创新对策分析 …………… 丁士拥, 钟孟春, 刘信生　479
高校研究生教学秘书胜任特征模型研究 ……… 丁惠敏, 彭宇, 关硕, 邹丽敏, 刘晓胜　483
马克思主义理论在工科院校研究生培养中的应用 ……………………………… 刘建民　493
CDIO 模式教育理念在电信学院研究生培养中的实践研究经验及成果转化
　　………………………………………………………………… 贾敏, 郭庆, 顾学迈, 赵洪林　497
推进综合改革,加强教学管理,保障课程质量——以天津大学研究生培养为例
　　………………………………………………………… 蔡建爽, 刘宁, 赵红星, 秦岭, 陈金龙　501
高校研究生教学秘书胜任力培训体系构建研究 ……… 丁惠敏, 彭宇, 关硕, 邹丽敏, 刘晓胜　505
为打造纺织强国改进纺织工程硕士专业学位研究生教育的探索——基于各方调研的
　　分析和总结 ……………………………………………………………………………… 丁明利　515
CDIO 教育理念及其在工科研究生培养中的应用 ……… 贾敏, 郭庆, 顾学迈, 赵洪林　522
工科研究生培养的一些问题和对策 …………………………………………… 李小蓓, 张婧　528
新中国早期工程教育的经验——以哈工大焊接专业为例 …………………… 谢咏梅　532
基于研究生综合管理信息系统的无纸化学位评定会议模式探索 ……………… 徐渭　537

第一部分
研究生课程教学

大连理工大学研究生课程体系改革实践分析

张吉礼,胡祥培,张建红,莎日娜

(大连理工大学研究生院 116023)

摘要:当前,我国研究生教育已步入以"立德树人"为根本任务、以"服务需求、提高质量"为主线、坚持走内涵式发展道路的新阶段,同时研究生培养也常常存在"是否要上课""上什么课""谁来上课""如何上好课"等共性问题,各个学校对研究生课程建设都提出了更高要求。大连理工大学针对学校研究生课程体系建设和课程教学存在的问题,明确了研究生培养目标,确定了培养方案修订和课程体系改革的理念、思路和方法,完成了研究生课程体系改革和培养方案修订工作。经过3年多的实践,成效显著。

关键词:研究生培养;培养方案;课程体系;成效分析

一、我校研究生课程体系改革背景

我校1952年开始招收研究生。60多年来,累计培养研究生约4.8万人,在校生规模达到1.75万余人。新形势下,一方面,我校研究生培养存在着"是否要上课""上什么课""谁来上课""如何上好课"等共性问题;另一方面,根据我校研究生培养目标和定位,原有的课程体系已不能满足研究生实践与创新能力培养和进一步提高培养质量的发展需求,主要体现在以下几方面:首先,在课程设置上,总体上缺乏逻辑性和层次性;有些课程设置和教学定位不清晰,没能体现本、硕、博不同人才培养目标的区别;本、硕、博三个阶段的课程重复、脱节。其次,在公共课程上,公共必修课种类少、覆盖面小;缺乏人文素养类公共课;博士生公共课少,无数理基础类博士生课程。第三,在专业必修课上,专业划分过细,不能合理地按一级学科设置课程;课程整合度不高,因人设课;开课效率低;博士生没有专业必修课。第四,在课程内容上,有些课程没能很好地将领域热点、重点和发展前沿反映到课程中来,课程内容陈旧;缺乏实验类和实践类课程。第五,在硕博连读(直博)课程上,现有课程只是硕士和博士培养方案的简单叠加,缺乏优化。第六,在全日制专业学位培养上,学术学位和专业学位的课程体系差别不大,专业学位课程学分偏少,实践环节亟待加强。另外,少数导师还存在研究生不需要上课、应该一入学就进实验室的想法。

上述问题若不解决,将导致我校研究生在后续培养中学术水平提高难、发展无后劲等问题,严重制约我校研究生实践创新能力和教育质量的进一步提高。

二、我校研究生课程体系改革基本情况

2012年1月,我校以研究生培养方案修订为契机,举全校之力,历时半年,形成了以44门校管课和550门专业必修课为核心、按一级学科设置的研究生课程体系,研究生公共英语课程实现分级设置,实现了本研课程统一编码和"本—硕—博"课程贯通;打破学科界限,实现了按一级学科(群)优化设置培养方案,完成了110万字的研究生培养方案汇编;形成了在工作推进机制上,体现在强有力的组织机构、规范的指导性文件;成立了课程体系改革工作领导小组和工作小组,制定了实施方案和指导意见等指导性文件,依靠专家科学有序的"调研—研讨—论证—审定"培养方案修订工作推进机制方法,保证了工作的进度和质量;以培养方案修订为牵引,进一步健全了学位与研究生培养相关管理规定。

新的培养方案和课程体系于2012年9月在全校新生中全面实施,3年来,惠及全校3届14 063名硕士生(含在职研究生)和2 084名博士生,成效显著。

三、我校研究生课程体系改革成效分析

1. 准确定位了我校研究生培养目标,解决了"培养什么样的人"的问题

从培养方案出发,针对博士生、硕博连读(直博)生、学术学位硕士生、全日制专业学位硕士生、在职专业学位硕士生、国际化研究生等不同的研究生类型,根据各类研究生各不相同的培养目标,设置不同的课程体系,采用不同的培养模式,体现了硕、博研究生培养目标的区别。

改革后,全日制专业学位的学分结构和课程体系明显区别于学术学位,强化了实践导师、实践基地和实习时间的要求,出台了《大连理工大学全日制专业学位研究生实践基地建设办法(试行)》。优化了硕博连读(直博)生培养方案,明确了硕博连读(直博)生的学习年限、学分结构、课程体系和培养方式。

2. 科学设置了培养方案,解决了"怎样培养"的问题

课程体系改革实现了培养方案的顶层设计,体现了不同类型研究生分类培养模式的本质区别。形成了以夯实基础、健全知识结构、强化创新能力为目标、按一级学科(群)设置的研究生培养方案。

发挥学部制优势,打通一级学科下的二级学科,按一级学科(群)设置培养方案。改革后全校42个一级学科硕士点有35个按照一级学科设置培养方案,占83.3%;27个一级学科博士点有25个按一级学科设置培养方案,占92.6%。改革前仅4个学科按一级学科设置培养方案。

3. 构筑了完善的课程体系,解决了"上什么课"的问题

改革后课程总数为1 415门(原为1 167门),增加了248门(全是基础课)。加大了基础课比例,基础课比例由原来的22.3%提高到42%,有利于加强研究生的理论基础;选修课减少了86门,这是控制因人设课、课程整合的结果。改革前后我校研究生课程开设情况对比分析见表1。

表1 改革前后我校研究生课程开设情况对比分析表

项　　目		改革前	改革后	改革前后课程变化	备　　注
课程总门数		1 167	1 415	248	主要增加了基础课
基础课	门　数	260	594	334	含44门校管课
	所占比例	22.3%	42.0%	19.7%	
选修课	门　数	907	821	−86	控制因人设课,课程整合
	所占比例	77.7%	58.0%	−19.7%	

新的课程体系深受学生的喜爱,开课效率显著提高,见表2和表3。10人以下硕士生课由29.7%降低到18.5%,30人以上课由30.3%提高到38.3%;10人以下博士生课由52.2%降低到26.9%,30人以上课由13.1%提高到20.1%。这对提高我校研究生课程学习效果、夯实理论基础、健全知识结构、培养突出的创新能力具有重要作用。2008年以来我校硕士生与博士生选课趋势如图1和图2所示。

表2　改革前后我校硕士生课程开课效率分析　　　　　　　门

年度	2008~2009学年	2009~2010学年	2010~2011学年	改革前3年平均值	2012~2013学年	2013~2014学年	2014~2015学年	改革后3年平均值
1~3人	12	29	32	24	0	0	0	0
4~7人	118	127	170	138	61	80	32	173
8~10人	107	98	98	101	110	127	42	279
11~20人	230	247	242	240	293	283	99	675
21~30人	115	107	123	115	155	156	67	378
31~50人	127	119	108	118	130	124	51	305
51~100人	98	105	95	99	130	130	70	330
101~200人	36	53	35	41	47	55	46	148
201~1 000人	8	10	12	10	40	61	30	131
1 000人以上	0	0	0	0	8	6	5	19
合计	851	895	915	887	974	1022	442	2438
10人以下课程门数	237	254	300	264	171	207	74	452
10人以下课程比例	27.8%	28.4%	32.8%	29.7%	17.6%	20.3%	16.7%	18.5%
30人以上课程门数	269	287	250	269	355	376	202	933
30人以上课程比例	31.6%	32.1%	27.3%	30.3%	36.4%	36.8%	45.7%	38.3%

表3　改革前后我校博士生课程开课效率分析　　　　　　　门

年度	2008~2009学年	2009~2010学年	2010~2011学年	改革前3年平均值	2012~2013学年	2013~2014学年	2014~2015学年	改革后3年平均值
1~3人	6	13	6	8	0	0	0	0
4~7人	39	18	26	28	14	9	4	27
8~10人	15	15	14	15	18	20	7	45
11~20人	25	17	23	22	38	46	22	106
21~30人	14	10	12	12	15	14	7	36
31~50人	10	9	2	7	8	12	2	22
51~100人	5	5	4	5	7	4	2	13
100人以上	1	1	1	1	6	8	5	19
合计	115	88	88	97	106	113	49	268
10人以下课程门数	60	46	46	51	32	29	11	72
10人以下课程比例	52.2%	52.3%	52.3%	52.2%	30.2%	25.7%	22.4%	26.9%
30人以上课程门数	16	15	7	13	21	24	9	54
30人以上课程比例	13.9%	17.0%	8.0%	13.1%	19.8%	21.2%	18.4%	20.1%

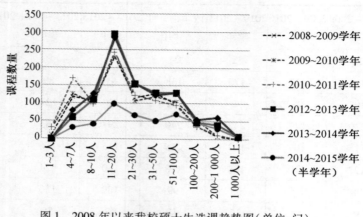

图 1　2008 年以来我校硕士生选课趋势图(单位:门)

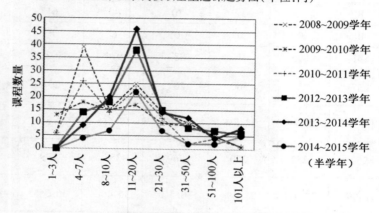

图 2　2008 年以来我校博士生选课趋势图(单位:门)

我校确定了各类研究生的课程学分,学术学位学分由≥30 提高到≥32,选修课学分由≥6 提高到≥10。专业学位学分由≥28 提高到≥32,专业必修课学分由 8 分提高到 14 分,选修课学分由≥6 提高到≥8。改革前博士生没有专业必修课;改革后,增加了 4 学分的专业必修课,选修课学分由≥4 提高到≥6,学术活动 4 学分不计入总学分。改革前后我校研究生学分设置对比分析见表 4,课程教学质量分析结果汇总见表 5。

表 4　改革前后我校研究生学分设置对比分析表

项目类型		总学分	必修课学分				选修课学分	实践与学术活动学分	备注
			必修课总学分	外语类学分	政治类学分	专业必修课学分			
学术学位硕士	改革前	≥30	≥24	5	3	16	≥6	0	
	改革后	≥32	≥21	3	2	16	≥10	2	学术活动学分不计入总学分
专业学位硕士	改革前	≥28	≥16	5	3	8	≥6	6	
	改革后	≥32	≥18	2	2	14	≥8	6	

续表4

项目类型		总学分	必修课学分				选修课学分	实践与学术活动学分	备注
			必修课总学分	外语类学分	政治类学分	专业必修课学分			
博士学位	改革前	≥14	≥6	3	3	0	≥4	4	学术活动学分计入总学分
	改革后	≥14	≥8	2	2	4	≥6	4	学术活动学分不计入总学分

表5 改革前后课程教学质量分析结果汇总表

学年	2008~2009		2009~2010		2010~2011		改革前合计	2013~2014		改革后合计
学期	1	2	1	2	1	2		1	2	
开课门数	437	583	415	629	582	841	3487	437	437	874
听课门数	145	175	138	197	222	249	1126	260	226	486
听课总次数	196	233	239	274	284	249	1475	351	309	660
听课比例	33.2%	30.0%	33.3%	31.3%	38.1%	29.6%	32.3%	59.5%	51.7%	55.6%
优秀门次	80	88	108	106	94	76	552	211	173	384
优秀比例	40.8%	37.8%	45.2%	38.7%	33.1%	30.5%	37.4%	60.1%	56.0%	58.2%
良好门次	98	95	92	115	116	115	631	121	115	236
良好比例	50.0%	40.8%	38.5%	42.0%	40.8%	46.2%	42.8%	34.5%	37.2%	35.8%
一般门次	17	15	2	11	5	10	60	4	10	14
一般比例	8.7%	6.4%	0.8%	4.0%	1.8%	4.0%	4.1%	1.1%	3.2%	2.1%
稍差门次	1	3	0	0	0	0	4	15	11	26
稍差比例	0.5%	1.3%	0.0%	0.0%	0.0%	0.0%	0.3%	4.3%	3.6%	3.9%
无评价次数	0	32	37	42	69	48	228	0	0	0
无评价比例	0.0%	13.7%	15.5%	15.3%	24.3%	19.3%	15.5%	0.0%	0.0%	0.0%
备注	2008~2011年为原有课程体系记录;2013~2014年为新的课程体系记录									

4. 进一步加强了以优秀教学团队为代表的教学团队建设,解决了"谁来上课"的问题

研究生教学受重视的程度明显提高,形成了17支以承担省级和校级精品课为主(82.3%)的优秀教学团队。加大资助力度(4年共投入800余万元),提高课程酬金和工作量,将承担研究生课程作为教师年终考核、教授和博导评聘的优先条件。

教改成果显著,发表教改论文34篇;获省精品课6门、校精品课8门;获校教学成果一等奖7项、二等奖10项、三等奖9项。我校连续3年被评为辽宁省学位与研究生教育工作先进单位,3人被评为辽宁省学位与研究生教育工作先进个人。

5. 完善了课程质量监督考核与淘汰机制,解决了"如何上好课"的问题

以培养方案修订为牵动,完善了课程质量监督与淘汰机制。修订了《大连理工大学硕士研究生教育督导组工作条例》，扩大了督导组队伍，加大听课力度，听课比例由原来的 32.3% 提高到 51.7%。制定了课程淘汰办法，3 年来因选课人数少而累计停课 182 门。教学效果显著提高，教学质量"优秀"比例由原来的 37.4% 提高到 58.2%。

我校出台了《大连理工大学关于加强研究生培养过程质量监督与完善淘汰机制的实施意见》等关于研究生的学制、课程学习、奖助学金、学位申请、学术规范、导师和教改管理规定等 12 个文件；形成了课堂听课、师生座谈等了解学生课程学习和培养状况的长效机制。研究生学风进一步提高，但"上自习的教室不够、占座难"成为研究生课程学习的新问题。

四、结语

我校研究生课程体系改革与实践，较好地解决了研究生培养应"培养什么样的人""怎样培养""是否要上课""上什么课""谁来上课""如何上好课"等关键性的问题，对促进我校研究生教育内涵式发展作用重大，并对其他高校研究生课程体系建设具有重要的示范作用。应邀在中国研究生院院长联席会 2013 年年会、2013 年国务院学位办在南京举办的研究生课程建设研讨会、中国学位与研究生教育学会信息管理委员 2013 年年会、辽宁省学位与研究生教育学会 2012 年年会做经验交流；4 年来来校交流高校 10 余所，近百所高校分享了相关资料，对国内高校研究生课程体系改革具有重要的示范和借鉴作用。

参考文献

[1] 罗尧成. 我国研究生教育课程体系存在的主要问题分析[J]. 学位与研究生教育, 2006(6):43-46.
[2] 陈花玲, 仇国芳, 王俐, 等. 改革研究生课程体系培养研究生创新能力[J]. 学位与研究生教育, 2005(6):26-29.

研究生高水平、国际化课程建设路径探索*

刘劲松,徐明生

(华中科技大学 430074)

摘要:通过对现行研究生课程教学中存在问题的分析,提出了开展研究生高水平、国际化课程建设的构想;通过学术探讨,对研究生高水平、国际化课程的概念及内涵进行思考与凝练,在此基础上对实施高水平、国际化课程建设的路径进行了探索。

关键词:研究生教育;课程建设;国际化

一、研究生高水平、国际化课程建设是研究生课程建设的重要内容

研究生培养过程是一个包括课程学习、文献阅读、科学研究等环节的系统过程。课程学习作为研究生获得专业基础理论和学科系统知识及开拓国际视野的主要途径,对研究生知识结构的拓展、批判思维的形成、科研能力的提升都具有非常重要的作用,是培养研究生科研创新能力的基础。加强研究生课程建设,提高研究生培养质量,是当前深化研究生教育改革的重要任务。

建设研究型、开放式的世界一流大学,服务于建设创新型国家的大战略,必须培养一批具有广阔国际视野,充满创新活力,具有较强研究能力的研究生队伍。研究生教学改革必须能够适应和较好地服务于该培养目标要求[1]。以往普遍认为课程教学的主要目标是培养研究生具有坚实的基础理论和系统的专门知识,开拓国际视野、提升科研能力和素养则主要在科研阶段实现。显然,这种教学目标已经远远不能适应当前研究生培养的需要。

针对以往研究生课程教学偏重基础理论和专门知识传授,结合学科前沿不够,研究生国际视野欠缺等问题,应该将研究生课程教学目标从"坚实基础"单一重心拓展到"坚实基础、学科前沿、国际视野"多元重心。如何实现研究生课程教学目标从"坚实基础"向"坚实基础、学科前沿、国际视野"拓展?为此,本文提出了通过建设研究生高水平、国际化课程,在实现"坚实基础"教学目标的同时,更好地实现"学科前沿、国际视野"教学目标的思路与办法。

二、研究生高水平、国际化课程建设路径探索

高水平、国际化课程建设是研究生课程建设的重要组成部分,对引领和提升研究生课程建设具有积极意义。通过近几年开展研究生高水平课程建设实践,逐步探索出了一套从"引进来"到"走出去"再到"内部挖潜与提升"的研究生高水平、国际化课程建设路径。

1. 开展学术大讨论,凝练研究生高水平、国际化课程的学术内涵

通过开展学术大讨论,凝练出高水平、国际化课程的学术内涵,为课程建设提供思想基础与理论指导。高水平课程是指,高水平的学者,用高水平的教材,以先进灵活的形式讲授的课程,取得了让学生满意的教学效果,旨在培养学生坚实宽广的理论基础和系统深入的专门知识。这样的课程在内容上应该具有系统性、基础性、专业性和前沿性,后者体现在教师结合自己的科研实践在讲述中融入一

---

* 湖北省教改基金项目"研究生高水平国际化课程建设与设想"(2013059);全国工程专业学位研究生教育课题"工程专业学位研究生高水平国际化课程建设与创新"(2014-JY-066)。

些与课程相关的前沿内容。国际化课程是指，在国际观念的指导下，把国际的、跨文化的知识与观念融合到课程中，通过教材建设、外语教学等各种形式，旨在培养学生国际观念、视野和技能的课程。这样的课程应该具有前沿性、开放性、共享性和通用性。

高水平和国际化不是截然分割的概念。一门课程，可以同时兼具高水平和国际化的要素，构成高水平、国际化课程。

2. 聘请国际知名学者来校授课，引领并带动高水平、国际化课程建设

为促进课程教学内容和方法的改革，建成较以往课程有实质性改进的高水平国际化课程，在建设初期，聘请了一批活跃在国际学术舞台的知名学者参与课程教学，每位学者来校至少承担一门研究生课程中16学时以上的教学任务。在国内、外学者授课时，要求课程组老师全程听课并参与教学互动，通过学习与互动带动研究生高水平、国际化课程建设。

3. 以国内外相近高水平学科为参照，对本学科研究生课程体系与教学内容进行全面、系统的诊断

为借鉴国内外知名大学研究生教育的经验和做法，要求每个学科以点对点的方式，精选3~4个国内外排名靠前的相同或相近学科的研究生培养目标、课程体系与教学内容为主要研究对象，比较、分析我校本学科研究生课程体系与内容的优势和差距，提出改革方案及实施计划。同时集中组织10个学院的专家分别到美国哈佛大学、英国伦敦大学、加拿大多伦多大学、日本东京大学、澳大利亚悉尼大学等12所世界知名高校进行调研与学习。

4. 以立项方式启动研究生高水平、国际化课程建设

在学习国内外知名高校研究生教育经验的基础上，全面启动各学科研究生课程体系与教学内容的清理、整合、优化。将高水平、国际化课程建设纳入院系课程建设的总体框架之中统筹规划，采用立项的方式进行课程建设。各学科根据自己的学科优势及研究生培养的目标要求，遴选一批高水平教师牵头的课程，有计划、有目的地组织申报，经专家审核后立项并给予建设经费。建立学校、院系、课程组三级负责制，从组织机构上保障课程建设的有效进行。

5. 构建服务于高水平、国际化课程建设的研究生培养方案

为配合研究生高水平国际化课程的建设，对学术学位研究生培养方案进行了修订。将课程划分为校级公共课、学科基础课和专业选修课三大模块。依据高水平国际化课程特点，明确提出在学科基础课模块中，重点建设高水平课程，在专业课模块中，重点建设国际化课程的总思路。各院系据此构建和优化本学科的课程体系，合理布局高水平国际化课程在各模块中的比重。

6. 创建研究生高水平、国际化课程建设质量评估体系并进行课程评估

根据高水平、国际化课程特点和建设要求，创建课程质量评估指标体系与标准。组建由校内外专家组成的课程评估专家组，开展课程评估。评估专家根据课程组提交的课程评估申报表、课程建设总结报告、课程中（英）文教学大纲、课程使用教材（讲义）和主要参考书及评估专家随堂听课评价表、研究生听课评价表等信息开展课程建设质量评估。

通过评估，对项目的建设目标进行检验，确定在建课程是否达到建设目标要求。对未达到建设标准的课程，督促整改。

7. 推行研究生课程责任教授制度，确保课程建设持续健康发展

为更好地激励教师从事课程建设，进一步明确课程负责人的责权利，积极推行研究生课程责任教授制度，聘课程评估优秀的课程负责人为责任教授。通过责任教授制度的设立、责任教授的聘任及后续跟踪管理，可将研究生高水平、国际化课程的建设成果巩固下来，传承发展。

三、研究生高水平、国际化课程建设成效

1. 建设完成了一批高质量的研究生高水平、国际化课程

从 2009 年启动研究生高水平、国际化课程建设以来,共有 621 门课程获批立项建设,占全校研究生课程总数 1 608 门的 38.6%,其中,高水平课程 225 门,占总课程的 14%;国际化课程 183 门,占 11.4%,高水平国际化课程 213 门,占 13.2%。已有 381 门课程通过评估验收,其中 82 门被评为优秀课程。

通过课程建设,每门课程都建立了年龄结构、学历结构、知识结构合理的教学团队,有效地改变了过去一人一课现象。通过一批活跃在国际学术舞台的知名学者引领,课程教学内容得到拓展,前沿性、学术性增强,国际化特征更加明显。教学方法与手段的应用更加灵活多样,研究性教学法、项目导向教学法、问题探究式教学法等得到广泛应用,教师的教学水平得到提升。

高水平、国际化课程建设项目实施以来,编写并出版了一批配套的高水平研究生教材,同时引进了一批高质量的国外原版教材。积累了一批研究生高水平、国际化课程的影像资料,可供教师不断观摩学习及建设网络课程之用。

2. 知名学者来校授课,有效带动了课程建设及师资培养

近 6 年来全校 40 多个院系共邀请来自美国、德国、英国、法国、澳大利亚、日本、加拿大、新加坡等国际著名高校的 346 位知名学者来校讲授 339 门研究生课程。如英国拉夫堡大学 Buchr Novac 教授主讲的"脉冲功率技术",加拿大麦吉尔大学 Adi Eisenberg 教授主讲的"生物材料表面与界面"等。国际知名学者结合自己科研实践讲授的课程内容,处于学科前沿,对更新课程内容起到极大的推动作用。他们灵活多样的授课方式,感染和熏陶了本校教师,使本校教师在教学上得到很多启迪和帮助。

3. 取得了让学生满意的教学效果,研究生获益巨大

通过建设高水平课程,强化科研与教学的互动,实现了将科研优势向教学优势的转化,研究生创新能力得到提高。通过建设国际化课程,把国际的、跨文化的知识观念与文化融合到课程中,使研究生不出国门就能领略大师的风采,享受国际一流的教学,感受到跨文化的交流,开阔国际视野。很多课程吸引了许多高年级本科生、外校研究生前来听课,有些课堂听课学生爆满,盛况空前,起到了良好的引领示范作用。如电气学院"现代控制理论"听课人数超过 200 人,其中不乏来自武汉大学、华中师范大学、武汉理工大学等高校的师生。

4. 以课程建设为契机,促进了研究生教育全方位国际合作

在高水平、国际化课程建设过程中,各院系加强了国际交流与合作的意识,主动和国外学者加强联系。国外专家来校期间,各院系积极开展学术交流,组织专题讲座,洽谈科研项目及研究生联合培养等交流与合作。很多院系都达成了国际学术交流与合作的意向,并付诸实施。如电子与信息工程学院与瑞典皇家理工学院 Markus Hidell 教授联合申报的中瑞科技合作计划项目获得批准。

5. 课程建设极大地提高了研究生创新能力,为学科建设做出了巨大贡献

从 2009 年启动研究生高水平、国际化课程建设以来,研究生的科研能力逐年提高。2013 年学校 SCI 收录论文 3 000 篇中的 2 418 篇,EI 论文 2 149 篇中的 1 932 篇,均是以研究生为第一作者所撰写,使得学校 SCI 和 EI 论文数量全国高校排名从 2009 年的第十九位和第十四位分别上升至 2013 年的第七位和第八位。

四、研究生高水平、国际化课程建设面临的问题与思考

研究生高水平、国际化课程建设是一项崭新的工作,面对新情况与新问题,需要不断总结与改进。

今后的建设还应着重思考以下主要问题。

1. 研究生课程建设与学科建设的协同发展问题

研究生课程建设离不开学科的发展,离不开一流的师资队伍。反过来,课程建设又能极大地提高研究生的科研创新能力,推动学科建设和学科发展。在课程建设过程中,应充分体现和发挥院系的主体责任,力促院系将课程建设纳入学科建设的大战略统一设计和规划中,协同推进。

2. 引导研究生课程建设积极发展的保障机制问题

课程建设的长期、健康发展需要不断的机制激励和制度保障。如何细化课程建设成果奖励政策,健全激励机制应成为下一步工作的重点。

3. 完善课程建设的管理机制问题

建立课程设置标准,完善课程准入、退出机制,加强过程管理,丰富课程评价手段和方法等。

参考文献

[1] 郭雅丽. 硕士研究生课程设置研究[J]. 研究生教育研究,2013(3):47-50.

研究生课程体系重构的探索与实践
——以西南交通大学为例

严喻,华宝玉,周丹,刘颖

(西南交通大学 610031)

摘要:为适应科技发展和社会需求的新趋势和新变化,深化研究生培养模式改革,西南交通大学对研究生课程体系进行了系列优化工作,厘清研究生知识层次,重新构建研究生课程体系;突出"核心引领"作用,重点建设研究生核心课程;注重理论与实践结合,加强研究生实践教学环节;注重学科间交叉融合,探索课程体系横向跨度。通过这一系列工作,优化研究生课程体系,加强实践能力培养,激发学生的创新思维,培养研究生的自主研究能力,提高研究生培养质量。

关键词:研究生;课程体系;核心课程;实践教学环节

随着研究生教育规模的不断扩大,研究生教育得到快速发展。近年来,研究生教育已经开始由规模式发展向内涵式发展转变,深化研究生培养模式改革,进一步把握新时期研究生教育规律,构建与学科发展、科技发展和社会需求相适应的研究生教育体系,已成为提高研究生培养质量的重要内容。

研究生课程体系建设是提高研究生课程学习质量和开展科学研究的重要保障,加强课程体系构建工作已成为我校研究生教育教学改革的重要组成部分。我校围绕研究生课程体系重构的目标,分别去国内几个兄弟高校以及对美国伊利诺伊大学课程分级设置进行了调研,并根据我校实际情况,再结合我校人才培养工作研讨会内容,对研究生课程体系进行了系列改革。

一、厘清研究生知识层次,重新构建研究生课程体系

2013年,我校启动修订研究生培养方案,重点对研究生知识层次进行了梳理,重构了研究生课程体系,其中包括:①重新构建一体化的培养方案。在2011年完成修订的研究生培养方案的基础上,对于具有一级学科授予权的学院,要求其按照一级学科构建硕、博一体的研究生培养方案,进一步细化和提升培养方案的基本要素;同时,将博士生、学术型硕士生、全日制专业学位研究生各自的培养方案融为一体,在同一培养方案中呈现。②设置系统性的课程总库。在课程设置过程中,对所有开设的课程进行调整、优化和整合,并统一编码,形成适合本学科各层次、各类型人才培养要求的研究生课程总库。硕士学位课程主要侧重于学科知识的基础性和系统性,博士学位课程主要侧重于学科知识的前沿性和创新性。③确定组合式的个性培养。导师根据各层次、各类型研究生的培养要求,从学科内部课程、学科交叉课程和跨学科课程形成的组合式课程总库中选择适当的课程,制定出研究生的个人课程学习计划,进而根据培养环节,制订培养计划,完成全过程培养。

研究生课程体系重新构建的过程,主要采取按照统筹规划优化体系、整合课程节约资源、课程分级优化内容、查漏补缺夯实基础的思路和措施。①统筹规划优化体系。站在学科和专业一体的高度统筹规划研究生课程设置,优化研究生课程设置方案,构建体现研究生培养层次和个性化培养特点的课程体系。②整合课程节约资源。在课程设置中,坚持"按需设课",杜绝"因人设课"。严格审查每门课程的教学内容,删除不同层次课程间的重复内容,将内容相近的学术型课程与应用型课程合并为理论与应用并重课程,在教学大纲的教学内容部分体现理论知识模块和实践应用知识模块,通过组合各模块的课程,形成各层次、各类型研究生的个性化课程学习方案。③课程分级优化内容。将研究生的专业基础课程和专业课程根据教学内容的时序性和难易度进行分级。研究生课程分为三级,分别

为 5 级(硕士课程)、6 级(硕博课程)、7 级(博士课程)。专业基础课程为本学科学生必须学习才能完成培养目标的重要课程,课程内容相对稳定,具有可持续性,专业课程应体现其前沿性,能够拓展学生的知识面,其课程内容更新相对较快,可以根据学科发展和人才培养的变化滚动开设。④查漏补缺,夯实基础。根据人才培养目标对基本能力的要求,在硕-博课程中,对跨专业录取的硕士研究生提出补修本科课程的要求;对跨专业录取的博士研究生提出补修硕士课程的要求,补修课程门数由各学科自行确定,所有补修的课程不计入学生毕业学分的要求。

经过两年的工作推进,我校构建了一体化的研究生培养方案,培养方案的数量由 224 减少到 85,减少了 62%;形成了系统性研究生课程总库,研究生课程优化的数量由 1 914 门缩减为 1 505 门,缩减了 20%;形成了我校特色的个性化人才培养方案的组合模式。课程体系的优化工作在一定程度上消除了重复教学的现象,课程模块设置更加合理,课程内容的层次性、时序性更为清晰;组合式人才培养方案的形成,使课程学习计划的制订更为灵活、科学和合理,个性化培养特点更加鲜明。总之,课程体系的重构在厘清研究生知识结构、统筹研究生教学资源、促进学科交叉融合、激发研究生创新思维等方面起到积极作用。

二、突出"核心引领"作用,重点建设研究生核心课程

为进一步优化研究生课程体系,推进知识体系的构建,我校启动研究生核心课程工作。通过不断建设教学师资队伍、优化课程教学目标、转变课程教学理念、优化课程教学内容、改革课程教学方法、丰富课堂教学形式和改进考核评价方式等措施,加强研究生核心课程建设,突出其"核心引领"的作用,带动课程体系的整体改革。自 2013 年 10 月开始,我校启动了研究生核心课程建设项目,建设项目分为两期共计 59 门课程。

我校研究生核心课程建设的主要内容有:①建设教学师资队伍。充分考虑团队成员的年龄结构、知识结构、国际化水平等主要因素,努力组建年龄结构合理、知识结构互补、国际化水平较高、团队协作有力、教学效果良好的研究生课程教学团队;通过"走出去""引进来"的措施,加强与国际一流学科的交流与合作,营造国际化氛围,实现核心课程教学的国际化,确保核心课程能够全部或部分采用全英文授课,以强化研究生任课教师的国际化水平。②优化课程教学目标。注重与国际一流学科的接轨,借鉴国内外先进教学理念和经验,跟踪 2~3 个国际一流学科,并结合我校学科特色,从知识、方法、能力、思维和素质五个方面优化课程教学目标。③转变课程教学理念。充分体现以学生为主体的教育教学理念,科学分析教师和学生在课程学习中的定位,促进教师从知识的"传授者"向"指导者"转变,学生从被动的"接受者"向"研究者"转变;促进课程教学从传统的单一知识传授向课程知识传授和创新能力培养并重的转变。④优化课程教学内容。我校核心课程教学内容,既注重学科基础知识,又体现学科领域前沿。广泛地吸收和整合国内外先进的研究成果和前沿性知识,并结合学科领域的特点,形成具有学科特色的前沿教学内容。⑤改革课程教学方法。教学中引入启发式、探究式、研讨式等基于问题的教学方式,以激发学生的学习兴趣,提高学生自主学习能力,培养学生的创新思维和批判思维;彻底改变传统的"一言堂""满堂灌"教师主导的教学方法,转变学生盲目接受知识的被动状态,提供其积极思考的时间和机会,消除学生的依赖性和惰性。⑥丰富课堂教学形式。转变教学理念,根据授课内容,结合教学方式,使课堂教学多样化和开放化,从单一的教室授课形式转向工厂、实践基地、设计院和园林等多元化相结合的授课形式,开设参观见学课、实验课、研讨课、设计课等;从传统的多媒体面授形式转向新兴的网络教学授课形式,如:MOOCs 课程。⑦改进考核评价方式。课程考核内容和方法能够全面真实地考查学生的学习情况和效果,鼓励采取除闭卷考试外的开卷考试、口试、答辩和现场测试、操作等考试形式,注重考查学生综合运用所学知识和技能分析、解决实际问题的能力。

三、注重理论与实践结合,加强研究生实践教学环节

研究生实践教学环节是研究生课程体系中一个必不可少的组成部分,与基础理论和专业知识的

课程学习一样在研究生培养过程中占有重要地位。研究生实践教学环节包括教学实践、科研实践、专业实践和学术讲座。近年来,我校把教学实践、科研实践、专业实践和学术活动视为一个有机的整体,充分发挥它在研究生课程体系中的积极作用,不断锻炼和提升研究生的实践和研究能力。

首先,通过教学实践加强学生的基础理论与系统知识的训练。通过对本科生课程辅导、上机辅导、实验课程指导、专业课程作业批改、基础理论知识讲解等教学实践,让学生更好地理解本学科专业的基础理论,更好地掌握本学科系统的专业知识,更好地掌握如何运用科学研究方法,为学生在学习、研究和工作中,科学地提出问题、分析问题、解决问题奠定基础。

其次,通过科研实践加强对科技前沿的掌握和创新能力的培养。科研实践环节的设置注重融入本专业学科发展的前沿问题,让学生深刻了解学科前沿动态,掌握本专业科学研究的最新信息;结合导师承担的科研课题,安排学生进行科研实践,充分发挥导师所承担的纵向和横向课题的载体作用,让学生参与到课题研究中,以激发学生的创新思维、培养学生的团队合作意识、解决企业的实际问题等。

再次,通过专业实践加强学生知识运用能力的培养。学校发挥轨道交通行业优势和特点,积极开拓学校与企、事业单位联合的实践基地建设,并加强对专业实践的管理,采用"集中实践与分段实践"相结合、"校内实践和现场实践"相结合、"专业实践与论文工作"相结合的原则开展专业实践活动,将专业实践活动科学地融入研究生培养的过程中。其中,实践基地建设是重点工作。目前,我校已有株洲电力机车研究所等31个联合培养实践基地;二级学院利用学科资源优势,依托国家重点实验室和现代工业技术培训中心,积极拓展校内实践基地,建设了牵引动力国家重点实验室、轨道交通国家实验室等11个校内实践平台。

最后,通过举办学术活动拓展学生学术视野。我校以"创源"大讲堂打造研究生学术讲座品牌,鼓励二级学院举办形式多样、富有成效的研究生学术讲座。邀请以诺贝尔奖获得者为代表的国际知名学者、以两院院士为代表的国内学术大师、以各领域领军人物为代表的科研院所及企业著名专家来我校举办高水平讲座。2013年至今,每年近300场的学术讲座既有人生励志报告,也有科研方法指导,更有学科前沿科技知识,营造浓郁的校园学术氛围,借他人之智丰富研究生的个人阅历,活跃学术思想,追踪学科发展动态,拓展研究生学术视野。

四、注重学科交叉融合,探索课程体系横向跨度

随着科技和社会发展更新速度的不断加快,科技发展呈现出的特点是既高度分化又高度融合,打破了传统学科间的边界,并在学科交叉的界面上产生了许多新兴的生长点。为能够适应科学研究和科技发展的新趋势和新变化,体现学科纵向和横向相结合的思想,找寻科技创新的突破口,扎实提高研究生创新能力,可在课程体系纵向厘清其知识层次、知识结构的基础上,加大课程体系横向跨度方面探索与研究的力度。具体实现方法有:①可以按照构建一级学科培养模式的思路来构建学科课程体系,打破二级学科、专业方向间的独立,加强扩展性和相关性研究,重点进行学科内部专业知识间关系的研究,在课程设置中注重学科间课程及课程内容的组合、交叉与融合;②可突破学科门类的界线,树立培养具备综合素质与能力的复合型创新人才的育人理念,探索跨学科门类课程体系的构建模式,如可构建文理交叉、理工交叉等多学科融合的综合性课程体系;③加强利用环节课程进行课程横向跨度的研究,如"学术讲座""前沿技术专题"等课程。利用课程开设的灵活性,鼓励跨专业、跨学科聘请专家、教授开展学术报告和学术讲座,以促进学科间学术思想的交流、研究方法的互补、知识体系的融合等。

本文重点在厘清研究生知识层次、突出"核心引领"作用、注重理论与实践结合等方面对我校研究生课程体系的重构过程进行了论述,另外在学科间交叉融合方面进行了一些探索和研究,期望能为构建跨学科的研究生课程体系提供一些思路。当然,这些工作还有待进一步完善、进一步提高,希望通过不懈努力,进一步提高研究生培养质量。

参考文献

[1] 高坤华,余江明,段安平,等.研究生课程教学模式研究与改革实践[J].学位与研究生教育,2014(5):34.

[2] 章丽萍,赵张耀,徐敏娜,等.研究生课程体系的重塑与优化——浙江大学研究生课程建设的思考与实践[J].学位与研究生教育,2013(6):45.

[3] 赵蒙成.全日制教育硕士研究生实践能力培养的问题与策略[J].学位与研究生教育,2013(11):22-24.

[4] 陈花玲,仇国芳,王俐,等.改革研究生课程体系培养研究生创新能力[J].学位与研究生教育,2005(6):38-40.

[5] 赵文平,吴敏,王安民.面向创新能力的研究生课程体系研究[J].学位与研究生教育,2004(11):45-46.

[6] 华宝玉,刘思文,周丹.基于控制论的研究生教育质量保障体系研究[J].研究生教育研究,2012(2):76.

[7] 何跃,张伟,郑毅.研究生跨学科培养模式探索[J].国家教育行政学院学报,2011(7):55.

[8] 于汝霜,梦虎,贾斌,等.研究生跨学科教育现状调查研究[J].中国高教研究,2011(4):78.

研究生全英文教学对学院国际化进程的影响*
——以哈尔滨工业大学深圳研究生院为例

周超英，吴　菁

（哈尔滨工业大学深圳研究生院　518055）

摘要：文章以哈尔滨工业大学深圳研究生院（以下简称"深研院"）为例，从全英文教学对参与者个人国际化的影响着手，分析对相关人员观念的国际化影响，进而分析全英文教学对学院整体教育观念的国际化、培养目标的国际化、课程的国际化、人员的国际交流与合作、学术的国际交流与合作、教育资源的国际共享等方面发展的影响，最终得出结论，研究生全英文教学能够在很大程度上推动学院的国际化进程，值得推广。

关键词：研究生；全英文教学；国际化；教育观念

在经济全球化的背景下，高等教育也体现出国际化的要求。世界发达国家的经验证明，"国际化不仅能使一个学校、一个学科更快地跟国际对接，达到学科发展的前沿，还能在短期内大幅度提高高校师资和学生的质量和水平"[1]。传统的、封闭的、"自产自销"式的研究生培养模式，已经不能适应新形势的要求，"国际化将成为高等教育质量的一个有机部分"的观点已成为学界共识[2]。大学的行政管理、教学、科研、师资培养和聘任等各方面的工作都和中外交流与合作密不可分。国际大学协会（International Association of Universities, IAU）给出的定义是："高校国际化是把跨国界和跨文化的观点和氛围与大学的教学、科研和社会服务等主要功能相结合的过程"[3]。因此，积极推进高校国际化进程已成为高等教育自身发展的需要。全英文教学成为高校国际化进程中的重要组成部分，研究生培养单位积极开展全英文教学，将会有力地推进高校国际化进程。

一、深研院开展全英文教学的经验与体会

哈尔滨工业大学深圳研究生院（以下简称"深研院"）自建院之初，一直坚持全英文教学和双语教学，全英文授课的比例一直保持在30%以上。积极采用全英文教材，鼓励使用全英文的PPT及课件进行教学。全英文教材、全英文PPT及课件的使用比例一直保持在90%以上。开展"全英文教学""双语教学"培养硕士研究生的实践已满10年，培养的硕士研究生人数已超过4 000人，积累了丰富的实践经验。

深研院由于建院时间不长，教师基本以年轻教师为主，截至2015年3月，全职教师中45岁以下的青年教师约占79%，博士化率100%。全职教师中，75%以上的教师具有海外留学或者工作经历，总体英文基础较好，开展全英文教学的教师均为在国外有较长留学或者工作经历的教师。在深研院开展全英文教学的工作中，针对教师的授课英语水平、授课方法、学生对英文授课的接受能力等，深研院采取了相应的措施。在推动全英文教学的实践中，深研院有以下体会：

1. 加强教师授课技巧培训，提高教师英文授课水平

为提高教师的英文授课水平，学院加强教师授课技巧培训，严格新教师试讲的管理；为青年授课

---

* 哈尔滨工业大学研究生教育教学改革研究项目"以全英文教学推进学院国际化进程"（JGYJ-201329）。

教师指定 Mentor(授课经验丰富的老教师)指导新教师上课;组织英文教学督导组,定期对全院英文教学情况进行汇总,有针对性地提出改进意见,并对改进情况进行跟踪;加强新教师试讲管理,开展教师授课技巧培训,提高教师的全英文授课水平。此外,在教师教学考核中实行对全英文授课给予加分的鼓励政策,提高教师使用全英文教学的积极性。

2. 取得学生的认同,发挥学生的主观能动性

作为全英文授课的主体,学生思想上的认同和接受能力是决定全英文授课能否顺利开展、取得成效的关键。作为研究型大学的硕士研究生,深研院的学生英语基础总体较好。在与授课教师的座谈中,教师们普遍认为,英文水平并不是唯一限制全英文教学授课效果的原因。教师们一致认为,教学效果受学生的背景知识、英文水平及学习态度等多方面因素的影响。只有学生在思想上认同了全英文授课,才会在行动上积极努力配合,不断提高自身英文水平,跟上授课进度。

为保证全英文授课的教学效果,在开学初,学院组织导师和授课教师与学生进行沟通、交流,让学生充分了解全英文教学对学生个人成长的重要性以及可能出现的困难,做好"跳起来摘苹果"的心理准备,使学生在心理上不抵触全英文教学,建立"只要自己坚持,就一定能够达到目标"的信心。这样学生在学习中发挥个人主观能动性,主动做好课前预习和课后复习等。同时,也建议授课教师对于授课关键点和一些专业术语,在必要时应适当穿插中文解释,保证教学效果的同时降低学生对全英文授课的恐惧感。最后,学生不但理解了授课内容,同时英语水平也得到了提高。在针对英文授课率超过50%的学科里进行的统计发现,其毕业生用英文撰写论文的比例可以达到20%~30%。

3. 使用原版教材,提高学生专业英语水平

无论是用全英文授课还是双语授课,深研院始终坚持使用英文原版教材,鼓励使用英文 PPT。全英文教材、全英文 PPT 及课件的使用比例一直保持在90%以上。原版教材的使用,不仅使学生接触到学科的前沿,更使学生熟悉和掌握了专业英语的词汇和表达方式,为学生今后阅读原版学术资料和进一步深造打下了良好的英文基础,为学生毕业后的继续出国深造、职场发展和终身教育创造了条件。

4. 构建全英文教学课程体系

通过10年来的全英文教学实践,深研院构建了一个合理的教学课程体系。对于个别即使用中文授课学生都感觉较难的课程,为了保证教学效果,可以使用双语授课,即使用全英文教材、全英文 PPT 及课件,但授课语言用中文。对于选课人数相对较少的专业课,教师有更多的时间和精力照顾到每个学生,授课内容又相对简单,课程反映学科前沿,授课语言更多采用全英文。此外,增加英文文献阅读课程和英文学术论文写作课程,对于提高学生整体英语水平,保障全英文教学的授课质量也非常有必要。

5. 建立完善的教学评估体系

建立完善的教学评估体系,将保证教学的正常进行,并保障教学质量不断提高。对全英文教学的评价采用了:学生评价、教师互评、专家评价等。评价方法一般有:问卷调查(包括通过网络完成的问卷调查)、座谈等。评价内容除了对课程本身的评价、对授课内容的评价、对教材的评价、对教师授课方法的评价外,还关注了授课内容和教学方法是否融入国际化元素,在国际化的同时不否认本土化的特色。评价形式采用多元化,如引入国外同行进行评价等。

二、深研院开展全英文教学对人员国际化的影响

1. 全英文教学对学生个人成长国际化的影响

实践证明,通过外国原版教材的引进、全英文教学、双语教学的开展,使得本院学生有机会进入真

实的外语语境,强化了其外语应用能力,毕业的学生能采用符合国际惯例的方式和国外同行交流与专业有关的事务和信息。通过对毕业生的回访,他们普遍反映,在工作单位与其他同级别学校、同等学力水平的同事相比,他们的专业英语应用能力明显较高。毕业生在今后的工作中,拥有更多与国外同行沟通交流的机会,职场空间更为宽广,全英文教学促进了学生个人的国际化成长。

2. 全英文教学对教师个人成长国际化的影响

教师通过全英文授课,增强了自身的英语表达能力,提高了英语水平。教师不但可以更加顺畅地阅读、撰写英文专著,更能通过网络远程教学等现代化的教学手段,使自己的授课内容被全世界的学生观摩。不仅汲取国外科技前沿的养分,更向国外科技界输出中国的技术和资料,让世界更加了解中国。通过多种交流与合作形式,全面促进教师自身的国际化成长。

3. 全英文教学对留学生个人成长国际化的影响

对于海外留学生而言,过去他们到中国来留学,一般以学习中文和中医药为主,学习工学和理学的学生较少。留学生往往要花费一年以上的时间专门学习汉语,才能开始专业学习。由于直接使用英文教材和用英文授课,留学生没有了语言障碍,不需要额外多花费时间学习汉语,也增加了他们来华学习的吸引力。国际化是一个双向的过程,不仅需要中国更加了解和认识世界,也需要世界更加认识和了解中国。更多的留学生来华留学,必将使他们加深对中国的了解,并将中国文化带向全世界。全英文教学可以促进留学生事业的蓬勃发展,也促进了留学生个人的国际化成长。

三、全英文教学对推动学院国际化进程的影响

有学者将高校国际化的要素归纳为以下六点:教育观念的国际化、培养目标的国际化、课程的国际化、人员的国际交流与合作、学术的国际交流与合作、教育资源的国际共享等[4]。全英文教学通过对教师、学生等学院各类人员的国际化影响,最终促进学院的国际化进程。

1. 教育观念、培养目标的国际化

教育国际化的前提在于教育观念的国际化,要从全球的视角出发来认识教育的改革与发展问题[5]。英文教学对学院各类人员的国际化都产生了巨大的影响。由于人员的国际化,将引进国际化的教育理念,直接影响深研院教育观念的国际化。各类人员的国际化视野也将促进人才培养目标的国际化进程。

2. 课程的国际化、教育资源的国际共享

课程教学的国际化程度直接影响培养出来的人才是否具有国际化视野和国际交流与合作的能力。由于推进全英文教学和使用原版教材,学生具备接受和理解全英文授课的能力,可以第一时间接触到国外最新的学科前沿技术,还可以通过现代化的网络远程教学手段,以 blackboard,Moodle 等虚拟网络教学平台为载体,自由选修国外高校优质课程,实现学生个人课程体系的国际化和教育资源的国际共享。此外,由于推行全英文教学,在课程教学和教育资源的国际共享方面,不但可以"引进来"还可以"推出去"。本学院教师的优秀课程也可以通过网络远程教学实现全球共享,在世界范围内增加学院和教师本人知名度的同时,也向世界更进一步介绍了中国的科学技术水平情况。

3. 人员的国际交流与合作

人员的国际交流与合作包括:学生间的国际交流与合作以及教师间的国际交流与合作,既"请进来",也"走出去"。大量吸收外国留学生到我国攻读高级学位,是研究生教育国际化的主要表现[6]。通过推进全英文教学,深研院吸引了更多研究生前来就读,仅 2014 年 9 月深研院共招收各级各类留学生 61 人,约占总招生人数的 7%,其中大部分学生为来深研院攻读工程类学位。本国学生由于英

文总体水平较高,在读期间出国联合培养和毕业后出国继续深造的数量也较多。在申请各项出国留学奖学金资助时,具备非常强的竞争力,如:2014年深研院4名学生申请深圳大运留学基金,3名同学获批,获资助率为75%,在深圳所有高校中名列前茅。

由于推行全英文教学,深研院可以面向全球开展优质师资的引进和招聘,面向世界邀请国外学者、教授前来担任全职教授或进行短期讲学。在深研院任职的专业课教师中也不乏金发碧眼的"纯老外",这些"纯老外"在深研院教授专业课程,并在深研院愉快地生活。更多地选派研究人员互访和交流,也为教师创造国外培训进修和访问考察的机会,使得教授们始终站在学术前沿[6]。

4. 学术的国际交流与合作

国际学术交流与合作研究有三种形式:一是设立国际合作项目;二是进行研究人员的互访和交流;三是召开国际学术会议[7]。由于全英文教学提高了师生双方的英语水平,本院师生参与国际合作项目,在国际刊物上发表高水平论文和出国参加国际会议、短期培训的机会将越来越多,国外高校的高水平教授来深研院进行短期讲学和举办各类讲座也将越来越便利。如:深研院城市规划学科与加拿大LAVAL大学建立了长期的合作关系,学生不定期进行短期学术交流和互访,教师之间也不定期进行学术互访,由深研院主办召开的国际会议也越来越多。此外,从2005年至今,深研院硕士研究生用英文撰写学位论文人数达到255人,约占所有毕业人数的5%。用英文撰写的学位论文方便了国外同行专家的阅读,也在一定程度上促进了学术的交流与合作。

总之,在全球"一体化""地球村"的国际大背景下,中国的研究生教育面临着前所未有的机遇和挑战,个人及教育机构的国际化发展已经成为时代发展的大趋势。全英文教学作为一种教学手段,对参与教学的学生和教师的国际化成长都产生了较大影响,并将最终推进学院整体的国际化进程。

参考文献

[1] 瞿振元,韩晓燕,韩振海,等.高校如何成为拔尖创新人才培养的基地——从年轻院士当年的高等教育经历谈起[J].中国高教研究,2008(2):10-14.
[2] 赵中建.全球教育发展的研究热点——90年代来自联合国教科文组织的报告[M].修订版.北京:教育科学出版社,2003.
[3] 唐忠.对大学国际化与国际化影响的一点理解[C]//中国高等教育学会引进国外智力工作分会.大学国际化:理论与实践.北京:北京大学出版社,2007:41-44.
[4] 陈学飞.高等教育国际化:跨世纪的大趋势[M].福州:福建教育出版社,2002.
[5] 刘建华,黄全高,刘正良.教育国际化的国际表现与我国教育发展[J].教育理论与实践,2003(10):1-3.
[6] 李刚,田雪怡.研究生教育国际化发展中的问题及对策[J].黑龙江高教研究,2009(2):50-52.
[7] 王为正.中国高等教育国际化的表现与对策[J].继续教育研究,2006(3):124-127.

美国博士生课程设置对我国的启示
——以乔治·梅森大学为例

马朝晖,张 莹

(重庆大学研究生院 400030)

摘要:经过近百年的教育积累,美国博士生教育的课程体系已非常完善。目前,我国的博士生教育经过几十年的发展,取得了很好的成绩,同时,在发展过程中,也遇到了一些创新方面的瓶颈。将我校现行的博士生课程设置与美国高校的课程设置进行对比分析,借鉴美国的博士生课程体系设置,能够对我国的博士生教育发展起到良好的指导作用。乔治·梅森大学经济学发展迅速,在博士生课程设置上值得我们借鉴和学习。

关键词:美国博士生;课程设置;启示

美国博士生教育拥有国际公认的高质量的博士生教育体系,拥有一大批能培养高水平博士生的世界一流大学,在2014~2015年《泰晤士高等教育世界大学排名》(Times Higher Education World University Rankings)中,前10名美国占7所;前20名美国占15所;前50名美国占28所;前100名美国占45所。美国博士生教育体系的优越性是全方位、多层次的,其完备的课程体系对我国博士生教育具有深远的影响和启示。

一、美国博士生教育课程设置的特色

在美国,博士生教育的课程设置是一个系统化的方案,同时又是一个包容的方案,在保证基础理论体系完善的同时,确保学生能够完成多样化的学习,使得知识体系更加完善。

1. 重视基础理论课程设置

在博士生教育中开设必要的课程,是美国研究型大学培养研究生的一个重要方面,美国的研究生教育经过一个多世纪的演进、调整和改革,其研究生课程的设置,在提高研究生综合素质、保证教育质量、更好地适应时代和社会需要等方面形成了自己的特色。

美国博士生教育在很长一个时期功利主义和实用化色彩比较浓厚,对基础理论课程有所忽视。二战以后,美国各界开始重视研究生教育的质量。同时,在政策上要求加强理论课程教学,针对各专业的不同情况,在研究生培养计划中开设了许多基础理论课程,并辅之以具体的落实措施,从而为提高研究型大学的研究生质量和科研水平创造了基础性条件。[1]

基础理论教育中的跨学科、跨门类教育也是美国教育的一项基础工作。美国伯克利大学哈斯商学院博士生在学习期间要到其他院系,如经济学系、心理学系、社会学系、政治科学以及统计系等去上有关的专业课程,以拓宽知识面,使之具有把不同学科的方法与内容结合起来进行学术研究的能力。[2]

2. 多样化的灵活性课程体系

在基础理论体系完善以后,学生知识的多样性发展就成了美国教育的重要工作内容了。美国高校在博士生课程设置中,除了核心课程外,选修课程占非常大的比例。部分学科的选修课程是核心课程数量的10倍以上。[3] 美国社会是一个始终倡导创新的社会,创新精神一直是美国走在世界前列的原动力,因此,美国的多数高校在设置课程方面特别注重培养学生的科学探索精神和从事创造性研究的素质,多样化的培养模式一直是美国教育的重要特色。[4]很多著名大学的研究生教学计划除了必修课程外,还有另外两种安排,即选修课程和独立科研实践。在一段时间内,研究生除了学习课程外,还可以从事和自己专业研究有关的科研活动,更好地发挥独创性。[5]

二、乔治·梅森大学经济学专业简介

乔治·梅森大学(George Mason University)正式成立于1972年,位于弗吉尼亚州费尔费克斯市,距离美国首都华盛顿仅7.5公里,是近10年来在美国迅速崛起的一所重要的大学。乔治·梅森大学经济学发展迅速,在短短的30多年间就有两位诺贝尔经济学奖获得者先后加盟:詹姆斯·布坎南(James M. Buchanan)和弗农·史密斯(Vernon L. Smith)。美国乔治·梅森大学的经济学专业(Economics)设在人文与社会科学学院(The College of Humanities and Social Sciences)。

乔治·梅森大学人文与社会科学学院经济学官方网站对经济学博士的培养要求是这样描述的:经济学博士生毕业后主要从事学术研究或在政府部门和商业领域等工作。核心课程主要在于培养学生运用现代理论与定量技术的能力,尤其强调运用相关理论解决经济问题的能力。论文工作要求学生掌握并应用相关技能开展原创研究。学院重视论文发表,很多学生毕业时已经有文章发表在专业期刊。学院对于经济学研究覆盖领域全面,从直接政策的重要性问题到经济与社会组织的基本问题都有涉猎。

三、美国乔治·梅森大学与重庆大学经济学博士生课程设置对比分析

1. 两校课程设置情况对照

乔治·梅森大学的课程编号体系采用数字来区分课程的选课对象和难易程度,100~199为大学一年级课程,200~299为大学二年级课程,300~399为大学三年级课程,400~499为大学四年级课程,500~699为研究生层次的课程,主要面向大学毕业生和研究生低年级学生,700~799也是研究生层次的课程,主要面向研究生,800~899为博士生课程,主要面向博士生。以经济学专业博士生为例,乔治·梅森大学对申请经济学博士学位的学分要求为:课程与学位论文总学分为72,GPA不低于3,并且不能有超过两门课程低于2分(5分制)。其中课程学分为48~60,6门核心课程18学分为必修,选修课程30~42学分,学位论文12~24学分。[6]重庆大学应用经济学博士生课程总学分要求为:必须修满15学分,其中马列课程与外国语课程为必修课程,分别为2学分和3学分,也就是说学生须再选至少5门专业核心课程(每门课程2学分)。

美国乔治·梅森大学与重庆大学经济学博士生课程设置要求对照

学校名称	开设课程总门数	必修课程		总学分要求
乔治·梅森大学	45门 (秋季22门+春季23门)	6门	18学分	48~60学分
重庆大学	15门	5门	11学分	15学分

两校必修课程设置情况对照

乔治·梅森大学		重庆大学	
微观经济学I	3学分	马列课程	2学分
微观经济学II	3学分	外语类课程	3学分
宏观经济学I	3学分	高等经济学	2学分
宏观经济学II	3学分	数理经济学	2学分

续表

乔治·梅森大学		重庆大学	
计量经济学 I	3 学分	高等计量经济学	2 学分
数量经济学 I 或 II	3 学分		
合计	18 学分	合计	11 学分

2. 两校课程设置情况对比分析

通过对比两校经济学博士生课程设置情况,可以发现:

(1)因国情不同,按照教育部统一要求,国内高校将"马克思主义与当代"作为博士生必修课,鉴于学生英语水平还有待提高,大部分高校将英语课程也作为博士生必修课程,这两门课程在美国高校博士生课程体系中是不需要的,但在我国博士生课程中却占40%的比例。

两校的专业必修课程种类基本一致,但乔治·梅森大学开设的课程覆盖面非常广,且更注重理论基础研究,如经济思想史、政治经济学、经济哲学、神经元经济学等多门课程。另一方面,该校开设的课程也特别注重体现学校的特色,如乔治·梅森大学的招牌之一是1996年经济学诺贝尔奖得主布坎南(James M. Buchanan),而他所开拓的研究领域"公共选择"(Public Choice)正是乔治·梅森大学经济系的最大特色,因此在博士课程中也开设了"公共选择理论"这门课;同样,乔治·梅森大学经济系的另一特色是奥地利学派经济学,该校所开课程中也有"奥地利经济学研习会"这门课程,这对学生接触经济学前沿有莫大好处,同时这类课程的开设也是学校吸引生源的有效措施。

(2)乔治·梅森大学课程设置中,博士生和硕士生的课程是具有延续性的,可以根据课程编号来区分课程的难度系数和博士生、硕士生水平,所有研究生都可以根据自己的实际情况选课,鼓励学生跨专业、跨学科选课。该校经济系博士生授位要求中就有一条是:至少要修6个学时的经济学以外的其他学科的梅森大学课程。

(3)乔治·梅森大学所开设课程中,还涉及研讨会形式的课程,如"宪政经济学研究研习会""奥地利经济学研习会"等,美国高校特别注重研习会、讨论课和讲座课程等形式,值得国内高校借鉴。

(4)乔治·梅森大学课程设置更注重方法论方面的课程,拓宽专业基础;十分重视社会学、政治学方面的知识,开设了一些诸如社会学、政治学、经济史等人文社会科学方面的课程,而我校开设课程中未涉及经济史、经济哲学等方面的课程。

3. 博士生研究方法课程的重要性

我国博士生培养方案与美国培养方案的另一个差距是,缺乏研究方法论课程。美国很多大学在课程上重视研究方法课程的设置,以提高学生独立学习研究的能力,尤其是在社会科学方面的研究方法论等课程的设置。[3]在美国,博士生获得博士学位的比例较低,而且花费的时间更长,这与美国的质量把控和对博士学位的极度重视是密切相关的,[6]也体现了美国高校重视研究方法课程。

我国的博士生课程设置中则很少有方法论方面的课程。如果能在这方面加强对博士生的教学和训练,将有利于学生更好地收集利用资料,并使其对问题的研究分析更有深度。重庆大学在方法论的课程建设方面已经取得了很大成效。经济与工商管理学院从2002年就已经在博士、硕士的培养方案中设置了管理研究方法方面的课程,十几年来,管理研究方法论的课程建设已经非常完善。同时,随着经济学科学位点的不断完善,经管学院在经济学研究方法论的课程也启动了建设、开课工作。

四、对我校博士生课程设置的启示

1. 设置博硕合一的研究生培养方案

美国高校修习课程规定性和灵活性相结合,学生进校后就在导师组的指导下选好全部必修和选修课程,可以根据自己的情况自行选择上课的时间。美国的大学课程设置中强调文理交叉、宽基础的通才教育模式的特点非常突出,学生可以根据自己的需要选择不同深度的课程,甚至本科生可以选修博士生的课程,而且可以跨学院选修,跨学科选修。我校研究生培养方案长期以来按各学科划分为博士研究生培养方案和硕士研究生培养方案,两个阶段的培养方案分别单独制定,因此选课系统也分别针对博士生和硕士生开放,很难实现跨学院跨学科和在硕士、博士之间互选课程。目前我校已开始着手制定新的博硕贯通的研究生培养方案,学生可以根据研究方向跨学科、跨层次灵活选课,有利于对博士生和硕士生进行贯通培养。

2. 课程设置要有针对性

乔治·梅森大学针对博士生必须通过各领域考试的要求,还专门开设了以下课程:Austrian economics(奥地利经济学)、Constitutional political economy(宪法政治经济学)、Economic history(经济史)、Experimental economics(实验经济学)、Industrial organization(产业组织理论)、Individualized field exam(个性化领域考试)、Institutions and development(制度与发展)、Law and economics(法与经济)、Monetary theory(货币理论)、Public choice(公共选择理论)、Smithian political economy(斯密政治经济学)。博士生可以根据自己感兴趣的研究方向和选择领域的考试内容进行选修,既能保证提高考试的通过率,又能体现个性化培养。

3. 课程设置的多样化

博士生教育是高度个性化的教育,但我国研究生课程设置单一,课程的选择不够灵活和广泛,无法满足不同个性的研究生的需求。[7]现阶段,我国对于人才的需求不断多样化,人才需求的质量和数量都在与日俱增。专业性的核心课程已经无法满足博士生的研究需要,更无法满足国家建设的需要。借鉴美国大学的课程多样性的设置,我国也应该在课程设置的多样化方面进行改进,尽可能地满足学生的学习需求,引导学生根据自己的兴趣和职业目标,形成有利于自己创新发展的个性化与特色化的课程体系。

参考文献

[1] 魏航.美国研究生课程设置的特点及对我国的启示[J].教育探索,2012(2):158-159.
[2] 郭羽诞.美国伯克利大学商学院博士生培养方案给我们的启示[J].学位与研究生教育,2001(6):39-42.
[3] 李素琴,黄丽娜.美国研究生课程设置的特点研究——以美国布兰迪斯大学为例[J].河北大学成人教育学院学报,2005(4):35-37.
[4] 苗乃耕,苗淳.美国研究生教育的特点及其启示[J].中国高等教育,2007(19):65-66.
[5] 陶华敏,杨力斌.对美国研究生教育的研究与思考[J].高等教育研究学报,2005(12):6-8.
[6] 李海生.美国博士生学业完成的困境及原因分析[J].全球教育展望,2014(11):101-110.
[7] 李云鹏.由美国博士生课程看创新人才培养——以教育学为例[J].中国高教研究,2010(11):38-41.

基于顶层设计的研究生英语教学改革与实践
——以东南大学非英语专业研究生为例*

陶 云，金葆昇

（东南大学 210096）

摘要：为了响应全国范围内研究生教学改革的呼声，东南大学在过去的几年内实行了非英语专业研究生英语教学改革。在学校顶层设计的推动下，通过统筹中外教师、中外助教和研究生四位一体的资源，建构了以学生为中心的课程体系，实现了改革目标的明确性和实施方案的可操作性。

关键词：顶层设计；学术交流；教学改革；以学生为中心；四位一体

随着《教育部关于2013年深化教育领域综合改革的意见》和《教育部、国家发改委、财政部关于深化研究生教育改革的意见》等一系列研究生教育改革重要文件相继颁布与实施，中国新一轮学位与研究生教育改革在全国范围内全面展开。顺应于这一改革的形势，东南大学于2013年暑期召开了东南大学研究生工作研讨会。学校校长做了主题为"深化研究生培养机制改革，全面提高研究生培养质量"的报告，阐述了研究生教育对于拔尖创新人才培养、科学研究及学科建设、师资队伍建设具有的重要作用以及在研究型大学发展中具有的战略地位。会上明确指出，提高研究生培养质量是东南大学的核心工作，也是作为国家重点建设的高水平大学义不容辞的责任。学校要求全校各单位，特别是各院系和学科，要高度重视研究生教育和培养工作，加大改革力度，建立适应新形势的完善的研究生培养体系。分管研究生工作的学校领导还对《教育部、国家发改委、财政部关于深化研究生教育改革的意见》进行了解读，分析全国以及我校研究生教育现状，就我校研究生教育综合改革提出了明确的要求。随后我校研究生院主持召开了"进一步深化研究生英语教学改革的研讨会"，传达了学校研究生工作会议的精神，将非英语专业研究生学位英语（简称研究生英语）列入首批东南大学研究生教育教学改革课程之一。

一、研究生英语教学改革的迫切性

研究生英语教学改革的成效直接影响着研究生参与国际学术交流活动的能力，以及是否能有效地服务于本专业。随着全国范围内的大学英语教学改革的持续深入，大学生的英语综合应用能力在不断提高，研究生英语水平也水涨船高。建设符合时代需要的研究生英语课程体系，培养符合国家发展需要的研究生人才，成为研究生英语改革的最大动力。

研究生英语教学应与时俱进，要兼顾个人、社会、经济建设的发展和国际学术交流的需要。具体要求就是要在提升"听说读写译"的全面性的前提下，实现"以需为本，通过各种方式和渠道提高研究生的英语应用能力，特别是提高研究生在本专业和相关专业领域的口语和文字交流能力。"[1]相比之下，改革前东南大学研究生英语的教学存在着下述不足：

（1）教学目标、内容和教学模式滞后于时代要求。改革前东南大学研究生英语培养目标为夯实语言基础，提高英语听说读写译五项基本技能。教学内容服务于本专业或领域的意识薄弱，课程内容很少涉及国际交流背景下的学术交流英语和学术交流写作，更谈不上通过语言的学习掌握一定的研究方法，更好地服务于本学科和专业。教学模式还基本以拓展语言基础为目的，以教师讲解式、灌输

---

* 江苏省研究生教育教学改革研究与实践重点课题"建构以学生为中心的研究生英语多元合作式教学模式"（JGZZ14_006）。

式等单向教学方法为主,没能充分体现"以学生为中心"的教学宗旨。

(2) 学习语言的环境和实践环节缺乏。长期以来研究生英语的教学仅仅局限于有限的课堂教学时数,课外口语交流和写作的操练机会很少,几乎很少有机会与英语作为本族语的人员进行面对面的交流和学习。学生和教师、学生和学生之间互动学习的机会十分欠缺。

(3) 考核形式与课程内容脱节。改革前英语的成绩由学校统一举行的学位英语考试和课程期末考试两部分组成。前者采用国家六级英语水平考试的标准,后者特别是口语教学的考核主要由各自任课教师评定。评估体系没能反映课程目标,也很难反映学生实际运用语言的能力。考核中由于缺乏形成性的评估,没有对学习进展的监控与评价,出现考核标准缺乏体系性和客观性的问题。

二、学校和研究生院自上而下的顶层设计

1. 集"工具性、专业性和人文性"于一体的目标定位适应时代的需要

在全国研究生教育改革的呼声下,由学校自上而下、顶层直接参与设计是研究生英语改革的最大推动力。2013年7月底,研究生院主持召开了"东南大学研究生学位英语教学改革研讨会",校领导和研究生院领导代表学校层面下达了全面推广和深化研究生学位英语教学改革的指示。明确指出研究生英语的教学改革对于提高我校研究生国际化水平及提升研究生培养质量方面具有重要的意义。同时,会议强调此次改革是全校研究生教学改革中的一个重要环节,其影响面广,涉及学生人数众多,要做到课程设计合理和可操作性强,真正促进学生综合运用英语进行国际学术交流的能力。随后连续召开多次研究生院和研究生公共英语部全体任课教师的教学改革方案研讨会,学校领导和研究生院领导亲自听取和商议教学改革具体方案。从课程设置、教学内容、考试形式、教师职责、助教外教遴选和职责等方面严格把关。在多次讨论和听取专家意见的基础上形成了可行性方案,经由研究生院提交东南大学校长办公会,通过学校层面的认可得到学校和研究生院的高度重视。

经过研究生院和外语学院公共英语研究生部以及专家的多次讨论和修订,英语教学改革的目标定位为"围绕东南大学自身发展的需要,以培养研究生的国际交流能力为核心,加强研究生参与国际交流和撰写英文学术论文,全面提升研究生英语应用能力"。教学的重点由原来相对孤立的语言技能的学习转变为综合语言技能的应用能力的培养。课程设置上打破长期以来以听说读写译为重点的教学模式,打造出融语言学习的工具性、专业性和人文性于一体的"国际交流英语"和"国际学术英语"两门主干课程体系,旨在培养"英语语言的运用能力与自信""英语学术风格""跨文化交流能力""国际学术沟通技能"和"提升科研综合能力"。

2. 营造以学生为中心的学习环境

(1) "按需聘请"和"保证急需",加大外籍教师的聘用。

毋庸置疑,外籍教师在运用先进的教学方法、传播中西文化和指导开展课内外活动等方面都有着不可替代的作用[2]。一方面,外籍教师的课堂更容易营造出幽默风趣及带有西方风情和文化的轻松和谐的课堂气氛,能更好地激发语言学习的积极性,使学生容易消除交流中出现的紧张和恐惧心理,增强表达能力的自信心。另一方面,外籍教师在专业编辑、校对和修改科研论文的外文稿等方面拥有巨大的潜力,外教还在课外主题英语晚会方面有其得天独厚的指导作用。聘请外籍教师参与教学改革,无论从提高课堂教学效果,还是营造真实场景下的语言交流氛围都具有积极的作用。

为此,研究生院明确要求加大外籍教师聘用的力度。对外语学院需要聘请的外籍教师人数原则上不设上限,在保障聘请质量和满足教学需要的前提下,逐步实现小班化外籍教师教学的模式;对于参加国际学术交流频繁的院系的学生,优先提供个性化的学习咨询和有针对性的模块化的课程学习指导。对于国际合作开展得较活跃的院系,除了聘请长期外籍教师参与常规课堂教学外,还充分利用该院系的短访外籍专家和归国人员较多这一有利资源,定期开展学术写作讲座和各类学术交流活动。

对比改革前后,聘用外籍教师无论从数量上还是质量上都有了很大改善。目前,外籍教师的人数由原来的1~2位增加到6~8位,课时数由原来的每学期2~4课时提高到6~8课时。与外籍教师

交流也由原来的 120 人左右的讲座形式改革为每个班级 40 人左右面对面的授课形式。聘请授课教师的质量也得到改观:由原来的学士学历的层次提高到硕士以上学历的层次。教育的背景由原来仅仅要求是来自于英语母语的国家提升到必须在具备人文、经济、语言领域,有两年以上教学经验并持有 TEFL/TESOL 证书。

(2) 中外助教的配备将有限的课堂延续到课外。

改革前东南大学与绝大多数兄弟学校一样,"长期以来外语学习的输入和输出都以课堂教学为基础""有多少课时就教多少"[3]。学生仅限于每周两课时的课堂教学活动,课外英语的学习基本上以完成书面作业为主。这种教学模式使得学生在课外几乎没有机会操练,更谈不上有机会使用语言进行实际交流。

为此,研究生院充分利用我校现有的资源,提供资金和人力的大力帮助,为每个班级配备一位助教。被聘用的研究生助教大多是来自外语学院的英语专业的学生、专业院系的高年级研究生或海外教育学院的硕士/博士留学生。他们经过严格的面试和笔试,再经过岗前英语语言课程的培训,承担起学生课外英语实践活动的组织、督促和检查的任务。他们除了辅导学生完成中方老师布置的课外学习任务外,还根据各自的特长,组织学生开展英文电影配音、小型话剧排练、模拟与本专业相关的国际会议展示、欣赏国外公开课堂和开展小组话题辩论等活动。这种与同龄助教开展课外合作和互动的活动,使羞于开口的学生面对同龄人降低了畏惧感,增强了认同感;而以 6~7 人为小组的活动的开展又使水平高的学生通过帮助小组成员完成小组任务,提升了责任心、锻炼了语言沟通能力和增强了自信。这种模式具备 Krasen 提出的目的语环境具有的特点:自然而注重内容;学习者直接参与交际;活动的内容具体;提供各种模式让学生进行效仿[4],符合语言学习的规律。

3. 多途径地完善知识结构、提高学历层次和教师队伍年轻化

教师在教学中起到主导作用,教师素质和业务水平的高低对教学改革的成败至关重要。针对此次课程改革,学校层面提出"教学在线培训""短期境外培训"和"常态化的在线培训"等模式,优化提升教师团队的综合素养。

教学在线培训:采取"中外合作教学"模式。由中方教师制订教学大纲和教学计划。课前,举行中外教师联合教研活动,由外籍教师通过说课方式与中方教师共同修改教案。课堂上,外籍教师主导课堂,中方教师协助课堂活动的开展。中外合作教学模式的建立有效地实现了中方教师在线培训和业务提升的机会。

短期境外培训:学校拨专款专项用于教师境外培训,为课程的开设做好师资力量的准备工作。2014 年暑期,学校选拔 21 名研究生英语教学的教师前往澳大利亚 Monash 大学,接受为期 3 周的密集型的语言教学培训。为保障培训的实效,学校与外方学校多次商谈设计教学内容、观摩境外教学课堂、参与境外课堂的教学互动、完成教学实践的任务。境外实地培训使任课教师学到国外先进的教学理念和教学方法。教师普遍反映无论从教学理念、责任感、工作激情、课题设计、活动安排、指令下达、进程掌控、技术运用还是评价考核等方面,全方位提升教师的跨文化意识与自身业务水平。

常态化的在线培训:(包括"观摩中外合作的教学"和"充实教学团队"两种模式)学校研究生院分批组织教师观摩东南大学中外联合研究生院的外籍教师的授课,举行经验交流会。外语学院还抽调了 6 位精干年轻教师加入研究生英语教学队伍,使得教学团队在"知识结构""学历层次""年轻化""教学能力"等方面的整体水平得到提升,为教学的改革提供了师资力量的保障。

4. 课程完善和自新机制保障课程可持续性的动态改革

改革需要一套完善机制的保障。为此,在校方、院方和研究生公外部的共同商议下,进行了以下机制的完善,确保改革的顺利进行。

(1)定期开展"中外联合教研活动":研讨更新教学内容、设计教学进程、交流教育思想、示范教学技术、研讨疑难重点、切磋教学经验。制定外籍教师的教学管理规范,定期检查教学环节。形成了一个既有多元文化又有协作精神的教学团队。

（2）制定教学日志制度：中方教师、外方教师、助教分别在期中和期末提交书面教学状况及教学反馈日志，作为课程建设完善的参考。

（3）实施学生问卷调查制度：学生以不记名方式每学期填写教学调查问卷，反馈课程安排的合理性、学习收益、能力提升、作业完成等状况，用于指导后续改革。

（4）助教管理制度：从班级学生所在的学科专业招募高年级研究生和海外留学生，举行笔试、口语面试并参考已有的英语成绩选拔优秀研究生担任助教。经过岗前培训、自评、教师和学生评价等管理制度采取择优淘汰制，确保助教的质量。

（5）定期召开学生、教师、助教和外教座谈会制度：研究生院定期召开座谈会，鼓励教师、研究生和助教参与教学设计等环节，广泛征求意见，集思广益，激发大家参与改革的积极性。

三、中外教师/助教/学生"四位一体"的教学模式的构建

在一系列顶层设计思想和措施的指导下，外语学院研究生部调整课程设置，在统一目标下设置递进分层次的教学内容，开展中外教师合作、教师与中外助教协作、课内外融合多渠道交互式的教学计划。教学方法向任务式、功能式、情景式、交际式、互动式、自主式、探索式、合作式、表演式、讨论式等多种方式综合运用的模式转变。加大了形成性评估的考核方式。形成中/外教师和中/外助教协同合作的"四位一体"的教学新模式，教学团队具体分工见表1。

表1　课程教学团队职责分工

中方教师	外籍教师	助教
教学计划设计	集体备课研讨	课外活动辅导
教学内容规范	说课示范展示	课外研学检查
独立授课完成	疑难问题解答	疑难问题解答
自主学习设计	主导课堂教学	阶段测试判阅
课外研学设计	口语考试评判	课外活动判分
教学日志撰写	课外活动指导	助教日志撰写

四、多元化考核评估体系的优化

研究生院取消学位英语考试的形式，审核通过了形成性评估和终结性评估相结合的考核标准（表2）。依据教学目标建立评价体系，以考核评估标准来有效调控学习过程，激励学生主动参与教学多元交互，使学生重视英语综合运用能力的提升，增强自信、提升成就感、培养合作精神。增强了主观能动性，激发了学习的兴趣。

表2　形成性评估和终结性评估

	形成性评估 50%	终结性评估 50%
学术交流英语	出勤/课堂参与 10%	期末口语考试 20%
	课后口语操练 10%	
	阶段测试 15%	期末综合考试 30%
	国际会议展示 15%	
学术写作英语	出勤/课堂参与 5%	期末综合考试 50%
	小组展演 10%	
	课外活动 10%	
	小论文写作 10%	
	学术论文写作 15%	

五、改革成效问卷调查结论

2013年课程结束后针对课程改革，发放了问卷调查，以2013年秋季学术口语问卷调查为例，此

次调查共收回 856 份问卷,其中有效问卷共 670 份。这 670 份问卷来自东南大学信息科学与工程学院、经济管理学院、计算机科学与工程学院、法学院、人文学院、数学系、物理系等 15 个院系,涉及文理工 3 类学科。问卷分析统计结果表明:91% 的学生认为本学期教学模式和教学内容的设计与以往的课程相比更加有用;83.6% 的学生对中外助教课外操练表示很欢迎;82.4% 的学生非常喜欢中外教师合作教学模式。

通过学校和学院分别召开的学生、助教和教师座谈会,师生和助教普遍反映:

(1)课程内容和进程的设计充分考虑了重点加强学生英语听说能力,提高学生国际英语交流能力和培养学生在学术场合用英语发言的能力,符合当今英语教学的主流趋势,符合研究生英语教学大纲对学生的要求,改革方向是正确的。

(2)教学内容的设置比较合理,既完成了教学目标,也考虑了趣味性和可操作性。教学进度安排得当,能够保证覆盖国际交流英语和国际会议的主要内容。

(3)对于外教与中教合作教学,普遍反映:一方面学生能够接触到原汁原味的地道英语,提高了学习兴趣,改善了学习效果。另一方面,中外合作教学发挥了中外教师"优势互补"的原则。

(4)中方教师以自编的学术英语写作教材为依托,不断完善教学内容并在教学手段上不断下功夫,对学术写作这门相对较难驾驭的课程更有信心,对教学大纲的设计、教学环节的安排、教学效果的评估等方面给予了充分的肯定;由外教进行的基础写作教学能够使学生以更加符合英语为母语的说话者的思维方式进行写作;教师们对助教的工作给予了高度评价,一致反映助教是课堂教学有效的补充,特别是在语言基本功的实践方面给予了积极的支持,是改革的一大亮点。

六、结语

东南大学非英语专业研究生教学的改革自始至终是在学校顶层设计和关注下进行的。学校研究生院对课程建设和对教学改革经费和资源常态化体现了学校对课程学习在研究生培养中的重要地位和功能的高度重视。学校整合外籍教师、中外助教和专业院系的长短期专家资源的举措反映出对课程体系的系统设计和整体优化的思考和支持。同时研究生院审核通过的加大形成性评估权重的具体方案,体现了"学习是一个过程"的教育理念,符合本课程的学习理论。大力度的助教课外研学活动的开展不仅拓展了语言的知识基础、培养了一定的跨文化交际的人文素养,同时形成了一个宽松灵活的校园文化氛围,为今后的教学改革奠定了良好的基础。

参考文献

[1] 何莲珍,张文芝,王同顺,等. 时代呼唤研究生英语教学改革[J]. 中国外语,2005(7):4-7.
[2] 袁小陆,王辉. 高等院校外籍教师教学管理水平策略研究[J]. 西安外国语大学学报,2012(6):76.
[3] 余渭深,邹晓玲. 重庆大学大学英语教学改革示范点建设的实践[J]. 中国大学教学,2009(4):85-88.
[4] KRASHEN S. The input hypothesis: issue and implications [M]. London: Longman, 1985.

研究生教育国际化之课程建设实践
——哈尔滨工业大学共建课程实践

于 航,宋 平,吴 婷,王智鹏

(哈尔滨工业大学 150001)

摘要:研究生教育国际化是目前高等教育发展的重要内容之一,而研究生教育又是以人才培养为第一要务,人才培养以学生为中心,因此如何培养具有国际视野、国际交流能力、国际学习和科研经历以及国际竞争力的研究生是研究生教育国际化的重要任务,要完成这项任务,国际化课程建设是核心内容。哈尔滨工业大学通过六年的实践,形成了具有可持续发展性的国际化课程建设模式,通过国际化课程建设在培养研究生的同时培养师资力量,通过国际化课程建设促进教师、学生间的国际合作和交流,通过国际化课程建设推进学校的国际化发展,促进学校整体的国际化水平的提升。

关键词:研究生教育;国际化课程;共建课程

研究生教育的国际化是高校未来发展的重要方向[1]。国际化广义来讲是一所学校的国际融合度,狭义来讲主要包含五方面的内容:一是师资结构,有多少专、兼职外籍教师任教,有多少教师拥有海外学习、工作背景,有多少教师有国际交流及合作的经历,有多少国际知名学者、专家;二是学生培养,出国联合培养或交流访问的学生比例,留学研究生的比例,出国攻读学位的比例;三是培养体系,全英文课程的比例,双语课程的比例,国际教育项目的数量;四是科研合作,与国外合作建设的实验室、研究所或基地的数量,与国外高校或研究所合作完成的科研项目及经费数量,举办的国际会议数量,与国外学者联合发表的学术论文或申请的专利数量等;五是社会效益,国际科研合作的成果转化数量,培养的学生在海外就职或在跨国公司任职的数量等。从这五方面的内容来看,国际化课程的建设是能够直接或间接实现这五方面目标的有效手段,是研究生教育国际化的核心内容。

一、工科院校国际化发展的困境

一方面虽然有越来越多的学生希望出国读硕士或博士学位,但国外的教育成本还是相对较高,目前国家或是学校都有相应的资助体系和项目,可以满足一部分学生出国读书的愿望,但能够惠及的学生仍是少数。另一方面工科院校的研究生已经成为学校科研的主力军,很多研究生都承担着导师、团队的重大科技项目,学生的工程实践能力非常强,培养了埋头苦干的优秀品质,但很多人缺乏国际化的视野,没有意识到在埋头做实验搞科研的同时,与国际同行的交流同样十分重要,所以学生的出国、参加国际会议、在国际期刊发表英文论文的热情并不高,有些甚至觉得受邀参加国际博士生论坛做大会演讲都是耽误时间的事情。

既然同学们有的苦于没机会出去,有的不愿意出去,那我们就把国外的教育"请进来,留下来",聘请海外知名学者短期授课,并与本校教师共同建设研究生课程,这是一种受惠面广又行之有效的方式,有利于促进研究生教育国际化发展。

二、国际化课程建设实践

国际化课程的建设不是盲目地邀请国外教授来校讲课,而是首先要在课程体系设置、教学内容规划上按照学科领域的国际标准进行顶层设计的基础上,有计划有步骤地邀请各学科领域知名的专家学者进行重要课程的国际化课程建设,这样的课程建设才更具有系统性和整体性,学生才可能受益更多。

1. 学习借鉴国外高水平大学经验，优化研究生课程体系

研究生教育国际化首先要在课程体系和课程设置上符合国际标准，授课内容应能够适应国际经济和文化发展的需要，突破观念和文化的差异，培养学生的国际交流能力[2]。因此哈尔滨工业大学首先组织各学科成立硕士研究生培养方案制定小组，邀请有留学背景和教学经验丰富的教师调研国际上相关学科的培养方案。美国大学对国际化课程的建设也相当重视，许多大学的国际化课程几乎占到全部课程的一半[3]，因此培养方案制定小组有目标地选择了美国的麻省理工学院(MIT)、斯坦福大学(Stanford University)、加利福尼亚大学伯克利分校(UCB)等知名高校，同时又选择了英国剑桥大学(University of Cambridge)、帝国理工学院(Imperial College London)、东京大学(University of Tokyo)，作为调研的目标学校。通过对国外知名大学研究生培养方式及课程设置的调研分析，总结出国外高水平大学研究生课程有如下特点：①在课程设置方面涵盖面广：多学科融合的课程设置方便学生根据自身的特点、兴趣爱好以及未来科研方向选择相应的课程，但所学课程必须满足深度、广度以及研讨班的要求，目的是培养多层次全面的科研人才；②各学校的课程设置各不相同：除了基础课程大致相同以外，专业的课程一般根据学校的自身优势和所开展的具体学术研究方向设置，通过课程的学习为学生硕士论文研究工作奠定理论基础，完善学生的知识结构；③注重学科的交叉与融合：在课程设置上将多领域的知识进行交叉和融合，有利于开阔学生的视野，为学科的交叉和创新奠定基础；④教学方式多样化：国外高水平大学研究生教学非常注重通过教学过程培养学生的研究能力。在课程授课方式上，以 Seminar 的形式出现的课程较多。对学生的考核采取不同的形式，有的采取期末口试与平时作业相结合的形式，有的采取写论文的形式，有的做课程报告，有的采取课题设计的形式，促使研究生掌握研究方法、提高研究能力、形成研究习惯。

各学科在充分总结分析了这些学校相应学科先进的学科思想和教育理念、高效的管理机制、优秀的人才培养模式的基础上，结合各自学科的特色和培养要求，在学科方向、科学研究、师资队伍、学科基地、人才培养等方面进行重新构建，并按照国际标准制定了学科新的培养方案。

2. 聘请国外著名学者，引入国际化的教育教学模式

我校2008年启动了"与国际高水平学者共建研究生课程"（以下称共建课）项目，通过共建课的建设进一步完善了我校研究生课程体系；促进了研究生课程教学内容及教学方式的改革；建设了一批高水平的研究生课程；提高了研究生教学的师资水平。

(1)共建课的申请与管理。

各院(系)的"与国际高水平学者共建研究生课程"项目由院长(系主任)或主管院长(系主任)负责组织与指导，建立本院(系)的项目管理及教学工作细则，由院(系)主管领导和各学科带头人制订共建课程建设计划，包括共建合作者的选择、共建小组成员组成、共建方案、师资培养等。

研究生院制定了国际化课程建设的管理与激励机制，包括对国际化课程的经费支持管理办法，国外专家国际旅费、讲课费、授课期间生活费、教材出版费，全英文授课课程的教学工作量和课时补助的标准和经费支持方式，同时开设国际化课程的数量和质量纳入到院(系)的年终绩效考核体系中，保障了高水平国际化课程的教学质量和持续性。

(2)课程建设的具体要求。

"与国际高水平学者共建研究生课程"的建设是在各学科认真分析国内外著名高校同类学科的课程体系及课程设置情况，并根据我校要求结合本学科特点确定一级学科的研究生课程体系的基础上，选择其中内容重要、基础性较强、选修学生数量多的1~3门学位课作为与国际高水平学者共建课程。

每门共建课选择1~2位在国际知名大学长期工作、学术造诣高、有丰富的本学科研究生课程教学经验、曾多次讲授过相关课程的高水平学者作为共建合作者。由3~5位我校教授、副教授与国外专家共同组成共建小组。共建小组负责讨论并确定课程内容、教学方式、教学要求、教材及参考文献等相关事项。

共建课程第一年的教学工作，可根据情况由我校教师与共建合作者共同承担，或全部由共建合作者承担,但必须同时培养我校的相关师资。我校教师全程跟踪学习,随堂听课、与国外学者共同研讨课程内容、教学方法等,培养青年教师的先进教学理念、方法和能力,经过三年的实践,逐渐过渡到由我校教师完全承担课程教学工作,使我校研究生教学工作逐渐达到国际一流水平。共建课程可用中英双语或全英文教学,有条件的课程也可实行全英文教学。每个具有一级博士学位授予权的学科,一般应建设1~2门共建课程,硕士生规模非常大的一级学科,可建设3门共建课程。

从2013年起,我校开始推行与国外一流大学及国内多所C9联盟高校一致的秋、春加夏季"两长一短"三学期制。夏季学期的设置更有利于学生根据个性和个人发展需求进行自主学习。同时夏季学期与国外大学的暑期学制相吻合,有利于邀请国外知名学者前来讲学和进行学术交流,为共建课的开设提供了时间上的方便。

三、国际化课程建设实施效果

从2008年启动"与国际高水平学者共建研究生课程"项目开始,现在哈尔滨工业大学已与牛津大学、麻省理工学院、卡内基梅隆大学等87所国际一流大学的99名著名学者共建研究生课程97门,这些课程覆盖了21个博士授权一级学科,所聘请的国外合作者是包括英国皇家工程院院士、牛津大学教授Tony Wilson、美国卡内基梅隆大学的Daniel P. Siewiorek院士在内的国际高水平学者,他们都是在国际知名大学长期工作、学术造诣高、有着丰富的本学科研究生课程教学经验,并且多次讲授过相关课程的高水平学者。通过共建课程的建设,聘请国外知名学者作为哈尔滨工业大学研究生教育的顾问,协助建立世界一流水平的研究生教育及评价体系,帮助进行研究生教育的宏观设计,引进国外先进的研究生培养理念,使我校的研究生教育尽快达到国际一流水平。通过借鉴国际高水平大学在研究生教学中的成功经验,促进我校研究生教育观念、教学模式、课程体系、课程教学内容、教学方法的改革,增强研究生课程的理论深度和前沿性,强化启发性、研究性、实践性教学,形成以学生为中心的教学模式。在共建课程的直接和间接影响下,在以下几个方面对各学科教学和科研水平的提升产生了积极作用。

1. 改变课堂授课方式,增进课程学习效果

(1)消除语言障碍,建设受欢迎的国际课程。

受教学语言的影响,课程知识的接受程度受到英语水平的影响很大,所以中国学生普遍认为国外学者用英文讲授的课程更难,很难充分理解课程内容,无法充分理解教学内容,学习不到知识,会更排斥去学习国外学者讲授的英文授课课程[4],而共建课程的优势正解决了这一问题。由国外学者和中国教师组成的共建小组共同商讨制定课程的教学内容和教学方式,中国教师更为了解中国学生的学习习惯和理解能力,可以为国外教师提供更多的学生信息,并在课程教与学的过程中,随时了解学生的需求,有助于国外教师设置更为适合中国学生接受的教学方式,并在重点难点的内容上,根据实际需要用更简单易懂的语言去做更多的更详尽的解说。这在很大程度上打消了学生学习国际课程的顾虑、打破了外国语言理解上的障碍,让学生能够有机会了解到国际知名学者的学术思想,享受到国际一流水平的课程教学,让学生不惧怕国际课程,喜欢上国际课程,借此开阔国际视野,提高跨文化的交流能力,激发学生的国际学术参与意愿,提升国际竞争力。

(2)变信息传递为认知交流。

中国式课堂以知识讲授为主要形式,课程讲授是一个老师教与学生学的过程,是信息的传递过程。而外籍学者参与的多门共建课程改变了传统的知识传递的课堂教学模式,变课堂教学为学术讨论,变信息传递为认知交流。土木学院与悉尼大学Gianluca Ranzi博士共建的"组合结构设计"课程,将编制好的英文PPT课件提前发布在课程网站上,要求学生提前学习课件内容,学生需要在课堂之外花大量的时间进行自主的学习,培养学生自主学习、深入思考、发现问题、解决问题的能力,而课堂上则是针对课程内容进行深入的讨论,交换每个人对知识内容的不同理解和认识,大大加深了学生对课程内容掌握的深度,学生不仅学习了知识,还对知识有了更深刻的认知和实际的应用。电信学院为"扩频通信"课程建设了课程主页,提供课程实验任务的布置与实验报告在线提交的功能,可下载查阅历年教学授课课件、中英文经典参考书和最新的优秀英文参考文献,并开设了学术讨论区,学生不但可以在课前自主学习课程相关知识,还可以了解到相关领域经典的和最新的研究成果,拓宽了学生获取知识的途径,给学生提供了更多的学习资源,同时课前课后学生都可以在学术讨论区探讨对知识的理解和疑惑,进行在线或离线的讨论,使教学延伸到课堂之外,更注重学生对知识的认知和体验,更关注学生的学习效果。

2. 培养青年教师,丰富课程教学材料

共建课的开设培养了大批青年教师,通过随堂听课,与国外专家共同商讨制定课程内容、授课方式,使青年骨干教师在理解国外高水平大学的教学理念、教学内容、教学方法方面得到了很大收获,在英语能力上也获得了显著提高。青年教师在熟练掌握共建课的授课内容的同时,也积极开展课堂互动授课模式,打破了以往只教不讲、只讲不练、只练不辩的单向灌输式授课模式。国外学者与共建小组共同整合各学科在国际上有影响力的教材,新编多媒体课程教学演示文稿、教学讲义、教学用书。

3. 促进我校与国际知名院校的交流与合作

以共建研究生课程为契机,哈尔滨工业大学教师与国际知名大学建立起了长期、深入的交流机制,各共建小组均已与共建学校进行人员互派(派青年教师和博士研究生进行联合培养学习),为拓宽我校的国际交流范围和提升本学科的国际交流与合作水平起到了重要的推动作用。建筑学院通过"都市设计及发展"共建课的建设,与我国台湾地区高校建立了良好的合作关系,2014年7月21日—8月3日由我校主办的"2014海峡两岸青年规划师与建筑师学术研习营",进一步促进了两岸规划、建筑学科之间的交流与合作。

四、国际化课程的可持续发展

国际化课程的建设使学生能够不出校门即可领略到本领域世界知名学者的学术风采,了解到本领域最新的科研方向和成果,享受到来自不同国家、不同高校、在各自领域的知名专家带来的最先进的教育教学理念、科研动态以及知识结构。

目前哈尔滨工业大学已经完成了5批共建课程的建设,有33门课程已经开始完全由我校青年教师担任主讲,课程仍用英语或中英双语进行教学,很受学生的喜欢,效果好。共建课的建设模式已经收到了良好的效果,今后我们还将进行共建课程的评估,保障共建课程的质量[5],同时加大共建课程的政策支持力度,对教学效果好、广受学生喜爱的课程,可以延长聘请外籍专家的时间或加大支持力度。

"与国际高水平学者共建研究生课程"是一种引进国际优秀教育资源并转为己用的非常经济有效的方式,是一种可持续性发展的研究生国际化课程建设模式,是研究生教育国际化的有力抓手,同时国际化课程的建设对吸引优秀国家的留学生也十分有帮助。

参考文献

[1] 王战军. 我国研究生教育的国际影响力[J]. 教育经济与管理,2013(2):16-19.
[2] 王庆林,毛宇峰,赵清华. 德国研究生教育国际化进程[J]. 学位与研究生教育,2008,2:68-71.
[3] 高有华,张静利. 美国大学国际化课程建设特点及启示[J]. 信阳师范学院学报,2015,35(2):64-77.
[4] 陈翊. 国际化课程对教学对象的影响——以《统计学》课程为例[J]. 浙江理工大学学报(社会科学版),2015,34(1):79-84.
[5] 徐明生,刘劲松,谌玲. 研究生高水平国际化课程建设质量评价探索与实践[J]. 研究生教育研究,2015(2):51-55.

研究生研讨课教学实践与思考

刘章孟[1]，甘可行[2]

（1. 国防科学技术大学电子科学与工程学院　410073；
2. 国防科学技术大学研究生院　410073）

摘要：研讨课是研究生课程体系中极具特色的一种授课形式，对拓展研究生的知识面、培养研究生的创新能力具有重要作用。本文结合在国防科学技术大学参加多门研讨课教学实践的案例，分析了影响研讨课教学成效的多种因素。在此基础上，论述了对进一步提高研讨课教学质量的几点认识，包括提升授课水平、丰富教学形式、发挥课程效益等。

关键词：研究生；研讨课；教学实践

一、国内外研讨课程建设情况

研讨型教学方法是18世纪由德国教育家弗兰克提出的，希望通过教学方法的改革达到"学有所获、教学相长"的目的，其核心思想是充分挖掘课程参与者（学生和教师）的潜能，最大限度地发挥主观能动性，进行多角度、多层次的认识互动[1]。经过两个多世纪的探索与实践，国外知名大学已经形成了较为完备的研讨课程体系。如德国大学将研讨课分成了初级、中级、高级等不同阶段，课程组织过程分为研究报告撰写和研讨活动开展等相对规范的形式[2]；而在美国，截至2009年，高达87.34%的研究型大学甚至已经在新生中开设了成体系的研讨课，达到了提升新生科研能力、指导新生确定专业方向、培养新生合作精神等多重目的[3]。

鉴于国外高校在研讨课教学中取得的巨大成功，国内各高校也相继开展了研讨课的教学实践，并且结合国内研究生的特点进行了各种大胆的尝试。例如，武汉大学文学院从课时量、学生参与方式、研讨方式等方面进行改革，借助研讨课平台充分发挥导师组的集体智慧，有效地锤炼了博士生的科研能力[4]；复旦大学罗书华老师遵循"求道、寻业、生惑"的授课理念，采用电子教室与实体教室相结合的授课方式和课前准备、课堂表现与课程总结相结合的考查方式，把《<红楼梦>与人生》研讨课办出了特色，淡化了老师讲授的内容，激发研究生各抒己见，引起了很大反响[5]。

尽管国内各高校在研讨课实践中已经取得了一定的经验，但国内研讨课程的总体质量与国外相比还存在较大差距。产生这些差距的原因是多方面的，除了学生人数多、教学资源匮乏等客观原因之外，教师准备不足、学生参与积极性不高、研讨课程建设理论指导缺失等主观原因更加重要[1,6]。

二、研讨课教学案例分析

笔者从2012年开始，在国防科学技术大学参加了多门研究生研讨课的教学工作，以下对其中的部分课程进行案例分析，以管窥我校研究生研讨课教学的情况。

1. 案例1："信号与信息处理的数学方法"

"信号与信息处理的数学方法"课程面向高年级硕士研究生和低年级博士研究生，涵盖了信号与信息处理相关领域所使用的各种数学方法和工具，既包括经典的矩阵运算工具，也涉及新兴的量子计算、压缩感知等理论和方法。这些专题所讨论的并不是某个方向专用的数学工具，而是多个学科所使用的共性方法。各专题结合一些具体的应用实例，使研究生形成对相关数学方法的原理、特点、效果等的感性认识,并且留给研究生一个广阔的创新思考空间,让他们将各种数学方法创造性地应用于解决本领域的问题。

研究生必须在课堂之外花费一定的时间去理解各种数学方法的本质,思考这些数学方法与自己所遇到问题的内在联系,并且就这些思考结果与老师进行深入交流,进而不断修正自己的理解和认识。课程结束时,选课研究生需要结合特定背景,将某个数学方法进行应用,并将自己对该数学方法的理解和应用过程在课堂上与其他研究生进行交流和研讨。

研讨和交流过程极大地促进了研究生的学习效果。从这几年的教学实践结果来看,选课研究生往往能够较容易地掌握与自己所从事课题密切相关的数学方法的本质和特点,并且创造性地将其应用于解决所研究的具体问题,部分课程报告甚至可以直接作为学术论文进行发表。此外,他们还能够在概念和应用效果层次上对原本较为生疏的数学方法进行领会,对相关学科的特点、规律形成了初步认识,显著地拓展了他们的知识面,埋下了学科交叉创新的种子。

2. 案例2:"电子战新技术研讨"

电子战技术是一个军事特色鲜明的研究方向,应用领域的迫切需要推动了该技术的持续进步与发展。"电子战新技术研讨"课程以军事应用对电子战技术提出的新要求为起点,围绕理论创新推动技术进步、技术进步引领装备革新、装备革新最终解决应用需求等要点,分多个专题阐述应用需求与技术进步的内在联系。

这门研讨课主要面向电子技术和电子对抗技术相关专业的博士研究生。经过多年的教学实践,我们总结了该课程教学的一些鲜明特点,如选课研究生大多具有一定的研究基础、不同研究生之间往往具有存在互补性的知识结构。针对这些特点,我们大胆地改革了课程的教学和考核形式。一方面,授课过程中尽可能对具体技术和方法进行抽象处理,强化课堂内容的共通性,并且结合选课研究生所从事的具体方向,有意识地将这些共性的知识点向其他方向进行辐射,引导研究生在自己的知识体系中找到相似点,诱发潜在的创新意识,并且鼓励他们随时将自己的新思想在课堂上提出来进行讨论。另一方面,使考核过程改革成为以研究生为主的自由研讨课,安排各位研究生把自己的创新实践成果在课堂上进行分享,请其他人提出意见和建议,这种新的考核方式给研究生提供了一个展示自我和相互交流的平台,增强了他们深入思考和积极研讨的自觉性,增大了研讨的广度和深度,进一步强化了该研讨课的教学效果。

三、关于研讨课教学的几点思考

一门好的研讨课可以极大地促进研究生夯实知识基础、拓展学科外延,对提高研究生的培养质量是大有裨益的。然而,由于研讨课的教学没有明确的规律可循,想要建设好研讨课程体系是一个需要持续深入研究的课题。以下结合从事研讨课教学的经历,谈几点改善研讨课教学质量的认识。

1. 提升教员水平和备课质量

相比于各类基础课和专业课,研讨课的内容和形式都更加灵活,研究生也以更加积极的姿态参与到课程中去,但在大部分时间里,课程教学的核心仍然是教师,这就对教师的科学水平和课前的准备情况提出了很高要求。一方面,教师要具有宽广的知识面和厚实的学科底蕴,在讲授具体知识点的同时,将自己对学科发展规律和本质特点的理解传递给研究生,使研究生既能掌握专业知识,又能增强抽象的思维能力。另一方面,研究生的深度参与是研讨课区别于基础课、专业课的一个重要特点,课堂讲授内容更多地起到抛砖引玉的作用,用这些内容激发不同方向、具有不同知识背景的研究生的相互讨论才是研讨课的关键所在。研究生参与进来之后,研讨课会明显地带上其自身知识背景的特点,教师发挥着不同学科之间知识交汇的纽带作用,教师的水平直接关系到研讨过程的效果,是帮助研究生对不同方向知识点融会贯通并最终碰撞出创新火花的关键因素。为了达到激发讨论、推动学科交叉创新的目的,研讨课的备课过程也应当针对研究生的知识背景,找好不同方向的交汇点,有目的地引导研究生发掘各自所关心的要点，提高研讨课的质量。

2. 丰富研讨课教学形式

对于研讨课而言，优质的教学内容还需要好的教学形式来辅助，让研究生以更加多样化的方式了解更广泛的知识，并在自己身上引发共鸣，以最大化研究生的收益。在前文案例2所介绍的"电子战新技术研讨"课程中，由于课时和自己知识背景的局限，授课内容主体部分只能围绕几个相对具体的知识点展开，虽然授课过程中尽可能向相关方向进行发散和辐射，但所涉及的内容毕竟有限。在了解选课研究生所从事的学科背景时，有研究生提出对其他同学所从事的研究工作比较感兴趣，于是我们大胆革新了该研讨课的考核形式，给研究生提供平台介绍自己的研究工作。这种尝试不仅丰富了课堂教学的内容，而且将常规的教师"广播式"教学形式拓展为教师与研究生之间"联网式"的教学形式，许多研究生就自己关心的问题进行了更加深入的相互交流。

研讨课的形式改革不仅仅局限于加大研究生的参与力度，还可以围绕研讨课的核心内容和办学目的，邀请相关领域的专家以专题讲座等形式参与进来，将知识启发过程中原有的点状辐射模式调整为多点甚至网状辐射模式。多个教员、不同学科方向之间在研讨课上进行深度交联，既可以为研究生提供交叉研讨与创新的示范，还可以增大课程内容的覆盖和辐射范围，提升研究生受到创新启发的可能性。依据研究生知识结构的广度和科研积累的深度不同，研讨课多个专题之间的跨度可以相应设置。在这一方面，国外广泛开展的短期高层次研讨班可以为我们提供借鉴。美国研究经历丰富的专家可以将几何理论用于解决信息处理方面的问题，可以将仿生学原理引入机械加工、航天器设计等领域。我们也可以尝试将多学科的知识在研究生身上进行交汇，最终培养出跨学科的创新成果。

3. 注重发挥研讨课效益

研讨课的开设不以讲授固化的知识点为目的，而是以培养研究生抽象的科学素养和创造性解决问题的能力为初衷。科学素养的培育和创新性成果的产生都需要一个过程，大多数情况下难以在课程结束时获得最终的结果。为了进一步发挥好研讨课的效益，有必要完善研讨课的"售后服务"机制，对课程教学过程中培育出的创新火花进行全生命周期的关注。借助在师生之间建立长期的交流合作机制，促进研讨课所激发的创新思想得到持续的保护和物化，最终将无形的创新思想转化为有形的创新成果，让研讨课的效益得到真正的发挥。

研讨课的效益不仅体现在深度上，还体现在广度上。目前，高校中开设的研讨课大多局限于本校相关方向上少量的研究生，其影响范围较小。借助当前日益普及的MOOC等授课机制，教师可以让自己的思想成果在更广的范围内快速传播，惠及国内外更多的研究生。我们甚至可以考虑采用维基百科式的知识关联与更新模式，让相关方向的专家围绕同一个议题进行论述和研讨，最后在MOOC平台上汇集成系列课程，使研究生了解到更广泛的知识和更多专家的观点。

四、结语

研讨课对提高研究生创新能力的培养水平具有重要作用。国内各高校在研讨课教学实践方面已经进行了大量有益的探索，但在教学理念、教学资源等方面还存在局限，这在一定程度上制约了我国研究生创新能力的培养效果。在今后的教学实践过程中，我们有必要围绕创新型研究生培养这一目标，加强导师队伍建设，优化教学资源配置，从根本上转变常规的"填鸭式"教学模式，借助研讨课平台强化研究生的抽象思维和发散思维能力，有力激发研究生的创新潜能，推动我国科学创新事业的蓬勃发展，使我们培养的研究生能够更好地服务于创新型中国的建设。

参考文献

[1] 邓立治，郭颖."研讨课"教学方法在经济学课堂中的运用[J]. 中国管理信息化，2015，18(1)：254-256.

[2] 白福臣. 德国大学的研讨课教学模式探究[J]. 产业与科技论坛, 2008, 7(11): 254-255.
[3] 梁晶. 美国研究型大学新生研讨课评介[J]. 扬州大学学报(高教研究版), 2013, 17(1): 25-29.
[4] 陈国恩. 依托导师组集体智慧锤炼博士生科研能力[J]. 中国大学教学, 2009(8): 15-19.
[5] 杜瑞, 王庭芳. 对研讨课教学模式的思考[J]. 教学研究, 2011(4): 61-63.
[6] 蒋婷. 反思研讨课教学法在我国研究生教学中的困境[J]. 天府新论, 2008(5): 158-161.

研究生课程建设存在的问题与思考*

江虎维，杜 瑛

（四川大学研究生院 610065）

摘要：课程学习是研究生培养的必要环节，对提高研究生的培养质量具有重要意义。当前研究生课程建设存在诸多问题，通过优化研究生课程体系、深化教学改革、完善课程监管制度等措施可以有针对性地缓解当前面临的难题。

关键词：研究生；课程建设；问题与思考

研究生课程学习是研究生培养的重要环节，直接影响着研究生教育的质量和水平，因此重视课程学习、加强课程建设、提高课程质量是当前深化研究生教育改革的紧迫任务。

一、加强研究生课程建设的意义

研究生培养的基本目标是要为我国的社会主义现代化建设培养高层次的创新型人才，通过课程建设，促进课程学习和科学研究的有机结合，可提高研究生的理论素养和实践能力，增强创新意识，同时也为学科发展提供坚实的基础。

1. 加强课程建设有助于提高研究生的科研水平

通过课程建设，使研究生拥有系统的学科知识，能提高他们的认知能力，从而促进科研工作。课程学习的过程是掌握知识的过程，科学研究的过程是运用知识的过程，因此，先经过一段时间系统的理论课程学习，再开展科研实践，这不仅是必要的，也是符合研究生教育规律的。优秀的研究生课程还能通过有效展示课堂教学的魅力，激发研究生科学研究的兴趣，使他们积极从事科学研究。

2. 加强课程建设有利于培养研究生的创新能力

目前我国研究生教育质量的最大弱点是创新能力不足，究其主要原因就是研究生的知识结构不合理，缺乏学术创新所必备的学科前沿知识、研究方法知识、跨学科知识以及研究论文写作知识等，只有科学设置研究生课程体系，才有可能使研究生具有合理的知识结构，才有利于创新思维的产生，才能适应未来研究方向的变化。

3. 加强课程建设也是学科建设工作的重要组成部分

课程建设是学科建设的基础工作，学科的人才培养功能要以课程为中介来实现，课程建设工作的进展情况及成绩的大小，直接影响着学科水平的提高和人才培养的质量，而学科的发展，也离不开其基本课程的建设，应切实转变只重科研忽视课程的实际倾向，把课程建设作为学科建设工作的重要组成部分，将课程质量作为评价学科发展质量和衡量人才培养水平的重要指标。

二、研究生课程建设存在的主要问题

课程建设直接关系到教学质量与人才培养，应该受到高度重视。长期以来，关于研究生的课程改

---

* 四川大学管理服务工作研究课题："研究生培养改革相关管理问题研究"。

革虽然从未停止过,但在具体实施中仍然存在诸多问题,主要集中表现在以下几个方面。

1. 研究生课程体系有待完善

目前,研究生课程体系设置存在的突出问题是:研究生课程设置缺乏科学系统的、长远的规划,存在必修课、选修课学分比例不合理,因人设课,课程审查制度不完善等诸多需要进一步规范的问题。研究生课程不仅要重视专业基础课程的学习,而且要强调大学科相关知识的学习,应给予研究生较多的自由选课空间。另一方面,研究生课程中研究方法类课程不足,根据相关调查,70%以上的被调查者表示缺乏相关的方法类课程安排,94%的被调查者认为有必要修读一定的研究方法类课程。

2. 研究生课程教学改革仍需推进

研究生课程教学改革集中体现在对教学内容、教学手段和教学方法的改革上。当前研究生课程教学效果普遍不够理想,在教学内容上,课程的深度和广度与本科课程未能有效区分,没有体现出研究生课程的特色;在教学手段和教学方法上,部分教师片面地认为使用了多媒体设备就是进行了教学创新,而在教学过程中研究生仍然处于被动灌输地位,没有将以学生为主的指导思想贯穿在教学活动的全过程。

3. 研究生课程监管制度有待细化

虽然目前研究生教育的各项管理制度已比较完善,但是针对研究生课程建设中的一些"老大难"问题,如课程设置因人设课,教师不按教学进度安排上课,调课、停课现象多,课程考试(考查)要求不严格等现象却未能建立起有效监控制度。加强研究生课程监管制度,就是要通过制度建设从各个层面监控研究生教学,改变研究生课程教学质量不高的现状,确保研究生培养的质量。

4. 研究生课程建设投入不足

课程建设是一项投入较多而见效较慢的基础性工作。长期以来,大多数学校中都存在着对研究生教学工作在经费、人力、物力、教学研究等方面"投入不足"的问题。社会常常倾向于用量化指标来衡量学校的发展,如重点学科数量、知名专家教授人数、科研成果获奖数量等,由于研究生课程教学质量难以量化,所以导致对研究生课程教学均不够重视。课程学习是研究生教育的基础,要真正提高研究生培养质量,就必须下大力气进行课程的重构与优化,其中经费的投入是必不可少的。

三、研究生课程建设的举措

针对现行研究生课程建设中存在的以上问题,本文提出了如下建议。

1. 优化研究生课程体系

(1)建立硕士-博士贯通式课程体系。一方面进一步完善一级学科研究生课程体系,鼓励设置一级学科平台课、二级学科专业方向限选课,增加选修课门数,让研究生能更好地进行自我规划。另一方面,建立硕士-博士贯通式课程体系,有效压缩课程重叠水分,选修课不再强制性区分为硕士、博士课程。以一级学科博士点研究生课程体系为例,可建立如表1所示的硕士-博士贯通式课程体系。

表1　xxxx（4位学科代码）博士一级学科研究生课程设置表

研究方向：1. xxx　2. xxx　3. xxx　4. xxx

类别	课程编号	课程名称	总学时	学分	开课学期	考核方式	备注
必修		第一外国语	90	3			
		中国马克思主义与当代	36	2			博士
		研究生综合素质系列课程	18	1			
		学术交流活动	20	3			
		第一外国语	90	4			
		中国特色社会主义理论与实践研究	36	2			硕士
		学术交流活动	15	2			
		博士平台课1					
		博士平台课2					
		硕士平台课1					
		硕士平台课2					
		硕士平台课3					
选修		博士选修课1					
		博士选修课2					
		博士选修课3					
		博士选修课4					
		……					
		马克思主义经典著作选读	18	1			
		自然辩证法概论	18	1			至少修1学分
		马克思主义与社会科学方法论	18	1			
		硕士选修课1					
		硕士选修课2					
		硕士选修课3					
		硕士选修课4					
		……					

（2）重视基础理论课程建设。保障基础理论课程在课程体系中的核心地位，加强相关课程建设，打造高水平的研究型课程，促进研究生形成宽广和扎实的基础理论知识体系，为他们今后从事必要的科研活动、提高科技创新能力创造基础性条件。

（3）鼓励开设交叉学科课程。学科交叉点往往就是新的科学生长点、新的科学前沿，这里最有可能产生重大的科学突破，所以增加交叉学科课程设置，可以拓宽研究生的知识面，有助于激发创新思维的产生。在研究生培养方案中，应对学生跨学科、跨文理选修课程做一定的学分要求。

（4）增加研究方法类课程。方法创新将有助于提升研究成果的质量，重视研究方法类课程，将文献检索、社会调查方法、定性与定量研究方法、统计与测量以及其他前沿研究方法课程纳入研究生课程体系中，改变目前研究方法传统、手段相对落后的状况。

(5)探索在线网络课程。选择部分学科领域的优秀课程,充分利用国内外研究生教育资源,建立研究生精品课程资源共享网络,形成研究生教育的国内、国际交流平台。

2. 深化研究生课程教学改革

(1)改革教学方式,提倡研讨式教学。目前,不少教师在研究生课程教学中仍采用以讲授为主的教学方式,学生基本处于被动接受的状态。而研讨式教学方式则需要研究生根据教师要求在课前做大量的认真准备工作,然后通过积极的课堂讨论进行思想碰撞,从而能有效激发研究生独立思考和质疑的能力。

(2)加强国际化教育,建设国际化研究生课程。设立专项经费,提高研究生教师进行外语教学的积极性,鼓励开设全英文、双语课程,引进国外高水平原版教材。不断开展与国外大学的交流合作,建立更多的研究生双学位或者短期进修课程项目,为研究生提供更多的接受国际化教育的机会,提高研究生的国际学术交流能力。鼓励按学科建设全英文研究生课程模块,招收外国留学生,扩大学校在国际上的知名度,吸引更多的留学生和国外专家来学校学习和交流,从而形成国际化的氛围。

(3)加大课程建设投入,优化课程建设环境。要将课程建设列入研究生创新项目规划中,建立课程建设常态化投入机制,为课程建设提供充足的经费支持。

3. 完善研究生课程监管制度

教学管理制度化水平对于提高教学质量、促进学校发展有着重大影响。通过研究生课程管理制度建设,一方面可以保障课程质量,另一方面可以形成良好的教学秩序,以使研究生教学工作能迈上一个新的台阶。

(1)完善研究生课程审查机制。建立担任研究生课程教学工作的教师审核制度;完善新开设课程申报、审批机制;建立教学大纲和教学进度审查制度。对于申请新开设的课程,应从课程的开课意义、课程目标、适用对象、课程内容、选用教材等方面进行全面审查。对已设置课程的开设情况和教学效果进行定期审查,对于不适应培养需要的课程应及时进行调整,对教学质量不达标的课程进行整改或停止开课。

(2)改进研究生课程考核制度。重视和加强课程学习的课程考核,将课程考核成绩分散到课程教学的各个阶段,增加平时考核的成绩比重,减少期末考试成绩权重。在课程教学过程中,将课堂讨论、随堂测验、作业等作为衡量研究生课程学习效果的一个重要指标,使研究生在课程学习中一直保持良好的学习状态。

(3)改革研究生综合考核制度。完善中期考核分流制度是保证和提高研究生培养质量的重要手段。要严格考核环节,做到考核内容和考核形式的科学化,将考核标准从主要注重发表文章情况或考试成绩向综合考核转变,把知识结构、能力素质、培养潜力等纳入考核,同时根据考核结果,对考核不达标的研究生进行严格分流。

(4)完善课程教学考评体系。一些研究生教师对课程教学重视不够,主要根源在于许多高校的教师工作考核体系存在偏差,重视科研而轻视教学,导致教师不愿意将主要精力放在课程教学上。为此,研究生课程教学考评体系既要体现它的检验功能,又要体现它的导向功能。进一步完善研究生教师考评体系,给予课程教学指标合理的权重,通过指标权重的变化,引导教师重视课程教学。同时,建立以教学督导为主、研究生评教为辅的研究生课程教学评价监督机制,完善评价反馈制度,及时向教师和相关部门反馈评价结果,提出改进措施,并督促和追踪整改工作。

参考文献

[1] 樊华.优化我校研究生课程教学评估方法的基本思路[J].中国高教研究,2005(1):37-40.
[2] 李海生.硕士研究生课程设置存在的问题及思考[J].学位与研究生教育,2007(7):60.
[3] 赵文平.面向创新能力的研究生课程体系研究[J].学位与研究生教育,2004(11):7.

[4] 金红梅.基于对教学意义重新认识的研究生课程改进思路[J].学位与研究生教育,2008(9):38-41.

[5] 李海生.硕士研究生课程设置存在的问题及思考[J].学位与研究生教育,2010(7):60-63.

[6] 包迪鸿.完善我国研究生课程教学的思考与研究[J].黑龙江高教研究,2005(6):122-123.

[7] 粟莉.研究生课程体系建设——美英日德研究生教育经验的启示[J].长治学院学报,2014(4):83-86.

面向计算机学科的社会需求、科研实践、学生特点三结合的研究生课程建设

郭方方,王慧强,吕宏武,冯光升

(哈尔滨工程大学计算机科学与技术学院　150001)

摘要:计算机学科研究生课程建设是高等级计算机专业技术人才培养体系中的基础环节,是研究生培养思想的重要体现,直接影响到研究生培养的水平。但是目前对此的研究存在着对影响课程建设效果的各个因素分析较少且不全面、各个因素之间的关系不明确等问题,严重影响了研究生培养的效果。据此,论文在全面地阐明知识获取能力、知识应用能力、知识创新能力和必备的社会能力四大研究生课程建设目标的基础之上,系统地分析了社会的需求、教师的科研实践和学生的特点三个要素对研究生课程建设的具体作用,提出了将三者有机融合的计算机学科研究生课程建设新思路和新方法。

关键词:研究生课程建设;社会需求;科研实践;学生特点

目前,我国已进入信息化阶段,计算机技术在政府部门、国防、经济等各个领域具有广泛的应用。李克强总理制订"互联网+"行动计划,强调推动移动互联网、云计算、大数据、物联网等与现代制造业结合,促进电子商务、工业互联网和互联网金融健康发展,引导互联网企业拓展国际市场。同时,习近平主席指出"科技是国家强盛之基,创新是民族进步之魂"。这些充分证明了计算机学科是科技创新的一个重要组成部分,已受到越来越多的关注。

在当今社会信息化的时代大背景下,计算机学科的突出特点是与各行各业有着密切的联系,需要及时反映各个行业不断增长的信息化需求;同时,自身的理论和技术体系也在飞速地发展完善,最终导致计算机学科知识迅速更新。但是,由于参照其他传统学科建立起来的计算机学科研究生课程体系,不能够迅速地对计算机学科知识的更新进行反应,所以,学生知识架构相对于计算机理论和技术的发展来说,具有一定的滞后性,与国家和社会的需求不能紧密地贴合,造成了高等级计算机专业技术人才资源的巨大浪费。因此,对研究生课程进行改革,深入探讨其与科技创新的相互作用规律,成为研究生教育教学改革研究的重点和热点。此外,我国的改革开放已经进入深化阶段,可靠顶用的高等级计算机专业技术人才是打赢信息领域攻坚战、圆信息强国梦的基础,而符合国家和社会需要的计算机学科研究生课程建设则是培养人才的重要组成部分之一,其重要性更为突出。

一、计算机学科研究生课程建设的目标

计算机学科研究生课程设立的目的不单纯是教授知识,它应划归到研究生能力培养体系的整体架构里,以研究生科技创新能力的培养为自身的最终目标。同时,能力培养也是研究生课程设置成功与否的评判标准。

1. 基础知识的获取能力

基础知识是任何一个学科的基石。基础知识掌握不牢靠,所谓的应用知识、创新知识就将成为无根之水、无本之木。研究生课程的设定,不单单是给学生讲授知识,同时,更重要的是培养学生获取知识的能力。这样才能让学生适应未来科研工作岗位多变的技术知识需求。

2. 专业技术知识的应用能力

计算机学科是一个应用性很强的学科,知识学习的直接目的之一是为了应用。因此,以应用知识学习为基础,培养学生专业技术知识的应用能力是研究生课程建设的又一重要目标。

3. 知识的创新能力

计算机学科是一个多学科交叉的学科,它与各行各业有着紧密的联系。在满足各种特性需求的过程中,逐步衍生、发展出自身的学科特色。总之,计算机学科是一个不断发展中的、"过程化"的学科。对于高等级计算机专业技术人才来说,其承担的任务不单单是进行复杂的计算机技术应用,而且还包括发展完善计算机技术和理论。这种创新能力的培养是计算机学科研究生课程建设的重中之重。

4. 社会能力

计算机学科与各行业联系紧密,各种实际的计算机应用直接反映了各行业的特性化需求,彼此大相径庭。对于具有通用性的计算机学科来说,要求计算机专业技术人才具有较强的交流沟通、行业知识获取、团队合作等社会能力。该能力是专业技术知识能力的重要组成部分,是构建计算机专业技术知识和用户需求之间的桥梁和纽带,是计算机专业技术知识能够"应用"的基础之一,贯穿于上述三个能力培养的全部环节。

二、社会需求、科研实践、学生特点三结合的计算机学科研究生课程建设

研究生课程建设是研究生人才培养研究的重点及热点,除了诸如课程设置[1]、内容设定[2]等具体的研究点外,本质上必须讨论的是课程建设的影响因素及其相互作用规律,这是其核心问题。在已有的研究成果中,大都分别考虑了社会需求[3-5]、科研实践[6]等本质因素,但是对于两者之间的联系考虑甚少。此外,对学生自身的特点未做考虑。而作为教育受体对象的学生的特点直接影响了课程教学的效果,是不应该也不能够被忽视的。因此,本文提出将社会需求、科研实践、学生特点三者结合在一起,相互促进、共同发展的计算机学科研究生课程建设思路,具体内容如下。

1. 以社会需求为驱动,构建计算机学科研究生课程架构

计算机学科作为信息化社会中与各行各业紧密结合的"代表性"学科,必须能够及时有效地反映各行各业的信息化需求。这决定了在计算机学科的研究生课程架构构建过程中,必须体现社会需求的影响。虽然计算机学科有其自身的学科特点和发展规律,但是也必须体现出社会需求方面的内容,否则计算机学科的设置将没有任何存在的实际意义。

据此,本文提出以社会的需求为导向,将课程进行分类处理的思想方法。具体来说,将课程内容级别划分为基础知识、应用知识两大部分;同时,根据课程性质进行细粒度分类,分为理论和技术的深入研究、技术知识的应用、创新知识三个类型。通过基础知识的教学,夯实学生的基础;通过应用知识的教学,提高学生的实践能力;通过课程教学过程中,教师与学生之间关系的转换,将学生从单纯的受教客体转变为课程教学的主动参与者,从而激发学生的主观能动性,提高学生的学习热情。

2. 教学科研深度融合,建设计算机学科研究生课程内容

对于实用性非常强的计算机学科来说,课程设置的重要目标之一是培养学生应用知识的能力。应用知识要求从实际出发,理论联系实际。在真实的场景下,认真思考所面临的实际问题,进而找寻解决问题的方法。而教师自身的科研任务恰恰就是理论与实践相连接的一条重要而便捷的途径,给研究生带来了锻炼和实践的宝贵机会。同时,此过程反过来又促进了教师科研任务的完成。如果不将教师的科研任务与课程教学环节结合起来,那么为了达到培养和锻炼研究生应用知识能力的目的,

任课教师就不得不为学生构建单独的虚拟应用场景。而这种虚拟应用场景不但要求任课教师耗费巨大的精力认真思考所有可能的情况，而且由于缺乏按照实际用户需求进行结果检验的过程，其课程教学效果难以进行评估，往往取得的是事倍功半的结果。

据此，本文依据科研任务的需要和特征，提出了将科研任务进行不同粒度的分解，并与不同学习阶段的教学环节、内容结合到一起，在形式上各有不同的思想方法。首先，按照科研任务的需要，将科研项目所需的基础技术准备知识融合进教学内容讲解中；在阶段性的学习之后，根据科研任务的需要，将相关知识点综合为课程实验，以技术报告的形式考查学生初步实践能力。在经过一定时期的知识学习之后，将科研项目划分为相对独立的子课题，分配给较高年级的研究生完成，以此锻炼并检验学生独立担负专门科研任务的能力。总之，以科研需求指导教学，以教学促进科研，循序渐进，让学生在课程中紧紧跟随计算机领域相关方向的最新动态；在科研中检验自己对所学知识的应用能力和实际问题的解决能力。

3. 充分考虑学生特点，构建计算机学科研究生的实践能力培养机制

实践是检验真理的唯一标准，学生是课程建设乃至整体人才培养成果的最终体现，学生最终能够达到的实践能力水平，可以用来直接判定研究生课程体系乃至整个研究生培养体系的成功与否。在研究生课程建设的过程中，作为教育受体对象的学生的特点往往是被忽视的一个重要因素。充分重视每一个学生的特点，能够最大化地激发学生的学习热情，为研究生实践能力培养水平的提高奠定扎实的情感基础。让学生在自己擅长或感兴趣的领域学习，能够使学生在自己喜欢的道路上走得更远，这也是研究生人才培养目标的一个基本要求。若不考虑学生自身的特点，将会导致学生对课业内容产生疑虑和困惑，甚至会产生抵触情绪，最终使得学生达不到自己应该达到的能力水平，研究生培养也将成为一句空话。

据此，本文提出根据学生的特点，设计不同类型的实验等课程教学内容的思想方法。具体实验内容包括工程实践类、学术研究类、技术发明类等，并通过调配机制保证每个学生都能得到适合自己特点的实验锻炼机会，从而提高学生的实践能力，最终形成按照学生自身特点横向分类的实践能力培养机制，在拓宽知识面的基础上，强化特长，增加学生的竞争力。

4. 建设社会需求、科研实践、学生特点三结合的研究生课程，共同促进研究生能力的发展

社会需求、科研实践、学生特点三者之间并非相互独立，而是相互联系、相互影响、相互制约的关系。科研实践是社会需求在教师个人方面的特性化反映，也即教师自身的科研实践体现了社会总体需求的某个小的具体点。而课程教学工作的目标是为了让学生适应社会，必须体现的是社会对计算机学科的总体需求。因此必须平衡好科研实践与社会需求之间的关系，既要让学生得到实践锻炼的机会，同时保质保量地完成科研任务，又要不偏离社会需求的整体方向。在这个过程中对学生特点的分析与把握是影响科研和教学效果的关键。学生特点确定得越准确，学生的学习热情和主观能动性就越高，完成课业任务和科研任务的效果就越好。在社会需求整体方向的正确控制下，学生的能力水平对国家和社会需求的贴合度也就越高。

总之，课程建设不单单是某个教师或某几个教师的事情，也不是某个要素就可以决定的，而是一个系统的工程，需要考虑多方面的要素及其相互的影响。据此，论文提出了将传统单一的教学团队扩大并细分为教学、管理和科研三个团队，各团队目标、任务不同，共同实现研究生的课程建设工作的思想方法。将宏观调控与微观管理深度融合，通过教育教学管理人员对研究生课程教学实践过程的参与，提高教师对于国家信息化政策导向的敏感度，确保课程教学目标方向的正确性。三个团队共同作用，从不同的角度分析学生的特点，以保证分析的准确性。同时，科研团队与教学团队深度结合，保证科研任务的分解以及此后将分解的任务融入各个课程教学环节的正确性。不定期邀请企业人员和已工作的研究生回校讲座和讨论，以准确把握社会需求的发展变化情况。

综上所述，计算机学科研究生课程是高等级计算机专业技术人才培养目标、思想、方法的直接体

现,其建设的效果与人才培养水平紧密相关。考虑到计算机学科突出的"应用性"特点,以社会需求为导向,课程教学紧密结合教师科研实践是一条可行的建设思路。在这个过程中,时刻考虑学生自身的特点,把学生的特点渗透进课程教学的各个环节中,是提高课程教学效果的必经途径。把社会需求、教师的科研实践和学生特点三者有机地结合在一起,最终将实现一个高效能的计算机学科研究生课程体系,为给国家和社会输送可靠顶用的高等级计算机专业技术人才的目标做出贡献。

参考文献

[1] 程凡. 面向卓越工程师的软件工程专业课程体系建设——以安徽大学为例[J]. 现代教育技术, 2014, 24(6):106-112.

[2] 章丽萍, 赵张耀, 徐敏娜. 研究生课程体系的重塑与优化——浙江大学研究生课程建设的思考与实践[J]. 学位与研究生教育, 2013(6):38-41.

[3] 田红旗. 基于服务需求提高质量背景下加强研究生课程体系建设的思考与探索[J]. 学位与研究生教育, 2014(8):18-22.

[4] 张立新, 苗薇薇. 美日两国硕士研究生培养环节的比较研究[J]. 研究生教育研究, 2013(4):91-95.

[5] 高磊, 赵文华. 美国学科交叉研究生培养的现状及启示——以美国研究生教育与科研训练一体化项目为例[J]. 学位与研究生教育, 2014(8):54-60.

[6] 刘茂福, 符海东. 计算机专业研究生培养中的学研产关系研究[J]. 计算机教育, 2014(21):56-58.

工科研究生课程中工程、力学与数学的衔接、贯通和平衡[*]
——"路面力学与分析方法"课程建设的思考与实践

王东升,易军艳,冯德成,郭大智

(哈尔滨工业大学交通科学与工程学院　150090)

摘要:路面力学作为应用力学的一个分支,源于路面工程实际,又应用于路面设计、推动路面工程技术的发展;其力学理论的发展又与工程数学相互依赖、相互促进。因此在哈尔滨工业大学研究生学位课"路面力学与分析方法"的建设中,形成了工程、力学与数学的衔接、贯通和平衡的理念,在实践中逐渐形成了明确的教学思想、稳定的教学内容、综合的教学方法与灵活的教学策略。注重夯实研究生的数学和力学功底,提高其数学和力学修养,培养其数学与力学思维、数学与力学精神;并在实践中引领研究生理解哥廷根学派"理论联系实际"的学术思想,注重基础研究与应用研究相互融合与促进,注重工程实践与应用力学的内在联系。从而在研究生教学中实现知识结构构建、思维模式启发和综合能力训练的平衡。

关键词:研究生课程;路面力学;应用力学;哥廷根学派;理论联系实际

作为路面结构设计方法理论基础的路面力学,自20世纪50年代以来始终是道路工程学科研究生教学中的重要理论课。特别是自世界各国抛弃经验法、发展路面结构的力学——经验设计法[1]以来,其研究对象、领域和深度逐渐拓展,研究手段与方法日益丰富,路面力学已成为道路工程学科最活跃的研究领域,国内外研究型大学愈加重视这一研究生课程的建设,当然其教学内容、重点与风格各异。

哈尔滨工业大学的路面力学研究始于20世纪60年代,至1979年郭大智教授率先在国内开设"路面力学中的工程数学"[2]与"层状弹性体系力学"[3]两门研究生课程,其后为适应研究生学制改革再将这两门课程合并为目前的"路面力学与分析方法"。近四十年的教学实践,逐渐加深了本学科对路面工程、路面力学与工程数学三者内在联系的理解,在实践中引领研究生理解哥廷根学派"理论联系实际"的学术思想[4],形成了以"工程、力学与数学的衔接、贯通和平衡"为主导的教学理念,以能力和创新思维的培养为目标,在教学思想、教学内容、教学方法、教学策略和教学实践等各层面中贯穿这一衔接、贯通和平衡的理念,从而在研究生教学中实现知识结构构建、思维模式启发和综合能力训练的平衡。

一、以能力和创新思维的培养为目标构建课程知识体系

"路面力学与分析方法"源于工程实践,又反馈推动路面设计理论的发展;其力学理论的发展又与工程数学相互依赖、相互促进。作为应用力学的一个分支,其研究涉及工程、力学与数学三个风格各异又紧密联系的学科领域,因此课程知识体系十分丰富,既反映工程的系统性、复杂性与科学性、经验性[5],又充分展示力学学科的研究方法,体现力学既是基础科学又是技术科学的二重性,并以数学语言和思维表达、体现数学简洁与和谐之美,这当然应在教学实践中注意三者知识结构的衔接与贯

---

[*] 哈尔滨工业大学研究生教育成果奖培育项目(CGPY-201408)。

通、平衡三者的知识体量与难度,构建合理的知识结构。更关键的则是通过基础理论和经典问题的剖析、学科发展史和学术思想的探讨,透视工程、力学和数学的贯通融合特征,引领学生体验工程、力学与数学三个学科认识世界、改造世界的思维和方法的异同,掌握科学的方法论,并升华至科学技术哲学的实践体验与思考,实现培养能力和创新思维培养[6]的目标。

具体而言,各篇章教学体系设计均应与人才培养目标协调。第一部分"路面力学中的工程数学",主要学习特殊函数(Gamma 函数、超几何函数与 Bessel 函数)与积分变换(Laplace 积分变换、Hankel 积分变换),结合习题、程序及课程研讨,夯实研究生的工程数学功底,训练学生的数学分析与运用能力,使之基本掌握路面力学中的数学方法,提高数学修养,培养数学思维与数学精神。

第二部分"层状弹性体系力学",作为"路面结构设计原理"的前导课程,主要介绍层状弹性体系与层状黏弹体系力学的发展历程、基本原理、基本方法以及主要研究成果,结合路面力学分析与程序的编写,夯实研究生的力学功底,提高其计算机语言的驾驭能力。使学生掌握路面工程结构设计的理论体系、基本原理与计算方法,并具备应用软件完成力学分析、独立编写路面力学程序的能力。从而提高力学修养与应用力学解决工程问题的能力,培养力学思维,培育严谨、务实、求实的科研品质。

这样,通过路面力学及工程数学的理论学习和实践训练,引导研究生在路面工程的实践和研究中认识、凝练科学问题,掌握科学研究方法,提高其发现问题、分析问题、解决问题、学习科研方法的能力,从而培养具有坚实基础、广阔视野、良好技能、敏锐洞察力和创新能力的研究型人才。

二、以理论联系实际的学术思想引领教学思想、指导教学实践

以上衔接、贯通和平衡工程、力学与数学的人才培养目标落实于教学实践,源于师生对应用力学学术思想的深刻理解,更取决于教师的教学思想与思维水平。

因此教学理念上应摒弃和扫除纯粹实用主义和纯粹工具论的观点,贯彻文化素质的原则[7]。在数学和力学训练中将知识传授同学术思想的传达、科学方法的感悟、科学思维的培养、科学精神的培育、科研品质的锤炼相融合,实现科学知识传授与人才文化素质教育的双重目标。实现学术思想牵引教学思想的目标,以内容吸引人、以内容启发人、以内容激励人,力求教、学、研的融合。

在教学实践中则应注意五项平衡,即基础学科知识与应用技术知识的平衡、理论方法学习与实践经验剖析的平衡、经典理论学习与研究热点追踪的平衡、系统认识全局与攻克力学数学细节的平衡、统一要求与个性化指导的平衡。结合各篇章教学内容,在具体教学设计中各有侧重、循序渐进、彼此呼应的渗透教学思想与学术思想,从而实现数学方法与力学方法的融合、力学方法同工程设计理论的融合,引导学生夯实基础、培养科学方法与科学思维,兼顾知识体系的广度、深度与高度,促使学生独立思考,激发从事基础研究的兴趣,提高利用基础理论解决工程一般问题的能力。

上述理念能否实现关键在教师对应用力学的学科特点和学术思想的理解,特别是通过学习对象剖析、阐释这一研究风格,将学术思想融汇于教学实践。如庄逢甘院士所言,应当走哥廷根学派的道路,走理论联系实际的"技术科学"[8-9]道路,切忌空谈,从工程实际出发,观察分析,提出新思想、新概念和新方法,然后再用在工程上,经过工程的检验[4]。将理论联系实际的学术思想贯穿于教学实践,形成理论联系实际的教学思想,通过教学的系统化设计实现教学目的。

理论联系实际看似简单,然而其内涵对初学者并不易于理解,若不能在教学设计和细节中具体化则将流于空泛而武断[10],因此应剖析具体教学单元和教学内容中理论与实际的内涵。对数学理论而言,力学的理论体系恰恰是实际,而对工程设计方法而言,力学又是理论支撑;而工程学科科学研究的关键所在恰恰是通过对工程现象的观察和剖析,挖掘相应的力学及数学问题,再应用基础学科的体系予以解决,进而同工程实际对应反复调整研究路径;再高一层而言,工程哲学、学术思想、研究方法等抽象思考、概括性总结,其实际恰恰是具体理论的学习、经典成果的剖析,在具体中思考抽象、在特殊中透视一般。

因此应做好课程内容的五项衔接与反馈,即以工程实践为起点,实现工程和力学的衔接、力学和数学的衔接、理论和计算的衔接、计算和分析的衔接、分析和工程实践的衔接及反馈,从而构建融合路

面设计、路面力学、工程数学的较为系统、完备的知识体系和教学框架。

三、以实事求是的原则革新教学方法

美好的教学理念、精致的教学思想,都应以科学的教学方法为载体,方能实现理想的教学目标。近年来随着研究生招生规模的增长和招生制度的改革,生源结构愈加丰富,研究生的群体和个体心理特征较之以往发生着重大变化,教师应把握课程特点与学生特征,以实事求是的原则革新教学方法,从而兼顾各种基础和专业背景的学生,实现因材施教,促进学术交流和思想交流。

路面力学的教学方法,应以教师主导作用与学生主动性结合为原则,实现教学资源的综合运用。以讲授法为主,以讨论法为辅,结合实验法与设计法完成累加式考试的相关任务。具体教学组织以教材为基础提供系统认识的素材,以讲义为载体提供生动的学习资料,以课堂讨论促进交流、关注研究热点和难点,以启发式教育带动课堂效果、促进学生独立思考,以课下互动保障接受效果,以累加式考试实现客观评价、训练学生从事科研的各项基本能力,从而达到统一要求与因材施教的结合。

作为植根于工程实践、指向工程实践的应用力学与应用数学,其讲授法应坚持归纳法和演绎法交互为用的原则[11],做好描述法与论证法的均衡、分析法和综合法的平衡,重视范例教学与类比法。路面力学及工程数学,既注重知识体系逻辑的严密,重视严格的逻辑演绎推理训练;更要注意针对有较深远意义的数学和力学知识及其发现过程,做较为系统的观察、分析、归纳、抽象概括和探索性推理过程的讲授与研讨,努力实现讲授法的启发性,通过揭示"知识发生过程",提高学生运用科学归纳法从特殊例子中发现一般性规律的能力,推动学生想象力、观察力、创新能力的培养。

面对日益活跃、个性鲜明、风格迥异的生源群体,讲授法应与对话教学法融合,重视问题教学,采用启发式的教学方法,以问题为牵引,引领学生学习发现问题和解决问题的方法,培养自学解决问题新方法与手段的能力;活跃课堂教学氛围,激发学生活力,在口试中充分、深入交流。讨论法与讲授法交互为用,可实现学生的主体地位,推动学生的学习自主性,提高学生的自学能力,培育合作精神。结合研究生学位论文与科研工作的实际需要,针对研究热点、难点或新的研究方法、研究思路、研究手段,设计的讨论议题,尽量简练清晰,但意味深长、引人深思,从而发挥教师的主导作用和学生的主体作用。

课堂教学将知识的讲授及掌握,升华至学术思想的传递、讨论和感悟,知识与思维方法的传授相交融,深刻但不空泛。每一节抽象、提炼一个方法论方面的问题,但所谓哲学方法、认知理论与实际紧密结合、不空谈,对象就是路面工程和路面力学的学习、研究与实践。因此结合课堂研讨,开展"应用力学、应用数学的管窥与研讨",立足应用力学同工程、技术的紧密联系,面向应用力学与应用数学的最新进展及热点,结合路面工程建设中的学术问题,开展专题学术讨论,拓展学生视野。工程数学向复变函数理论、偏微分方程等现代应用数学延展;路面力学同研究生论文方向相呼应,通过随堂研讨的形式,向有限元等计算力学、黏弹理论和弹塑性理论等非线性力学、断裂力学与损伤力学、材料的本构方程与强度理论、人车路系统动力学、材料细观与微观力学等现代应用力学领域延展,拓展研究生的视野。使学生基本了解路面工程基础研究中的主要数学与力学方法,进而根据不同研究方向的需要灵活选择研究方法和手段。

最终考核亦应考虑工程、力学与数学的融合,兼顾不同的学习习惯、研究风格,给研究生充分提高、努力训练、多层次交流的空间,因此累加式考核中采用实验法与设计法,布置适宜的、个性化的研究题目,由学生自主或合作完成相应的理论推演、程序编写、科学计算、力学分析与工程设计,将课堂教学与学生自学、课下互动有效融合,提高教学效率,激发学生的创造力,从而引领学生在实践中认识和思考工程与力学、数学的丰富互动、内在联系,通过自主学习和实践掌握科学方法、培育创新思维。

四、结语和展望

限于篇幅未介绍本课程的知识体系、教学策略等课程建设的思考与实践,目前教学团队仍努力更新教学内容与教学手段,探索基于 MOOC 和 SPOC 的教学方法,以适应时代变化对研究生教学的挑

战。

同时,路面力学虽然是应用力学中发展较晚的一个分支,然而因路面工程的系统性、复杂性与动态演化特征,工程实践对学术研究提出了越来越有难度、越来越丰富多样的问题,对培养更高水平的、具有卓越能力和创新思维的人才无疑会提出新的挑战和思考,这需要在教学和科研实践中丰富并发展工程、力学与数学的衔接、贯通和平衡的理念,以适应工科大学研究生教育的发展趋势,这一征程任重道远。

参考文献

[1] 姚祖康.沥青路面结构设计[M].北京:人民交通出版社,2012.
[2] 郭大智,马松林.路面力学中的工程数学[M].哈尔滨:哈尔滨工业大学出版社,2001.
[3] 郭大智,冯德成.层状弹性体系力学[M].哈尔滨:哈尔滨工业大学出版社,2001.
[4] 张维,符松,章光华,等.普朗特纪念报告译文集[M].北京:清华大学出版社,2013.
[5] 殷瑞钰,汪应洛,李伯聪.工程哲学[M].北京:高等教育出版社,2007.
[6] 项海帆,潘洪萱,张圣城,等.中国桥梁史纲[M].上海:同济大学出版社,2009.
[7] 徐利治.徐利治谈数学哲学[M].大连:大连理工大学出版社,2008.
[8] 钱学森.论技术科学[J].科学通报,1957(3):97-104.
[9] 郑哲敏.工程科学与应用力学(二)——纪念钱学森诞辰一百周年[J].力学进展,2012,42(1):1-3.
[10] 余英时.士与中国文化[M].上海:上海人民出版社,2003.
[11] 徐利治.徐利治谈治学方法与数学教育[M].大连:大连理工大学出版社,2008.

基于输出驱动假设的研究生公共英语翻转课堂实践

杨 琨

（空军工程大学　710051）

摘要：传统的讲授式课堂教育导致非英语专业研究生英语"读写强、听说弱"的问题长期存在，这一现象严重影响研究生进行国际学术交流。基于输出驱动假设，笔者将翻转课堂引入研究生公共英语教学，设计翻转课堂课内、课外的教学活动和反馈机制，旨在提高研究生的英语口语表达能力和英语思辨能力。本研究对6个专业142名研究生进行了一学期的教学实践。实践后的问卷调查和学生对教学效果的反馈显示，该做法能够有效提高学生的英语表达能力。研究还发现，这种教学方法能够有效激发学生的学习兴趣，提高教学效果。

关键词：翻转课堂；研究生公共英语；输出驱动假设

一、引言

非英语专业研究生在求学阶段有一个共同的任务就是要大量阅读专业英文文献，并基于大量的研读开展研究。参加国际学术研讨会是发表研究成果的重要渠道，因此，参加国际学术研讨会为其提高英语口语表达能力和英语思辨能力提供了驱动力，同时也提出了较高要求。但以教师讲授为主的传统讲授式课堂重输入、轻输出，费时、低效，导致非英语专业研究生英语表达能力长期在低水平徘徊，严重影响了研究生顺利进行国际学术交流。

因此，笔者尝试基于输出驱动假设，开展非英语专业研究生英语教学翻转课堂教学，为学生提供训练的驱动力和平台。翻转课堂教学中，在老师的设计和指导下，以学生为主体，通过课外任务，激发学生自主学习，利用课堂平台训练、检验、提升学生的英语口语表达和思辨能力。

二、理论依据

本研究所依据的理论主要是Swain的"输出假设"和文秋芳教授提出的"输出驱动假设"。

1. Swain的"输出假设"和文秋芳的"输出驱动假设"

Swain的"输出假设"认为语言输出有四个功能，分别是：①提高语言的流利度和自动化程度；②检验语言假设；③增强对语言的意识程度，发现学生所想与所能之间的空缺；④培养学生对元语言的反思能力。

基于Swain的"输出假设"，文秋芳教授提出了"输出驱动假设"。与"输出假设"关注二语习得理论，界定输入和输出在二语习得过程中的不同作用不同，"输出驱动假设"关注教学效率问题，特别针对中高级外语学习者的教学。该假设的内容是：①认为针对中高级外语学习者，教学要以输出为出发点和终极目标，这样做符合市场对人才外语能力的需求；②认为输出驱动有助于激活学生在过去英语学习中积累的"惰性知识"，提高学生汲取新语言知识的积极性，取得更好的教学效果；③将职场需要的输出能力作为教学考核目标，同时允许学生根据自身需要选择培养部分表达能力。

2. 翻转课堂（Flipped Classroom 或 Inverted Classroom）

翻转课堂虽然不是本研究的理论依据，但却是本研究的重要方法手段，有必要进行大致介绍。

2007年，美国科罗拉多州的化学老师Jonathan Bergmann和Aaron Sams基于前期的网络教学实践开创性地尝试以学生在家看视频、听讲解为基础，在课堂上老师主要进行问题辅导等形式进行教学。这种教学方式被称为"翻转课堂"。随着互联网的发展和普及，翻转课堂的方法逐渐在美国流行起来。

翻转课堂重新调整课堂内外的时间，将学习的决定权从教师转移给学生。在这种教学模式下，课堂的宝贵时间内，学生能够更主动地专注于基于项目的学习，共同研究解决所面临的问题，从而获得更深层次的理解。教师不再占用课堂的时间来讲授信息，这些信息需要学生在课后完成自主学习，他们可以看视频讲座、听播客、阅读功能增强的电子书，还能在网络上与别的同学讨论，能在任何时间去查阅需要的材料。

三、"输出驱动假设"下的翻转课堂教学实践

本研究把以"输出驱动假设"为指导的翻转课堂教学模式引入我校非英语专业研究生的"军事英语课"教学当中。受试班级为笔者学校2014级的4个研究生班，共142人，作为实验班，采用"输出驱动假设"下的翻转课堂进行教学。另外4个平行班作为控制班，进行教学实验后对比。所有学生专业均为理工科。

实验目的是验证两个假设：①输出驱动有助于促使研究生的自主学习兴趣；②基于"输出驱动假设"的翻转课堂有利于提高教学效率，促进非英语专业研究生专业英语学习。

教学实验设计：第一步，在教学实验之初，笔者首先明确本课程的教学总目标，即提高学生的专业英语口语表达能力和对其进行英语思辨的能力；第二步，将其进一步设计成每节课的教学微目标；第三步，根据教学微目标设计需要学生完成的翻转课堂课前任务单，准备学生完成任务所需的文字、视频、音频等方面的相关资料；第四步，布置任务，要求学生在课前尝试完成任务，并根据自己的实际需要自学笔者所提供的学习资料。在课前，笔者通过校园网互动平台了解到学生反映的在准备任务期间遇到的困难和问题，并做出一定指导；第五步，学生展示预先准备的学习任务成果。在学生展示之后，进行师生、生生交流，探讨任务的完成情况，同时笔者有针对性地进行点评、反馈和拓展教学。在提高语言教学效率的同时，利用结余出的课堂教学时间启发学生用专业英语知识进行更深入的思辨、讨论、表达，让学生带着新问题和新任务走出课堂，其流程如图1所示。

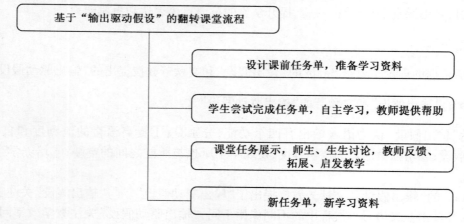

图1 基于"输出驱动假设"的翻转课堂流程

具体操作实例

第一单元教学内容：美国空军

教学微目标：学会介绍美国、中国空军，了解军事外交出访的基本流程，能够用英语讨论中国空军和美国空军的战略对比。

课前任务单：

①出访美国空军时参加欢迎晚宴。美方准备欢迎辞，其中包括对美国空军的介绍。中方致谢并

简要介绍中国空军和中美两国空军的关系。

②对比中美空军。

自学资料：课本中关于美国空军的文字、音频、视频资料，以及其他与任务相关的资料。

课上活动：

①学生分组轮流完成任务单。

②师生共同对任务完成情况进行讨论，教师对重点内容和问题进行点评、反馈、补充。

③基于此次活动启发学生进行关于中美空军发展战略对比的讨论。

④布置新的任务单和学习资料。

新微目标任务单：基于本次课的拓展学习任务和新单元学习任务单。

四、结果与分析

1. 问卷调查

经过一个学期的教学实验，笔者对学生进行了关于教学效果的问卷调查。部分调查问题和学生不同回答的人数见表1。

表1 问卷调查

1. 翻转课堂对口语表达能力提高_____。					
A. 有很大提高	25人	B. 有一些提高	114人	C. 没提高	3人
2. 翻转课堂对上台表达英语的信心_____。					
A. 有很大提高	51人	B. 有一些提高	89人	C. 没提高	2人
3. 课堂小组讨论有助于我对问题的理解_____。					
A. 有很大帮助	83人	B. 有一点帮助	54人	C. 没帮助	5人
4. 翻转课堂提高了学习效率_____。					
是	126人	不是			16人

通过问卷调查可以看出，97.8%的学生都认为翻转课堂对提高英语口语表达有帮助，其中，17.6%的学生认为帮助非常大，通过翻转课堂教学，理工科学生的英语表达自信也得到了大大提高；98%的学生认为自己上台讲英语的信心得到了提高，其中36%的学生认为信心提高很大。课堂设计的小组讨论活动也较为有效地促进了学生对学习内容的理解，其中58%的学生认为通过小组讨论，理解更加深入了。89%的学生认为翻转课堂提高了学习效率。

2. 学生体会与访谈

除了问卷调查外，在完成课程考试之后，学生在毫无压力的情况下，笔者要求学生每人写了对此次教学实验的感想。大致表达的意思是，没有想到英语课可以这样上，很忙碌，但收获很大，大大激发了对英语学习的兴趣。

部分内容摘抄如下：

"因为有更多在课堂进行口语表达的机会，口语提高很快。面对大家说英语的心理负担没那么大了。"

"为完成主题陈述任务，对课文资料精读的程度往往超乎我们的想象。"

"从开学来的每一节军事英语课，我都没打过瞌睡，一直都马不停蹄地听、说、看、写，这不得不说是一个奇迹。"

"经过一个学期的学习，我对英语学习的态度发生了很大变化，不再只是为了考试。一个学期的锻炼，我对上台讲英语没那么害怕了，有时甚至认为能让我上去说英语是一种机会，我为自己能有这么大的转变而高兴。"

"翻转课堂不仅让我们熟悉了军事常用英语的表达,而且通过完成任务,也熟悉了一些典型军事外交活动的组织流程等。"

3. 教学效果对比活动

为了能够了解不同教学方法对学生学习效果的影响,笔者将随机选择的实验班的 10 名学生和其他理工科平行班级的 10 名学生进行了教材文章主题表达与探讨活动。结果显示,实验班学生在讨论中的话轮数和语言流利程度明显超出平行班的学生。

通过问卷调查、学生的学习心得和后期的对比观察,印证了教学实验前的两个假设。

首先,在此次课堂教学实践中"输出驱动假设"得到了验证,学生在语言输出任务的驱使下自学学习资料的效果远远超出我们常规的讲授式课堂的效果。学生学习的主动性非常强,积极理解、内化学习资料,不断练习课前任务,学习的积极性高涨。

其次,基于"输出驱动假设"设计翻转课堂课内课外的教学任务与活动有利于提高英语教学效果。学生普遍反映口语表达能力有较大提高,对学习内容的理解深度也比平行班的学生要好。

通过教学实践,笔者发现,研究生学习的主观能动性很强。翻转课堂在研究生教学中的作用非常明显,能够大大激发学生的学习积极性,让学生体会到英语学习的乐趣。各类任务的完成,不但提高了学生的英语表达能力,在努力获取任务所需知识的同时,还丰富了学生的知识结构。另外,笔者还发现,课堂上及时、个性化的反馈对实现翻转课堂的教学效果非常重要。学生在老师的反馈中获得了继续努力完成新任务的动机和动力。类似定制式的个性化反馈还大大激发了学生的学习兴趣。

同时,笔者也发现了教学实施方面的一些问题。首先,个别课前任务难度超出了学生的能力范围,进而影响了教学效果。其次,小组共同完成任务的时候,由于评价机制不完善,导致学生自主进行的任务分工不平衡,不能保证所有学生都得到应有的语言练习机会。

五、结语

研究生英语教学中的费时低效问题的一个根本原因是我们在教学和测试中普遍"重输入、轻输出"。输出驱动假设为研究生英语教学提供了一个新的视角,翻转课堂为研究生英语教学提供了新的方法。

基于"输出驱动假设"的翻转课堂作为一种行之有效的教学方法,可以应用于研究生英语教学中,尤其是专业英语的教学中。实际交际性语言输出任务,大大激发了学生学习语言、运用语言的积极性和兴趣。翻转课堂将教师从传输知识的苦役中解脱出来,利用有限的课堂教学训练学生的语言实际应用能力,激发学生的英语思辨和创新性语言能力,不但提高了课堂教学效率,同时还提升了教学效果。输出驱动输入,较为成功地实现了培养研究生实际和全面运用英语的能力。但也存在一些问题,如任务设计的合理性,是否在学生能力最近发展区,是否具有交际真实性,以及如何设计更有效的小组活动反馈和评估机制等。这些问题都值得在以后的研究中做更多的探讨。

参考文献

[1] SWAIN M. Three functions of output in second language learning [C]// In G Cook Seidlhofer (eds.). Principles and Practice in Applied Linguistics: Studies in Honour of H G Widdowson. Oxford: Oxford University Press, 1995:125-144.
[2] 文秋芳. 输出驱动假设在大学英语教学中的应用:思考与建议[J]. 外语界,2013(6):14-22.
[3] 文秋芳. 输出驱动假设与英语专业技能课程改革[J]. 外语界,2008(2):2-9.
[4] 胡燕. 输出驱动假设在研究生公共英语教学中的应用[J]. 长春大学学报,2014(4):191-193.

基于构建主义理论的"乳品化学"教学模式研究与实践*

易华西,张兰威,韩 雪,丛培林

(哈尔滨工业大学食品科学与工程学院 150090)

摘要:针对我校研究生课程乳品化学在教学过程中存在的问题,基于近年国际教育改革兴起的构建主义理论,提出并实施了该课程的教学模式研究与改革。实践表明,建构主义理论在乳品化学教学体系中运用符合高等教育的思想和学生的认知规律,有效提高了该课程的教学质量和教学效果。

关键词:构建主义理论;乳品化学;教学研究;实践

乳品化学是哈尔滨工业大学食品科学与工程学院根据学院学科发展特色开设的一门研究生课程,授课对象包括中法国际联合培养研究生、普通全日制硕士研究生、企业工程硕士研究生以及企业相关研发人员。由于该课程授课对象来源广泛,学生在乳品科学方面的知识背景参差不齐,在教学和考察过程中发现学生对知识的掌握程度呈现出明显的"三明治"现象。具有乳品科学背景的学生由于具有一定的乳品科学理论基础,接受新知识和新理论比较快,兴趣点主要集中在理论的更新与拓展;来自企业的工程硕士研究生由于具有一定的乳品工程实践基础,接受新研究和新方法比较快,兴趣点主要集中在工程实践和理论知识的实际应用;而没有上述两种知识背景的硕士研究生对知识接受和理解非常吃力,学习主动性不高,甚至出现了厌学情绪。上述"三明治"现象在一定程度上影响了教学效果。针对这一现象,充分考虑到学生的知识背景差异,在以往多届乳品化学教学经验的基础上,以两届硕士研究生为对象,以乳品化学课程教学为平台,基于近年国际教育改革兴起的构建主义理论,在教学过程中进行了建构主义学习理论的创新应用,开展了中法乳学院国际合作教学模式研究改革与实践。

1. 构建主义学习理论的内涵

构建主义的思想来源于认知加工学说,最早由瑞士心理学家皮亚杰提出。在皮亚杰的"认知结构说"的基础上,科恩伯格、斯腾伯格、卡茨以及维果斯基等心理学家对认知结构的性质与发展条件等方面做了进一步的拓展研究,使构建主义理论得到进一步的丰富和完善,为实际应用于高等教育教学过程奠定了基础[1-2]。构建主义学习理论主要倡导学生是教学活动的积极参与者和知识的积极建构者,知识不是通过教师传授得到的,教师只是学生学习过程中的帮助者、促进者和学习伙伴。教学的最终目标是帮助学生进行意义建构,使学生对学习内容所反映事物的性质、规律达到较深刻的理解[2-3]。

建构主义学习理论的内涵虽然很丰富,有时候甚至晦涩难懂,但其核心理论可以简而言之为:在教师指导下,以学生为中心,强调学生对知识的主动探索、主动发现和对所学知识意义的主动建构,既强调学习者的认知主体作用,又不忽视教师的指导作用。构建主义学习理论提出的是一种不同于我国传统教学风格的学习和教育理论,更适用于不同个体的学习认知过程。经过多年发展,构建主义学习理论中比较成熟的教学方法有抛锚式教学、支架式教学和随机进入教学等,将构建主义学习理论应

---

* 黑龙江省高等学校教改工程项目(JG2013010257);哈尔滨工业大学研究生教学成果奖培育项目(CGPY-201427)。

用于高等课程教育教学中,必将会完善和革新传统的教育教学方法。目前国内外各级教育教学过程中都结合构建主义学习理论[4-6],已逐渐成为国内外学校深化教学改革的指导思想。

2. 乳品化学课程传统教学存在的问题

(1) 教学方式单一化。

在以往的乳品化学教学中,主要还是采取传统的教师主讲、学生主听的教学模式,教师定位是知识的灌输者,处于课堂的主体地位,学生定位为被灌输者,处于课堂的被动地位。显然,从学生接受知识的系统性来看,这种授课方式起到了积极作用,从学生掌握现有知识来看,这种授课方式是一种快捷的方式。然而,由于研究生在整个课程学习过程中基本上处于盲目接受知识的被动状态,并且这种教学模式限制了学生扩散性思维及批判性思维的培养,学生的惰性、依赖性、追随书本的习惯思维难以改变。从培养学生的创新意识、创新能力来讲,这种授课方式先天不足,存在极大的弊端。

教学模式的单一化导致了课堂气氛枯燥,缺乏生机,最终影响了教学质量和效果。由于学生没有意识到学习是一种主动的意义构建的过程,知识学习是需要学生在一定的学习情境中根据自己的经验来构建的[7]。虽然目前很多学校和教师开始教学方式的改革,也取得了一定的效果,但最终都没突破教师主体、学生受体的模式,还谈不上真正意义上的教学模式革新。

(2) 教学内容泛陈化。

教学内容泛陈化是目前高校教学内容存在的共性问题之一。在本科教学阶段,由于是强调基础理论学习,基本都是沿用多年传统的教材,授课内容从最基础的知识点开始,知识更新基本完全依靠授课老师的个人功底和发挥。因此出现了一种无可奈何的现象,学生不用上课,看看教材和老师的课件,考试一样能拿高分,对知识的探究兴趣和创新欲望很低。这个问题也引起了高校教育工作者的重视,但因为拘泥于目前的本科教育定位,目前基本上还是个无解的教学命题。但研究生教学完全有机会打破这个怪现象,因为研究生已经经过了多年的本科基础学习,具备了一定的理论和实践基础,而且研究生教学不像本科生教学那样严格指定教材,给授课教师和学生一定的发挥空间,从而激发了学生的学习兴趣。

乳品化学当初的教学过程中也面临着这样的问题:由于该课程授课对象包括中法国际联合培养研究生、普通全日制硕士研究生、企业工程硕士研究生以及企业相关研发人员,且课时有限,在教学内容上很难兼顾到不同知识背景和起点的学生,教学过程中学生逐渐出现了前面所述的"三明治"现象。因此,教学内容和知识更新紧跟国际最新发展动态是目前我国高校教学改革的重要内容之一,也是激发学生学习兴趣和创新意识的源头。

3. 构建主义理论在乳品化学教学中的探索与应用

(1) 构建乳品化学模块式教学。

首先,基于构建主义学习理论,重新定位学生和老师在课堂教学中的角色。学生来源广泛、知识背景存在差异,这一直被视为是困扰教学的问题,恰恰为课程改变传统的"填鸭式"教学方法,采用学生与教师换位式教学提供了条件。中法国际联合培养研究生的优势在于他们为了更好地与国际学习接轨,常常关注国际乳品科学研究动态和热点,普通全日制硕士研究生的优势在于他们具有丰富扎实的基础理论知识,企业工程硕士研究生以及企业相关研发人员的优势在于他们具备工程实践经历,更多地关注乳品科学中的工程问题。针对他们各自的优势,在乳品化学课堂上构建了模块式教学,即分为乳品化学基础理论教学模块、乳品化学国际研究动态与热点教学模块、源于乳品化学领域的工程行业难题与对策教学模块。在每个教学模块中,突出学生的主体地位,学生成为知识意义的主动构建者,教师对每个模块中的知识点进行补充完善,从而建立了一种新型的师生关系,打破了传统的教师讲、学生听的教学模式,不仅实现了学生对当前所学知识的意义构建,而且激发学生的学习兴趣和创新思维,取得了良好的教学效果。

其次,基于构建主义学习理论,构建乳品化学课题教学新情境。构建主义理论认为,学习总是与一定的情境相联系的,在实际情境下进行学习,可以使学习者利用自己原有认知结构中的有关经验去同化和索引当前学习到的新知识。据此,在上述三个教学模块中,全部是联合探讨式和辩论式两种学习方法。主持某个学习模块的学生负责相关知识的讲解和提出目前这一模块存在的问题或难点,其他两个模块的学生提出针对自己学习或工作过程中遇见的相关问题或对负责模块的学生提出的问题进行解答,最后通过讨论和辩论的形式解决问题。比如,在乳品工程行业难题与对策模块中,一名来自乳品企业检测部门的学生提到乳品成分检测技术存在高通量差这一问题,来自乳品化学基础理论模块的同学很快指出了相关技术的瓶颈,并建议理论上应该从哪方面可以解决或弥补,而国际研究动态与热点模块的同学则认为在国外这已经不是难题,企业完全可以引进国外相关检测设备,但来自乳品化学基础理论模块的同学很快指出,由于我国与欧美国家原料乳成分和国家、企业标准的差异,完全照搬国外的设备也许并不实用,最后三个模块的学生经过讨论或辩论形成了一个类似项目计划书的综合报告。整个课堂教学内容采取项目或案例式教学,充分调动了学生的主动性和科学思维,提高了学生们自我评价和评价他人的能力以及团队合作精神,对于培养应用型和创新型人才具有借鉴意义[4,8,9]。

(2)乳品化学教学内容模块化。

教学内容是教师传授知识、学生学习知识的载体和媒介,直接影响着教学质量和效果[10]。目前的教学内容大多重视理论性和系统性,常常出现教师难讲,学生难学的窘境。如前所述,乳品课程授课对象包括国际联合培养研究生,普通全日制硕士研究生、企业工程硕士研究生以及企业相关研发人员,由于教学内容泛陈化导致学生出现了"三明治"现象。针对这一现象,分别设置了基础理论教学篇、国际研究前沿与动态篇、工程行业难题与对策篇这三个教学模块,分别对应前面提到的三类模块式教学。在构建这三个教学内容模块时,学生仍然是主体,教师负责设计大的模块框架,不同教学模块的同学形成团队负责具体相关教学内容的收集和整理,最后教师再加以校订、补充和整合。这样的教学材料逐年积累和更新,形成了宝贵的教学资料库,很多知识和案例是传统教材中没有的。

另外,在实际教学过程中,上述三个内容模块的教学顺序安排上体现出极大的灵活性,没有按照学时硬性划分。为了激发学生对该课程的学习兴趣,第一节课就涉及了国际研究前沿与动态这一模块的相关内容,这也体现了构建主义强调的情境学习理论。在以后的教学中,始终坚持以学生为中心或主体的原则[11],三个模块内容互相交叉渗透,这样最大限度兼顾了不同知识背景的学生,有效地避免了"三明治"现象的发生。

4. 结语

针对我校研究生课程"乳品化学"在课题教学过程中存在的问题,基于构建主义学习理论,对教学方式和教学内容进行改革研究与实践,构建了相应的教学模块,在实际教学过程中取得了较好的效果,提高了乳品化学课程的教学质量和教学效果。以构建主义学习理论指导乳品化学课题教学对于培养乳品科学领域的应用型、创新型人才具有重要意义。

参考文献

[1] 罗晓林. 构建主义学习理论对大学语文教学改革的启示[J]. 教育与职业,2012(5):97-98.
[2] 管建军,李敬兆,潘地林,等. 基于构建主义理论的《大学计算机》教学改革[J]. 福建电脑,2014(1):70-71.
[3] 何颖,廖国建,谢建平. 基于构建主义学习理论的微生物学实验课程教学新模式[J]. 微生物学通报,2011,38(12):1843-1847.
[4] 程晓春. 基于构建主义理论的基础化学实验教学改革研究[J]. 当代教育论坛,2007(3):107-108.
[5] 刘娅,陈计峦,陈国刚,等. 构建主义理论在食品化学实验教学中的运用[J]. 科技资讯,2012(35):197.
[6] 张妍. 构建主义理论在生物化学教学中的运用[J]. 中国成人教育,2009(16):125-126.

[7] LAURA H, ROGER S. Collaborating with digital tools and peers in medical education: cases and simulations as interventions in learning[J]. Instr Sci, 2012(40): 737-744.

[8] KRISTA K Y, VICENTE T. Effect of different types of small-group activities on students' conversations[J]. Journal of Chemical Education, 2013(90): 1123-1129.

[9] MELANIE M C. Evidence-based reform of teaching and learning[J]. Anal Bioanal Chem, 2014(406): 1-4.

[10] SAMSON M N. Interpreting Kenyanscience teachers' views about the effect of student learning experiences on their teaching[J]. Canadian Journal of Science, Mathematics and Technology Education, 2013, 13(3): 213-231.

[11] GRANGER E M, BEVISVT H, SAKA Y, et al. The efficacy of student-centered instruction in supporting science learning[J]. Science, 2012, 338(5): 105-108.

关于工程专业学位硕士课程建设目标的思考

高 艳

(中国石油大学 102249)

摘要：近两年，为适应"质量时代"的建设要求，工程专业学位硕士的课程建设成为"重中之重"，在课程建设之初，明确提出了培养目标的职业能力导向如何细化到课程建设中去，并在课程改革，尤其是通过课堂教学得以深化，需要对课程建设目标进行细化分析。重点强调在实践能力目标基础上，进一步提出职业资格、国际化等建设目标。

关键词：课程建设目标；职业能力

课程建设目标应该紧紧围绕培养目标的需求进行思考，关于工程专业硕士培养，最为核心的目标是"工程职业能力培养"，随着工程专业硕士教学改革进入到"质量时代"，一方面国家多次强调"大力提升职业能力"，包括工程硕士从事实践工作的操作能力，另一方面是实际教学运行中亟须提升质量的现实。

近年来，国家层面关于工程专业硕士课程教学提升实践能力的指导意见较多。教育部发布的《关于深入推进专业学位研究生培养模式改革的意见》中指出，"培养单位应明确研究生实践内容和要求，健全实践管理办法，加强实践考核评价，保证实践质量。"其他文件也多次强调要培养"善于解决问题的实践能力"，对于工程专业学位教育而言，专业实践是最重要的教学环节，高质量的专业实践是教育质量的重要保证。

国内一些代表性研究机构对工程硕士实践能力进行统计分析，并提出一些结论性看法。大连理工大学研究认为："工程教育源于实践也回归于实践，重视实践已成为当今世界工程教育的共识。"[1]华南理工大学高等教育研究所张乐平等对某研究性大学2009级全日制工程硕士研究生及导师的调查显示，高达65%的教师反映学院制定的全日制工程硕士生培养方案"并没有吸收行业、企业或实践基地的人员参与"。只有8%的研究生能"拿出足够的时间用在参与实践工作"。[2]

华东师范大学高等教育研究所国家社会科学基金青年课题组对36所设有研究生院的高校2009年招收的全日制专业学位研究生进行抽样调查认为，近80%的学生尚未进入实践环节，但学生对参与实践环节表达了强烈的意愿，有90.5%的学生表示"很希望"或"比较希望"参加本行业的一线实践。[3]中国矿业大学纪承等设计了以构建知识能力、表征问题能力、解决问题能力为三个一级指标的"全日制工程硕士研究生工程实践能力特征量表"，面向中国矿业大学2012级60名企业管理者学员进行的调查显示，构建知识能力属于"普通"到"比较符合"范围；表征问题能力属于"较不符合"到"普通"范围；解决问题能力属于"不符合"范围。[4]

中国石油大学一项相关课题研究组于2015年4月设计并发放了23份调查问卷。23份问卷主要发放范围是工程专业学位质量工作组的专家。课题组共提出8类项目的重要性调查，包括课程类、实践类、校外导师、学位论文、特色管理、领域协作组等。52.17%的专家认为实践类最重要，应优先考察，重点建设。

由此，以提升"实践能力"为核心目标的工程专业学位硕士课程建设有五个方面的细化导向。

---

* 项目来源：教育部学位与研究生教育司"2014年专业学位研究生培养模式改革项目"。

1. 以实际应用为导向,以职业需求为目标,课程教学兼顾学科和行业需求

为适应我国国民经济发展和社会主义建设的需要,全日制"工程硕士"研究生应逐步从以培养学术型人才为主向以培养应用型人才为主转变。一些来自工程硕士教育发展较好的院校的做法强调课程教学的重要作用,并从学制学分等方面提出严格的要求。课程学习是全日制工程硕士适应职业需求的基本保证。就麻省理工学院和康奈尔大学对工程硕士毕业的要求来看,美国工程硕士在注重实践的同时也注重课程学习,美国应用型工程硕士学位层次主要包括:工程学位和工程师学位,MIT研究生办公室对工程师学位和工程硕士的培养模式有统一的规定。总体而言,从学制、学分来看,都加大了比重,工程硕士除论文外,其学分(90学分)比科学硕士(66学分)要多很多。

在国内,较为成功的做法都无一例外地强调课程设置要注重理论联系实际,充分结合行业需求,反映工程前沿,并开发有特色的研究型和项目训练型课程,运用案例分析、模拟训练等方法,鼓励学生积极、主动参与教学活动。比如:吉林大学的"汽车先进结构设计技术"等。

2. 以工程专业知识学习为基础,以综合素养和实践创新能力的提高为核心

工程专业硕士生教育课程体系的设置和改革,总体上要注重理论和实践相结合,在重视基础理论的同时,突出操作性的原则,要注重考虑"专业层面",维护工程人才的统一性,也要考虑人才培养的"个性层面",提高人才培养的针对性和实用性。

在提升实践创新能力方面,各国采用的较为普遍的做法是设立对实践创新能力进行激励的专门奖项。美国工程专业学位教育领域评优奖励特色鲜明。虽然,就目前掌握的资料,鲜见给工程专业硕士单独设奖,但是,最显著的特点是工程专业硕士能参与的奖项较多,且评奖的组织范围广泛、层次众多,从政府、企业、基金到工程院都设立一些奖项。尤其是由美国国家工程院颁布授予的NAE(美国国家工程院成员),该奖在美国高等工程教育领域属高级奖项,影响范围较广,例如加州大学伯克利分校的工程学院,被誉为世界顶尖工程师的摇篮,与斯坦福大学、麻省理工学院一起位列全美工程学院排名前三。该校共有教师224人,共有74名教师获得该奖项。再如,卡内基梅隆大学的工程学院共有130名教师,共有50名教师获得NAE。

美国工程专业学位教育能够参与的评奖针对某一具体领域的奖项颇多。由于美国高等工程专业学位教育涵盖专业领域较多,如斯坦福工程学院下设九个系,加州大学伯克利分校工程学院下设十个系。所以,针对各领域设奖也较多。例如:电子电器领域最高奖——美国(国际)电子电气工程学会荣誉奖章,由美国(国际)电子电气工程协会设奖;美国航空航天学会设立"里德航空奖";美国阿斯彭学会设置"马可尼国际奖"。在卡内基梅隆大学的工程学院,除NAE外,教师荣获其他领域、层次的奖项,平均每年10~15名教师获奖,获奖比例高达8%~12%。

台湾国立中山大学工程专业硕士教育能够参与的项奖层次众多。例如:国际上的"会士"(国际工程领域各学会的会士),台湾科技部"杰出产学合作奖",还有院校针对工程专业设立的"产学杰出奖""产学研究绩优教师",另外,工程专业学生能参加的评优很多,例如:中国工程师学会奖、候金堆杰出荣誉奖、财团法人东元科技文教基金会东元奖、杰出人才发展基金会奖、台湾经典引文奖、潘基渊文教基金会研究杰出奖。

3. 协调专业学位与职业资格认证的关系

职业资格认证与专业学位的关系问题实质上是解决专业硕士的就业问题。有的国家把专业学位工程师教育定位到精英教育的层面,法国在培养工程师方面享有全球较高的声誉,明文规定专业学位学生可以流向学术型学位,但只能单向流动。参考其他国家的做法,在解决这个问题方面大致有三种途径:一是等同认定法,专业硕士学位等同于职业资格认证;二是等同对待法,即取得专业硕士学位者在申考职业资格认证时,硕士就读时通过的相应科目可以免考,或者取得职业任职资格者再修读专业学位硕士生过程中相应科目获得免修;三是前提条件法,以具有接受专业学位教育的经历作为申考职业资格认证必备前提。与此同时,具备认证也为学位教育提供了广阔的社会就业环境。例如:在新西兰,学生完成会计师专业的相关大学课程并获得学位后,可以在会计师资格考试中免考相关几门课程;在美国,申请法律、医疗、社会工作职业资格应具有高级专业学位。就我国来看,三种方法的提出、论证、认定都需要相关制度的建设,并且操作性运行还需要搭建前提条件,比如完全等同认定的办法有待再规范职业认证。由此,在目前整体制度不完备,运作条件不成熟的情况下,专业硕士课程设置向职业资格倾斜就成为必然现象。

4. 搭建开放办学模式,提供动态的可选择性课程体系,培植多元化主体参与课程建设

工程专业硕士生培养目标要求培养学生自主性并加强学生科研实践训练,保证校方和合作方教师、科研等资源共享,建立有效的协同创新机制,共同搭建联合培养的平台,以及创新科研、教育基地。

在充分发挥政府扶植功能的基础上,通过重点强化工程操作意识、突出针对性解决工程问题的课程设置,搭建政府部门、培养院校、联合培养企业、工程研究机构、用人单位等多元培养主体积极参与的开放办学模式。既保证专业硕士生对专业知识的学习、发现专业操作领域问题,又能通过企业的联合培养及用人单位的需求了解和提升工程实践意识、强化工程实践能力。

传统的研究生培养模式基本以导师为主,学生没有过多发言权,课程学习、研究方向、课题选择大多由导师决定,工程硕士的培养在课程设置体系上应力求打破这种模式,切实做到以学生为本。例如:提供多个选择模块,尤其是专业技术类课程,校内导师在技术知识讲授环节和实验平台指导环节双参与,有效保证技术理论与实践应用的科学配合。

专业学位研究生课程体系应留有一定的选择余地,给学生自主选择的空间,尤其是专业技术课程类的学习,实现学生需求的最大化。同时,大力吸引企业专家参与教学。

5. 以拓宽学生认知视野和国际化视野为立足点,关注技术创新和技术前沿,体现国际性和前瞻性

面对当前激烈的国际竞争,专业学位研究生课程设置不仅要符合国内发展要求,凸显民族特色,而且要拓宽学生的认知视野。当今,专业学位研究生课程体系的设置,要不断与国际接轨,关注国际社会的技术创新和技术前沿。工程硕士的专业学位研究生课程设置,也要以国际化视野为立足点。

首先,工程专业硕士课程设置,只有与国际接轨,才能够不断在国际竞争中提升自己的竞争,学生才能不断创新。其次,工程专业课程设置符合国际化标准,才能把学生培养成全球公民,在日益激烈的竞争中,发挥创造力,也才能将自己杰出的研究创造服务于全世界。

科学开展工程专业学位硕士教育课程建设是推动新时期专业学位研究生教育改革发展的需要,面对实际教学运行中亟须提升实践能力的现实,进一步细化目标导向是引领改革方向的重要环节。明确目标导向有利于引导高校从国情、校情出发,充分借鉴国际成功经验,积极探索专业学位研究生教育新思路,逐步形成具备鲜明中国工程专业特色的学位研究生教育模式。

参考文献

[1] 孟秀丽,杨连生,吴卓平. 技术科学视角下工程硕士实践能力培养探析[J]. 学位与研究生教育,2013(11):29-33.

[2] 张乐平,王应密,陈小平. 全日制工程硕士研究生培养状况的调查与分析——以Z大学为例[J]. 学位与研究生教育,2012,03:11-17.

[3] 张东海,陈曦. 研究型大学全日制专业学位研究生培养状况调查研究[J]. 高等教育研究,2011(02):83-90.

[4] 纪承,高井祥. 全日制工程硕士研究生工程实践能力调查[J]. 学位与研究生教育,2014(10):13-16.

建立全日制专业学位硕士研究生课程建设评价指标体系的探索

常俊英,徐自力,王永哲

(北京石油化工学院 102617)

摘要:结合全日制专业学位硕士研究生的培养目标和课程设置的要求,调研了目前一些高校的研究生课程建设评价指标体系,初步建立了适合本校实际的全日制专业学位硕士研究生课程建设评价指标体系,从教学队伍、教学内容、教学条件、教学方法与手段、教学效果等方面来评价全日制工程硕士专业学位的课程建设。以期通过对研究生课程建设的评价使得全日制专业学位硕士研究生的课程教学更符合全日制专业学位硕士研究生的培养目标要求。并可为其他院校的全日制专业学位硕士研究生课程建设评估提供一定的参考。

关键词:全日制专业学位;硕士研究生;课程建设;评价指标体系

专业学位的培养目标是培养在某一专业(或职业)领域具有坚实的基础理论和宽广的专业知识,具有较强的解决实际问题的能力,能够承担专业技术或管理工作,具有良好职业素养的高层次应用型专门人才。我国在2009年开始试点招收全日制专业学位硕士研究生,目前全日制专业硕士教育还处于起步阶段。与非全日制研究生的区别是,全日制专业学位硕士研究生主要来源于应届本科毕业生,工程实践能力比较薄弱,缺乏实际工作经验。因此,全日制专业学位的培养模式既不同于非全日制专业学位,也不同于学术学位。

专业学位的课程设置应以实际应用为导向,以职业需求为目标,以综合素养和应用知识与能力的提高为核心。教学内容应强调理论性与应用性的有机结合,突出案例分析和实践研究;教学过程应重视运用团队学习、案例分析、现场研究、模拟训练等方法;注重培养学生研究实际问题的意识和能力。

2013年11月,教育部、人力资源社会保障部《关于深入推进专业学位研究生培养模式改革的意见》指出专业学位研究生的课程应突出实用性和综合性,培养单位应完善课程教学评价标准,转变课程考核方式,注重培养过程考核和能力考核。教育部2014年12月发布了《关于改进和加强研究生课程建设的意见》,进一步明确了加强研究生课程建设的重要意义,指出研究生培养单位要加强研究课程教学评价,制定科学的评价标准,定期实施课程评价,并建立合理的评价监督机制。

一、全日制专业学位研究生课程建设存在的问题

我国全日制专业学位研究生教育起步于2009年,由于时间较短和受学术学位研究生教育观念和思想的影响,目前全日制专业学位研究生培养过程中的课程建设仍存在很多问题,如:在教学内容上大多沿用学术学位研究生课程的教学内容,仍以理论教学为主,案例分析和实践研究严重缺失,甚至有些专业方向课程中不设置任何实践环节;课程教学过程形式单一,仍主要以教师讲授为主,缺少现场研究、模拟训练、案例分析等教学方法,学生的课堂参与度较低,无法实现理论性与应用性的有机结合;专业核心课程无案例教学或案例教学内容比较单一;专业课程的教学内容较为传统,不能反应学科前沿动态和最新研究成果等。

二、全日制专业学位研究生课程建设评价现状

研究生课程教学和课程建设是完成研究生培养方案中课程学习目标的保证,如何评价研究生课

程建设的效果,需要有完善的评价指导机制和合适的评价指标体系。

教育部在2003年4月启动了精品课程建设工作,同时出台了"国家精品课程评审指标体系",并于2010年对该指标体系进行了重新修订。目前全国的高等院校进行本科教学课程建设评价时均参照该指标体系,该指标体系主要针对本科和高职高专类课程进行评价,主要包括教学队伍、教学内容、教学条件、教学方法与手段、教学效果五个一级指标各占20分,合计100分,特色、政策支持及辐射共享100分,总评为两者的平均。其二级指标只有课程内容、教学内容组织、实践教学条件里涉及实践教学的评价,但三项的总分值之和只占到20分,对实践教学的评价相对较弱。

有部分院校对"国家精品课程评审指标体系"进行修改后形成了本校的研究生课程评价指标体系,用于研究生课程的评估和评价。但这些指标体系大多侧重于理论课程教学的评价,其中对实践环节的评价所占比重较小,主要用在学术学位研究生理论课程建设的评价上。而专业学位研究生的课程要求侧重于理论性与应用性的有机结合,突出案例分析和实践研究,这些指标体系不适用于全日制专业学位课程建设的评价,尤其是工程专业学位。因此,针对全日制专业学位的培养目标和课程教学的特点,制定出适合全日制专业学位硕士研究生课程建设评价和评估的指标体系,对推动专业学位研究生课程建设的良性发展,实现专业学位硕士研究生的培养目标具有很好的推动作用。

三、建立全日制工程硕士研究生课程建设评价指标体系的探索

2011年10月17日,国务院学位办下发了《关于下达"服务国家特殊需求人才培养项目"——学士学位授权单位开展培养硕士专业学位研究生试点工作单位名单的通知》(学位〔2011〕69号),51所普通本科院校正式获准开展培养专业硕士试点,项目的实施以5年为期,实行动态管理。我校正是这51所学校之一,从2012年开始招收全日制硕士专业学位研究生,分两个专业领域,分别是机械工程和化学工程,专业类别均属于工程硕士,生源主要为应届本科毕业生。之前我校与其他高校进行联合培养研究生工作已有20多年的历史,在研究生的培养工作中也积累了丰富的经验。但这些研究生大都属于学术型,在培养过程中都是按照学术型研究生的培养模式进行培养,而专业学位研究生对于我校的教师来说仍是一种"新事物",对专业学位研究生的培养必须改变原有的培养模式。因此,要鼓励任课教师在课程的内容和教学方法上进行改革,改变以前对学术型研究生的授课方式,如在理论知识的讲授中增加其应用于工程实际来解决实际问题的方法和实例,而可以适当删减一些比较深奥的理论知识;在课程讲授过程增加一些能让学生实际动手操作的实验项目,以加深学生对理论知识的理解和应用;增加案例教学,在研究生的课程学习中加强和突出实践教学。

结合我校培养全日制专业学位硕士研究生的实际情况,在调研其他相关院校的基础上初步形成了适合本校实际的课程建设评价指标体系,表1为评价等级表,只列出了一级指标与二级指标的名称和主要观测点,从各个观测点可以看出,从教师队伍、教学内容、教方法与手段和教学条件方面都强调了工程能力、理论与实践结合、案例教学等专业学位课程教学需要具备的条件。准备根据该评价指标每年在学校内开展一次研究生课程建设评价,以评促建,来提高全日制专业学位硕士研究生课程建设的质量。

四、结语

通过对目前的研究生课程评价指标体系的调研,结合全日制专业学位硕士研究生的培养目标与本校工程专业学位硕士研究生的培养实际,初步建立了一种全日制专业学位硕士研究生课程建设评价指标体系,准备应用于本校的研究生课程建设评价。以期通过对研究生课程建设的评价促进课程建设与规划的良性循环,使得全日制专业学位硕士研究生的课程在教学内容、教学过程、教学方法和方式等方面更符合全日制专业学位硕士研究生的培养目标要求。并为其他院校的全日制专业学位硕士研究生课程建设评估提供一定的参考。

表 1　课程建设评估等级

一级指标	二级指标	主要观测点	分值 (M_i)	评价等级 (K_i) A 1.0	B 0.8	C 0.6	D 0.4
1 教学队伍 (24分)	1-1 课程负责人与教学团队	课程负责人	4分				
		教学水平与工程能力	4分				
	1-2 队伍结构	知识结构、工程背景	4分				
		中青年教师工程能力培养	4分				
	1-3 教学改革与教学研究	教改立项与教研活动情况	4分				
		教改、教研成果	4分				
2 教学内容 (20分)	2-1 课程内容	课程内容设计安排突出理论性与应用性的有机结合	10分				
	2-2 实践教学	实践教学内容安排与执行	10分				
3 教学条件 (24分)	3-1 教学文件、教材及相关资料	教学文件与档案	8分				
		教材建设、教学案例	8分				
	3-2 实践教学条件	实践教学场地和设备	8分				
4 教学方法与手段 (16分)	4-1 教学方法	适合工程硕士培养的教学、考核方法与改革	8分				
	4-2 教学手段	案例教学、信息技术的应用	8分				
5 教学效果 (16分)	5-1 同行评价	校内外评价	8分				
	5-2 学生评教	学生评价意见	8分				
		课程体现工程硕士培养的特色	100分				
综合得分 M			总分				

说明：

1. 课程建设评估综合得分计算：$M = \sum K_i M_i$，其中 K_i 为评分等级 A，B，C，D 的系数，分别为 1.0，0.8，0.6，0.4，M_i 是各二级指标主要观测点的分值

2. 总分为自评综合得分 M 折算 70% 与课程特色自评得分折算 30% 后之和

参考文献

[1] 刘国福，张文娜，熊艳. 全日制专业学位研究生课程的建设实践[J]. 高等教育研究学报，2014，37(2)：89-92.

军事英语翻译课程建设研究

任小红,杨小双,康鹄伟,杨 敏

(空军工程大学理学院 710051)

摘要：军事英语翻译课程起步较晚,课程建设还存在教材内容不完善、教学团队成员对军事知识了解比较粗浅、教学方法手段单一以及考核方式不合理等问题。针对这些问题,目前的军事英语翻译课程建设,要明确课程建设理念,理解课程建设思路；完善课程教材,优化教学内容；加强团队建设,提升教师的军事素养；丰富创新教学方法和手段,提升教学质量和效果；使用科学合理的考核评价方式,提升评价的客观性和公正性。通过此次军事英语翻译课程建设,切实促进军事英语翻译教学与课程建设的发展,提高非英语专业硕士研究生军事翻译能力,满足部队未来岗位任职能力需求和空军新时期转型要求。

关键词：军事英语翻译；课程建设；硕士研究生

军事英语翻译课程是基于多媒体环境下的军事英语教学,属于非英语专业研究生英语课程体系中语言能力拓展课程部分。2012年,军事英语翻译课程作为硕士英语"能力拓展课"在我院非英语专业研究生中进行试点教学,随后在整个大学推广,目前已经开设了三年。该课程一直作为硕士英语体系中的一部分进行课程教学模式改革,与其他课程一起形成了ACESS教学模式。该课程以培养非英语专业研究生的军事英语翻译能力为主要目标,培养学生熟练掌握各专业相关的军事术语知识以及军事翻译标准、方法和技巧,熟练进行军事英语翻译,提高对外军事翻译能力,满足部队未来岗位任职能力需求和空军新时期转型要求。

经过三年的教学实践和建设,军事英语翻译课程建设已经具备了基本的课程教学条件：编写了《军事英语翻译》教材,制作了军事英语翻译教学辅助课件、电子教案、课程标准和课程设计。大学建设的研究生教学模式改革网络平台为课程教学提供了共享资源。但是,由于军事英语翻译课程起步较晚,虽然已经逐步发展成为一门独立课程,但在系统性、科学性等方面仍有很大的发展空间。从实际的教学反馈情况看,课程建设还存在一些不足之处。现针对军事英语翻译课程建设存在的问题进行分析。

一、军事英语翻译课程建设现状及分析

1. 教材建设

教材是教学过程中课程目标和内容的具体体现,使用合适的教材是实现教学目标,完成教学任务的必要前提。翻译教材在整个翻译教学中至关重要。作为教学信息的主要载体,它是体现翻译理论、实施教学计划的主要手段,也是教师组织教学的主要依据和学生学习的主要内容。因此,翻译教材质量的优劣在很大程度上会影响到翻译教学质量。目前市场上已出版的英语翻译教材大多数偏重文化差异和翻译技巧,而基于我校硕士研究生培养和专业的特点,目前市场上尚无成熟的教材。针对这种情况,军事英语翻译教学团队编写了《军事英语翻译》教材,《军事英语翻译》作为校内出版自编教材在研究生英语教学中启用。该教材由六章两部分组成,其中第一、二章是理论阐述,主要包括翻译理论及相关翻译技巧的介绍。第三至六部分为翻译实践,内容主要涉及"赛博空间""舒特计划""全球公域"和"空天一体战"四个部分。但是,由于教材编写时间过紧,在实际使用中难免出现一些不足之处。根据实际教学中的师生反馈,教材篇章选材过长,部分译文在词义理解、作者立场、句子结构处理的准确性及合理性上还有待商榷。另外,现代军事技术突飞猛进,军事翻译课堂内容和资料也应具有时效性,因此,教材内容如果总是停留在过去的军事材料上,就很难体现现代军事教育理念,从而降低学生获取外军现代技术和武器装备信息的能力。从调查研究的结果看,在实际课堂教学中,最新军事的补充资料也有待增加。

2. 教学团队建设

教学团队建设是课程建设的必要实施条件。教学团队在学历和职称结构上都应该建立科学合理的梯队。本课程现有一支公共外语教学经验丰富,学术素养良好的师资队伍,其中教授1人,副教授1人,讲师3人,均为硕士研究生毕业;45岁以上1人,35~45岁之间2人,35岁以下2人。团队具有较强的科研能力和丰富的教学经验及创新意识。但是,由于军事英语翻译课程是军队转型期的新兴学科,起步较晚,目前担任研究生军事英语翻译教学的教师都是以前的公共外语教师,对军事知识了解比较粗浅,接触也不多,参与军事英语实际翻译活动相对较少,虽然所有的团队成员在教学之余都参加了一些军事英语翻译,个别教师执行了国内或国外军事翻译任务,但团队成员的整体军事知识结构亟待完善,教师的军事素养还有待提高。

3. 教学方法和手段

军事英语翻译课程作为一门语言能力拓展课程,主要采用专题调查与研讨式教学法。教师根据对象国空军装备、战略、战法等方面的最新发展状况选择专题,学生根据教师所提供的专题翻译材料进行课前调查和学习,课堂上教师组织学生进行专题研讨和报告。翻译技巧部分着重强调培养学员在翻译过程中对英汉两种语言文化异同的敏感和洞见,挖掘两种语言的差异,实现翻译中的"信"和"达"。同时,军事英语翻译实践部分注重功能对等,采用以译入语为依归的归化翻译法,以传达信息为主,注重原文的内容、保持汉语的特色。从实际教学实践来看,军事翻译教学方法、手段比较单一。虽然军事英语翻译教学中都强调了构建主义、交际教学、任务型教学等理念,但这些理念在军事翻译英语教学中的贯彻似乎不够深入。在翻译教学实践中,教师往往强调课堂教学,对课外实践活动关注不够。在课堂上或组织学生进行口笔头翻译、研讨等活动,或者讲评作业。翻译教学活动相对单调,形式不够丰富。对于专题调查,有些学生可能由于上网不方便的原因不能完成任务,导致课堂教学中的研讨环节效果大打折扣。

课堂教学组织上,该课程充分利用最新教学媒体材料,采用现代化多媒体教学手段,利用真实的语言材料,最大限度调动学生的参与性。但在实际教学中,这些设备或资源并未发挥其应有的作用。有些教师虽然使用了多媒体,但却局限于将其作为"电子黑板"呈现教学内容。信息呈现方式的单调性往往影响学生的参与积极性。另外,由于军校性质的特殊性,学生只能在图书馆的本地网查资料,而上网时间的限制造成很多学生查资料不方便;校园网资源内容陈旧,信息量小,根本无法满足研究生的"研究需求"。

4. 考核评价方式

军事英语翻译课程由两部分组成:一是平时成绩,其中包括上课出勤率、课堂表现和单元作业,占总成绩的40%;二是期末大作业,其中包括中西方文化及英汉语言的对比研究和翻译相关的军事材料,占总成绩的60%。但在实际的军事英语翻译教学中,军事英语翻译教师承担着繁重的多门课程教学任务,忙于备课、改作业、编写教材或其他无数与教学无关的任务中,在实际运用该评价考核方式时,部分教师缺乏时间和精力尝试将过程性评估和终结性评估相结合,更多关注学期末的大作业成绩,这样就降低了评价的客观性和公正性。

二、对军事英语翻译课程建设的建议

不容置疑,近三年来,军事翻译课程建设卓有成效。但是,作为我校起步较晚的新兴课程,在教材、教法、团队建设和评价方式等方面还有待完善,这需要军事英语翻译团队共同努力,切实促进军事英语翻译教学与军事英语翻译建设的发展。

(1) 明确军事英语翻译课程建设理念,理解军事英语翻译课程建设思路。

军事英语翻译课程建设着力于进一步强化军事翻译知识的系统性、前沿性、建构性和创造性,教学中坚持"学为主体、教为主导",进一步推进从教学为主向教学与综合能力培养并重的转变,从知识传递为主向知识应用与创新为主的转变,强化知识能力的自我构建,注重自主、能动、协助学习,积极推行"研中学、探中学、做中学"的学习模式,树立"研究性"教学理念。通过调整课程设置、拓展教学内容、完善教材建设、创新教学方法、改革考核方式等整体改革,着力构建"研究性"课堂,以满足部队未来岗位需求和空军转型建设需要为目标,逐步形成具有军校特色的"外语+军事"自主式探究、创新性发展的研究生英语教学新模式。

(2) 完善《军事英语翻译》教材,优化军事英语翻译教学内容。

纸质教材方面,注重教材的系统性、前沿性、实用性和研究性,将原来的"舒特计划"和"空天一体战"两个章节去掉,紧跟国际军事技术和武器装备的发展,遴选、优化、重构教学内容;改进保留章节中不妥当部分,确保内容准确、材料翔实、语言规范。另外,为了让学生及时获取外军现代技术和武器装备的最新信息,可以收集整理与军事相关的最新资料,编辑成活页讲义,作为课堂内容的补充和延伸,以突出教学的时效性和实用性,促进学生自主学习和锐意探究意识的养成。与此同时,重构与课程相关的课程标准、设计和教案等内容,做到科学合理化。电子教材方面,完善与教材配套的多媒体课件,丰富多媒体课件的内容,摈弃"电子黑板"的习惯,真正发挥多媒体为辅助手段的课堂教学作用。

(3) 加强军事英语翻译团队建设,提升军事英语翻译教师的军事素养。

繁重的教学任务要求军事翻译教师不仅是专家而且是实战家,不仅要熟悉军事英语翻译理论而且要擅长实际翻译,切实培养高素质的军事英语翻译教学和研究型教师。团队应该充分发挥高职教师的"传、帮、带"作用,积极帮助青年教师成长,尽快胜任课堂教学。同时,青年教师思想敏锐,善于进取,接受新鲜事物快,可以发挥以"新促老"的作用,与老教师相互合作,相互支持,共同搞好翻译教学。除了积极开展集体备课、示范教学、教学方法交流以外,上级部门也应该积极鼓励教师参加军事交流及学术研讨活动,参与军事翻译活动,以提升教师的军事素质。

(4) 丰富创新军事英语翻译教学方法和手段,提升军事英语翻译教学质量和效果。

教师结合自身的特点,针对不同的研究生教学对象,在教学实施中灵活运用研讨式、案例式、探究式、项目参与式等教学方法,并不断创新教学方法。教学手段方面,充分利用校园网、多媒体教室和数字化语言实验室等教学媒介,完善教学条件。建立网络教学平台,及时更新网站资料,丰富军事英语翻译的电子试题库、电子教材等辅助学习资料,强化师生互动,优化网络辅导和作业系统,改进测试与评估体系,充分利用现代教学手段,增加师生之间的交流,拓宽教学视野,增加学生课外学习的途径,强化学生自主学习的能力。

(5) 使用科学合理的考核评价方式,提升评价的客观性和公正性。采用形成性评估和终结性评估相结合的方式,使用多种手段对学生的学习和实践进行考核和检测。在精讲课堂教学中,教师可以通过课堂提问、检查研究生的翻译笔记和翻译实践作业对学生的学习进行综合评估,主要考查军事术语掌握、翻译技巧以及翻译实践等能力。根据语言能力拓展课程的特点,突出过程评估和能力评估在考核过程中的比重,教师采取随堂记录、过程评价表打分、成果评价等多种方式综合评定学生成绩。研讨课可以根据学生的主题报告质量、交流发言的情况评定成绩,主要考查课前准备、知识运用等能力,占课程总成绩不少于30%。

三、结语

我国军事院校正处于学历教育转型的特殊时期,改革要求军校教育体现"军味",满足新时期国家对高素质军事人才的需求。军事英语翻译课程建设应该紧贴军队转型需要,体现"军事+外语"的教学理念,实现研究生专业知识与外语技能的有效对接,提高硕士研究生军事翻译能力,培养大批外语能力优良、军事素质过硬的复合型人才,满足部队未来岗位任职能力需求和空军新时期转型要求。

参考文献

[1] 范杏丽. 研究生英语基础教程[M]. 武汉:华中科技大学出版社,2008.
[2] 侯艳宾. 研究生英语翻译教程[M]. 上海:上海交通大学出版社,2008.
[3] 许建平. 研究生英语实用翻译教程[M]. 北京:中国人民大学出版社,2008.
[4] 冯建中. 翻译教学专业化背景下的双语课程体系建设[J]. 外语研究,2009(4):79-83.
[5] 王子彦,吴晓妹. 基于通识教育理念的军校研究生英语课程建设[J]. 海外英语,2014(6):62-63.
[6] 贾爱武. 研究生英语课程建设:以研究为基础[J]. 科教文汇,2009(12):136-137.
[7] 梁林歆. 论高等院校翻译课堂教学改革[J]. 兰州教育学院学报,2011(5):140-141.
[8] 尹朝. 翻译课程建设与复合型翻译人才培养[J]. 吉林建筑工程学院学报,2011(5):94-95.

面向国际化的工科研究生专业课程双语教学的实践探索

蒋 平,程志君,罗鹏程,郭 波

(国防科技大学信息系统与管理学院 410073)

摘要:随着教育国际化的趋势,英语作为学习和交流的工具已成为社会共识,因此国内大学都在积极倡导专业课的双语教学。但是,当前工科专业课程的双语教学面临着师资缺乏和学生英语水平较低两方面问题,导致其难以普及。为了培养适应国际化发展趋势的工科研究型人才,由英语水平较高的老师组成教学小组,在专业课程"系统可靠性原理"中采用双语教学。教学小组根据课程特点,课前精心准备,课后总结经验,使课程教学达到了预期的效果。

关键词:双语教学;工科;研究生课程;系统可靠性原理;实践

我国自改革开放三十余年来,高等教育事业得到了蓬勃的发展,无论是院校数量、培养规模和教学质量都较以前上了一个台阶。进入21世纪以来,随着高新科技的迅猛发展和经济全球化发展的浪潮,高等教育培养的人才必须适应这种国际化的趋势,并且不断创新,这样才能推动国家在激烈竞争的国际环境中立于不败之地[1]。英语作为应用最广的世界性语言,是目前最为重要的语言交流工具和信息载体,例如全世界的理科文献有70%左右是使用英语撰写的[2]。因此,我们的高等教育要迈向国际化,其中一个重要的环节就是培养学生用英语学习和交流的能力,通过提高学生运用英语的综合能力拓宽专业知识,培养全面发展的复合型国际人才。特别是对工科研究生来讲,只有熟练掌握英语这个工具,才能通过各种媒体,尤其是互联网在第一时间获得第一手的资料,及时了解并掌握本专业的先进技术尤其是最新的自然科学成果,全方位、深层次地把握国外动态。因此,双语教学为专业知识学习和英语能力培养搭建了一个重要的平台,适应了教育国际化的趋势,因此得到了国内很多高校的积极响应。

为了建设世界一流大学,我校也在积极推进双语教学。经过论证和准备,笔者在工科研究生课程"系统可靠性原理"中采用双语教学,并达到了预期的效果。笔者在此将课程教学的一些心得体会与广大教育工作者分享交流。

一、开设研究生双语课程的目的

双语教学是指同时使用两种语言,即用母语和第二语言来组织、安排和实施教学活动,使学生在学习的过程中,可以通过两种不同语言对同一知识进行描述,达到理解、思考进而掌握专业知识的目的[3]。

从教育部2001年提出"高校必须积极推动使用英语等外语进行公共课和专业课的教学"至今已十余年,双语教学作为时代的需求,受到国内各高校的认可,大部分学生也愿意接受双语教学[4],但是在实施过程中往往会遇到双语师资匮乏、教学难度大,学生积极性和英语水平不高等问题[5],因而在国内高校尚难普及。

国内学者针对双语教学实施过程所面临的问题开展了探索研究。例如,孙超平[6]通过研究发现影响双语教学的关键因素是学生的英语水平参差不齐,宋怡[7]和邓军涛等人[8]均认为双语教师的学科水平和双语能力直接关系到双语教学的成败。因此,由具备双语教学能力的老师为英语基础较好的学生开设双语课程,是成功实施双语教学的基本要求。马晓楠等人[9]根据自己的经验,在双语教学的师资建设、学生积极性的调动、双语的使用比例、小班上课模式、教材选用、课件制作以及实验课环节等方面提出了建议。谭少华等人[10]阐述了在对本科生专业课进行英语教学过程中应遵循的教学原则和实施的教学方法。刘凌燕[11]则从提高师资水平的角度提出由外语专业的老师为研究生开设专业英语课程来替代原有的英语研究生公共英语课程。我们认为,由于专业课教师比英语专业教师更熟悉专业知识和专用词汇,更善于把握专业课教学中的重点和难点,因而在专业课教学中实施双语教学更有优势。由于研究生相对本科生有较好的英语基础,而且我校工科研究生课程"系统可靠性原理"的主讲教师均具有国外留学经历,口语流利,在教与学两个方面都具备较强的能力,因此我们选择该课程采用双语教学。

二、开展双语教学的准备工作

为了开展双语教学,教研室专门成立了双语教学小组,由承担过"系统可靠性原理"课程教学的三名教师组成,三位教师都在该课程的教学中积累了丰富的实践经验,其中一位教师承担过全英语的培训课程,有一定的英语教学经验。教学小组针对"系统可靠性原理"课程的特点,在多年教学实践总结的基础上,开展了双语教学的前期准备工作。主要包括:

1. 分析专业课的特点

"系统可靠性原理"是我校控制科学与工程专业研究生的核心课程,已开设将近20年。该课程的特点是:①专业性较强,介绍系统、宏观的可靠性理论与方法;②对学生的数学基础要求高,研究生需要掌握一定的数学基础,或者在课程学习过程中自学相关的数学理论;③教学内容既有定量分析的相关理论内容,也有定性分析的技术与方法。

2. 确定双语教学方式

双语教学的教学方式规定了课程教学时母语与外语的运用策略。它是实施双语教学的"方向标",只有首先确定了教学方式,才能根据所确定的双语运用策略来制订教学计划。由于研究生的英语基础比本科生好,同时为了培养学生用英语思维来思考和表述可靠性知识的能力,教学小组决定"系统可靠性原理"课程的双语教学采用沉浸式(Immersion Bilingual Education)[12]的教学方式,即直接使用英语进行教学,包括课堂讲授,板书,以及教学课件,课后作业和考试也采用英文命题,要求学生用英文书写。

3. 制订教学计划

制订教学计划首先要确定教学内容。"系统可靠性原理"的中文课程已经开设了近20年,教学内容非常成熟,因此我们确定双语教学的内容时参考了中文课程的教学计划,但也有一定的调整。主要原因是双语教学难度较大且比中文授课耗时多,因此必须对原课程的内容进行精简。为了锻炼学生运用英语来学习可靠性专业知识和交流的能力,教学小组还制定了由教师讲授和学生分组报告相结合的策略。教学计划还要明确课程的考核方式。"系统可靠性原理"课程的考核成绩由三部分组成:20%课后作业成绩+30%分组报告成绩+50%期末考试成绩。布置课后作业是为了巩固提高课堂所学的知识,也可以锻炼学生撰写英文学术论文的能力。期末考试采用开卷考试并用英文命题和答题,重点考核学生对可靠性知识的理解和应用。

4. 选择教材

目前国内的双语教学大都采用外文原版教材,因为使用原版教材可使学生接触到课程知识的地道英语表述,对培养学生的英语思维,特别是用英文撰写学术论文的能力有很大帮助。因此,教学小组通过对国内外可靠性课程所用教材的比较,选择 Ebeling 编写的 *An Introduction to Reliability and Maintainability Engineering* 作为主教材,因其覆盖了"系统可靠性原理"课程的大部分知识点而且有比较多的案例可以帮助学生对所学知识巩固提高。同时,选择原课程的中文教材《系统可靠性分析》作为辅助教材,方便学生对照学习。此外,教学小组还收集了一些最新的研究综述论文作为对教材的补充。我们在课件中加入了相关的介绍,并选择一些综述论文供感兴趣的学生课后自学。

5. 课件的制作

多媒体课件与板书相比除了在公式推导时效果稍差外,在其他方面比书写板书更节省时间、更形象生动,也更加适应研究生课程信息量大的特点。英文课件除了上述特点外,通过精炼内容、提点概面还可以帮助研究生把握要点、提高学习效率,因此英文课件是保证双语教学质量的重要工具,需要精心准备。在制作课件的过程中,既要根据教材的内容安排好课件的主要内容,也要注意精炼文字、避免大段照搬教材的内容,否则课堂讲授效果将大打折扣。同时,针对工科课程理论性强、较抽象的特点,为了提高双语教学的质量,需要在讲授相关知识点时增加一些案例,来加深印象、促进理解。

6. 备课

在完成课件的制作后,如何讲授就成为影响双语教学质量的关键因素,也就是如何备好课,才能达到最好的课堂效果。多媒体课件因为要简洁直观、内容精练,所以课堂讲授时不能局限于课件上的内容,而要在课件的基础上发散讲解,这就给双语教学的课堂讲授带来了挑战,因为教师需要流利地讲解课件上没有的内容,必须提前构思好要讲的内容并熟记于心。因此,备课时需要设计好如何引出知识点,如何强调一些容易混淆的概念,课件每页的内容如何过渡等。在备课时,还要考虑与学生的互动问题,双语教学不能靠老师"唱独角戏",要通过提问、讨论等适时调动学生的兴趣,让课堂活泼生动。例如,在第一节课开始,我们针对学生大都不了解可靠性概念的特点,为了引起学生的兴趣,首先就提出"What is reliability?"的问题,让几个学生根据自己的理解来回答,虽然回答都不是标准的定义,但是比直接介绍可靠性的定义要生动得多,给学生的印象也更深刻。

三、双语教学的课堂实施

在准备好教案并反复练习之后,下一步就是双语教学最关键的课堂授课了。由于授课前的精心准备,授课过程基本上能够按照教案设计进行,但也有一些需要注意的地方,例如:

1. 适时调整难度,适当汉语解释

我们原计划是全程采用英文授课,但是在开始授课后发现,对一些简单的概念,如可靠性、维修性、安全性等,学生都比较容易理解;但是一些比较复杂的概念和定理,如故障树的最小割集,Bayes理论中的共轭分布等,由于很多专业术语之前都没有接触过,所以部分学生课后反映理解有困难,希望能够用中文解释。这就要求教师在授课时适当降低难度,如果英语难以解释,就用中文简要讲解一下,但不需要讲很多,只要帮学生理解一些比较生疏的专业术语即可。

2. 活跃课堂气氛,提升授课效果

由于"系统可靠性原理"课程理论性较强且采用双语授课,学生在课堂上的主要精力就放在听课与理解上面了,如果不调动他们的积极性,课堂气氛会比较沉闷,时间长了注意力也会下降。因此,为了改变由老师全堂讲授的沉闷气氛,我们在备课时设计了一些提问的环节,鼓励学生主动回答问题。例如,规定在课堂上主动回答问题可以在最后考核成绩中加分。

3. 布置课后作业,巩固课堂知识

根据我们在国外学习的体会,用英语来完成专业课作业可以巩固课堂所学知识,也有助于提高英语的应用能力。从考试效果来看,课后作业确实起到了巩固课堂所学知识的作用。

4. 开设公共邮箱,方便课后交流

我们开设了公共的电子邮箱,主要目的是方便老师与学生的课后交流:每次课堂授课结束后老师将课件传到邮箱中,方便学生下载复习;学生的课程分组报告也上传到该邮箱,以方便老师评阅。学生也可以在邮箱中留言,提出自己的疑问或建议,老师会在课堂上解答或单独讲解。

课程结束后,学生普遍反映通过"系统可靠性原理"课程的学习,不仅学到了专业知识,还提高了英语应用能力,对以后的发展大有帮助。

四、结语

研究生工科课程的双语教学面临着师资缺乏和学生英语水平不高两方面问题。因此,我们选择英语水平较高的老师组成教学小组,在教学计划、教材、课件和备课等方面做了大量的准备,在授课实践中注意总结经验,课程教学取得了预期的效果。通过对学生的调查问卷反馈,"系统可靠性原理"课程为学生搭建了一个英语平台,满足了学生自身发展的多元化需要。通过"系统可靠性原理"课程双语教学的实践,我们感到在工科研究生课程中推广双语教学大有可为。我们也将在以后的双语教学中不断总结和提高教学方法,进一步提升教学质量,为培养工科研究生的英语应用能力而不懈努力。

参考文献

[1] 陈志国,蒋玲. 工科大学双语教学的探讨[J]. 现代大学教育,2005(2):107-109.

[2] 李明哲,徐亚兰,高志英. 高校理科双语教学模式研究——以《图论基础》课程为例[J]. 哈尔滨学院学报,2010(8):135-138.

[3] 何春燕. 高校双语教学相关问题的探讨[J]. 常熟理工学院学报(哲学社会科学),2008(12):102-103.

[4] 王凯英,廖明军,孟宪强,等. 土木工程专业双语教学建设探讨与实践[J]. 高等建筑教育,2009(1):91-94.

[5] 孙蕾,王卉. 我国高等院校双语教学研究综述[J]. 教育理论研究,2013(3):207-208.

[6] 孙超平. 高校双语教学关键影响因素分析[J]. 合肥工业大学学报(社会科学版),2006(6):50-53.

[7] 宋怡,李小华,龙琪,高师有机化学课程实施双语教学的探索[J]. 南京晓庄学院学报,2006(1):88-82.

[8] 邓军涛,朱晓申. 21世纪我国高校双语教学研究综述[J]. 中国科教创新导刊,2009(25):11-15.

[9] 马晓楠,徐慰倬,徐威,等. 理工类高校双语教学实践的思考[J]. 社会科学教学,2011(4):72-73.

[10] 谭少华,李乐,李顺. 用英语进行理工科专业课教学的探索与实践[J]. 高等工程教育,2008(4):146-147.

[11] 刘凌燕. 非英语专业研究生专门用途英语教学模式研究[J]. 学位与研究生教育,2014(8):23-26.

[12] CHARLES E EBELING. An introduction to reliability and maintainability engineering[M]. 北京:清华大学出版社,2008.

翻转课堂教学模式在军校工科研究生专业课教学中的应用

张 群[1,2]，高坤华[3]，魏 军[1]，李开明[1]

(1. 空军工程大学信息与导航学院 710077)
(2. 复旦大学电磁波信息科学教育部重点实验室 200433)
(3. 空军工程大学训练部研究生部 710051)

摘要：军校工科研究生培养是军队战斗力生成的"孵化器"，专业课教学是军校工科研究生培养的重要内容。结合当前军校工科研究生培养现状，分析了翻转课堂教学模式应用于军校工科研究生专业课教学的可行性，通过设计课前自主学习、课堂研讨交流、课外训练拓展三个阶段，给出了翻转课堂教学模式在军校工科研究生专业课教学中的具体操作，结合 seminar 教学法、案例式和情景式教学法、博士生助教制等，有效提高了军校工科研究生的创新能力和综合素质，最后针对翻转课堂教学模式提出积极完善的评估机制，为下一步军校工科研究生专业课翻转课堂教学模式的深入改革与应用提供了参考和借鉴。

关键词：翻转课堂；军校；工科研究生；专业课教学

一、引言

军校研究生教育是高层次军事人才队伍建设的基石，军校研究生培养模式是军队人才培养模式的特殊形式，应遵循高层次人才的成长规律，同时满足军队发展需要。

中央军委、总参谋部对军校研究生的培养模式提出明确要求：提升研究生创新能力，培养具有较强实践能力和善于发现问题、解决问题能力的高层次应用型人才。军校工科研究生是军队未来的技术骨干，军队信息化建设的主要依托，在建设信息化军队、打赢信息化战争中具有基础性和引领性作用。军校工科研究生教育的目标是以培养高级应用型人才为主，兼顾创新型人才的培养，即要求培养的研究生既要有深入的理论基础，又要具备较强的实践创新能力[1-3]。

课堂是军校研究生培养的重要阵地，也是影响研究生学习效果的关键因素之一。专业课教学关系研究生的理论基础和创新能力，是提高工科研究生培养质量、提升研究生实践能力的主要落脚点。首先，军校工科研究生在专业课教学方面，还是以传统的、教师为中心的课堂讲授模式为主导，研究生始终处于被动接受的地位，学习主动性不强；其次，课堂教学中显性知识的讲授占用较大比例，研究生隐性知识的获取不足，高阶能力没有得到充分锻炼，直接影响实践创新能力的提高；再次，信息技术的发展要求军校工科研究生除了掌握专业基础理论外，还应具备较强的信息技术能力，辅之以沟通交流、团队合作、灵活应变等全面的非技术能力。在这些能力方面，军校工科研究生的教学现状与军队需求之间存在较大差距，需要通过教学模式改革来弥补。

二、"翻转课堂"在军校工科研究生专业课教学中应用的可行性分析

"翻转课堂"起源于 21 世纪初期，最早在美国高中教育中尝试，并取得了较好的实践效果，受到美国中小学教育的纷纷效仿。2007 年，"翻转课堂"的概念被正式提出，2010 年前后，随着互联网的高度普及和"MOOCs"（慕课）的崛起，"翻转课堂"引起美国各大高校的广泛关注和讨论。2011 年以来，美国众多高校展开"翻转课堂"与传统教学的对比试验。主要集中在本科高年级阶段，课程集中

在计算机、机械工程、电路等工科课程,后又扩展至经济学领域,逐步在全美范围内得到实践推广。澳大利亚、英国等国家也陆续开展了"翻转课堂"方面的研究与实践[1,2]。

近几年,国内也掀起了"翻转课堂"研究的热潮,许多地方的高中、高校在课堂中逐步尝试"翻转课堂"教学模式改革[3]。2011年,重庆市江津聚奎中学和广州市海珠区第五中学相继实施"翻转课堂"教学模式并获得了成功[4,5]。北京师范大学针对大学一年级新生的计算机公共课程——信息技术,以2012级的两个班作为试点,采用"翻转课堂"教学模式,制订了详细的研究流程和教学设计,通过实践分析论证了"翻转课堂"教学模式在本科生基础理论课程教学的可行性、潜在优势及局限性[6]。文献[7]分析论证了"翻转课堂",教学模式应用于软件开发类课程的可行性。

目前,国内针对"翻转课堂"教学模式已有大量的学术文献,取得了较多的理论成果,初步探讨了"翻转课堂"教学模式的构建问题,分析了"翻转课堂"教学模式在具体教学应用中的优缺点。但纵观国内外在"翻转课堂"方面的研究成果,大多集中在中小学教育、高等教育本科阶段及各种职业教育培训领域,针对研究生教学研究的还比较少,针对军校研究生教学的更是十分罕见。

现有的大量实践和研究证明:①"翻转课堂"的实施可扩展到其他学科的课程。虽然学科特点不同,在实施内容、实施方式上会有一些差异,但基本上没有原则性的障碍。②由于对学生的知识与能力、学习的自觉性、自我约束等方面有较高的要求,"翻转课堂"可以向学习阶段的高端,即向大学高年级、职业教育、研究生教育阶段扩展,甚至大范围实施,但向低端(初中和小学)扩展时必须非常慎重。③"翻转课堂"并非适合所有的课程,也并非适合课程的所有内容,应该具有针对性、体现差异性。④由于"翻转课堂"本身的局限性,应与其他教学模式有效结合,使教学效果达到最优。

军校工科研究生已经具备了一定的自学能力和自我管理能力,同时初步具备了一定的专业课知识。因此,"翻转课堂"在研究生教育阶段的扩展理论上是可行的,在后期的教学实践中可以进一步验证。同时,"翻转课堂"教学模式与军校工科研究生专业课教学的结合,可以使专业课的教学回归到研究生实践能力的培养:"翻转课堂"将普通课堂中的知识讲授移到课外进行,给研究生更大的学习自由度,使其视野更加开阔;课堂内通过实验探究、项目研讨、团队合作完成任务等多种方式使研究生完成理论知识的内化,使创新思维与分析能力得到培养;工程实践能力和沟通交流、团队协作能力在课堂上得到直接的锻炼,课后完成更深层次的知识探究,使专业课认知得到进一步升华,专业课基础得到夯实。

基于以上分析,"翻转课堂"教学模式在军校工科研究生专业课教学方面是具备一定的可行性和优势的。只要在教学实践中不断克服"翻转课堂"自身的局限,充分激发研究生的学习主动性,提升教员的个人素养,辅之以软硬件的有力支持,"翻转课堂"就一定能在军校工科研究生专业课教学中发挥积极作用,促进军校工科研究生教学改革的纵深发展。

三、基于"翻转课堂"的军校工科研究生专业课教学模式

针对军队研究生培养的重要性和现实需求,基于当前军校工科研究生专业课教学的现状,以现有关于"翻转课堂"的研究成果为参考,以研究生专业课教学为研究对象,将"翻转课堂"应用于军校工科研究生专业课教学中,发挥"翻转课堂"教学模式的优势,达到提高军校工科研究生专业课课程学习效果,提升研究生创新能力的目的。

目前,随着网络信息技术的普及,各军事院校都开通了自己的校园专网,部分军校还有自己的研究生教改网,并开设有在线交流论坛;同时配备了完善的软硬件实验室,这为翻转课堂教学模式的实现搭建了软硬件平台。

1. 课前自主学习,提高研究生高阶能力

在课程学习前,针对研究生专业课课程的每个专题,教员将相关电子文档,包括课件、文档、辅助视频资料、课程经典文献等整理后,通过校园专网或研究生教改网发送给每一名研究生学员,研究生通过下载或在线学习相关文档,查阅相关文献,完成自我答疑,并撰写相应的学习报告和文献综述报

告,使其对该领域有一定宏观的把握;对于学习过程中难以理解的难点,研究生可以通过与教员在线交流、与同学讨论碰撞得到解决,也可以记录到学习报告中在课堂讨论环节解决。这样,一方面提高了学生的自主学习能力和自我管理能力,另一方面,研究生通过自学,将显性知识转化为隐性知识,提高了学习的高阶能力,为后续研究奠定了基础。

2. 课堂研讨交流,启发研究生创新思维

通过课前自主学习,研究生带着难以解决的问题进行交流讨论,以达到对自主学习知识的内化。这一阶段可引入 Seminar 教学法,教员通过启发引导,把握讨论的方向,研究生广开言路,在讨论中触碰出新的思想火花,产生新的创新思维,进一步提炼成科学问题,可作为今后开题、选题的依据。

同时,教员可以设置丰富的课堂活动,如就专业课问题可以结合军事热点、实际装备问题设置情境,进行案例式教学、情景式教学拓展,分组进行讨论交流,激发学员的研究热情,使学员打开思路,寻求解决问题的突破口。最后,通过撰写案例分析报告,各小组进行交流评比。这样,一方面锻炼了学员的分析思考能力,一方面提高了学员的文字表达、逻辑思维能力和团结协作能力,也为后面的教学进行了铺垫,起到了积极的教学效果。

3. 课外拓展训练,提升研究生实践能力

通过前两个阶段的锻炼,学员的基本功得到夯实,专业课基础得到巩固。在课堂研讨之外,可以带领研究生参与到项目讨论与试验中,将专业课理论进一步在实践中进行检验,促进理论向实践的转化。这个阶段可以引入博士生助教制,将具体项目由高年级博士生牵头负责,研究生积极参与项目讨论,结合科研实际、装备技术难题寻求解决思路,编制程序进行算法仿真验证,撰写项目中期报告;对于微型项目,可以直接交给研究生自主承担,提交结题报告。通过科研实践的训练,使研究生掌握专业课理论的应用,对于装备前沿有了一定的了解,学术视野得到了拓展,实践创新能力得到了锻炼。在参与项目的过程中寻找到的兴趣点,还可以作为开题的方向,为后续的科学研究打下基础,同样起到事半功倍的效果。

四、建立"翻转课堂"教学模式评估机制

实施"翻转课堂"教学模式改革,对研究生和教员都提出了很高的要求,研究生必须充分利用好课余时间,积极主动地完成好自主学习,教员必须将最精华的资料提供给研究生学员,对于研讨主题的挑选、案例的设置、项目的合理训练都要付出大量的时间和精力,备课压力有所增大。因此,"翻转课堂"教学改革是把"双刃剑",如果双方高度配合,以高标准完成三个阶段的训练任务,收效是非常明显的,知识的收获远大于传统授课模式;如果使用不当或者投入不够,效果则差强人意。因此,建立合理的基于翻转课堂教学模式的评估机制,有效管理和规范教学进度,合理调整教学方法是非常必要的。

1. 改进学生综合评价机制

打破传统以成绩评价学生的单一机制,在此基础上,引入课程自主报告、文献综述报告、案例分析报告、实践动手能力、创新能力、文字表达能力等多方面、多种素质的综合评价体系,使研究生的成长评价更加系统、科学和全面。

2. 完善教师评价机制

研究生是学习的主体,教学模式的好坏,学生是最直接的评判人。在研究生和教学督导组专家打分制的基础上,引入教学活动设计、教学资源开发、课堂管理监控、学生能力提升等多种辅助评估机制,使教员课前的准备工作得到体现和认可。

3. 建立实践效果综合评估机制

引入"翻转课堂"教学模式,实践效果的评估应该在课程成绩的基础上,增加研究生综合能力评价指标、研究生满意度指标、教员满意度指标。同时,大量的课前自主学习通过网络、实验完成,对于硬件资源的占用和维护也是值得考虑的。因此,建立多方面的综合评估机制,力求使尽可能多的教学元素成为"翻转课堂"的受益者。

4. 完善激励机制

"翻转课堂"教学模式对于研究生的自学能力、教员的课前准备工作的要求都是很高的。因此,必须不断完善激励机制,树立"先进"典型,鞭策"后进",必要时给予物质和精神奖励,充分地调动教员的工作积极性,充分激发研究生的学习热情,形成良好的教学交流,促进"翻转课堂"教学模式的良性运行。

五、结语

军队信息化建设对军校工科研究生的培养提出了更高的要求,专业课教学对于研究生创新能力的培养具有重要作用。本文首先分析了"翻转课堂"教学模式应用于军校工科研究生专业课教学的可行性;其次,给出了"翻转课堂"教学模式在军校工科研究生专业课教学中的具体操作;最后,提出更加积极完善的"翻转课堂"教学模式评估机制,为军校工科研究生专业课教学改革进行了有意义的探索。

参考文献

[1] JONATHAN BERGMANN, AARON SAMS. Flip your classroom: reach every student in every class every day[M]. ISTE and ASCD, 2012: 13-19.

[2] 何朝阳,欧玉芳,曹祁. 美国大学翻转课堂教学模式的启示[J]. 高等工程教育研究,2014,2: 148-151.

[3] 张金磊,王颖,张宝辉. 翻转课堂教学模式研究[J]. 远程教育杂志,2012(4): 46-51.

[4] 张跃国,张渝江. 透视"翻转课堂"[J]. 中小学信息技术,2012(3): 3-5.

[5] 杨刚,杨文正,陈立. 十大"翻转课堂"精彩案例[J]. 中小学信息技术教育,2012(3): 12-14.

[6] 马秀麟,赵国庆,邬彤. 大学信息技术公共课翻转课堂教学的实证研究[J]. 远程教育杂志,2013,1: 79-85.

[7] 曾明星,周清平,蔡国民,等. 软件开发类课程翻转课堂教学模式研究[J]. 实验室研究与探索,2014,33(2): 203-209.

第二部分
研究生分类培养

校企联合培养专业学位研究生的困境及其对策研究

陈南坤,周 彬,于 刚

(哈尔滨工业大学深圳研究生院 518055)

摘要:校企联合培养专业学位研究生存在校企合作教育理念缺乏统一、合作企业选择定位不当制约着研究生能力的发展、教学系统行政化的管理方式难以满足复合型人才培养的需要和专业学位研究生师资力量不够雄厚等不足和困境。研究认为应该从夯实合作基础、整合教育理念,准确定位合作企业、建立长久合作关系,优化教学系统管理方式、深化联合培养模式,完善"双导师"制度、加强师资队伍建设四个方面予以解决。

关键词:校企联合培养;专业学位研究生;培养模式

1999年教育部和国务院学位委员会召开了首次专业学位教育工作会议,出台了《关于加强和改进专业学位教育的若干意见》,认为"专业学位教育制度符合我国国情和现有的教育实际,已成为学位与研究生教育的不可或缺的组成部分,是培养应用型和复合型的高层次人才的重要途径。"[1]自此我国专业学位研究生培养正式进入快速发展阶段,尤其是随着我国经济不断发展和产业结构的转型升级,企业对技术型人才的需求日益增多,校企联合培养专业学位研究生的模式应运而生。校企联合培养专业学位研究生在校企资源优势共享、研究生培养模式创新、提高研究生实践能力和创新能力以及为企业提供优质人才等方面做出很多贡献。但是校企联合培养专业研究生在实际运作过程中,因为高校和企业在培养理念、资源分配与共享、评价机制等方面存在差异,校企联合培养专业学位研究生也暴露了一些问题和不足,需要予以重视,以便为提高专业学位研究生教育质量和可持续发展提供保障和动力。

一、校企联合培养专业学位研究生的困境考量

经过多年实践的探索,校企联合培养专业学位研究生已经取得了很大的进步,并积累了一定经验,但是我们也应该正视在培养过程中的一些问题和不足。

1. 校企合作教育理念缺乏统一

校企联合培养专业学位研究生的主要目的是通过高校和企业两种不同的教育环境和教育资源,采取理论教学和实践锻炼相结合的方式,培养符合市场需求的应用型人才,从而形成高校、企业和研究生多赢的格局。但在实际联合培养过程中,部分企业并没有完全理解真正意义上的联合培养专业学位研究生的意义和任务,"他们将研究生视为廉价的高级劳动力,看重的是能不能给企业带来短期的经济效益,对于研究生能否很好地完成科学研究并不是特别关心",由此造成了校企合作教育理念的不一致,这在很大程度上阻碍了校企合作的深层次发展,不利于专业学位研究生教育质量的提高。

2. 合作企业选择定位不当制约着研究生能力的发展

在校企合作过程中,高校选择什么类型企业,企业规模大小将在很大程度上影响着研究生在企业实践过程中作用的发挥和能力素质的锻炼。目前政府在校企合作过程中的联系作用较弱,校企合作

---

* 中国学位与研究生教育学会资助的2013年研究课题"基于微观建设模型的改进措施及其在专业学位质量保障体系中的应用探索"(2013Y07)。

主要依靠高校和企业双双自主选择。一方面,很多高校为了能够迅速建立起自己的合作企业,往往只要有企业愿意合作即同意建立联合培养专业学位研究生的意愿,无论是企业大小,还是企业位置优劣都没有慎重考虑,这对后续合作尤其是研究生培养与人身安全造成了很多弊端。另一方面,很多高校为了能体现学校的实力和树立品牌效应,往往将大型企业和特大型企业作为校企合作的首选,这虽然有利于校企双方持久的合作,也能为双方管理带来不少便利,但"一些大型和特大型的企业,由于内部部门太多,部门之间分工很细,工作和任务流程化要求很高,学生参与此类企业的科学研究和技术工作往往受到很多限制。并且大型企业一般已经具有一些核心技术,出于保密考虑,一般不让研究生参与一些重要技术的研发,学生只能做一些旁枝末叶的技术研究,制约了学生创新能力的培养。"

3. 专业学位研究生师资力量不够雄厚

为了方便指导专业学位研究生,提高专业学位研究生培养质量,我国校企联合培养专业学位研究生普遍采取的是"双导师"制度,即校内导师和企业导师共同指导专业学位研究生的理论学习和实践研究。专业学位研究生的培养目标是培养具有坚实的理论基础和较强的实践能力,以及能适应社会需要的复合型高层次人才,这对培养专业学位的师资力量提出了更高的要求,不仅要求导师具备全面、扎实和深厚的理论功底,更要求导师还必须具备良好的解决实际问题的实践经验。但目前我国专业学位研究生师资力量并未达到这一标准,主要表现为:一方面校内导师长期以来主要从事学术硕士研究生的培养以及理论研究,缺乏专业学位研究生培养经验和企业工作实践经历,这在一定程度上降低了校内导师对专业学位研究生培养的积极性和信心,同时也难以保证培养质量;另一方面,企业导师虽然具有丰富的企业管理经验和工作经历,但是由于企业采取的主要是行政化的管理方式和流水线作业,很多企业导师没有指导研究生的经历,他们对于较系统的科研任务难以提出合理的建议,同时部分企业导师不善于与研究生沟通交流,对于技术问题常常采用习惯性的思维进行技术型解决,而缺少与研究生的分析讨论,使研究生的实践能力和理论素养难以得到统一,科研任务难以顺利进行。

4. 教学系统行政化的管理方式难以满足复合型人才培养的需要

"从时间变量来看,教学系统的运行是一个周而复始的动态过程。从形式上看,它是教与学双边的活动过程。"[3]在校企合作过程中,高校和企业是推进教学有序运行的主体,双方都有义务和责任为教学过程中可能出现的影响教学质量的所有因素提供便利,但是在实际校企合作过程中,双方都以行政化管理方式来维持彼此的协调和沟通。在日常教学过程中,大多数情况下的校企联合培养管理方式是高校通过教育管理人员与企业的行政管理人员相互沟通信息,基本不直接联系专业学位研究生,或者是校内导师直接与研究生直接联系而没有与企业导师联系等,这种行政化管理方式带来的后果就是信息的不对称,造成培养复合型人才的培养目标难以实现。

二、提高校企联合培养专业学位研究生教育质量的对策

校企联合培养专业学位研究生是对研究生培养模式的一种创新,这在很大程度上适应了我国经济结构转型和产业优化升级的需要,同时高校、企业和研究生在校企合作过程中也获得了很多发展和取得了多赢局面。但是,由于校企联合培养专业学位研究生由于各种原因,面临着一些困境,我们必须通过多种途径予以完善和解决,不断提升校企联合培养专业学位研究生的教育质量。

1. 夯实合作基础,整合教育理念

校企联合培养专业学位研究生是适应我国社会经济快速发展对高层次复合型人才的需求而产生的,高校和企业应该充分认识到校企联合培养专业学位研究生教育的重要意义,双方应该将联合培养专业学位研究生作为各自发展的重要战略和长期规划,通过深度合作,达成共同的教育理念。高校作为联合培养专业学位研究生的主体,应该紧随社会经济转型和技术发展的步伐,主动联系合适企业,根据企业需求确定学科建设方向、人才培养目标、课程体系等,将联合培养专业学位研究生在研究生教育中的地位等同于学术型研究生,共同促进研究生教育模式的不断完善。企业作为联合培养专业学位研究生的合作主体,同时作为研究生实践技能训练的教育主体,应该从企业发展战略的高度来审

视与高校的合作关系,将联合培养专业学位研究生纳入企业人力资源发展规划,将行业发展和企业发展的现状及其需求反馈给高校,并协调高校完成相关培养方案的制定和教学计划的实施,将联合培养的专业学位研究生作为企业未来的储备技术力量进行有针对性的指导和训练,而不是仅仅将专业学位研究生视为高级的廉价劳动力。

2. 准确定位合作企业,建立长久合作关系

校企合作过程中对合作企业的选择与定位是至关重要的,它将关系到后续合作的深度与广度以及研究生培养质量的好坏。从校企合作状况来看,合作企业选择定位应该遵从以下三个原则:首先,企业位置宜近不宜远。选择近距离的企业进行联合培养专业学位研究生,既有利于高校和企业保持紧密联系,可以就相关问题尤其是一些紧急问题进行面对面的近距离沟通,又有利于研究生和导师到企业进行调研与实践研究,加强与企业导师的交流沟通。其次,企业类型应该选择处于发展中的中型企业。目前高校选择企业贪大求稳,虽然在一定程度上能够建立良好的合作关系,但是研究生进入企业后因各种管理制度很难进入核心研发程序。而处于发展中的中型企业,它们对人才的渴望比较迫切,而且企业内部高级工程人才和研发人才有限,这样有利于研究生进入企业后能够受到重视,可以接触到更多的研发任务和实验操作。同时,这些企业选聘的企业导师也比较乐于和重视对研究生的培养,这样有助于帮助研究生更快地融入企业和提高培养质量。再次,合作企业应该具备长久联合资质和条件。当前很多校企联合培养关系的建立往往借助于项目依托、教师人脉关系和研究生"委培"等方式,此类联合培养方式的优点是合作标准较低,签订协议迅速,缺点是合作企业资质难以掌控,合作关系难以持久。因此,在对合作企业进行选择定位时应该考察企业的发展资质及培养条件,将企业能否坚持长久联合培养专业学位研究生作为衡量标准的重中之重,只有这样才能使校企联合培养专业学位研究生得到更深层次和更持续性的发展。

3. 完善"双导师"制度,加强师资队伍建设

"一支既有较高学术含量,又有明显的职业背景、丰富的实践经验的导师队伍是保证专业学位研究生教育质量的关键,也是专业学位研究生教育可持续发展的根本保证。"[4]在校企联合培养专业学位研究生的实践过程中,为了能够更好地对专业学位研究生进行理论指导和实践训练,我国校企联合培养过程中逐渐形成了由校内导师和企业导师共同指导专业学位研究生的教育制度,这种"双导师"制度在一定程度上解决了校内导师理论水平较高而实践技能相对缺乏的问题,但是这种制度模式在实际操作过程中,由于现有校企联合培养政策的缺乏,在专业学位研究生导师选聘、双导师之间的交流沟通、角色定位以及管理规划等方面存在着较大的程度缺陷,制约着专业学位研究生教育质量的提升。为此,我们应该通过以下途径来解决当前的困境。首先,严格"双导师"选拔制度,加强"双导师"培训和管理。目前"双导师"选拔主要针对的是企业导师的选拔,而对校内导师选拔则相对宽松,只要具有指导学术型硕士研究生资格的教师都可以担任专业学位研究生导师,这为今后指导专业学位研究生带来了困难。因此,无论是校内导师还是企业导师,都应该进行严格选拔。一方面,优先选拔那些具有企业实践经验的导师担任专业学位研究生校内导师,对于部分没有企业实践经验的校内导师应该鼓励他们加强与企业的科研合作,支持他们到企业实地考察或挂职锻炼,并且在职称考核政策方面予以倾斜,提高他们培养专业学位研究生的积极性。另一方面,高校对企业导师的选拔应该根据培养课程的安排,选聘那些具有丰富实践经验和较高实践技能的工程师作为企业导师,同时对他们进行入职培训,加强他们对自己的职责了解,熟悉研究生培养工作流程以及要求。其次,明确导师角色,完善沟通机制。目前在校企联合培养专业学位研究生过程中,虽然对"双导师"角色进行了一定的定位,如校内导师主要负责理论指导,企业导师负责专业实践及其技术课程教学等,但是实际效果并不明显,同时对"双导师"之间的交流沟通也缺乏合理机制。因此,对"双导师"角色定位和完善交流沟通机制就显得格外重要。在角色定位方面,校内导师除了原有的理论指导职责之外,还应该包括研究生素质教育以及职业生涯教育等方面,以提高研究生的道德素质及对未来职业发展规划的认识;企业导师除了专业实践指导之外,应该增加对研究生的企业文化教育和行业发展前沿教育,以增强研究生对培养企业的认同感,并开拓其视野。同时"双导师"还应该共同承担学术指导、信息提供和帮助等职责,并明确体现在事先双方签署的培养合作协议当中,以保证培养过程的顺利完成。在导师交流沟通机制方面,除了日常交流沟通之外,"双导师"均应参加联合培养专业学位研究生论文开题、中检和预答辩等培养过程,同时建立工作日志联系形式,在整个论文指导过程中,专业学位研究生应该撰写不少于12篇工作日志,并且都需得到企业导师和校内导师的签名审核,以此来提高"双导师"之间的交流沟通,不断提高研究生培养质量。

4. 优化教学系统管理方式,深化联合培养模式

"教学系统是由教育、学习和媒体三个要素所组成的,通过教学双方的心理、行为等因素的结合、联系而形成的,具有生产人才这种特定功能的有机整体。"[5]因此,在校企联合培养过程中,一方面,对于教学系统的管理必须要克服当前的行政化管理方式,应该以培养复合型人才为目标,通过建立校企双方共同组成的管理委员会或者专业指导委员会来对教学系统运行进行全过程和全方位的管理,以解决专业学位研究生指导过程中遇到的困难与问题。这种校企合作管理委员会或者专业指导委员会应该包含校企双方行政管理人员、校内导师、企业导师以及联合培养研究生代表等,从而使学校与企业、导师与学生、教学与科研等联系更加紧密,建立起学校、企业和研究生三方都参与、三方都反馈、三方都受益的新机制,增强教学系统运行的有效性,为提高专业学位研究生教育质量奠定基础。另一方面,经过多年的校企联合培养专业学位研究生的实践探索,我国发展和形成了多种校企联合培养模式,"综合来看,这些形式可以归结为以下三种模式:校企项目合作、校企双导师制、校企共建研究生联合培养基地。"[6]这些联合培养模式曾经在校企联合培养专业学位研究生过程中发挥了重要作用,但由于随着这些模式的普遍开展,也出现了一些例如合作不具有连续性、联合培养基地形同虚设等问题。所以必须对当前联合培养模式进行深化和改革。首先,加强政府对联合培养专业学位研究生模式的政策支持。在当前情况下,校企联合培养专业学位研究生大多数是由校企双方自主决定,而政府相关部门很少涉猎其中,这对校企合作的稳定性以及实践平台建设都形成了巨大障碍。政府相关部门应该根据实际考察和调研,对本地区高校培养专业学位研究生实际情况和企业资质情况进行综合评定,在财政投入、税收优惠以及管理服务等方面提供政策支持,以增强高校和企业对联合专业学位研究生培养的积极性和主动性。其次,完善培养模式考核机制。目前来看,我们的考核机制只是针对研究生教育质量,而很少针对各种培养模式,这在某种程度上形成了培养模式的松散和实效。因此,我们应该对校企项目合作、校企双导师制和校企共建研究生联合培养基地等培养模式制定个性化的考核机制,无论选择何种联合培养模式都应该进行定期考核,从而及时发现联合培养过程中的问题并予以解决,最终达到提高联合培养专业学位研究生教育质量的目的。

参考文献

[1] 黄宝印. 我国专业学位教育发展的回顾与思考(上)[J]. 学位与研究生教育,2007(6):4-8.
[2] 杜建军. 校企联合培养研究生的办学实践对全日制专业学位研究生培养的启迪[J]. 学位与研究生教育,2013(3):16-19.
[3] 高海生,沈红. 基于自我评估的高校教学质量内部保证体系的理论构建[J]. 国家教育行政学院学报,2011(2):47-52.
[4] 熊玲,李忠. 全日制专业学位硕士研究生教学质量保障体系的构建[J]. 学位与研究生教育,2010(8):4-8.
[5] 梁仕云. 高校教学系统结构特性和功能分析[J]. 江苏高教,2001(4):43-46.
[6] 吴照金. 对校企联合培养硕士研究生模式的思考[J]. 安徽工业大学学报(社会科学版),2012(1):103-105.

构建高水平全日制工程硕士实践培养体系[*]

彭晓霞,郭 红

(北京航空航天大学研究生院 100191)

摘要:教育源自实践,教育的根本目的是育人,而专业学位研究生教育的根本目的就是培养具有高水平实践能力的应用型、复合型人才。全面、系统地提升工程硕士研究生的应用实践能力,满足社会需求,是保证和提高其教育质量的内核。北京航空航天大学(以下简称"北航")在全日制工程研究生教育十年中,始终将"提高培养质量、提升实践能力"作为全日制工程硕士培养的宗旨和原则,坚持突出其特殊性和实践性特点,利用产学研合作等优势资源,建立了高水平全日制工程硕士实践培养体系。

关键词:全日制工程硕士;实践培养体系;校企合作

实践教学是相对于理论教学的各种教学活动的总称,包括实验、实习、设计、管理、实际操作、工程测绘、社会调查等。[1]自中世纪出现大学以来,大学自治与学术传统决定了理论教学一直是高等教育中的顶梁柱,它与实践教学在目的与功能上具有一定的差别。前者培养实践能力和职业素养,后者培养认知能力和理论素养。

教育源自实践,教育的根本目的是育人,而专业学位研究生教育的根本目的就是培养具有高水平实践能力的高层次应用型专业人才。无论是国外经验还是国内实践,专业学位的设置与发展都是与社会、科技发展大趋势中的职业化、专业化密切相关的,越是与实践性、应用性相关的领域,越需要具有强职业化和执行力的专门人才。

实践教学是全日制工程硕士教育的核心内容。鉴于此,全日制工程硕士培养的难点和重点就主要围绕一个核心问题:全面系统地提升学生实践能力,建立完善的实践培养体系。完善的实践培养体系不仅仅包括开展实验课程、建立实践基地、落实工程实践等实践教学过程,还应包括改革理论教育、推进理论课程和专业课程的泛应用化、提升课程讲授教师和指导教师的理论应用水平和工程素养,更包括加强社会企业行业对于提升学生实践能力和职业水平的社会责任。

一、全日制工程硕士实践培养中存在的问题

1. 课程教学偏重理论化,形式单一

以实际应用为导向,以职业需求为目标,强调理论性与应用性课程的有机结合,突出案例分析和实践研究是全日制工程硕士课程学习的特色之一。然而据粗略了解与统计,只有近一成的学生认为所学课程中大量运用了案例教学和研讨式教学,且使用的案例也缺乏典型意义,有欠新颖。很多课程,全日制工程硕士与学术硕士是同一个教室、同一个老师、同一本教材,上一样的课,考一样的试卷……这样如何能分类培养,突出特色,更何谈职业竞争力。

---

[*] 全国工程硕士教育研究课题(2014-JY-010),北京航空航天大学2015年发展战略及高等教育研究课题(YWF-15-FZGHC-042)。

2. 基地实习流于形式化，落实困难

校企间"请进来、走出去"的开放联合，优势互惠互补，建立工程实践基地、落实工程实践环节，已成为逐步提升全日制工程硕士专业学位实践能力的重中之重。但是，工程实践基地建设容易，持续发展和运行、真正落实基地实习是一大现实难题。在实际执行中，政策、导师、企业等方方面面的问题都在一定程度上阻碍了工程实践环节的落实。在调查中发现，一些培养单位并不重视全日制工程硕士的工程实践环节，在实践基地进行工程实践的比例不足一成，更有一些基地是建而不用。

3. 师资力量不够职业化，缺乏经验

指导教师队伍的素质是保证研究生教育培养质量的关键，也是全日制工程硕士教育持续发展的保证。一些培养单位在师生分配上过于简单，较少考虑指导教师的课题背景及经历经验，容易造成全日制工程硕士的校内导师缺乏经验、没有工程项目课题，反而使有工程项目课题的教师却不能指导全日制工程硕士的错位。通过调查发现，许多培养单位都过于依靠校内教师指导学生，而他们又多为年轻教师，本身就缺乏工厂、企业工作实习经历，更缺少工程经验与企业文化素养，难以全身心投入到工程硕士专业学位的教育和研究工作中，指导方式也与工学硕士没有差别；而校外导师又大多为企业厂所的管理、技术人员，他们工作繁多，缺少足够的时间、精力和能力指导学生。

4. 管理保障机制不完善，权责模糊

完善的全日制工程硕士教育管理体制和质量监控系统，是促进全日制工程硕士研究生教育可持续发展的基石。在调查与交流中不难发现，许多培养单位并未将工程硕士研究生教育质量评估纳入到研究生管理部门的常规工作范畴，尤其是没有将工程实践环节作为培养过程中的重要部分，制定专门的工程实践质量标准和自我评估标准，进行四方双向满意度评价。有的甚至直接以学术硕士的评价体系进行专业学位的质量监控与管理。培养单位与教师、学生之间，不仅缺乏应有的质量信息沟通、互动和反馈，而且没有建立必要可行的信息交流平台和监控反馈系统，严重约束了全日制工程硕士培养质量保障体系的有效运行。

二、构建高水平全日制工程硕士实践培养体系

早在2005年，北航就敏锐地发现：经济建设和社会发展需要更高层次的工程教育改革，更多工程型、应用型人才，而这一需求与国家高等教育现状有较大差异。北航在遵循我国研究生教育发展规律的前提下，创造性地开办了中法工程师学院、大型飞机高级人才培训班，初步探索了应用型全日制硕士培养模式，走在了研究生工程师教育和工程实践的前列。

十年探索中，北航经历了"初步探索—分类培养—全面改革"三大阶段，现已进入了持续发展阶段，并有计划地开展了对全日制工程硕士实践培养体系的构建与探索，不断推进全日制工程硕士研究生教育的规范化发展，增强其发展活力。

1. 融入实践元素，改革课程建设

北航有计划、有步骤地对全日制工程硕士重点课程的教学方式及教材进行试点改革，开展全日制工程硕士"实践讲堂—案例库—MOOC"的三步走策略，特别强调和突出与行业、企业诉求的衔接，学校和老师作为企业和学生的纽带，增强学生参与程度。北航逐步将国内外著名企业及行业院所的优质课程资源（包含案例课程、教师、案例）引入学校课堂教学，重点在于将企业设计、制造及创新过程中的思维和工作方式呈现在学校的课堂上。尤其鼓励邀请国外著名企业（境内外均可），和国外优秀的专业硕士培养院校的专业技术课程主讲。北航"实践讲堂"于2012年6月正式启动，至今共支持"霍尼韦尔卓越工程（Good Engineering）"等课程60余门，每门课的案例教学部分不少与总学时的50%，绝大部分都达到了90%以上，获得师生的一致好评。

案例教学以实践应用中的典型案例为素材,通过团队合作、情景模拟、现场体验、交流讨论等方式,有效缩短了教学情景与职业工作情景的差距,有利于提高研究生实践动手和分析解决实际问题的能力。北航在"实践讲堂"的建设基础上,启动了"工程案例库"建设项目。校内教师通过观摩"实践讲堂",参与了培训和交流研讨,不仅聆听了国内外行业企业专家的工程经验经历,更是更新了教学观念,了解了案例教学的内涵实质,提高了案例教学的能力和水平。通过收集录像、录音、PPT、图像等一系列资料的运用,编写工程案例,进一步推进了在课程甚至领域内进行案例教学试点,逐步形成属于工程硕士的案例库。

课程内容的变化,必须配合教学方法的改革,积极运用研究式、讨论式、开放式的教学方式,开发项目训练型课程、复合式模块化课程。北航积极抓住"大规模在线开放课程"在全球迅速兴起给传统高等教育教学带来巨大影响这一重大机遇,在我校启动工程专业学位研究生教育在线教学工作,促进我校教育理念和教学方式方法的转变,切实推动优质教学资源在校内外的共享,着力提高工程专业学位研究生教育教学质量。北航积极参与在线课程建设,推动在建课程建设及资源共享,于2014年起投入建设了《航空航天技术概论》《计算机网络与通信实验》《航空推进系统理论与技术发展》等5门工程类研究生在线课程,并对部分课程运行所需的硬件进行了配套升级。

2. 发挥示范作用,创新基地模式

北航结合行业企业实际情况,充分发挥积极性、主动性和创造性,积极探索多种形式的全日制工程硕士校企联合培养机制。同时以基地建设为纽带,充分发挥校企优势,构建人才培养、科学研究、成果转化、社会服务、文化传播等多元一体、互惠共赢的资源共享机制和合作平台。[2]

"充分的、高质量的专业实践是专业学位教育质量的重要保证。"[3]截止2015年6月,北航以多年与国防企事业单位建立的良好合作关系为切入点,围绕国家重大专项,借助产学研合作,共建设38个校内外实习实践基地,以帮助全日制工程硕士顺利完成工程实践。2014年,北航建立的"先进飞行器高级人才联合培养基地"获得"全国示范性工程专业学位研究生联合培养基地"荣誉称号,同年我校3名优秀毕业生获得"全国工程硕士实习实践优秀成果获得者"荣誉称号,在获奖高校中人数排名第一。为进一步做好全日制工程硕士专业学位研究生实习实践工作,促进合作企业和社会更好地了解、参与和支持实习实践环节,北航于2014年起,建立了全日制工程硕士专业学位研究生优秀实习实践奖励机制,每年对本年度内参与实习实践的全日制工程硕士研究生开展广泛评选,并对获奖者给予表彰与奖励,极大地调动了学生参与实践的积极性。2015年5月,在第一届"北航工程硕士实习实践优秀成果获得者"评选中,共有60位优秀学生获此荣誉称号,其中有23位是在校企联合培养基地中完成的工程实践。

北航于2011年底启动"研究生高级人才定制班"计划,并在2012级全日制工程硕士研究生招生工作中试点建立了"航空发动机高级人才定制班"。2013年又建立"网络安全技术研究生高级人才定制班",逐步拓展以社会需求为导向的、校企联合培养的探索道路。"研究生高级人才班"实现了校企联合全方位、立体式的联合培养模式,企业全面介入研究生的选拔、培养、评价;课程设置着重突出专业实践类课程和工程实践类课程,实现了从传统学校教师单方面指导到校企导师或导师组多方面指导、从学校"实验教学"到校企"实践教学"的突破;努力参考国际通用的工程型人才评价指标,以技术进步为主要评价指标,包括专有技术、发明专利和解决专业技术问题等。

3. 建立激励机制,加强师资培训

培养有创新活力的未来工程师,应该依靠工程型的教师和科研型的工程师。工程型的教师是既具有深厚的理论基础,而且具有高等人才培养的经验和责任感,又是能独当一面的"工程师"或具有丰富工程实践的工程技术人才;科研型的工程师则是社会企业行业中一些具有丰富实践经验和一定理论基础的工程技术人员。"要重视构建和形成一支适应专业学位研究生教育的师资队伍",建立健全校内外双导师制,吸收不同领域的专家、学者和实践领域有丰富经验的专业人员,共同承担专业学位研究生的培养工作。

北航鼓励和支持青年教师深入工程一线，从事和参与工程项目，接触工程实际，积攒工程经验。通过产学研合作，将科研项目的立项、研究、推广过程与全日制工程硕士培养过程相结合，增进了青年教师与企业专家之间的合作交流，积极推动青年教师向工程型的教师方向发展。同时，通过"实践讲堂""工程案例库""工程实践基地""研究生人才定制班""在职工程硕士培养"等一系列与企业行业的密切合作，对青年教师进行了工程实践培训，还积极引进了一些科研型的工程师从事校外兼职指导教师。尤其是在近三十年的在职工程硕士教育工作中，一大批优秀的学位获得者在实际工作中不断磨砺，已逐渐成长为行业内的中流砥柱、重大国防科技专项的领导领军人才，继续为行业内的发展、校企联合培养发挥重要作用。

北航充分发挥高质量课程、案例及高水平指导教师在研究生培养中的示范作用，计划于2015年起设立"研究生课程教学优秀奖"，重点关注教学效果和学生受益与认可程度，以学生为推荐和评选主体。北航也不断完善教师考核评价机制和人才培养评价标准，将工程培训、案例教学的研究编写和教学等纳入到青年教师培训计划中，分阶段地邀请MBA，法律硕士等案例教学和MOOC课程起步早、运行好、成果突出的校内外资深教师做讲座和培训，以提升教师实践水平。

参考文献

[1] 肖伟才.理论教学与实践教学一体化教学模式的探索与实践[J].实验室研究与探索,2011(4)：81.

[2] 教育部关于加强专业学位研究生案例教学和联合培养基地建设的意见(教研〔2015〕1号). http://yz.chsi.com.cn/kyzx/zcdh/201505/20150527/1471439400.html.

[3] 教育部关于做好全日制硕士专业学位研究生培养工作的若干意见(教研〔2009〕1号). http://www.moe.edu.cn/publicfiles/business/htmlfiles/moe/s3493/201002/xxgk_82629.html.

创新实践基地管理模式　推进工程硕士教育改革[*]

刘　立，王海洋，张　杰

（四川大学研究生院　610064）

摘要：工程实践是工程硕士研究生在教学和科研训练中的重要环节，实践基地是提高研究生工程实践能力的重要平台。只有在科学的管理模式下，实践基地才能长期有效地运行。在实践基地的管理模式研究中，通过阐述实践基地日常管理中的主要内容，总结国内实践基地管理的主要模式和剖析其存在的问题，对实践基地的管理模式提出了一些创新性的举措，以使实践基地能更好地运作，充分发挥其培养合格工程硕士研究生应有的作用。

关键词：实践基地；管理模式；创新

实践基地是训练工程硕士工程实践能力的核心方面，高校和企业联合建立高水平工程硕士实践基地不仅是经济社会发展的追求，也是双方互补的需要。实践基地能转化高校的科技成果、提升学生的实践能力，自2009年教育部批准高校招收全日制工程硕士以来，各高校都对实践基地的遴选和建立的机制、原则、方法等进行了大量的研究和探索，例如在示范性实践基地的评选中，我们看到了许多创新性的实践基地设立方法、运行机制、实践保障体系等，但大多创新性探索都集中在实践基地的遴选和建立等方面，在日常运行的管理模式方面鲜有探究。

一、良好的管理模式是实践基地的质量保障

工程硕士实践基地的日常运行离不开科学的管理，良好的管理模式是实践基地运行的质量保障。在其日常管理模式中，需要对实践基地中的管理体制、实践内容、校外导师、研究生日常活动、实践设备等进行有效的管理。

在实践基地的管理体制上，应由校企双方共同推举合适的人选组成管理委员会，负责制定相关规章制度，监督实践内容，并委派专人协调解决实际工作中的主要问题，例如实践的内容、研究生的日常活动、实践基地的工程设备等。

工程实践训练内容管理主要包括实践计划的组织和实施，并在实践过程中进行检查和监督。在实践完成后，还需对研究生的工程实践进行考核。高校管理部门对研究生的实践活动进行宏观层面的管理，并提供政策上的支持。

校外导师队伍的建设与管理是实践基地管理中的关键环节。业务精良、能负责任、相对稳定的校外导师队伍能够充分整合实践基地的技术资源、材料资源、经营资源等，提高工程实践的质量，是实践基地指导特色体现的关键。

二、实践基地管理的现有模式及存在的问题

从现状来看，国内高校大多都出台了校外实践基地的建设和管理办法，并以全日制专业学位研究生的工程实践管理为主。主要分为以实践基地为基础的多专业集中性管理模式和以高校专业为主的专业依托式管理模式。

---

[*] 全国工程专业学位教指委课题"依托实践基地，提升全日制工程硕士人才培养质量"（2014-JY-079）和四川大学管理工作研究课题"研究生专业实践管理模式研究"（SKZY-G1201519）。

以实践基地为基础的多专业集中性管理模式强调对实践基地内的所有可供工程实践的资源进行集中的管理，通过统一管理、统一匹配资源，全方位的调动实践基地的各类资源。在这种模式下，实践基地可作为高校一个独立的机构，配备专门从事工程实践的教学指导、职业资格认证、科研训练、校外导师管理、日常行政管理等事务的人员，可以最大限度地发挥实践基地内各类资源的作用。

专业依托式管理模式主要存在于高校下属的二级学院，由二级学院自己独立建设和管理实践基地，基地的工程实践训练、工程指导均由相关专业人员自己完成。在这种模式下，研究生的专业理论知识能紧密结合工程实践内容，在实践中也能反过来促进工程硕士教育的改革。

但是在实践过程的管理上，仍然没有较好的管理办法。以现有的管理模式和制度，很容易造成学生的实践时间、考核内容、考核单位都无法真正考核到，企业和高校之间联合培养工作的衔接不到位，无法确保学生在实践基地接受到充分的锻炼，校企之间相关环节的交互不流畅、不透明，会导致学生可以通过各种手段使实践训练流于形式，工程硕士工程实践方面急需找到适当的实践管理模式以促进和辅助研究生的学业顺利进行。

三、实践基地管理模式的创新性举措

以实践基地为出发点来管理学生的工程实践活动，把实践基地的管理和学生工程实践的管理融为一体，把学校的合作计划和学生的实践内容有机结合，同时进行校内外双导师的管理和学生工程实践的管理，建立工程硕士专业实践管理平台，消除内外沟通的不对称。

1. 实践基地和学生的双方互选

在进行专业实践之前，学生对自己的工程实践必须有一个初步的规划和定位。在校内导师的指导下，结合自身的兴趣和其他情况，在管理平台上选择已有的实践基地或者自己联系实习单位。

在选择已有实践基地的情况下，高校将研究生和实践基地的基本资料交予双方，让其进行双方互选。研究生可以通过学院和校内导师的意见，根据之前实践实习的成果，挑选已有的实践基地并选择相应的校外导师。实践基地可根据研究生的学习成绩、学术背景等，结合与高校的产学研合作，挑选合适的研究生，具体指导他们的工程实践活动，并确定校内外双导师的职责和义务。

如研究生自己联系的实习单位，需要在高校中备案。实习单位须委派专人负责研究生的日常管理，协调解决研究生实际学习、生活中的主要问题。双方需要共同明确学生的思想政治、学习生活、工程实践和日常事务等责任和义务。当该实习单位具备成为实践基地的条件时，高校应主动进行沟通，邀请实习单位和高校共建实践基地，并提供相应的政策支持。

各个实践基地还可建设自身的网站，不断更新内容，宣传和展示研究生在实践基地内的学习、生活情况和实践成果等内容，以便向下一批学生更好地展示基地自身的优势和特色，方便双方的互选。

2. 工程实践训练内容的日常管理

在工程实践过程中，将管理平台和实践基地进行对接契合，动态跟踪研究生，使高校和基地内研究生及时了解双方需要的信息，增进彼此的交流。在工程实践内容上，由校内外双导师在管理平台上共同确定实践计划的制订与实施，并在一段时间内就研究生的工程实践进度或成果分别进行考察和监督；在学生的思想政治、安全等方面，由高校辅导员在管理平台上进行日常管理。

在工程实践的考核阶段，研究生根据实践内容书写实践报告，由校外导师指导工程硕士根据实践内容作为毕业论文的开题报告等。由校内外导师分别进行考核，共同确认研究生的工程实践是否合格，并给出实践成绩和评语。高校可邀请或抽查不同实践基地的部分研究生，每年定期组织工程实践报告会，邀请实践基地、政府主管部门、其他高校、招聘企业、即将开展工程实践的研究生、有实践基地合作意向的企事业单位等参加，展示当年实践基地研究生的实践经历和成果，分享他们的实习经验、心得，嘉奖优秀的工程实践研究生，将一些比较成熟的实践基地管理模式向社会推广。

3. 实践结束后的反馈机制

工程实践考核结束后,在管理平台上记录研究生的建议和反馈信息。在当期工程实践的总结会上和实践基地共同探索,不断创新管理办法,提高管理效率。

在工程实践后的校园招聘中,将高校的就业信息网和管理平台对接,对招聘企业展示应聘研究生的工程实践单位、实践内容、实践的考核结果等信息。在应聘者数量多、招聘周期短的校园招聘中,研究生在工程实践中的表现和成果,能在企业的校园招聘中获得优势。同时,实践基地的工程实践也是企事业单位选拔人才的重要平台,企业可以在研究生的工程实践期间,对其工作能力、价值观、思想品质、综合素质等进行全方位的考察,在双方充分了解后,可签订就业协议,这样降低了企业人才招聘、培养的成本,达到双方互利共赢的结果。

工程实践是工程硕士研究生培养的重要环节,高标准的实践基地管理模式是实现合格工程硕士研究生培养目标的重要保障。在工程实践基地的日常管理中,应通过实践基地和研究生合理的双方互选、工程实践内容的动态管理、严格的工程实践考核、积极的实践后反馈机制等,才能保障工程硕士实践活动的有效进行,突出实践基地培养特色,不断推动国家高素质工程人才培养教育的发展。

参考文献

[1] 李力.以职业能力为导向的专业学位研究生培养模式研究与实践[J].高教研究与实践,2013(03):10-13.

[2] 孟美娟.全日制专业学位硕士研究生二级管理模式创新实践[J].中国研究生,2011(10):315-319.

[3] 陈小平.全日制工程硕士研究生培养基地建设的思考与实践[J].学位与研究生教育,2012(2):46-49.

[4] 郭炜.研究生实践基地与实习工作管理机制创新模式研究[C].//第二十六届全国研究生院工科研究生教育工作研讨会论文集,2012:48-52.

基于职业发展能力的交通运输工程师培养要求分析

吴娇蓉,李淑明,叶霞飞

(同济大学 201804)

摘要:调研25家规模百人以上的交通运输工程企业、事业单位,对照国内用人单位对专业硕士能力要求与《华盛顿协议》毕业生能力要求,预测新发展形势下职业能力发展需求,提出面向未来交通运输卓越工程师必须具备的能力结构包含职业道德、合作与交流能力、知识、专业技能和实践技能、智力(或素质)5大要素。分析85位高级工程师对交通运输工程的合格工程师、应届工程硕士、工学学士的14项期望能力评分差异,提出适应未来人才需求的工程师能力培养关注度可区分为首要关注、加强关注、特色培养3个层次。为面向未来交通运输工程专业人才培养目标、学习产出标准确定提供参考。

关键词:职业能力;专业硕士能力结构;培养关注度;用人单位;期望能力

按照《华盛顿协议》ABET提出的认证标准,在工程教育过程中应同时关注本科生在校4年的学习效果、本科学生毕业能力达成度、毕业5年的职业发展能力以及应届毕业生在走向工程师的发展过程中是否具有竞争力。因此观察、评估工程教育培养成效的周期为4+5年,即至少需要9~10年。俄罗斯《现代工程教育》研究报告对我国的启示在于:工程教育虽然已为我国的建设和各领域发展解决了工程技术人才的基础供给问题,但面对日益激烈的新型工业竞争,工程领军人才和具有较强开创探索精神的工程精英人才严重匮乏[1]。中国如果希望在工程科技领域引领世界,在工程教育上与发达国家实质等效,从现在开始必须将眼光瞄准2025年,并且应首先对工程教育、工程科技人才的培养问题进行深层次的反思:一个自主、自立、自强的国家需要什么样的工程教育?我国新型的工程教育模式是怎样的?下文将以交通运输工程专业工程师培养为例,探索面向未来的工程师职业发展能力、工程专业硕士毕业生应具备的能力结构以及差别化的能力培养关注度,为面向2025年交通运输工程专业人才培养的目标确定、特色教育建设等提供参考。

一、交通运输工程师培养趋势变化分析

对目前国内培养交通运输工程师的学校按照设置本科专业,设置硕士点、博士点等情况梳理,设置交通本科专业的高校110多所,只设置硕士点的学校约40所,同时设置博士/硕士点的学校20多所,即设置硕士点的学生一共有60多所。但是,各高校的办学理念、师资配置、学生就业、继续深造等情况差异较大。以交通工程专业为例,全国设置该专业的学校共有113所,有的高校就业率并不理想,有的高校继续深造率超过65%且本科生就业率超过96%;高校师资配置也有较大差异,有的高校仅有9名教师,无1名教授,而有的高校如同济大学配置96名教师,教授比例超过1/3,生师比约为12:1。

同时我国交通运输行业的快速发展对交通运输工程师的能力培养要求、对本科生和硕士研究生的数量需求与综合素质要求正在悄然发生变化。我国自改革开放以来,国家各地区、各城市的交通发展从20世纪80年代的交通基础设施建设严重滞后,到此后30年的交通基础设施、交通系统的快速发展,2010年后国内北京、上海、广州、深圳等一线城市的交通系统建设速度放缓,交通系统均由单一系统走向综合交通系统,由交通基础设施建设为主走向建、管并重,由规划和建设部门各自为政走向规划-建设-运行-管理的相互合作,由城市无序蔓延走向城市-交通的可持续性发展。同济大学交通工程专业 2014 年对交通运输行业协会、企业界、政府管理部门、设计院、咨询研究所的调研发现,工程界对交通运输类工程师的能力需求和期望在近 10 年已经开始有了逐步的转变,从要求单一学科背景、熟练的专业技能向多学科背景、综合思考方式转变。交通工程、交通运输、物流工程教育虽然已为我国的交通建设和交通领域发展解决了工程技术人才的基础供给问题,但面对日益激烈的新型工业竞争,具有较强开创探索精神的工程精英人才严重匮乏。

交通运输领域大规模的市级、省部级单位都表示业务骨干中硕士的比例在 65% 以上,各单位硕士相较于学士更具研究能力、创新能力,成为精英人才的概率远高于学士。因此,提高交通运输工程专业硕士教育质量,需要建立以行业接受程度为标志检验教育质量的教学理念,同时,为企业培养优秀职业人才、提升核心竞争力,也有利于在相关领域获得国际认可,增强国际竞争力。下文对交通运输行业省部级、市级企业和事业单位、设计院所、交通咨询研究所、工程建设管理单位等单位进行细致调研,分析交通运输领域企业的发展需求,在定量数据分析支撑下提出新发展形势下交通运输工程师的职业发展能力结构需求,本科生和工程硕士培养要求差异。

二、交通运输行业单位招聘应届毕业生需求分析

考虑到本次研究是面向 2025 年卓越工程师培养,在筛选拟调研的交通运输领域行业单位时,按照用人规模、单位属性、承接和正在研发、规划研发的交通运输项目、近 3~5 年连续招人计划数 5 个角度,挑选员工规模 200 人以上的省部级、市级企业和事业单位 18 家,涵盖设计院所、交通咨询研究所、工程建设管理单位,开展交通运输领域行业单位发展需求分析,同时选择 7 家 100 人左右规模的单位作为比较。交通运输行业员工规模 200 人以上的省部级、市级企业和事业单位承接引领未来交通发展的科研项目、创新开发、顶层设计类项目的概率较高,因此调研这类单位的需求有助于确定面向 2025 年的交通运输工程师职业发展要求。

1. 交通运输行业单位近 5 年招人需求分析

整理 2010~2014 年招人计划数据完整的 21 家规模 200 人以上及 100 人左右的省市级交通运输企业和事业单位,比较显示(表1),员工规模差异的两类企业招人计划趋势相同,即硕士生在招人计划中所占比例远高于本科生;本科生在招人计划中所占比例在 18% 上下浮动。这与各单位的人才梯队建设、人才金字塔形结构需求吻合,即在交通运输行业对本科生仍然有一定就业需求,但是本科生在单位中承担的工作与硕士生有较大差异,本科生更多承担基础性工作,例如按照规范设计绘图、交通数据调查与初级分析等。

表1 21家省市级交通运输企事业单位近5年招人计划汇总

年份	招应届生总人数	本科生	硕士生	本科生占招人计划比例	硕士生占招人计划比例
2014	152	24	128	16%	84%
2013	119	26	93	22%	78%
2012	115	20	95	17%	83%
2011	122	20	102	16%	84%
2010	115	21	94	18%	82%

2. 各单位招收应届工程硕士、工学学士的理由分析

各单位招收应届工程硕士的理由中,认为工程硕士综合素养较好的所占比例为 93%,专业能力较强的所占比例为 89%,专业方向对口的所占比例为 63%,见图 1。

各单位招收工学学士的理由中,首先认为工学学士综合素养较好的所占比例为 88%,可塑性强的所占比例为 75%、有利于梯队建设的所占比例为 67%、支付薪酬的性价比较好的所占比例为

50%、专业方向对口的所占比例为50%,见图2。可见,用人单位招收应届工程硕士和招收工学学士的理由有一定差异。

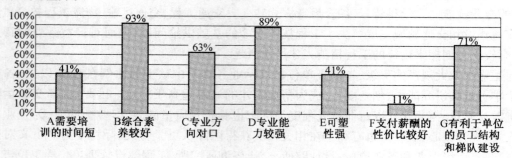

图1 交通运输企业偏好招收应届工程硕士的理由

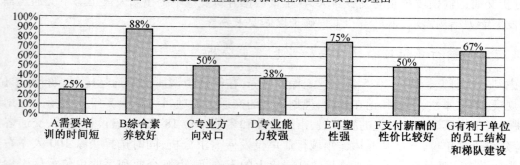

图2 交通运输企业偏好招收工学学士的理由

3. 单位招收应届工程硕士和工学学士最关注的指标

结合同济大学交通工程专业2014年5月对交通运输行业协会、企业界、政府管理部门、设计院、咨询研究所的调研结果,挑选11项指标:A为本科就读985或211学校,B为硕士就读985或211学校,C为学校的交通运输工程专业排名,D为本科专业方向,E为本科阶段所学课程,F为硕士的专业方向,G为硕士阶段所学课程,H为硕士导师,I为实践经验,J为综合技能证书(如计算机证书、英语证书等),K为硕士学位论文研究方向作为用人单位招收应届工程硕士和工学学士的关注指标,并请单位对这些指标进行关注排序。根据指标的排序以及指标被选中的概率计算出指标关注度,关注度越高说明这项指标被选中概率越高,各单位在关注指标排序中越靠前。结合关注度数值可对11项指标进行横向比较,见图3。

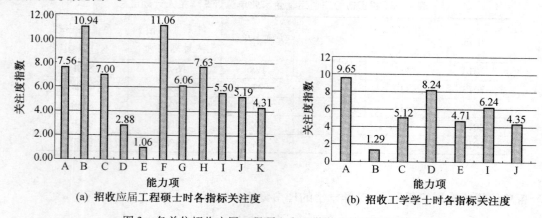

(a) 招收应届工程硕士时各指标关注度　　(b) 招收工学学士时各指标关注度

图3 各单位招收应届工程硕士和工学学士关注指标分析

各单位招收应届工程硕士、工学学士时,按关注度排序排在前面的6个指标比较见图4。各单位不论是招收应届工程硕士还是招收工学学士,就读的学校水平、专业方向、所学课程成为关键要素;其次关注学生的专业、所学的课程、实践经验等。换言之,在没有出现更加公正的参照标准或评判标准时,用人单位将就读985、211学校作为一条入职门槛。因此,开展工程硕士专业认证,工程专业认证标准是否能成为用人单位招收应届工程硕士的第二条入职门槛,值得深思。

招收工程硕士时:	招收工学学士时:
本科就读985或211学校	本科就读985或211学校
硕士就读985或211学校	本科的专业方向
硕士的专业方向	学校的交通运输工程专业排名
硕士导师	实践经验
学校的交通运输工程专业排名	本科阶段所学课程
硕士阶段所学课程	综合技能证书

图4 单位招收应届工程硕士和工学学士时排在前面的6个指标比较

三、应届工程硕士、工学学士在单位的职业发展能力分析

调研25家单位应届工程硕士和工学学士成长为业务骨干需要的时间表明,44%的单位认为硕士需要2~3年,38%的单位认为硕士需要3~4年,即82%的单位认为硕士需要约3年时间可以成长为业务骨干,见图5。32%的单位认为学士需要4~5年,45%的单位认为学士需要5~6年,即78%的单位认为工学学士需要约5年时间可以成长为业务骨干,见图6。同时,用人单位表示在现有的业务骨干中,具有硕士学位的比例明显高于学士学位。高校对于精英工程师培养的必要性非常明显。

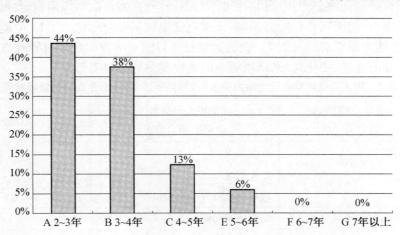

图5 应届工程硕士成为单位业务骨干的时间

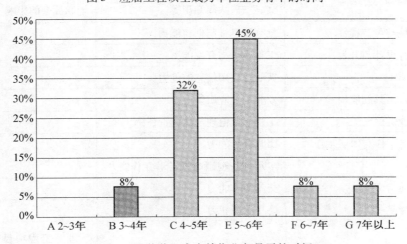

图6 工学学士成为单位业务骨干的时间

但从目前国内交通工程、交通运输、物流工程的本科毕业生申请工程师的流程来看,呈现出鼓励工学学士逐渐成为合格工程师的导向,与国际趋势相悖。本科毕业生毕业1年后申请助工,助工3年

后可申请工程师,即本科毕业4年后可申请工程师资格。如果攻读工程专业硕士,硕士毕业生工作2年后申请工程师资格,而硕士期间的学习时间为2.5年,即通过硕士途径申请工程师需要4.5年。可见,从工学学士到工程师所需时间反而可以比工程硕士到工程师所需时间缩短至少0.5年。

我国属于发展中国家,暂时或许可以例外,不过必须看到以硕士学位作为工程师执业的入门水准,是工程教育发展的客观要求[2]。换言之,本科工程教育尽管是基础,很重要,也适应现在的中国发展国情,但是考虑到未来的发展趋势和与国际接轨的迫切性,工程专业硕士、工学硕士的教育质量也尤为重要。

四、交通运输工程师的能力结构分析

国际工程联盟(International Engineering Alliance,IEA)汇总了《华盛顿协议》《悉尼协议》《都柏林协议》《国际专业工程师协议》《国际工程技术协议》和《亚太工程师协议》提出的毕业生职业能力。经过分析,华盛顿协议提出的毕业生能力概要与交通运输工程师能力要求最接近,毕业生应具备能力的12个关键词见表2。专业认证强调的实质等效并不是指每个学校培养出来的结果完全一样,而是强调培养出具有工程师工作能力的人才。因此,在走访调研各单位对工程专业硕士能力要求的基础上,将交通运输工程领域的合格工程师期望能力分为14项,分别是:①专业深度;②专业宽度;③城规、经济、管理等知识;④综合素养;⑤工程职业道德与社会责任感;⑥专业工具应用能力;⑦工程设计与开发能力;⑧综合处理问题能力;⑨批判性思维与创新能力;⑩获取与应用信息的能力;⑪终身学习能力;⑫交流沟通能力;⑬团队合作能力;⑭多元文化交流和国际合作能力。14个能力选项与华盛顿协议提出的毕业生能力概要对照见表2。交通运输行业目前对毕业生在项目管理方面的能力要求还不高,但是随着行业的发展、变化,将来该项能力的重视度估计会有明显提升。

表2 用人单位对专业硕士能力要求与《华盛顿协议》毕业生能力关键词对照

编号	《华盛顿协议》毕业生能力关键词	我国用人单位对专业硕士能力要求	属性说明
1	工程知识	专业深度	
		专业宽度	
		城规、经济、管理等知识	
2	分析与解决问题	综合处理问题能力	
3	工程师与社会	综合素养(数学、自然科学、人文、生态、法律知识等)	懂得工程问题对全球环境和社会的影响
4	环境与可持续性	批判性思维与创新能力	
5	工程设计与开发	工程设计与开发能力	
6	调研	获取与应用信息的能力	
7	现代工具的应用	专业工具应用能力	
8	职业道德	工程职业伦理与社会责任感	
9	独立工作与团队工作	团队合作能力	
		多元文化交流和国际合作工作能力	
10	沟通与交流	交流沟通能力	
11	终身学习	终身学习能力	
12	项目管理与财务		理解工程项目管理和经济决策知识,作为团队成员或领导,具有在多学科环境下管理项目的能力

随机抽取 25 家交通运输企业、事业单位的 85 位高级工程师,对交通运输工程的合格工程师、应届工程硕士、工学学士的期望能力评分,以此分析各单位对工程师、应届工程硕士、工学学士期望能力的差异,以及应届工程硕士、工学学士应具备的职业发展能力结构需求。

表 3 为交通运输工程师能力期望得分情况,根据 85 位高级工程师评分结果,列出每项能力最高分、最低分和平均分。最高分和最低分差值为 30~39 分、40 分、50 分和 70 分 4 档,差值越小,说明各单位高级工程师中对该项能力的共识度越高;期望能力的平均分越高,推断该项能力为必备能力。按照这样的逻辑可将工程师期望能力进行归类和排序。第一类:工程职业伦理与社会责任感、团队合作能力、交流沟通能力,共 3 项;第二类:综合处理问题能力、终身学习能力、专业深度、专业工具应用能力、获取与应用信息能力、专业宽度,共 6 项;第三类:工程设计与开发能力、批判性思维与创新能力,共 2 项;第四类:城规、经济、管理等知识,多元文化交流和国际合作工作能力,综合素养(数学、自然数学、人文、生态、法律知识等),这 3 项能力在归类时期望能力分数差值或平均分明显低于其他分项指标,而这些指标正是目前高校卓越工程师培养方案中所强调的培养方向。

表 3 工程师能力期望分析

工程师能力分项	工程师期望能力			
	最高分	最低分	差值	平均分
工程职业伦理与社会责任感	100	70	30	89
团队合作能力	100	70	30	88
交流沟通能力	100	70	30	88
综合处理问题能力	100	60	40	87
终身学习能力	100	60	40	87
专业深度	100	60	40	86
专业工具应用能力	100	60	40	86
获取与应用信息能力	100	60	40	85
专业宽度	100	60	40	84
工程设计与开发能力	100	60	40	84
批判性思维与创新能力	100	60	40	84
城规、经济、管理等知识	100	50	50	79
多元文化交流和国际合作工作能力	100	40	60	79
综合素养(数学、自然科学、人文、生态、法律知识等)	100	40	60	77

英国工程教育专业认证遵循的学生的学习产出标准分为一般学习产出和特殊学习产出。一般学习产出包括"知识和理解""智力能力""实践技能"和"通用的可转移技能"。可转移技能包括解决问题、交流和与他人一起工作,以及有效利用通用的 IT 设备和信息检索的技能,还包括作为终身学习基础的自学计划和表现改进。特殊学习产出包括:"由相关工程学会定义的支撑性的科学和数学,以及相关的工程学科""工程分析""设计""经济、社会和环境背景"和"工程实践"。

参考以上英国工程教育专业认证的学生学习产出大类标准,进一步分析表 3,按照关联性、得分进行归并,形成 5 大要素构成的工程师能力结构——职业道德、合作与交流能力、知识、专业技能和实践技能、智力(或素质),见表 4。

表4 交通运输工程师能力结构

能力结构	控制指标
职业道德	工程职业伦理与社会责任感
合作与交流能力	团队合作能力,含国际合作
	交流沟通能力
知识	支撑交通运输工程的数学、自然科学、人文、生态、法律知识等
	专业深度
	专业宽度
	城规、经济、管理等相关知识
专业技能和实践技能	专业工具应用能力
	综合处理问题能力
	获取与应用信息的能力
	工程设计与开发能力
智力(或素质)	终身学习能力
	批判性思维与创新能力

五、面向2025年的交通运输工程师能力培养关注度分析

参考风玫瑰图示意方法,做出图7的工程师、应届工程硕士和工学学士各项期望能力评分玫瑰图。最外圈虚线为100分,工程师期望能力为第一条实线,第二条实线和第三条实线分别是应届工程硕士和工学学士各项期望能力线。然后将工学学士、应届工程硕士的期望能力分别与工程师期望能力相比,得出工学学士、应届工程硕士的期望能力与工程师的差距值,见表5[3]。可见,应届工程硕士期望能力与工程师能力的分数差距较小,说明用人单位对应届工程硕士的期望能力较强。

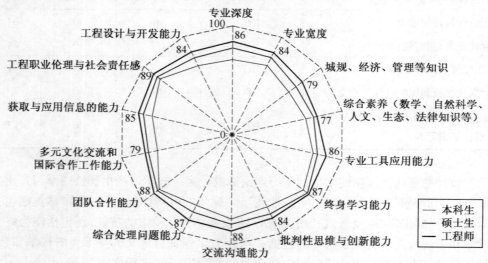

图7 工程师、应届工程硕士和工学学士各项期望能力评分玫瑰图

以表5用人单位对应届工程硕士与工程师期望能力的百分比差距作为参考,确定面向未来的交通运输工程师能力培养关注度分类,见表6。差距比例大的选项在专业硕士培养过程中应该加强关注,差距比例小的选项意味着在单位工作期间该能力项获得提高的可能性小,因此用人单位对该项要求较高,在专业硕士培养过程中应列入首要关注。差距比例大的选项表明该项能力在单位工作期间

获得进一步提高的可能性大,在专业硕士培养过程中可列入特色培养或加强关注。另外,预测新发展形势下交通运输工程职业能力发展需求,将项目管理与财务决策能力列入特色培养。

表5　工程师、应届工程硕士、工学学士能力期望值差距分析表

	工学学士与工程师的差距		应届工程硕士与工程师差距	
	绝对值	百分比/%	绝对值	百分比/%
工程职业伦理与社会责任感	7	8	4	4
团队合作能力	6	7	4	5
交流沟通能力	11	13	6	7
多元文化交流和国际合作工作能力	11	14	3	4
专业深度	17	20	6	7
专业宽度	13	15	5	6
综合素养(数学、自然科学、人文、生态、法律知识等)	10	13	3	4
城规、经济、管理等知识	15	19	7	9
专业工具应用能力	12	14	8	9
综合处理问题能力	15	17	8	9
工程设计与开发能力	14	17	6	7
获取与应用信息的能力	12	14	4	5
终身学习能力	6	7	1	1
批判性思维与创新能力	11	13	4	5

表6　面向未来的交通运输工程师能力培养关注度分类

编号	《华盛顿协议》毕业生能力关键词	我国用人单位对专业硕士能力要求	交通运输工程师培养关注度
1	工程知识	专业深度	首要关注
		专业宽度	首要关注
		城规、经济、管理等知识	特色培养
2	分析与解决问题	综合处理问题能力	加强关注
3	工程师与社会	综合素养(数学、自然科学、人文、生态、法律知识等)	首要关注
4	环境与可持续性	批判性思维与创新能力	
5	工程设计与开发	工程设计与开发能力	首要关注
6	调研	获取与应用信息的能力	首要关注
7	现代工具的应用	现代工具应用能力	加强关注
8	职业道德	工程职业伦理与社会责任感	
9	独立工作与团队工作	团队合作能力	首要关注
		多元文化交流和国际合作工作能力	首要关注
10	沟通与交流	交流沟通能力	加强关注
11	终身学习	终身学习能力	首要关注
12	项目管理与财务	项目管理能力	特色培养

六、结语

本文调研25家规模百人以上的交通运输工程企业、事业单位，随机抽取25家单位的85位高级工程师，对交通运输工程的合格工程师、应届工程硕士、工学学士的14项期望能力进行评分。参考风玫瑰图制作方法，做出工程师、应届工程硕士和工学学士各项期望能力评分玫瑰图。结合用人单位对专业硕士与工程师期望能力的百分比差距，提出面向未来的交通运输工程师能力培养关注度，将各项能力的培养关注度区分为首要关注、加强关注、特色培养3个层次，体现出差别化要求。为面向未来交通运输工程专业人才培养的目标确定、学习产出标准等提供参考。

参考文献

[1] 朱凌,李文,孔寒冰.变革中的俄罗斯现代工程教育——从两份咨询研究报告的出台谈起[J].高等工程教育研究,2014(3):106-111.

[2] 孔寒冰,叶民,王沛民.国外工程教育发展的几个典型特征[J].高等工程教育研究,2004(4):57-61.

[3] 郑娟,王孙禺.英国硕士层次工程教育专业认证制度探讨[J].高等工程教育研究,2015(1):83-90.

深化校企产学研合作,建设工程硕士联合培养基地

向 诚,张云怀

(重庆大学研究生院 400044)

摘要:以"全国示范性工程专业学位研究生联合培养基地"——重庆长安汽车股份有限公司为例,介绍了重庆大学在工程硕士校企联合培养基地建设过程中,构建三级两地校企联合管理建设模式,创新"3+1+2"本硕贯通、"实践-学习-再实践"人才联合培养与实践模式,深化校企产学研合作,构建长效稳定的校企协同创新、联合培养机制等方面的建设思路与举措。

关键词:联合培养;实践基地;协同创新

重庆长安汽车股份有限公司是重庆大学全日制工程硕士研究生联合培养基地,2014年该基地被评为首批28家"全国示范性工程专业学位研究生联合培养基地"之一。本文以该公司为例,介绍了重庆大学在校企联合培养基地建设过程中,在管理制度、培养模式、产学研合作机制等方面所实施的改革举措与效果。

一、联合培养基地管理模式与制度建设

1. 基地管理模式

为保障校企联合培养质量,重庆大学与长安公司在联合培养基地建设中构建了"三级两地"的管理体系。"三级"指重庆大学从学校整体到具体院系,与长安公司建立了3个层次的管理合作体系。首先在校级层面,依托校董会实施校企人才培养、科研协作、资源共享等全面合作,协同创新。学校于2009年与公司签订人才培养校企合作框架协议,在此合作协议下建立健全的运行管理机制,就具体合作方向和合作项目进行对接,关注长远发展战略,进行长期合作交流。同时,建立定期沟通机制,定期举办高层互访交流活动,根据双方优势和特点深化合作。其次,在人才联合培养决策与执行方面,建立以各类委员会形式设立的日常性决策制定机构,如校企合作委员会、行业专家委员会等,以及包括重庆自主品牌汽车协同中心、长安汽车大学与重庆大学国家级工程实践中心等在内的具体联合培养组织实体,二者共同负责落实校企联合人才培养规划,制定相应建设与培养方案,并参与培养过程评估管理等工作。最后,在联合培养过程管理层面,实现学校专业院系与公司生产车间部门、学校行政管理部门与公司人力资源部处的对接,规范联合培养过程,保障培养质量。

"两地"即学校、企业两地共同参与人才联合培养基地建设管理工作(图1)。在责权利方面,长安公司负责制定企业培养阶段培养方案,提供实践项目、岗位,进行实践指导与考核,为联合培养实践学生提供论文选题和指导;重庆大学负责组织制定校企联合培养方案,建设联合培养管理平台,对联合培养实践效果进行评价,进而完成学位授予工作。从联合培养流程来看,长安公司根据汽车设计、生产、研发需求发布科研课题研究和实践岗位需求,制定并实施学员选拔与实践培养方案,根据企业人才需求与学生专业学习需要搭建实践培养体系,协调企业各项资源,保证实践培养过程顺利进行,并负责学员在企业培养期间的学习管理与效果评估工作。学校组织科教团队承担校企联合科研任务,依此与企业导师共建导师团队,共同承担人才联合培养任务,并在校内开展校企人才联合培养宣传,结合企业实践培养要求,制订调整学生培养计划,完成理论课程教学与基本实践能力锻炼,为学生进入企业实践做好全面准备。

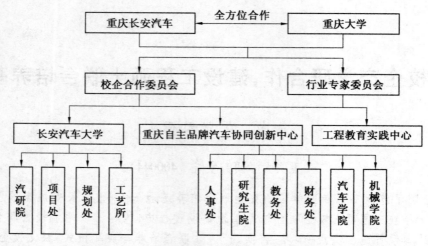

图1 重庆大学-重庆长安汽车公司联合培养基地管理模式框架图

2. 基地制度建设

为保障实践培养效果,长安公司制定了《人才培养管理程序》《人才培养执行方案》《人才培养管理标准》等系列制度文件,对每一培养环节的实施方式、程序、内容,以及所涉及的企业生产部门、人员以及学生的责权利关系进行了明确规定,并在培养过程中严格遵照执行(图2)。为帮助学生更快地适应企业实践过程,公司对每一培养环节均制定专门的《培养作业指导书》,对培养作业内容、要求进行明确规范。培养结束后公司按照《培养评估手册》对学生培养实践效果进行评估,允许评估合格的学生根据联合培养实践内容,完成论文开题与写作过程。这些覆盖实践全过程的规章制度建设,规范了学校、企业、学生三方在联合培养过程中的责、权、利关系,为建立长期、稳定的联合培养关系提供了有力保障。

在学校方面,为规范实践过程,提高实践质量,学校制定了《重庆大学外聘教师管理办法》,聘用企业专家教授课程、指导实践与论文写作;制定了《全日制专业学位硕士研究生毕业实践专项经费管理及使用办法》,提供专项经费支持;制定了《全日制硕士专业学位实践实施办法》,要求学生实践前制订《实践计划》,实践中撰写《实践日志》,实践后提交《实践考核报告》,考核合格方可答辩(图3)。同时,建立重庆大学专业学位研究生实践信息管理系统,实时监控学生实践状态,保障实践过程质量。

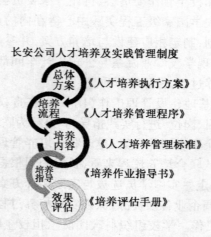

图2 长安公司联合培养管理制度

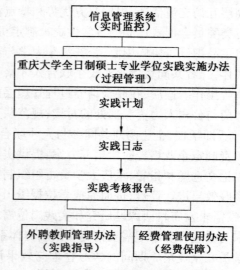

图3 重庆大学联合培养管理制度

二、校企协同,联合培养高层次应用型人才

联合培养满足企业需求的高层次应用型人才,是校企共同建设联合培养实践基地的主要纽带。在与长安公司的校企合作中,重庆大学结合自身研究生教育特色以及长安公司技术研发需求,在人才联合培养模式方面进行了一定创新。具体体现如下。

1. "3+1+2"本硕贯通培养模式

目前,本校本科推免生占重庆大学全日制工程硕士生源的1/3左右。针对推免生大四学年学习任务较轻的特点,学校在与长安公司的联合培养过程中,以大四学年作为校企联合培养的突破口,为推免生构建了"3+1+2"本硕贯通培养模式(图4)。"3"即3年本科专业基础理论与专业知识的通识教育,夯实理论基础;"1"即大四学年1年的校企联合实践培养,学生进入企业完成制造、生产的认知实习与顶岗实践,确定研究方向;"2"即研究生阶段选择特定领域开展深入的学习研究与实践。

具体来说,推免生于大四学年获得推免生资格后,即与长安公司签订联合培养协议,进入公司进行为期1年的联合实践培养。首先进行为期1个月的全车间认知实习,了解汽车研发、生产、制造、营销全流程。随后接受为期3个月的汽车专题学习,校企联合为学生提供汽车基础理论、汽车控制系统专业知识、汽车设计软件培训,以及汽车控制系统及整车拆装实践。在此基础上,再次回到车间根据研究方向进行1个月的专题认知实习,培养学生的初步创新实践能力。最后,在企业导师1对1指导下,进入汽车控制系统研发岗位进行顶岗实践,以研发实践过程为内容完成本科阶段毕业设计与论文。进入研究生阶段后,学生第一学年在课程学习的同时,利用寒暑假继续进入长安公司进行实习实践,第二学年以研发助理身份加入研发团队,在企业导师辅导下参与长安公司实际研发项目,提升产品设计研发创新能力以及项目管理能力,并以研发内容为题完成硕士毕业论文。

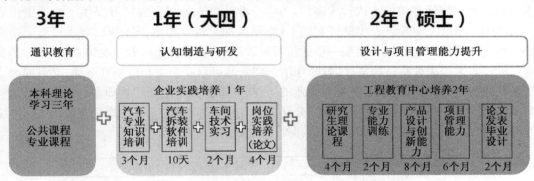

图4 "3+1+2"本硕贯通培养模式示意图

"3+1+2"培养模式实现了本科与硕士阶段学习的向上贯通,既缩短学习周期,避免重复学习,又保障了人才培养的连续性。同时,这种1年实践、1年学习再加1年实践的"实践-学习-再实践",系统地培养了学生发现问题-研究问题-解决问题的实践应用创新能力,实现了知识理论到实际应用的升华。

2. 导师团队培养模式

为满足汽车行业产业链长、涉及学科门类多等对复合型人才的基本要求,学校在与长安公司开展联合培养过程中,以学生行业从业所需的复合知识、能力、素质要求为导向,组织校内导师与长安公司企业专家共同组建了校内跨学科、跨专业学位类别(工程领域),校外跨行业、企业的校企联合导师团队。导师团队由不少于3名不同专业背景成员组成,以适应汽车行业学科交叉融合要求,其中企业导师不少于1名。团队负责人根据行业发展方向把握人才培养方向,引入跨专业导师以满足高层次应用型人才对综合能力素养的多学科融合要求,企业导师提供工程实践、产品研发、生产管理等实践指导,并通过有效参与培养方案制定过程,保障整个培养过程的实践与应用特色。

导师团队统筹管理使用团队成员的校拨研究生培养经费,同时承担本团队内学生在校期间的全部教育任务和管理责任。通过科学合理的组织架构和责任分工,导师团队充分整合了学校教学、科研与企业生产技术等校内外教育资源,使学生得到全面、综合的学习成长。同时,通过实施导师团队负责制,使得培养责、权、利重心下移,大大激发了导师群体参与培养管理的积极性,促进了校企合作关系的深化,为校企联合培养人才提供了有利条件。

三、依托实践基地,建设双师型师资队伍

实践师资队伍是全日制工程硕士实践能力培养质量的决定性因素。为提高师资队伍实践指导能力,建设双师型校内外师资队伍,学校依托校企联合培养基地建设,制定并实施了"引进来、走出去"的师资队伍建设思路。"引进来"就是大力引入长安公司企业实践专家担任学校课程教师与指导教师。为实现这一目标,学校先后制定《重庆大学外聘教师管理办法》《重庆大学硕士专业学位研究生外聘教师管理实施细则》《重庆大学硕士专业学位研究生指导教师遴选及考核办法》等规章制度,设立外聘教师专项经费,并在学校人事部门的政策支持下,积极探索人才外聘机制,将企业导师纳入学校师资队伍整体建设范畴,为企业导师参与联合培养工作提供优良的工作环境。以指导教师为例,在签订联合培养基地建设与人才联合培养协议后,重庆大学与长安公司精心选拔了20余名高学历、高资历、高能力的企业导师,其中多数拥有高级工程师职称,长期在国内外汽车行业主流企业任职,具有丰富的行业实践经验,10人拥有博士学位,8人为国家"千人计划"引进人才,1人为重庆市"两江学者"。

"走出去"就是鼓励校内师资转型,以企业兼职、科研合作等形式深入长安公司进行企业再学习,增加实践经验,提升实践教学与指导能力。在学校与长安公司的全方面合作中,人才互聘、互引历来便是核心合作内容之一。自20世纪90年代至今,已有几十余名重庆大学教师或管理人员以专兼职形式进入长安公司担任重要技术或管理岗位,为学校教师进入公司实践学习提供了畅通渠道和宝贵经验。从2012年开始,学校进一步制订实施了《青年教师工程素养培训计划》,要求所有新进青年教师入校后首先需要进入企业接受为期一年的工程素养培训,在职青年教师也必须在3~5年内分批接受培训(图5)。为解决教师后顾之忧,教师在培训期间既可享受企业相应福利待遇,又可同时享受全职在校福利,且在年终考核时仅考核其在企业的工作任务,极大地激发了教师参与培训的积极性。截至目前,已有近十位青年教师带薪前往长安公司完成工程素养培训,在有效提升在校师资行业实践经验的同时,对深化校企人才联合培养机制也起到了显著的推动作用。

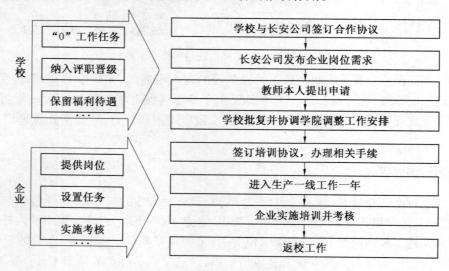

图5 青年教师工程素养培训模式示意图

四、基地建设与联合培养成效

2011年至今,超过40名全日制工程硕士研究生接受了长安公司与学校的联合培养,其中一半以上直接就业于长安公司,为长安公司取得自主品牌汽车销量全国第一的成绩提供了重要人才支撑。与普通招聘而来的员工相比,因企业提前介入,与学校实施协同培养,这些学生入职后,对长安公司认同度明显提高,其入职后3年内离职率显著低于其他同期入职员工,而其绩效考核等级优秀的比例高出同期其他入职员工近10%。同时,联合培养缩短了企业人才培养周期并减少了培养成本。与普通员工相比,经历过联合培养后入职的学生平均培训成本仅为普通员工的1/3。由于该联合培养基地建设取得的丰硕成果与示范作用,2014年该基地被评选为首批28家"全国示范性工程专业学位研究生联合培养基地"之一。

参考文献

[1] 向诚. 紧贴行业需求,校企协同培养控制工程领域高层次应用型人才[J]. 学位与研究生教育,2014(4):11-15.

[2] 研究生专业学位总体设计课题研究组. 开创我国专业学位研究生教育的新时代——研究生专业学位总体设计研究报告[M]. 北京:中国人民大学出版社,2011.

[3] 唐继卫. 总结试点工作经验,全面推进专业学位研究生教育综合改革[J]. 学位与研究生教育,2013(9):1-3.

[4] 章晓莉,郁诗铭. 我国专业学位硕士研究生培养模式的反思与改革[J]. 学位与研究生教育,2012(10):55-59.

"三跨"模式培养全日制专业学位研究生的探索与实践
——以东北石油大学为例

孙明明,刘巨保

(东北石油大学　163318)

摘要:以东北石油大学为例,深入分析了全日制专业学位研究生培养过程中面临的主要问题,主要包括课程内容与论文研究脱节、课程时间与基地需求冲突以及研究生实践能力欠缺等,基于此学校提出并实施了"跨时域、跨地域、跨领域"的"三跨"培养模式,介绍了该模式带动全日制专业学位研究生培养模式改革的有益做法,总结了实施效果,提出了3点启示。

关键词:全日制专业学位;"三跨"培养模式;东北石油大学

理想的研究生教育应具有多样化和灵活性:培养目标的多样化,培养方式的多样化,课程设置的多样化,培养过程的个性化,管理制度的弹性化,质量标准的多样化[1]。在我国研究生实际培养过程中,一直强调培养规格的共性,强调培养环节的整齐划一,强调管理制度的集中统一,研究生教育未能与社会人才需求建立起行之有效的互动调节机制,研究生培养模式的变革滞后于经济社会发展对人才的需求的变革。为适应研究生教育多样化和人才培养的现实需要,要不断深化研究生培养模式的改革,寻求适应本校人才培养目标的模式,探索与培养模式相匹配的管理制度,强化以人为本的意识,变刚性管理为柔性管理,以增强培养模式的灵活性和适应性。

一、"三跨"培养模式产生的背景

东北石油大学位于我国东北边陲大庆,是伴随着大庆油田的发现而诞生的石油院校。因毗邻大庆油田,教学实践资源丰富。多年来,学校坚持走产学研相结合发展的道路,与大庆油田在研究生培养方面开展了深入的合作,共建了多家省级研究生培养创新基地,联合培养了大批油田技术和科研骨干。自2009年国家开始招收全日制硕士专业学位研究生以来,学校学科类别不断增多,招生规模不断扩大。但专业学位研究生教育的快速发展,导致现有培养模式无法适应产学研联合培养的需要。

1. 课程学习和专业实践、论文研究部分脱节

"学以致用"在有些研究生的学习生涯中没有得到很好体现,原因在于研一选课基本凭自己一时的兴趣和冲动,在学习过程中学习目标不明确,学习主动性不强,学习效果不理想。课程结束进入到专业实践和论文开题时,发现自己选修过的课程与论文研究方向联系不大,与专业实践内容相去甚远。尤其进入论文研究阶段后,还要额外研读与学位论文相关的书籍和资料,耗费了大量的时间和精力。

2. 基地需求时间与研究生课程学习时间冲突

一般来说,基地的科研项目开始时间为每年年初。每年1月份,研一学生通常只结束了秋季学期的课程,春季学期的课程还未开始,未完成课程学习无法进入下一个培养环节,此时无法进入基地学习。等到6月份课程结束,即将升入研二时,基地的科研项目进行过半,他们很难再参与其中。转年1月,研究生学位论文的研究方向已经确定,很难与企业科研项目对接。如果进入企业,研究生就要同时完成企业项目研究与学位论文研究,精力难以保障,难度之大可想而知。

3. 研究生的知识结构单一,实践能力欠缺

专业学位研究生的课程设置与学术学位雷同,偏理论研究和知识传授,未体现专业学位应有的实践性和应用性[2]。课程内容的深度和广度不够,系统性、前沿性不强,导致专业学位研究生知识结构较为单一,实践能力不强。

研究生培养模式与经济社会发展需要不相适应,产学研发展遭遇瓶颈。经过不断地思考与实践,我们提出并实施了"三跨"培养模式。该培养模式打破原有单一僵化的培养体制,将研究生从固定的培养模式中解放出来,增加学习的自主性和针对性,加强专业实践的可行性和灵活性,增加学位论文研究的实践性和创新性。

二、"三跨"培养模式的内涵与实践

"三跨"培养模式即跨时域培养、跨地域培养和跨领域培养。它是一种个性化的研究生培养模式,打破时间、空间、学科领域对研究生培养的束缚,学生在读期间可以选择在任何时段修习课程,可以选择在其他企事业单位进行合作培养,可以选择跨领域联合培养。这种培养模式旨在充分激发学生学习的自主性,发掘学生科研的创造性,推进人才培养的复合性。

1. 跨时域培养

跨时域培养即突破原有先课程学习后实践和学位论文研究的限制,研究生在任何阶段均可选修课程,只要在答辩前修够学分即可。研究生可在开题后有针对性地选修与论文研究有关的课程,有利于激发学生学习的主动性,提高运用所学知识解决实际问题的能力。跨时域培养为学生创造了宽松自由的学习环境,但研究生选课的分散性和不确定性为课程教学和管理带来了难度和挑战,为此我校在研究生教学管理方面做了一些改革。

(1)引导学生合理安排选课次序。

部分课程存在递进式关系,如基础课程、专业基础课程的选修应当在专业课程选修前完成,因此如何引导研究生合理安排选课次序很有必要。在研究生新生入学教育中单独安排指导课程,给予研究生选课示范和引导,并在研究生教务系统选课栏中予以显著提示。

(2)提示研究生合理安排学习进度。

跨时域培养时课程学习不再是集体齐步走,要求学生在开学初对学业有整体清晰的规划,合理统筹各培养环节的时间,避免多点作战而导致疲于应付,避免漏修课程而导致学分不足。为此管理部门专门优化了研究生教学系统,开通特别提醒和警示功能,提示学生未完成的学习计划。

(3)加强研究生课程建设。

跨时域培养希望能对专业实践和学位论文研究有所助益,让研究生将科研论文中所遇到问题带回课程学习中去,这对课程本身有相当高的要求,课程建设上必须及时调整教学内容,以提高针对性。通过省级和校级研究生教育改革项目的立项,划拨经费重点对各学科领域的实践课程、核心课程、案例课程进行整体规划和建设。鼓励教师并支持授课教师通过多元化的途径,不断完善课程体系,更新课程内容,探索课程教学的新模式和新方法。

2. 跨地域培养

跨地域培养即与校外企业、科研院所和国内外高校联合培养研究生,融合更多办学资源,提升办学实力。研究生创新实践培养基地(以下简称培养基地)是实现研究生跨地域培养的重要载体。我校培养基地建设起步较早,一直秉承"走出去,引进来"的理念,本着校企共赢的原则,加强与企业沟通交流,不断增加基地数量,提升基地质量。

(1)完善基地运行机制。

加快培养基地建设步伐,强化基地人才培养特色,逐渐形成了"一二三四"管理运行机制,即一个

目标、二类导师、三类学生、四项工作。"一个目标"为提高研究生的创新能力和实践能力;"二类导师"是将校外导师分为专业导师和论文导师;"三类学生"为单列计划生(黑龙江省首批基地单列计划招生,基地作为招生单位全程参与研究生复试、录取到培养的全过程)、中期选派生和短期实习生,针对每类学生提供不同的指导意见和培养计划;"四项工作"为通过基地课程建设、学位论文研究、深化学术交流和科研合作与成果推广,不断扩大基地规模,提高基地层次。

(2)拓展基地功能。

拓展课程开设、实践实习、联合招生、联合培养、联合研发等渠道,实现人才培养、学生就业、成果转化等功能的全面提升,实现学校、学生、基地所属单位的三方共赢,提升社会贡献力,扩大社会影响力。为使研究生了解行业发展前沿技术、扩宽知识结构,我校省级示范基地——大庆油田采油工程研究院 8 位高级工程师联合开设了石油与天然气工程专业前沿技术课程——钻采工程前沿技术。该课程面向全日制工程硕士开设,但仍有大量学术学位研究生及我校教师旁听。课堂上座无虚席,校企科技知识和成果得到充分交流和碰撞,也激发了研究生向前沿领域探索与进取的热情和信心。

(3)建设双师型导师队伍。

以校内导师校外实践、校外导师校内授课的方式促进双师型导师队伍建设,实现"培养方案基地参与制定、实践课程在基地教学、学位论文在基地完成、论文答辩在基地举行"的合作培养格局和"生产实践提供论文选题、成果转化促进企业发展"的共赢机制。学校校外导师聘任分为专业导师和论文导师。专业导师参与研究生培养的全过程,一聘 3 年,聘期内可指导多位研究生。论文导师一生一聘,重点指导所聘研究生的论文。校外导师原则上与校内导师应有共同的研究方向或合作的科研课题。除了基地招生计划单列实行以校外导师为主、校内导师为辅的双导师制,其他形式均采用学生工作学习所在地导师为主导师的双导师制。对校外导师资格每 3 年进行一次复查,对不履行导师职责或未招生的导师要做及时调整。

3. 跨领域培养

跨领域培养即跨学院、跨领域培养研究生,促进各学科交叉融合,拓宽学生知识结构,对于培养高水平复合型人才有一定的积极意义。跨领域培养要求联姻领域具有较强的关联性,学生在学位论文研究时容易找到契合点;联姻领域实力要相当,所属学院要有联姻的积极性和主动性;双方导师要加强沟通,合理分工;相关职能科室要做好协调和服务工作。

(1)优化教学管理系统。

鼓励研究生跨专业选修课程,对教学管理系统相关功能块进行了相应改进,突破专业内选修课程限制,研究生跨领域选课时可以从所有专业的全部课程目录下选择需要的课程。

(2)健全跨领域联合培养机制。

在培养过程中,以提出联合培养的学院导师为主导师,招生学院的导师为副导师。培养方案由培养单位牵头制定,招生专业单位把关。培养方案中专业学位必修课和公共学位必修课必须选择招生专业培养方案规定的课程,选修课可根据研究方向选择其他专业或增设的课程。研究生的培养计划、学位论文由主导师具体负责,副导师把关;研究生的开题、论文中期检查、论文答辩均由双方组成联合小组共同完成;研究生的思想政治教育、日常管理、组织生活等均在培养单位进行。

三、实施效果与启示

1. 实施效果

2011 年起,我院推行了"三跨"培养模式。4 年多来,进入校外基地实习实践的专业学位研究生明显增多,学生的工程实践能力显著提高,专业硕士的就业率稳步提高。2012 届毕业生刘笑莹同学,2010 年进入采油工程研究院实习,后被派往大庆油田有限责任公司第一采油厂试验大队实习实践。他参与研究了《特高含水期二、三类油层水驱控水挖潜综合调整方案》的研究工作,该课题创新发展了特高含水期跟踪调整技术,实现了水驱剩余油的精细挖潜,对萨中开发区特高含水期二、三类油层组合开发区块常规调整及做法方面具有指导意义。该生因此荣获了全国第一届"工程硕士实习实践优秀成果获得者"称号。

2. 三点启示

(1)优化课程体系是基础。

第一,实行课程设置论证制和分类管理模式。鼓励团队授课,根据职业需求、学科优势和特色探索模块化设置课程。增加聘请基地(企业、科研院所)高水平专家开设前沿课程和讲座的力度。第二,调整专业学位硕士研究生课程结构及相关要求。有选择性地增加前沿专题课程和实践课程的比例,增加职业资格考试中相关课程的比例。第三,逐步建立完善的课程评价体系。以研究生、任课教师和研究生督导专家组作为主体,对教学态度、授课内容、授课方式、教材选用、教学效果等5方面内容进行评价,并与导师的教学薪酬和导师考评机制相结合。

(2)构建工程实践能力训练体系是核心。

加强校内外实践基地的建设,围绕工程实践能力的培养,逐步建立具有行业特色的"四层次"递进式专业学位研究生工程实践能力训练体系。依托创新实践平台开设系统的实践课程和案例课程,完成工程知识的传授;依托实验室、工程训练中心以及校外实践基地进行工程实践感知训练,使专业学位研究生初步掌握工程实践能力;依托工程虚拟仿真平台进行工程设计、区块设计的虚拟训练,使工程实践能力得到进一步强化;依托校外实践基地参与企业的工程设计、技术创新、技术研发等工作,提高研究生运用专业知识解决企业工程技术问题的能力,使其基本具备工程实践能力。

(3)完善指导教师考核机制是途径。

导师是研究生培养的"第一责任人",导师在整个研究生培养过程中起着极为重要的作用,因此对于导师的激励与约束也就显得尤为重要。第一,完善导师考核体系。导师的招生指标要与课程考核、学位论文考核、导师的科研成果、毕业学生的毕业率与流失率、学生对导师的打分情况来确定[3]。第二,给予校外导师同等待遇。逐渐将校外导师考核纳入到校内导师考核和评价机制中来,并逐步与企方探讨协商,将校外导师考核与企方员工考核挂钩,对于优秀导师要给予奖励,对于不尽责的导师应取消其资格,并受到企方相应的处罚。

参考文献

[1] 周叶中. 多样化需求与研究生教育模式改革[J]. 中国高等教育,2014(17):35-37.
[2] 程斯辉,王传毅. 研究生培养模式:"研究生培养模式改革"高端论坛综述[J]. 学位与研究生教育,2010(3):50-53.
[3] 汪洋,高久群,汪华侨. 香港中文大学研究生教育的特点及其启示[J]. 学位与研究生教育,2013(6):54-57.

军事高科技培训与专业学位研究生教育融合式培养研究

林聪榕，李自力，傅中力，钟海荣，邢云燕

（国防科学技术大学军事高科技培训学院　410073）

摘要：实行军事高科技培训与专业学位研究生教育融合式培养是高素质新型军事人才培养的必然要求。本文深入研究了军事高科技培训与专业学位研究生教育融合式培养的基本内涵，全面阐述了军事高科技培训与专业学位研究生教育融合式培养的重要意义，从培养目标、培养方式、学科专业、研究方向、课程设置、政策制度等方面，创新性地提出了军事高科技培训与专业学位研究生教育融合式培养模式的战略构想。

关键词：军事高科技培训；专业学位研究生教育；融合式培养

研究生教育与任职教育是军队人才培养的两种重要方式。总部《关于深入推进军队研究生教育科学发展的意见》明确提出，要大力发展专业学位研究生教育，稳步推进军事硕士专业学位研究生教育与任职培训融合式培养方式改革，实现两类教育生源互补、学分互认，缩短培训时间，减少调学次数，不断提高军事硕士专业学位研究生教育和指挥军官任职培训的质量和效益。第十六次全军院校会议也提出要大力发展研究生教育与任职教育融合式培养的要求。贯彻落实军委总部指示精神，学校制订了《落实〈关于深入推进军队研究生教育科学发展的意见〉的实施计划》，提出要积极推动研究生教育教学改革，不断加强专业学位研究生教育，创新专业学位研究生培养模式，积极促进专业学位研究生教育与军队高中级干部军事高科技培训融合式培养，从培训学员中选拔科技基础好、发展潜力大的纳入专业学位研究生教育持续培养。"融合式"培养开辟了一条任职培训与专业学位研究生教育相衔接、任职培训学习效果应用于攻读高等学位的新途径，密切了两种培训形式与内容的联系，有利于发挥教育资源整体效益，促进人才培养质量的提高。

一、军事高科技培训与专业学位研究生教育融合式培养的基本内涵

1. 融合式培养的概念

融合是指把几种不同事物合成一体，使其经过整合以后比单一事物发挥更高的价值或更强的效能。融合式培养是指通过优化几种不同类型教育的培养目标、培养过程、培训内容、培训方式，形成相互衔接、有机融合、具有特色的高素质人才培养机制。

当前，学术界对军事类研究生"融合式"培养主要有3种理解。第一种认为，"融合式"培养是将研究生教育融入任职培训当中，通过对军事学研究生教育的培养过程、内容、方法和模式进行调整优化，在某一阶段有选择地跟随"中培队"完成相关课程的学习；第二种认为，"融合式"培养是将任职教育融入研究生教育当中，促进任职培训学员的"硕士化"；第三种认为，"融合式"培养是二者相互融合、相互对接，军事硕士专业学位研究生教育要更主动、更快速、更大量地向任职教育对接，突出军事硕士教育的岗位任职性。我们认为，第三种观点的理解更全面，"融合式"培养的核心是指挥类研究生培养对指挥军官任职培训相关课程成绩予以认可，两类教育有机融合的目的就是要走开双向互动、优势互促的路子，既可以充分利用教育资源，缩短人才培养周期，又可以调动部队送学和学员在校学习的积极性。[1,2]

随着研究生教育培养模式改革的逐步深入,我军军事学研究生培养逐步调整到以专业学位教育为主,军事硕士专业学位研究生教育与现职干部任职培训"融合式"培养将逐步成为研究生教育的主要模式。实施军事硕士专业学位研究生教育与任职培训"融合式"培养,是贯彻军委、总部关于加快人才培养指示精神,加速培养高层次应用型指挥人才的重大举措。

2. 军事高科技培训与专业学位研究生教育融合式培养的含义

军事高科技培训作为一种以新理论、新知识、新技术为重点,改善现职干部的知识结构,提高干部科技素质,满足部队建设需求为目标而开展的短期培训,是军事人才培养的重要组成部分,贯穿于院校教育、部队训练和军事职业教育的全过程。

军事高科技培训与专业学位研究生教育融合式培养,是指军事高科技培训与专业学位研究生教育在培训模式、教学计划、课程体系、考试评价以及教学方法等方面相互渗透、相互兼容地协同推进,在更广范围、更高层次、更深程度上把军事高科技培训与专业学位研究生教育发展有机地结合起来,满足国防和军队现代化建设对高素质新型军事人才培养的迫切需求,为军事高科技培训的健康可持续发展提供强大的动力。

军事高科技培训与专业学位研究生教育融合式培养的基本思路是:将在读的军事高科技培训学员纳入招生范围,使符合专业硕士学位研究生报考条件且本人志愿攻读专业硕士学位的学员在接受军事高科技培训后,继续攻读专业硕士学位。军事高科技培训期间学习时间记入攻读专业硕士学位的学习期限,相关课程成绩经认定后记入专业硕士学位课程学习的学分。军事高科技培训结束后,再利用一定时间入校学习其他学位课程或通过数字化在线教育,修满其余学分。之后,在部队撰写学位论文,论文经匿名评阅、答辩和学位评定委员会审议的,授予专业硕士学位。

二、军事高科技培训与专业学位研究生教育融合式培养的重要意义

在军事高科技培训领域,试行军队高中级干部军事高科技培训与专业学位研究生教育融合式培养,对有专业硕士学位需求的参训学员提供专业学位研究生教育,对于培养理论与实践相结合的高层次应用型军事人才具有重要意义。

1. 贯彻落实强军目标的必然要求

学校肩负着培训军队高级领导干部和高层次创新型科技人才的重要使命,在推动军队信息化建设加速发展,确保能打仗、打胜仗的过程中发挥着重要作用。在新的形势下,必须牢固树立现代教育培训的新理念,按照党在新形势下的强军目标要求,积极探索军事高科技培训的特点和规律,大力推进军事高科技培训模式的改革创新,努力开创军事高科技培训工作的新局面。实行军事高科技培训与专业学位研究生教育融合式培养,是贯彻落实党在新形势下强军目标的必然要求,是适应军事教育转型、拓展军事高科技培训范围、提高军事高科技培训层次和水平的重要举措。

2. 实现军队人才发展规划的快捷渠道

军队专业学位研究生教育是军队研究生教育的重要组成部分,是培养应用型高层次人才的重要途径。贯彻落实军委总部相关文件要求,大力发展现代远程教育,逐步走开军队高中级干部军事高科技培训与专业学位研究生教育相融合的人才培养路子,既可以破解当前任职教育中重复培训、调学困难、培训不系统等困境,又可以激发军队高中级领导干部攻读研究生学位和在岗学习的积极性,提高军队研究生教育的质量与效益,加快实现军队人才发展规划的目标。

3. 满足军官职业发展需求的重要举措

军队专业学位研究生教育的突出特点是学术性与职业性紧密结合,具有明显的军事职业背景,能够较好地适应部队的岗位需要。实行军事高科技培训与专业学位研究生教育融合式培养,一方面,可

以使参训的军队高中级领导干部开阔视野、更新知识,另一方面,可以培养他们的战略思维、创新意识和创新能力,提高军官职业发展潜力,增强运用科技指导部队建设和驾驭信息化战争的能力素质。从问卷调查的情况来看,许多参训学员都表达了攻读硕士研究生专业学位的强烈意愿,这是我们开展融合式培养的不竭动力。

4. 促进学校专业学位研究生教育科学发展的现实抓手

习主席在视察国防科技大学时强调,要牢牢扭住培养高素质新型军事人才这个中心任务,深入研究现代军事教育特点和规律,坚持走以提高质量为核心的内涵式发展道路,努力培养造就能够担当强军重任的优秀军事人才。要坚持面向战场、面向部队,围绕实战搞教学、着眼打赢育人才,使培养的学员符合部队建设和未来战争的需要。要更新教育理念,创新培养模式,全面提高师资队伍整体素质,走出一条有利于高端军事人才成长的新路子。军队高中级领导干部为学校专业学位研究生教育提供了较大规模、高质量的生源,军事高科技培训与专业学位研究生教育融合式培养,有利于实现训用一致的培养理念,培养大批适应部队实际工作需要、具有较强实践能力和善于发现问题、解决部队建设和作战训练重难点问题的高层次应用型人才,推进学校和部队密切联系、合力育人和协同创新机制,增强学校主动适应部队、服务部队的核心竞争力。

三、军事高科技培训与专业学位研究生教育融合式培养的模式创新

1. 培养目标

适应军队信息化建设和军事斗争准备需要,突出军事先导、技术支撑、军事和技术结合,培养适应军队信息化建设需要,具有坚实的军事高科技基础理论和系统的军事指挥与管理专门知识,政治素质过硬,科技底蕴厚实,战略思维能力强,富有创新精神,能够运用所学知识指导部队信息化建设和驾驭信息化战争的高层次应用型人才。

2. 培养方式

在军事高科技培训班中选拔优秀学员攻读专业学位硕士研究生,将军事高科技培训培养方案中的主干课程作为专业学位硕士研究生课程的重要组成部分,同时增设一部分研究生课程,形成"融合式"培养方案。在军事高科技培训阶段,采取多种方式兼修以公共课程为主的部分研究生课程;军事高科技培训结束后,通过集中学习或大规模开放在线课程(MOOC)学习等方式,继续修完其他研究生课程,经考试合格,取得规定的学分,通过学位论文答辩,授予相应的学位,形成研究生与军事高科技培训"融合式"培养机制。学习年限相对弹性(3~6年)。紧贴部队实际,加强实践环节,强化学校与部队的协同创新。实行学校导师和部队导师共同指导的双导师制。

3. 学科专业

学科专业是军事高科技培训和专业学位研究生教育融合发展的重要依托。基于学校现有学术力量和未来的长远发展,我们提出以下3种学科专业建设方案:一是申列军事硕士专业学位授权点开展融合式培养。组织学校军队指挥学、军事装备学、管理学等学科力量,积极争取军事硕士专业学位授权,稳步推进军事硕士专业学位研究生教育与军队中高级干部军事高科技培训融合式培养工作。二是依托学校现有专业学位学科点开展融合式培养。即依托现有公共管理硕士(MPA)、项目管理工程硕士等专业学位,进行军事高科技培训与专业学位研究生教育融合式培养试点工作,先期走开军队中高级干部军事高科技培训与学校专业学位研究生教育融合式培养的路子。三是依托学校相关学科建设新兴交叉学科方向开展融合式培养,包括依托军事装备学在新兴交叉学科方向开展研究生融合式培养,依托军队指挥学开展高技术战争学研究生融合式培养,申报战略学学科学位授权点开展研究生教育融合式培养等。

4. 研究方向

根据参训学员的特点,融合式培养学科专业的研究方向设置如下:一是国家安全与军备控制,主要研究国家安全战略理论、国家安全与科技发展、国际军备控制与裁军等;二是高技术战争制胜机理,主要研究高技术战争需求论证、高技术战争实力评估、军事高技术发展战略等;三是国防科技发展战略,主要研究国防科技发展态势分析与评估预警、国防科技发展战略规划与管理、基于科技发展的军事理论创新、新概念武器装备发展研究等;四是武器装备发展战略评估,主要研究武器装备技术演化论证、武器装备实力评估、武器装备概念探索等;五是新型作战力量建设与发展,主要研究新型作战力量技术基础、新型作战力量人才培养、新型作战力量作战运用等。

5. 课程设置

除了公共基础系列课程之外,重点设置军事高科技发展前沿、国家安全和发展形势、中国特色国防和军队建设理论、国防和军队建设重难点问题研讨等课程。在教学方面,紧密围绕军队中高级领导培养需求,建设科技军事问题综合集成研讨演示环境,推动由知识传授的讲座式向问题引导的研讨式、推演式、案例式教学转变,着力培养创新思维。在论文研究方面,重点围绕国家安全和军事战略领域重大问题、世界军事技术发展动向、国防科技和武器装备发展战略、部队作战训练中的重难点问题,从军事与技术相结合的角度,突出定性与定量相结合的研究方法,结合本职岗位开展学位论文课题研究和有关战略研究。

6. 政策制度

为推进军事高科技培训与专业学位研究生教育的融合式培养,一是要在思想认识上求融合。要从顶层开始搞好规划设计,使军事高科技培训与专业学位研究生教育同步设计、同步推进。二是要在体制机制上求融合。要明确职责分工,建立和完善激励约束、评价和监督机制,如建立课程认证和学分互认制度,对与专业学位研究生教育关联度较高的军事高科技培训课程,成绩达到一定标准可给予相应学分。三是要在法规制度上求融合。要建立健全军事高科技培训与专业学位研究生教育融合式培养的法规制度,在培训模式、教学计划、课程体系、考试评价以及教学方法方面实现融合。四是要在资源整合上求融合。加强军事高科技培训资源的统筹规划,突出重点,科学使用力量,合理配置资源,使有限的财力、物力发挥最大的效益。

参考文献

[1] 张景玉,李合生,陈辉. "融合式"培养:指挥类军事硕士专业学位研究生教育的新模式[J]. 防空兵学院学报,2015,32(1):82.
[2] 丁双双,魏子任. 中级任职培训与军事类研究生教育融合式培养研究[J]. 继续教育,2013(1):54-55.

分类培养:研究生教育的不二选择

陈一远

(山东大学研究生院 250100)

摘要:人才培养目标二元并立、经济社会发展对高层次人才需求呈现复合态势、研究生个人发展诉求日趋多元使分类培养成为我国研究生教育的不二选择。顺应国家、社会、个体的发展需求,应当建立健全以职业发展为导向的专业学位制度设计、以科学研究为导向的学术型学位制度设计,同时实现二者的有机衔接,共同助力高层次人才培养水平提升。

关键词:研究生教育;分类培养;制度

"研究生教育是培养高层次人才的主要途径,是国家创新体系的重要组成部分。"时至今日,中国每年招收研究生60余万,在校研究生规模达180万[1],已然成为研究生教育大国,然而就研究生培养质量而言,不仅与国际先进水平相比还有较大差距,也远远无法满足国家经济社会发展的多样化需求。有缘于此,国家提出要分类推进培养模式改革,"完善以提高创新能力为目标的学术学位研究生培养模式""建立以提升职业能力为导向的专业学位研究生培养模式"。为此,本文拟通过探讨研究生分类培养的必要性、制度设计等核心命题引发业内对该问题的进一步关注,为我国高层次人才培养贡献必要智识。

一、分类培养是研究生教育的必然发展趋势

1. 人才培养目标二元并立

改革开放以来,我国研究生教育有了异常迅猛的发展,已经成为仅次于美国的研究生教育第二大国。由招生规模急剧扩大而生的就是研究生培养目标的转向。我国研究生教育最初以培养师资为目标,时至今日,硕士生教育致力于为社会培养高层次应用型人才,博士生教育则主要承担为国家培养拔尖创新人才的重任,学术型与应用型人才并重的培养格局基本形成[1]。人才培养目标的转向意义重大,研究生教育的各项制度建设均应以此为依据展开。

2. 经济社会发展对高层次人才需求呈复合态势

伴随着我国经济社会的巨变,对人才的需求也日益多元化。目前研究生教育备受诟病之处在于未能为国家、经济社会发展培养适合人才。国家在2013年发布的《关于深化研究生教育改革的意见》中即坦陈:当前研究生教育"还不能完全适应经济社会发展的多样化需求,培养质量与国际先进水平相比还有较大差距"。未来研究生教育必须紧密结合国家经济社会发展实际,一方面致力于培养高精尖的科研创新人才,另一方面要培养大量职业人才,努力造就既有科研能力又有应用能力的行业精英。

3. 研究生个人发展诉求日趋多元化

个人选择攻读研究生大体基于3种需求。第一,为了科学研究。在现代社会条件下,要想在科学

---

* 山东省研究生教育创新计划项目"山东省研究生教育历史改革、国内外比较及发展战略研究"(SDYZ13007)。

研究上做出超越前人的贡献,一般均须受到严格的科研训练、依托精良的科研平台、师从杰出学者,这也是博士生培养的基本模式。第二,为了职业发展。这里有两个群体,一部分是有一定实践工作经验,因职业发展需要或为解决工作中遇到的难题而选择攻读研究生;另一部分则是应届毕业生,为了进一步提高职业能力,或者为了增加就业砝码而攻读研究生。对上述两大群体,应当实行职业导向的专业学位研究生培养模式。第三,为了取得学历学位。在研究生群体中,有一部分完全基于功利需要攻读研究生,比如为了避免在个人晋升中因学历不高受限或想用学历装点门面而攻读研究生。这部分人对培养模式不感兴趣,只求能够毕业获得学位,其他在所不问,因此对其更需严把标准、严卡出口,以保证培养质量。

二、研究生分类培养模式的制度构建

为实现研究生教育人才培养目标,满足经济社会发展对高层次人才的多样化需求,为社会不同群体发展提供有效支撑,亟待建立健全研究生分类培养制度机制。具体来讲,主要分为职业发展导向和科学研究导向两大类。

1. 职业发展导向的专业学位制度设计

(1)案例教学与实践教学。评价专业学位研究生教育培养成效的基本标准是培养的研究生是否能够满足职业需求。要想培养出符合职业需求的高层次人才,首先要在培养过程中强化产学结合,引入与现实相同或相似的职业环境,提升实践教学和案例教学的有效性。实践教学是将研究生放到用人单位中,通过实习、实践使其具备职业能力。比如,软件工程硕士可以到相关企业中实习,通过参与项目管理积累职业经验,为就业做好准备。案例教学则是由导师选择案例,指导研究生自主完成整个过程。又如,法律硕士可以围绕某一案例分别担任审判员、公诉人、辩护律师,通过搜集证据、模拟庭审等修习基本的执业技能。在有条件的情况下,可以将实践教学与职业资格认证结合起来。譬如,根据医教协同培养模式,临床医学专业学位研究生可以通过与住院医师规范化培训并轨培养,使研究生在毕业时能够同时取得硕士研究生毕业证书、硕士学位证书、执业医师资格证书和住院医师规范化培训合格证书,法律硕士在通过司法考试后可以通过在律师事务所实习取得律师执业资格证。如此,就研究生而言,增强了就业竞争力;于用人单位,则节约了业务培训时间。在研究生同意的情况下,也可以深化与用人单位合作,将用人单位引入研究生培养环节,由用人单位对拟选聘的研究生进行职业培训,此种培训更有针对性,有效性水平也就更高。但是缺点在于可能会限制研究生的择业面,因此必须经研究生本人同意方可实施。

(2)导师队伍。导师是研究生培养的第一责任人。要培养合格的研究生,首先要有合格的导师。在专业学位研究生比例不断加大、人数不断增长的情况下,研究生导师数量并没有相应增加,而专门培养专业学位研究生的导师尤其缺乏。现有导师队伍中,除了临床医学等若干专业外,大部分导师都是教学科研型人才,并没有对专业学位研究生给予有效指导,而仅仅与学术型研究生一同培养,或者比照学术型研究生的要求降低标准加以指导。由此,要培养合格的专业学位研究生,必须要引入实务部门的专家、技术人才。比如,指导法律硕士的导师主要应当是从业律师、法官、检察官或具有实践经验的教师。同时,培养单位必须对专业学位研究生导师单独设置科学、合理的遴选标准,根据合格导师数量、人才培养成效分配招生指标。没有一支具有较强职业指导能力的导师队伍,再好的培养方案也难以落到实处,专业学位研究生的培养目标也就根本无法实现。

(3)学位论文。虽然教育部业已提出专业学位研究生的学位论文可以体现为"调研报告、应用基础研究、规划设计、产品开发、案例分析、项目管理、文学艺术作品"等形式,但是很多培养单位仍然沿用传统的以学术研究为导向的学位论文形式。对专业学位研究生而言,此模式弊端有三:第一,让专业学位研究生撰写学术论文,与其职业发展导向完全相悖;第二,对有一定实践经验的研究生而言,无法发挥其经验优势;第三,相关成果可能没有创新价值,造成人力资源、培养资源的浪费。推进学位论文改革影响着专业学位研究生培养的重点。如果允许选择更加灵活多样的形式,有实践经验的研究生就可以利用所学围绕工作中的难题完成学位论文,应届生则可以根据实习实践或者通过案例教学取得的成果来申请学位。如此,更符合专业学位研究生培养的初衷,更加契合其职业发展导向。

2. 科学研究导向的学术型学位制度设计

当前学术型学位最大的问题在于学术型硕士生培养。在2009年全日制专业学位实现跨越式发展之时,专业学位作为一个新生事物受到了很多质疑,有些行业单位明确表示不接收专业学位研究生,而考生也感觉专业学位低人一等,只有上不了学术型学位的研究生才会选择攻读专业学位,比如山东某高校的法律硕士(法学)最初并没有一志愿上线生,只能依靠调剂解决生源。近年来,随着社会认可度提升,人们对专业学位也有了更加客观的认识,然而认为学术型学位优于专业学位的观点仍然大行其道。很多学生即便并不想攻读博士、以学术为业,仍然首选攻读学术型学位。但是,在培养阶段,此类同学处境就比较尴尬,一方面导师和培养方案是完全按照学术型学位设计的,一般没有安排类似专业学位的实习、实践,有些导师甚至明确不允许研究生去实习,要求其专注学业,做好科研。另一方面,学生由于不想攻读博士学位,于是就想在攻读学位期间积累一定的实习、实践经验,为就业增加砝码。由此,导师和研究生之间就会出现矛盾。即便导师允许研究生外出实习,实际上也与学术型学位研究生培养目标相悖,造成教育资源的浪费。由此,就需要更加系统、明确的构建职业发展导向的专业学位培养模式和科学研究导向的学术型学位培养模式,通过一系列制度加以支撑。分类培养模式越清晰,对研究生和用人单位的引导才越有效。否则,很多研究生仍然乐于既享受学术型学位的名头,又追求专业学位培养的目标。由于不同导向的培养模式培养的研究生将有巨大差别,对用人单位也是最有效的指引,如此就应当将学术型学位逐步过渡为专门培养科研人才的制度设计。

(1)学制。科学研究导向的学术型学位制度设计主要应当围绕博士生培养进行。目前学制方面存在的突出问题有如下两点。第一,目前3年为主的学制偏短。招生单位应当对博士生实行全面的弹性学制,对其在读年限原则上不做要求。如果学制太死,比如要求3年或4年毕业,就会引导博士生选择一些比较容易的课题早早完成学业,不利于重大课题攻关。当然,也有担心如果不限制学制会浪费单位很多资源,如此可以做一些制度设计:对正常学制不能毕业的,区分为因为个人原因及因为课题需要两大类,对因个人原因或个人水平不足延期毕业的,取消对其资助;对确因课题需要的,经专家委员会答辩,可以为其继续提供资助,支持其从事高水平创新研究。第二,硕博培养不连续,造成培养资源浪费、培养效益不高。如前文所述,目前学术型学位研究生大部分并不准备以科学研究为业,由于此类学生规模庞大,导师往往会降低培养标准,于是研究生既没有受到良好的科研训练,也未受到良好的职业素养教育,于导师、研究生均无益处。对确实准备从事科学研究的研究生来说,目前将硕士、博士培养完全割裂开来的做法也颇不合适。根据科研人才培养的一般规律,系统的科研训练需要较长周期,硕士一般需要3年时间,而且还要通过考试,未来从事科研与否还不能确定,因此只能选择先做好硕士论文,甚至还要一边准备就业一般准备考博,其中,至少1年左右的时间实际上是浪费掉了。因此,对学术型学位,应着力发展以博士生培养为主的长学制教育,为博士生做出原始创新提供制度支持。

(2)导师队伍。博士生培养质量主要取决于两方面:一是有没有好的生源;二是有没有好的导师,而导师更是研究生培养的第一责任人。好的制度应当能够让好的导师得天下英才而育之。博士生培养单位应当通过设置科学、合理的标准,比如通过考查导师承担重大课题、重大科研成果产出情况为其合理配置博士生资源。一方面,由于导师水平良莠不齐,不能搞大锅饭,让不合格的导师也带博士生;另一方面,也不能片面强调某一标准,比如科研经费情况,使博士生沦为导师的打工仔。要通过合理制度设计,集中资源,将最优秀的博士生交到最有可能培育出杰出科研人才的导师手里。同时,要完善导师负责制和导师筛选机制,对不合格导师及时淘汰。

(3)资助制度。硕士生和博士生资助制度应当有明显区分。职业发展导向的专业学位硕士生培养遵循谁受益谁付费的原则,应当逐渐过渡到由研究生个人承担学费。对博士生,则要加大资助力度,集中财力支持博士生从事高水平科研创新,这是国家、社会发展迫切需要的拔尖创新人才主要输送地。资助水平要确保博士生能够专注科研、专心学业,真正能够没有顾虑地从事高水平科研创新。建立起国家、单位、导师共同出资支持博士生培养的有效机制。

3. 专业学位与学术型学位的协调

前文对学术型与专业学位研究生分类培养模式进行了初步构建,但是制度设计也应当充分顾及我国研究生教育现状,如果不能一步到位,则可以通过制度改进逐步过渡到理想模式。比如,现实中的确存在某些学术型研究生以就业为目标,而某些专业学位研究生以科学研究为目的的现象,在国家顶层设计短时间不可能革新的情况下,各培养单位可以在经过考核后允许学术型研究生按照专业学位进行培养,允许专业学位研究生参加硕博连读选拔,早日进入博士生培养。通过校内制度变通,实现人尽其才、才尽其用。作为另外一项配套措施,可以在研究生培养单位试行学分制改革,研究生根据个人兴趣及职业生涯规划自主选择自己所要修习的课程,由此研究生就可以自主掌握自己要选择科研型课程,还是选择职业发展导向课程。如此,方可在最大限度上实现研究生教育的培养目标,满足社会对高层次人才的多样化需求,真正为我国全面实施科教兴国战略、人才强国战略提供助力支持。

参考文献

[1] 刘延东. 在全国研究生教育质量工作会议暨国务院学位委员会第三十一次会议上的讲话[J]. 学位与研究生教育,2015(1):1-6.

基于开放式创新平台的工程类研究生培养机制改革思路探讨*
——以广东工业大学为例

刘贻新,张光宇,袁　华

(广东工业大学研究生院　510006)

摘要：当前以校企合作教育方式培养工程类研究生存在着诸多问题,尚未真正适应创新型国家建设的要求。为此,本文以广东工业大学开放式创新平台建设为例,在界定开放式创新平台的内涵、特征等要素基础上,阐述其在工程类人才培养方面的独特优势及其构筑路径,并设计了基于开放式创新平台的工程类研究生培养机制的基本框架,力图为工程类专业学位研究生培养改革提供一种崭新的思路。

关键词：开放式创新平台；工程类研究生；培养机制；改革思路

一、前言

培养工程类高层次拔尖人才,是建设创新型国家、实施人才强国战略的必然要求,是当前国家推进实施创新驱动发展战略的重要支撑。实践证明,通过校企合作教育方式是提升工程类高层次拔尖人才质量的主要途径和重要抓手。然而,我国开展校企合作教育较晚,建立的校企联合培养平台仍处于实践探索阶段,存在着诸如合作流于形式、合作水平低和企业缺乏积极性等突出问题,尚未真正形成适应创新型国家建设要求的深层次、全方位的培养机制。因此,需要进一步夯实校企联合培养平台和完善相关的机制,为其注入新的理念。

教育部启动的"2011计划"明确了以协同创新中心建设为载体,其核心任务就是通过汇聚一流的人才和团队、优势的学科和平台、优质的科研资源和条件,发挥科技创新对人才培养的带动作用,这为当前我国工程类研究生培养工作提供了更为科学的思想指导和清晰的路径指引。本文在阐述当前工程类研究生教育现状和趋势基础上,将以高等工程教育、研究生教育和校企合作教育等理论为依据,认真梳理和总结广东工业大学充分利用开放式创新平台培养工程类研究生方面的思路和经验,力图为提升工程类研究生培养质量、促进高等工程教育改革与发展提供借鉴。

二、研究现状和趋势分析

如何通过校企深度合作形式来培养工程类高层次拔尖人才一直是国内外学者所关注的焦点。

1. 有关工程类研究生培养的研究

欧美国家一直对工程教育非常重视,针对如何培养适应工业化发展和市场需求的创新型高层次工程科技人才问题做了诸多研究。一是开展了对工程教育理念转变研究。20世纪90年代开始,美国学者提出了工程教育的"科学模式"转向"工程模式"的"回归工程"运动,其目的是要改革之前工程教育上过度科学化、重基础轻实践的现状[1]。二是开展了CDIO工程教育模式研究。2002年,由麻

---

* 2015年度教育部人文社会科学研究专项任务项目(工程科技人才培养研究)一般项目(15JDGC013);2014年广东省研究生教育创新计划项目(2014JGXM-MS16);2014年广东工业大学高等教育研究基金重点项目(GJ2014Z01)。

省理工大学等四所大学共同研究创立了 CDIO 工程教育理念,经过多年的不断完善和发展,CDIO 工程教育理念已经成为北美、欧洲甚至亚洲最有影响力的工程教育模式[2-4]。三是开展了对工程科技人才创新创业能力培养的研究。据统计,美国目前已有 400 多个工程学院通过各种形式对学生进行创新创业能力的培养,逐渐形成了各具特色的工程创新创业能力培养模式[5, 6]。

在我国,2007 年中国工程院启动了"创新型工程科技人才培养研究"重大咨询项目,全面梳理了我国工程科技人才培养存在的问题、面临的机遇和可行性,分析了未来十年中国创新型工程科技人才需求的态势和当代工程科技创新人才的特征,并提出了相关的建议对策。章丽萍等(2012)基于国内外研究提炼适应战略性新兴产业发展的工程科技人才的 KAQ 模型,提出了工程科技人才培养的改革思路[7]。苗德华等(2013)详细分析了我国研究生层次工程类应用型人才培养现状、人才特征与能力要求,并提出研究生层次工程类应用型人才"三双"培养模式[8]。高树昱的博士论文(2013)详细研究了工程科技人才的创业能力培养机制框架的构建,并提出了优化政策[6]。楚旋等(2014)从价值性、合理性和合法性三个角度梳理了不同阶段的我国工程类研究生政策,并提出了改进策略[9]。

从当前国内外工程教育改革实践来看,强调如何建立和充分利用校企合作教育培养工程类研究生的 CDIO 模式和创新创业能力正在成为国际高等工程教育发展趋势。

2. 有关校企联合培养机制的研究

国外自 20 世纪 50 年代后就非常重视校企合作教育的研究,摸索出了不同特色的多元化校企合作教育模式。其中,美国主要有辛辛那提模式和安提亚克模式两种。当前美国的校企合作教育有以下趋势:一是大学与政府部门的合作更为密切,大学积极参与政府引导的技术创新活动。二是大学与企业的合作研究密切配合,高校与企业结成亲密的联合体。日本政府从 20 世纪 60 年代初便着手推动校企合作教育的发展,在推动校企合作教育方面采取许多重大的举措,如 1983 年制定建立了大学与企业共同研究的制度,又建立了委托研究制度、捐赠奖学金制、研究室制度等,这些政策法规的出台,有利于规范高校、企业和科研单位的行为,保证校企合作教育的顺利进行。日本校企合作一个显著特点是"官产学研",非常重视教育立法。英国的校企合作教育由全国性的教学公司进行组织,企业和高校共同提出项目申请,教学公司在促进高校与产业合作教育中起了催化作用。

与欧美等国家相比,我国校企合作教育起步较晚。从目前实践来看,我国高校校企合作教育的人才培养模式有:以项目为依托、建立联合科学研究培养基地,双导师制度,共建合作研究中心,创办大学科技园,受企业委托定制培养研究生等类型。在理论研究方面,相关学者通过对欧美典型国家的校企合作教育的做法和经验进行了总结分析,并对促进我国产学研相结合的相关政策进行了深入研究。经过多年实践,我国校企合作教育中的产学研三方形成利益的紧密结合体,培养出一批高质量、宽范围、多领域的应用型人才。然而,总体来说,我国现有校企合作教育涉及领域狭窄、合作水平仍处于低层次状态、企业缺乏积极性,尚未真正形成适应创新型国家建设要求的深层次、全方位的成熟培养机制。

3. 研究述评

纵观现有相关研究,近年来国内外在校企合作培养工程科技人才方面积累了不少成果,但仍存在着许多不足。从研究视角来看,当前的研究主要集中在校企联合培养工程科技人才的重要性、发展进程、存在的问题、个案经验介绍以及对策研究等方面的理论分析,而对如何通过构筑高水平、高质量的新型校企合作培养平台,以调动产学研各方的积极性和主动性,促使校企合作教育向纵深方向挺进,建立深层次、全方位的工程科技人才培养机制方面的研究鲜有提及;从研究对象来看,现有研究主要以一般的工程科技人才培养为主,而针对高层次的工程类研究生创新创业能力培养的研究比较缺乏。

三、基于开放式创新平台的工程类研究生培养机制改革

广东工业大学近年来充分利用和整合与地方政府、科研院所和企事业单位的优质资源,协同打造一批培养高层次科研创新人才的创新平台和示范基地,为研究生联合培养提供了具有自身特色的新型校企联合培养人才载体——开放式创新平台。譬如,与地方政府和工业界联合多模式搭建了广州IC基地、东莞设计创新院和佛山数控装备协同创新研究院。依托这些创新平台,该校开展大规模创新创业教育,积极探索和改革工程类研究生培养体制机制,已形成了多层次、多类型的培养体系,为广东省培养在产业前沿大批"顶天立地"的创新创业人才、实现创新驱动添臂助力,并取得了一定成效,得到了广东省委省政府和专家们的认同。经过严格择优遴选,该校成功入选广东高水平大学重点建设高校行列。

1. 开放式创新平台的内涵及特征

开放式创新平台是相对于封闭式创新平台而言的一种新型校企联合培养人才载体,具有与产学研合作平台、产学研联盟等传统创新平台不同的运行模式和机制。从工程类研究生培养角度来看,开放式创新平台是指基于工程类研究生人才培养基本规律,通过汇聚政府、企(产)业、高校内外学术资源及国际高端资源等,在建立利益相关方资源共享及激励、责任等配套机制基础上,以培养掌握某一专业(或职业)领域坚实的基础理论和宽广的专业知识、具有较强的解决实际问题的能力,能够承担专业技术或管理工作、具有良好的职业素养的高层次应用型专门人才为最终目的的联合培养平台(图1)。与以往校企联合、项目依托、企业导师等培养方式不同,开放式创新平台具有汇聚性、协同性、多元性、动态性、高效性和持续性六个方面的显著特征。

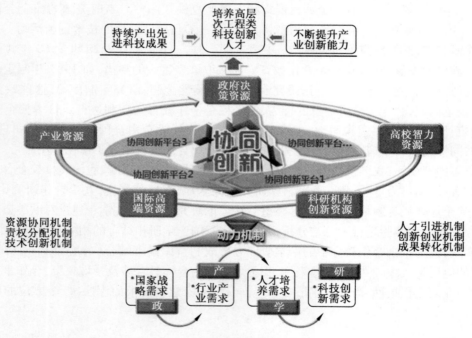

图1 开放式创新平台架构图

2. 开放式创新平台的构筑

广东工业大学构筑开放式创新平台的主要思路体现在"一体双责三延伸"上。其中,"一体"是指平台建设集学科、科研、人才一体化,集产学研一体化,集人才培养与人才就业一体化。"双责"是指面向地方与学校、平台与学科、科学研究与学生培养三个层面实行双向负责。"三延伸"是指有效推动开放式创新平台向上(立足国际前沿,多模式聚集高端学术资源与高层次人才)、向下(立足关键技术研发与成果转化,多角度对接地方产业转型、技术升级重大需求,构建"点、线、面、体"四维一体的服务模式)、向内(立足优势资源整合共享,大规模培养"顶天立地"创新创业人才)三个方向实现延伸,如图2所示。

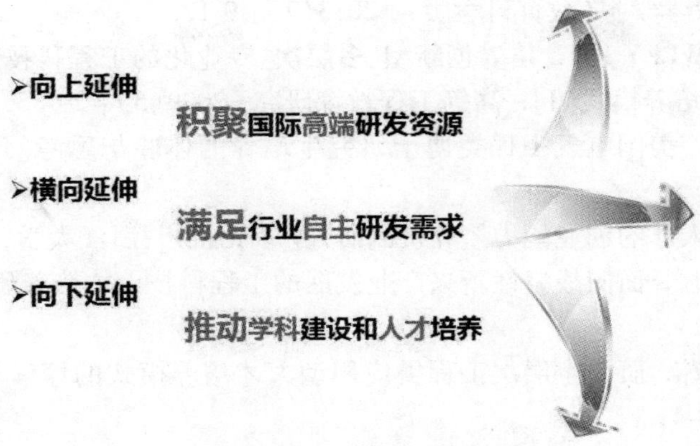

图 2 开放式创新平台的构筑

3. 开放式创新平台培养拔尖人才的优势分析

与现有校企联合培养工程类研究生的各类型载体相比,开放式创新平台培养拔尖人才的优势主要体现在以下方面:一是培养资源的丰富性以及各种资源在人才培养上的协同性,因开放式创新平台政府、企业、高校内外及国内外多种优质资源聚为一体,使得平台可资利用的人才培养资源极为丰富,各种资源可优势互补,协同育人;二是稳定性,因开放式创新平台的构建建立在地方与学校、平台与学科、科学研究与人才培养三个层面的双向负责制的基础上,明确了各种主体的权责利,使得各合作主体之间呈现较为稳定持续的合作关系,从而确保了人才培养的稳定性。

4. 开放式创新平台培养拔尖人才的机制设计

根据工程类研究生培养特点以及影响开放式创新平台构筑成效的关键因素分析,在遵循"开放、高效、集成、持久"原则基础上,广东工业大学主要从动力机制、运行机制和保障机制三个方面设计了基于开放式创新平台工程类研究生培养机制框架。一是动力机制,即建立引导、推动校企深度合作教育发展的机制,这需要产业界、科研技术研究领域、高校系统内部之间的相互作用产生的动力,以及系统与外部社会环境相互作用产生的外部动力,具体包括外力驱动和内部利益驱动两个层面。二是运行机制,指平台内各参与主体(大学、科研院所、企业、政府等)各要素为完成一定的功能、实现一定的目标而组合在一起,按照一定的规律和程序协同工作的工作原理和运行方式。侧重于创新平台的组建模式、各参与主体的角色定位和信息沟通、利益分配等机制。三是保障机制,即通过完善相关的制度,监控、保障和促进开放式平台稳定,有效开展校企合作培养工程类研究生的机制。

四、结语

开放式创新平台作为一种新型校企深度合作的联合培养人才载体,在培养理念、建设路径和运行机制等方面具有其独特优势,理论上有一定创新。加上已在一定范围内进行实践探索,这对有效提升工程类研究生培养质量提供了新的实践思路。但毕竟处于起步阶段,尚需要通过更大范围和更长时期的实践反馈,检验和修正相关的平台构筑和机制设计。

参考文献

[1] 陈艾华,吴伟,陈勇. 美国工科院校创新型工程科技人才培养:新理念与新路径[J]. 现代教育管理,2012(9):124-128.

[2] 郑薇薇. 基于 CDIO 的创新型工程科技人才培养模式研究与实践[D]. 大连:大连理工大学,2010.

[3] 张爱邦. CDIO 模式下高校工程科技人才培养与产业对接的思考——以辽宁沿海经济带为例

[J]. 内蒙古师范大学学报(教育科学版), 2013(7): 9-12.
[4] 雷环, 汤威颐, CRAWLEY E F. 培养创新型、多层次、专业化的工程科技人才——CDIO 工程教育改革的人才理念和培养模式[J]. 高等工程教育研究, 2009(5): 29-35.
[5] 王世练, 张炜, 雷菁. 美国电气工程类博士研究生培养的体验与思考[J]. 教育教学论坛, 2012(13): 10-11.
[6] 高树昱. 工程科技人才的创业能力培养机制研究[D]. 杭州:浙江大学, 2013.
[7] 章丽萍, 姚威, 陈子辰. 面向战略性新兴产业发展的工程科技人才培养研究[J]. 中国高教研究, 2012(10): 25-29.
[8] 苗德华, 刘新钰, 王茹. 研究生层次工程类应用型人才培养模式的探索与实践[J]. 研究生教育研究, 2013(4): 38-41.
[9] 邱秧琼, 李晨, 姚威. 基于建模仿真的工程科技人才创新型培养模式分析与构想[J]. 高等工程教育研究, 2014(04): 106-115.

工程硕士"产—学—研—用"四段式培养模式的实施思考
——以浙江万里学院首届工程硕士培养为例

徐荣华，胡 昌

（浙江万里学院研究生部　315100）

摘要：本文介绍了浙江万里学院在"服务国家特殊需求人才培养项目"工程硕士培养试点工作中，积极探索并建立"产—学—研—用"四阶段的递进式、一体化的培养模式，根据四阶段培养目标和要求，分别安排了企业见习、理论学习、项目研究和实践应用等培养环节。经过一轮培养，首届研究生已经高标准地完成所有培养任务，顺利毕业并就业。这在一定程度上证明培养模式已初见成效，但也存在一些问题，需要加以完善。

关键词：服务国家特殊需求人才培养项目；工程硕士"政产学研"协同培养；"产—学—研—用"四阶段培养模式

浙江万里学院自2011年10月获得"服务国家特殊需求人才培养项目"（以下简称特需项目）试点以来，2012级首届工程硕士（含生物工程和物流工程两大领域）28位研究生顺利毕业。特需项目试点成立以来，我们认真贯彻"服务需求、突出特色、创新模式、严格标准"的指导思想，希望通过积极探索，努力形成具有自身特色的、不同于既培养学术型学位硕士又培养专业学位硕士的传统院校的培养模式。我们在实践中探索并逐渐形成的工程硕士"产—学—研—用"递进式培养模式在首届工程硕士培养中得到了较好的应用，并将在今后的工程硕士培养中不断改进、完善和发展。

一、我校工程硕士"产—学—研—用"递进式培养模式及实施路径

我校工程硕士立足培养行业针对性、职业导向性和工程创新性的高层次应用型人才，满足国家和区域有关行业领域对高层次人才的特殊需求。工程硕士培养模式：采用"产—学—研—用"递进式、一体化培养模式。主要实施路径如下：

一是"政产学研"协同培养，探索学校与行业、企业、地方政府联合培养研究生的模式；

二是实施校内、校外双导师共同指导制度，采取校内、校外导师与校外实践基地三位一体，专兼结合；

三是与职业资格证书衔接，实现课程对接与职业认证；

四是开展国际化合作，利用和开拓国际化资源，培养具有"国际视野"的工程硕士人才。

二、"产—学—研—用"四阶段培养模式目标、要求和主要做法

为将课堂理论教学与实践教学有机地结合与统一起来，确保研究生实践的有效性，并将研究生教学与学位论文工作有机地结合起来，我校将"产—学—研—用"四阶段培养模式具体划分为企业见习、理论学习、项目研究和实践应用四个阶段。

1. 产是发现问题

产是第一阶段，目的是发现问题，主要是通过企业见习来实现，时间安排为10周。主要做法：学生入学后不是进行课堂教学，而是立即进入企业实践，在导师的指导下（企业导师为主，学校导师为辅），熟悉企业运作流程和模式，发现企业的现实问题，确定学习和研究的目标和方向。

按照企业见习安排,我校生物工程、物流工程两大领域工程硕士研究生一入学,不是立即进行书本知识的学习,而是先去相关企业或行业进行实习。实践表明,企业见习制度有助于学生对企业、行业的生产工艺、业务流程及经营管理产生感性认识与思考,并有助于提高课堂教学的针对性和效果。

2012级研究生通过企业见习,初步熟悉企业、行业的生产经营业务流程、生产原理以及工艺流程,有针对性地对企业、行业生产经营中的相关专业问题进行了调研,为后续的课堂学习打下良好的基础。

为确保企业见习顺利实施,学校研究生部及培养单位采取了相关监控措施。一是加强对实习过程的监控与指导;二是研究生部及培养单位通过定期走访、检查,及时掌握实习动态;三是针对实习中存在的薄弱环节,通过事先制定的预案,加以防范和应对。并且,根据学生的实习状况、实习单位的建议以及实际情况,及时调整和完善实习计划。

2. 学是学习解决问题的方法

学是第二阶段,目的是掌握解决问题的方法,主要是通过理论学习来实现,时间安排为30周。主要做法:学生带着问题回到学校,按照培养方案规定的课程,通过系统学习和导师的指导(学校导师为主,企业导师为辅),掌握解决问题的基本理论和方法。在教学过程中,各位老师充分运用研讨式、互动式以及启发式等多种教学方法,尽可能地调动广大学生的学习积极性和主动性。特别值得一提的是,我校近年来本科生教学中开展的产生广泛影响的研究性教学,不仅在很大程度上锻炼了师资队伍,而且教师会自觉地将研究性教学成果运用到研究生教学中去。"运筹学""管理学"及"现代物流与供应链管理"等课程与宁波诺丁汉大学联合授课,引入优质教学资源。此外,专业课程采取校内教师与具有丰富实践经验的高层次专业人员共同授课,实现课堂教学、专家讲座、实际调研的紧密结合与良好互动。

3. 研是研究解决方案

研是第三阶段,目的是掌握具体研究项目的解决方案,主要是通过项目实践来实现,时间安排为20周。主要做法:学生在理论课程学习结束后走进企业,在导师的指导下(学校和企业导师并重),结合运营实际,确定项目研究的选题,并应用所学理论和方法发现问题、分析问题、解决问题,形成项目解决方案,形成毕业论文初稿。

工程项目实践是研究生根据导师指定的设计(或生产)目标(来自企业生产实际),完成产品设计、研发及检测等工作,形成论文、专利及市场调研报告等成果。

4. 用是应用研究结果

用是第四阶段,目的是将研究成果推广应用,主要是通过实践应用来实现,时间安排为20周。主要做法:学生在企业导师的指导下将研究成果应用于企业实践,通过实践生产应用来检验项目解决方案的实际效果,并根据所产生的效益作为学位论文考核的重要依据。同时形成毕业论文。

三、2012级首届工程硕士的成果、毕业及就业情况

1. 首届工程硕士的成果

为确保研究生培养质量,根据工程硕士实践性、职业性、创新性和应用性的四大特点,学校规定,凡参加学位论文答辩,需符合下列条件:

(1)完成培养方案中规定的所有环节,获得培养方案规定学分,成绩合格。

(2)研究成果被所学专业相关单位采纳应用,或以第一作者身份在公开发行的学术期刊上发表与本领域密切相关的学术论文一篇,或申请国家专利一项。

以上所有研究成果均须以我校为第一署名单位,研究生为第一或者第二完成人(第一完成人为

该研究生之导师)。

考核要求充分体现了工程硕士的培养特点和基本要求,明确了成果采纳、公开发表论文及申请专利等三种不同形式。2012 级研究生全部完成了学业成果考核,具体情况见表 1。

表 1　2012 级研究生学业成果情况统计表

领域	学术论文	专利	成果采纳
生物工程领域	27	3	7
物流工程领域	25	12	13
合计	52	15	20

2. 首届工程硕士生毕业情况

为进一步做好首届研究生论文答辩、毕业及就业等有关工作,研究生部于 2014 年 3 月下发通知,学校也发布了相关文件。研究生答辩环节工作安排如下:

(1)研究生论文答辩环节主要流程有预答辩、论文查重、双盲评审和答辩等环节。

预答辩分别由工程硕士生物工程领域和物流工程领域组织实施,导师应当参加论文预答辩,并督促学生按照预答辩成员所提出的修改意见对论文进行认真修改。

(2)论文查重由研究生部负责实施,时间安排在学位论文盲审前。查重分自由检查和正式检查两个阶段。自由检查阶段不做任何复制比要求,研究生可根据检查结果对论文进行修改、完善。正式检查时,研究生撰写学位论文中所有参考或引用内容,必须按规定进行标引(包含研究生学位论文),若检查报告中论文文字重合部分与重合文献来源无引证关系,一律视为抄袭。查重报告中全文文字复制比(有引证关系)在 20% 以下者,可直接参加学位论文盲审;复制比在 20%~40% 者,需要修改,并再次进行查重;复制比超过 40% 者,按抄袭处理。

(3)双盲评审由研究生部负责组织实施。每位研究生论文需经两位评阅专家评阅,若两位评阅专家同时持否定意见,该研究生不得参加本次答辩;若其中一位评阅专家持否定意见,需增聘一位评阅人对论文进行评阅。若增评专家仍持否定意见,则该研究生不得参加本次答辩。

(4)论文答辩工作由培养单位负责组织实施。培养单位按要求成立答辩委员会,安排了 2~3 位行业专家参加。

在研究生部的督导和各领域的组织配合下,2012 级研究生顺利通过论文预答辩,所有论文的重复率在 20% 以下,其中 85% 生物领域的论文重复率低于 10%,物流领域 93% 的论文重复率低于 10%,论文质量得到了有效的保证。在论文双盲评审阶段,学校随机选取了省外高校在相关研究领域具有重要学术声望的专家作为论文评阅人对相关论文进行盲审。按照工程教指委的评分标准,我校盲审平均成绩的优良率高达 96.4%,论文质量得到了相关专家的高度认可。在论文答辩阶段,我校聘请了来自行业、企业、政府、高校等相关领域的专家组成答辩委员会,提前一周将有关论文送至专家手中,让专家熟悉论文的内容,可以有针对性地提出问题,确保了整个论文答辩的高水平性。2012 级研究生盲审和答辩成绩情况见表 2。

表 2　2012 级研究生盲审和答辩成绩情况表

		优 秀	良 好	合 格	不合格
盲审成绩	生物领域	5	8	0	0
		优 秀	良 好	合 格	不合格
	物流领域	1	13	1	0

续表2

答辩成绩	生物领域	优秀	良好	合格	不合格
		3	10	0	0
	物流领域	优秀	良好	合格	不合格
		5	8	2	0

注：优秀（总分≥85），良好（84≥总分≥70），合格（69≥总分≥60），不合格（总分≤59）；以上为平均成绩

3. 首届工程硕士生就业情况

学校十分重视研究生的就业工作，主要采取以下措施来保障和落实研究生的就业工作。一是加强领导，明确责任。校领导高度重视首届研究生的就业工作，几次召开就业专题会议，提要求、定责任。研究生部也会同有关部门、学院积极推进就业工作。二是大力宣传，营造氛围。研究生部和有关部门通过海报、网络、座谈等方式广泛宣传国家和地方关于研究生就业的政策措施。三是注重提升毕业生就业能力。通过优化知识结构、强化职业教育和创业教育以及深化项目研究实践活动，充分提升研究生的就业能力。四是提供优质就业服务。从就业市场、就业信息、就业咨询、就业手续、就业援助五方面为研究生提供优质的服务。五是着力推动高质量就业，确保毕业生"好就业，就好业"，让每位研究生找到一份能够施展才华、具有发展潜力的工作，确保初次就业率、就业对口率基本稳定。

经过多方共同努力，我校2012级研究生实现了100%就业，就业情况见表3。

表3 2012级研究生就业去向一览表

升学	政府机关	事业单位	国有企业	其他	合计
2人	1人	4人	2人	19人	28人

注：其他为民营、外资、合资企业

四、进一步改进"产—学—研—用"四阶段培养模式的思考和设想

"产—学—研—用"四阶段培养模式特色鲜明、机制灵活、效果显著。但在培养过程中，也存在以下一些问题，需要在今后的培养工作中逐渐克服和完善。

1."产—学—研—用"四阶段培养模式整体改进的思考

"产—学—研—用"四阶段培养模式经过认真论证，充分体现了工程硕士培养的特点和基本要求，并完全运用于我校工程硕士培养的实践，取得了积极成效。

首先，整体而言，产、学、研、用四个阶段的顶层设计、安排、融合、协调等尤为关键和重要。例如，产的对象十分重要，倘若不能和地方行业、产业的龙头企业牵手，倘若这些企业未能积极配合，倘若不能涉及专业领域的关键技术、工艺、重要业务流程及管理实践，产的效果就难以保障。因此，工程硕士培养方案的制定，要引入行业、产业的专家，充分调研、论证，并结合已有的教学实践进行修改完善。

其次，如何围绕产业、行业的关键技术、工艺、流程及管理难题，全面有效实现政产学研的协同，是工程硕士培养的目标。工程硕士是先进技术应用与推广的重要力量。只有充分接触到产业、行业的现实问题，运用工程前沿技术、工艺与先进管理经验，才能有针对性地加以解决。因此，能否接触到行业、产业的前沿工程问题，是重要前提。

第三，需要充分发挥政产学研协同培养机制的作用，特别是要在协同作用的程度、深度和广度上下功夫。高校作为资源整合平台，如何让方方面面的资源在工程硕士培养过程中进行整合并发挥协同作用，是需要破解的重大命题。

2. 相关配套措施

为全面贯彻落实教育部、国家发展改革委、财政部《关于深化研究生教育改革的意见》（教研

[2013]1号)、《关于完善研究生教育投入机制的意见》(财教〔2013〕19号)以及教育部《关于贯彻落实"意见"工作的通知》(教研司〔2013〕10号)的精神,我校将以"立德树人"为指导思想,以"服务需求、提高质量"为主线,以"服务需求、突出特色、创新模式、保证质量"为宗旨,进一步完善"产—学—研—用"四阶段培养模式。

一是加强组织领导。学校层面成立研究生培养工作领导小组,由分管校长担任组长,研究生部等相关职能部门、各工程领域负责人以及行业专家组成,负责审查制定"产—学—研—用"四阶段培养实施方案。

二是加大投入力度。建立健全各级政府投入为主、研究生个人合理分担培养成本、学校多渠道筹集经费的研究生教育投入机制。学校积极争取各级政府特别是地方政府对研究生教育的经费支持。同时,通过项目合作研究、技术攻关、成果推广应用等多种形式,筹集培养经费。

三是激发和调动工程硕士研究生的主体功能和意识。充分扭转以往研究生"要我学"的被动学习的尴尬境地,通过制订个性化培养计划、完善奖助政策体系以及完善考核等多种措施,充分调动研究生学习的主动性、能动性和自觉性,变"要我学"为"我要学"。

四是完善考评机制,尤其是要建立适应"产-学-研-用"四阶段培养模式的考评机制。工程硕士研究生不同于学术型硕士,要求与产业、行业进行充分对接,特别是要形成"行业和企业命题、学校接题、研究生破题"的良性格局。因此,加强与产业、行业的合作,以实习实践基地为平台,以研究和解决产业、行业的实际问题的横向研究课题为纽带,以工程技术、成果的推广应用为目标,以工程硕士的培养为中心,全面落实和完成研究生的培养任务。目前,学校的办学自主权进一步扩大,可以在职称晋升、薪酬以及评奖评优等方面向横向课题研究倾斜。

参考文献

[1] 国务院学位委员会. 关于下达"服务国家特殊需求人才培养项目"——学士学位授予单位开展培养硕士专业学位研究生试点工作单位名单的通知(学位[2011]69号)[EB/OL]. [2011-10-17] http://www.moe.edu.cn/publicfiles/business/htmlfiles/moe/A22_zcwj/201206/138061.html.

[2] 敖永胜. 企业研究生工作站培养全日制专业学位研究生探索[J]. 学位与研究生教育,2011(3):68-72.

[3] 李姚矿,娄敏. 全日制专业学位研究生培养模式探讨[J]. 合肥工业大学学报,2012(2):128-133.

[4] 教育部. 教育部关于做好全日制硕士生专业学位研究生培养工作的若干意见(教研[2009]1号)[EB/OL]. [2009-03-19] http://www.gov.cn/zwgk/2009-03/26/content_1269531.htm.

工科研究生校企联合培养模式的改革与实践*

张光磊,岳祖润,康学梅

(石家庄铁道大学研究生院　050043)

摘要：基于研究生实践基地建设的校企联合培养模式是专业学位研究生教育改革的重点之一。本文主要从研究生招生指标的动态调整机制、实践基地的建设与管理、导师责权机制与激励、课程建设与培养全过程管理等方面,以石家庄铁道大学为例,介绍了研究生实践基地建设与校企联合模式的改革与实践。

关键词：研究生教育;联合培养;校企结合;专业实践

伴随着我国新时期研究生教育的快速发展和国民经济与产业结构的变化,结合国外研究生教育的规律,发展专业学位研究生势在必行,适合我国研究生教育的培养模式也迫切需要不断探索与改革。2013年11月,教育部、人力资源社会保障部联合发布了《关于深入推进专业学位研究生培养模式改革的意见》[教研〔2013〕3号],进一步明确了专业学位研究生培养模式改革的方向和内容。

石家庄铁道大学作为以工科为主、行业背景鲜明的省属重点高校,以教育综合改革为契机,于2014年10月30日召开了全校研究生教学工作会,以全面深化研究生教育改革为主题,以服务经济社会发展需求、提高培养质量为主线,改革培养模式,构建质量保障体系,培养高质量应用型人才。专业学位研究生实践基地建设和校企联合模式的研究是研究生教育综合改革的重点之一。

一、校企联合培养研究生的必要性

1. 发展专业学位研究生是高层次人才培养的时代需要

学术系统人才需求相对萎缩,第三产业和高新技术产业对人才的需求日益增加。发展专业学位研究生教育是培养经济社会发展所需的高层次应用型专门人才的有效途径。哈佛大学有一百多年的专业学位研究生教育经验,除了传授知识,还注重"创造知识与相互学习的方式方法",其中商学院、法学院等推出联合培养学位项目,目标是培养和提升学生的综合应对能力,专门培养具有多个领域专业知识的复合型领导者[1]。

国家对硕士学位的定位也在逐渐发生变化,尤其是学术硕士正从终极学位转变为攻读博士的过渡性学位。因此,调整研究生教育类型结构,提供更多的应用型专业学位,是我国研究生教育改革的重点之一。

2. 产学研合作、校企共赢是专业学位研究生培养的市场需要

专业学位研究生是经济社会快速发展、产业结构转型升级中的市场需要,是研究生就业的出路所在。产学研合作教育可以充分利用学校与企业、科研单位等多种不同教学环节和教学资源在人才培养方面的优势,以课程传授知识为主的学校教育与直接获取实际经验、实践能力为主的生产、科研实践有机结合的教育形式,从根本上解决了学校教育与社会需求脱节的问题,缩小了学校和社会对人才

---

* 全国工程专业学位研究生教育自选课题(2014-JY-019);河北省高等教育教学改革研究与实践项目(2015GJJG91)。

培养与需求之间的差距,增强了学生的社会竞争力[2]。进入联合培养基地的研究生学习和选择职业的目标更加明确、清晰,学习的主动性、积极性大大增强。同时,通过企业参与研究生的培养,也减少了用人招聘时的盲目性[3,4]。

建立研究生联合培养实践基地,是实现"科教兴国"战略的重大举措,企业、科研院所和高校合作,建立研究生联合培养基地,既满足了科研院所科研任务重、人员紧张的状况,又为高校研究生提供了一个科研实践的平台,形成了互利双赢的局面,不仅提高了研究生实际工作能力和科技创新能力,也是我国研究生教育改革的有效途径[5]。

二、健全招生选拔与指标分配机制

培养优秀的人才,首先需要有优秀的生源质量。合理配置初试和复试分数权重,我校的复试成绩占录取总成绩的40%,分笔试和面试两个环节,并实行复试环节一票否决,加大专家组的评价选择权。

以服务需求为导向,建立与生源情况、培养质量、就业情况、学科发展及办学特色相适应的研究生招生指标动态调节机制。综合考虑学校学科布局,鼓励学科交叉与融合,进一步突出学科特色和优势,探索按一级学科招生模式,优化高质量生源的调剂政策。对连续3年不能完成招生计划的专业,适当调减招生指标,并逐步停止招生。

我校与北京城建设计发展集团有限公司签署协议,以专业实践基地的联合培养为目标,每年安排30名研究生成立一个企业班,从培养计划和教学内容上都有企业参与,并安排企业一定的教学环节,学生从入学开始就明确了实践与培养目标,从第三学期开始专业实践,一般会分散到各局或分院,对表现优秀的学生,毕业后优先录用。招生指标单列计划能有效避免导师与企业在生源分配方面的分歧,实现从招生到毕业、从教育到科研全程紧密联合[6]。

三、逐步推动研究生联合培养实践基地的建设与管理

研究生联合培养基地承载研究生专业实践环节,是为全日制专业学位研究生开展专业实践和学位论文研究活动所提供的具有一定承载规模并相对稳定的校外场所。为规范实践基地的建设和管理工作,制订了《石家庄铁道大学全日制专业学位研究生专业实践基地建设和管理办法》,建立了研究生专业实践指导中心,加强协调和调度,对已建成的实践基地,及时总结经验,提高运行效率,改善运行效果。

1. 明确实践基地的规划与条件

实践基地由学校或学院与有关单位协商共同建立,根据研究生培养需要分别设立校、院两级实践基地。每种专业学位类别或工程硕士领域根据需要建立1~5个校级实践基地,各二级培养单位根据需要建立若干院级实践基地。校级实践基地每两年评选一次,首批校级基地共建设了10个,其中4个被评为省级实践基地。

实践基地一般选择在区域内具有行业代表性、有研究与生活条件保障的大型企业,其中校级实践基地需有能力同时承担至少5名研究生参加实践。

2. 规范实践基地设立的程序

校级实践基地一般由实践基地建设的主要负责二级培养单位与依托单位进行初步协商与沟通;然后,由研究生学院组织相关人员到拟设实践基地的单位进行必要的考察和进一步磋商;其次,学校与实践基地依托单位签订合作协议后,向依托单位授予"石家庄铁道大学研究生实践基地"牌匾;最后,研究生学院在校内公布正式成立的校级专业实践基地的相关信息,供各二级培养单位选择使用。院级实践基地由各二级培养单位按基本程序及要求设立,并交一份到研究生院备案。

3. 细化实践基地的建设和管理内容

负责实践基地的二级培养单位确定专门人员与实践基地依托单位确定的人员成立"实践基地协调工作小组",负责落实专业实践活动计划、安排指导教师、专业实践考核等具体工作。学校或学院与实践基地依托单位根据合作协议的规定共同对研究生开展专业实践活动期间生活、学习、工作必需的设施设备进行改善和添置。学校和实践基地依托单位共同推荐和遴选专业学位实践指导教师、实践教学任课教师,开展必要的培训工作。"实践基地协调工作小组"根据需要建立和完善相关管理规章制度,加强过程的规范化管理。主要负责的二级培养单位与依托单位间建立定期交流制度,每学期召开一次工作会议,研究解决工作中的具体问题,探索创新工作方式等。

在我校与河北省电力勘察设计研究院联合成立的研究生工作站上,实践基地配备了专职班主任进行学生的日程管理与协调,学生的工作、吃、住、行等条件上按员工对待。有严格的管理制度和进出站程序,每年征求十余项来自于一线的研究课题,供研究生选择,定期集中召开有校内外导师和专家参加的课题进展汇报会,并优先留用优秀毕业生。

4. 强调实践与论文相结合

校企联合培养的目的是加强实践和创新能力的培养,抓好专业实践的全过程管理又是确保专业实践成效的基本保证[7]。鼓励研究生研究课题来源于企业的实际生产,从生产一线的科研攻关、技术创新中提出课题,完成学位论文。

为了更好地对研究生的实践环节及课题研究进行指导,采用双导师制,即一名校内导师和一名企业导师共同指导。聘任实践基地指导教师担任专业学位研究生导师,实行3年的任期制。校内导师、企业导师以培养的研究生为纽带,定期开展课题研究进展交流,进一步延伸为横向课题或联合攻关项目,实现全面深入合作,有效解决了高校科研与实际生产与技术转化脱轨的现象。

四、强化课程建设与培养全过程管理

课程建设与培养过程管理是培养模式改革的落脚点之一,重点是突出产学结合,强化知识迁移力、实践创新力和职业胜任力的培养。我校是国家首批研究生课程改革试点单位,在培养方案大讨论与分类培养模式研究的基础上,明确了核心示范课、案例库、精品教材建设等建设目标,充分调动研究生导师的积极性,全面提升研究生课程教学质量。

为了明确培养目标,优化培养方案,构建模块化课程体系,我校每五年进行一次系统的研究生培养方案修订工作,根据不同层次、不同类型的研究生培养特点,设置不同的课程体系。首批资助了9门专业核心示范课程和5本研究生教材,并正在逐步推动案例库的建设与应用。

优化考核方式,加大淘汰力度,改进学位论文开题、中期考核、申请答辩审核和答辩环节,学校对各学院组织的环节进行监督和抽查。研究生在实践基地完成课题研究并撰写完毕业论文后,分别提交企业导师和校内导师审阅,并由研究生院送双盲审。答辩组成员应有至少一名企业高级技术人员。优秀研究生学位论文和优秀毕业研究生等评优工作,实行专业学位与学术学位分开评比,名额单列,重点考核专业学位研究生解决企业实际问题能力和成果的转化效益。

五、完善导师责权机制与激励办法

完善导师责权机制与激励办法主要包括:制定了《石家庄铁道大学研究生指导教师工作办法》,明确了导师有责任和义务承担教学任务、参加学科建设、教育改革,积极开展研究生教育研究,切实提高履职能力。强化导师岗位意识,完善导师遴选和退出机制,建立健全动态的导师管理制度。

导师是研究生培养的第一责任人,逐步加大了导师和导师组在研究生招生、培养、日常管理、经费使用及论文选题和毕业答辩等环节中的权力和责任。加强师风建设,发挥导师对研究生思想品德、科学伦理的示范和教育引导作用。

大力提高专业学位导师的实践指导能力,支持导师参与行业企业实践,加强导师与科研院所和企业之间的交流,完善双导师制度。制定《优秀研究生导师评选办法》,每年评选一次优秀研究生导师,比例不超过在岗研究生导师的2%,每人一次性奖励20 000元,起到了很好的激励与示范作用。定期举办导师论坛,加强企业导师的培训与管理,2015年举办的校企合作导师论坛,邀请了企业导师或行业专家50余人到校培训与交流,统一组织了27场报告会,超过2 000名师生享受了来自工程一线、科研院所专家提供的高水平学术盛宴。增加了校外导师对学校的归属感,也活跃了学术氛围。

六、加强研究生培养条件建设与思想教育

重视研究生培养条件建设,尤其是在教学条件和科研条件上,统筹协调各项经费,保障研究生教育的快速发展。设立专项资金,支持研究生开展各类学术竞赛、创业活动、专业论坛和实践创新活动。研究生院为实践基地的研究生统一购买人身意外伤害保险,并给予一定的交通补贴和生活补贴。

加强研究生学业、生活、心理和就业等方面的疏导化解工作,建立校、院两级负责,学生干部队伍和导师队伍之间的长效沟通、协同教育机制,为研究生成长成才创造良好条件。

在入学教育和专业教育中,邀请知名校友、专家针对专业认知、职业规划和学风建设及经济社会热点问题开展专题讲座,广泛开展社会实践和志愿服务活动,增强研究生服务国家、服务人民的社会责任感,把社会主义核心价值体系融入研究生教育全过程。

七、结语

我国专业学位研究生教育取得了快速进展,但仍然存在培养模式单一、难以培养具有多学科背景的复合型人才等问题。我校以工科专业为主,充分发挥行业特色和校友优势,以研究生实践基地的建设与管理为抓手,从研究生招生指标分配、课程教学内容改革、校企联合培养的实践与论文环节控制等角度,培养模式改革势在必行,要落到实处,还需要各二级培养单位和每一位师生充分转变理念,认清目标,以市场需求为导向,以研究生培养质量为核心,全面提高研究生培养质量,实现为社会培养高端人才、服务于社会的目标。

参考文献

[1] 傅利平,张志刚,刘一方. 哈佛大学专业学位研究生联合培养项目及其启示[J]. 学位与研究生教育,2012(2):65-68.

[2] 张学洪,金峰,王学军,等. 建立校企战略联盟 积极推进高校研究生联合培养基地建设[J]. 学位与研究生教育,2012(8):26-27.

[3] 许斌,汤爱君,马海龙. 校企联合的专业学位研究生培养模式研究[J]. 当代教育科学,2013(7):60-62.

[4] 黄翠萍,刘庭,万洪英,等. 协同创新环境下研究生联合培养动力机制研究[J]. 研究生教育研究,2015(2):34-38.

[5] 郑金海,苏青. 研究生联合培养基地建设的实践与思考[J]. 江苏高教,2011(6):90-91.

[6] 文冠华,姜文忠,陈宏量. 抓好专业实践环节 确保全日制专业学位研究生培养质量[J]. 学位与研究生教育,2010(8):1-4.

[7] 李金龙,张淑林,裴旭,等. 协同创新环境下的研究生联合培养机制改革[J]. 学位与研究生教育,2014(7):30-34.

实践环节整合机制的构建与创新*

胡令启

（齐鲁工业大学　250353）

摘要：全日制专业学位研究生教育作为一种高层次应用型、创新型人才的培养，其核心是加强实践环节，提高实践创新能力。针对全日制专业学位实践环节目前存在的问题，着重从优化课程机制、整合实践教学机制、双导师实践指导机制、校内外实践基地的衔接机制、实践环节制度体系、实践教学质量保障机制等实践环节的主要方面，构建与创新兼备系统性、动态性、程序化、衔接性、制度化与联动性等特征的实践环节整合机制，为促进实践环节的实施起到支撑、保障作用。

关键词：全日制；专业学位；实践环节；整合机制

我国 2009 年开始的全日制专业学位研究生教育，是为满足国家发展对应用型人才需要而设立的。作为一种高层次应用型、创新型人才的培养，全日制专业学位研究生教育是以实践为导向的，着重培养学生的创新实践能力，其培养体系的核心就是加强实践环节，提高实践创新能力。

而以应届本科毕业生为主的全日制专业学位研究生，实践恰恰是其最为薄弱的环节。另一方面，我国全日制专业学位起步晚、历史短，实践环节还存在简单化、单一性、静态化、分散性、形式化、学术化等方面的问题，构建兼备系统性、动态性、程序化、衔接性、制度化、联动性等特征的实践环节整合机制，对于专业学位尤为必要。

论文以我校全日制工程硕士的培养为载体，从提升实践能力入手，着重从课程设置、教学实践、导师队伍、产学研合作、制度建设和学位论文（设计）、质量保障等方面，对实践环节进行系统研究，以期形成实践环节动态整合机制，推动实践深入开展。

一、构建动态优化课程机制

动态调整课程设置。全日制专业学位实践课程的设置，以实际应用和行业需求为导向，突出实践课程的针对性，根据专业发展及学生个性化的需要，及时调整，动态优化课程体系。学位课的设置，在完善知识体系基础上，以综合素养和应用知识与能力的提高为核心，注重工程实践与应用。非学位课的设置，工程应用理论、工程实验、人文经济管理结合，重点培养学生技术应用能力和工程理念。

动态调整课程内容。在课程内容上，突出实践性，强调基础理论与实际应用的有机结合，强调工程应用，整合品牌课程、特色课程，突出案例分析和实践研究的整合。鼓励开设实践技能课程，支持编撰针对性教材。

动态跟踪产业趋向。跟踪产业动态，适应最新应用技术和产业需求，适时修订培养方案与课程设置，突出应用型创新型特色。了解企业发展趋向，设定企业课程和企业学分，让企业参与到个性化课程体系的制定、案例教学和课程项目的实施中。

学校启动"创新课程"以来，通过动态优化课程机制，量身打造优质实践课程，创新课程多达 200 余门。适应了实际需求，提高了学生实践创新能力，受到学生与企业好评。

---

* 山东省创新计划资助项目：国际视域下地方院校工程硕士培养模式创新研究与实践。

二、构建"三位一体"实践教学整合机制

全日制专业学位培养质量的提高,实践教学环节是项重要内容。综合考察全日制专业学位教育全过程,实践教学体现在教学实践、科研实践和社会实践的整个过程中。构建教学实践、科研实践、社会实践在内的"三位一体"的实践教学整合机制,将实践环节渗透到专业学位研究生培养的整个过程中。

教学实践是实践教学的基础。依据社会、行业发展动态确定教学实践内容,聘请实践经验丰富的高级工程师、专家进行授课、做报告。通过教学实践,锻炼学生理论联系实际的能力,开拓其视野,把握行业、企业发展动向,为研究方向的选定提供素材和准备。近年学校聘请专家授课及做报告明显增多,效果显著。

科研实践是实践教学的优势。学校依托丰富的学科资源与优势,利用良好的科研优势,加强教学与科研的渗透。依托专业实验室、重点实验室,拓展校内校外培养基地建设,发挥重点项目和团队作用,积极开展产学研合作,增强学生科研实践训练,提升学生的创新能力和科研素养。

社会实践是实践教学的拓展。社会实践作为校内实践的延伸和提升,将全日制学生实践能力的培养延展到社会,鼓励学生走出校园,深入企业,参加企业新技术、新产品的开发和研制。这不仅解决了企业工程难题,而且增强学生动手能力、知识应用能力及解决实际问题的能力。

做好专业实践的全过程管理,是确保专业实践成效的基本保证,在全日制专业学位研究生培养过程中,"三位一体"实践教学整合机制,相互促进、互相补充、互为一体,共同发挥作用。

三、构建"校-企"双导师实践指导机制

全日制专业学位师资队伍建设,需要校内外导师的密切配合、优势互补,共同构建"校-企"双导师实践指导机制。校内导师侧重实践经验丰富、主持过应用性科研项目或具有相关职业资格认证的教师;校外导师侧重聘请具有一定的理论基础和丰富实践经验的、具有高级技术职称或高级管理职位的人员,两者密切配合,共同进行实践指导。

构建"校-企"双导师实践指导机制,主要侧重以下四个方面:首先,明确双导师的职责。校内导师侧重负责硕士生开题报告、课题技术指导和学位论文规范、答辩评审、学位申请等方面的指导。企业导师侧重负责硕士生课题的立项和学位论文的工程实用性等方面的工程实践指导。其次,建立双导师联系制度。企业导师参与招生环节,通过双向选择,选拔符合企业课题需求的研究生。校内导师和企业导师联合制定学生培养方案、培养计划和论文工作进度,定期交流、研讨。再次,导师队伍互动。校内导师要走出去,深入企业、参加企业工程项目,提高工程实践能力。校外导师则是请进来,聘请工程经验丰富、学术造诣较深、承担企业研究课题、有充足的科研经费和独立指导研究生能力的企业骨干担任校外导师。最后,企业导师的考核与管理:企业导师是保障工程实践的重要一环,进行有效的管理和考核,学校与企业对校外导师定期进行评估和考核。

通过"校-企"双导师实践指导机制的构建,密切了校、企之间的联合,带动学生积极参与企业课题研究与实践,促进实践能力的提高。学校与企业共同申报的"轻工生物基产品清洁生产与炼制",被评为山东省2011"协同创新中心"。近年,我校与企业合作横向经费、发明专业授权明显提升,彰显"校-企"导师实践指导机制的显著成效。

四、构建校内外基地实践衔接机制

随着校企合作的进一步发展与完善,需要以实践教学为主线,实现校内外基地分工协作,构建校内校外基地的实践衔接机制,形成学校与社会联合培养的协同体系。实现实践基地的有效衔接,要重视校内校外的有机结合,通过校内基地打基础,校外基地增强能力,两者有机结合、相互促进。专业学位研究生的实践,只有通过校内外实践基地有机衔接,才能实现校内实践与校外实践、集中实践与分散实践、工程实践与论文(设计)的有机结合。

校外基地的建设,要明确双方的权利与责任。学校方面负责协调安排相关专业和相应数量的研究生进入企业实践基地,保持对学生的有效管理与考核。企业方面则负责实践基地的日常管理运作。加强校企联合培养的管理,实现学校与企业的管理、导师等全面对接。企业导师不仅参与学生的课程学习,还要进行专业实践等环节的考核。校企双方导师保持定期的沟通与交流,加强从实践申请到实践考核在内的实践过程管理。

在衔接方式上,强调以企业项目为专业实践主要载体,提倡实践中研究,研究中实践。校内的横向课题及科研经费大多来自工矿企业,具有鲜明的工程研究特色,这就为学生校内实践教学提供了一个良好的平台。通过学生参加实际项目,形成一个以校企结合、校内为主、项目牵引、共同培养的全日制专业学位研究生实践模式。

随着校企联合、产学研实践机制的有效运行,共同形成由随课实验、工程实训、企业学习及学位论文(设计)组成的有机衔接,校内基地与校外基地的相继对接,建立和完善"随课实验—工程实训—企业实习"的完整实践教学体系和实践平台。通过这个实践平台,由浅入深,逐步推进应用型研究生实践能力的立体全方位培养,探索出以校企结合、校内为主、项目牵引、共同培养的全日制专业学位研究生实践衔接机制。

五、构建实践环节制度体系

实践环节的有序实施,需要健全制度保障,只有用制度严格规范,才能保障学生实践环节的质量。学校一贯注重制度建设,为规范全日制专业学位研究生实践环节,学校制定系列规章制度,形成实践环节制度体系。

学校制/修订的制度主要包括:关于加强全日制专业学位研究生实践环节的指导意见;专业实践管理办法;专业学位研究生学位论文(设计)形式和基本要求;关于全日制工程硕士研究生联合培养基地建设的协议;关于全日制工程硕士研究生实践教学的管理规定;全日制工程硕士研究生实践教学内容的基本要求及实践教学流程;全日制工程硕士研究生实践教学学习手册及实践教学报告基本要求;实习企业制订工程硕士实习计划书、实习方案等相关制度。对实践环节所涉及的各方面都做出了详细规范,有力地推进和保障了全日制专业学位研究生专业实践工作的顺利进行,加强实践过程管理,保证高质量,推进专业实践。

特别是"关于加强全日制专业学位研究生实践环节的指导意见",重点对实践教育体系、培养方案、教学大纲、质量标准、学位论文、导师队伍、实践基地、实践经费、实践管理九个方面提出指导意见。"专业实践管理办法",对专业实践的时间、管理、保障、方式、程序、纪律、考核、存档八个方面做出规定。"专业学位论文(设计)形式和基本要求",规范了专业学位研究生学位论文(设计)标准、基本形式、内容要求、撰写要求及评价指标,突出了实践特征。

六、构建实践教学质量保障机制

为加强对实践环节的监督管理,需要构建全日制专业学位实践教学质量保障体系。实践教学质量保障体系,包括实践教学评价、实践教学资源建设、实践管理平台建设、实践制度建设、实践教学质量保障体系建设等主要方面。

在实践教学评价上,对于全日制专业学位实践时限、实践档案、实践报告及实践答辩等环节,提出具体要求,严格考核,综合考量学生的实践情况,根据实践环节表现,实行奖惩机制。

在实践教学资源建设上,注重考察实践教学基地、工作平台等软硬件设施建设,校企双导师实践能力建设及联动长效机制,实践教材及案例等编写工作。

搭建实践管理平台,实现研究生、学院、实习单位、管理部门的四方联动,加强对全日制专业学位研究生实践环节管理、考核和服务的信息化手段。强化对实践环节的动态跟踪、动态管理和动态监测,实现专业学位研究生实践环节的即时性管理和规范化。

在实践教学质量保障构建上,主要通过实现管理、过程、标准、考核四个规范建设,实现基地、师资、教材、经费四项保障,进行合理的实践教学评价,实现实践型、职业型、创新型人才培养的目标。

总之,通过实践环节机制的构建与创新,形成完善的全日制专业学位实践教育体系,为全日制专业学位的实践教育的进一步加强,为学生工程实践能力与创新能力的提高、实际工作经验的增长、专业素养及就业创业能力的提高,起到有力的推动作用。为确保学校专业学位研究生培养教育质量的稳步提升,满足社会对应用型、实践型高级人才需求,推动全日制专业学位研究生实践环节的实施起到了有力的支撑、保障作用。

参考文献

[1] 高明国.全日制专业学位研究生教育应加强与职业领域的有关衔接[J].长春理工大学学报:社会科学版,2011,24(9):105-106.

[2] 李春杰.抓好实践环节 提高工程硕士研究生培养质量[J].学位与研究生教育,2011(10):16-19.

[3] 许红.中美研究生培养模式比较研究[M].成都:四川大学出版社,2010.

[4] 于森.美国与德国工程师培养模式比较研究[D].大连:大连理工大学,2010.

[5] 刘惠琴,沈岩,雍翠菊.工程硕士研究生教育的实践与创新[M].北京:清华大学出版社,2003.

全日制工程硕士研究生实践教学培养模式的探索与构建

(侯庆磊,曾溅辉,张永学)

(中国石油大学(北京)研究生院　102249)

摘要:为提高全日制工程硕士研究生实践教学质量,培养学生实践创新能力,通过完善实践教学课程体系、提倡多元化教学模式、加强校内实践教学平台建设、建立实践教学保障体系等有效措施,着力加强全日制工程硕士实践教学,为工程硕士实践能力培养提供了坚实保障。

关键词:全日制工程硕士;实践教学;培养模式

开展全日制专业学位研究生教育是近年来我国研究生教育类型结构调整的重大举措,是高校开展高层次人才培养模式改革的重要着力点。作为专业学位中规模最大的一种学位类型,全日制工程硕士专业学位研究生(以下简称"工程硕士")的培养目标是掌握坚实的专业基础理论和宽广的专业知识、具有较强的工程实践能力、能够独立承担专业技术或管理工作、具有良好职业素养的高层次应用型工程技术人才。笔者通过调研发现,为解决工程硕士实践训练环节薄弱的问题,目前大多数工科院校的做法是建立校外联合实践基地或企业工作站,而普遍缺少适合工程硕士通用实验能力培养的校内实验教学平台。为此,2009年以来,在校外实践基地建设的基础上,中国石油大学围绕石油生产链,累计投入4 000余万元,建立了5大实践教学平台及18个子平台,涵盖油气勘探、开发、储运、炼化等上中下游各个环节,专门针对工程硕士实践创新能力培养的校内实验教学平台,从实践教学体系、教学模式、平台建设、保障措施等方面进行系统设计,着力培养工程硕士的实践创新能力。

一、完善工程硕士实践教学体系

学校将工程硕士实践创新能力培养为主要抓手,将实践教学各环节通过培养方案落实到人才培养全过程,系统优化校内实践教学体系。

(1)系统修订全日制工程硕士研究生培养方案。我校主干专业的研究生主要服务于石油企业,因此,发挥我校优势,办出石油特色鲜明的工程型研究生是学科建设的核心。根据行业和企业的需求,学校系统修订了重视实践创新能力培养的一级学科全日制工程硕士研究生培养方案,明确要求工程硕士学科专业必须独立开设2学分的实践课程,更加突出工程硕士实践能力的培养。依托这5大校内实践教学平台,各学院将专业实验课程的实验进行了有机组合,开发了一系列融基础知识、技能培训和创新能力培养为一体的模块化实践教学课程,强化综合性、设计性、系列化的专题实验开设,并注重实验课程教材编写、教改研究。2009年至今共开设14门实践课程、54门课程实验课,指导培养硕士研究生4 030人次、博士研究生125人次;自编实验教材、实验讲义20部,完成实验课程教学改革项目44项,发表相关实验教改论文32篇。

(2)重构了以一级学科为口径的复合型工程人才培养体系,进一步加强了实验教学模式改革。新的实验教学体系加强了实验教学方法改革,实验室实现了开放式管理,学生自主选择实验内容,自主进行实验;打破了科研实验室与教学实验室的界限,充分借助科研实验平台条件,做到科研实验平台为教学所用,新教学实验平台为科研补缺,并注重依托科研成果自主设计实验课程、自主研制实验设备。打破了本科生与研究生实验课程的界限,开设本硕贯通的实验课程,形成从低到高、从基础到前沿、从操作实验到设计实验的"量变到质变"。新的实验教学体系,强化了实验课在研究生培养中的地位与作用,以学生自主学习为重点,理论与实验、教学与科研相结合,突出科研能力和创新意识培养。

二、探索多样化实践教学模式

探索实施开放式、探讨式、自主式实验教学模式,突出培养工程硕士自主设计实验的能力以及解决实际问题的能力。

(1)构建以能力培养为核心的教学模式,着力培养工程硕士动手能力。学校依托实践教学平台,坚持将课程实验和学生自主设计实验相结合,锻炼和提高研究生动手能力、分析能力和解决问题能力。实践课程采取分小组、选组长、培训组长、小组实验与讨论、自主实验方案、审查实验方案、现场实验的方式开展。实验过程中,学生分组独立完成实验,自行解决发现的问题,指导教师在实验不同阶段穿插一定理论指导,实验完成后指导教师再进行科学系统的分析和评价。化学工程学科催化化学实验特别注重学生自主实验能力,要求每组学生中每个学生使用不同催化剂制定实验实施方案并进行实验、撰写实验报告,完全达到了对工程硕士能力的培养目标。

(2)坚持"问题导向"式教育,实践锻炼注重联系实际项目。实践平台利用石油石化企业或科研院所现场科研项目,打造"真情实景"式实践项目。石油与天然气工程学科专业为工程硕士提供广泛的选题内容,涵盖了前沿工程技术研发、工程设计、工程应用、工艺流程训练、生产计划的实施与管理等各种工程实践类型,其中很多课题是企业生产中面临的"急、重、难、新"问题,为提高学生的创新实践能力提供了平台和条件支持。学生在实验过程中可根据实际情况自由选择不同选题模块组合,指导教师会根据学生实践项目情况要求实验结束后撰写实验报告。

三、夯实校内实践教学平台建设

在学校原有实践教学条件的基础上,以工程领域产业过程为口径,贯穿油气勘探、钻井、采油、油气储运、石油化工、自动化等石油工业上中下游各学科专业,精心设计实践教学平台建设。截至目前校内实践教学平台购置设备 626 台(套),实验室总面积达 1 910 m^2,为学校硕士研究生、博士研究生以及本科生实验教学、科研创新、科技竞赛以及其他实践类活动提供了实践平台。

(1)构建多样化的工程实践训练体系。累计投入 4 000 余万元,建设了覆盖所有工程硕士专业学位研究生的校内实践教学平台。学校初步建立了地质资源与地质工程网络化实验教学和实验室管理信息平台,网络教学资源较丰富,实现了不同学科专业互选互修,强化了学科交叉与融合,进一步整合全校油气勘探实验教学资源,建立面向全校学生的油气勘探与开发地质实验、实践教学和创新人才培养的基地。

(2)校内实践平台面向国内外开放,支持和鼓励工程硕士自主科研创新项目训练。实践平台为参加"全国石油工程设计大赛"、国际石油工程师协会(简称 SPE)等举办的国际学术实践活动等创新实践项目提供实践环境和制度保障。2009 年至今,依托校内实践教学平台完成的科技作品多次获得国家、省级奖励,其中,获得"全国石油工程设计大赛"特等奖 1 项、二等奖 1 项,全国类设计大赛北京市一等奖 3 项、二等奖 1 项、三等奖 3 项。2012 年,学校 SPE 学生分会被全球 SPE 总部评为年度全球杰出学生分会,同时被授予年度"Outstanding Student Chapter"和"Gold Standard"两项荣誉称号,成为亚洲唯一获得该奖项的分会。

四、构建实践教学保障机制

(1)构建多样化的师资队伍体系。学校利用石油石化学科背景,积极引进企业实践指导教师资源,形成了企业指导教师讲授工程实践案例课,校内指导教师现场指导的实践教学模式,并邀请国外专家讲授前沿技术课。在实践教学平台建设上,聘请各学科专业科研水平高、热心研究生教育工作的学术带头人作为平台建设负责人,全面负责建设规划、实践教学体系设计、实验设备购置等工作。

(2)完善实践教学管理制度建设。学校高度重视工程硕士实践教学平台建设,制定了实验教学管理制度,并成立了专门的实践教学平台建设验收专家组,严格把关申报、论证、实施建设各个环节,制定了比较完善的验收流程,形成了定量的验收评分指标体系,实现平台建设的客观评价。

五、我校实践教学平台建设带来的启示

(1)建立了动态开放的互动型实践教学平台运行体制,科研成果及时转化为实践教学资源。新的实验教学平台打破了实验教学与科研的界限,以科研促进教学,以教学带动科研,注重在国家级、省部级科研成果奖的基础上提炼实验项目,建立起动态开放的互动型实践教学平台运行体制机制与管理模式,实现了科研与教学的深度融合和资源共享。以前的教学都是以教师为主体,学生只是客观的受体。通过本次实践教学平台建设,转变了以前的教学理念,教学目的、教学活动和教学效果都要围绕学生本身,最大的目标就是如何让研究生能够在实践中学习。

(2)实行本硕贯通式实验教学,探索了本硕一体化工程类复合型人才培养模式。新的实验教学体系打破本科生与工程硕士实验课间的界限,开设本硕贯通的实验课程,使教学平台成为本科生和研究生共同的校内实践教学平台。作为教育部高等学校特色专业的勘查技术与工程专业,依托地球物理与信息工程学院石油勘探开发实践教学子平台,同时为本科生、工程硕士开设地震资料处理解释实验和地质与地球物理软件应用实验,注重学生的实验基础知识学习和实验技能培训的贯通培养。

(3)实践平台提供对外科技服务,"把企业数据库搬进实验室"的教学模式促进人才培养。在非教学服务方面,按照实验教学平台的管理要求,工程硕士实验教学平台提供有限定的对外科技服务。由于这些实验样本来自企业一线,实验数据真实,实验参数多样,实验复杂性进一步提高,这一"真枪实弹"的实践过程,不亚于研究生到企业一线进行现场实践训练,锻炼了研究生分析实际样本、解决实际问题的能力,同时,一定的服务费用保障教学平台的平稳运转。

参考文献

[1] 吴小林.依托特色优势着力打造卓越的工程硕士教育品牌[J].学位与研究生教育,2012(8):32.
[2] 吴小林.创新理念机制全面提高专业学位研究生教育质量[J].中国高等教育,2013(21):45-47.
[3] 程林松.油气田开发工程专业研究生实验教学培养模式探讨[J].实验室研究与探索,2011(6):309-311.

对工程硕士实践基地建设与发展的思考[*]

张 杰,刘 立

(四川大学研究生院)

摘要:为适应我国工程事业发展的需要,培养高层次的应用性、复合型专门人才,高校在培养以应届本科生为主的全日制工程硕士时,必须高度重视实践环节,建立实践基地是高校与企业联合培养学生,提高实践能力的有效平台。为保证实践基地的可持续发展,校企双方应该"形成一种共识,盘活两种资源,抓好三方落实",同时强化就业导向,加大经费投入,从而不断健全实践基地的体制机制,培养出符合高校人才定位和国家社会需求的高素质工程人才。

关键词:工程硕士;实践基地;建设;发展

以培养高层次、应用型专门人才为主要目标的专业学位研究生教育,是我国高等教育特别是研究生教育体系的重要组成部分。作为我国39个专业学位类别之一,近年来工程硕士专业学位(以下简称"工程硕士")研究生教育在不断改革人才培养模式,积极探索有效途径,以更好地适应新形势下国家经济建设和社会发展对各工程领域人才的迫切需求。

工程专业学位的学科建设与发展离不开国家政策的大力支持,从2009年教育部批准高校开始招收全日制工程硕士以来,各培养单位都从目标定位、课程体系、培养方式以及学位授予等方面入手,将工程硕士与工学硕士进行差异化教育,以便为工矿企业和工程建设部门,特别是国有大中型企业培养应用型、复合式高层次工程技术和工程管理人才。但是由于全日制工程硕士以应届本科毕业生为主,他们普遍缺乏工作经验和从业经历,因此各单位在积极探索更为适合的培养方式的同时也形成了一定的共识:由高校、企业和社会多方参与,联合建立实践基地被证明是提高工程硕士人才质量、符合研究生教育发展的一种有效手段。

一、以工程实践为核心是全日制工程硕士教育的重中之重

随着我国工程领域新产业、新技术的不断涌现,传统工程教育中对人才培养创新性和实用性重视不够等问题日渐显现,特别是由于缺少必要的工程训练基地和训练环节,应届工程毕业生普遍存在对现代实际工程问题了解少,动手能力不足;缺乏参与现代工程的领导、决策、协调、控制的初步能力和管理素质;缺乏对现代工程所必须具备的有关经济、社会方面知识的了解,导致我们所培养的高等工程技术人才在创新意识、产品开发和设计、技术改造与创新等方面严重不足。为尽快改变这一状况,各培养单位围绕工程实践,从课程设置与授课方式、校企合作建立基地、分类制定授位标准等方面多管齐下进行改革,取得了一定的成效。

首先,在课程设置与授课方式方面,不少高校都逐步加大案例课、技能课等应用型课程的比重,为工程硕士开设与工学硕士不同的课程,更为强调实践性和可操作性,并适当减少基础理论性课程。同时,鼓励任课老师采取案例式和启发式教学方法,注重理论联系实际,重视培养学生创新能力、分析问题和解决问题的能力。

其次,校企合作建立实践基地。与非全日制工程硕士较多采用"订单式"人才培养方式不同,全日制工程硕士以应届毕业生为主,他们既无委托培养单位与高校签订相关协议("订单"),也普遍缺

---

[*] 全国工程专业学位教指委课题"依托实践基地,提升全日制工程硕士人才培养质量"(编号2014-JY-079)和2014~2015全国工程专业学位研究生教育重点课题,教育部学位与研究生教育司2014年专业学位研究生培养模式改革项目。

乏实践经验,因此实践基地训练是其能够保质保量完成一年实践教学环节的有效方式。实践基地的建立可以采用多种方式,或依托合作项目展开,或共建研究生工作站等。总之,实践基地在依托与工程相关的项目和单位的基础上,应系统组织、责任到位,确保参与实践的研究生能够得到真正的锻炼提高。

第三,制定多元化分类授位标准,鼓励工程硕士从实践中提炼问题、分析问题并解决问题。工程硕士专业学位下辖机械工程、光学工程等40个领域,学生分布在不同企业、不同行业从事工程实践,他们看问题的角度必然会有所差异。工程硕士的学位论文应在符合本专业基本规范的前提下,允许并鼓励研究生围绕实际问题以应用研究、案例分析、规划设计等不同形式呈现,以提高学生的工程设计、工程开发能力。

二、校企联合建立高水平工程硕士实践基地

2013年11月,教育部、人力资源社会保障部联合下发的《关于深入推进专业学位研究生培养模式改革的意见》提出:"培养单位应积极联合相关行(企)业,建立稳定的专业学位研究生培养实践基地,"同时"鼓励培养单位加大校企合作力度……构建人才培养、科学研究、社会服务等多元一体的合作培养模式"。工程硕士教育应抓住目前我国经济社会发展的有利环境,通过与国有大中型企业、高新科技企业等单位的密切合作、优势互补,建立一批高水平专业学位实践基地,切实组织并做好工程实践活动,真正培养出符合社会需求的高层次、应用型人才。

当然,校企合作实践基地不是为建立而建立,作为工程实践教学的新平台,实践基地要达到"1+1>2"的合作效果,除了发挥校企双方愿意合作的主观能动性之外,还必须有包括合作体制与工作机制在内的一系列客观条件保障。

一方面,实践基地是高校与企业围绕双方共同追求,通力合作而搭建的一个目标明确、渠道畅通、形式多样的实践平台。高校的首要责任是教书育人,是讲投入与奉献;企业的核心理念是追求利润,是讲产出与回报,但二者联合建立实践基地则必须兼顾效益与公平。高校应遴选具备优良的企业文化和先进的管理理念,具有强烈社会责任感的企业作为合作单位,积极引导和鼓励企业全方位参与,充分发挥他们在教学方式与手段,特别是学生实践能力提升等方面的指导作用,同时重视科技成果的转化,打造产学研用一体化的实践平台。另一方面,先进的技术设备和可靠的保障措施是实践基地规范化运转不可或缺的必要条件。高校无论是与工程规划类院所携手,还是与工程施工企业合作,都要求对方能够接收、容纳一定数量的研究生到基地实习,为其提供必要的实训条件,并有一批专业技术过硬的人员队伍,具体指导他们的工程实践活动。除此之外,鉴于施工可能具有的危险性,基地还应为学生提供安全保障,包括购买保险并进行必要的培训等。

实践基地的遴选和建立固然重要,但其日常运行也离不开科学的管理。作为高校、企业和社会多方参与共同建立的全新平台,实践基地的管理和运行要在坚持"边探索、边研究、边建设"的理念下,不断创新管理方法,提高管理效率。在机构设置方面,应由校企双方共同推举合适的人选组成管理委员会,负责制定相关规章制度,监督落实情况,并委派专人担任执行委员之职,做好日常管理,协调解决实际工作中的主要问题。一般而言,高校主要负责学生在校期间的安全责任;而研究生进入实践基地后,在遵守相关安全规章制度及操作规程的前提下,其工作时间及工作场所安全由企业负责。同时,双方共同对学生的思想政治、学习生活、工程实践和日常事务等方面负有管理与教育责任。在实践能力的考察方面,应由校内外导师联合组成专家组对进入实践基地的研究生进行理论学习和实践能力等方面的综合考核,并共同指导学生完成一篇高质量的学位论文。

三、对工程硕士实践基地发展的进一步思考

为保证工程硕士实践基地的可持续发展,校企双方必须"形成一种共识,盘活两种资源,抓好三方落实",同时强化就业导向,加大经费投入,从而不断健全实践基地的体制机制,培养出符合高校人才定位和国家社会需求的高素质人才。

第一,校企双方达成共识,坚持互利共赢原则。实践基地是一个高校和企业长期、稳定合作的机构,双方必须以需求为动力,以共赢为原则。企业作为一个市场化的实体,它以盈利为目的而不以培

养学生为要义,但研究生到基地实习实践不是作为企业的廉价劳动力,不是单纯为企业打工赚钱。因此,为保证实践基地长期存在、健康运转,必须本着互利共赢的原则,制定相应规章制度,有效维护多方主体的合法权益。

第二,采取多种手段,有效盘活高校和企业两种资源,确保合作双方的利益最大化。实践基地的建立能够从广度拓展和深度融合两个方面强化高校与企业的产学研合作,要采取多种方式和手段,将高校的人力资源、科研资源、智力资源与企业的技术资源、材料资源、经营资源等充分结合,这既有利于高校推进办学模式创新,提升人才培养质量;也有助于企业开展低成本预研,获得更好的智力资本,降低企业发展的技术风险。

第三,实践基地的运行离不开人的力量,要充分调动高校老师、企业老师和学生的主观积极性,抓好三方落实。双导师制是全日制专业学位研究生教育的一大特色和要求,工程硕士也不例外。高校老师是研究生的第一导师,主要负责学生的理论学习和科研训练,而企业老师则全权安排学生的实践训练。实践基地必须高度重视企业导师队伍建设,应遴选一批学历高、技术精、业务强、作风好的中青年技术骨干和优秀专家担任企业导师,通过运用现场研究、模拟训练、案例分析等教学方法,因地制宜、因材施教,确保每一位在基地的学生都能够得到很好的实践训练。此外,在条件适当的时候,还可以建立导师网络交流平台,进一步加强学生与校内校外导师以及导师之间的交流沟通。

第四,实践基地训练应以就业为导向,全方位助力学生成才。实践基地为工程硕士搭建了一个良好的学习和实践平台,不仅可以理论联系实际、学以致用,而且可以积累大量的工作经验,了解并融入企业文化,为将来的就业提前做好准备。同时,这也是一个企业选拔人才的重要平台。在实践期间,企业可以对学生进行全方位考察,在对其思想品质、业务能力、综合素质充分认可后,双方可以直接签订就业协议,这大大缩短了企业选人用人的时间周期。

第五,加大经费支持力度,提高经费使用效率,实现对实践基地的动态管理。实践基地的日常运转需要大量的资金,校企双方要建立多渠道的经费投入机制。这不仅来自研究生的培养费、导师们的科研费以及政府的投入和社会的赞助,也包括合作企业的技术研发、规划设计、项目攻关等各种经费。实践基地的建立不是一蹴而就,也不是一成不变。相关管理部门应充分发挥监督管理职责,适时、适度对实践基地进行评比,例如对一些帮助企业自主创新并解决了生产实践中的重大难题,形成了产学研的标志性成果,或拓宽研究生的就业渠道的实践基地,应给予较大额度的经费支持,以带动其他实践基地的建设。而对于组织管理较差、未能较好地实现预定目标、没有发挥应有作用的实践基地应减少经费支持,限期整改或撤销。

四、结语

随着我国工程领域的不断拓展和工程事业的蓬勃发展,社会对应用性、复合型工程硕士人才的需求会越来越大,实践基地的建立对于提高高校专业学位人才培养素质、降低企业选人用人的成本具有积极的促进作用。尽管校企联合培养工程硕士目前还处于起步阶段,仍然存在着一些不足,但这是事物发展过程中的一个必然阶段,双方应进一步加强合作,总结经验,将校企合作的事业不断推向深入。

参考文献

[1] 丁雪梅. 调整结构 改革培养模式 提高培养质量——哈尔滨工业大学应用型人才培养的探索与实践[J]. 研究生教育研究,2011,10(5):1-4.
[2] 冯子明. 卓越计划视阈下实践教学评价体系构建[J]. 鸡西大学学报,2014(1):4-6.
[3] 教育部. 关于深入推进专业学位研究生培养模式改革的意见[OL]. [2015-06-20] www.moe.edu.cn.
[4] 殷翔文. 建设企业研究生工作站 探索研究生培养新模式[J]. 学位与研究生教育,2013(12):1-2.

基于SWOT分析法的工程硕士培养方案探讨*

汤宏群,湛永钟,杨文超,梁　洁,沈章胜

（广西大学材料科学与工程学院　530004）

摘要:21世纪是知识经济迅猛发展的年代,当今社会急需高校输出高质量、高层次的应用型专门人才,因此,工程硕士培养方案逐渐成为高等教育界的热门话题。通过分析中国工程硕士培养概况,总结中国工程硕士培养的特点,利用SWOT法分析现阶段工程硕士培养方案的优势、劣势、机遇和风险,从培养的规范化、培养模式多样化、紧密结合培养目标与培养过程、科研与实践相结合这几方面对工程硕士的培养提出了建议与对策。

关键词:工程硕士;培养方案;SWOT分析法

随着社会的逐渐发展,知识经济逐渐占据主导地位,人力资本也逐渐成为社会最重要的战略资本,对于培养人力资源的高等教育这一环节因此显得尤为重要。研究生培养是高等教育的较高层次,更是人力资本的重要组成[1]。1978年至今,我国恢复研究生教育招生已37年,在此期间,国务院学位委员会在1997年通过了《工程硕士专业学位设置方案》,为工程硕士的培养方向指出了重点[2]。经过十余年的发展,我国工程硕士数量规模逐渐扩大,但随之暴露出的如培养质量不高、培养方向不稳定等问题也日益显现。

为了能够真正落实工程硕士学位教育,培养出知识经济背景下社会需要的高层次应用型专门人才,本文在分析我国工程硕士培养概况的基础上,用SWOT法分析目前工程硕士培养的优势、劣势、机遇及威胁,并为工程硕士的培养提出相关建议。

一、我国工程硕士培养概况

我国的工程硕士教育于1984年就开始探索,至今,工程硕士的发展分成了四个阶段[3]:

(1)探索阶段(1984~1996年):1984年,我国启动了工程类研究生的培养试点工作,全国共11所高校试行培养工程硕士。在这一阶段中,试点单位在招生录取、培养方案和教学目标等方面摸索出了一系列标准,为工程硕士学位的设置与发展奠定基础。

(2)起步阶段(1997~2002年):在这一阶段中,国家正式设立了工程硕士专业学位,明确了选拔对象为工程技术和工程管理的在职人员,选拔方式为"GCT"与自行组织考试相结合的两段式考试。

(3)发展阶段(2003~2008年):在此阶段中,工程硕士的教育得到了较好较快的发展,全国的培养单位增至218个,年录取量多达5万多人,高层次应用型人才向社会输出的态势一片良好。

(4)繁荣阶段(2009年至今):教育部于2009年规定扩招38 000名硕士研究生,与此同时,全国工程硕士指导委员会发布了《关于制定全日制工程硕士研究生培养方案的指导意见》,使我国工程硕士研究生的教育结构得到优化。

经过这四个阶段的发展,我国工程硕士的培养逐渐呈现出学术性、高层次性、行业导向性等特点[1]:

学术性:我国《学位条例》第五、第六条指出,硕士研究生应较好掌握本门学科的基础理论、专门

---

* 新世纪广西高校高等教育教改项目(2012JGA111)。

知识和基本技能,同时具备从事科学研究工作或独立负担某种专门技术工作的能力。显然,具备一定学术科研能力是工程硕士培养的最基本功能。

高层次性:我国各研究生培养单位与教育主管部门一致认为,研究生教育是我国国民教育中层次最高的教育,工程硕士凭借自身对专业知识的不断积累,逐渐形成高水平的综合素质。

行业导向性:由于工程硕士的培养方向与专业硕士有着本质不同,工程硕士的培养则以行业或职业为目标,在培养过程中更注重于职业能力的教育。

二、我国工程硕士培养的 SWOT 分析

1. 优势(Strength)

我国在工程硕士培养的过程中,始终贯彻政府的各类政策,尤其是近几年,全日制工程硕士的发展紧紧围绕"十二五"规划规定的国家经济与社会发展需求而进行,以培养战略型新兴产业领域人才为目标,因此,我国工程硕士现阶段培养方案的优势表现在符合国家产业战略的需要,能够为社会输出大量高层次人才[4];另外,由于工程硕士培养的过程中更注重于实践能力的培养,故输出的工程硕士具有较好的将理论结合应用于实际的能力。

2. 劣势(Weakness)

(1)教学力量不足:我国高等院校的师资队伍大多数具备科研经历,有较强的科研能力,教学经验丰富,但面向工程企业而言,导师具备真正解决实际问题的实践背景往往是有限的,指导工程硕士的经历也略显欠缺;另外,由于各方面原因,在教学过程中,部分高校存在着教学模式单一、理论脱离实践的现象,甚至有部分教师对于工程硕士的认识还比较模糊,将工程硕士的教育与工学硕士等同起来……种种因素导致了我国工程硕士的培养出现教学粗浅、与工学硕士教案区分度不大等劣势[2]。

(2)实践瓶颈:全日制工程硕士与工学硕士的培养目标不同,对于专业的实践而言也有较大差异。工学硕士的实践主要为体验和认知,而工程硕士的要求需要在实际中解决问题,而不是纸上谈兵。现如今我国工程硕士培养方案对实践过程的监督和效果的评价多流于形式,并没能很好地落实"学以致用",这将导致工程硕士的实践能力遭遇瓶颈,使其培养更倾向于工学硕士的方向。

(3)管理体系不完善:2009 年是工程硕士学位面向应届本科生招生的第一年,由于设立时间较短,工程硕士的培养并未形成独立的管理体系,许多高校依然采用工学硕士的那套"统一管理"的管理方式,在工程硕士与工学硕士的学习和生活上,均由一个辅导员统一管理,缺乏区分度,导致了学生对于工程硕士与工学硕士的区分认知不足[5]。

3. 机遇(Opportunity)

(1)随着我国现代化建设进程的不断推进、产业逐渐向技术密集型阶段发展,我国对制造业中的高技术人才的需求持续增长,高层次应用型人才的需求规模也不断扩大。国家的工业优化与产业结构升级为工程硕士提供了大量施展才华的平台,纵观世界研究生培养的发展趋势,西方发达国家以工程硕士为代表的专业学位教育占据绝大多数比例,因此,工程硕士具有广阔的发展机遇,将会超过工学硕士,成为工科的主要学位[4]。

(2)近几年来,国家颁布了一系列政策以促进工程硕士数量与质量的提升,例如,2010 年国务院学位办发布了《关于下达 2010 年新增工程硕士领域的通知》,补全了工程硕士的学科门类。此外,国内各高校也纷纷发布针对工程硕士的奖助政策,为工程硕士规模的壮大奠定了基础。

工程硕士在国内的机遇可谓欣欣向荣,其培养方案一定会随之更加完善。

4. 威胁(Threat)

(1)社会认同低:一方面,当今社会对非全日制工程硕士的培养质量评价比较低,而许多人易将

非全日制的工程硕士与全日制工程硕士混淆,另一方面,社会对全日制工程硕士的学位与工学硕士的同层次看法也持怀疑态度,造成一些企业对工程硕士学位另眼相看,甚至干脆不承认这类学位[6];另外,许多本科毕业生在报考硕士研究生时,往往受到"重学术,轻应用"的观念的影响,对工程硕士的认识不足,在第一志愿时就选择了工学硕士,从而导致工程硕士的生源质量较工学硕士的低[4]。

(2)招收对象参差不齐:工程硕士生源有的来自企业,这些生源具有3年或3年以上的工作实践经验,这些经验使他们来校学习的目标更为明确,对自己的研究方向有明确了解,可以在学习上有的放矢,善于将理论联系实际,但是这些生源年龄段不齐,有些人年龄稍大,基础与专业知识构架比较陈旧,知识体系与本科毕业直接攻读工程硕士的生源比,有较大差距[2]。而本科毕业直接攻读工程硕士的生源,虽然在专业知识上具有学习的连贯性,但由于缺乏实际工作经验,对于具体问题无法联系实际解决,这也是一种短板。另外,由于研究生招生规模的不断扩大,许多学校为了达到预期招生指标,将很多硕士研究生入学考试成绩不理想的学生调剂过来,这些生源的考试成绩一般低于工学硕士的入学成绩[5],故又导致工程硕士生源质量的降低。

(3)学生心态不正:一方面,一些工程硕士研究生自我感觉良好,认为自己是研究生,就比本科生的水平高出一大截,没有意识到自己与同学甚至社会科研人员的差距,于是在学习和科研工作中停滞不前,没有进步;另一方面,部分学生心情过于浮躁,功利心很强,过分强调实践作用而忽视了学术,造成了研究动力的不足[6]。

这几方面的威胁将直接导致工程硕士整体质量的下降,对于工程硕士的培养是一种阻碍,不利于我国工程硕士的稳健发展。

三、对我国工程硕士培养的建议及对策

1. 规范培养,健全研究生多样化的培养模式

在管理制度方面,各学校应该制定工程硕士培养与管理的具体规章,设立专门管理结构对学生进行集中的规范化管理。在奖助学金、优秀学生干部等荣誉评选方面也要注重结合导师实际评价和在具体工程项目中的表现,正确的评价会对工程硕士学习、科研和项目起到积极的导向作用[5]。

在培养模式方面,由于课程是工程硕士教育培养的必要环节,因此在工程硕士培养过程中,必须注重课程教学质量,灵活设置课程,增大课程选择空间[6]:在国外,工程硕士的课程设置十分多样化,在导师允许的情况下,可以选择任何课程,从而增强研究生学习兴趣,开阔知识面[7],使学科交叉互动成为可能,通过教学、实践和研讨,使学生的专业研究方向能够按较宽口径工程领域进行发展[8]。

2. 培养目标与培养过程更紧密结合

我国的学术性与应用型研究生在培养目标方面区别不大,培养目标过于宏观,没有根据具体高校的实际情况进行培养方式的制定,所以出现了千篇一律的现象[7]。导师在教学过程中应以职业需求为导向,结合学校实际,多采用案例分析,多注重培养学生的实践意识[9],采取"走出去和引进来"两条腿走路的方法开展教育,"走出去"是指积极参与校外实践,以材料加工工程为例,硕士生可以参与工厂模具工艺的设计、材料加工过程的优化等;"引进来"是指请业内"高手"到校讲座,提供最新工业信息[10]。

3. 参与科研,提高实践意识

工程硕士在培养目标上虽然更侧重于实践能力的培养,但基本的科研意识也需要具备,科研结果用于实际,这是工程硕士的最佳培养目标。日本长冈技术科学大学在工程硕士的培养方面一直立足于"技术科学"这一思想:从实践引出理论,将理论回归实践,经过反复尝试,将理论与实践融合成最佳状态,实现从理工科到实践技术与管理科学等各门科学的交叉理解与应用[11]。长冈技术科学大学在工程硕士的治学模式方面,对于我国而言具有十分重要的借鉴意义(图1)。

我国高校应进一步推进校企合作,分别发挥学校理论研究能力与企业工程实践双方的优势,甚至可以联合建立"研究生工作站",给学生提供较好锻炼平台,还能促进高校与企业间的联系[5];另外,在师资队伍建设方面应全面推广"双导师"制度,聘请校外相关学科领域的专家或工程技术人员共同承担工程硕士的培养工作,在校内由学校导师负责课程学习和科研,在校外则由企业导师负责工程问题的解决,两方导师还应相互交流、切磋、配合、协作,实现校企双导师的优势互补[12]。

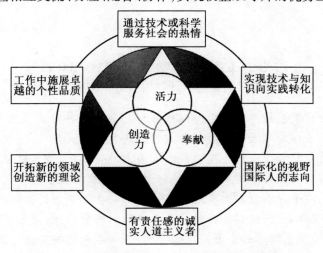

图 1　长冈技术科学大学工程硕士的培养定位

四、结语

在全球经济迅猛发展的 21 世纪,社会对于应用型人才的需求逐渐加大,培养具有实践能力和专业技能的工程硕士是大势所趋。在明确我国工程硕士培养目标的基础上,针对现阶段我国工程硕士培养方案的概况,规范培养、健全培养模式、使培养目标与培养过程更紧密结合以及提高学以致用意识,这对提升我国工程硕士整体水平而言显得尤为重要。相信,顺应时代潮流,工程硕士的培养将会更加完善,高校将会为社会输出更多应用型复合式工程人才。

参考文献

[1] 高阳. 研究生培养质量评价研究[D]. 哈尔滨:哈尔滨工程大学,2013.

[2] 李淑芹,叶水根. 提高工程硕士研究生培养质量的探析[J]. 高等农业教育,2009(3):74-76.

[3] 穆晓星. 全日制工程硕士研究生实践能力培养的研究[D]. 北京:北京工业大学,2013.

[4] 王柏超. 理工科高校全日制工程硕士培养模式与培养实践研究[D]. 哈尔滨:哈尔滨工业大学,2012.

[5] 孙晓敏,李冰. 工科类硕士生培养目标体系的创新和研究[J]. 科技视界,2015(7):89-93.

[6] 丁红瑞. 工科硕士研究生培养探析及建议[J]. 职业时空,2009,5(2):83-85.

[7] 冯秋菊. 中美俄工科硕士研究生分类培养模式的比较研究[D]. 哈尔滨:哈尔滨工业大学,2012.

[8] 王晓荣. 我国工程硕士培养模式研究[J]. 考试周刊,2007(44):55-58.

[9] 晏云. 美国专业学位硕士研究生培养模式研究[D]. 南京:华中师范大学,2013.

[10] 郭亚平,姚勇波,郭亚军. 全日制硕士专业学位研究生与工学硕士研究生培养模式的比较研究[J]. 中国电力教育,2010(28):28-30.

[11] 孟秀丽,杨连生,王松婵. 日本长冈技术科学大学工程硕士培养探析[J]. 研究生教育研究,2014(6):76-82.

[12] 魏宪宇. 全日制工程硕士研究生实践能力培养体系研究[D]. 哈尔滨:哈尔滨工程大学,2013.

专业学位硕士研究生实践环节的多方协同机制

李国华[1],刘伟华[2]

(1 浙江工业大学化学工程学院 310032;
2 浙江工业大学计划财务处 310024)

摘要:专业学位硕士研究生培养的特色是实践环节。采用各种方式方法来推进实践环节以确保其实效与质量,是目前专业学位硕士研究生培养过程中研究的热点与难点,也是确保其培养质量的关键。为此,本文提出专业学位硕士研究生实践环节的多方协同机制,培养单位、实践单位、导师和研究生四方协同一致,共同推进实践环节的实施,以确保全日制专业学位硕士研究生的培养质量。在培养单位方面,充分利用自己的平台和资源为专业学位硕士研究生的实践提供便利,并充分调动校内导师的积极性来培养学生的实践能力;关键是在政府及教育部门的引导下,让企业和校外导师充分认识到专业学位硕士研究生实际能力培养的重要性与必要性,并采取一定的奖励与激励措施,促使他们主动积极地参与专业学位硕士研究生实践能力的培养。最终在实践平台、管理体系、制度与机制保障、奖励与激励措施等方面形成有利于培养专业学位硕士研究生创新能力和实际技能的多级多方协同机制,以推进培养质量的稳步提高。

关键词:专业学位;硕士研究生;实践环节;多方协同;机制

一、我国专业学位研究生教育发展的三个重要阶段

1. 探索与准备阶段

探索与准备阶段的主要特征是认识到应用型研究生培养的重要性与必要性,并采取了一些积极的准备性措施。

我国于1981年开始实施学位制度,当时高等学校教师和科研人员奇缺,加快培养教师和科研人员成为当时设立学位制度和培养研究生的首要、急迫和唯一目标。这就是我国当时学术学位研究生培养的目标与定位。很快,原国家教育委员会就认识到培养高层次应用型人才的重要性与必要性,并通过下列措施进行了调整和实践,详见表1。

表1 我国专业学位研究生培养探索与准备阶段标志性措施

序号	时间	标记性文件	发文单位	关注事项
1	1984年	《关于培养工程类型硕士生的建议》	原教育部研究生司	工程硕士生
2	1986年	《培养医学博士(临床医学)研究生的试行办法》	国务院学位委员会 原国家教育委员会 卫生部	医学研究生教育改革
3	1986年	《关于改进和加强研究生工作的通知》	原国家教育委员会	不同规格研究生的培养

续表1

序号	时间	标记性文件	发文单位	关注事项
4	1988年	《"货币银行学""国际金融"两专业硕士生(应用类)参考性培养方案》	原国家教育委员会研究生司 国务院学位委员会办公室 中国人民银行总行教育司	素质培养
5	1988年	《"刑法""民法""国际经济法"三专业硕士生(应用类)参考性培养方案》	原国家教育委员会研究生司 国务院学位委员会办公室 最高人民法院教育厅 最高人民检察院干部教育局 司法部教育司	素质培养
6	1989年	《关于加强培养工程类型工学硕士研究生工作的通知》	原国家教育委员会高教司	培养目标 知识结构 培养方式

通过上述措施,在原有的学科类型下加括号标注人才规格,如工学硕士(工程类型)、货币银行学(应用类)等,研究生的学位在形式上有了改变,在类型上也有了较大调整,并按照新的培养类型,从培养目标、招生对象、培养方法、教学要求、论文标准等方面重新设定,制定了专门的培养方案。从总体上看,上述具体措施并没有在学位制度上进行突破,但意义很重要。这表明,我国的教育行政部门已经充分认识到培养高层次应用型人才的重要性,并进行了探索性的实施,对于后来专业学位的诞生和发展起到了很好的铺垫、示范和促进作用。

2. 实施与发展阶段

实施与发展阶段的特征是我国的专业学位研究生教育从无到有、从小到大、从弱到强,逐步形成了具有我国特色的专业学位研究生教育体系。

我国自1991年开展专业学位教育以来,专业学位教育的种类不断增多,培养规模不断扩大,社会影响不断增强,在培养高层次应用型专门人才方面日益发挥着重要的作用,已成为学位与研究生教育的重要组成部分。

这个阶段的代表性事项见表2。

表2 我国专业学位研究生培养实施与发展阶段的重要事项

序号	时间	重要事项	部门及重要活动
1	1988年	专业学位设立	国务院学位委员会第八次会议专门讨论
2	1989年	培养中国式MBA研究小组成立	国务院学位委员会办公室 原国家教委研究生司
3	1989年	医学职业学位研究小组	国务院学位委员会

续表 2

序号	时间	重要事项	部门及重要活动
4	1990 年	《关于设置专业学位调研工作的情况汇报》 《关于设置医学专业学位的初步设想》 《关于设置和试办工商管理硕士学位的几点意见》 《关于开展建筑学专业学位研究工作的意见》	国务院学位委员会第九次会议专门讨论
5	1992 年	按专业授予专业学位证书	国务院学位委员会第十一次会议上获得批准
6	1993 年	推进专业学位(工商管理硕士、建筑学和临床医学)的研究和试点工作	国务院学位委员会第十二次会议
7	1996 年	《专业学位设置审批暂行办法》	国务院学位委员会第十四次会议审议通过
8	1999 年	首次全国专业学位教育工作会议	教育部和国务院学位委员会主持召开
9	2009 年	《关于做好全日制硕士专业学位研究生培养工作的若干意见》	教育部下发全日制硕士专业学位研究生招生的文件

3. 重视与定位阶段

2010 年 5 月，中共中央、国务院发布了《国家中长期人才发展规划纲要(2010—2020 年)》，指出"实施研究生教育创新计划，发展专业学位教育，建立高等学校、科研院所、企业高层次人才双向交流制度，推行产、学、研联合培养研究生的'双导师制'"。2010 年 7 月，中共中央、国务院发布了《国家中长期教育改革和发展规划纲要(2010—2020 年)》，在关于高等教育发展任务部分提出"优化学科专业和层次、类型结构，重点扩大应用型、复合型、技能型人才培养规模，加快发展专业学位研究生教育"。专业学位研究生教育同时列入《国家中长期人才发展规划纲要》和《国家中长期教育改革和发展规划纲要》，成为国家层面人才和教育的重大政策，也成为人才和教育中长期改革和发展的重要方面，充分体现了国家对于专业学位研究生教育的高度重视，也充分体现了加快发展专业学位研究生教育的重大意义。这不仅将反映专业学位研究生培养是我国的教育事业的有机组成部分，还将其与国家人才发展战略相关联。这无疑是对专业学位研究生的教育工作给予了新的定位，并上升到了前所未有的高度。

二、我国全日制专业学位研究生教育的根本任务

专业学位(或称职业学位)，是与学术性学位或研究性学位相对立的。设置学术性学位是为培养从事学术研究的后备人才，重点培养人才的研究能力，学位论文要具有学术上的独创性，所从事的工作以学术研究为主。设置专业学位的目标是培养从事非学术研究的、知识和技术应用部门的从业人员，重点培养人才的知识或技术应用能力以及实际操作能力，论文或研究报告表现的是其应用已有知识发现和解决现实问题的能力，所从事的工作以应用领域为主。学术性学位与专业学位在培养目标定位、人才知识结构、人才能力素养等方面的要求是不一样的，是高层次专门人才培养的两个方面。因此，专业学位与相应的学术性学位处于同一层次，培养规格各有侧重。

全日制专业学位硕士是我国为适应社会对应用型、复合型、高层次人才的需求而设定的一种专业

学位硕士,培养对象多为应届毕业生,要求学生在校脱产学习,属学历教育,既不同于传统的全日制学术学位硕士,也不同于非全日制专业学位硕士。

2006年1月24日,国务委员陈至立同志在国务院学位委员会第二十二次会议的讲话中指出:"从社会需求来看,从事应用研究的研究生应该是更大量的,而从事基础理论研究的研究生队伍应该更加精干一些。"这为我国的研究生教育发展指明了方向,也为全日制专业学位研究生教育的发展奠定了基础。

我国自1991年开展专业学位教育以来,遇到了三大问题:一是认识问题,就是要不要的问题。目前大家已经充分认识到发展专业学位教育的重要性,这不仅得到了高校教师的认同,还成为社会公众的共识。二是规律问题,就是各种专业学位已经形成了各具特色的办学特点和模式,基本把握了专业学位教育发展的基本规律,解决了如何发展的问题。三是需要问题,就是社会实际用人单位对专业学位教育给予了越来越大的期望,解决了为谁培养的问题。

自2009年开展全日制专业学位研究生教育以来,上述三个问题,尤其是第三个问题显得尤其重要。随着我国成为世界第二大经济实体,为了适应我国产业结构调整和经济发展方式转变的要求,适应新科技革命和发展战略性新兴产业的要求,调整硕士研究生的培养目标,转变硕士研究生培养模式,培养社会发展急需的高素质劳动者和创新型、实用型、复合型人才,以促进高层次人才培养与经济社会发展需求相协调。这正是全日制专业学位教育的根本任务和目标定位。

当前,科学技术突飞猛进,新知识、新理论、新技术日新月异,职业分化越来越细,职业的技术含量和专业化程度越来越高,对专门人才的需求呈现出大批量、多规格、高层次的特点。与此相对,各行各业对从业者也提出了更高的要求,职业化、专家化已经成为衡量人才的基本标准。在上述根本任务和目标定位下,了解行业的需求,熟悉企业的技术问题和掌握必备的职业技能就是专业学位研究生培养过程中必须解决的关键问题。这些问题的解决仅仅依靠习惯了培养学术学位研究生的学校或科研院所是解决不了的,必须让学生深入企业生产第一线,了解产品的生产工艺流程,熟悉生产技术环节与技术关键。因此,实践环节就十分重要。这点在《教育部关于做好全日制专业学位研究生培养工作的若干意见(教研〔2009〕1号)》中做出了明确、具体的要求:"专业实践是重要的教学环节,充分的、高质量的专业实践是专业学位教育质量的重要保证。专业学位研究生在学习期间,必须保证不少于半年的实践教学,可采用集中实践与分段实践相结合的方式;应届本科毕业生的实践教学时间原则上不少于一年。"

归纳起来就是开展全日制硕士专业学位研究生教育的三个需要:

(1)是学位与研究生教育积极主动适应经济社会发展对高层次应用型专门人才的需要;

(2)是学位与研究生教育改革与发展的需要;

(3)是进一步完善专业学位教育制度的需要。

三、多方协同的实践机制

在实际培养过程中,如何实施实践环节,如何体现实践这一全日制专业学位研究生培养的特色?如何设立一种合适的实践环节模式,使其符合全日制专业学位研究生培养的实际情况,以确保全日制专业学位研究生的培养质量?这就是实践机制需要解决的现实问题。在这方面已有一些文献报道。例如,合肥工业大学李姚矿提出的"校企政府协同"的培养模式[11],天津大学黄仁亮倡导的以应用项目为载体视角的培养模式[12],广州中医药大学卢传坚提出的创新管理机制[13],丁雪梅在哈尔滨工业大学推行实施的充分调动和发挥校内外资源优势,协同培养应用型人才模式[14],裴劲松提出的多元化实践模式[15]。

从全日制专业学位硕士研究生的实践环节来看,它主要涉及培养单位的研究生管理、实践单位、专业学位研究生导师和专业学位研究生四个主体要素。一个良好的实践机制应该能够很好地平衡上述四个主体的责、权、益。因此,需要多方协同,协调一致地为全日制专业学位研究生的实践创造良好的条件,以确保实践环节的顺利实施和实践质量。为此,本文提出全日制专业学位研究生实践环节的多方协同机制。在这一机制中,参与实践环节的四个主体要素担负起各自的责任,并起不同的作用。

1. 研究生管理

从研究生的培养角度出发,实际参与研究生培养管理的包括研究生导师、学位点和培养单位。在我国,研究生培养单位的主体多为高等学校。据此,为叙述方便,以高等学校为例开展论述。首先是实施分级管理,即设立学校、学部(学院)和学位点三级管理体系。这一体系在学术学位研究生的校内管理中比较完善,并发挥着重要作用,对于全日制专业学位研究生的校内管理也同样可以发挥重要作用。目前的问题是需要设置专门的管理岗位和相应的管理人员。因为专业学位硕士研究生的培养与学术学位硕士研究生的培养存在明显的差异。实践环节就是一个典型的例子,在目前的情况下,全日制专业学位研究生的实践单位相对比较分散,在每个企业实践的研究生人数较少,如何对实践过程进行监督、确保实践环节的充分落实、保障实践环节的质量等均面临着空前的挑战。

解决上述问题的有效途径就是高等学校要充分利用自己的优势,基于教学、科研和社会服务平台,如各级(国家、省、校级)协同中心、大学科技园、研究院(所)、技术转移中心、技术开发中心、技术服务中心和产品开发中心等资源优势,设立学校、学部(学院)和学位点等多级校内实践基地或平台,以强化全日制专业学位研究生的创新能力培养。

2. 实践单位

目前,全日制专业学位研究生的实践基地和平台的依托单位多为企业,而随着经济和社会的发展,企业的自动化程度越来越高,在实践过程中,学生亲身体验产品生产各个环节与过程的机会变得越来越少;在当今经济转型的压力下,实践单位,尤其是企业,产品的技术含量不断提高,企业能够容纳学生实践的岗位越来越少,如何调动企业的积极性,使其接受学生实践,并参与到全日制专业学位研究生的培养过程中来,是我们正面临的急需解决的问题。这一方面需要政府引导,让企业认识到全日制专业学位研究生的培养是为企业的生产和发展培养技术人才,同时,政府必须出台相关奖励和激励政策,使企业主动积极地参与全日制专业学位研究生的培养过程中去;另一方面,学校应该充分地认识到,在校内建立实践基地或平台可为培养全日制专业学位硕士研究生的创新能力提供支撑,是专业学位研究生培养的一个必要补充。但是专业学位研究生的实际动手能力的培养还要依托企业。因此,学校必须充分利用各方资源,并抓住为企业提供技术服务以及开展项目合作的契机,建立不同级别的全日制专业学位研究生的实践基地或平台,如学校-企业、学部(学院)-企业、学科-企业和教师-企业等全日制专业学位研究生实践基地或平台。这类基地或平台是全日制专业学位研究生落实实践环节的根本保障,是培养研究生应用能力的关键。也就是说,校内和校外的实践基地或平台必须协同一致,以确保全日制专业学位硕士研究生实践环节的培养质量。

3. 研究生导师

在《教育部关于做好全日制硕士研究生培养工作的若干意见(教研〔2009〕1号)》对于全日制专业学位硕士研究生的教学要求中明确提出:"建立健全校内外双导师制,以校内导师指导为主,校外导师参与实践过程、项目研究、课程与论文等多个环节的指导工作。"即要求校内外导师要共同培养全日制专业学位硕士研究生。也就是说,校内外导师要充分利用自己的优势与长处,在学生培养中起到应有的作用。校内导师多从事基础研究,具有扎实的理论知识和较强的创新能力,能够紧跟学科前沿,并掌握学科的发展趋势,并且对指导学术学位硕士研究生均有自己的心得与体会;校外导师从事生产实践多年,具有丰富的实践经验和较强的动手能力,了解行业面临的主要技术难题,并掌握产品生产技术的发展动态。从另外一个角度讲,校内导师对于基础知识的了解较全面,校外导师对于点上情况掌握更为透彻,或者说,校内导师擅长培养研究生的创新能力,校外导师擅长培养研究生的实际动手能力;换个角度看,校内导师多与"森林"打交道,而校外导师则常与"树木"相伴。因此,校内外导师必须协同培养,使全日制专业学位研究生既了解"森林"的基本情况,又要掌握"树木"的特征和特色,成为一个既能见"树木",又能见"森林"的合格的专业学位研究生,真正完成其培养目标和定位。

4. 专业学位硕士研究生

在实践环节中,上述四个因素中,专业学位硕士研究生是最为重要的一环,更是培养质量好坏的关键,是内因,而其他三个要素均是外因,外因是需要通过内因来起作用的,即研究生管理、实践单位和研究生导师三者的协调一致,是为专业学位硕士研究生服务的,这三者协调的好坏也需要通过专业学位硕士研究生的积极配合来体现。为了做好这点,一方面要尽可能地为专业学位研究生创造好实践环节的各种条件,另一方面,在培养计划和方案中要明确实践环节的目的与任务,同时加强宣传与教育,让研究生清楚地认识到实践环节的必要性与重要性,尤其是认识到实践环节在全日制专业学位培养过程中的作用与地位。只有这样才能让全日制专业学位研究生主动积极地参与到实践环节中,并最终实现其培养目标和定位。

四、协同实践机制

综合分析上述四个方面的因素所构成的实践机制如图1所示。

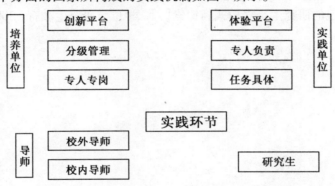

图1 全日制专业学位硕士研究生实践环节协同机制

在图1中,培养单位依据自身优势,构建多级创新平台,通过设置专门管理岗位实行分级管理,在规范实践过程中各个环节的同时,为全日制专业学位的实践环节提供一切便利条件;实践单位则在政府部门的引导与激励下,建立人才行业培养的体验平台,并安排专人负责相关工作,以确保全日制专业学位研究生进入实践环节后能够承担明确具体的工作和研究任务,真正达到实践的目的与效果;校内和校外导师则充分发挥自身优势,避免仅仅将学生作为一名劳力来使用,而是作为一名潜在的技术人才来进行协同培养,使其既能见"树木",又能见"森林";通过政府部门宣传和培养单位的教育,依托培养方案,使全日制专业学位研究生充分认识到实践环节是自己获得学位必不可少的一个关键步骤,是全日制专业学位研究生培养的特色,并主动积极地参与到实践环节中去。在上述协同实践机制下,确保达到全日制专业学位研究生的培养目标与定位。

参考文献

[1] 吴仁群. 对专业学位研究生教育培养模式的思考[J]. 北京印刷学院学报,2012(20):1.
[2] 黄宝印. 我国专业学位教育发展的回顾与思考(上)[J]. 学位与研究生教育,2007(6):78-83.
[3] 陈至立. 在国务院学位委员会第二十二次会议上的讲话[J]. 学位与研究生教育,2006(3):32-38.
[4] 魏玮,李春米,毕超. 经济类专业学位硕士研究生合作培养模式探讨[J]. 高等财经教育研究,2011(14):3.
[5] 吴启迪. 抓住机遇 深化改革 提高质量 积极促进专业学位教育较快发展[J]. 学位与研究生教育,2006(5):11-16.

[6] 黄宝印. 我国专业学位教育发展的回顾与思考(下)[J]. 学位与研究生教育,2007(7):25-28.
[7] 陈一远. 专业学位研究生教育基本问题研究[J]. 山东行政学院学报,2011(3):8-12.
[8] 栗滢超. 浅议全日制专业学位研究生的培养问题[J]. 教育视点,2014(30):4.
[9] 徐加放,马灯秀. 全日制专业学位研究生培养存在的问题及对策[J]. 中国石油大学学报(社会科学版),2014(30):4.
[10] 冯海波. 我国专业硕士研究生教育值得关注的几个问题[J]. 金融教学与研究,2012(1):15-19.
[11] 李姚矿,娄敏. 全日制专业学位研究生培养模式探讨[J]. 合肥工业大学学报(社会科学版),2012(26):1.
[12] 黄仁亮,苏荣欣. 全日制专业学位研究生培养模式探索——以应用型项目为载体视角[J]. 科技创业,2014(5):66-69.
[13] 卢传坚,吴薇,黄秀云,等. 创新管理机制 构建专业学位硕士研究生培养体系[J]. 中医教育,2011(30):2.
[14] 丁雪梅,甄良,宋平. 调整结构 改革培养模式 提高培养质量——哈尔滨工业大学应用型人才培养的探索与实践[J]. 2011(5):33-38.
[15] 裴劲松. 面向实践的研究生培养模式新探索[J]. 学位与研究生教育,2007(7):8-13.

军队院校专业学位研究生实践能力培养应关注的主要问题

王树礼,丁士拥,田洪刚

(装甲兵工程学院训练部　100072)

摘要:军队工科院校专业学位研究生实践能力培养工作是部队用人单位一直以来关注的重要话题,院校与部队也为此结合实践工作岗位付出了诸多努力。本文对军队院校专业学位研究生的实践能力进行了简要概括与界定,从教育观念、教学模式、深化合作以及就业指导等方面,提出了专业学位研究生实践能力培养的相应策略。

关键词:军队院校;专业学位研究生;实践能力培养

2012年4月中央军委颁发的《2020年前军队院校教育改革和发展规划纲要》指出,要以学习能力、实践能力、创新能力培养为导向,构建与新型军事人才培养相适应的现代教学体系,加强高层次应用型人才培养。多年来,军队院校研究生教育在遵循国家高等教育基本原则的条件下,形成了具有军事特色、比较完整的研究生培养体系与机制,为军队与国防建设培养了大批高层次军事人才。但由于院校与部队间关于研究生特别是专业学位研究生方面的认识不同、衔接不够等因素,院校在专业学位研究生培养方面的"重学术研究、轻实践操作"的学术型研究生培养思路表现得仍较突出,专业学位研究生面向任职岗位的实践能力不强,已成为影响研究生的岗位任职、部队适应和创造性的重要因素。在当前情况下,如何有效地提高军队院校专业学位研究生的实践能力,是困扰军队院校和部队用人单位的一大难题,需要院校和部队双方提高认识,并提出相应的解决措施。

一、实践能力的基本内涵

实践能力是指个体在工作和生活中解决实际问题所显现的综合性能力,伴随个体终身的生活、工作,虽非书本传授而得到的,但实践能力的获得通常都有理论知识(培训)与实践相结合的形成过程。有研究者认为,实践能力是相对于认知能力而言的,是运用知识、技能解决实际问题的能力。从这样一个角度而言,"实践能力"这一概念至少包含两层意思:第一,实践能力的形成是个体在后天实践中得到的;第二,运用知识、技能解决实际问题的主体参与式实践活动是实践能力形成的本源,策略性知识的创造性运用对形成创新能力至关重要。

二、专业学位研究生的实践能力界定

和地方大学一样,军队院校专业学位研究生也同样分专业开展学习。每个专业的研究生都必须掌握多种实践能力,概括起来,这些实践能力包括基础实践能力、专业实践能力和综合实践能力。三种实践能力是相互联系、相互促进的,其不同的组合将形成不同结构、不同水平、不同阶段及不同层次的实践能力。其中基础实践能力是其他实践能力的重要基础,主要解决基本适应问题;专业实践能力是核心,主要解决职业适应问题;综合实践能力是关键,决定能否创造性地解决复杂的职业岗位问题。

1. 基础实践能力

基础实践能力是指各专业学员必须掌握的一些适应当前部队和未来职业的基本实践能力,主要包括独立生活、适应环境、交流交往、基本的协调协作、语言表达能力以及对于一些学习工具比如外语、计算机的基本应用能力等。对于学员而言,这些实践能力的完成需要一个持续过程,有的是在大学以前阶段完成的,但多数是在大学得以完成,通过完成这些实践能力的体会与学习,军校学员具备了适应未来职业以及社会生活的基本实践能力。

2. 专业实践能力

对于军人而言,专业实践能力主要是指能够完成某种(类)军事职业活动必须具备的实际操作能力。由于每所院校的每个专业培养目标定位不同,每个专业学员的专业实践能力要求也大不相同。如管理类专业学员需具备基本的管理能力、沟通能力、协调能力等专业实践能力;军事类专业学员则需具备较强的语言表达能力、军事设备(装备、装具、地图)使用能力、组织协调能力、指挥管理能力等。学员在本科阶段的实践能力培养方案为这些能力的生成提供了几乎所有基础保障,如需再沿着原有方向加以提升或加强,则是研究生教育阶段要解决的基本任务。

3. 综合实践能力

综合实践能力是指立足任职岗位、完成复杂任务、解决任职岗位新问题所具备的实际操作能力。应用此类能力解决的问题,通常涉及领域广泛,不仅需要综合运用基础实践能力、专业实践能力和本专业领域相关知识,还需要在本专业、本领域的基础上拓展视野,开阔思路,旁征博引其他专业领域的知识与技能为本专业领域服务。综合实践能力通常由研究生教育阶段予以完成,对于军队院校专业学位研究生而言,综合实践能力是其"应用型"特征的集中体现。

三、实践能力培养策略分析

如前所述,专业学位研究生的实践能力通常分为三类,并不是说所有的实践能力都在此阶段通过院校培养完成。专业学位研究生教育阶段应当重点对研究生学员的综合实践能力予以培养和提高,针对目前军队院校专业学位研究生培养的实际情况,笔者认为,应采取以下基本策略:

1. 转变专业学位研究生教育观念

"重学术研究、轻实践能力"的专业学位研究生教育观念,是在长期的学术型研究生培养过程中形成的,对于军队院校专业学位研究生教育有较大的影响。自2005年以来,军队院校在上级文件精神的指引下,开始了关于培养高层次应用型人才的不懈探索,取得了一些成效,但对比部队职业岗位的实际需要,专业学位研究生的综合实践能力仍有提升的空间。因此,转变专业学位研究生导师、教育管理者的教育观念显得迫切而必要。一是要摒弃重视理论学术轻视综合实践能力培养的旧有观念,充分认识"高层次应用型"的真正内涵;二是要结合实际需求科学论证专业学位研究生培养方案,合理设置有利于综合实践能力培养的知识技术单元。

2. 创新专业学位研究生教学模式

军队院校专业学位研究生培养工作担负着为军队培养高层次应用型人才的重要任务,因此,院校在教学方面必须想军队建设所想,急军队建设所急,积极联合军队用人单位,创新教学模式,谋求教学效益最大化。专业学位研究生教学模式创新主要包括三个方面:一是以师资队伍建设创新推进教学模式创新,重点是进一步丰富专业学位教学队伍的任职经历,使更多教员对部队实践能力需求感同身受;二是以部队需求推进教学模式创新,重点是由院校教员与部队用人单位联手梳理和提炼部队需求,把那些应当由研究生教育阶段解决的需求转化为专业学位研究生教学需求;三是以部队作战训练和武器装备运用等工作模式推进教学模式创新,重点是使院校专业学位研究生教学工作最大限度地与部队工作的基本模式相匹配,以提升专业学位研究生课堂教学的实践性、实用性。

3. 深化院校部队间的协作

按照当前军队院校专业学位研究生教育工作的实际情况,深化院校与部队间协作,是提升专业学位研究生综合实践能力的重要举措,主要可概括为三个方面:一是在招生工作方面,制定院校与部队联合培养专业学位研究生招生工作的制度规范,以确保院校招生指标的有效性以及部队需求落实的有效性。这主要包括招生目录联合制修订、培养方案联合审定、职业岗位选择与调整(确定职业岗位资格)、招生需求衔接、招生选拔、审核等内容;二是在培养工作方面,明确部队干部被录取后的注册制度、见面制度、定期沟通交流制度、集中授课制度、分散实践制度、集中课题研究制度等;三是在学位授予与毕业工作方面,应当建立培养质量评价制度、院校与部队联合审(考)核制度、职业岗位推荐制度、研究生履职情况联合评价与反馈制度等。

4. 创设多样化的实践活动环境

专业学位研究生实践能力培养离不开多样化的实践活动环境。在专业学位研究生人才培养方案制定过程中,结合军队院校专业学位研究生实践能力培养的实际情况,可以根据培养阶段的不同,创设真实实践环境(部队用人单位岗位实践环境)、模拟环境(一些大型工程项目的虚拟仿真环境、实验中心)、课堂教学环境(通过案例教学等模式设置的学习环境、实践环节教学环境)及参观见学环境(如课外实践活动)等四种实践活动环境。通过多样化的实践活动环境创设,配置相应的师资力量予以教育引导,增强专业学位研究生基于专业领域的职业岗位实践活动认识,助力研究生实践能力培养工作。

四、讨论

院校与部队联合培养专业学位研究生,是近年来两者为共同提升专业学位研究生职业岗位实践能力所采取的普遍举措。对于军队院校学员的实践能力,需要一个基本的分类。分类的目的:一是要梳理学员在不同阶段或层次应具备的实践能力水准,为学员实践能力培养工作确立一个基本目标;二是避免在不同阶段或者在高级阶段重复初级阶段的实践能力培养,造成不必要的教育资源浪费。这种情况在院校教育的现实中具有一定的普遍性。不幸的是,专业学位研究生的实践能力培养往往在部队用人单位的所谓需求和院校粗放管理、有限条件等因素的夹击下,未见质的螺旋式提升。

五、结语

可以说,在培养特色方面,军队院校专业学位研究生教育工作在军队"三位一体"的教育体系中,特别是在部队实践与院校教育二者间起着重要的衔接、黏合作用,值得院校和部队双方引起高度重视。正确的教育观念、院校与用人单位间的协作、适应实践能力培养的教学模式以及多元化的实践活动,可为军队院校专业学位研究生实践能力培养提供良好的保障条件。而职业岗位的高层次能力需求,是确保专业学位研究生培养目标特别是实践能力标准的重要参照,此方面值得进一步深入开展研究工作。

参考文献

[1] 温向莉. 全日制教育硕士专业实践能力培养的探讨[J]. 学术论坛,2012(6):218.
[2] 牛拥. 论教育硕士培养质量提高的制约瓶颈及解决途径[J]. 江苏教育学院学报,2012(5):34.
[3] 郑晓,刘镇宁. 工程管理实践评价体系研究[J]. 科技信息,2010(12):43.
[4] 何万国,漆新贵. 大学生实践能力的形成及其培养机制[J]. 高等教育研究,2010(10):62-66.

军队工科院校专业学位研究生实践能力培养的几点思考

丁士拥，王树礼，田洪刚

（装甲兵工程学院训练部　100072）

摘要：在当前国防与军队建设大背景下，军队工科院校专业学位研究生教育为培养符合军队建设需求的高层次应用型人才，特别是在部队岗位实践能力培养方面做出了应有的贡献。本文着眼于军队工科院校专业学位研究生实践能力培养工作开展探索与研究，针对目前三种培养模式和存在的主要问题进行了概括与分析，指出在培养体系、教育统筹以及管理手段等方面的不足，并从梳理实践能力培养层次、构建实践能力培养体系、创建多维实践平台、健全人才培养联合管理机制推进协同创新四个方面提出了应对策略。

关键词：军队工科院校；专业学位研究生；实践能力培养

在1996年国家教育部颁布的《专业学位设置审批暂行办法》第二条中明确规定，专业学位是具有职业背景的一种学位，是为培养特定职业高层次专门人才而设置的学位。专业学位在国际上通行的称谓是职业学位，有特定的知识领域、严格的入门标准和鲜明的实践性。专业学位获得者应该具有较高的理论素养，同时应当具备较强的运用理论解决实际问题的能力。军队院校自1997年开始进行专业学位研究生教育工作，在接近20年时间里，面向军队职业岗位，探索并实践了多种培养模式，为军队建设培养了大批高层次应用型人才。然而，在实际工作中，由于军队院校特别是军队工科院校对于专业学位研究生实践能力培养的认识不统一，导致其"应用性"受到影响。"比较高层次的职业教育""注重应用、注重实践"，这些研究者提出和推崇的专业学位研究生教育理念到底如何落实到实际工作中去，值得军队工科院校去探寻和思考。

一、实践能力培养的主要模式分析

随着知识经济的发展，社会对于人才培养质量提出了更高要求。国内外许多大学开始由单纯培养学生重复性强且枯燥的技能转为学生综合素质培养，特别是学生实践应用能力的培养。其中以合作教育最具典型性。以合作教育培养应用型人才的主要模式一般包括工学交替模式、平行模式和契约模式。这些模式在专业学位研究生实践能力培养过程中发挥了重要作用。

军队工科院校专业学位研究生在实践能力培养方面，与地方大学有相似之处，但由于职业领域的特殊性，在一些方面也有所不同。目前，军队工科院校在专业学位研究生实践能力培养方面主要有以下几种模式：

（1）计划式。计划式主要是指院校将实习或教学实践列入教学计划，涉及院校以外的实习实践内容，按照统一要求提前报送至院校主管部门列入年度计划，由主管部门在年度工作预报时予以协调安排，院校根据统一安排，组织专业学位研究生赴相关部队、军工厂实习实践。

（2）协议式。在专业学位研究生培养方面，许多军队院校都与相关部队开展了联合培养工作，一般都签订人才培养协议，把岗位实践能力实习写入协议，院校和部队依据协议，在计划的时间段安排研究生开展实习和实践。在通常情况下，研究生来自相关部队。

（3）分散式。由于多数专业学位研究生都是在职人员，一些院校在专业学位研究生培养过程中，采取集中培训或所谓分段培养的方式，没有明确把研究生的实习与实践写入培养计划，而是把研究生在部队的时间都认定为教学实践,由研究生自主安排,在本单位实习实践。

二、存在的主要问题

在上述培养模式下,军队工科院校专业学位研究生实践能力仍然是参照本科学员实践能力培养的基本思路与逻辑,没有形成一套科学、完善的实践能力培养体系,培养的途径与模式均带有自发色彩,没有形成标准的、便于总结提高的基本范式,因而在监管、评估方面也缺乏行之有效的方式方法。其不足之处主要体现在以下几个方面。

1. 实践能力培养不成体系

军队工科院校专业学位研究生培养也强调实践能力培养工作,而在实际运行过程中,多数院校对实践能力进行了初步的分类,主要包括部队岗位实践能力和专业实践能力两类。部队岗位实践一般是依托部队代职或者院校与部队间的联教工作完成;而专业实践能力培养在培养方案中极少有体现,一般是交给导师,在课题研究过程中进行培养。事实上,无论从实践能力的分类、培养方式上,院校都缺乏一套科学可行的课程体系,实践能力培养作为与课程教学、课题研究、学位论文同等重要的培养环节,应当与其他环节一样有其本身的模块化体系。在缺乏理论支撑、路线规划以及实践指导的情况下,专业学位研究生实践能力培养往往降低了水准,如同本科生的部队实践一样,沦为"认知"层面的所谓实践。

2. 培养途径与模式缺乏统筹

有研究者认为,专业学位研究生培养工作是高层次的职业教育。职业教育就应当在应用型实践能力培养方面拥有层次较高、系统科学的培养模式与途径。但目前,军队工科院校专业学位研究生实践能力培养由于缺乏体系化的梳理与明确,其模式与途径方面也缺乏统筹,既没有与军队岗位职业资格明显挂钩或衔接,也没有突出专业学位研究生不同专业、不同岗位的个性化实践能力培养。特别是与军队岗位职业资格衔接方面,虽然院校研究探索了多年,但因缺少统一标准和规范,操作性不强。说到底,研究生实践能力得到提升或增强的标志或标准是什么?院校与部队都不是十分清楚。

3. 管理方法与手段不够系统

如前所述,专业学位研究生实践能力培养,既不同于本科生的实践认知,也与学术型研究生的实践有较大区别。专业学位研究生要求的实践能力是解决实际问题,并应当与学位标准和职业岗位密切相关。研究生无论采取当前背景下的哪种模式(计划式、协议式、分散式),院校与部队对于研究生实习实践的监管、指导都不能满足需要,况且,部队作为用人单位,与院校相比,培养人才的职能较弱,运用部队现有的管理手段和方法,无法有效督管达成院校培养方案的相关要求,因此专业学位研究生实践能力培养水平难以得到保障。

三、应对策略

目前,军队工科院校专业学位研究生的类别主要是工程硕士,2012年以来,一些院校通过申请获得了军事硕士专业学位授权。石家庄陆军指挥学院、南京陆军指挥学院、海军指挥学院、空军指挥学院等指挥类院校早期拥有军事硕士专业学位授权的单位,结合专业学位研究生任职岗位,长期开展了指挥军官任职培训与军事硕士融合式培养的探索与实践,取得了一定成效。但指挥类院校与工科院校在专业学位实践能力培养方面所面临的问题具有许多共性,比如在实践能力培养的针对性方面、培养标准方面、管理制度机制方面等,都需要采取相应的措施予以解决。

1. 梳理实践能力培养层次,明确培养目标

和地方大学一样,军队院校专业学位研究生也同样分专业开展学习。每个专业的研究生都必须掌握多种实践能力,概括起来,这些实践能力可分为基础实践能力、专业实践能力和综合实践能力。三种实践能力是相互联系、相互促进的,其不同的组合将形成不同结构、不同水平、不同阶段、不同层次的实践能力。其中基础实践能力是其他实践能力的重要基础,主要解决基本适应问题;专业实践能力是核心,主要解决职业适应问题;综合实践能力是关键,决定能否创造性地解决复杂的职业岗位问题,是专业学位研究生学习期间应当重点培养的实践能力。应当强调的是,综合实践能力必须基于专业,而那些岗位普适的能力,比如行政管理能力、带兵能力等类似基础实践能力,通常以普训的方式开展,不应当是专业学位研究生学习期间的培养内容。专业实践能力特别是综合实践能力,是专业学位研究生培养过程中实践能力培养的主要目标,需要院校、部队和主管单位的共同参与。

2. 理论结合实际,构建实践能力培养体系

专业学位研究生实践能力培养,作为与基础课程、专业基础课程、课题研究、学位论文写作等过程环节同等重要的一个培养环节,也应当有相应的支撑体系,换言之,也需要开展体系化、制度化及规范化建设,可以将实践能力培养作为一个课程体系模块,建立起规范的实践能力培养课程标准,明确专业学位研究生某专业实践能力培养所需要的相关理论知识、实习实践内容、评价与评估、相关的衔接内容等,对实践能力培养进行体系化设计,使研究生通过这一体系化设计能够清楚地了解自己需要在专业实践能力或综合实践能力的哪个方面、哪个角度进行针对性的提高,增强实践课程学习的目的性。体系化设计过程中的难点在于两个方面:一是专业实践能力培养的系统性问题,特别是专业学位实践能力培养如何与职业岗位资格衔接的问题;二是针对不同专业和岗位的个性化设计问题。

3. 建立多维实践平台和专业实践全过程管理制度

充分的、高质量的部队专业实践是保证专业学位研究生教育成功转型的关键。一方面,应当构建多样化的联合培养基地、实验室、导师工作室的互动与协作机制,针对职业领域对高层次、应用型、专业化人才的培养要求有机整合院校内实践环节(案例、实践课程体系)和院校外实践环节(部队、工厂专业实习)两个实践环节,形成由校外联合培养基地、校内实验室共同组成的、面向专业学位研究生的多角度、多层面的"多维实践平台"。另一方面,利用多维实践平台,以实践课程体系、专业案例设计、横向课题、部队实践活动等多种形式将实践与应用能力培养贯穿学员整个培养过程,院校还可以专门制定《专业学位研究生专业实践手册》,以便管理和评估研究生专业实践的全过程,并将专业实践的情况作为申请学位论文答辩的重要条件。

4. 健全人才培养联合管理机制推进协同创新

对于部队和院校而言,在专业学位研究生的应用实践能力培养这一目标上是完全一致的,多年来双方为此也付出了许多努力。对于院校而言,虽然实践能力培养是研究生教育改革中的一件新生事物,但对于军队工科院校而言,本科学员的专业实习已经开展了几十年。虽然本科生的实习侧重于专业认知实习,而专业学位研究生的实习实践着眼于解决工程问题的能力。但本科生实践能力的培养模式为专业学位研究生实践能力培养奠定了基础,特别是在对专业学位研究生实践能力培养的管理机制方面可以互相借鉴。专业学位研究生的实践与实习目前仍然处于一种自我管理、院校部队双方自愿的状态,同时,有的部队并不具备专业学位研究生实践或实习的基本条件。为此,课题组认为,应当在军队院校主管部门的统一协调下,有针对性地选择在相关领域具备条件的部队或训练机构,作为相应领域专业学位研究生的实践实习基地,构建"四位一体"、协同创新的院校外实践基地管理模式,并加强统管,提升实践能力的培养效果。

四、讨论

从国家与军队多年来颁布的相关政策及规定看,专业学位研究生教育通常被视为一种比较高层次的职业教育,专业学位设置对应的职业领域具有较高的专业化水准;专业学位研究生教育培养的目

标是培养能够胜任特定职业领域岗位的高级专门性的应用型人才。同时,专业学位研究生教育与职业资格之间的有效衔接被认为是促进专业学位教育健康、快速发展的有效措施之一。基于以上认识,显然会让我们感到,军队工科院校专业学位研究生仅仅依靠院校的教育培养是远远不够的,依托部队与院校间的合作开展培养工作是必由之路。然而,必要的统管与协调,定期的专项沟通与交流,是确保院校与部队合力育人效果的重要保障。近年来,关于健全院校与部队间联合培养人才机制的探索与实践正是基于此目的。

五、结语

为专业学位研究生实践能力培养配置一套完整的课程体系,同时通过对职业岗位的标准化规范提供专业学位研究生与岗位资格间融洽的衔接,是近年来军队工科院校专业学位研究生实践能力培养方面的追求目标。梳理实践能力层次、构建多维实践平台以及健全管理机制都是面向这一目标的具体策略,能够为军队工科院校高层次应用型人才培养提供助力,但还需要进行更多的探索与实践。

参考文献

[1] 别敦荣.专业学位概念释义及其定位[J].高等教育研究,2009(6):55.
[2] 邓光平.我国专业学位设置的政策分析[M].武汉:湖北人民出版社,2014.
[3] 周毕芬.创新公共管理学科研究生实践能力培养模式的思考[J].福建教育学院学报,2013(3):21-25.

工程硕士研究生信息管理系统的建设研究

周 彬

（哈尔滨工业大学深圳研究生院　518055）

摘要：在分析工程硕士信息管理系统需求特点和国内外大学研究生信息系统的基础上，给出了工程硕士研究生的信息管理系统建设意见，以哈尔滨工业大学深圳研究生院的非全日制工程硕士研究生信息管理系统为例，着重介绍了教务流程电子化的实现。

关键词：工程硕士；信息管理系统；教务流程电子化

1997年国务院学位委员会批准设置工程硕士专业学位，从14个培养单位、10个工程领域、年招生1 000多人，发展到340个培养单位、40个工程领域，特别是2009年起国家为了弥补学术型硕士实际操作能力差的特点，允许各学校培养全日制专业型硕士，工程硕士培养工作得到了极大的发展。与此同时，工程硕士研究生信息管理系统建设也成为各个培养单位提高管理效率的必选手段。

一、信息管理系统需求特色

非全日制工程硕士因为采用"进校不离岗"的方式进行课程学习和论文工作，教育环节多、流程长、涉及的内容十分广泛，因此相应的信息管理系统有如下特点。

1. 学生分散，管理难度增加

工程硕士一般分布于高校所在城市的各个角落，有些高校甚至涉及异地开班，与全日制学生相比，学生分布分散，由此极大地增加了管理的难度，一个简单的通知可能都需要管理人员打几十或者上百个电话。对信息管理系统的设计应充分考虑学生分散带来的问题：一是考虑方便管理者进行学生通知；二是方便学生进行各项申请；三是方便学生通过非教育网访问。

2. 管理对象对校内规范了解不多，工作与学习生活时间矛盾

工程硕士因不离岗的学习方式，工作和生活又占据了大部分的时间，因此工程硕士研究生往往对学校的各种管理规定和各项要求了解不多，认识不足，过多地依赖工程硕士管理者，在信息管理系统设计之初，应充分考虑管理对象这种对校内规范和要求了解不多的特点，在系统中对一些关键性信息进行清晰明了的提示，如提示学生的学习超期时限、论文超期时限等重要信息。

对工程硕士进行培养情况调查时，问及"读研期间，除了周末上课，每天用于学习或科研的时间"时，哈尔滨工业大学深圳研究生院的在职学生中，有超过50%的调查对象答复为1~2小时，另有约两成的对象为2小时以上，甚至有个别对象超过4小时，但是还有近三成的对象学习时间不足1小时，调查结果与"在职学生的学习时间不足"这一普遍看法有些许差异。同时，学生普遍反映工作和学习生活时间矛盾，不可避免地存在因工作调动、出差导致学业暂缓的情况。因此在系统设计时，界面和操作简洁明了，帮助学生了解学校规定，也是重点考虑的内容之一。

3. 学生学费的催缴和学费划拨

全日制硕士研究生的学费管理工作一般由高校的财务室负责，各级管理者很少涉及此方面的内容，但是非全日制硕士研究生却相反，管理者需要花费大量的精力登记、管理学生缴费情况，个别高校可能还涉及学费划拨的内容,因此在涉及非全日制硕士信息管理系统时,还应考虑增加财务管理的相关内容,以方便学生使用。

二、国内外研究生信息管理系统情况介绍

中国香港高校的信息管理系统融合了国内常见的教务系统、教学系统、通知、邮件、科研系统的所有功能,每位师生有一个 Portal 账号,登录系统后,学生可以进行选课、查询成绩等常规操作。另外,教学系统的相关功能也融入该门户中。以香港大学为例,其统一门户界面情况如图 1 所示,学生账户的功能包含信息发布、教务、邮箱、教学、实验室申请等;教师除了有相应的教务、教学功能外,还有科研和财务等系统功能。香港大学的信息门户中教学系统集成的是第三方的 BlackBoard 教学系统。

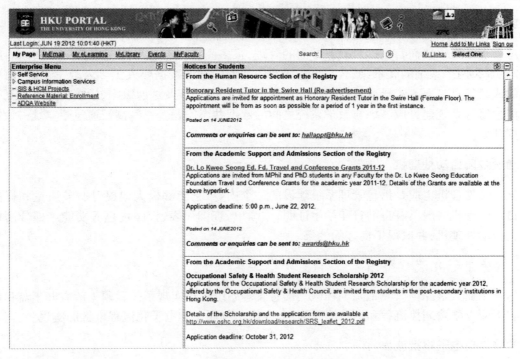

图 1　香港大学信息管理系统界面

美国高校也没有单独的教务系统,同样以单一系统将师生在日常校园生活中涉及的电子功能全部囊括其中。以美国亚利桑那州立大学的信息系统为例:在学生账号中,除可以查看讲座信息、查看课表、选课、制订个人计划外,还可以完成学费缴纳、实验申请及学工功能。该大学的信息系统同样引入了第三方教学系统 BlackBoard,学生成绩查看功能是通过该系统提供给学生的,值得称赞的是,它们在信息系统中对第三方 BlackBoard 实施了无缝接入,学生并不是简单地从校内信息系统内部转出打开 BlackBoard,而是感觉 BlackBoard 系统的功能就是信息系统内部的一块完整的功能,可以很方便地进行操作。美国亚利桑那州立大学的信息系统界面简洁,功能完备。

日本部分大学的信息管理系统与中国的一样,也分为本科生和研究生两种。校内信息服务以人工服务和自动受理机服务为主,特别是自动机服务,是最受学生欢迎的方式。学校虽然提供功能强大的信息系统,但一些学生更愿意选择自动受理机或者人工服务完成选课等操作。而校园里的自动受理机可以随时为学生提供个人学籍信息、成绩单、学籍证明、火车票优惠券等个人业务的打印服务。另外,日本大学还充分利用邮件系统,学生进校伊始,所有的通知和办事流程均通过邮件来提示完成。日本高校的信息管理系统对比美国、中国香港,内容稍显单薄,以日本东北大学为例,教务系统只具有学籍、通知、成绩、选课等基本功能。

三、信息管理系统建设原则

1. 从入学到毕业的全电子化过程

由上可以看出,研究生管理信息系统设计趋势是,将学生从入学到毕业整个培养过程中用到的所有流程和操作均纳入到管理信息系统中,让学生通过信息管理系统了解培养所有环节的每一步要求;学生通过信息管理系统完成所有的电子化操作,如选课、查看课表及邮件、了解学习进度等;通过信息管理系统里的电子化流程功能完成所有的资源申请,如申请学籍异动、申请实验设备、申请毕业答辩资格等。

2. 实现与教学系统的数据共享

信息管理系统一般而言是针对教务方面的管理,很多高校同时还采用了类似 BlackBoard 的教学系统,如果割裂两个系统的联系,那么就会造成教务系统的选课数据要人工导入教学系统,而教学系统里面的成绩信息又要人工导入教务系统的诸多不便,同时也涉及选课数据、学籍信息等一系列共享问题。信息管理系统建设应考虑与教学系统之间的数据共享问题。一些高校通过建立统一数据中心实现数据共享。

3. 增设校园自动处理机

设置自动处理机也应是信息管理系统建设的一个内容,它能够极大地提升服务质量和提高服务效率。自动处理机一般具有自助打印学生证明、成绩单,查询课表、校园优惠等功能。部分高校已经投入此类自动处理机,并取得了良好的效果。

四、教务电子化流程举例

哈尔滨工业大学深圳研究生院工程硕士信息管理系统已经实现了工程硕士所有办事流程的电子化审批。下面以学费划拨流程和退费流程为例,介绍工程硕士的电子化流程审批的实现。

1. 学费划拨电子审批流程

工程硕士的学费分 3 年交清,学费总额以及每年应缴纳的学费金额由相关管理人员录入,并提前设置每年给各个单位的学费划拨比例。系统根据学费划拨设置数据,自动生成每个学生划拨给各单位的划拨数据;如果学生缴纳的学费金额大于等于当年应交学费金额,默认该年可以进行学费划拨。若划拨金额小于应交学费金额但是大于零,则该年不进行学费划拨;如果用户需要划拨学费,则需要手动修改当年学生应缴费金额;此年学费划拨如果已经有部分学生划拨过,则显示已经划拨。例如,某班级第一年学费划拨,第一天提交 10 人,并审核通过。过了 2 个月,又有 2 名学生缴纳了第一年学费,此次选择该班级第一年学费划拨,看到前面 10 人不可修改和编辑,状态为审核通过。新缴纳 2 人数据可以编辑,可以提交。提交后的学费划拨数据,由划拨审核人确认后,学费划拨和审核数据可由各级有权限的管理者看到,方便管理。同时,在审批流程中,系统还自动对学生的学籍状态进行判断,如果学生已经毕业或者流失,则可以设置允许或者不允许进行学费划拨。学费划拨设置人在划拨学费时,系统会自动判断各个单位划拨的学费总额是否等于当年学生应该划拨的学费金额,防止出错。当年学费划拨后,对学生的学费划拨余额进行相应修正,以待下一年再次进行学费划拨。学费划拨流程如图 2 所示。

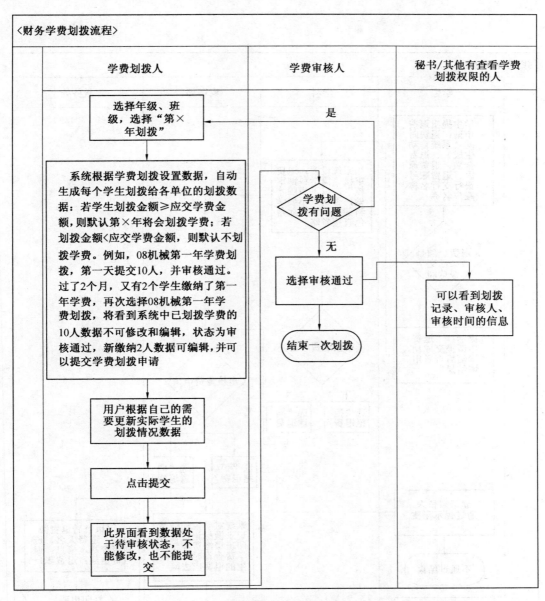

图 2 学费划拨电子审批流程

2. 学生退费审批流程

学生提出退费申请,并填写退费数据:退费时间(系统自动生成)、退费金额、退费原因、退费账号、银行支行名称、账户名称;系统自动判断退费金额是否小于等于已交学费总额,提示"退费申请提交成功,请随后查看申请结果";学科进行退费数据审核;审核通过后由教务处进行退费审核;同时有需要时由相关主管领导进行电子审核;全部审核通过后,财务处进行实际退费操作;退费成功后,系统中自动记录退费情况,并将涉及的学费划拨数据进行减除处理。退费数据可由管理者和学生查看(图3)。

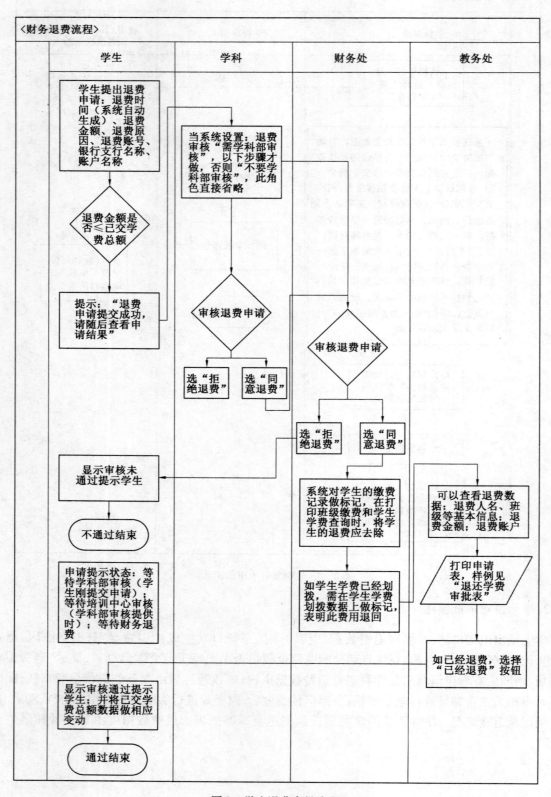

图3 学生退费审批流程

五、结语

工程硕士研究生信息管理系统的实现还需要考虑可扩展和多变动的要求,因为高校的管理工作特别是管理流程可能发生变动,需求多变往往是很多信息管理系统开发不成功的主因,而领导重视以及业务人员全员参与也是系统开发成功不可或缺的因素。随着云计算的兴起以及智能移动设备的普及,基于云计算以及支持智能移动设备终端服务的工程硕士研究生信息管理系统也将是未来发展的必然趋势。

哈尔滨工业大学风景园林学科专业硕士实践能力培养体系构建

赵晓龙,李同予

(哈尔滨工业大学建筑学院 150006)

摘要:为美丽中国建设培养更多的风景园林设计师,是风景园林专业教学的重要目标之一。

哈尔滨工业大学风景园林学科的硕士培养工作,历经十年教学体系的营建,已发展成为具有坚实学术基础和成果积淀的人才培养平台。本文阐述了风景园林研究生教育教学的现状,分析了哈尔滨工业大学风景园林专业的办学定位,提出了风景园林专业硕士实践能力培养体系的构建方案:建设双师型教师队伍,以能力为导向的招生选拔机制,产、学、研一体化实践教学模式,理论与实践相结合的教学平台,多样化的教学评估体系,打造实验教学平台与实践认知基地等,强化实践能力在研究生培养中的重要作用,既满足教育部对风景园林硕士专业学位培养方案的总体要求,也契合哈尔滨工业大学风景园林专业硕士的总体办学定位及办学特色。

关键词:风景园林;专业硕士学位;实践能力;培养体系

一、研究背景

建设"美丽中国",将生态文明建设融入经济建设、政治建设、文化建设、社会建设各方面和全过程,社会需要大量优秀的风景园林人才在时代发展中担负重任。风景园林是一门应用类、实践类的学科,必须以其实用功能为人们服务。中国风景园林学科专业硕士的培养始于2005年。教育部自2009年开始从政策导向上对我国研究生教育结构进行了重大调整,将从过去的培养研究型研究生为主,转变为培养应用型研究生为主。教育部提出要实现应用型与学术型高层次人才培养的共同发展,优化硕士研究生招生结构,加强应用型高层次人才的培养力度,促进人才培养与社会需求的有效衔接。面对如此重任,风景园林教育要主动适应社会发展的需要,深化教育教学改革,培养社会真正需要的现代风景园林专业人才。

哈尔滨工业大学风景园林学科依托建筑学院(始于1920年)悠久的历史积淀和雄厚学术基础,1994年开始在建筑设计及其理论专业博士点中培养风景园林方向博士生,2003年获得城市规划(含风景园林)博士学位授予权,2005年获得全国首批风景园林硕士学位授予权。随着景观设计师在中国的影响力不断扩大,我们的教学不再局限于专业知识的传授,而以促进学生知识、能力和素质的一体化成长为目标。

二、体系构建

哈尔滨工业大学在风景园林学科专业硕士的培养计划中,培养体系构建以实践工程项目为导向、以实践能力培养为目标,包含以能力为导向的招生选拔机制,建设双师型教师队伍,产、学、研一体化教学模式,理论与实践相结合的教学平台,多样化的教学评估体系,打造实验教学平台与实践认知基地等多项内容。

---

* 黑龙江省研究生教育教学成果奖培育项目(CGPY-201421)资助。

1. 建设双师型教师队伍

景观系现有教职员工31人,博士化率达68%,30%以上的教师具有在国外著名大学和研究机构学习和工作的经历。同时,聘任国内外著名景观设计企业中的领军人物共6人为我系兼职硕士生导师,打造了专兼结合、结构合理、高素质的师资队伍。本学科"双师型"教师结构比例为30%,突破以往高校教育中重理论、轻实践,重知识传授、轻能力培养,以及师资队伍建设和评价上偏重理论水平的情况,从而使理论教学和实践教学正确定位、有机结合,适应以学生实践能力培养为主线的职教理念。哈尔滨工业大学风景园林学科教师专业技术职称统计分析见表1。

表1 哈尔滨工业大学风景园林学科教师专业技术职称统计分析

教研室	教授级 人数/人	副教授级 人数/人	讲师级 人数/人	具有博士 学位人数/人
景观规划教研室	6	3	3	9
景观设计教研室	4	3	1	2
景观技术教研室	4	4	1	7
历史与理论教研室	3	4	1	4
合计	17	14	6	22

2. 以能力为导向的招生选拔机制

学科聘请业内有一定学术造诣且熟悉研究生教学培养和招生过程的专家,制定包括学院招生宣传材料的编写、考试科目与大纲、考试命题与评卷、复试计划、复试资格审查、复试命题与评卷等工作。主要考察考生的综合素质和业务实践能力,从而突破应试教育的弊端,更合理地对考生的现有能力和研究潜力进行评估。

硕士研究生的录取标准综合考虑到以下几方面:①考生本科阶段的学习成绩及实习经验;②资格考试水平;③专业课成绩;④复试综合素质表现;⑤在职人员还应参考其工作实绩。同时加大复试力度,考核内容包括:基础知识、专业知识、实践能力、逻辑思维能力和语言表达能力等方面。这在我国硕士研究生招生考试改革中迈出了积极的一步。近3年来,报考哈尔滨工业大学风景园林专业研究生人数都数倍于计划招生人数,使得择优招生工作有了数量和质量方面的保证。录取生源本科专业与研究生专业对口情况很好,集中在风景园林、艺术设计及城市规划三类本科专业。录取生源在本科毕业院校本科期间取得骄人成绩,90%的学生在本科期间取得过各类型奖学金。学科不断总结正反两方面的经验,并积极借鉴国外关于研究生招生考试的有益经验,从而更加科学、公平、合理地为国家选拔优秀人才。

3. 产、学、研一体化实践教学模式

学科整合哈尔滨工业大学景观(国际合作)研究中心、城市与景观(深圳)研究中心、城市规划设计研究院景观设计研究所、建筑设计研究院景观设计中心等企事业单位,形成具有一定规模和影响力的科研团队、示范中心和产业基地链。在实践教学中广泛采用项目驱动的教学模式,强调从构思、设计、实现到运作的完整的构建过程来培养学生的工程实践能力。近年来先后完成的大型横向科研项目63项,项目金额达2 000万元,获省部级以上的优秀设计成果奖12项。

同时,学科还积极建立跨国、跨校联合培养实践基地,与美国鲍尔州立大学、美国佛罗里达大学、美国路易斯安那州立大学、日本千叶大学、加拿大蒙特利尔大学等多所著名大学建立了稳定的学术交流联系,世界范围的学术研究网络为风景园林学科的建设和发展提供了巨大的优势条件和良好的发展机遇。多个国内外知名设计单位、知名企业为我校提供实习机会,联合设立奖学金、合作开展设计竞赛、建立实习基地等。同时,积极发挥校内学科交叉优势,与市政学院、计算机应用技术、土木工程、管理科学与工程等学科密切合作,开展基于学科交叉研究与科研创新的实践能力培养模式。

此外,坚持学以致用的治学方针,学生对知识点的掌握紧密依托实践环节。鼓励学生在各自导师的指导下开展结合地域特色的设计实践,教师课程教学与学生毕业论文的写作都鼓励学生对所参与实践作品进行解析。实践能够促进知识在运用中得以消化吸收,实践是专业型硕士研究生教育的核心环节。近年已毕业风景园林专业硕士研究生论文选题统计见表2。

表2　近年已毕业风景园林专业硕士研究生论文选题统计

序号	论文题目	选题定位
1	基于旅游视角的资源型小城镇规划研究——以玉泉镇为例	旅游景观策划研究
2	查哈阳农场寒地农业休闲景观设计研究	
3	亚布力滑雪旅游度假区规划研究	
4	兴城部队干休所环境景观更新改造设计研究	城镇景观设计与更新研究
5	哈尔滨市南岗区街头绿地景观规划设计研究	
6	讷河市中心街道景观设计研究	
7	伊春市金山屯区中心镇绿地系统规划研究	
8	哈尔滨城市公园导识系统设计研究	
9	哈尔滨华能小区屋顶绿化设计研究	
10	齐齐哈尔市滨水区空间规划和开发策略研究	滨水景观规划与设计研究
11	大庆市黎明河滨水区景观规划设计研究	
12	城市滨河区景观规划设计研究——以沈阳北运河滨河区为例	
13	哈尔滨市太阳岛国宾园生态护岸景观规划设计研究	
14	基于城市扩张的寒地城市湿地公园景观设计研究	湿地景观研究

4. 理论与实践相结合的教学平台

由于专业型硕士研究生的关注点不同于学术研究型硕士,学科制定了有针对性的课程设置方案。本专业硕士生源主要有农、林、工学以及建筑学,课程教学目标是使得专业型硕士研究生在专业素养、知识储备以及思维方法上有全方位的提升,在设计方法与设计技巧上,能够将所学的知识融会贯通。学科及时更新风景园林研究生培养方案,规范实践类研究生培养的各个环节;加强课程建设,组织编写课程教学大纲,积极建设实践类教学精品课程;培育主干课程师资队伍,培养风景园林教学名师;鼓励学科间的交叉选修课程。

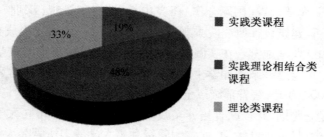

图1

学科具体采用探究式课堂教学和实践教学新理念。一是重点更新教学观念,从过去的"以教师为中心,使学生知道什么"的传统教育观念,转变成"以学生为中心,学生学到和用得怎样"的新观念,引导学生主动学习;二是在教学过程中教师应提出问题引导学生思考研讨,培养学生分析问题和解决问题的能力;三是在大部分专业课和专业基础课中都设置了课程实验,包括验证性、设计性和综合性等不同层面的实验教学;四是采用边讲边讨论的灵活方式,让学生成为课堂上的"主动者";五是突出培养学生的自学能力、交流沟通与表达能力;最后是利用产、学、研一体化平台,设置丰富的实践与实习项目。

5. 多样化的教学评估体系

传统的教学评估体系是通过学生的期末考核体现的。风景园林专业作为实践性很强的学科,考察的重点不应是纯粹的理论,而必须加大实践能力考核的力度。学科鼓励教师采用不同的有效方法衡量学生的专业知识、实践能力、团队合作能力等。例如,除了采用传统的笔试方法外,教师可采用口试、项目调研论文、学生互评和自评等方式来评价学生学习情况。考核方式的多样化促使学习方式广泛化,并能建立更完整、可靠的评价系统。此外,由于学生的实践项目大多从参与实践设计工程中获得,因此对学生能力的评价不仅要来自学校教师和学生群体,也来自校外实践基地等部门。

学科每学期举行两次工作会议进行交流、研讨和总结,具体包括:学生对实践问题解决的能力、动手实验能力、系统思考能力以及专业态度等相关问题;学生人际交往能力,即团队协作和交流能力;深入开展"构想–设计–实施–运行能力"的研讨;对学生景观工程设计、景观设计的实施、操作等实践能力的培养等。

6. 打造实验教学平台与实践认知基地

借助学校"211"工程与"985"工程的资金支持,学科致力于打造具有一定水准的科研平台,完成黑龙江省"寒地景观科学与技术"重点实验室的建设。寒地景观科学与技术实验室下设4个方向:寒地城市景观规划设计理论与方法;寒地景观工程技术与微环境模拟分析;寒地景观生态格局建构与可持续技术;景观遗产保护与规划。具体包含的景观实验平台包括:生态技术实验平台、物理环境实验平台、数字化技术实验平台、安全及行为心理实验平台。为教学科研工作的开展、理论知识转化为实践技能的培养提供了坚实的技术保障。

近年来先后与哈工大科技园、黑龙江植物园签署联合教育基地,采取创新人才培养模式,充分体现"实现"环节的验证。其一,学生能够系统地得到构思、设计、实现、运作的整体训练,重点训练学生的工程实践能力;其二,能够促使学生体验团队协作和互信互助的意义,也有助于其对相关知识的理解和灵活运用,在实践中学真知。

三、结语

为了满足社会和市场对风景园林学科人才的需求,结合我校风景园林专业建设实际和人才培养定位,构建了以项目设计为导向、以实践能力培养为目标的实践教学体系。结果表明,实践能力培养体系能较好地激发学生的学习热情和学习兴趣,使学生在风景园林基础知识、个人能力、团队能力和实践能力4个方面得到全面的训练和提高。该教学体系激发了学生的实践积极性,使学生的积极主动性得到最大限度的发挥,明显改善了职业素养。未来学科也将不断完善实践能力教学体系,从体制、实践、资源优化环节等方面进一步完善,培养适应我国风景园林学科发展的应用型、技能型、创新型人才。

参考文献

[1] 齐康. 尊重学科,发展学科[J]. 中国园林,2011(5):13.
[2] 陈烨. 基于知识点的风景园林建筑教育框架研究——以东南大学风景园林专业学位硕士研究生教育为例[J]. 中国园林,2015(2):101-105.
[3] 欧百钢,刘伟,郑国生. 风景园林研究生教育改革与发展对策研究——以北京林业大学园林学院为例[J]. 中国园林,2007(5):1-6.

研究生分类培养困境及对策探究

宋晨虎,李 鹏

(东北电力大学 132012)

摘要:当前,我国研究生招生规模不断扩大,极大地促进了我国高等教育的发展。但是,研究生培养模式与当前的招生规模不相匹配,传统重学术轻应用的培养模式只能确保数量上的供给,无法满足当前国民经济发展过程当中各行各业对于多元化人才的需求,导致当前我国研究生教育同时面临着毕业生数量过剩和高素质人才短缺的尴尬境地。随着经济社会对高层次人才的需求不断增长,高等教育自身也在进行着自我完善和自我更新,研究生分类培养成为大势所趋。文章立足于当前我国研究生分类培养现状,肯定了研究生分类培养的积极意义,分析了当前我国研究生分类培养所面临的困境,在此基础上,从合理确定培养类型、制定严格的质量标准、凸显培养特色、健全制度体系以及改革导师遴选方式等几个方面尝试探讨建立多元化的人才培养体系,不断创新研究生分类培养模式。

关键词:研究生;分类培养;困境

随着我国国民经济的快速发展,研究生教育的规模也在迅速扩张。但是,我国研究生的培养制度和机制远远滞后于当前的招生规模。很多高校在进行研究生培养的过程当中仍然采用单一的学术型培养模式,并未根据研究生自身特点以及社会发展的需要进行分类培养。面对多元化的社会需求,按照单一培养模式培养的研究生很难适应,导致结构性的就业矛盾日渐凸显。因此,根据学生自身特点以及社会发展需要,改革培养机制,创新培养模式,实行研究生分类培养已经刻不容缓。

一、研究生分类培养的意义

研究生分类培养要充分尊重社会经济发展的一般规律以及学生自身的个性化发展要求,从而实现学生、高校以及社会的协调发展。因此,实施研究生教育分类培养具有十分重要的意义。

1. 研究生分类培养满足社会对人才的多元化需求

当前我国社会经济蓬勃发展,对于人才的需求也趋于多元化。对研究生进行分类培养,根据社会经济发展在不同阶段对人才的实际需求,以及学位的目标、定位,结合学生自身的特点对学生有侧重点地进行理论学术能力、应用实践能力、管理技能和团队合作精神的培养,改变传统研究生培养模式的盲目性,增强毕业生对社会的适应能力。研究生分类培养提供了两种不同的研究生培养模式,学生可以根据自身的意愿选择培养类型,同时也满足了社会对于多元化人才的需求。

2. 分类培养有利于教育资源的整合与优化配置

高校教学资源有限,传统的学术型研究生培养模式对于学校的科研设备以及教师的科研能力有着很高的要求,专业学位研究生更多地依赖于社会以及企业。实行研究生分类培养能够实现不同教育资源的分流,降低对高校教育资源的依赖。高校的科研设备、导师资源可以更多地向学术型研究生倾斜,而专业学位型研究生可以通过双导师制度更多地接触生产实践。最终,将社会和高校的教学资源进行整合,最终实现优化配置。

3. 分类培养有利于提升研究生培养质量

研究生分类培养可以有效分流研究生生源,控制学术型研究生规模,为专业学位研究生提供更多优质的生源,能够有效地提高研究生培养质量,促进研究生教育的健康、可持续发展。

二、研究生分类培养面临的困境

1. 培养类型的确定具有盲目性

大多数研究生在选择培养类型的过程当中存在很大的盲目性,跟风报考学术型研究生,主动选择专业学位研究生的学生数量相对较少,生源很大部分依靠调剂补充。这导致专业型研究生的生源素质相对偏低,基础比较薄弱,影响后期培养质量,长此以往将导致社会对于专业学位研究生的认同度不高,甚至对专业学位研究生产生偏见,不利于研究生教育分类培养的长期、可持续发展。

2. 培养目标单一

在相当长的一段时间内,我国硕士研究生培养的重点都放在学术型人才上,而忽视应用型人才的培养,这在很大程度上解决了我国高校以及科研部门的人才需求。随着我国研究生培养规模的不断增大,硕士研究生的数量越来越多,高校以及科研部门对于硕士研究生的需求已经趋于饱和,硕士研究生就业逐步转向一线生产岗位。针对这种情况,国内很多高校虽然名义上实行研究生分类培养,但是实际上仍然采用传统单一的学术型研究生培养目标。

3. 导师制度滞后于培养模式

研究生培养采取导师负责制,因此,导师对于研究生教育培养质量的高低具有直接的影响。在当前实行研究生分类培养的大环境下,传统的导师制度已经不能很好地满足当前要求,表现出明显的滞后性,主要表现在以下几个方面:

(1)高校研究生导师大多数都是学术型的导师,他们具有丰富的理论知识及较高的科研能力,但是对于一线生产实践了解相对较少,而随着研究生分类培养模式的快速发展,强调实践能力的专业学位研究生的数量不断增加,而应用型的导师数量相对不足。

(2)当前高校的导师遴选大多仍是偏重科研成果,这种导师遴选方式虽然在很大程度上确保了公平,但是过于僵化,导致很多具有丰富实践经验的教师无法通过导师遴选。对于导师的考核也采取"一刀切"的方式,在考核过程中注重科研成果,而不重视实践。长此以往,逐渐形成一种"重科研,轻实践"的导向,导师们纷纷埋头学术、科研,忽视对学生的实践指导,这对于专业学位研究生是十分不利的。

(3)导师在指导研究生的过程当中往往忽视分类培养,在指导制定学生个人培养方案的过程中对学术型和专业学位研究生无区别对待。

三、解决研究生分类培养困境的对策

1. 建立科学的研究生培养分流机制

研究生培养类型的确定是研究生分类培养的前提条件。在当前制度下,研究生在录取的同时,其培养类型就已经被确定,具有一定的盲目性。因此,应该建立科学合理的研究生培养分流机制,在第一学年所有研究生共同学习,在学习过程中明确自身的兴趣及职业定位,也给研究生导师和学院充足的时间了解和考查研究生,第二学年再根据研究生的个人意愿、导师意见以及学院的综合考评对研究生的培养类型重新进行分流,确定研究生的培养类型,避免学生由于缺乏了解而盲目选择,这对于个性化培养人才以及高校教育资源的优化配置具有十分重要的意义。

2. 加强课程体系创新,凸显个性化培养

实施研究生分类培养,重要的是要解决如何培养问题,而培养的根本问题在于让研究生学什么,

怎样学,如何学。显然,研究生课程体系和课程设置是否科学,对研究生分类培养能否达到如期目标至关重要。学生和学生之间存在着较大的个性差异,这是不可回避的事实,各个学科也有自身的特点。因此在进行研究生分类培养的过程中,应该正视学生的个体差异,根据不同学科的特点制定个性化的个人培养方案。对于学术型研究生应该重视其科研能力的培养,在制定培养方案的过程中应该加大学科前沿知识以及研究方法的比重,尽可能多地为学生提供科研条件,激发学生的科研兴趣。专业学位研究生偏向应用能力的培养,在制定培养方案时,不仅要培养学生的专业知识,还要注重应用能力的培养。在教学方法上加大互动教学的比重,为学生提供更多的实践机会,使其能够尽早了解生产实际,以便毕业之后能够快速地进入工作状态。分类培养后的课程体系,就是要突出个性化的人才培养策略,回归学生学习的自主权,增大研究生选课的自由度。因此,研究生课程体系应体现一定的灵活性。不论是学术研究型还是应用研究型,研究生都可以受益于灵活的研究生课程体系给研究生带来的便利。

3. 建立更加灵活的导师遴选机制

针对当前导师遴选机制严重滞后于研究生分类培养模式的现实情况,应该改革导师遴选方式,对于一些具有丰富实践经验的教师应该放宽标准,对于一些超龄,但是有着丰富一线实践经验的教师,也应该吸收到导师队伍中来,从而壮大研究生导师队伍在应用方面的短板。除此之外,应该打破行业和地域的限制,积极聘请在生产一线岗位具有丰富经验的人员担任校外导师。

4. 建立健全研究生分类培养质量保障平台

除了对研究生课程体系进行科学合理的设置之外,研究生培养单位能否为研究生分类培养提供合适的教学和实践平台,对于分类培养工作能否成功具有不可替代的重要意义。

(1)为学术型研究生建立高水平的研究创新平台。

高校应该充分发挥自身优势,依托专业的研究机构,建设科研人才培养基地,以专业研究为核心,不断扩大研究生培养体系,让学术研究型研究生进入研究所参与课题研究,提高研究能力。为活跃学术和科研氛围,学校应该定期举办学术论坛,邀请相关领域的学者进行学科前沿知识讲座,可以聘请名校教授担任学术型研究生的导师,让学生随导师到外校进行短期学习,开阔视野,及时掌握本专业的前沿知识。

(2)为应用型研究生建立合适的应用实践平台。

专业学位研究生培养的重点在于应用,学校应该为其建立合适的应用实践平台。充分发挥高校的品牌效应,吸引企业,强化校企联合,在企业中建设一批应用实践基地,一方面锻炼了学生的应用实践能力,另一方面企业也获得了技术上的支持。学校应该深入调研,广泛开展校企合作,加强高校与地方的联系,根据需求开展有针对性的"订单式"人才培养方式。充分利用毕业生、校友这一优势资源,聘请成功校友、企业家来校开展讲座,鼓励学生自主创业。

参考文献

[1] 郑建林.高等教育大众化阶段硕士研究生分类培养模式探索[J].现代教育管理,2011(2):34-35.
[2] 丁雪梅,甄良.研究生分类培养模式改革的SWOT分析及对策研究[J].研究生教育研究,2011(1):132-134.
[3] 井辉.硕士研究生分类培养探析——基于国内几所大学的探索和经验[J].当代教育理论与实践,2011(3):65-66.

全日制专业型硕士研究生实践能力培养模式探索

何 建,毛继泽,王滨生

(哈尔滨工程大学航天与建筑工程学院 150001)

摘要:全日制专业硕士学位以培养具有综合工程素质的高层次应用型专门技术人才为目标,以提高学生专业技能和工程研究能力为目的,以引导并培育学生解决实际工程问题的实践能力为核心。本文以哈尔滨工程大学建筑与土木工程全日制专业硕士研究生培养为例,从课程设置、实践能力培养、企业导师选择与培养等方面,对专业型硕士研究生实践能力培养模式与方法,以及在培养过程发现的问题及解决方法进行阐述。

关键词:全日制专业型硕士;实践能力;培养模式;企业导师

一、前言

随着社会经济的发展,用人单位对硕士研究生人才的要求是:要么有良好的专业技能,要么有出色的工程研究能力。但从现实来看,硕士研究生按照学术研究目标和功能来培养,但用人单位普遍反映按照这种模式培养出来的硕士研究生专业技能和学术研究能力较差,无法满足用人单位对人才的要求。

教育部意识到了形势的严峻性,从2009年起,推出了"全日制专业型硕士"这样一种全新的研究生培养形式。全日制专业学位硕士研究生主要面向工程应用,这对硕士毕业后即就业,从事专业技术或工程研究工作的研究生来说是极其有利的,因此专业硕士的功能就是培养应用型高级技术人才,而学术型硕士则作为继续攻读博士学位的学术研究型人才的中间过渡。

二、全日制专业硕士的培养目标

全日制专业学位是针对某一专业领域,培养具有较强的解决实际问题的能力,能够承担专业技术或管理工作,具有良好职业素养的高层次应用型专门技术人才。课程设置以实际应用为导向,以职业需求为目标,以综合工程素养、知识应用与能力提高为核心。教学内容应强调理论性与应用性的有机结合,突出实践研究;教学过程应注重培养学生工程实践问题研究的意识和能力。教育部要求全日制专业学位研究生需要进行为期一年的企业实践训练环节。

对于攻读专业硕士学位的学生,在掌握相关专业基础知识的同时,还要求他们具有一定的实践和动手能力,因此必须将书本上的理论内容与实际工作有效地联系起来,只有这样才能达到提高实践能力的目的。

实践训练环节往往根据专业及个人的职业去向不同而具有不同的选择,因人因专业而异。无论哪种形式,其目的都是提高学生的专业实践能力和水平,术业有专攻,不同的实践方式培养了不同的专业素养。

何种形式的实践环节能够有效地将学生的专业知识与实际工作能力培养结合起来?什么类型的培养方式能够为学生的职业生涯奠定坚实的基础?这都是需要我们在实践中不断探索进而提出方案来解决难题。本文以哈尔滨工程大学航天与建筑工程学院建筑与土木工程全日制专业硕士研究生培养为例,对实践教学及学生实践能力培养中的做法详细阐述。

三、基本概况

我校建筑与土木工程专业于2012年招收第一批全日制专业型硕士研究生,近年来,报考专业型硕士研究生的考生呈不断增长的趋势,大部分学生选择继续攻读研究生的目的,就是为了能够通过学习更快地适应工作,以在未来的职业生涯中大展拳脚。结合目前国内实际情况,专业硕士研究生成为他们的最佳选择。

四、实践环节

通过多方努力,我校分别与设计型、研究型、施工型等多个院所签订了全日制专业学位研究生联合培养实践基地。我校建筑与土木工程专业的研究生的实习主要有3种选择,即建筑设计研究院、工程力学类研究所、施工单位,我们的学生在这3种企业也均有参与。下面结合自身实践针对建筑与土木工程这一学科专业硕士研究生的实践环节及实践能力培养给予说明。

1. 建筑设计研究院

有意愿在毕业后去设计研究院工作的学生,往往会选择在毕业之前去相关设计院实习一段时间,与意向单位达成协议,也作为双方相互考核的一种方式。学生能够提前了解设计院的工作环境及工作主要涉及的专业知识与需要掌握的专业技能。

2. 工程研究所

对于专业更深层次的领域有探索渴望的学生,则需要更加专业的学习氛围和专业相关实验设备,这类学生一般可能会选择继续攻读博士学位,并且不局限于某单一博士学位,研究所具有针对本专业更深层次的工作及学习环境,可以帮助学生更快地了解自己感兴趣的方向。

3. 相关施工单位

选择去施工单位及建设公司实习的同学,往往性格比较开朗,对于人际关系的把握也比一般同学强,具有相当高的综合素质,因为施工单位不仅需要专业知识,还要与行业的各个部门进行交流。虽然会面临比较大的压力和各种让人措手不及的突发情况,但坚持下来后,回报绝对与压力成正比,自身专业素质也会得到很大的提高。

五、专业导师选择及培训

以上3种情况有一个共同点,就是学生需要一个引导人,也就是"专业导师"(企业导师),指导他们更快地融入相关技术领域。针对这一问题,由于在不断的探索中,发现聘请的相关企业工程技术人员并不完全具有引导人的综合能力;实践中我们采取以下措施解决这个问题。

(1)开展导师培训,让导师指导学生了解目前需要迫切学习的内容,这需要与相关企业进行协商,最好能够找到愿意接受学生培养的企业和引导人,这对学生和企业来说应该都是互利共赢的。

(2)有意识地逐步建立起一支双师型的专业学位研究生导师队伍,以行业为单位,经行业协会介绍,邀请企业代表前往高校,与校内专业学位研究生教育专家共同组成一支专门辅导专业学位研究生实践能力的指导团队,为课程的开展及教学过程管理制度的建立以及校企合作方式的制定提供专业意见。

(3)增加企业代表对教学过程的参与度,经常组织企业代表以行业报告、专题讲座的形式参与学生课程教学,并对学生们的专业实践活动提供指导与评价。

(4)高校与有关部门应当积极建立专业学位研究生导师的评选制度,制定奖惩方案,尽早出台一项有利于激励导师队伍发展壮大的政策。

高校与企业的合作方式有多种途径,具体可以通过以下几种方式实现。

（1）高校以择优推荐或学生自愿的方式筛选出优秀的专业学位研究生前往企业的人才创新培养基地，一来参观学习，二来在基地中完成自己的学位论文研究过程。这部分专业学位研究生，高校可以对其实行双导师制度以突出企业在学生实践能力培养中的优势。

（2）高校联合企业，在企业人才创新培养基地中为专业学位研究生专门开设一些针对职业生涯常用技能的特色课程，需要注意的是，为了适应这种校外开课的新形式，高校方面应当提前对专业学位研究生原本的已有课程做出调整，一来保证原本的课程能正常面向学生开放，二来确定学生确实有时间参与企业开设的特色课程。

（3）借助学生在企业中学习实践的便利，导师们也应当加强与企业间的互动，导师和企业方面可以互为参考、互相合作，为学生的生产实践及论文筹备提供较全面的指导。

六、探索

我们要充分利用好这一实践能力培养平台，通过如校外实践、专业设计、学术课题等方式将专业学位研究生实践能力的养成贯穿于整个人才培养计划中[1]。

为便于管理和评价学生的实践能力，相关高校可以专门出台一本用于敦促、指导学生配合专业实践教学的手册，并将手册的评价意见作为他们申请毕业答辩的重要参考信息。高校自身的专业学位研究生实践基地建设已经受到了重视并在逐步展开，考虑到企业在培养专业学位研究生实践能力方面具备天然的优势，高校在未来短时间内也很难建立起能够满足所有专业学位研究生的实践能力培养基地，高校与企业的人才培养合作只会更加密切。因此校方应当尽早地有意识地与不同企业建立起人才培养及科研合作关系，在企业内部设立专门针对专业学位研究生的技术创新培养基地。

七、展望

（1）全日制专业硕士的实践方式各有优劣，研究所可以了解最前沿、最尖端的知识并参与实践，而且方便解决一些难题，专业知识的掌握更加完备；设计院可以提前让学生了解自己以后从事设计这一行业需要哪些技能，学生可以有意识地提前学习锻炼；施工单位可以给学生提前做好心理准备，为正式上岗做好培训，提高学生对工作模式的接受能力。

（2）全日制专业硕士研究生的实践环节需要在有能力接收研究生实践的单位进行，但是这些单位是否愿意接收学生？其实这是一个国家在顶层设计时应该考虑的问题，需要从政策上引导、鼓励、支持，实现企业和高校的合作共赢。但目前专业硕士的实践教学还不够完善，仍旧需要不断地探索与改进，只有形成完善的培养体系，才能达到设置全日制专业硕士这一学位的初衷，才能培养高素质的职业型技术和管理人才。

（3）企业导师的综合素质直接影响着专业型研究生的培养质量，学生在企业实践中，论文题目的确定、研究思路和方法以及研究过程的指导和监督，都需要企业导师的介入。因此，企业导师如何与校内导师合作，培养具有工程研究能力的高水平研究生，需要在以后的实践中不断探索和完善。

参考文献

[1] 杨宁. 我国全日制专业学位硕士研究生培养模式研究[D]. 大连：大连理工大学，2010.

基于 CDIO 理念培养卓越物流师的探索与实践
——以浙江万里学院物流工程专业硕士培养为例

楼百均,李秋正

(浙江万里学院 315100)

摘要:在面向海洋经济和港航物流体系建设需求培养卓越物流师过程中,浙江万里学院工程硕士(物流工程领域)基于 CDIO 理念,开展"产-学-研-用"四段式人才培养,形成了"学校、地方政府、行业企业、职业认证、国外高校"五位一体的联合培养模式,在全程"双导师制"、研究式教学、校企联合授课、留学生教育、双证书融合等方面进行了积极的探索和创新,学生研究成果应用性强,就业层次和专业对口率高,形成了鲜明特色,取得了明显成效。

关键词:物流工程;工程硕士;CDIO 理念;卓越物流师

一、引言

当前我国经济正处于调整优化结构、深度推进工业化、打造经济升级版的关键时期,浙江海洋经济发展和"三位一体"港航物流服务体系建设,急需大量外向型、适用性强的高层次物流工程人才。具备适用性强的知识结构、突出的职业岗位群能力、良好的国际视野、卓越的创新创业能力,成为地方紧缺物流工程人才的显著特征。

教育部于 2010 年 6 月启动了"卓越工程师教育培养计划",旨在促进我国工程教育质量的提升,培养创新能力强、适应经济社会发展需要的高质量工程技术人才。卓越计划要求高校从封闭的内部培养走向开放的校企联合,培养卓越的工程师。卓越计划具有 3 个特点:一是行业企业深度参与培养过程;二是学校按通用标准和行业标准培养工程人才;三是强化培养学生的工程能力和创新能力。卓越物流师是卓越计划在物流工程领域的具体体现。

由 MIT 发起的 CDIO 工程教育改革,强调基础知识学习,并让学生全面了解工业生产的流程,培养有专业技能、社会意识和创新创业敏锐性的工程师,增强工程科技人才的竞争力。CDIO 代表构思(conceive)、设计(design)、实现(implement)和运作(operate)。这 4 个过程来源于产品/系统的生命周期过程,涵盖了绝大多数工程师必要的专业活动。让学生以主动的、实践的、课程之间有机联系的方式学习工程。CDIO 理念和培养模式,为卓越物流师培养提供了重要的模式和路径参考。

浙江万里学院是一所由具有 60 余年办学历史的省属普通高校经过管理体制和运行机制改革形成的新型高校,举办十余年所形成的"万里模式",被誉为"中国特色现代大学制度的范例性实践"。2011 年 10 月,经国务院学位委员会批准,成为"服务国家特殊需求人才培养项目"工程硕士(物流工程领域)培养试点单位。经过 4 年建设,将学历教育同国际职业(执业)教育有机融合,构建了多元协同育人平台,开展了留学生教育,学生就业竞争力和创业能力显著增强。

二、对物流工程专业学位硕士培养定位的理解

1. 物流工程专业硕士的能力需求

随着我国现代物流业的迅速发展,港口物流、金融物流和智慧物流等新的业态不断涌现,对高层次物流工程人才培养提出了新的要求,其培养能力要求如下。

（1）应用性要求。物流工程硕士应用性特征要求学校与足够数量的相关企业建立长期稳定的合作关系。教学方式以企业的实践为依托，将课堂延伸到企业，教材选用上注重结合实际案例；师资配备上采用校企合作的"双导师制"，联合授课，联合指导；实验室校企共建，将行业通用的系统软件用于综合实验设计。

（2）地域性要求。浙江省以产业集群、对外贸易为主的经济特征，以及宁波作为我国主要对外贸易和物流节点城市的发展特征，要求物流工程硕士应具有区域物流规划、国际化运作、港口物流管理等能力。

（3）复合性要求。物流学科是多学科交叉的领域，物流工程硕士需要通过复合型师资配备、综合性实习实践等途径，使其具备将管理学、金融学、信息科学和计算机科学等学科知识综合运用的能力。

（4）国际性要求。在海洋经济战略下，物流业的国际性特征尤为突出。通过与宁波诺丁汉大学、美国纽约州立大学等高校合作，使物流工程硕士成为具有国际视野、谙熟国际物流业务的高层次人才。

2. 物流工程专业硕士的培养要求

（1）培养目标要求。主要是以高层次应用型专门人才培养为目标，具有职业性、实践性和应用性特点。

（2）培养模式要求。以实践应用为导向，通过物流工程项目带动知识学习和技能培训；教学过程注重面向产业，突出以技能训练、项目研发为一体的任务驱动式项目化实训与实践教学，重视技术的应用和发展能力。

（3）教学方式要求。办学模式和教学条件，强调与行业、产业的全方位合作，实施联合培养和联合考核，包括必须有来自实践领域的企业教师进行指导和考核；依托相关企业和行业建立足够的产、学、研合作平台与专业实践场所，开展综合实训。

（4）学位论文要求。学位论文是工程实践能力的体现和总结，选题应该来源于企业实际或相关社会实践，论文写作形式不受限制，注重成果的应用价值。

三、基于CDIO理念培养物流工程专业硕士的探索与实践

1. 培养定位：面向海洋经济和港航物流体系建设需求，培养卓越物流师

浙江万里学院面向浙江省海洋经济和港航物流体系建设需求，充分整合现代物流学院、商学院、电子信息学院、信息科学与计算机学院等优势资源，将各学科复合交叉，紧密围绕"港口物流与航运管理、全球采购与供应链管理、物流信息技术应用"三大能力导向，培养卓越物流师。与英国皇家物流与运输学会（ILT）、英国皇家采购与供应学会（CIPS）、欧洲物流协会（ELA）、中国物流与采购联合会等国内外中高端职业认证深度融合，将职业认证内容融入课程，实现专业教育与职业能力紧密对接。目前，已有8名专业教师获得中国物流与采购联合会高级物流师资格，90%的毕业生获中国物流与采购联合会物流师职业资格认证，毕业生有资格申请ILT三级认证。

2. 培养模式：采用"产-学-研-用"的递进式、一体化模式

浙江万里学院设计并实施了"产-学-研-用"的递进式、一体化模式。这种模式是英国诺丁汉大学等欧洲顶级高校在培养应用型硕士和博士中正在推行的先进模式，目前，宁波诺丁汉大学已将这种模式引入并在科技部的资助下进行试点，积累了较为可行的经验。浙江万里学院是宁波诺丁汉大学的举办方，与宁波诺丁汉大学合作，在研究生人才培养中推行这一模式，培养进程共分为4个阶段。

（1）产：企业见习——发现问题。学生入校首先进入企业实践（10周），在导师的指导下（企业导师为主，学校导师为辅），熟悉企业运作流程和模式，发现企业的现实问题，确定学习和研究的目标和方向。

(2) 学：理论学习——学习解决问题的方法。学生带着问题回到学校，通过系统的学习（20 周）和导师指导（学校导师为主，企业导师为辅），掌握解决问题的基本理论和方法。

(3) 研：研究解决方案。学生边实训边研究（6 个月），应用所学理论和方法解决发现的问题，制定研究课题的基本解决方案，形成毕业论文（或毕业设计）。

(4) 用：应用研究成果。学生回到企业实践（不少于 5 个月），并将研究成果应用于企业实践，根据所产生的经济效益和社会效益考核应用的效果。

实践表明，"四段制"人才培养模式有助于学生对企业、行业的生产工艺、业务流程及经营管理产生深刻认识与思考；帮助学生及早发现问题，并积极思考解决问题的方法；有针对性地提高课堂教学的效果。学生带着问题进入课堂，既提高了学生的学习主动性、针对性和积极性，又对授课教师提出了更高的要求：教师唯有认真备课，提高解决问题和分析问题的能力，才能有效应对和解决学生提出的问题。

3. 培养方法：基于合作性学习理念实行研究式教学改革

学校以服务社会需求为导向，以研究性教学方法的课堂实践为切入点，构建教学内容和评价体系，着力培养学生的质疑精神、批判性思维能力与学习研究能力；基础课程由中外教师联合授课，专业课程由校企联合授课，推行全程采用"一对多"双导师制，即一位研究生由两名以上校外导师交叉指导，学生可选择两个以上的校外导师企业轮职实践。以行业技能为核心，探索课内外、校内外联动，实行产-学-研-用一体化培养。

在理论教学中，采用合作性学习为特征的研究式教学方法，以课题研究学习代替系统化的学科知识传授，教师导学、学生自主学习与合作性学习相结合为主要过程，形成培养学习能力的研究式教学方法，最大限度地激发了学生学习的欲望和潜能，转变学生学习方式，使学生学会思考与合作，提升了学生的独立动手能力和创新、创业能力。专业基础课选用全国工程专业学位研究生教育指导委员会推荐教材，并与宁波诺丁汉大学、美国纽约州立大学等高校联合授课，保持课程的先进性，紧跟领域前沿，提升应用型人才的国际化水平，满足物流跨区域、跨国界运作的需要。专业方向课依托行业兼职教师和校外导师资源，采用"请进来、走出去"的方式，开展校企联合授课。专业课由企业授课的比重达到课程总学时的 1/4 以上。

在实验实践课程教学中，采用自主设计、开发研究类实践项目，强调研究创新能力的训练；引入国外先进的港口物流和供应链仿真软件，学生基于实践项目建立仿真模型，实行校内仿真、校外操作，以解决企业的实际问题。

教学评价以提高学生学习能力为标准，以鼓励学生形成批判思维、创新意识和团队合作精神为目的。主要围绕学生对基础理论与基本方法的掌握程度展开，试卷测试、平时作业与表现和合作性学习都占一定比例。其中，合作性学习成绩包含个人学习成绩与小组学习成绩两部分，个人学习成绩的评价以个人学习报告及论文为主；小组学习成绩以合作状况、记录材料、报告结果、小组发言、讨论质疑与答问等为依据对学生进行综合评价。

4. 国际化办学：基于开放式办学理念，形成了国际化的育人平台

(1) 形成了国际化的师资队伍。专业课授课教师共有 32 名，其中，外教 7 人（含兼职），约占总授课教师的 1/5。校内教师中约 40% 具有海外学习或工作经历，约 50% 能承担英文授课任务。中外联合授课占专业课程的 30%。留学生实现"国内外双导师制""校企双导师制"相结合。

(2) 形成了国际化的生源结构。目前有来自加纳、摩纳哥、厄瓜多尔、安哥拉等地的留学生 7 人。

(3) 形成了国际化的培养模式。课程体系、教学内容、教学手段、教材等均与国际接轨。物流管理专业被列为浙江省唯一的物流管理"国际化专业"，国际化人才培养在省内起到了引领作用。

参考文献

[1] 石晶. 基于卓越工程师培养计划的环境工程领域全日制工程硕士研究生培养机制[J]. 学位与研究生教育, 2013(4): 15-19.

[2] 于福莹. 基于CDIO教育理念的全日制工程硕士研究生培养模式探析[J]. 学位与研究生教育, 2010(9): 28-31.

[3] 马永红. 解读美国工程硕士教育[J]. 清华大学教育研究, 2008(4): 49-54.

[4] 陈兴德. 美国工程硕士研究生教育历史、现状与反思[J]. 学位与研究生教育, 2011(6): 72-77.

[5] 李博. 培养卓越工程师, 比较视野下工程硕士培养模式创新[J]. 理工高教研究, 2011(8): 80-83.

[6] 王钰. 清华大学全日制工程硕士培养的探索与实践[J]. 学位与研究生教育, 2010(2): 5-7.

[7] 于福莹. 我国硕士层次卓越工程师培养模式探析: 鉴于法国高等专业工程师教育[J]. 教学研究, 2011(3): 29-32.

创新全日制研究生培养模式的几点思考[*]

于 洋,高治军,许景科,王延臣

(沈阳建筑大学 110168)

摘要:学术型硕士研究生教育以培养教学和科研人才为主,侧重理论和学术研究方面,授予学位的类型主要是学术型学位;全日制专业型硕士培养的是现在市场紧缺的应用型人才,在培养目标上主要是侧重实际应用能力的培养,以专业实践能力为主,授予学位的类型是专业型学位。本文以沈阳建筑大学为例研究全日制研究生培养模式的创新。

关键词:全日制;学术型;专业型;培养

一、学术型与专业型研究生在培养方式和学位论文环节

1. 学术型与专业型研究生在培养方式上的不同

在不同的培养目标下,学术型与专业型研究生在培养方式上有着本质的差异。学术型研究生的培养过程应贯彻理论联系实际,既要使研究生深入掌握本学科专业的基础理论和专门知识,又要使研究生掌握科学研究的基本方法和技能,具有从事科学研究的工作能力。在指导方式上采取研究生导师负责制,提倡成立以研究生导师为主的指导小组共同进行指导,研究生应成为研究生导师科研课题小组成员之一。导师是研究生培养的第一责任人,应充分发挥导师的指导作用,全面关心研究生的成长和成才,既教书又育人。学习方式采取课堂讲授、实验和自学相结合,提倡研究生进行自学。而全日制专业型硕士研究生的培养应结合《教育部关于实施"卓越工程师教育培养计划"的若干意见》,在培养模式、课程学习、实践教学等环节,不断深化和加强卓越工程师教育培养计划的实施。课程设置应体现厚基础理论、重实际应用、博前沿知识,着重突出专业实践类课程和工程实践类课程。注重理论与实际,积极吸纳和使用社会资源,合作建立联合培养基地,为培养全日制专业型硕士生提供实践条件。突出教学和学位论文相结合的培养方式。实践教学是全日制专业型硕士研究生培养的重要环节,鼓励研究生到企业或工程单位学习、实践及科学研究,可采用集中实践与分段实践相结合的方式。全日制专业型研究生在学期间,必须保证不少于半年的实习实践。应届本科毕业生的实习实践时间原则上不少于一年。鼓励实行双导师制,其中一位导师来自培养单位,另一位导师来自企业。提倡吸收相关企业具有丰富实践经验的专业人员,共同承担应用研究型研究生的培养工作。学位论文选题应来源于工程实际或具有明确的工程技术背景。

2. 学术型与专业型研究生在学位论文要求的区别

学术型研究生的学位论文应注重培养文献查阅、理论分析与计算、实验操作、科研创新、独立工作及开拓创新能力。要体现作者课题研究方式、方法、技术以及成果。要有一定的技术难度和工作量。论文中提出的新方法、新技术等要具有先进性和实用性,并体现一定的经济效益和社会效益。论文选题要针对经济建设和社会发展或在学术上具有实际价值或理论意义的课题,应具有先进性。

---

[*] 全国工程专业学位研究生教育自选研究课题(2014-YJ-025)。

专业型硕士学位论文应注重所研究的工程实际问题的理论、方法和技术途径；应突出以解决实际工程问题为宗旨；针对所研究的工程问题，能综合应用相关领域的理论、方法和技术手段，提出或实现既新颖又有价值的解决途径或分析结论；应有工程实践、实验或仿真；应具有明显的经济效益和社会效益，促进企业的技术进步。学位论文结构合理，逻辑性强，层次清除，论据充分，写作认真，文字表达准确。论文应具备一定的技术要求和工作量，体现作者综合运用科学理论、方法和技术手段解决工程技术问题的能力，并有一定的理论基础，具有先进性和实用性。论文选题应来源于工程实际或具有明确的工程技术背景，可以是设计类或新技术、新工艺、新设备、新材料、新产品的研制与开发。

二、学术型和专业型研究生的课程设置和教学环节

在不同的培养目标下，使得学术型研究生和专业型研究生的课程设置及教学环节也有着本质的差别。学术型以培养教研学术型人才及较高科研能力为主，因此其课程设置应注重基础性、前沿性、宽广性及实用性，要突出基础理论教学课程的设置。而专业型研究生在应用性、前沿性、基础性及宽广性上，突出实践、注重理论性，以培养硕士研究生综合素养和应用能力的全面提高为目标，以实践应用为导向，以满足职场需求为目的培养研究生。而专业性学位课程，注重工程应用学术性学位的课堂教学，通过互动式教学，学生在掌握知识的同时培养探索知识的兴趣和能力。而专业性学位的课堂教学则通过案例分析、讨论式教学、动手实验和参观企业等让学生在掌握知识的同时培养分析和解决工程问题的能力。但是由于2009年才招收专业型研究生，绝大部分院校对学术型和专业型研究生的课程设置处在实验阶段。

我国硕士研究生教育目前存在的主要问题是专业学位硕士与学术型硕士研究生培养目标比较单一，人才培养的适应性不强，学术型硕士研究生规模过大，专业学位硕士研究生规模过小；同时，专业学位的类型涉及职业领域还比较少，全日制攻读比例还比较小，与社会经济发展需要之间存在一定的脱节现象，严重影响了硕士研究生教育的可持续发展。我们应该抓住机遇，尽快地、坚决地予以扭转，调整硕士研究生培养目标，优化硕士研究生培养机制，实现学术型和专业学位的均衡发展，积极推进硕士研究生培养模式改革，促进人才培养与社会需求的有效衔接。

参考文献

[1] 阮雪琴. 社科类全日制专业学位硕士研究生培养过程中的问题与对策研究——以河海大学为例[J]. 科教文汇(上旬刊),2014(3):34-35.

[2] 桂淑华. 电气工程全日制专业学位研究生培养研究[J]. 中国电力教育,2014(8):14-15.

[3] 王俊彦,姜斌,冒泽慧,等. 全日制专业学位硕士研究生培养两个基本点——基础性和实践性[J]. 教育教学论坛,2014(35):1-3.

[4] 梁付娟,邵勇. 与国际职业资格认证相衔接的软件工程领域全日制专业学位研究生培养探讨[J]. 计算机教育,2015(3):16-19.

[5] 戴开军,赵延安. 全日制专业学位硕士研究生培养模式探讨——以西北农林科技大学为例[J]. 继续教育研究,2013(7):87-89.

[6] 王振喜. "三跨"培养模式下的全日制专业学位研究生培养体系构建——以东北石油大学为例[J]. 中国校外教育,2013(22):32-33.

[7] 许伟,于立君,兰海,等. 基于HEU大学论全日制专业学位研究生培养中专业实践体系构建[J]. 黑龙江教育学院学报,2012(10):9-10.

[8] 杨君,刘丹梅,顾玉萍. 全日制专业学位工程硕士研究生培养中的问题与对策[J]. 鞍山师范学院学报,2011(6):57-60.

研究生教育校企合作双赢机制的思考

魏宪宇，闫 薇，王智鹏，王晓磊

（哈尔滨工业大学 150001）

摘要：在我国硕士研究生培养模式改革的背景下，应用研究型硕士到企业进行生产实践，把校企合作问题再次凸显出来，校企合作在政策体制上目前存在一定的问题，希望通过优惠税收等方式进行市场调节，使校企合作能够真正落实，并向更佳的状态发展。

关键词：校企合作；双赢；研究生

2009年我国全日制专业学位硕士研究生开始招生，按照教育部文件《关于做好全日制硕士专业学位研究生培养工作的若干意见》的要求，全日制专业学位研究生应该加强实践教学环节，学生在学期间应保证不少于半年的实践教学。目前高校的实践教学环节多种多样，从近两年高校开展情况来看，开展了课程实验教学环节、校内实践基地、校外企业实践基地等多种形式。为了提高应用型人才培养质量，把学生送到企业直接接触生产实践，无疑是其中一种有益的实践方式，然而目前我国高校并不都具备将学生送到企业进行实践的能力，多数企业也不愿意做这件事情。这里面有企业的社会责任意识问题，更多的是由全社会协同的体制不够健全造成的，没有政策的导向，没有制度保障，没有利益纽带，没有监管落实。

一、校企合作现状

下面首先分析研究生层次的企业实践与本科生层次的不同。本科生阶段大多数学生也会到企业进行1~2周的生产实习，但这种实习是一种认识性实习，给企业带来的负担相对较小，只要校企有长期多方面的友好合作关系，学生送到企业不是很大的问题。但是研究生层次则不同，研究生到企业实习至少需要半年的时间，需要进行真正的生产实践，这种实践必然接触企业的核心技术内容，而学生毕业又未必到实习企业工作，从而引发了企业核心技术的知识产权问题，这与学生、学校为企业做的贡献相比，企业当然不愿意承担这种风险。如果没有非常良好的校企合作双赢的机制，只强调企业的社会责任，无非是空中楼阁。目前，校企合作法制保障不健全，校企合作还处于自发状态，尽管国家已制定了相关政策来支持校企合作，但没有法律保障，措施力度并不够，一些地方把校企合作停留在口头上。学校主动，企业被动甚至不动，缺乏合作办学的内在动力，一边热一边冷。无经费保障，劳动准入制度执行难以到位。因此，国家应尽快制定相关法律，并切实抓好法规文件的执行，以促进校企合作的良性发展[1]。

二、校企合作遇到的根本问题

高校现阶段研究生教育层次的校企合作，依靠的仍是长期的科研合作和非全日制专业学位联合培养人才的合作基础，这种合作关系受到条件的制约，不可能在面上推广。2010年教育部实行了专业学位研究生教育综合改革试点工作，在16所部委高校和11所地方高校进行了试点改革，2011年教育部委托工程硕士教育指导委员会对试点工作进行了阶段性检查，试点工作取得了一定成绩，许多工作具有示范意义，但也发现了一些共性问题。校企合作问题就是其中的一个典型问题。作为试点的院校都有一定的特色，试点工程领域与行业有着紧密的联系。在对部分高校的试点领域工作调研中发现，高校在企业基地建设与企业导师队伍建设过程中，主要依托的是在非全日制工程硕士培养过程中与企业建立的良好合作关系,依托在企业中校友的力量促进企业基地建设,主体仍依靠自身的能力来建设企业实践基地,靠自身的科研合作项目驱动、订单培养等方式实现双赢,但这种方式很明显无法在面上展开,只能是在有条件的学校进行,整个运作过程还是学校找企业,而不是企业主动找到学校。国家政策、地方主管部门、行业部门及企业能够给予的支持、经费仍然有限。这也是多数高校的共性问题,建立建全社会体系需要一个过程,更需要国家、地方、行业、企业和高校共同完成。

三、校企合作双赢机制的探讨

那么如何能做到企业主动找学校呢? 一个完整的体系的建立,要有政策引领,有政策扶持。首先可以考虑在税收政策上,给予吸纳学生的企业一定的减免政策。税收是凭借政治权力无偿地取得的公共收入,而公共收入用于公共支出,教育属于消耗性公共支出,如果能够在政策上直接倾斜,减去中间环节,适当引导,相信企业会更加关心人才的培养问题。税收原则中有一个公平原则,对于为人才培养做出贡献的企业就应该与未做出贡献的企业相区别,即税收应使付出不同的企业承担不同的税负。引导企业加入人才培养的环节,逐渐形成一种氛围,使企业注重社会责任,并从中获得回报。

其次是对学校的经费支持,我国高等教育支出以民办公助为主,对于公助学校,学校没有其他的经费来源。近几年国家对教育的支出力度不断加大,各级主管部门如何落实政策成为关键问题,具体到高校如何在校企合作项目上给予经费的支持。教育支出是一种消耗性支出,作为教育的各级主管部门更不能目光短浅,追求短期效益,应该从人才培养的大局出发,统筹规划,合理布局。

几年前曾在中国苏州网上看到过这样一个政协提案:关于制定《苏州市校企合作促进条例》的建议,建议中强调要切实落实相关税费减免和资金扶持政策,以调动企业参与合作的积极性。对未按规定使用经费或不遵守合作协议的企业要有相应的制约措施和解决办法。校企合作问题是个老生常谈的问题,还需加强顶层设计,克服重重困难,抓紧推进,不能让校企合作流于形式。要建立相关的调控政策,解决校企联合培养的成本分担、学生安全责任、企业承担社会责任的标准等诸多问题,虽然牵涉国家多个部委,非一家之力所能及,但是行政体制的障碍不能成为人才培养的障碍,还是应该积极促进政策的规划制定。当然调整税收只是一种提法,具体操作有一定难度,但扶持的道理是相通的,税收不行,可以考虑补贴,补贴不行,可以考虑能源等其他政策的倾斜。总之,要为企业参与人才培养提供利益纽带,在一定程度上提高企业的积极性,为校企合作打开新的突破口。研究生层次的教育校企合作与职业教育校企合作许多地方有相通之处,中共中央办公厅、国务院办公厅文件《关于进一步加强高技能人才工作的意见》提出"建立高技能人才校企合作培养制度",并要求成立高技能人才校企合作培养协调指导机构,对职业院校、企业、政府三方在校企合作培养制度中应承担的责任进行了明确的界定[2]。在研究生教育领域的校企合作也可以适当借鉴这些政策。

企业实践基地在实际建设过程中,如何能够保证长期有效的运行,应努力探索校企双赢的机制。人才培养问题是全社会的责任,期望加快改革的步伐,使校企合作早日进入正轨。校企合作的健康发展需要法律制度的保障,需要利用税收减免等手段激励企业参与热情,需要得到教育经费的大力支持,需要行业组织监管到位。

参考文献

[1] 林金良,李小兵,董清海.校企全作人才培养模式研究[J].教育评论,2014(4):23-26.
[2] 范玉军.校企合作人才培养模式的几点看法[J].金山,2011(7):44-49.

交通运输工程硕士专业学位研究生实践能力培养体系研究

朱爱民

（山东交通学院　250357）

摘要：结合全日制专业学位研究生的特点，在分析交通运输工程领域专业学位研究生应具备的实践能力的基础上，提出"项目驱动式"多层次全方位实践能力培养体系及突出能力和素养考核的评价体系，创新培养体制机制，保障专业研究生实践能力培养的实施。

关键词：交通运输工程；专业学位；实践能力；培养体系

国家有关专业学位设置审批暂行办法指出：专业学位是"具有职业背景的一种学位"。专业学位研究生教育具有职业的特性，它应以专业实践为导向，重视实践和应用，培养在专业和专门技术上受到高水平训练的能够满足社会特定职业需求的高层次应用型人才。与传统的注重科学研究和原始创新能力的科学硕士的培养不同，硕士专业学位研究生的培养更注重具有良好的职业素养和解决实际问题能力的培养。由此可见，实践能力和职业素养是专业学位研究生培养的关键。

一、交通运输工程领域硕士专业学位研究生应具备的实践能力

交通运输工程领域专业学位是与交通运输行业相关、任职资格相联系的专业性学位。随着现代经济社会的发展及产业结构的优化升级，我国交通运输业对人才的知识与能力结构需求发生了较大变化，具备良好工程实践能力和综合职业素质的高层次应用型人才是当前及今后一个时期人才需求的主导趋势。由于交通运输业属于生产性服务业，在国民经济中处于基础地位，道路运输组织与管理水平直接决定交通运输业的整体效率水平，社会对于道路运输的高层次技术管理人才的需求也越来越高。特别是在国家倡导综合交通、智慧交通、绿色交通和平安交通"四个交通"建设的今天，要适应交通运输专业工程实践性强及与运输生产活动联系紧密的特点，在实践能力培养的目标和要求上就要强调专业技能、适应能力及创新能力的培养。从具体内容上讲，学生的实践能力应该包括工程意识、基础实践能力、综合实践技能和创新能力，具有一定的人文科学和职业素养，能够综合运用科学技术手段来分析与解决各种工程问题。为此，需要构建充分的、高质量的实践培养体系，创新培养体制机制，保障专业研究生实践能力培养的实施。

二、"项目驱动式"多层次、全方位实践能力培养体系

建立科学、合理、渐进、创新并与理论教学相协调的实践能力培养体系，是实现专业学位研究生培养的关键。学校以强化工程实践能力与开发创新能力为目标，强化项目载体作用，通过学校与合作企业共同选定实践项目，构建以"项目驱动"为特色的多层次、全方位的工程硕士研究生实践能力培养体系（图1）。

其中，基础型实践主要通过项目认识实习、项目调研等环节培养学生的基本技能，培养发现问题和提出问题的能力；综合型实践主要通过项目策划，培养学生的文献检索、综合分析等方面的能力；创

---

* 山东省2012年研究生教育创新计划项目"面向服务国家特殊需求的专业学位研究生培养模式创新与质量保障体系研究"的部分研究成果（SDYY12088）。

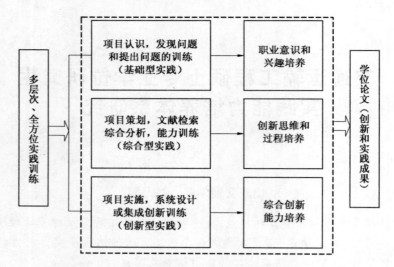

图1 "项目驱动式"多层次全方位实践能力培养体系

新型实践主要通过项目实施,培养学生的试验设计和集成创新能力;学位论文是对以上环节的提炼总结。论文选题要求与实践项目紧密结合,选题均来自于企业实践,解决企业实际问题,要求应用性强。除了论文形式外,也可以允许有诸如新技术的报告、项目设计、社会调查报告等更多的毕业论文形式。该体系以校企合作培养机制为保障,校内实践平台与企业实践基地有机交替、互为补充,强化项目载体作用,注重做学结合、做研结合,开展多层次、系列化项目训练,促进工程硕士专业学位研究生实践能力的提升。

三、突出实践能力和素养考核的评价体系

评价体系是教育质量的保证。加强实践能力培养,需要对原有评价体系进行调整,建立相配套的考核评价体系,分阶段对该领域专业学位研究生进行考核评价,加大对实践能力和职业素养的考评。

1. 课程学习阶段考评

在理论知识考核基础上,增加案例分析和实验能力的考核;增加部分职业资格(如注册监理工程师、物流工程师)考试相关内容。

2. 专业实践阶段考评

以职业能力评价为基本要求,从实践计划的编写、实践过程实施、实践结果汇报答辩等各个环节评价实践质量,使考核工作与工程实践更密切地结合。该阶段考核评价,以企业第二导师为主,校内外导师共同实施。

3. 学位论文阶段考评

从注重"理论研究"向注重"应用创新"转变,论文选题直接来源于生产实际或具有明确的生产背景;对学位论文的考核评价,以解决实际问题的程度,是否具有实用性,是否符合行业规范作为重要的评价标准。

4. 职业品德与素养考评

主要考评学生的治学态度、职业精神、职业思维、职业化行为和职业习惯的养成等,以企业第二导师为主,校内外导师共同负责。

四、加强实践培养的其他保障措施

1. 构建校企深度融合的合作培养机制

为保证实践能力培养目标和"项目驱动式"实践培养体系能够被很好地执行,使研究生人才培养真正达到行业认可、企业欢迎,搭建校企对接平台、实现校企合作融合是重要途径。为此,成立由交通领域行业、企业专家组成的"研究生培养指导委员会",签订合作协议。作为合作培养专业研究生的桥梁和纽带,研究生培养指导委员会的成立,打破了传统人才培养主体单一化格局,以双方导师和工程项目为基础,建立学校、企业的合作培养机制(图2),充分利用双方在人才、技术、设备等方面的资源,校企双向互通,资源共享,深度融合。

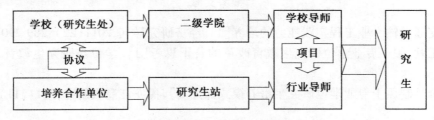

图2　学校行业的合作培养机制

2. 加强实践型师资队伍建设

为突出专业学位研究生实践能力培养,必须建设具备一定实践特色的导师队伍。为此,须建设一支具备实践特色的"双导师"队伍。

(1)校内专职导师。将具有一定工程实践背景作为硕士生导师遴选的重要条件之一。强化应用型和工程型导师团队建设,在达到一定学历和学术水平的前提下,还要有一定的职业经验和实践案例的积累。

(2)企业兼职导师。通过"研究生培养委员会"的成立,结合合作培养基地建设,建立了企业兼职导师聘用体系,形成了主要由行业企业高级技术专家组成的、多元化的兼职导师队伍。校、内外导师从具体的合作项目入手,将企业实际工程问题(如项目设计、研发等)作为实践项目及学位论文题目,使实践内容和学位论文更加贴近行业和职业发展的实际需要。

3. 建立专业学位研究生培养质量评价与督导组织

成立专业学位研究生培养督导组等组织,对培养过程的各个环节进行全面的指导、监督、检查,发现问题并进行总结,提出意见和建议,以促进能力导向的教育教学质量的全面提高。突破只对教师教学工作的一个方面进行督导的模式,在加强对教师(导师)教学行为进行常规教学督导的基础上,建立对研究生学习、科研行为进行督导的督学机制和激励机制;以"双督导"的合力作用,促进教师改进教学、学生改善学习,增强教与学的互动性与适应性,提高"教与学"两个方面的质量。这种教学质量"双督导"机制,包括对研究生学习科研活动的监控和对导师教学指导过程的监督两个部分。研究生学习过程监控是对研究生整个学习过程的跟踪,包括对课程学习、实践实验、开题报告、学位论文、成果创新等一系列研究生行为的记录和评价;对导师教学指导过程的监督,则是对导师教学效果、指导的基本内容、方法手段、敬业精神等方面的跟踪督查。建立定期向毕业生用人单位进行调查的机制,建立社会认可度评估指标。对于调查结果进行认真整理、分析、总结,并以此为依据调整培养环节的相关内容,从而形成良性的管理循环。

五、结语

专业学位研究生实践能力培养体系对接交通行业发展需求,以提升研究生实践能力培养为重点,着力进行培养体系和保障机制建设,突出学校与行业企业合作,为国家交通行业及区域经济社会发展提供人才支撑,并应用于教学实践。目前,高等教育正在经历一场深刻的变革,交通运输专业不仅仅是培养工程师,更是培养懂科技、会动手、善管理、重效益、有素质、能竞争的跨世纪人才。高校只有切实转变教育观念,提高认识,积极探索,构建先进、完善的交通运输专业工程实践能力培养体系,不断加强实践教学环节,建设一支高水平的、与学生工程实践能力培养要求相适应的专业教师队伍,才能有效地保证学生工程实践能力和创新意识的进一步提高,满足建设创新型国家对高层次工程技术人才的需求。交通运输工程硕士专业学位实践能力培养体系的构建,不仅在培养交通运输专业应用型人才上起到了关键作用,而且对高校教育改革和其他专业学位研究生培养体系的建设也具有借鉴作用。

参考文献

[1] 柳伍生. 交通运输专业工程实践能力的培养[J]. 经济研究导刊,2011(22):289-290.
[2] 郑湘晋,王莉. 关于专业学位研究生教育改革的若干思考[J]. 学位与研究生教育,2012(4):15-19.
[3] 张吉雄. 全日制硕士专业学位研究生培养模式探究[J]. 黑龙江高教研究,2011(11):119-121.

第三部分
博士研究生培养

英国爱丁堡大学工程博士培养特色及启示*
——以"海洋可再生资源"专业为例

郭超君,耿有权

(东南大学高等教育研究所 210096)

摘要:英国爱丁堡大学"海洋可再生资源"工程博士学位由爱丁堡大学领导,斯克莱德大学、埃克赛特大学、苏格兰海洋科学协会与HR沃林福德公司联合培养,在入学条件、培养计划、师资建设、考核评价等方面富有特色,对我国工程博士培养有重要启示。

关键词:爱丁堡大学;工程博士;培养特色;启示

工程博士学位(Engineering Doctorate,简称EngD)是一种在工科领域授予的,地位与传统的哲学博士学位相当,具有职业导向性的专业学位。英国工程博士学位于1992年在曼彻斯特理工大学和曼彻斯特大学设立,但其在借鉴美国经验的基础上独辟蹊径,形成了一套具有英国特色的培养体系。以"海洋可再生资源"工程博士培养为例,该学位是由爱丁堡大学(University of Edinburgh)领导,斯克莱德大学(University of Strathclyde)、埃克赛特大学(University of Exeter)、苏格兰海洋科学协会(SAMS,Scottish Association for Marine Science)与HR沃林福德公司(HR Wallingford)联合培养,旨在培养适应海上风电与潮汐技术发展需要的一流人才。该学位培养体系在入学条件、培养计划、师资水平、考核评价方面富有特色,对我国工程博士培养有重要的启示。

一、爱丁堡大学"海洋可再生资源"工程博士培养特色分析

爱丁堡大学"海洋可再生资源"工程博士中心(the Industrial Doctorate Centre in Offshore Renewable Energy,简称IDCORE)由能源科技研究所(Energy Technologies Institute,简称ETI)设立,ETI和英国工程与自然科学研究委员会(EPSRC)共同提供资金支持。该中心所提供的学位与世界海洋领域的专业组织IMarEST资格认证相衔接。其宗旨是:引入最优秀的学生,提供优越的学习条件,培养高质量的专业人才。

1. 严格的申请条件:获第一荣誉学士学位或同等学力,具备相关经验

招生作为学生入学的首要环节,直接影响工程博士培养质量。为此,爱丁堡大学在"人才进口"这一环节要求严格:申请者需获得英国第一荣誉学士学位,该学位为本科最高学位,通常情况下很难获得;或申请者具备第二荣誉学位中的高一级学位,同时获得理科硕士学位方可申请。爱丁堡大学在入学要求中,紧扣海洋可再生资源专业所需的知识功底和个人品质,严控入学质量第一关,力求挑选出最具潜力的学生,具体要求见表1。同时,该工程博士学位在所招收的学生中提供10名全额奖学金获得者,金额高达1.7万英镑,用于吸引更多优秀人才。

---

* 中央高校基本科研业务费专项资金资助项目"世界一流大学研究生培养质量保证及实践案例研究"(9551070000)。

表 1　英国爱丁堡大学"海洋可再生资源"工程博士学位入学条件

入学要求	第一荣誉学士学位/第二荣誉学士学位(upper)，并获得理科硕士 对科技或工程的一个或多个分支有较好的了解，良好的数学功底，并具有相关项目经验 熟练的英语水平，雅思英语至少达到6.5分 申请者需具备热情、创造力、智慧等品质，并有一套成熟的学习方法 在线申请时，需提交海洋可再生资源的相关论题
申请材料	学位证书和成绩单复印件、两封推荐信、个人简历

注：所获学位以及相关经验证明均需得到爱丁堡大学执行委员会的认可
信息来源：http://www.idcore.ac.uk/public/how-apply

2. 周密的培养计划：知识学习与项目研究相结合，更具职业导向性

培养计划的制订是影响高质量人才输出的关键环节。爱丁堡大学"海洋可再生资源"工程博士学位培养计划以职业为导向，结合工作所需知识储备、领导能力和研究能力，与企业强强联合共同培养工程博士。该培养计划基于博士层次教学标准、工程技能与领导才能以及研究能力3大要素进行制订，从形式上可分为课程学习、年度汇报、年度项目回顾和主题论文。年度汇报、项目回顾和主题论文是为检测学习成果而设，亦可视为该工程博士学位筛选门槛。课程教学从内容上可分为在校学习、远程学习和项目研究，从种类上可分为两个模块，其一为结构化的知识学习，占180学分；其二为项目研究，占540学分。学生在校期间共计需修满720学分。以下为两大模块具体介绍。

（1）结构化的知识学习。专业知识的学习是学生进行企业项目研究之前的能量储备。爱丁堡大学"海洋可再生资源"工程博士学位培养从3条主线出发，形成结构化的知识教授流程。第一，集中化的课堂教学。课堂教学主要在学校中进行，为期两个学期，每个学期学习6门专业课，课程围绕"海洋可再生资源"设置，内容包括监测、评估、经济论以及相应的跨学科知识，使学生具备较好的项目研究能力和适应企业环境的能力。第二，每年七八月份开展的暑期学校，在相关联合培养的企业中进行，为期2周，共计3期，旨在培养学生对海洋空间规划和环境效应的实践认识。第三，在企业学习管理、经营、创新和企业精神相关内容，力争最大限度地获取实际经验。

（2）项目研究。项目研究是培养学生实践能力的汇聚点，是培养计划中的核心部分。与传统哲学博士培养相比，企业项目研究是工程博士培养最显著的特征。通常由来自相关领域的15家合作公司提供研究项目选择，企业与导师共同发起，用于进一步发展学生自身严谨的研究能力和职业能力。学生完成2个学期的学习之后，将直接进入所选择的对应项目公司进行项目研究，同时根据其研究项目选择参与适当的课程培训，主要从3期暑期学校、年度公司日、科学会议以及远程课堂进行选择。值得一提的是，在整个培养过程中，企业作为联合培养人始终参与其中，以确保工程博士培养的职业导向性。

3. 合理的师资结构：导师各司其职又相辅相成，贯穿培养计划始终

导师作为学生在校求学的引路人、督导者，对人才培养质量具有重要影响。爱丁堡大学"海洋可再生资源"工程博士学位是由爱丁堡大学领导、斯克莱德大学、埃克赛特大学3所著名高校与苏格兰海洋科学协会(SAMS)、HR沃林福德公司(HR Wallingford)联合培养，为此负责该学位培养的导师和授课讲师均从中产生，从而保证工程博士学位培养体系中的师资水平，详细师资情况见表2。在培养计划的流程中，该工程博士学位培养为每一位学生安排了3名导师，各司其职：学术导师、项目研究导师和资深企业顾问。学术导师由学位项目领导大学——爱丁堡大学选出，负责每一位学生的知识学习，项目研究导师通常为相关领域的高水平专家，从爱丁堡大学、斯克莱德大学、埃克赛特大学这3所联合培养大学中选出，顾名思义，主要负责学生项目研究部分。同时，爱丁堡大学设立一名资深企业顾问，辅助学生完成项目研究的学习，保持1年有3次与学生交流的机会。3位导师在培养计划中相辅相成，确保在学生的每个学习阶段有足够的交流与辅导的时间，以此敦促学生学业任务有效的衔接与顺利完成。此外,由学术委员会指定的论文考核委员会(也可称为论文专家小组),是由各导师、企业主管和1名独立的大学教师组成的,主要负责学生年度汇报的评审工作和推选校外主考官的合适人选。

表2 爱丁堡大学"海洋可再生资源"工程博士中心(IDCORE)师资情况

	导师	课程讲师	备注
爱丁堡大学(领导)	8名	3名	Prof David Ingram(IDCORE 主管) Dr Tom Bruce(IDCORE 教学主管)
埃克赛特大学	4名	0	Dr Lars Johanning(该校 IDCORE 负责人)
斯克莱德大学	8名	2名	Prof Atilla Incecik(IDCORE 研究部经理)
SAMS	0	2名	Professor Axel Miller(该协会 IDCORE 负责人)
HRWallingford	0	1名	Professor William Allsop(该企业 IDCORE 负责人)

注:①担任导师的教授同时承担相应的课程教学;②导师从三所大学中产生,故 SAMS, HR Wallingford 该项数据为 0

信息来源:http://www.idcore.ac.uk/public/about-idcore

4. 科学的考核与评价标准:不同培养环节设不同考核方式与评价标准

考核是对工程博士在校学习情况的检测与反馈,评价标准则为衡量学习成果提供了重要的指标。"海洋可再生资源"工程博士学位主要分为课程学习、论文或项目两个部分进行考核,针对性地设置了不同的评价标准。

(1)课程学习考核设补考、留级、肄业与退学,要求甚严。学生在集中进行的课程学习中,至少以50分的合格线拿到100学分(共计120学分),否则将进入补考。补考是由考试委员会在考核最后阶段组织进行,若通过补考,则继续进行工程博士学习。若未通过,则分为以下4种情况进行处理:①以50分的合格线获得80学分,且均分为50分,则转入"海洋可再生资源"硕士阶段进行学习;②以40分的合格线获得80学分,且均分为40分,则需暂停继续攻读工程博士,但能获得"海洋可再生资源"研究生学位证书(Postgraduate Diploma in Renewable Offshore Energy);③以40分的合格线获得60个学分,则需暂停工程博士学位的学习,同时获得"海洋可再生资源"研究生结业证书(Postgraduate Certificate in Renewable Offshore Energy);④若未能获得60学分,则直接离开该学位学习。从上述标准可见,学生在课程学习中一旦所得学分低于80学分,则无法再继续学业。

(2)成立论文或项目考核委员会,层层审核。工程博士学生在顺利通过课程学习之后方可进入论文或项目考核环节。首先,论文须为原创,内容要求与所参与的企业项目研究相关,包括对论文贡献的简要概述以及相关证据支撑,其中在论文中应注明作者自身研究成果和导师的参与部分。其次,论文的审核通常在考核委员会中进行。在执行委员会的推荐下,爱丁堡大学作为领导大学将聘请两名校外主考官和一名校内主考官作为考核委员会成员,这3名主考官的任用需得到其他两所大学的一致认可。考核委员会将从整体上确保学生论文符合学位要求,其中1名校外主考官主要负责对学生技术能力、管理技巧以及对研究项目的工业背景的理解进行考核。最后,论文在经由考核委员会审批后,主考官需将论文或项目研究以报告的形式交由3所大学审核,并且论文或研究项目需达到以下6个条件之一方可由主考官推荐至爱丁堡大学评议会。①完全符合工程博士学位要求;②在规定时间内(通常不超过3个月)完成对论文小错误的修改,从而达到学位要求;③论文符合学位要求,但在答辩中有所欠缺或是被要求进行进一步考核需在规定时间内修改成功并通过考核;④论文之于学位要求存在明显欠缺,但通过一段特定时间深入学习可修改达标;⑤论文之于学位要求存在一个或多个本质欠缺,并且在短时间内无法完成修改,但论文达到硕士学位要求的可在两年内对论文进行修改重新提交并通过考核;⑥论文明显不合格者,取消学位授予或可重新申请其他学位。综上可知,爱丁堡大学"海洋可再生资源"工程博士培养要求严格,在课程学习和论文或项目考核环节设置不同的评判标准,以此保障该学位优质专业人才的培养质量。

二、启示与思考

为适应创新型国家建设需要,完善我国工程技术人才培养体系,我国于 2011 年在 25 所试点高校开设工程博士学位教育项目。未来如何发展与完善工程博士培养模式,已经成为影响工程博士人才培养质量的关键因素。爱丁堡大学"海洋可再生资源"工程博士培养对我国工程博士培养可以带来一些启示。

1. 与企业需求相衔接,职业导向性一以贯之

工程博士专业学位研究生教育旨在培养高层次复合型专业人才。所谓专业人才,是对相关领域有着透彻了解的人才,即面向某一个特定职业进行培养的人才。爱丁堡大学"海洋可再生资源"工程博士学位与世界海洋领域的专业组织 IMarEST 资格认证相衔接,与 HR 沃林福德公司(HR Wallingford)联合培养,与 15 家企业进行项目合作,学生在校 3/4 的时间均用来做项目研究,可以说充分迎合企业需求,其职业导向性显著。为此,工程博士作为最高规格专业人才教育,在设立时就应明确其"在哪培养""毕业去哪"等问题,从而清晰定位其培养目标,在培养模式上与企业的实际需求相对应,从本质上强化工程博士人才培养的"专业性"意义。

2. 落实校企合作培养,强化学生实践训练

企业能否全过程地参与培养决定着工程博士学位是否可以培养出与企业需求相适应的专业人才。爱丁堡大学工程博士学位与企业联合设立,在课程教授、导师任用、论文考核等环节,企业均派出高水平专家全程参与,并明确规定了其职责,同时企业提供合作项目、实习基地等,使学生对海洋可再生领域新技术的发展有着参与性的了解,从而强化学生在该领域的实践能力。因此,校企合作势在必行,建议在充分考虑工程博士培养目标以及企业具体实际的基础上,可采取项目合作制、顶岗实习制或订单式合作等形式,与企业单位、企业顾问联合制定培养方案,权责清晰地对学生进行专项辅导,最大限度地激发学生在该领域的实践能力。

3. 优质学科联合办学,配备一流师资力量和设备

联合办学有利于高校资源优势互补,使优质学科办学资源得到淋漓尽致的发挥。师资力量与设备共享作为联合办学的最强优势一马当先。在该学位培养中,3 所大学均选派在该领域已有几十项突出研究成果的副教授以上人员担任联合培养中的导师与课程教授职责。同时在设备方面,爱丁堡提供全水域组合式电流波形和测试设备、埃克赛特大学提供动态海洋组件测试设备以及西南系泊试验设施、斯克莱德大学提供开尔文流体力学实验室,均为该领域的先进设备。我国工程博士起步较晚,在师资力量与设备资源配备方面还较为有限,开展优质学科联合办学不失为解决问题的最好方法,从而用一流的师资与设备推动工程博士培养的快速发展。

4. 细化质量评价标准,严格要求在校学习成绩

质量评价标准根据培养目标设置,与工程博士学位人才培养质量息息相关。爱丁堡大学高度重视学生在校学习的成绩,在课程学习与论文考核环节中,注重细化评价标准,让获得不同档次学习成果的学生对号入座,同时给予在校生应该努力学习的警钟。不仅如此,爱丁堡大学每年设置年度汇报与年度项目回顾,在学习阶段快结束时设口试等对学生进行筛选,通过层层考核与评价以此保证高质量毕业生输出。工程博士培养质量的保障相对来说较为复杂与庞大,其培养基地、培养环节、学习途径与学术型博士均不同,因此在这些环节评价上都应与学术型博士区分开来,切忌套用。为此,多方位、有针对性地制定严格的评价标准,提高在校生学习成绩,才能从根本上保证工程博士人才培养质量,真正培养出一批高水平的工业领域的专业人才。

参考文献

[1] 钟尚科.完善我国工程博士专业学位教育制度与措施之探讨[J].高等工程教育研究,2013(4):160-165.

[2] 王素文,顾建民.面向工业需要的英国工程博士及其培养特色[J].高等工程教育研究,2005(2):76-79.

[3] 狄晶晶,耿有权.英国曼彻斯特大学工程博士的培养特色及其启示——以"核能工程"专业为例[J].教育探索,2013(10):151-154.

公派联合培养博士生的管理机制建议[*]

孙金玮，黄博妍，张世平，丁慧敏

（哈尔滨工业大学自动化测试与控制系　150001）

摘要：随着我国科技、教育发展与世界的接轨，联合培养留学生已成为优秀人才教育的重要途径之一，通过指导多名联合培养博士生的经历，思考了博士生联合培养过程中存在的问题和挑战，探讨了如何监控和改进联合培养留学生的培养质量。

关键词：公派留学；联合培养博士；质量监控

一、联合培养博士研究生现状

在"国家建设高水平大学公派研究生项目"的支持下，我国自2007年平均每年派出约5 000名联合培养博士生，赴世界各国的知名高校或科研院所学习，师从一流导师和专家开展半年到两年的访问及研究工作，在科学研究、人才培养、交流合作等各方面均成效显著[1]。

国家公派联合培养博士研究生，一般需要国内导师和国外导师双方根据研究生的情况共同制定联合培养方案，双方共同指导研究生学位论文的相关研究。理论基础的学习、深入算法研究、实验平台设计、实验数据采集分析等方面的指导工作，双方导师根据各自实验室的条件协商，承担各自对博士研究生的指导工作。通常，基础理论的学习在国内完成，课题中的难点、前沿技术及实施方案等则由国外导师负责指导学生完成，一些国内不具备实验条件的，可以在国外相关实验室完成数据的测试、采集回国后进行整理[2,3]。

随着我国对国际化人才培养战略的实践发展，联合培养博士生的申请流程体系日趋完善。在学生申请国家奖学金资助前，需要首先准备外语考试，没有托福、雅思、GRE或者PET5成绩的，可以参加学校组织的外语培训班，通过考试取得资格证书方可申请。取得国外知名高校教授提供的邀请信是申请成功的关键。通常双方实验室有研究合作基础，学生可以通过联合培养博士研究过程，加强和促进双方实验室研究项目的进一步合作，加强国际化联系。没有合作基础的，学生可以自行申请，准备好申请材料，不断地向相关领域的教授递交申请材料，取得国外教授的认可。国外名校教授通过学生的学习成绩（GPA）、外语成绩、发表文章水平和数量、研究兴趣、个人陈述等几个方面，对申请学生的综合能力进行评定，择优提供邀请信。拿到名校邀请信和外语合格证明，学生还要准备详细的研究方案和证明自己学习能力的材料，参加学校组织的选拔答辩，通过答辩才能在国家留学基金委的网上进行申请。整个过程环节严谨，学校和留学基金委的专家都对学生进行严格的评审，主要包括以下几个方面：

（1）申请学校的世界排名，研究方向是否在国际前沿。
（2）申请的导师是否为教授，所带学生的数量，以确保有足够的精力指导学生。
（3）学生自身的英语能力，是否能适应国外的语言环境。
（4）学生的学习履历和综合成绩，奖励和科研文章发表情况。
（5）学生的思想道德素质，优先为有志于学成归来，报效祖国的学生提供资助。

---

[*] 2013年度黑龙江省学位与研究生教育教学改革研究项目。

(6)周密的研修计划、研究目标,明确留学的目的和归国后计划。

国家留学基金委通过对以上几个方面的考察和周密的评审环节,完成了对优秀学生的选拔、派出,但是学生到国外以后,对学生的科研过程监控就稍显不足。学生到达留学单位以后向留学基金委汇报,之后仅需要每学期完成一份总结报告,总结报告由双方导师签字,之后提交给留学基金委[4]。

学生派出后,国内导师与学生的联系一般在每学期签字的时候,部分导师对学生在国外的研究情况一无所知,一部分学生到国外以后更换了研究方向,为国外导师的教研室做其他项目,逐渐与研究计划偏离或脱节,有的没有很好地适应环境,影响了研究进展。多方面因素制约了一部分联合培养博士生在国外留学期间的成果进展,加强对公派留学联合培养博士生的质量过程监控、加强国内导师与国外课题组和学生的联系将为解决留学生国内外研究脱节提供思路,提升联合培养博士生的质量[5]。

二、联合培养博士生管理亟待解决的问题

1. 国外研究与国内研究课题方向不一致

研究方向不一致的问题,往往发生在自行申请国外学校的学生身上,因为前期国内外实验室并没有任何合作和联系,学生仅通过"海投"获得了国外导师的邀请信。尽管在出国以前,做了详细的研修计划,研究内容大体一致,但是到国外实验室以后,发现课题的研究方向和解决问题的方法和思路与先前的设想截然不同。课题知识点缺乏前期积累给留学生的科研进展造成很大阻力,如果自我管理不得当,没有做好心理和策略的调整工作,就会浪费宝贵的留学时光。很多学生直到归国前几个月才进入正常的研究轨迹,找到"状态"。

2. 国外研究团队融入困难

与导师学术观点不一致是博士生常遇到的问题,这个问题对于留学生来说尤其严重,加上语言沟通的困难,想贴切而且礼貌地表达与导师不同的观点是需要费脑筋的,通常要打好草稿,反复斟酌单词的各种意思,避免产生误解,甚至引发冲突。有的留学生外语功底好,并且十分注意相处技巧,可以很好地向导师展示自己的新观点,并且得到导师的赞赏。而一部分留学生则在沟通中遇到困难,与导师甚至整个课题组产生了隔阂,被弃管和孤立。引发这种问题,可能并不单纯是因为学术观点,生活习惯、风俗的冲突也常常导致留学生难以融入国外的团队。努力做科研,努力融入国外团队是每个留学生的必修课,然而在难以融入的时候,如何放平心态,不偏离自己的科研计划,逐步地取得认同,扭转困境呢? 从加强对国家公派留学博士生管理的角度,有组织地、定期地关怀帮助在外的留学生显得尤其重要。

部分学生对国外物质诱惑抵御能力不强,没有沿着计划进行科学研究而从事了诸如打工、经商等其他工作,不能如期完成研修计划,甚至非法滞留国外。少部分学生受到不良组织的煽动和影响[4,5]。

三、解决的方案

1. 加强双方实验室的合作

双方原有课题合作的,继续研究合作课题,双方通过讨论会的形式,每两周或者一个月汇报研究成果,讨论会可以邀请国内导师视频参与,一方面对学生的研究进展进行监控,另一方面加强了对国外研究情况的学习和了解。双方实验室之前没有合作的,可以借此以共同培养博士生作为纽带,加强双方学术互访,在博士生留学期间,博士生的国内导师可以到博士生留学的实验室进行学术访问,博士生归国后,可以邀请国外联合培养导师到国内讲学。通过这些手段,既增强了国际学术交流合作,又加强了对联合培养博士生的过程管理和质量监控。

2. 建立联合博士生培养质量评估体系并跟踪监控

实现对国外联合培养博士生的留学情况质量监控，首先要建立健全的质量评估体系，只有建立完善的体系制度，才能保证监控实施过程有理有据，起到对留学生在外科研情况的督促效果。

国外对于博士生的培养过程更为严格和规范，训练和培养一个科学工作者的基本素养和学术责任，强化科学严谨的思维方式，传承科学的治学理念和精神。将这种治学理念和精神有效融入我国对研究生的培养教育中，通过建立相应的质量要求体系，加强对在外留学生的质量监管，提升联合培养效果。联合培养博士生监管过程如图 1 所示。

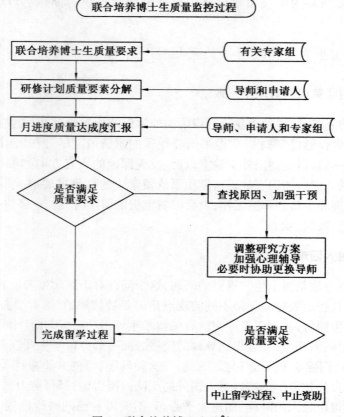

图 1 联合培养博士生监管过程

（1）联合培养博士生的质量要求应由有关专家组进行评估和制定，结合不同的学科方向，给出相关的指标。

（2）通过对研修计划进行质量要素分解来细化质量评价标准，具体参与人应为导师和申请人，根据每个人的情况，给出相应的培养目标。

（3）按月进行质量达成度汇报，由申请学生向导师汇报，并将汇报结果通过网络等手段提交给专家组。

（4）每月判定学生当月是否满足质量要求，及时发现存在问题的留学生，对其加强干预，及时调整培养方案，加强心理辅导，必要时协助更换导师。

（5）对于严重偏离研究计划，没有达到质量要求的留学生应中止留学过程、中止资助。

通过以上监管手段，实现对联合培养博士生的质量监控，使得对受资助的学生的留学过程得到有理有据的管理。

3. 加强对留学生的心理辅导

建立当地留学生联系方式，定期组织当地留学生集体活动，通过活动加强对留学生的了解和干预,及时发现生活和学习遇到困难的同学,积极对他们开展心理辅导,使他们尽早适应环境,取得进步。

4. 完善的奖励机制

对于完成较好的学生应有奖励和激励措施,如延长资助时间,可以继续申请博士后研究资助,在留学过程结束时颁发证书,并推荐就业单位等。

建立完善的奖励机制,依赖于系统的质量评价体系,通过对当届全体留学生的跟踪评价,为每个留学生建立质量档案。根据具体的评价标准,评选出优秀的联合培养博士生,并给予相应的奖励。

5. 加强联合培养博士生之间的联系

随着我国建设高水平大学国家公派项目的推进,每年大量的留学生被派往国外深造,当地应有相应的机构对留学生进行登记管理,开展各项交流和联谊活动,并为每批新来报道的留学生和归国留学生开展相应的欢迎和欢送会,成为增强新老留学生之间联系的纽带和桥梁。

加强学生们在学业、生活、心理等方面的经验交流,分享优秀留学生的经历和心得,为刚迈出国门的留学生起到正面引导作用。

四、结 语

本文通过分析我国公派留学联合培养博士生的质量监管现状和目前在科研、生活、心里等方面的问题,从加强双方实验室合作、建立质量监控体系、加强心理辅导、完善奖励机制、加强学生联谊5个方面提出了解决的方案和建议,探讨了提升联合培养博士生质量的具体办法。

参考文献

[1] 何峰,胡晓阳,贾爱英. 国家公派联合培养博士生留学成效初探——基于"国家建设高水平大学公派研究生项目"的考察和分析[J]. 学位与研究生教育,2012(6):51-55.
[2] 冯丽芳,陈雪芳. 新形势下高校公派留学工作的思考[J]. 黑龙江高教研究,2004(2):31-32.
[3] 夏善黎. 试论高校公派出国留学的发展趋向和管理机制的改革[J]. 高教发展与评估,2000(2):79-81.
[4] 敬沁竹,张珊珊. 关于高校公派出国情况的几点思考[J]. 经营管理者,2014(17):220.
[5] 张睦楚. 博士生联合培养中的多重困境及其超越[J]. 国家教育行政学院学报,2015(6):29-33.

优化培养方案 培养高层次创新人才*

宋 平,于 航,高 栋,姜百川

(哈尔滨工业大学研究生院 150001)

摘要:本文通过参照国际模式优化课程体系,强化博士学位论文过程管理,建立有效淘汰机制等举措,概述提高哈尔滨工业大学博士研究生培养质量的对策。

关键词:博士生;培养方案;课程体系;学位论文过程管理

国务委员刘延东曾指出:"学位与研究生教育作为国民教育的顶端,对其他层次的教育有着巨大的带动作用,是高层次拔尖创新型人才的主要来源和科学研究潜力的主要标志,是增强综合国力和国际竞争力的重要因素。"可见,研究生教育承担着培养高层次拔尖创新人才和自主创新的历史重任,在实现中华民族伟大复兴、建设世界强国中将发挥非常重要的作用。为了进一步完善我校博士生培养的质量保障体系,哈尔滨工业大学研讨制定改进措施,重新修订了博士生培养方案。

一、博士生培养方案修订的必要性

1. 课程体系与学科的快速发展不相适应

课程体系设置是研究生培养模式中不可或缺的基本要素,是体现教育思想及培养目标的载体,课程体系设置的合理性直接关系到研究生培养质量。经过近几年国家相关政策的支持,一些高校的交叉学科及新兴学科建设成效显著,学术带头人的引进为学校的学科发展储备了新的力量,同时为研究生教育教学工作也注入了新的理念。如哈尔滨工业大学生命科学与工程学院,近几年从国外著名高校引进一大批归国学者,由这些学者组建的学术团队,准确把握国内外生命科学学科发展的总体趋势,同时依托学校的学科优势,提出了具有鲜明特色的研究方向:航天医学与空间生物学、纳米生物技术与纳米生物医学材料等。然而,学校现有的培养方案仍然存在课程设置单一化、课程内容陈旧和偏少等问题,跟不上学科快速发展的步伐,课程体系知识结构与国外著名高校之间的差距也在逐渐扩大。

2. 培养方案与高层次人才培养目标不相适应

研究生培养方案制定后,一般保持3~4年的相对稳定,即一个时期内的培养方案要影响到这一时期内研究生的知识结构、能力水平以及研究生的就业竞争力和学校的声誉等方面。研究生在导师的帮助下,根据相应专业培养方案要求和学位论文研究工作的需要,结合自身的实际情况制订学习和科学研究计划。但是在实际管理过程中,存在培养方案与培养计划不协调的情况。例如,课程体系不规范,同一学科的课程设置缺少统一的标准,存在因人设课的现象;培养方案的不合理导致培养计划无法制订,课程内容陈旧,硕士生、博士生同一课程的教学内容重复,研究方向陈旧、过窄、过细,跨学科课程设置不够等。

---

* 黑龙江省学位与研究生教育教学改革研究项目2014年重点项目"博士生培养过程管理分流淘汰机制的建立"(JGXM_HLJ_2014048)。

3. 学位论文管理制度亟待完善

在博士学位论文过程管理方面主要表现在：第一学年综合考评流于形式，基本上没有起到分流与淘汰的作用；院系、学科和导师对博士生开题报告不重视，推迟开题时间，甚至个别博士生学位论文快完成时才进行开题，使该环节没有起到预期的作用。

在导师育人方面存在：导师没有处理好人才培养和科学研究的关系。少数导师只顾让博士生帮自己完成科研项目，缺乏对博士生的有效指导，用人有余，育人不足；导师的指导能力不够。一是导师的水平有限，对学生不能很好地指导；二是博士生的论文为新开辟的学术方向，导师对学生学位论文工作不熟悉，不能有效指导。

上述问题的存在，导致博士生培养方案已经无法与新时期教育改革下研究生教育质量保障体系相适应，为此，及时修订博士研究生培养方案，保持研究生课程体系的系统性、科学性和先进性，以及学位论文过程管理的有效性，是保证研究生培养质量的重要举措。

二、哈尔滨工业大学修订博士生培养方案的举措

研究生培养方案是研究生培养管理机构为了使研究生培养工作符合培养目标，保证一定的规格和质量，为不同学科、不同专业的研究生制订的教学计划。研究生培养计划是指按照专业培养方案的规定，根据因材施教的原则，针对各个研究生的情况和特点，在其选定的研究方向上拟定的具体的培养进程与安排[1]。

1. 以学位条例为指导，明确博士生培养方案修订的指导思想

《中华人民共和国学位条例》第六条规定，研究生在本门学科上掌握坚实宽广的基础理论和系统深入的专门知识；具有独立从事科学研究工作的能力；在科学或专门技术上做出创造性的成果。通过博士学位的课程考试和论文答辩，成绩合格，授予博士学位。

依据学位条例，参照国外著名大学的博士生培养理念，哈尔滨工业大学博士生培养方案修订的指导思想为：博士生培养方案的制定应体现学科对高层次研究型人才的培养要求，突出基础性、前沿性和交叉性，体现学科自身的研究优势和特色。为促进学科间的相互交叉，原则上按一级学科制定博士生培养方案。对于硕博、本博连读的研究生，打通硕士、博士阶段的课程，采取硕博一体的培养方案。

以此为指导思想，研究生院组织全校博士培养院系及相应学科，科学、系统地重新设置了博士生的课程体系和学位论文研究环节。

2. 优化课程体系

教育的目的是培养能适应社会发展要求的高素质人才。因此，我们培养的研究生不仅要有扎实的理论功底，而且要有宽阔的学科知识面；不仅能继承前人研究的成果，而且要有创新能力和与人合作进行跨学科研究的能力。这是新形势对研究生培养质量提出的要求，也是研究生教育的目的。创新性的人才，首先必须有创新性思维，而创新思维的形成，必须以合理的知识结构为前提，这种知识结构是通过建立高质量的课程体系形成的。因此，调整与改革研究生课程体系，对培养高质量创新人才具有重要意义。

三、课程学习在博士生培养中的地位和作用

前述学位条例要求博士生"在本门学科上掌握坚实宽广的基础理论和系统深入的专门知识；具有独立从事科学研究工作的能力"。显然，这两条是分别从"课程"学习和"科研"的角度来阐述的，强调博士生阶段"课程"学习和"科研"的重要性。研究生课程有助于智力发展和技能训练，研究生课程的内容具有高度的概括性，它包括了大量的概念和规律；系统的课程学习还有利于良好的能力结构的形成。因为课程的学习过程是老师与学生、学生与学生相互传递、心灵沟通的过程，教师一般具有较高的学术水平和独特的思维方式，学生也不乏思维敏捷敢于创新的见解。如此多种学术观点和思想风格的渗透交融，必然使研究生获得更广阔的视野、丰硕的知识和思想的"火花"。

四、国外著名大学先进经验借鉴

国外许多高校和科研机构都十分重视博士生的课程学习,如美国的 MIT 对攻读博士学位的研究生课程学习要求严格。以机械工程为例包括主修、辅修和其他课程,一般不低于 144 学分(12 门课程)。辅修发展博士生在其主修方向之外的领域的技能。要求其至少选修 3 门主修课(不少于 24 学分)以外的课程。辅修课可以在系内选修,也可以在系外选修。若辅修课是系内的课程,则必须是研究生水平的课程,若选择其他学科的课程,则本科高年级课程也可以。美国的哈佛大学研究生课程也别具特色:首先,课程体系丰满,内容完备;其次,课程更新速度快,特别重视前沿知识的讲解;第三,学生选择的余地特别大。例如,其设计学博士要求 32 学分的设计类专业课。他们鼓励设计学博士更多地选用文理学院的课程。哈佛大学还广泛邀请世界名流学者参与课程教学。国外研究生教育的成功经验告诉我们,课程学习是保证和提高研究生培养质量的一个重要因素。

五、参照国际模式,优化课程体系

1. 设置课程体系的原则

首先,学校明确要求各学科设置的博士生课程体系要具有科学性和合理性。在建立课程体系的过程中要认真分析国内外著名高校同类学科的课程设置,并根据我校和所在学科博士研究生的培养目标,确定本学科研究生所应具备的知识结构,又要充分发扬我校各学科的特色和社会发展的需要。其次,拓宽学科面,提倡交叉学科培养博士生。规定具有一级学科授权的学科,按照一级学科制定博士研究生培养方案。第三,用系统的观点进行课程设置。博士研究生课程设置同硕士研究生的课程设置作为一个整体统一考虑。博士生阶段应进一步加强相关基础知识,加深、拓宽专业知识,避免博士生课程与硕士生课程在内容上重复的现象。打通硕士生和博士生课程。博士生学位课程可以是专门为本学科博士生开设的学科基础课,也可以是为本学科学术型硕士生开设的重要学位课。博士选修课程可以包含学科专门为博士生开设的学科专业选修课程、学科前沿讲座,也可以包含全校范围内开设的与学科有关的研究生课程,由学院根据情况决定选课范围和课程名单。对硕博连读生,按一级学科制定硕博一体化培养方案。

2. 实施"共建课程项目",构建国际化课程体系

我校对博士生的基本要求是:掌握本学科坚实宽广的基础理论和系统深入的专门知识;掌握本学科的现代实验方法和技能;熟练地掌握一门外国语,并具有一定的国际学术交流能力;具有独立地、创造性地从事科学研究的能力;能够在科学研究或专门技术上做出创造性的成果。所修学分的总和不少于 14 学分,其中公共学位课 4 学分(108 学时),学科学位课 2 分(36 学时),选修课 4 学分(72 学时),必修环节 4 学分。与原课程体系相比,课程设置及课程内容更具国际化。学校出资支持具有一级博士学位授权的学科,邀请国际知名大学的高水平学者共建研究生课程。每个学科可以选择培养方案中内容重要、基础性较强、选修学生数量多的 2~3 门学位课作为与国际高水平学者共建课程。本校优秀教师与国外专家组成共建小组,将相关领域最新研究成果或学术理论前沿知识讲授给研究生,使其了解该领域研究的趋势和动向,培养研究生更宽广的学术视角。课程建设周期为 3 年,由国外专家授课逐渐过渡到本校教师授课。课程依托英文授课平台,为研究生提供宽松的语言环境,进一步提升研究生专业英语写作及交流能力。通过共建课程项目,引进国外先进的教学理念、教学内容和教学方法的同时,还培养了一批能够胜任国际化课程的教学队伍。例如,聘请微软亚洲研究院首席研究员辻井润一教授讲授计算机自然语言处理和文本挖掘、聘请英国爱丁堡大学信息学学院 Philipp Koehn 教授讲授机器翻译、聘请英国埃克赛特大学计算机学院副教授 Richard Everson 讲授模式识别,深受博士研究生的欢迎。

3. 强化过程管理,建立有效的淘汰机制,提高博士生培养质量

学位论文是博士培养计划的主要部分,加强学位论文过程管理,建立有效的淘汰、分流机制,是提

高博士生培养质量的重要手段。国外许多知名大学对博士学位论文工作管理严格,并建立了博士生培养的淘汰机制,对保证培养质量起到了很好的作用,值得我们借鉴。例如,美国 MIT,对博士生有 4 项基本要求:写作能力要求、博士资格考试、课程学习和学位论文。资格考试分两部分:一是对课程的笔试和口试;二是介绍硕士论文或博士论文开始部分的工作,由全系教师评审每个学生的表现,并确定其是否通过。博士论文工作由导师指导,并由一个至少包括 3 位 MIT 教师的委员会监控。博士生每学期至少安排一次委员会会议,以获得委员会成员对论文工作的评议。若学生论文进展令人不满意,委员会将意见反馈给学生所在系,系研究生委员会会要求学生退学。论文完成后,博士生还要在系内教授公开会上做口头报告,参会教师根据报告情况决定其论文是否通过。否则博士生没有资格申请答辩。学习国外先进的经验,结合我校的实际情况,必修环节调整如下。

(1) 将必修环节设置学分,充分发挥其有效作用。为了做实博士生培养环节,学校要求各博士点在保持本学科人才培养的优势与特色的基础上,重新科学系统地设计了课程学习、学术交流、科学研究、论文工作等培养环节。同时,为进一步规范过程管理,提高培养质量,新的博士生培养方案将综合考评、开题报告、中期检查、学术活动 4 个必修环节计入学分,每个环节计 1 学分。在此基础上,鼓励院系、学科加强对必修环节的管理,根据学科特点制定各必修环节的质量标准和具体的操作办法。

(2) 建立博士学位论文必修环节的量化考评标准。学校的电气工程系将博士生中期考核分为 A,B,C,D 4 个等级,A 等为优秀,B 等为良好;A 等和 B 等为考评通过等级;C 等为考评警告等级;D 等为考评严重警告等级;C 等和 D 等为考评不合格等级。被评为 C 等的学生须参加下一次汇报,直到合格方可通过中期检查。获得 D 等的学生,评审小组将建议系组织专家进行进一步全面考核,并根据考核情况继续学业或退学。计算机学院将第一学年综合考评给予"通过、修改后通过和不通过" 3 种结论。"修改后通过"需博士生修改、完善自己的综合考评报告并由导师再次签署意见提交;"不通过"者则由学院在随后的半年以上、一年之内再次组织博士生综合考评答辩,根据答辩情况给予"通过或不通过"结论。未能通过答辩者按照博士生退学处理。该学院还对中期检查环节设置了黄牌警告,被警告者须参加学院组织的下一次报告,若不通过,将按照退学处理。

(3) 学院集中管理,提高必修环节的规范化和实效性。材料科学与技术、计算机科学与技术、电气工程及自动化等学院规定博士生第一学年综合考评、开题报告、中期检查等必修环节由学院统一组织进行。每个学期组织 1~2 次,重点考查博士生的政治思想素质及学习、工作态度,对掌握本学科系统的基础理论与专业知识的掌握程度,应用所学知识进行创造性科学研究工作的能力,论文选题的合理性,论文工作进展情况等。集中管理,有利于减少各环节考核的随意性,有利于各团队之间、各导师之间博士生培养情况的横向比较。

六、几点体会

(1) 带动各学科以改革的观点修订培养方案。教育改革的本源是学科的发展和社会的需求,引导各学科更新观念,结合本学科的发展、特点和社会需求研究和制定培养方案及课程体系,抛弃眼前利益。只有这样才能把课程体系改革的目的落到实处。

(2) 按一级学科设置博士生课程,应坚持实事求是的观点。在课程体系建立过程中,应体现"拓宽",但也要实事求是。在我校,某些学科是不能以一级学科来设置专业基础课的。例如,土木工程一级学科包含土木工程学院的结构工程、岩土工程、交通学院的桥梁与隧道工程、市政环境工程学院的市政工程和供热、供燃气、通风及空调工程,这些二级学科差异较大,行政上又分属不同的学院,按二级学科设置课程体系有利于发挥各自的特色,有利于研究生的培养。

(3) 课程体系调整后,从学校层面上,需要加强管理。对所开设的研究生课程要进行监控,及时反馈信息。建立教学质量评估体系,及时反馈教学内容、方法、效果,不断完善研究生课程体系,不断提高教学质量。

参考文献

[1] 薛天祥. 研究生教育管理学[M]. 桂林:广西师范大学出版社,2004.

系统论视角下的工程博士教育改革探究

陈 玲

(北京理工大学研究生院 100081)

摘要：从20世纪80年代开始，我国高等教育界逐渐把系统论观点引入到高等教育管理领域，极大地促进了高等教育管理科学化的发展。而工程博士教育实质上也是一个由多种要素相互作用组成的系统，具有系统的属性即整体性、开放性及动态性等。本文借助系统论的理论工具，对我国工程博士教育管理进行梳理，分析其不足并提出完善对策和建议。

关键词：工程博士教育；系统论；教育管理

在当今时代背景下，科技和教育发展程度已经成为衡量一个国家经济发展和综合国力的重要标志。随着新型工业化社会向纵深发展，高层次工程技术人才严重匮乏，从而制约我国产业创新能力和国际市场竞争力的提升。为了适应创新型国家建设对高层次工程技术人才特别是能够发挥领军作用的高端人才的需求，国务院学位办2011年批准设置了工程博士专业学位。经过几年的摸索试点工作，我国工程博士教育正逐步趋于正轨，但也出现了很多问题。本文拟从系统论的视角分析工程博士教育系统各个影响因素。

一、系统论视角下工程博士教育系统特性分析

所谓系统，是指由诸多相互联系、相互作用的若干要素以一定的结构形式联结构成的具有某种功能的有机整体。按照系统论的观点，工程博士教育是一个由多种要素相互联系、相互作用组成的综合体，其具有系统的属性。根据工程博士教育活动中直接参与主体来分，工程博士教育系统主要要素是由工程博士、导师、学校、企业、政府构成的。其中，工程博士是受教育主体，也是研究生教育目标实现的主体；导师是研究生教育互动过程中构建研究生教育微环境的营造者；学校和企业都是工程博士活动的直接参与者和组织者。企业是提出需求的一方，而学校是根据需求进行培养的一方；政府是宏观层面上工程博士教育系统的引导者和推动者。上述主体因素应该是在协调互动、共同促进中整体发展的，即在政府的推动和引导下，企业提出工程博士的需求，学校和导师针对需求进行培养，工程博士受到训练，再回到企业去推动企业和社会的发展。整个工程博士教育系统是由主体要素组成的有机整体，只有每一个要素都在整个系统中发挥自己的作用，才能让工程博士教育这个系统运行良好，发挥出系统的整体功能和整体效益，才能呈现系统的最基本属性，即整体性、动态性和开放性。

1. 工程博士教育具有很强的整体性，主要体现在教育过程的整体性

随着国家经济建设和社会发展，无论是重大工程项目建设，还是重大科技攻关项目实施，都需要一大批高层次的应用型拔尖创新人才来承担项目的组织和管理工作。这些高层次人才的培养需要依靠企业、学校、政府等各要素的联合统一进行。在政府的政策支持下，根据企业需求和学校的条件，共同形成明确的指导思想和培养目标，同时采取有效的教育途径和方法，创设合适的教育环境（学校提供理论学习，企业提供实践训练），并有效地转化为教育实践作用于工程博士，培养其成为企业需要的领军型应用人才。从微观层次角度看，无论是在招生工作、培养方案制定、导师团队建设、课程教学还是实践训练、学位论文工作等重要环节方面，也都需要各因素尤其是学校与企业的紧密结合，体现了整个教育过程的整体性。

2. 工程博士教育目标的实现是动态发展的过程

我国国务院学位办 2011 年批准设置了工程博士专业学位,并明确指出工程博士的培养目标是培养具有相关工程技术领域坚实宽广的理论基础和系统深入的专门知识,具备解决复杂工程技术问题、进行工程技术创新,以及规划和组织实施工程技术研究开发工作的能力,在推动产业发展和工程技术进步方面做出创造性成果的工程技术领域领军人才。这种培养目标正是适应经济建设和社会发展对高层次专门人才的需要,并随着经济的快速发展,工程实践中面临的问题越来越复杂,其具体要求和实施过程是需要对工程技术人才要求越来越高,这种目标体系具有超前性,是立足于面向 21 世纪、面向未来,使培养出来的学生能够面向产业升级和社会发展的。因此,工程博士教育目标内容要能够主动适应社会发展的必然趋势,能够以动态发展的态势保持与社会发展的必然联系和动态平衡。

3. 工程博士教育的实施必须主动置身于社会大系统中,增强开放性,使其内容和形式得到不断丰富、充实和发展

工程博士教育绝非学校或教育战线孤军奋进所能奏效的。系统论认为,任何系统只有开放,与外界保持信息、能量和物质交换,才能趋于有序,保持活力。只有在开放性的观念下,构建学校和企业有机结合的实践环境、调动社会和学校双方的积极参与,才能取得应有效果。此外,从微观层次来说,工程博士教育的落实还要靠导师、课程设置、实践内容等方面。导师观念的更新和素质的提高、课程内容改革、实践训练内容的充实等都应在坚持在优化学校理论教学的同时必须加强开放,向实践活动延伸,充分利用社会有利条件,精心组织形式多样的实践活动,构建出理论教学和实践活动两大支柱有机结合的运作体系,有效促进工程博士培养目标的实现。

二、系统论视角下工程博士教育系统问题分析

工程博士教育管理作为高等教育系统中的一种实践活动,不可避免地会出现各种冲突和矛盾。要解决问题并使工程博士教育有效健康地发展,就必须将工程博士教育作为一个系统,来协调和解决这些冲突和矛盾,找准各因素的位置,采取一定措施使各因素协调发展,从而保证整体系统的良性运行。

1. 工程博士教育系统整体性不高,呈松散性组织

在培养过程中,企业能否实质性地参与直接影响着工程博士培养质量。但在工程博士实质培养中,不少企业和企业导师仅是"挂名",对培养过程漠不关心,还有的企业甚至认为"培养人才本身就是高校的责任,和企业不相干","校企两层皮分离"的现象严重影响了工程博士教育质量的提高。因此,我国工程博士培养必须以重大工程项目为纽带密切学校和企业的关系,保证企业在人才培养过程中是直接的受益方,而在导师团队指导下工程博士生也通过实践训练和理论学习提升了创新能力,反过来又会促进企业的发展,这样使整个工程博士教育系统成为为相同目标而努力的有机整体。

2. 工程博士教育系统目标性比较笼统,无法对课程教学、实践训练、学位授予等方面进行明确的指引

根据各试点高校工程博士的培养文件来看,各高校都将工程博士教育的培养目标定位于"造就未来工程技术领域的领军人才"。这从我国工程博士教育面向创新型国家建设培养高素质、高层次、创造性人才的角度看,"造就未来工程技术领域的领军人才"不失为一种美好的愿景,但作为指引课程教学、实践训练、学位授予等具体教育环节的培养目标则显得比较笼统和抽象。随着人类社会的发展,和科技创新之间的关系日益紧密。

3. 工程博士教育培养模式无论从形式还是内容上,开放性略显不足

目前我国试点高校工程博士"校企联合培养"的方式基本承袭工程硕士专业学位教育的模式。

但在工程博士教育中,"校企两层皮分离"的现象严重影响了工程博士教育质量的提高。出现这种状况的根本原因在于企业在人才培养过程中并不是直接的"利益攸关方",因此,我国工程博士培养必须以重大工程项目为纽带密切校企合作关系,开展与企业的合作开发研究,逐步建立以企业为主体,产学研相结合,促进学科发展,提高科技成果转化能力的新体制。此外,博士培养还要加强对外合作,通过开展校际合作和参与国际交流,加强研究,相互借鉴,结合我国经济社会发展实际需求,逐步形成具有中国特色的工程博士教育模式,培养具有国际视野的未来工程领军人才,为中国企业走向世界服务。

三、系统论视角下工程博士教育改革对策

按照系统论观点,保证和提高工程博士培养质量,必须充分发挥政府、学校、企业等要素功能,兼顾各方利益诉求,坚持以市场需求和就业为导向,促进产学研相结合,形成政、校、企三方联动的长效合作机制。

(1)政府应树立战略协同的新理念,制定国家层面的战略发展规划,从政策和制度上进行规划与引导,完善和促进工程博士培养相关政策,鼓励和支持学校、企业等方面充分认识工程博士教育对于贯彻落实科教兴国战略、人才强国战略、创新驱动发展战略的重大意义。

工程博士培养必须坚持校企结合,切实解决教育、科技、产业相互脱节的问题。国家要求试点单位让企业实质性地参与到工程博士招生、培养的各个环节工作中来,推进高校和企业在招生工作、培养方案制定、导师团队建设、课程教学和实践训练、学位论文工作等方面实现全面合作。2012年3月,国务院学位办与科技部重大专项办联合召开了"面向国家科技重大专项培养工程博士高校-企业对接会",25个试点单位和中国商飞等承担国家科技重大专项重点任务的100多家企业参加,通过搭建校企对接平台,有力地推动高校与企业的交流与合作,高校和企业有87对进行了现场洽谈,当场就有27对达成初步合作意向,其中有16对就今年招生工作达成合作意向。

政府发挥主导作用,积极营造良好氛围和宏观环境,引导高校摆脱封闭办学的观念,与企业搭建联合培养教育基地;促使企业加大人才培养创新投入力度,强化企业的技术创新能力,壮大行业尖端人才队伍行列,推动各主体方加强战略协同,共同发展工程博士教育。

(2)依托工程博士生实质参与的重大科技项目,高校与企业形成"利益攸关方"实施"联盟式"培养工程博士研究生的模式。开拓多重合作模式,使教师有效参与到校企合作办学教学管理过程中。

在政府主导的情况下,学校和企业积极性也亟待提高,但应进一步提高认识,发挥主观能动性,下大力气,调动各种资源,集中优势力量,主动促进校企合作,根据学校专业建设需要,开拓创新,创造性地开展合作,不断提高校企合作层次。各主体在政府的统一指引下,推进研究生联合培养工作持续、健康、稳定地发展。政府要制定和完善相应的法律法规,出台关于联合培养招生指标分配、绩效考核、评价机制、资金投入机制、利益分配等配套文件,在合作组织内部建立健全规章制度,协调各主体之间的关系,保证联合培养各方可以利用这些政策法规来切实维护自身的合法权益。工程博士专业学位在我国是一个新的学位类型,其课程设计、学位标准的设置、培养方案的制定是否科学合理,关键要看其培养的人才规格、类型能否满足企业的需求。

(3)建立以保障工程技术创新能力培养为目的多层次有效的内外部质量保障体系。

外部质量保障体系主要指全国或区域性的专门机构,从宏观角度上看,建立国家级工程博士教育专门指导管理机构根据教育质量保障活动的需要,依据一定的评估标准和程序,对高等学校进行监督和评估的过程,来指导试点高校开展工程博士培养工作,评估发展状况,总结经验促进教育质量提升是非常重要的。内部质量保障体系,从微观层次看,以高校与企业为主体建立起的工程博士培养全过程保障体系。由高校与企业共同组成的多学科专家组负责工程博士生的学选拔、培养方式、课程设置、工程实践、学位论文及学位授予等环节质量把关,只有高质量的过程管理才能保证培养质量。同时,强制实行"淘汰制"质量保障措施。工程博士生是依托真实的科研项目开展校企联合培养,如果在培养过程中证明工程博士生不具备完成科研任务的能力,科研项目无法继续进行,相应工程博士生

也应硬性淘汰。有淘汰才有竞争,有竞争才能激发研究生的主动性。

参考文献

[1] 王利福. 系统理论及其在高校教育模式中的可行性[J]. 辽宁工程技术大学学报:社会科学版,2006(6):656.

[2] 钟尚科. 完善我国工程博士专业学位教育制度与措施之探讨[J]. 高等工程教育研究,2013(4):160-165.

[3] 肖凤翔. 协同创新战略下的我国工程博士培养模式探析[J]. 研究生教育,2014(1):69-73.

关于博士生研究生联合培养模式的思考

孙金玮，黄博妍，张世平，丁慧敏

（哈尔滨工业大学自动化测试与控制系　150001）

摘要："国家建设高水平大学公派研究生项目"以服务人才强国战略，推进高水平大学建设，增强其为建设创新型国家服务的能力为宗旨。通过该项目，国内越来越多的在校博士生以联合培养身份赴国外学习，该方式成为高水平国际化人才培养的重要培养方式。通过与日本研究生创新人才模式的比较，借鉴日本博士研究生联合培养的成功案例，针对我国博士生国家化培养模式存在的薄弱环节，进一步提出了改善我国博士生联合培养模式的措施。

关键词：博士生；创新人才；培养模式；比较

一、研究背景

在20世纪30年代，日本开始注重企业和高校在科技领域的合作。日本高校引入市场机制，努力建立科研、教学、生产实践与开发利用一元化体系，推广竞争机制，让高校与生产科研内部直接发生联系。日本的研究生教育引进了美国的研究生院制和德国的讲座制，创建了美国式的研究生院，但也发展了自己的产官学一体化的研究生培养模式和"工业实验室"为主的研究生教育和科研模式[1]。

我国为贯彻落实科教兴国和人才强国战略，推进高水平大学建设，增强其为建设创新型国家服务的能力，促进中国高水平大学与国外知名大学的合作与交流，为其建立稳定持久的学术交流渠道，打造国际化人才培养及交流平台，经国务院批准，教育部、财政部于2007年1月设立了国家建设高水平大学公派研究生项目（含联合培养博士研究生及攻读博士学位研究生）。该项目以服务国家经济社会发展和人才强国战略，培养一批国家急需的具有国际视野、通晓国际规则，能够参与国际事务和竞争的高层次应用型专门人才为目标，重点支持农业推广、公共管理、经济管理、社会工作、国际金融、国际法等专业领域。

国内高校在读博士生在国家留学基金的资助下大规模公派出国进行联合培养，深刻地影响了我国博士生教育的发展进程[2]。在科学研究、人才培养、交流合作等诸多方面已经取得了明显的成果，并将继续发挥长期的效果，博士生在读期间到国外院校进行课程学习、资料收集、课题研究、学术研讨等相关活动。

二、关于日本的博士研究生就业问题及其解决措施

1. 博士、博士后就业难问题的成因

其一，伴随"研究生倍增计划"的实施，博士毕业生数量逐年增加，但质量却没有得到相应的保证。

其二，在博士、博士后数量快速增加之际，大学方面却无法吸收更多人进入学术界就业。

其三，在传统的就业观念中，博士人才更愿意成为大学教师或研究人员，而不愿从事非学术性职业。

其四，民间企业接收博士数量不足。

2. 日本社会促进博士、博士后就业的政策及措施

文部科学省决定在研究生教育体系改革中强化博士职业多样化发展的政策。日本政府先后设立了"科学技术相关人才职业多样化促进事业""创新创出青年研究人才培养计划""博士后实践推进事业"和"博士后职业推进事业"等,以此为博士、博士后在学术以外领域就业提供支持[3]。

三、我国博士研究生国际化培养存在的问题及其解决措施

国内高校之间联合培养研究生,使国内高校之间的师资、研究生、教学设备等资源可以得到充分的交流利用。国内高校与国外合作高校之间联合培养研究生,一般需要中方导师和外国导师根据研究生的情况共同制定联合培养方案,共同指导研究生学位论文的相关研究。国内高校与科研院所联合培养研究生,可以是学校接纳科研院所选送的人员,为科研院所培养研究生,也可以是学校统招的研究生在完成课程学习后到科研院所参加相关课题研究以完成学位论文,再回到学校进行论文答辩。目前,这种联合培养方式的特点是培养计划主要由高等学校单方面制定的。

国内高校与企业联合培养研究生的模式类似于高校-科研院所的联合培养模式,研究生入学后由所在学科点和企业商讨安排学校导师和企业导师,学校导师负责制订培养计划,并与企业导师充分协商,为研究生选定学位论文题目。国内高校与科研院和企业联合培养研究生通常通过"产学研联合培养研究生基地"实施,但并无统一的"产学研联合培养研究生基地"定义。有些将与高校签订联合培养协议的企业叫作联合培养基地,也有将企业高校共同建立的实验室或联合培养平台叫作联合培养基地[4,5]。

针对我国博士生联合培养的现状,提出一些基于高校平台的改善措施。

1. 坚持高校与高校间的合作原则

目前国内许多著名高校都在围绕世界一流大学建设的目标开展交流与合作。充分享受共有的资源,分享师资建设和学生培养经验。充分发挥高校之间互换生交流,在学业成绩认证与学位认证方面,加强交流合作。同样,更要加强与国外高校的合作,培养博士研究生国际化视野,提升学术水平。对于国内教育更新教育理念、促进教育改革、创新教育体制、引进和利用国外的优质教育资源、提高办学水平、培养国际化人才、改善办学条件等方面发挥积极作用。高校国际联合培养学生中一部分回国后可以在大学担任双语专业课教学等工作,他们不仅把前沿热门知识带回国内,更将先进的教育理念、教学模式、教学方法等融入教学改革实践,推动了我国高等教育与国际接轨。

2. 坚持高校与企业或者科研机构的合作原则

加深对科学技术的认识,利于产出过多优秀的创新成果。各大学、协会、研究机构、地方自治体和企业在促进博士职业多样化发展方面采取了一系列积极措施,具体包括加强大学与企业的合作,构筑产学合作人才培养体系。一方面,校企建立合作关系,派遣博士、博士后进入企业开展实践性的研发活动,或参加校企合作研究课题。另一方面,企业也积极参与大学的人才培养系统改革和课程改革,积极为大学提供奖学金、产学合作的实践活动和就业指导等援助。构建联盟式的人才培养体系,在人才培养与就业之间建立直通车。企业、大学和地方自治体联合设立"超级合作研究生院联合体",采取产学研合作的联合培养博士人才形式,设立面向产业需求的复合型研究项目,让博士生研究生参与其中,以此全面开展学位论文研究。

四、结语

我国研究生博士联合培养新模式要充分发挥国内外高校科研的各自独特优势,围绕课题深化研究的深度和广度,增强博士研究生国际化的意识,提高学术和科研水平。加强以高校为载体的高校与高校之间以及高校与企业或科研院所的多层次全面的合作,实现博士研究生个人成长与就业的目标,

为国家建设培养优秀素质的科研人才。

参考文献

[1] 马安伟,杨国权,于彩虹,等.日本研究生创新型人才培养模式探索[J].中国冶金教育,2006(5):61-62.

[2] 何峰,胡晓阳,贾爱英.国家公派联合培养博士生留学成效初探——基于"国家建设高水平大学公派研究生项目"的考察和分析[J].学位与研究生教育,2012(6):51-55.

[3] 乌云其其格,袁江洋.日本的博士就业问题及其解决之道[J].学位与研究生教育,2013(9):67-71.

[4] 史新华,农丽萍,黄汉明,等.联合培养研究生管理方式改进探讨[J].中国科教创新导刊,2014(5):192-193.

[5] 高兴武,胡涌.北京市产学研联合培养研究生的现状、问题与对策[J].中国高校研究,2010(11):42-46.

博士学位论文常见问题及对策分析

路淑琨,齐云峰,甄 良,高 栋

(哈尔滨工业大学研究生院 150001)

摘要:根据博士学位审查时评审专家给出的博士学位论文审查意见,汇总分析了近年来博士学位论文中长期存在的共性问题和一般问题,探讨解决此类问题的科学方法和建议,旨在为博士生撰写学位论文及学位论文审查提供借鉴,为提高博士研究生培养质量提供参考意见。

关键词:博士学位论文;共性问题;对策分析

各高校一般每年需召开2~4次学位会审查各类学生的学位申请,其中一项最重要的工作是审查讨论各分委会提交的博士学位论文。为了在有限时间内确保学术把关的充分性,通常由学部或校学位委员会指定的论文审查专家组在会前预审博士学位论文,将问题和建议提交给学位委员会。学位委员会审议相应博士学位论文时,将结合这些问题,进一步形成结论性意见,供委员投票时参考。我们在每次学位会结束后,都要汇总专家组及学位会的意见和建议,将存在的问题反馈给相关的论文作者及其指导教师,要求作者对博士学位论文进一步修改完善。在诸多问题中,有相当一部分是常见的,即经过多年的工作统计,我们发现这些问题会不同程度地反复出现在每届毕业生的学位论文中。

国内有专家对博士学位论文的常见问题做了总结,如有的对论文的常见病态类型进行了归纳:平庸、炫技、屠龙术、粗放、深不可测、枯燥、捉刀、剽窃和混合型等。有的则对论文的形式错误即规范性问题进行了归纳,如图表问题、封面问题等。

本文主要针对工科博士论文的常见问题进行归纳,并提出解决方式,能够更集中、具体体现工学博士学位论文的特殊性,有助于在读博士生撰写论文时避免出现类似问题,同时通过学术交流,寻求更好的解决思路,有利于从整体上提高博士论文质量管控服务水平。

一、博士学位论文常见问题

1. 论文规范问题

(1)论文题目问题。主要问题是论文题目不十分准确与精炼,不能正确反映论文内容,具体表现是:①论文题目与论文中某一章的名字相同;②论文题目仅涵盖了部分研究内容;③论文题目与论文主要研究内容不符。

(2)论文中的英文问题。主要有:①英文题目与中文题目不一致;②英文题目语法上有错误;③英文目录有错误;④英文摘要与中文摘要不一致,存在语法错误;⑤英文图注中有语法错误及拼写错误。

(3)论文中图表的标注过于简单,缺少"自明性",即不阅读正文不能理解图意;图题排版、图表引用标注不规范等。

(4)关键词的选择不规范。问题主要包括:①关键词过长,似短句;②关键词不能代表论文的主题信息;③关键词选择随意,不是本学科领域内常用的词或术语。

(5)实验数据使用不当。主要表现为:①将未经处理的原始数据放在正文;②同一组数据以表的方式列出后,又用图形列出。建议原始数据放入附录中,同一组实验数据只能以图或表一种方式在正文中呈现。论文中缺少原始实验数据,有些数据来源不明确。

（6）参考文献规范问题。如：参考文献偏旧；引用标注不规范、太随意或不充分；绪论中的正文、图表中涉及别人工作的部分没有标明出处；参考文献格式不规范。

（7）公式变量书写不规范，有时用斜体、有时用正体。公式引用、标注不规范。

其他规范性问题还包括学位论文结论与创新点的陈述方式比较混乱，形式多样，尤其是论文摘要的写法不正确，一些论文摘要、结论等内容重复等。

2. 选题与综述存在的问题

有些学位论文选题不够科学，造成论文的理论深度过低，创新性不足。论文题目偏大，不利于论文的深入研究，超出导师和学科的培养能力范围。论文题目及各章节题目，与研究内容结合不紧密。论文题目陈旧，选题意义不大。

一些博士学位论文绪论多为参考文献的罗列，对研究现状的综述缺少问题的分析与提出，对要解决的科学问题思考与提炼不够，造成论文内容分散，不成体系。

3. 对同行专家的论文评审意见重视不够

博士研究生学位论文答辩前，其博士学位论文须经同行专家评审并得到认可。通常评审专家在肯定学位论文的同时，还要指出论文存在的问题与不足，提出修改意见或建议。同行专家评审是博士培养的重要环节，是提升和保证博士学位论文质量的重要措施，大多数评审专家能够指出论文的要害问题，给出中肯的建议。我们在审查中发现，有些博士生对评审专家的意见重视不够。针对评审专家意见，学位论文修改不充分、不全面、不认真，补充的内容没有体现在修改后的学位论文中。有些论文作者没有真正理解评审专家意见，部分论文存在将专家提出的建议推移到后续研究中的现象。

4. 学位论文实验工作存在的问题

（1）有的学位论文缺乏实验验证环节，只注重仿真模拟或计算，只是提出了一些模型，进行了一些仿真模拟，没有进行应有的实验验证。

（2）有的学位论文缺乏实验设计、数据分析或统计，或欠缺对实验过程科学、客观的描述。缺乏提供佐证的原始实验数据或原始图片。

（3）一些实验工作量大的学位论文，存在机理分析或总结不到位的情况。

5. 学位论文文字表述问题

论文中体现出部分学生的文字表达能力有待提高，文字表述不清晰，叙述不精炼、逻辑性不强。对论文研究内容的重点描述不突出，机理分析阐述不深入，学术性用语描述较少。论文摘要、结论及创新性说明撰写不够精炼。还有一些论文书写不认真，错别字多。

论文作者应严谨、实事求是地评价自己的工作，例如，在创新点归纳中，"首次""提出"等词语的使用要慎重和尊重事实。

6. 交叉学科学位论文存在的问题

具有交叉学科性质的论文存在表面或花样交叉、理论深度不够、相应学科方向指导能力弱的问题。个别学位论文有较多的工作属于其他学科的研究内容，而这部分工作放到所属学科去审查，则显得创新性过于肤浅。

7. 留学生学位论文存在的问题

由于外国留学生受生源、签证到期、奖学金到期停发等诸多因素的影响，博士学位论文质量普遍不高。从发表文章的数量和质量上看，留学生论文的质量也相对较低。

8. 其他问题

（1）工程项目博士学位论文存在创新成果不明显的问题，有为完成工程项目为主、培养学生为辅的现象。

（2）兼职导师指导的博士学位论文存在一定问题。一些来自工业界的兼职导师不善于指导博士学位论文，学位论文学术凝练不够及撰写欠规范。

（3）联合培养的博士研究生，有些在国外期间的工作与博士学位论文并不相关，博士学位论文质量没有得到提升，反而受到了负面影响。应加强对申请联合培养博士研究生的审查工作，切实发挥联合培养博士研究生的积极作用。

二、对策分析

针对规范性问题，应强制学生认真阅读规范要求，严格按照规范撰写论文。导师对学生论文写作规范把关不严，也是造成学生论文规范性错误得不到纠正的重要原因，主要是学生和导师对撰写规范重视不够，认为格式只是论文的一种表达形式，不必花太多工夫。其实规范撰写是保证博士学位论文质量的一种重要方式，更是严谨学风的具体体现，学生、导师、各分委会都应高度重视。建议各分委会进一步加强对博士学位论文写作规范的管理，在一定时间内组织专家对提交的博士学位论文撰写规范专门进行审查，督促学生自觉按规范撰写，导师严格审查。很多学科或课题组有这样的规定：规范性问题出现频次达到一定数量，则拒绝其博士论文进一步评议，中断作者答辩申请进程；也有的课题组规定论文撰写必须采用指定的 Word 模板或 Latex 模板，模板的规范格式遵从学校规定。类似的管理经验值得推广、提倡。

针对选题及综述问题，则有必要加强开题阶段的指导与管理，如从严开题报告规范、细化开题评议表内容等。建议开题时实行专家每人一份评议表，并独立量化评价开题质量。针对研究现状综述，建议单独量化质量要求，如给出查新报告、课题资助证明等。

学生在同行评审意见返回后急于答辩、急于"赶会"，急于报到工作，是导致博士学位论文修改不充分的一个重要原因。故此，建议校方对收到评审意见后至学位论文答辩的时限给出明确规定，以保证博士学位论文的修改时间。要求博士生必须充分尊重、重视同行评审专家的意见，参照专家意见认真修改博士学位论文。即使不同意评审专家的意见，也必须在答复评审专家意见和学位论文答辩时进行解释，予以说明。导师、答辩委员会、学位分委会应对照专家评审意见监督检查学位论文修改情况。学校层面应进一步规范评审意见的答复方式，要求明确回答论文评议人的问题，如果论文做了修改和补充，需明确指出论文中修改的相应页码；如认为无需修改，要详细解释理由，并提供相关的支撑数据或支撑文献。

博士学位论文应强调实验，通过实验才能发现规律。建议有条件进行实验工作的学科规范博士论文研究内容，将实验及实验验证作为答辩申请的必要前提条件。事实上，即便是数学仿真，一些论文对计算过程描述不清晰、分析不深入，他人无从复现仿真结果。建议以可复现为原则，规范论文对试验及仿真计算工作的描述。

应明确拒绝有大量文字错误或语句不通顺的论文。建议导师对学生的论文结构、语言描述等方面也要加强指导并承担指导责任。博士生应该在撰写论文前，系统学习论文结论和创新点的写作文法。虽然不应强调整齐划一的"八股文"式文风，但结论和创新性的有效、科学描述方法是值得树立样板来效仿的。

对学科交叉的学位论文，分委会在论文开题时应更加严格，确定论文题目、内容是否适合本学科博士学位论文要求，确定该论文导师对所交叉学科的熟悉程度，导师是否有能力指导如此学科交叉的学位论文。建议导师及分委会在论文选题及论文研究方向上要把握原则，选题应控制在两学科的交界处，不能完全过渡到另一学科。同时，一定要有相关学科专家协助指导和进行把关。

如何保证并提高留学生学位论文质量，建议各学位分委会重视并采取相应措施。此外，在招生阶段,应考虑严格筛选过程,包括设立面试机制。

建议有关方面对兼职导师进行梳理,是否应规定来自工业界的兼职导师只能指导工程博士。各分委会与校外及境外兼职导师应建立有效的沟通途径,以便让兼职导师及时了解学校培养博士研究生的相关要求。

三、结语

文中述及的博士论文常见问题有较强的顽固性,存在的程度大小因博士论文不同而异,程度严重的博士学位申请必然会被学校学位委员会所拒绝。如何消除和抑制这些问题的发生,是一项长期和分散性很强的工作,需要学生、导师和各级学术委员会共同努力。集中而言,学位论文中出现的问题,主要是学生和导师的责任心问题,如何增强责任心是我们一直思考的问题。如果导师能严格要求,把守好第一道"关口",文中所列举的问题大多就不会发生。

在管理上,也要为论文质量的过程控制制定好规范制度,包括对存在问题比较多的学位论文,追究指导教师应承担的责任。同时学校要切实加强导师队伍建设,提高导师指导能力。本文列举的问题很可能不够全面,探讨的解决措施一定也有肤浅甚至不适当之处,渴望得到各方面专家,包括博士研究生的指正。

清华大学学术型拔尖创新人才培养研究*
——基于 1999～2013 年全国优博论文数据分析

耿有权,吕 哲

(东南大学高等教育研究所 210096)

摘要:清华大学在学术型拔尖创新人才培养方面走在全国前列。1999 年以来清华大学在全国优秀博士学位论文评选中取得了优异的成绩,呈现出规模性发展状态,成为其他高校人才培养的表率。清华大学学术型拔尖创新人才培养成绩,与其学科和学位点的高质量建设密切相关,对其他高校有重要的启示。

关键词:清华大学;学术型拔尖创新人才;评估

清华大学是"985"重点高校的杰出代表,是我国世界一流大学建设的重要基地。培养拔尖创新人才始终是清华大学的中心任务。长期以来,清华大学众多学科在拔尖创新人才培养方面成就斐然,举世瞩目。依据中国学位与研究生教育信息网公布的历年评选结果,梳理 1999～2013 年这 15 年间清华大学获全国优秀博士学位论文(以下简称全国优博论文)的数据信息,不仅可以看到清华大学在学术型拔尖创新人才培养方面取得的优秀成果,而且可以看到"985"高校在创建中国特色世界一流大学过程中的艰苦努力和特色建树。从规模效应评估的角度分析清华大学在拔尖创新人才培养方面的基本状况、现实规律和建设特色,无疑对其他高校拔尖创新人才培养有重要的参考价值。

一、清华大学全国优博论文获奖成就状况分析

1. 重要获奖指标持续保持较大规模

全国优博论文评比,不仅是全国优秀人才培养状态的重要检验,也是全国学科建设水平的重要测试。事实上,我国重点大学均将参与此全国性学术评价活动作为人才培养和学科建设的一项重要任务。统计数据显示,从 1999～2013 年这 15 年间,清华大学合计有 94 位全国优博论文指导教师共指导 123 篇优博论文,其中 5 位教师所指导的 6 篇论文来自后来加入清华大学的中国协和医科大学。如图 1 所示,自 1999 年全国优博论文评选以来,清华大学每年获得全国优博论文的数量整体呈跌宕起伏之势,平均每年 8.2 篇。其中 1999 年获得 14 篇全国优博论文,数量最多,此后呈下降趋势,2000 年、2002 年、2003 年、2010 年、2013 年分别获得 5 篇;2001 年和 2011 年分别获得 5 篇,跌至最低点;但在 2006～2008 年间平均每年获得 10 篇,在面对中国科学院及众多高校激烈竞争的压力下仍取得如此优异的成绩,值得各校学习借鉴。表 1 统计信息显示,在 2012 年教育部学科评估中清华大学全国排名第一的一级学科达到 14 个,全国排名第二的一级学科达到 10 个,全国排名第三的一级学科有 2 个。可以说,正是这些一级学科的高水平建设和创新能力发展,使得清华大学的全国优博论文取得了优异的成绩。

---

* 中央高校基本科研业务心项资金资助项目"世界一流大学研究生培养质量保证及实践案例研究"(9551070000)。

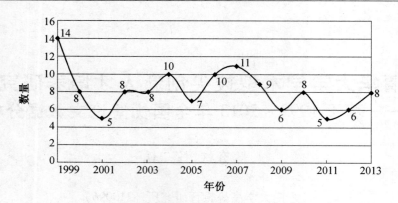

图1 1999~2013年清华大学全国优博论文数量分布

表1 2012年教育部学科评估中清华大学一级学科排名信息表

全国排名第一的一级学科(14个)	生物学;力学;材料科学与工程;动力工程及工程热物理;电气工程;控制科学与工程;计算机科学与技术;建筑学;核科学与技术;环境科学与工程;城乡规划学;软件工程;管理科学与工程;设计学
全国排名第二的一级学科(10个)	物理学;机械工程;仪器科学与技术;水利工程;生物医学工程;风景园林学;工商管理;公共管理;艺术学理论;马克思主义理论
全国排名第三的一级学科(2个)	信息与通信工程;土木工程

2. 工科、理科、医科获奖数强势明显

全国优博论文的取得，与学校的学科平台和学位点建设的质量和水平密切相关。经验表明，只有高质量、高水平的学科和学位点，才有可能培育出高水平的博士学位论文获得者。如图2所示，对123篇论文按所属学科门类进行统计分析后发现，工学、理学、医学三大门类中全国优博论文数量占绝对优势，共有118篇，占清华大学所有全国优博论文数量的95.9%，其中工门类79篇，占总量的64.2%，排名遥遥领先;理科门类25篇，占总数的20.3%;医学门类14篇，占总数的11.4%。数据还显示，清华大学15年里在哲学人文社科类获奖分别是:管理学2篇，法学1篇，历史学1篇，艺术学1篇，合计5篇，占总数的4.1%。这充分表明，清华大学在工科、理科、医学三大学科门类上培养拔尖创新人才的优势和潜力十分明显。不过，若对照综合性研究型大学建设目标来看，清华大学在哲学人文社会科学拔尖创新人才的培养力度上仍需进一步加大。

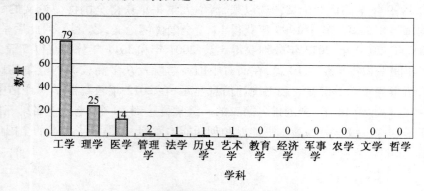

图2 1999~2013年清华大学全国优博论文学科门类分布

3. 工学一级优势学科获奖特色鲜明

强势学科是支撑全国优博论文的基础平台,特别是高水平的一级学科,是产生优秀学术成果的重要基地。根据图2分析可知,清华大学全国优博论文集中在工学、理学和医学领域或学科门类,其中工学门类数量最多。在目前总计54个一级学科博士学位、硕士学位授权点中,清华大学的全国优博论文合计涉及27个学科。如表2所示,排名靠前的力学、材料科学与工程、物理学以及化学工程与技术4个学科的全国优博论文累计统计量达43篇,占清华大学所有全国优博论文数量的总数的35.0%,其中仅力学一个学科就获得了13篇全国优博论文,占总数的10.6%;材料科学与工程学科获得11篇,占总数的8.9%;物理学获得10篇,占总数的8.1%;化学工程与技术获得9篇,占总数的7.3%。由此可见,清华大学在工学一级学科平台和学位点建设方面拥有巨大的潜力优势和显著的办学特色。

表2 1999~2013年清华大学全国优博论文所属一级学科

学科	数量	学科	数量	学科	数量	学科	数量
力学	13	药学	6	土木工程	4	核科学与技术	2
材料科学与工程	11	临床医学	5	光学工程	3	管理科学与工程	2
物理学	10	控制科学与工程	5	电子科学与技术	3	美术学	1
化学工程与技术	9	电气工程	5	动力工程及工程热物理	3	历史学	1
化学	6	计算机科学与技术	5	水利工程	3	法学	1
机械工程	6	环境科学与工程	4	建筑学	2	公共卫生与预防医学	1
生物学	6	信息与通信工程	4	基础医学	2		

4. 工学学科全国优博导师的数量最多

工学学科是清华大学的优势学科,是学位点布局最集中的学科,因此也是获得全国优博论文最多的学科门类和学位点汇集营地,其数量规模直接影响甚至决定清华大学获得全国优博论文的整体走势。图3统计数据显示,从1999~2007年,清华大学工学获得全国优博论文的整体数量在曲折中整体呈下降态势,2007年以后逐渐趋于平缓,数量维持在4篇左右。比较看图4,1999~2013年这15年间清华大学全国优博论文理学科分布呈现出"波浪式"的发展态势。从导师角度看图5,1999~2013年这15年间,清华大学涌现出94位全国优博论文指导教师,按照博士生导师所在的学科总数排名依次是工学(61人),理学(18人),医学(11人),管理学(2人),艺术学、历史学、法学分别为1人。其

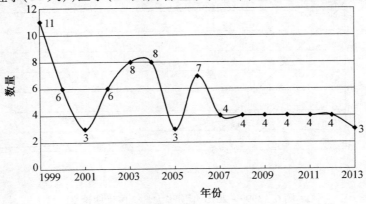

图3 1999~2013年清华大学全国优博论文工学分布

中有一人兼属理学和医学两个学科门类。显而易见,这些全国优博导师主要来自工学、理学、医学这三大门类学科,其中工学导师最多,规模占清华全部全国优博导师数的64.9%,理学导师占清华全部全国优博导师数的19.1%,医学导师占清华全部全国优博导师数的11.7%。

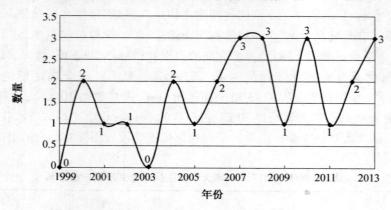

图4 1999~2013年清华大学全国优博论文理学分布

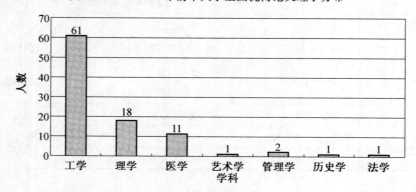

图5 清华大学全国优博导师所在学科分布

5. 培养2位以上全国优博的导师较多

实践证明,学术使命感、社会责任感强的优秀导师群体始终是清华大学培养大批全国优博论文获得者的核心力量。如图6所示,1999~2013年在清华大学94位全国优博导师中,培养1位全国优博论文获得者的合计有73人,占清华大学全国优博导师总数的77.7%;培养2位及以上全国优博论文获得者的导师合计有21位,占导师总数的22.3%,其中培养2位的合计有15人,占导师总数的16.0%;培养3位的合计有4人,占导师总数的4.3%;培养4位的合计有2人,占导师总数的2.1%。

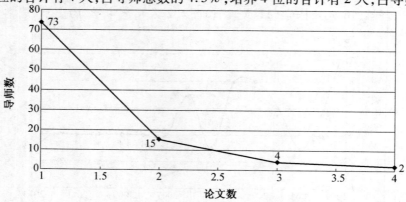

图6 1999~2013年清华大学全国优博论文
指导教师与指导论文对应关系

从表3汇总的导师名录看,在清华大学21位全国优博导师中,中国科学院院士李亚栋和中国工程院院士林东昕两位导师分别培养4位全国优博论文获得者;郑泉水、黄克智、吴德海、朱静4位导师分别培养3位全国优博论文获得者。他们是清华大学指导全国优博论文获得者较多的专家。

表3 1999~2013年清华大学指导2篇以上全国优博论文的导师名录

序号	姓名	指导全国优博论文数	序号	姓名	指导全国优博论文数
1	李亚栋	4	12	金涌	2
2	林东昕	4	13	温诗铸	2
3	郑泉水	3	14	过增元	2
4	黄克智	3	15	郝吉明	2
5	吴德海	3	16	李衍达	2
6	朱静	3	17	魏飞	2
7	杨卫	2	18	范守善	2
8	金国藩	2	19	南策文	2
9	李志坚	2	20	骆广生	2
10	顾秉林	2	21	沈岩	2
11	吴良镛	2			

二、启示及思考

1. 贯彻以人为本理念是培养拔尖创新人才的关键

理念决定行动的性质和方向,决定行动的道路和前景。清华大学老校长梅贻琦有句名言:"大学者,非谓有大楼之谓也,有大师之谓也。"此语道出了一个真理,即名师出高徒,有大师才有俊才。可以说,这不仅是大学"以人为本"理念的最重要体现,也是一流大学立校、兴校和强校的根本原理。早在1985年,清华大学第七次党代会就提出:"要逐步把清华建设成为世界一流的具有中国特色的社会主义大学。"1993年清华大学提出"有限期的创建世界一流大学的奋斗目标",并结合学校情况,提出建设综合性、研究型、开放式的世界一流大学的总体办学思路。"清华大学在规划建设世界一流大学时,提出了'以人为本'的办学理念和'综合性、研究型、开放式'的办学模式。""以人为本的办学理念的核心是充分发挥广大教师在办学治校过程中的主导作用。"[1]近年来,清华大学确立了更为明晰的人才培养定位和教育教学改革思路,这就是"坚持社会主义办学方向,全面贯彻党的教育方针,深化教育教学改革,大力培养具有健全人格、创新思维、宽厚基础、全球视野和社会责任感的高素质、多样化、创造性的拔尖创新人才"。[2]可以说,正是这种"以人为本"的核心理念和奋斗目标,不断引领清华大学的学科发展和科学研究,不断引导着清华大学人才培养和社会服务的高效开展。作为学校人才战略发展的重要组成部分,清华大学全国优博论文获得者的群体性成长和规模性发展事实,雄辩地说明了学校培养世界一流人才的雄心壮志和美好远景。

2. 建设一流学科平台是培养拔尖创新人才的支撑

学科和学位授权点是培养拔尖创新人才的基地平台。"建设一流大学,学科建设是核心。"[3]"学科建设是清华大学发展的核心。"[4]2000年前,清华大学经过长期积累和多年努力就基本完成了综合性学科布局,建成了若干个一流学科平台,形成了以工科为主的综合优势。如在2012年教育部学位与研究生教育发展中心开展的全国学科评估中,清华大学进入全国前三名的一级学科合计有26个,其中力学、材料科学与工程、生物学、控制科学与工程、电气工程、计算机科学与技术、环境科学与工程、动力工程及工程热物理、核科学与技术、建筑学、城乡规划学、软件工程、管理科学与工程等14个一级学科获得全国性学科排名第一的荣誉;物理学等10个学科获得全国排名第二的成就。这些学科中,绝大多数学科都培养了全国优博论文获得者,有的学科还不只培养一个获得者。这些好成绩的取得,不仅与清华大学早前确立的学校发展战略目标高度一致,而且与清华大学的一流学科发展定位高度吻合,可以说是清华大学教职员工在正确的政策措施指导支持下艰苦奋斗的结果。显而易见,全国优博论文获得者汇聚清华大学众多一流学科平台,不仅是清华大学学科建设成就的集中展示,也是清华大学提升人才培养质量的重要成果。这些经验告诉人们,培养拔尖创新人才的核心基础是一流学科和学位点平台的科学合理布局和质量建设。

3. 构建完善的研究生培养体制机制是重要前提条件

拔尖创新人才培养是学科和学位点建设的重要内涵和基本任务。充实学科建设和学位点建设的内涵、完成学科和学位点建设的基本任务,要求高校必须建立健全完善的人才培养特别是研究生培养体制机制,务必在拔尖创新人才成长成才的基础条件和环境建设上舍得下功夫、舍得投入资源、舍得承担风险。学校还要完善有利于拔尖创新人才成长成才的激励政策和保障措施,要创造让优秀人才成长成才的优良氛围和文化条件。长期以来,清华大学在拔尖创新人才培养体制机制建设上出台了许多政策措施,取得了显著成绩,为全国研究生教育提供了鲜明的榜样。如清华大学为提高博士学位论文质量,建立科学公正的学术评价体系和采用合理有效的论文评审方式,努力排除各种非学术因素对学术评价活动的干扰,自从1995年以来对博士学位论文评审方式进行了系列改革。具体措施包括匿名评审博士学位论文、加强过程管理和控制、评选优秀论文、建设研究生精品课程等。[5]这些政策措施的贯彻落实和持续改进,对高效的保障研究生培养质量起到了重要的促进作用。全国优博论文的评选成绩,充分证明了清华大学人才培养模式改革发展的实践成效,对其他高校也能够起到榜样示范作用。

4. 建设一流学风、教风、校风有利于拔尖人才群体出现

培养拔尖创新人才,需要一流的学术创新氛围和一流的学术文化环境。或者说,只有一流的学术创新氛围和一流的学术文化环境,才能培育出一流的拔尖创新人才。在这里,大学的学风、教风和校风,是其中的重要指标和检测依据。"一所学校学风的好坏,直接影响着人才培养的质量。""学风的问题不仅是学生的学习态度问题,更主要的是教师的教风和教师的工作态度、治学态度问题。"清华大学历来高度重视学风教风校风建设和学术环境建设,致力于为学校拔尖创新人才培养提供了良好的"生态土壤"和校园环境。长期以来,清华大学坚持放眼世界,结合学校实际,通过方向性引导和政策性落实,不断强化以"自强不息、厚德载物"校训为核心的大学精神,继承和发扬"严谨、勤奋、求实、创新"的学风和"行胜于言"的校风。可以说,这种大学精神和校风建设,对拔尖创新人才群体的涌现产生了广泛而深远的影响。

参考文献

[1] 王大中.关于在中国建设世界一流大学的若干问题[J].清华大学教育研究,2000(1):85-87.
[2] 陈旭.明确定位 加强评估 深化改革 提高质量[J].学位与研究生教育,2015(1):18-19.
[3] 王大中.王大中教育文集1994—2003[M].北京:清华大学出版社,2011.
[4] 王大中.关于在中国建设世界一流大学的若干问题[J].清华大学教育研究,2000(1).
[5] 编写组.行胜于言——清华大学改革与发展纪实[M].北京:清华大学出版社,2011.

全国优秀博士学位论文评选的回顾与展望
——兼以清华大学为例

康 妮

（清华大学研究生院 100084）

摘要：以全国优博的评选结果——1 469篇全国优博论文作为研究对象，通过分析全国优博的入选数、院校分布、学科分布，试评价此评选制度。同时对清华大学108篇全国优博论文及其作者生源、导师及学科氛围、生涯发展等进行更深层次的分析，说明其对博士生培养质量保障的作用和意义。由此提出对全国优博论文评选制度今后的意见建议。

关键词：全国优秀博士学位论文；博士生培养；质量评估

一、引言

为了加强高层次创造性人才的培养工作，鼓励创新精神，提高我国研究生教育特别是博士生教育质量，作为教育部《面向21世纪教育振兴行动计划》的一项重要内容，教育部和国务院学位委员会于1998年5月正式启动全国优秀博士学位论文（简称全国优博）评选工作，每年评选不超过100篇优秀论文。自1999年评选出第一届，至2013年共进行了15届评选，评出1 469篇全国优博。

2014年，教育部明确表示不再组织评选全国优博，意味着持续了15年的全国优博评选工作暂告一段落。此时对15年来全国优博评选进行回顾，就显得格外有必要、有意义，它对促进我国博士生培养质量的提高是否起到了积极的推动作用？它对我国博士生培养工作有着什么样的启示？今后的全国优博路在何方？这些均是值得我们思考的问题。

二、历年全国优博评选结果分析

1. 对全国优博的竞争逐年加剧

自1999年起，全国优博共组织评选15届。1999年首届全国优博的评选对象是全国所有博士学位授予单位在1995年至1997年期间博士学位获得者的博士学位论文[1]。此后各届全国优博的主要评选对象为上一个学年度中全国博士学位获得者的博士学位论文，如有特殊原因并确属优秀者，获得学位2年以上5年以内的博士学位获得者的论文也可参评，但需校外3名同行博士生导师联名推荐。

随着我国博士生培养规模的增大，全国优博的评选对象也在逐年增加。然而15年来，入选篇数一直保持在90～100篇之间，因此除了首届全国优博由于评选对象包含了3年博士学位获得者，而使入选率较低外，2000～2013年全国优博的入选率是在逐年下降，也就是说全国优博的竞争在逐年加剧（表1）。2000年，大约每100名博士学位获得者中产生1名全国优博获得者，而到了2013年，大约每500名博士学位获得者才能产生1名全国优博获得者。一些研究者也有类似的发现。[2]

表1 历年全国优博评选对象技术、入选篇数及入选率

年度	评选对象基数	入选篇数	入选率/%
1999	16 735	100	0.60
2000	8 518	100	1.17
2001	9 593	100	1.04
2002	11 378	97	0.85
2003	13 744	97	0.71
2004	14 706	97	0.66
2005	18 625	96	0.52
2006	22 936	99	0.43
2007	28 318	98	0.35
2008	35 627	100	0.28
2009	43 047	98	0.23
2010	45 745	100	0.22
2011	49 698	97	0.20
2012	50 735	90	0.18
2013	53 471	100	0.19
合计	412 934	1 469	0.36

注：评选基数为主要评选对象所在年度全国获博士学位人数，数据来源为国务院学位委员会办公室；入选率为入选篇数/评选基数

我们看到，从1995年到2013年，我国授予博士学位数增长了约10倍，是研究生规模迅速扩张的时期。这期间，我国经历了从研究生教育起步阶段走向研究生大国的变化过程，每年评选出的大约100篇全国优博为博士生培养树立了标准，起到了示范性、引领性、激励性的作用。

2. 获奖单位分布较为集中

从全国优博所在单位的分布情况来看，1 469篇全国优博分布在165个博士学位授予单位。然而在这165个博士学位授予单位中的分布却极为不均衡。"985工程"高校、研究生院高校、"211工程"高校构成全国优博获得的主体，科研机构也占有一定的比例。（表2）其中，39家"985工程"高校均有至少1篇全国优博，56所拥有研究生院的高校均有至少2篇全国优博，112家"211工程"高校中有94家至少有1篇全国优博。

表2 不同类型单位全国优博入选篇数情况

单位类型	入选篇数	百分比/%
"985工程"高校	895	60.9
研究生院高校	1 027	69.9
"211工程"高校	1 143	77.8
科研机构	213	14.5

即使在上述构成全国优博获得主体的三类单位中，全国优博的分布也仍旧是不均衡的。聚焦到中科院及获奖数排名前10的高校，可以看出这11家博士学位授予单位共获得706篇全国优博，占总篇数的48%。（表3）排名前10的高校均为"985工程"建设高校，除中国人民大学、中山大学外，其他均为首批"985工程"建设高校，即九校联盟（C9）高校。这其中又以清华大学、北京大学稳稳占据高

校第一集团,与后面几所高校相比优势较为明显。

全国优博的院校分布,一方面体现了国家对重点高校、重点学科的支持,同时也检验了国家通过"985"工程、"211"工程、研究生院的设立等一系列战略措施对于研究生的培养,特别是最高学位层次的博士生培养起到了重要的保障和促进作用。然而,现阶段我国博士生培养单位及培养人数均达到一定规模,应考虑如何对更多的博士生培养单位起到激励作用,促进博士生培养特色的多样化。

表3 排名前10的高校及中国科学院全国优博获奖情况

学位授予单位	历年总数/篇
中国科学院	184
清华大学	108
北京大学	101
复旦大学	58
浙江大学	49
中国科技大学	45
南京大学	44
上海交通大学	35
中国人民大学	28
西安交通大学	27
中山大学	27

注:中国科学院自2012年起不再参评,184篇为1999~2011年总篇数;清华大学总篇数中不含协和医学院9篇,下同

3. 学科分布较为合理

从各学科门类的入选情况看,入选篇数最多的是工学、理学和医学。对比各学科门类入选比例和各学科门类授学位总人数的比例,理学门类入选比例明显高于授学位人数比例,管理学、经济学、法学门类入选比例明显低于授学位人数比例,医学虽然入选总篇数较多,然而入选比例仍低于授学位人数比例。(表4)需要说明的是,全国优博2011年以前的评选届次使用1997年颁布的《授予博士、硕士学位和培养研究生的学科、专业目录》,2011年及以后使用2011年版学科专业目录,因此学科分类略有不同。

1 469篇全国优博分布在原89个一级学科中的85个,没有论文入选的4个一级学科分别是系统科学、科学技术史、水产、战术学。入选论文最多的一级学科是理科的化学97篇、物理学94篇、生物学86篇,排在第四至十位的一级学科分别是材料科学与工程66篇、数学63篇、临床医学61篇、电子科学与技术41篇、历史学38篇、中国语言文学36篇、机械工程和力学34篇。

表4 各学科门类全国优博入选篇数与授学位数的对比

学科门类	入选篇数	占总篇数百分比/%	1996~2011年授学位人数	占总授学位人数百分比/%
哲学	21	1.43	5 958	1.42
经济学	35	2.38	20 752	4.96
法学	37	2.52	17 544	4.19
教育学	34	2.31	6 920	1.65
文学	62	4.22	17 752	4.24
历史学	38	2.59	7 347	1.76

续表4

学科门类	入选篇数	占总篇数百分比/%	1996~2011年授学位人数	占总授学位人数百分比/%
理学	417	28.39	80 532	19.24
工学	551	37.51	147 460	35.23
农学	78	5.31	17 030	4.07
医学	152	10.35	66 072	15.79
军事学	14	0.95	3 272	0.78
管理学	30	2.04	27 873	6.66

注：授学位人数来源于国务院学位委员会办公室，授学位人数未算入1995年人数

全国优博在自然科学各学科的数量和比例分布说明了我国的化学、物理、材料、数学等基础科学较其他一些学科更为接近世界水平。另外，全国优博的学科分布也一定程度反映了随着我国国民经济建设和社会发展，知识需求和关注重点的变化，例如近年来伴随着经济建设，环境问题越来越受到重视，环境科学与工程一级学科入选的论文，1999年、2001~2009年均有1篇入选，而2010~2013年均有2篇入选。

三、全国优博获奖者情况分析——以清华大学为例

全国优博获奖者是成功的博士生培养典型案例，对他们的成长路径进行分析，能为保障和提高博士生培养质量提供参考。如下分析以清华大学108名全国优博获得者作为研究对象，从生源、导师、生涯发展等方面进行分析。

1. 基本情况

1999年至2013年，我校共入选全国优博108篇，年均入选7.2篇。108篇全国优博分布在23个一级学科。入选篇数中以工科类学科最多，入选81篇，其次是理科类入选22篇，人文社科类学科入选5篇，农、医、军事等其他学科没有入选论文。这与清华大学以工科为主，理、文、管理学科相结合的综合性大学的定位基本吻合。

2. 生源分析

全国优博获奖者的入学方式大体可分为两类，一类是推荐免试方式入学，通过硕博贯通的方式进行培养，可细分为本科毕业生直接攻博（简称直博）、硕士生提前攻博（简称提前攻博），其中直博生根据本科来源不同又分为本校直博和外校直博。另一类是参加统考方式入学，即普博生。论文博士由于样本量较少，且入学时已有较多学术积累，在此不做比较。在对不同入学方式的博士生中出优博比例的对比中，我们发现，推荐免试入学博士生出优博比例高于普博，而在推荐免试入学博士生中，本校直博和提前攻博又高于外校直博。这一现象与其他学者对于全国的样本分析结果相吻合[3]。

由于本研究样本以理工科为主，由此可见，对于理工科博士生培养，推荐免试的入学方式，硕博贯通的培养方式能够有效地选拔和培养博士生。尽早打下扎实的专业基础，培养研究能力和学术志趣，有利于博士生的成长成才。

3. 导师及科研氛围

清华大学108篇全国优博，共涉及博士生导师83人（含院士31名），其中指导出2篇及以上全国优博的导师共19人（含院士15名），占22.9%。导师在博士生培养过程中的角色至关重要。例如我校指导出4篇全国优博的李亚栋院士，由于其发表的多篇具有世界级影响力的高被引用率论文，2014年在化学和材料科学两个学科领域入选汤森路透公司（Thomson Reuters）全球高引用科学家名单，说

明李亚栋院士在其研究领域具有世界级影响力。高水平的导师队伍是保障博士生培养质量的关键，导师的学术水平高，博士生才能站在巨人的肩膀上，同时，导师还要在博士生培养方面舍得倾注时间和精力。

科研氛围之于博士生培养，有如土壤与气候之于禾苗的成长。我校固体力学学科已获得全国优博 13 篇，占力学学科全国优博篇数的 38%，形成了全国优博的固体力学"高原效应"。其中 1999 年的全国优博获得者冯西桥指导的博士生论文入选 2013 年全国优博，他成为我校首位全国优博身份的优博指导教师。固体力学"高原效应"的形成正是由于这个学科团队形成严谨创新氛围的学术共同体，传帮带的传承发展，教书育人的人才培养风气。[4]

4. 选择学术道路是全国优博获得者的首选

在对 108 名清华全国优博获得者毕业后的就业去向的调查中发现，84.3% 的全国优博获得者选择了继续从事科学研究工作，其中又以在国内外高校任教居多，选择留在清华发展的占 48.1%（表5）。我校航天航空学院 15 名全国优博中，目前有 14 名在国内外大学任教职，其中 7 人选择留在清华航天航空学院任教。赴高校任教、走学术道路成为全国优博获得者的首选，符合我校培养未来学者的博士生培养定位。他们在学术道路上发展情况总体较好，不少成为长江学者特聘教授、国家杰出青年基金获得者等。2000 年全国优博获得者何友，在海军航空工程学院任职，2013 年新当选为工程院院士。

这些全国优博获得者继续选择学术道路，一方面取决于其自身坚定的学术志趣、突出的学术成果，另一方面，教育部设立的"高等学校全国优秀博士学位论文作者专项基金"，对在高校工作的全国优博获得者予以科研资助，这一措施在当时赴高校就职并不是一个最佳选择的时代背景下，对于全国优博获得者的职业生涯选择以及学术生涯起步阶段均有着重要影响与帮助，使得一批优秀的年轻学者选择了留在国内高校，为充实我国高等教育师资起到了重要作用。[5] 随着我国学者和高校的国际竞争力均逐渐增强，学者在全球范围内的流动性逐渐增加，这样的奖励措施似乎难以达到激励目的，需进一步改进和完善。

表5 清华大学全国优博获得者继续从事学术研究情况统计

	清华	国内其他高校	国内研究机构	国外高校	国外研究机构	国内外高校、研究机构合计
人数	52	14	1	20	4	91
百分比	48.1%	13.0%	0.9%	18.5%	3.7%	84.3%

四、全国优博评选的展望

1. 已经形成品牌效应，应继续扩大影响力

从 15 年的全国优博评选结果分析可以看出，全国优博体现了我国博士生培养的水平，对保障博士生培养质量，提升我国博士学位论文质量竞争力具有重要意义。经过 15 年的积累，已经形成了良好的品牌效应。全国优博获得者的优秀事迹对在校研究生有着良好的示范作用和朋辈激励作用；全国优博导师是博士生导师们非常看重的奖励，是对他们致力于博士生培养工作最好的认可，对博士生导师有着示范作用。因此有必要继续开展全国优博评选工作，并将这一品牌效应做得更大、更好，对博士生、博士生导师、学校形成更好的激励，提升博士生培养的社会影响力。

2. 第三方组织评选，充分依托专业学会，同时鼓励多元化的优博评选

在评选组织方面，建议进一步理顺政府、高校、第三方评选机构三方的关系，转变政府职能，由第三方评选机构组织评选。以保证评选结果的公平性、客观性。第三方评选机构应充分依托专业学会，给予"小同行"充分的话语权，真正做到专业的事由本专业的人来做判断。

同时鼓励国内外、企业界、社会各界多元化的优秀博士论文评选与激励，避免全国优博评选"一家独大"现象，增加教育界外部对博士生培养的话语权，同时激励更多的博士生做出创新性研究工作。

3. 按授学位比例确定入选篇数

考虑到我国目前博士生培养的体量较大，每年100名的全国优博授奖面较小，难以对更广泛的学生起到激励作用，同时容易造成评审过程中的异化现象。为了使全国优博评选回归其提高博士生培养质量、鼓励导师从事创新型人才培养、激励优秀学生从事创造性研究的本质目的，建议每年按照授予学位的比例评选相应数量的全国优博。建议按照1%的入选率进行评选，既是优中选优、百里挑一，又让学生不觉得"高不可攀"。

4. 建立机制鼓励学科交叉

学科交叉的领域往往是创新最容易出现的地方，然而如果过分依赖按照学科组织的专业评审，会使在学科交叉领域从事创新工作的论文增加评选风险，不利于鼓励创新。因此应建立适当的机制，如建立专门的学科交叉论文评审工作组，为学科交叉的论文组织专门的专家组进行单独评审，以鼓励学科交叉，从而鼓励创新。

参考文献

[1] 刘桔,林梦泉,侯富民,等. 从首届全国优秀博士学位论文评选看我国博士学位论文质量[J]. 学位与研究生教育,2000(2):51-52.
[2] 李明磊,王战军. 全国优博论文评选政策分析与改进[J]. 国家教育行政学院学报,2012(1):165-166.
[3] 张国栋,王宁,周昊. 全国优秀博士学位论文作者高等教育求学路径的研究[J]. 中国高教研究,2014(1):145-146.
[4] 庄茁. 以固体力学学科建设促进优博群体成长[C]. 立德树人——清华大学教书育人研讨会30周年纪念文集. 北京:清华大学出版社, 2013.
[5] 谢安邦,潘武玲. 提高博士生培养质量的重大举措——全国优秀博士学位论文评选的回顾与思考[J]. 中国高教研究,2003(7):177-179.

关于提高博士研究生培养质量的研究

任金胜

（电子科技大学研究生院　611731）

摘要：从博士生生源、导师队伍、国际化培养和学术水平等方面分析了当前博士研究生培养存在的一些问题；在吸引优秀博士生生源、加强导师队伍建设、提高国际化培养水平和抓住博士生培养关键环节管理等方面提出了相应的措施，提高博士生培养质量。

关键词：博士研究生；培养质量；国际化培养；关键环节管理

一、引言

研究生是国家科技创新的重要承担者和生力军。尤其是博士生的培养，更是肩负着为国家培育高素质、高层次创新人才的重任，是高等学校科研水平和创新能力的体现，代表着一个国家人才培养的最高水平，对提高我国国际竞争力，建设创新型国家和实现"中国梦"具有重大意义。目前我国博士研究生的教育规模在世界已是首屈一指，据教育部统计数据显示，2013年我国毕业博士生5.3万人，在读博士生29.8万人，一方面为国家培养了大量高层次专门人才，为国家经济建设、科学技术进步和社会发展做出了重要贡献，另一方面同国外相比我国博士生培养质量还处在较低水平[1]，博士培养整体质量欠佳、博士培养质量下滑已成为不争的事实[2]。我国博士生教育仍面临着重大考验，并引起社会广泛关注。

二、博士生培养存在的问题

1. 优秀博士生生源比较缺乏

优秀的生源是保障博士研究生培养质量的基本前提之一。近年来，随着全球经济疲软，就业形势严峻，一些优秀的研究生提前进入社会；选择攻读博士学位的部分学生又出于非学术目的，把读博作为改善生活环境或者逃避就业压力的途径[3]，他们缺乏必要的理论基础和科学研究素养；另外，近年来一些政府官员和企业高管为了"镀金"等目的，选择攻读博士研究生，但是他们既没有扎实的理论基础，也没有充足的时间进行学术研究，这些所谓的"资源生源"在一些高校还存在，也严重影响了博士生的整体培养质量。

2. 博士生导师队伍有待加强

在博士培养过程中，导师的学术水平是对学位论文质量和学术产出的影响最为显著的要素，导师的指导学生、科研经费以及国外学术背景对博士生的培养质量也具有明显的影响[4]。目前，高校中的博士生导师队伍，还存在一些问题：

（1）遴选机制不健全。一些高校没有将"博导"视为一个可以随时上下岗的岗位，而是作为一个固定的身份或荣誉，进而对博导缺乏一个科学的检查和评估制度。由于缺少外部约束和压力，导致不

---

* 电子科技大学优秀博士学位论文培育机制研究（A108851203901004）；电子科技大学中央高校基本科研业务费项目（ZYGX2011J139）。

少博导的科研、学术裹足不前,进而无法保证博士生培养质量。

(2)高水平导师缺乏。随着导师队伍的不断壮大,一些没有稳定研究领域和学术水平的教师进入"博导队伍";个别导师缺乏学术成果,没有丰富的科学研究经验,难以对博士生进行学术指导;有些导师的科研项目缺乏理论研究基础,且科研经费不足以资助博士生顺利地进行学术研究,于是造成博士生选题范围过窄、科学研究不足、实验数据缺乏、学位论文质量低等现象,尤其是工科博士生表现更为明显;一些高校博导的学缘结构不合理,一部分博导缺乏国外学习背景,无法不断更新和丰富自己的知识结构,不能及时掌握研究方向的前沿动态。

(3)指导时间不足。随着博士生培养规模的扩大,博导增长速度明显低于博士生扩招的速度,在校博士生和导师的平均生师比从2001年的12:1提高到2013年的16.3:1,个别博士生导师招收博士生数量过多。同时,个别导师或因招收学生太多,或因忙于行政或个人事务,对博士生的科研、学业及生活关心较少,学术指导明显不够,与博士生之间缺乏沟通和学术交流;同时,一些兼职博导在校实际指导的时间严重缺乏,不利于博士生培养质量的提高。

3. 国际化培养不足

从我国现有的高等教育整体发展来看,博士生培养制度的主体还是传统的教学体制,不能与国际上先进的教育理念接轨和融合,国外优质的教育资源和培养模式引入还非常不足。近几年来,"985工程"和"211工程"等重点高校纷纷开展了研究生国际化培养工作,探索了研究生国际化培养模式。目前大部分高校国际化培养目标还未清晰地将国际化知识、国际化思维、国际化科研能力和国际化交流能力等纳入其中;同时,培养研究生国际化方式通常简单采用"请进来、送出去",即招收少量国外留学生来校学习、邀请少量国外教授专家来校讲学、选派少量研究生出国培养,这种模式成本高、受众少,不利于导师队伍的国际化培养。

因此,部分高校的研究生国际化培养还停滞在一个比较初级的阶段,具体目标和途径不甚清晰,保障国际化培养目标实现的措施和手段也比较简单,这对提高博士生的整体培养质量的效果甚微。

4. 博士学位论文创新不够

在研究型大学,要求博士生在学期间发表一定级别和数量的学术论文,是提高博士生培养质量的一项重要举措,在提高论文的数量和质量方面取得了一定成效。然而与国外相比,博士学位论文缺乏创新性仍是我国博士生培养面临的主要问题。

由于受经济、就业等情况的影响以及来自于博士生学制年限的压力,一部分博士生在攻博期间发表学术论文的压力过大,导致其注意力偏离科研创新从而转移到发表学术论文上。许多博士论文从选题到研究内容都缺乏创新思维和方法,仅就前人提出的问题做进一步的修补工作;据有关统计显示,在我国高校科技开发活动中,高达69%的项目只进行了文献调查,只有34%的项目做过市场调研[5];有些学生甚至靠抄袭、剽窃来发表学术论文。

由于科研时间和经费的不足,博士生甚至很少有机会参加国际学术会议,缺乏必要的学术交流,这导致我国许多博士生国际学术视野较为狭窄,难以产生创新性思维,从而影响博士学位论文的质量。

另外,特别是工科博士生受到国内科研水平和试验条件的限制,不利于提高博士生的学术水平。

三、提高博士生培养质量的措施

博士生生源质量是提高博士生培养质量的前提,博士生导师是培养质量的关键,国际化培养是提高博士生培养质量的保证,博士学位论文是博士生培养质量的主要标志。本文从影响博士生培养质量的几个方面入手提出相应对策和措施,应用于实际的博士生培养环节,培养优秀博士生,促进拔尖创新人才的脱颖而出,提高博士生培养质量。

1. 选拔优秀博士生生源

（1）改革入学考试模式，选拔优秀生源。推行"博士生入学申请审核制"，充分发挥和有效规范考核专家组和导师在招生中对申请者学习志趣、科研基础、实践能力和科研潜力的评价和决定作用；同时研究制定可辅助导师选拔优秀博士生的人才综合素质指南，提高博士生生源质量。

（2）采取措施，吸引优秀生源。完善博士生奖励资助体系，提高生活待遇；通过举办研究生暑期夏令营活动等，吸引优秀生源，尤其是直博生和硕博连读生，电子科技大学近两年已将直博生和硕博连读生的录取比例提高到了60%。

2. 加强博士生导师的遴选和培养

导师在研究生教育中的作用是不言而喻的，从历年入选全国优秀博士学位论文来看，其指导教师大多是本学科领域的带头人、院士或知名专家。他们活跃在本学科的学术前沿，学术造诣深，治学严谨，拥有国际化视野、思维方式以及频繁的国际学术交流和较高的学术地位，无论在学术研究还是治学态度和科学精神方面都给予学生深刻的影响[6]。

（1）建立合理的博导遴选机制。一是放宽博导评选的职称条件。随着国家实行"青年千人"计划，各高校大力吸引海内外优秀的青年教师，杰出人才涌现，大多在各自的领域做出了优秀成绩，走在相应学科研究的前沿，因此，一些优秀的副教授和讲师也可以申报博导，为其成长提供更多的土壤和条件，相应提高评选条件。二是取消博导终身制，实行考核上岗。要转变博导终身制的观念，在聘期内要进行严格考核，因为各种原因而导致学术能力、道德品质、博士培养质量等方面不合格者，要坚决给予"下岗"。三是严格选拔条件。博导应有稳定的科研方向，创新性的科学研究，优异的学术成果，良好的学术道德，重视教学和科研。四是把博导遴选权力下放学科组或者学院，由市场需求者和了解者决策。五是进一步优化博导队伍国际化学缘结构，提高国际化背景导师的比例。

（2）建立博士生导师培训体系。对遴选的博导特别是年轻的副教授和讲师须进行规范和严格的考核以及培训；结合博士生培养实际情况，解放思想，完善制度建设，建立奖罚机制，通过定期开展博导培训、博导经验交流、学术讲座等活动使博导不断强化岗位意识和责任意识，促进导师在言传身教中不断提高和完善自己；设立基金项目资助博士生导师出国学术访问，引进国外先进的培育理念，并和国外高水平大学建立联系，联合培养博士生。

3. 培养博士生"国际化"视野

建设世界一流大学和一流学科是我国高等教育的发展战略目标，因此博士生国际化的培养显得尤为重要。高校应鼓励博士生出国联合培养，形成师资、资金、实验条件等方面的联合优势；鼓励博士生出国参加国际学术会议，拓宽其国际化视野，活跃学术思维，更加广泛地接触学科前沿。

出国联合培养和国际学术交流，不但提高了博士生自身的学术水平，与国外高校和知名学者建立了密切联系，也有利于提高国内高校相关学科的学术影响力，为国内外高校合作起到了纽带和促进作用；一些博士生毕业后在国外高校工作，不仅以自身的优势和实力彰显了国内博士生培养水平，也成为反哺国内教育和社会的栋梁之才，成为中国在海外储备的高级人才；同时还能发挥博士生国际交流的后续优势，通过回国后将自己在国外开展学术研究的经历和经验分享给国内研究生，实现一人出国、全体受益的目的。

从2009年以来，电子科技大学通过国家自然科学基金委的"公派出国"项目和"电子科技大学博士生学术支持计划"每年遴选近80余名博士生到哈佛大学、麻省理工、加州大学伯克利分校等世界排名前200名的知名大学进行联合培养，同时资助近100余名博士生出国参加高水平国际学术会议。博士生培养质量逐年提升，多名联合培养的博士生在PANA, Physical Review Letter和Advanced Material等高水平学术期刊上发表学术论文，在ISSCC, ICC, IEEE Radar Conference等国际顶级学术会议上获得最佳论文奖励等；同时，获得资助的博士生获得全国优秀博士学位论文和提名论文奖等。通过这些博士生的示范作用,越来越多的博士生积极参加国际学术交流或选择出国联合培养。

4. 加强博士生培养关键环节管理

要提高博士生论文质量,管理到位是关键,抓住博士生培养的各关键环节的质量监控,是提高博士生培养质量的重要保障。

(1)抓住关键环节的质量监控和管理。加强博士研究生课程体系建设,完善博士研究生培养方案,实施宽口径培养;强调博士学位论文选题关注学科前沿、热点和重大理论问题,或者结合国家重大需求、关系国际民生、解决国家急需的重大工程问题;鼓励优秀博士生在本学科高水平学术期刊上发表高质量论文;做实博士生中期考核和预答辩工作,发挥在博士生培养过程中的筛选作用;严格博士学位论文的撰写格式规范等。

(2)完善博士生分流淘汰机制。随着高校博士学位标准逐步提高、博士生培养过程的严格要求,实行分流淘汰成为必然。电子科技大学从2009年开始就实行博士生淘汰机制,将博士生最长学习年限设置为6年,加大对不合格博士生的淘汰力度,每年淘汰博士生达30%左右,有效地激发了在读博士生学习的积极性和主动性;同时,对直博生和硕博连读生在开题、中期考评等关键节点进行分流,对不合格博士生及时转为硕士研究生学习。

参考文献

[1] 中国博士质量分析课题组.中国博士质量究竟如何?[N].光明日报,2011-05-10(15).
[2] 周光礼.中国博士质量调查[M].北京:社会科学文献出版社,2010.
[3] 中国学位与研究生教育发展报告组.中国学位与研究生教育发展报告(1978—2003)[M].北京:高等教育出版社,2006.
[4] 李艳,马陆亭.博士生培养质量与导师相关性的实证研究[J].国家教育行政学院学报,2015(4):78-84.
[5] 冯倬琳,赵文华.研究型大学在国家自主技术创新中的作用[J].清华大学教育研究,2007(4):147-149.
[6] 昊鸿翔,陈渭.对我校医科类获选全国优秀博士学位论文的分析与思考[J].学位与研究生教育,2002(11):221-222.

麻省理工学院物理学博士研究生教育的特色与思考
——世界一流大学国际化创新人才的培养模式

张 杨

（华北电力大学研究生院 071003）

摘要：通过深入研究麻省理工学院物理学博士生研究生教育的统一考试、专业课程、扩展课程以及论文研究四个方面的内容，初步理清了世界一流大学博士研究生教育的整体概况，为我国博士研究生教育改革提供了宝贵的借鉴，具有一定的指导意义。

关键词：麻省理工学院；物理学；博士研究生教育；国际化创新人才

一、前言

麻省理工学院（MIT）物理系致力于发现新物理的最前沿。其物理学博士培养目标是学生最终成为一个专业的物理学家，成为有创造力的科学家。

本文以 MIT 物理学博士生教育为研究对象，详细研究了 MIT 物理学教育涉及的学位要求，诸如统一考试、专业课程、扩展课程以及科学研究、毕业论文等方面，以把握物理学博士研究生教育成功的关键，为我国物理学博士研究生教育的改革提供有益的帮助。

二、物理学博士研究生学位要求

物理研究生学位课程的设置一般面向博士生，也接收满足下述条件之一的硕士学位课程申请：①想获得物理硕士学位；②不想修完博士课程；③未通过博士学位统一考试。

获物理学博士学位要满足：①通过博士学位统一考试；②完成专业课程要求；③完成扩展课程要求；④完成学位论文及答辩通过。

1. 博士学位统一考试

博士统一考试旨在保证学生拥有广泛的物理背景，同时也能精通物理的某个特定领域。考试安排在秋季和春季进行，包含三部分：第一、二部分为笔试，时间为 5 小时；第三部分为口试，时间为 2 小时。一、二部分在每个学期的第一周进行。口试在每个学期的下半学期进行，主要考查学生研究方向的基础知识掌握程度，较少涉及具体的研究课题。

第一部分考试一般有 20 道题目，涵盖了较广泛的物理领域，难度相当于 MIT 本科生专业课程的要求。这算是一次摸底考试，共有三次机会，如考试未通过者，在成绩公布的 3 周之内，学院的 3 位教授将组成一个学术委员会对该学生进行一次特殊的口试。

第二部分考试有 8 道题目，相当于专业考试，涵盖了经典力学、量子力学、电动力学和热力学与统计力学四大部分。每一部分出两道题目，学生只要选择其中一道来回答即可。其难度相当于研究生一年级课程水平，可参加两次，但须在第三学年的第一学期通过。学生必须在"四大力学"的每个方面都通过才算通过。同样，如果最后没有通过第二部分考试，在成绩公布的几周之内，学院的 3 位教授将组成一个学术委员会对该学生进行一次特殊的口试。

第三部分考试是口试，可参加两次。口试的第一个问题是针对学生的研究领域，一般由导师出题。之后的问题会涉及物理的一般性问题，也会涉及一些学生的研究工作。考官则由学术委员会主席和其他两位教授组成(导师不参加),每年按研究方向委任一个学术委员会。目前,MIT物理系学术委员会包括天体物理、原子物理与光学、生物物理、凝聚态实验、凝聚态理论、粒子物理与核物理实验、粒子物理与核物理理论及等离子体物理等八个分支。

2. 博士学位专业课程(表1)

表1　各专业方向研究课程

专业方向	课程号	课程	专业方向	课程号	课程
天体物理	8.901	天体物理Ⅰ		8.325	量子场论
	8.902	天体物理Ⅱ		8.334	统计力学Ⅱ
原子物理与光学	8.421	原子物理与光学Ⅰ		8.962	广义相对论
	8.422	原子物理与光学Ⅱ	粒子与核物理理论[2]	8.952	早期宇宙与粒子物理
生物物理[1]	8.591	系统生物学		8.821	弦理论
	8.592	生物学中的统计		8.831J	超对称理论
	8.593	生物物理		8.841	电弱相互作用
凝聚态物理	8.511	固体理论Ⅰ		8.851	强相互作用
	8.512	固体理论Ⅱ		8.701	粒子与核物理简介
粒子与核物理实验	8.711	核物理	等离子体物理	8.613J	等离子体物理Ⅰ
	8.811	粒子物理		8.614J	等离子体物理Ⅱ

备注:1. 8.592和8.593中选修一门即可;2. 8.325量子场论为必修,其他课程选修两门

物理系不要求博士生额外再去选修除了专业课程及扩展课程之外的课程。很多博士生的课程都是从上研究生量子力学(8.321和8.322)、研究生电动力学(8.311)和研究生统计力学(8.333)开始的(括号里的数字表示具体的课程号,具体的课程描述可以参照MIT的官方课程系统)。这些课程有助于扩展物理视野,也是第二部分的考试内容。如学生不能通过这些课程,或未通过第一部分考试,需选修高年级本科生的相关课程,如电磁学(8.07)、统计力学(8.08)和经典力学(8.09)。在第一学年,学生一旦决定了研究方向,就可选修一些研究生的特殊课程如原子物理与光学(8.421,8.422)、固体物理(8.511)、系统生物学(8.591)、等离子体物理(8.613J)、核物理与粒子物理简介(8.701)和天体物理(8.901,8.902)。同时在第一学年,学生还要做一个学期的助教,这相当于两个学术课程即24学分。

博士生要在他的专业研究方向选修两个学期的专业课程,对于粒子物理和核物理专业则要求选修三个学期,以保证学生有坚实的物理基础。课程都是围绕研究方向开设的,故越早完成这些课程就能越早地进行实际研究工作。每个方向的专业研究课程参见表2,这些课程必须以"B⁻"或是更好的成绩通过。

3. 博士学位扩展课程

为了扩展学生在其他领域的基础知识,学院要求学生必须选修两门扩展课程,成绩不能低于"B⁻"。一门课程为指定课程,还有一门课程学生可以按照自己的喜好选择。表2给出了各个专业方向的可选扩展课程。

表2 各专业可选扩展课程

课程号	课程	原子物理	生物物理	凝聚态	等离子体	天体物理	核试验	粒子实验	核理论	粒子理论
8.251	弦理论								▲	●
8.323	量子场论						▲	▲	●	●
8.421(2)	原子物理	●		▲						
8.511	固体理论	▲		●						
8.591	系统生物学		●							
8.592	生物学统计		●							
8.613J	等离子体				●					
8.701	核粒子物理						●	●	●	●
8.711	核子物理						●	▲	●	▲
8.811	粒子物理						▲	▲	●	
8.901(2)	天体物理					●				
8.962	广义相对论					●				●

备注：●表示这门课程不能作为该专业的扩展课程
▲表示学生必须选修这门课程作为扩展课程
其他无标记的课程学生可以任意选修

MIT的课程设置提醒我们,要制定具体可行的培养目标和培养措施[1]。我国大学对博士生也有明确的培养目标,但多数显得较为大而空疏,如德智体全面发展、拔尖创新之类,加上又无切实可行的配套措施,难以落到实处。像MIT这样,把课程管理公开化、细节化、人性化,学生有自己的选择主动权,从而积极主动地推动教育培养,的确是一种精简有效的方式。

4. 博士学位论文培养

一般来说,博士生通过做研究助理来参与到科研当中。在开始做研究助理时,他们首先要选择一个专题,该专题通常会成其论文题目。在毕业论文研究之前,学生可通过选修论文研究预备(8.391,8.392)来获得相关的学分。正式选修毕业论文是选择科目论文研究(8.THG),同时要提交毕业论文的研究题目。

博士生毕业论文的申请不能晚于第四学年的第一学期。在学期开始的第二个周末之前,学生填写研究生开题报告表并提交给学术委员会,同时选修课程论文研究(8.THG)。

博士论文答辩主要就是对论文研究成果的一个口头报告。论文答辩委员会的相关建议可以作为论文最后一版的参考意见,答辩不能迟于学院决定授予学位日期的三周前。论文初稿在答辩前两周交给论文答辩委员会审稿人。答辩时间及地点都由学生自定,上报学院研究生秘书,由秘书通知物理学会,整个论文答辩是开放的。

哈佛大学校长博克在《回归大学之道》一书中指出:"要重视教育研究,特别是具体问题的实证研究,包括校本研究。"[2]书中引用了数以百计的教育研究报告和他们的成果,而且在多处强调了教育研究的重要和教师借鉴教育研究成果的重要性。在我国,从事高等教育研究的人员很多,发表的研究论文也很多,但是产生的成效很有限。其原因一方面是研究的针对性、实证性不够,另一方面是广大教师对他人研究成果的重视不够,不去主动借鉴现有的研究成果。

三、物理学博士生学位教育的特点与思考

1. 考试形式灵活多样

MIT用统一的考试代替了每门课程单独的考试，使学位考试与课程考试独立，并且考试时间安排、考试形式等方面都有很大的灵活性，从学生实际的学术水平出发，真正考虑到学生的个人差异，充分体现了分层教学的理念[3]。这种笔试加口试的统一考试形式在我国研究生招生时经常采用，但在研究生学位授予相关的考试中并没有实行，笔者认为这是提升我国研究生教育的一条可行探索之路。

首先，从考试内容及动机上看，第一次考试有很强的摸底性质；第二次考试涉及专业物理知识，内容上更注重物理本质规律，"四大力学"是这次考试的中心；考试目的是进一步强化学生的物理背景，考查学生物理基本规律及其运用的能力，是在基础知识考试上的一次提升。第三次考试采用口试，以弥补笔试的不足，同时又能考查学生的应变能力，反映学生在他的研究领域的科学视野，从而更加全面地对学生进行考查。

其次，从考试时间及形式上看，每次考试都有两到三次的参加机会，并且在每个学期的开始都会有相应的考试；对比国内的课程考试，学生只能在开课的那个学期参加。所以，MIT的统一考试在时间上给了学生较大的自由性。在对待未通过的学生上，国内和MIT基本都是采取让重考的办法，除此之外，MIT会建议学生去选修一些基础性的课程来加强物理基础，从根本上来解决学生知识薄弱的问题，而不是仅仅用考试来衡量学生知识水平，这也是国内应该大力推行的。

2. 专业课程强调基础

MIT博士生的专业课程十分强调基础性。设置研究生量子力学、研究生电动力学和研究生统计力学等基础课程，这既是对本科基础课程"四大力学"的延续，又是学生做进一步科学研究的基础。之后的每个专业方向的专业课也是非常注重基础，例如天体物理方向，他们的专业课程就是天体物理Ⅰ和天体物理Ⅱ两门课程。MIT在专业基础课程上可以说是下足了功夫，重要的课程也是达到了5门，而且与本科课程有很好衔接[4]。

国内研究生教育在专业课程设置上应该比MIT要更加深入一些，本科阶段就开设了"四大力学"，但质量与MIT有了明显差距。所以国内高校的重点不应放在课程设置上，而应放在如何保证研究生专业课程教学质量上，通过提高教学质量来提升研究生的水平。

3. 扩展课程强调宽度

除了必要的专业课程外，MIT还要求学生选修两门扩展课程来拓宽自己的科学视野。以原子物理专业方向来说，可选修包括量子场论、等离子体物理、核物理、粒子物理等在内的10门课程作为自己的扩展课程。在这种跨方向的交流中很有可能碰撞出思想的火花[5]，全方位的、跨领域的人才也许就是在这种多领域的学习交流中培养出来的。

在扩展课程方面，国内高校仍然有很大的发挥空间。现在高校的研究生教育大多把学生的课程集中在专业相关的课程里面，基础的作为必修科目，高阶的作为选修课，对于专业方向之外的课程没有任何限制。结果是学生的知识局限在自己的研究领域之内，对于其他方向的知识则知之甚少。当然，两门扩展课程在国内来说有点多，毕竟从学校到学生都是想尽快加入科研，在课程上似乎有所放松。但是作为尝试，增加一门扩展课程应该还是值得推广的。

4. 论文研究严谨认真

MIT博士论文研究的一个特色是以学生为主。从最初论文开题，到中期审查，到最后论文答辩，都是学生在推动。学院只是给学生提供答辩的相关服务。与国内的一些统一要求不一样的是，学生大多可以按照自己的研究进度来决定论文答辩的进度，这使得学生在研究中起到积极主动的作用，而

不是为了应付学校的各种要求来完成某些事情。

目前国内高校的博士论文答辩体系与 MIT 相同,但是,真正实施起来又有差异,MIT 的博士论文是基于实际研究项目的,论文就是一个学生的最新研究成果的展示。国内博士答辩更像是总结报告,学生主要的研究是在平时的工作,答辩已渐流于形式,只是为了应付学校的硬性规定。

因此我们强烈建议,学校和学生都要高度注重论文答辩环节。学生从研究出发,真真切切地以实际研究为出发点,花时间精力去做研究,最后的论文也可以成为一个单独的研究成果,这才是论文答辩的根本目的。学校不仅要在制度上借鉴 MIT,更要在具体的实行上加大力度,保证我们的机制在运行中也要和 MIT 一模一样,这样才能实现其制度的优越性。

参考文献

[1] 陈怡. 哈佛大学校长如何看待大学教育[J]. 中国大学教育,2010(9):87.
[2] 德雷克·博克. 回归大学之道[M]. 上海:华东大学出版社,2008:96.
[3] 张立彬. 美国大学物理学分层次教学研究[J]. 大学物理,2012(6):50.
[4] 梨难秋. 麻省理工学院独特的教学结构[J]. 外国教育动态,1984(6):18.
[5] 姚建建. 美国一流大学专职科研队伍建设的借鉴与启示[J]. 世界教育信息,2010(1):40.

第四部分
招生与奖助

基于研究生培养机制改革视角的研究生奖助体系建设
——以重庆大学为例

陈大勇,冯佳文

(重庆大学党委研究生工作部 400044)

摘要:研究生奖助体系建设作为培养机制改革的切入点和主要抓手,必须要与研究生培养机制改革相适应,对培养机制改革的各个环节起到重要的保障作用。针对目前研究生奖助体系建设存在的问题,提出了基于研究生培养机制改革视角构建研究生奖助体系的思考。针对重庆大学研究生教育改革的总体思路,对重庆大学研究生奖助体系建设的思路和做法进行了完整阐述,为各高校开展研究生奖助体系建设提供借鉴。

关键词:研究生;培养机制改革;奖助体系建设

2006年教育部开展研究生培养机制改革试点工作,到2009年研究生培养机制改革工作范围扩大至所有部(属)高校[1],各高校按照教育部的要求开展了培养机制改革的探索和实践,在实际工作中形成了一些具有特色和有效的做法,对推动研究生教育起到了很好的作用。2013年7月召开的全国研究生教育工作会议对落实中长期教育规划纲要,部署下一步研究生教育综合改革,开创我国研究生教育事业新局面提出了非常明确的要求,坚持"以服务需求、提高质量为主线,以分类推进培养模式改革、统筹构建质量保障体系为着力点"为指导思想,按照"优化类型结构,建立与培养目标相适应的招生选拔制度;鼓励特色发展,构建以研究生成长成才为中心的培养机制;提升指导能力,健全以导师为第一责任人的责权机制;改革评价机制,建立以培养单位为主体的质量保证体系;扩大对外开放,实施合作共赢的发展战略;加大支持力度,健全以政府投入为主的多渠道投入机制"为总体要求,深化研究生教育改革。教育部决定从2014年秋季学期起,向所有纳入国家招生计划的新入学研究生收取学费",出台了相关政策,作为制度保障。这些举措必将有力地推动各个高校围绕研究生培养机制改革,建立系统完善的研究生奖助体系。2014年,重庆大学被教育部确定为综合改革试点单位,研究生培养机制改革作为其中重要的一环,因此对建立与之相适应的奖助体系提出了明确要求。

一、自研究生培养机制改革试点以来奖助体系建设存在的主要问题

自2006年培养机制改革试点以来,奖助体系改革作为培养机制改革的核心,在促进和完善培养机制改革中发挥了至关重要的作用,为我国研究生教育事业的发展起到了重要的作用,但在实际运行中,还存在着对研究生奖助体系建设认识不到位、理念不清晰、重视程度不够、功能没有充分发挥等方面的问题。其主要体现在以下几个方面。

1. 认识不到位,把研究生培养机制改革简单等同于研究生奖助体系建设

研究生奖助体系建设作为培养机制改革的核心和主要抓手,不仅仅是把资金简单地统筹和管理,其改革也不仅仅是资助力度和资助方式的变化,而是一个杠杆,牵一发而动全身[2],而是针对研究生培养机制改革的方方面面,包括研究生培养要素和培养环节的各个方面,如招生、培养、综合能力提升、思想道德建设、授位、质量监控等方面的工作有着全方位的影响。而有的高校一提到培养机制改革,就等同于奖助体系建设,把内容简化为增加一点研究生的生活补助。

2. 重视程度不够，研究生奖助体系的功能发挥有限

不少高校对奖助体系建设重视不够，认为仅仅一笔经济账，没有充分发挥资助工作的育人功能。从资助理念到实际操作，普遍存在重物质资助、轻精神教育的现象。传统的奖助体系的政策目标倾向于发挥"帮困"的作用，而对育人功能的实现途径挖掘不够。对研究生科研水平的提高没有促进作用，难以调动研究生的学习主动性、积极性和科研创新能力。研究生培养机制的改革不断深入，而研究生资助制度的更新却明显滞后，没有形成一套系统有效的研究生奖助制度与办法。在政策制定上没能从整体出发，只是简单地从单个项目出发；研究生本身的民主参与程度很低，使得政策的透明度也较低；在条款内容上，研究生接受资助的权利、义务缺乏明确的规定，工作流程也缺乏可操作性；在过程监控上，倾向于对资助结果的处理，而缺乏过程管理。由于监管力度不够，很多高校需要导师配套的普通奖学金部分往往也未实施到位，使得导师负责制缺乏有力的制度支撑。

3. 奖助体系建设不够完善和系统，难以发挥协调作用

研究生奖助由无偿资助和有偿资助两部分组成，形式有奖、助、勤、贷、补等。无偿资助方式包括普通奖学金、各种专项奖学金、困难补助等；无偿奖助资金只是学校单方面地给予，以"输血"功能为主，容易使学生产生懒惰、依赖心理，不利于培养学生自强、自立精神，也不利于减轻贫困生的精神压力。有偿资助方式包括"三助一辅"津贴、助学贷款等。有偿资助强调权利和义务的对等，具有"造血"功能，在培养研究生感恩意识、回报社会意识方面起到了积极作用。目前，由国家和学校提供的无偿资助部分占主导地位，使得整个研究生奖助体系的整体作用不强，形成了研究生的依赖思想，缺乏感恩、自立、自强意识，极大地影响了研究生资助体系作用发挥的有效性。

4. 资金来源渠道窄，资助力度有限

研究生资助体系的资金来源一直是以政府拨款为主体，造成资助资金来源渠道狭窄，使得研究生资助受众范围小，资助的力度不够。大部分高校的本科生都建立了比较丰富的奖学金项目，但是面向研究生的相对较少。特别是教育部决定从2014年秋季学期起，向所有纳入国家招生计划的新入学研究生收取学费，对传统的培养机制提出改革要求，相应的奖助体系也应该进行改革，扩大资金来源途径，加大资助力度，为实现研究生培养目标服务。

二、研究生培养机制改革视角下的奖助体系建设的对策

研究生培养机制其本身也是一个系统，可以分为培养要素和培养环节两个维度[3]。研究生奖助体系建设作为培养机制改革的核心和主要抓手，应该与培养机制改革的各个要素和环节相适应，以充分推动人才培养和科学创新两大目标的实现，全面提高研究生培养质量。

1. 建立并完善导师资助制度

从2006年培养机制改革试点以来，就确立了基于科学研究的导师负责制的建立。教育部办公厅提出研究生培养必须强化科研导向，导师依托科研工作为研究生提供资助和助研岗位等机制。这些文件为各高校建立以科学研究为主导的导师责任制明确了方向，特别有助于在研究生奖助体系中充分发挥导师的作用，明确导师的责权利关系，形成良好的成本分担意识[4]。这说明对研究生的培养，应该围绕导师的科研项目来进行，导师为研究生提供助研岗位，并根据研究生的科研工作情况，给予研究生助研经费，激励研究生专注科研。将学术科研成果与研究生资助挂钩的模式，使师生形成良好的互动，建立新型的师生关系，激发导师和研究生科研创新的内在动力。

2. 围绕培养机制改革建立全方位多层次的资助体系

培养机制改革涉及培养的各个要素和培养的各个环节，因此，研究生奖助体系应围绕培养机制改

革的各个要素和各个环节来构建,同时要优化研究生资助体系内部结构,强化育人功能,培养学生自强、自立精神。研究生实行收费制度改革后,要兼顾公平和效率,对贫困研究生进行照顾。奖助项目的设置应该全方位、多层次,能覆盖绝大多数全日制研究生,使他们没有后顾之忧地投入科研活动。针对招生、培养、综合能力提升、思想道德建设、授位、质量监控等各个方面,都必须要有与之适应的奖助项目,如针对招生设立吸引优秀生源的新生奖学金、学业奖学金等;针对培养和综合能力提升以及思想道德建设,设立助学金、学业奖学金、助学贷款、国家奖学金、"三助一辅"金、创新基金、短期出国交流基金等;针对授位,设立优秀硕士、博士论文奖学金,优秀博士论文培育基金等,利用奖助金的调节作用,使得培养机制改革的目标得以实现。

3. 健全研究生奖助激励机制,发挥资助的育人功能

为提高研究生培养质量,应健全研究生奖助体系的激励机制,树立平等竞争意识,进一步激发研究生的科研热情与创新精神,发挥好资助的育人功能。学业奖学金不再是进校评定管"终生",而是一年一评,以研究生在校期间的实际学习科研成果作为评奖依据,激励研究生发挥自身的潜能,潜心科研;加大各类奖助金的奖励力度,激励研究生勤奋学习,通过刻苦钻研获得高额奖学金;通过资助体系的激励机制,对培养结构的调整发挥导向作用,按照国家对研究生教育"服务需求、调整结构、稳定规模、提高质量"战略转型的需要,争取专业学位研究生的比例在2015年要达到50%以上,因此不仅要通过调整培养方案来引导,还应该通过加强奖助的激励机制来调节。通过对研究生创业、创新活动的资金扶持,促进学生个性发展,实现研究生综合能力提升。通过给研究生提高"三助一辅"金、通过助学贷款等手段,培养研究生的感恩意识、劳动意识,发挥好激励机制,实现资助的育人功能。

4. 拓宽研究生奖助金的来源,不断加强奖助金的基金池

除了传统的以政府部门为主导的研究生奖助金的投入外,要不断扩大各类奖助金的来源渠道,争取更多的社会资源加入研究生的资助体系,不断增加研究生奖助金的基金池。政府应对设立奖学金和助学金的企业给予一定的政策,比如说税费优惠政策,以激发社会资金参与的积极性。高校应该通过自身的基金会,通过校友和社会的力量,不断增加奖助金的基金池,保障奖助体系建设的可持续发展。

三、重庆大学研究生培养机制改革中的奖助体系建设的思路

2008年,按照教育部的部署,56所设置研究生院的高校进行了第三批培养机制改革试点。重庆大学作为第三批培养机制改革试点高校,开始了全方位的培养机制改革,针对之前对研究生培养质量的制约因素,从提高研究生的待遇、明确导师在研究生的选拔培养各环节的责任、加大对研究生的奖助力度等方面采取一系列措施,不断提升研究生的培养质量。并于2013年10月召开了全校研究生教育大会,进一步深化了研究生教育发展的总体思路:"稳定总体规模、优化层次结构;提高生源质量、改革教育模式;健全评估体系、完善保障机制。"在这个总体思路的指导下,积极推进培养机制改革,落实导师责任制的实施,按照"吸引、稳定、激励"的思路,建立全方位、多层次的奖助体系,完善监督机制,不断提升研究生培养质量。针对深化培养机制改革的各个方面,对研究生奖助体系的建设主要从以下几方面思考。

1. 招生

优秀的生源是高素质创新人才培养的基础,对提升高校整体科研实力也是很重要的前提。当前,国内外高校争夺优秀研究生生源的竞争日益激烈,为了吸引优秀生源,各个高校都出台了一系列的吸引研究生新生的政策。重庆大学在调研了全国主要高校的奖助金的情况下,加大资助力度,设置了研究生新生奖学金(含考试生与推免生),研究生新生国家奖学金,"三助一辅"岗位,短期出国交流基金。从资助的种类、力度以及范围大大提升,为吸引优秀研究生生源提供了物质保障。

2. 培养

要实现对研究生的培养目标,要完成培养模式的改革创新,都需要激发研究生的科研兴趣和科研热情,使研究生全身心投入到科学研究中来。因此,首先是要解决研究生的后顾之忧,满足研究生的基本生活需求,这就要求奖助金额度较高;其次,通过物质刺激作用,激励研究生积极投身到科研创新中来。针对硕士研究生,教育部从2014年秋季起,对硕士研究生提供了学业助学金,每生一年达到了6 000元,基本满足了学生基本生活,重庆大学大量设置了"三助一辅"岗位,仅助管岗位每年就设置了1 200个,每个岗位300元/月,"三助一辅"岗位的设置,不仅为学生提供了校内实践和锻炼的平台,也为研究生提供了一定的生活补贴;针对博士研究生,每个月助学金达到2 000元以上,同时为了鼓励导师的积极性,重庆大学制定了灵活的助学金政策,在保证基本的助学金同时,导师给博士生的助研经费越多,学校相应配套也越多。通过导师资助,建立良好的责权利的关系,为推动导师负责制起到了很好的作用。这些政策不仅解决了培养阶段研究生的生活基本问题,确保研究生能全身心地投入到科学研究中来,同时还在各个方面培养和锻炼了研究生。重庆大学还设立了创新基金和短期访学基金,鼓励学生积极参与国际会议,积极参与科研创新,为研究生的成长成才提供了便利的条件。

3. 授位

为鼓励研究生潜心于科研,完成重大的科研项目,写出优秀的学位论文,重庆大学专门设立了"优秀博士学位论文奖""优秀硕士学位论文奖",并报送重庆市评优和参加国家层面的评优。特别是针对科研能力突出的博士生,由于开展的科研项目较为重大,预期成果周期长等特点,给予博士生延长毕业时间的鼓励,专门设立了研究生学术创新奖,每月的奖金额度达到6 000~8 000元,加强博士延期学习期间的生活补贴力度,对于成果优秀的博士生,给予优先留校工作的机会。

4. 综合能力提升

除了研究生的学术能力的提升,高校还通过研究生三助岗位的设置,锻炼研究生的综合能力素质。"三助一辅"是指助研、助教、助管和研究生做兼职辅导员。研究生参与助研津贴由导师配套,重庆大学针对博士生,对助研的配套有明确的要求,鼓励研究生积极投身于科学研究,加强科学实践。助教则由学校教务处负责,主要由研究生协助主要任课老师开展本科生的教学辅助工作,通过这些教学活动的开展,进一步丰富研究生的教育实践的经历,同时在一定程度上充实了本科教学队伍。助管部分则由研究生院负责落实,选拔家庭贫困,综合能力较强的研究生参与到学校的管理服务各个部门,接受相应的职业训练和岗位实践,提升了综合素质,获得了生活补助。

5. 思想道德建设

重庆大学系统完备的奖助体系建设,对促进研究生的思想道德建设也起到了积极的推动作用。一是在各项奖助金的评比过程中,研究生思想道德过硬作为基本要求,实行一票否决;二是设立的奖优评先项目,可以发掘优秀典型,树立楷模,先进带动后进,引导全体研究生向优秀研究生楷模学习。每年重庆大学都要评选优秀研究生、优秀学术典型、科研创新典型等,加强宣传报道,推动全校的思想道德建设,树立良好的校园风气。

四、重庆大学研究生奖助金构成及基本体系

根据重庆大学研究生培养机制改革中奖助体系建设的思路,建立重庆大学研究生奖助体系,其构成及基本情况包括以下九个方面。

1. 研究生助学金

为进一步深化研究生培养机制改革,贯彻落实导师责任制和导师项目资助制的精神,为培养高质

量的博士生创造良好的学习条件和宽松环境,促进博士研究生教育持续健康发展,重庆大学全脱产博士研究生助学金采用学校和导师共同资助方式。资助等级分为A、B、C、D四个等级,其中D等仅限文科。给予博士生的具体资助等级由导师决定,鼓励导师在此基础上提高博士生助学金资助标准(表1)。

2014年秋季学期起,调整全日制硕士研究生(有固定工资收入的除外)助学金标准。重庆大学国家助学金标准为500元/(人·月),每年按12个月发放(表2)。

表1 全脱产博士研究生助学金资助标准

助学金类别		助学金							
		D等		C等		B等		A等	
额度		2 000元/月		2 200元/月		2 700元/月		3 200元/月	
资助来源		学校	导师	学校	导师	学校	导师	学校	导师
资助额度	当年招收第一个博士生	1 700	300	1 700	500	1 900	800	2 100	1 100
	当年招收第二个博士生	1 400	600	1 200	1 000	1 300	1 400	1 500	1 700
	当年招收第三个博士生	1 000	1 000	400	1 800	400	2 300	400	2 800

表2 全脱产硕士研究生助学金资助标准

助学金类别	资助额度	资助时间
国家助学金	500元/(人·月$^{-1}$)	每年按12个月发放

2. 研究生学业奖学金

2014年秋季开始,全面实行研究生教育收费制度改革,为更好地支持研究生顺利完成学业,为研究生提供学习的基本条件,设立了研究生学业奖学金。研究生学业奖学金根据研究生学业成绩、科研成果、社会服务以及家庭经济状况等因素进行评选,重庆大学在国家拨款的基础上加大投入,重庆大学目前学业奖学金覆盖率博士研究生达到80%,硕士研究生达到70%(表3)。

表3 研究生学业奖学金奖励标准

学生类别	奖励标准	覆盖面
博士研究生	每生每年1万元	所有全日制博士生
硕士研究生	A等:每生每年0.8万元	学校按照70%硕士生A等下达指标到二级培养单位,二级培养单位可分为A等和B等
	B等:每生每年0.4万元	

3. 研究生新生奖学金

为进一步提高研究生生源质量,把国家奖学金部分指标单列出来,用于鼓励取得推荐免试资格的部分优秀本科生报考我校的硕士以及优秀的硕士报考我校的博士。同时为激励其他优秀研究生报考我校研究生,重庆大学专门投入资金设立了优秀推荐免试硕士生新生奖和优秀研究生新生奖(表4)。

表4　研究生新生奖励标准

学生类别 \ 奖励类别	研究生新生国家奖学金	优秀推荐免试硕士生新生奖	优秀研究生新生奖
博士生新生(包括直博生、硕博连读生、统考生)	每人3万元		100名,每人10 000元
硕士生新生	每人2万元	一等奖100名,每人10 000元	100名,每人5 000元
		二等奖200名,每人5 000元	

4. 研究生国家奖学金

研究生国家奖学金由中央财政出资设立,用于奖励表现优异的全日制研究生。博士研究生国家奖学金奖励标准为每生每年3万元;硕士研究生国家奖学金奖励标准为每生每年2万元。重庆大学研究生国家奖学金按照一定比例用于奖励优秀研究生新生。获得研究生新生国家奖学金的研究生在规定学制年限内,经学校年度评估合格后,可继续获得下一年度国家奖学金(表5)。

表5　研究生国家奖学金奖励标准

学生类别	奖励标准	奖励规模
博士研究生	每生每年3万元	每年约105人
硕士研究生	每生每年2万元	每年约285人

5. 研究生"三助一辅"岗位

"三助一辅"岗位是研究生参与社会实践和成长成才的有效平台,可以优化高层次人才培养环境,同时可以发挥研究生在高校教学和管理工作中的辅助作用,促进学校的教育教学改革,提高研究生的综合能力和素质,适应高等教育改革发展。重庆大学专门设立助教、助管、德育助理和博士生辅导员岗位(表6)。

表6　研究生"三助一辅"岗位情况汇总表(单位:学年度)

助教		助管		德育助理		博士生兼职辅导员	
人数	金额/万元	人数	金额/万元	人数	金额/万元	人数	金额/万元
2 965	395	1 420	213	275	41.25	143	35.75

6. 短期公派出国资助

为积极鼓励研究生潜心科研,把握科技前沿,走出去开展国际交流,了解所在学科国际最新科研成果交流并同世界顶级的科研人员开展交流和进行思想碰撞,重庆大学专门设立了短期公派出国资助,资助学生参加国际会议和短期国际学术交流,按照目的地国家的远近和生活水平给予相应的补贴(表7)。

表7 短期公派出国资助标准

序号	国家和地区	币种	外币元/(人·月$^{-1}$)
1	澳大利亚	澳元	1 700
2	新西兰	新元	1 900
3	美国(一类地区)	美元	1 700
	美国(二类地区)	美元	1 600
	美国(三类地区)	美元	1 300
4	加拿大	加元	1 600
5	阿尔巴尼亚	美元	600
6	韩国	美元	1 300
⋮	⋮	⋮	⋮

7. 优秀硕士、博士论文奖

为鼓励研究生完成高质量的学位论文,专门设立了优秀博士论文奖和优秀硕士论文奖,一次性奖励5 000元,博士每年20名左右,并推荐为全国优秀博士论文和重庆市优秀博士论文;硕士每年30名左右,推荐为重庆市优秀硕士论文。

8. 优秀博士研究生创新奖

针对部分优秀博士生从事的科研项目重大,科研周期长,为鼓励出重大科研成果,对这类博士生在延期学习期间每个月补贴6 000~8 000元,每年名额不超过30个。

9. 其他各类单项奖学金

积极争取社会的支持,为研究生的成长成才提供优越的外部环境,设立种类丰富的单项奖学金:如宝钢奖学金、唐立新奖学金、CASC奖学金等。

由重庆大学研究生奖助体系构成及基本情况,建立重庆大学基于培养机制改革的研究生奖助体系框架如图1所示。

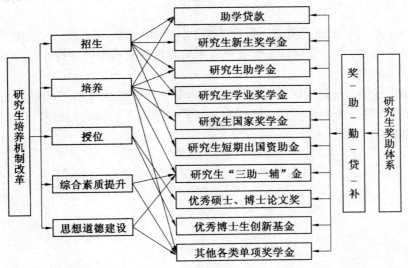

图1 重庆大学研究生奖助体系框架图

五、重庆大学研究生奖助体系的主要特点

1. 系统化

首先,重庆大学在奖助体系建设过程中,坚持与培养机制改革相适应,覆盖内容全面,涉及培养机制改革的所有方面,包括招生、培养、授位、综合能力提升、思想道德建设等,为实现培养机制改革的目标奠定了坚实的基础;其次,重庆大学研究生奖助体系的建设,坚持了奖励、资助、劳筹等多种形式,构成了相互协助、相互补充的奖助体系;三是奖助的构成内容丰富,项目合理,层次分明;四是实现了吸引、稳定、激励相互配合相互作用的有效机制。

2. 奖助额度高,覆盖面广

研究生作为高校科研的生力军,如何吸引优秀的研究生加入科研队伍,并全身心投入科研创新活动,是当前各个研究生培养高校积极思考的问题。重庆大学的奖助体系的建设充分调动各种资源,加大对研究生的资助力度,不断提高对研究生的奖助额度,同时不断提高奖助的覆盖面,体现了奖助额度高、覆盖面广的特点。例如,70%以上全日制硕士研究生都可以享受全额的学业奖学金,100%的全日制博士生都可以享受全额的学业奖学金,这些都为优秀的研究生进入重庆大学开设了很好的通道。

3. 导向明确

研究生奖助体系的建立,要为实现培养机制改革目标服务。首先保障了培养研究生的质量,促进研究生积极投身科研,奖优效果明显;其次为实现推动分类培养模式,调整专业学位和学术学位的比例起到促进了作用;三是进一步保障了导师负责制,打破了"大锅饭",明确了责、权、利,完善新型师生关系;四是保证了学生的思想道德建设水平,作为评优评先的基本条件,思想道德建设在日常的工作中得到了保证。

研究生培养机制改革是一个复杂的系统工程,基于研究生培养机制改革建立的研究生奖助体系,最终要为改革目标服务,最终要为实现研究生的培养目标服务。只有建立与培养机制改革相适应的建立全方位多层次的奖助体系,不断完善监督机制,才能为实现办学思想、实现培养机制改革目标、实现教育质量的提升奠定坚实的基础。

参考文献

[1] 王艺烨. 研究生培养机制改革背景下研究生奖助体系研究[D]. 大连:大连理工大学, 2011.
[2] 刘明利, 杨虎, 张林, 等. 论奖助工作在研究生培养机制改革中的调控作用[J]. 研究生教育研究, 2012(10): 25-29.
[3] 缪圆, 刘栩凝, 杨颖. 研究生培养机制初探[J]. 学位与研究生教育, 2007(12): 14-17.
[4] 丁学梅, 甄良, 宋平. 哈尔滨工业大学研究生培养机制改革的探索与思考[J]. 学位与研究生教育(增刊), 2008: 9-12.

标准化多维度的研究生复试方法的探索与实践

苏小红,张宏莉,李 雪,文 齐

(哈尔滨工业大学计算机科学与技术学院 150001)

摘要：首先对不同类型的生源在研究生入学后的表现情况进行了统计分析,为了充分发挥研究生复试遴选优秀生源的作用,提出了标准化多维度的研究生复试方法,复试内容由专业课考试、编程能力测试和综合素质测试三部分组成,采用标准化机试和标准化面试相结合的方式,实现了复试内容和形式的标准化、流程控制的标准化以及题目和评判原则的标准化。最后分析了研究生复试在遴选优秀生源中的作用与效果,连续三年的试点应用数据表明,这种新的复试方法能更加全面客观地评价考生的能力和水平,起到了遴选优秀生源的作用,提高了研究生的生源质量。

关键词：研究生复试；研究生生源质量；能力测试

目前,研究生招生考试的初试主要采用笔试的形式,设置研究生复试主要是为了克服初试采用笔试方式不能全面考核学生的能力和素质的局限性,近几年各高校均实行差额复试尤其是名牌高校实行复试通不过否决制,这就意味着有一部分考生即使达到初试分数线也有可能在复试中被淘汰。因此,研究生在遴选优秀生源中的作用不可小觑。科学合理的研究生复试方法,对提高研究生生源质量具有重要作用。本文主要研究和分析研究生复试办法对研究生生源质量的影响。

一、不同类型的生源在研究生入学后的表现情况的统计分析

目前,研究生的选拔制度是采用国家统考与学校单独考试相结合的方式。但由于目前这些考试仍然以笔试为主,这就导致部分考生在本科阶段只重视考研课程的学习,而忽视了其他课程尤其是专业选修课的学习,这样"考"进来的学生往往因其自身的知识结构和能力结构在本科阶段未能得到全面的发展,综合实践能力未能得到充分的训练,从而表现为发展后劲不足,不能胜任研究生阶段的研究工作。

我们对2010～2012级硕士研究生入学后在学习成绩排名和学位论文方面的表现进行了跟踪分析(表1)发现,本科来自985重点院校的考生入学后表现更为优秀的比例占2/3以上,只有大约1/5的优秀学生本科来自于普通院校。

表1 各类考生入学后的学年总成绩在前50%中所占的比例

生源出处	985学校			211学校			普通学校		
统计结果	学习成绩在前50%的比例	毕业论文为优秀的比例	被评为金银牌优秀毕业生的比例	学习成绩在前50%的比例	毕业论文为优秀的比例	被评为金银牌优秀毕业生的比例	学习成绩在前50%的比例	毕业论文为优秀的比例	被评为金银牌优秀毕业生的比例
2010级	69.23%	80%	77.78%	24.18%	17.14%	22.22%	6.6%	2.86%	0
2011级	62.77%	75%	73.68%	18.09%	10%	5.26%	20.21%	15%	21.05%
2012级	66.30%	75%	77.78%	15.22%	15.63%	16.67%	18.48%	9.38%	5.56%

显然,复试在选拔"综合素质高、专业基础好、实践能力强"的优秀生源、避免招收"考研专业户型"考生中应该发挥其应有的重要作用,这也是近年来复试在研究生招生考试中的地位和作用日益

引起人们关注和重视的主要原因之一。

二、标准化多维度的研究生复试方法

复试作为研究生入学考试（初试）的有益补充，是研究生考试制度的重要组成部分，它是通过研究生第一次入学考试（初试）后参加的、由报考院校组织进行的第二次考试。复试一般也分笔试和面试。早期的研究生复试大多只是一种形式，但自2006年起研究生招生加大了复试权重，有的招生单位甚至把复试的权重加大为50%，这就要求考生具有真才实学并具备更强的应变能力，这也为确保在复试中遴选"综合素质高、专业基础好、实践能力强"的优秀生源奠定了基础。

随着复试权重的加大，复试的考核内容也需要相应地增加。我校计算机学院研究生复试主要由专业基础测试、编程能力测试和综合素质测试三部分组成[1]。

专业基础测试总分150分，主要考核集合论与图论、计算机体系结构、编译原理、数据库系统、软件工程这五门专业课，主要是为了筛选"专业基础好"的优秀生源。除了初试计算机基础中考核的计算机组成原理、算法与数据结构课程以外，集合论与图论、计算机体系结构、编译原理、数据库系统、软件工程也都是计算机专业学生必须掌握的核心课程，通过在复试中增加对这些专业课的考核，避免招收因跨专业考研而计算机基础薄弱的考生以及本科阶段只顾学习考研课程而忽视其他专业课学习的"考研专业户"型考生。

编程能力测试总分50分，主要考核学生用C语言编写程序解决实际问题的能力，侧重遴选"实践能力强"的优秀生源。专业课考试、编程能力测试主要是采取机上考试的方式，借助于我们研制的考试自动评分系统实现机上考试和机器自动阅卷评分。对于计算机专业这样一门实践性很强的学科，仅考核专业课显然是不够的，学生的计算思维和问题求解能力不能纸上谈兵，还要看其编程能力能否符合进入计算机专业攻读硕士学位的基本要求。

专业课和编程能力的考核采用机上考试、机器自动评分的形式，教师背对背从题库中选题组卷，形成标准化的机试题目，并按照标准化的评分策略统一由机器完成实时的自动评分，以最大限度地减少人为因素的干扰，避免人情分，使评分结果更加公平公正。

综合素质测试总分80分，主要采取面试的方式，主要考核学生的综合素质、发展潜质以及创新精神，尤其是学生的语言沟通、交流能力以及心理健康等基本素质，主要侧重于筛选"综合素质高"的优秀生源。面试之所以重要就是因为招生单位能够通过面试更加客观、有效地考察考生的综合素质、专业发展潜质和创新精神，尤其是在2015年教育部施行推免生招生改革以后。根据改革后的新政策，所有推免生均享有依据招生政策自主选择报考招生单位和专业的权利；所有推免名额（除有特殊政策要求的专项计划外），均可向其他招生单位推荐，等等。这种推免生招生制度和政策的变化使得很多高校为了争取更多的优质生源纷纷增加了推免生招生计划，有的学校接收推免生的比例甚至高达70%以上，这就意味着这部分考生只要通过推免面试即可被录取。因此，面试在复试中的作用不可轻视。

为解决以往面试缺乏具体的量化指标体系、面试成绩区分度不大、主考教师不敢轻易否定一个学生等问题，自2014年起，实行了标准化面试，实现了面试内容和形式标准化、流程控制标准化、面试题目和评判原则标准化。

1. 面试内容和形式的标准化

面试内容主要分为4个部分，分别对考生的沟通能力、外语交流能力、逻辑思维能力和问题求解能力进行测试。面试成绩共80分，每项能力测试各占20分。

沟通能力主要考查考生的综合分析与语言表达能力。考核的基本方式是：先由考生对自己的自然情况、大学学习情况及学习成绩、特长与兴趣和身心健康情况做1分钟自述，并出具相关证明材料，这部分考查学生的自然情况。然后主考教师针对学生的自述进行简单提问，考生回答完毕后，还要对主考教师给出的一篇短文进行讲述（考生在考前等候区已经提前阅读此文）。这部分重点考查考生的阅读能力、记忆能力、提炼能力和表述能力。

外语交流能力重点考查考生的外语听说能力。考核的基本方式是：考生先用外语进行简单问答，然后引入某一话题（考生在考前等候区已提前对此话题进行准备），在围绕某一话题的情况下，与主考教师进行自然交流。通常选用有国外留学经历的教师担任这部分的主考教师。

逻辑思维能力主要考查考生的逻辑分析能力、知识面和思维反应速度。考核的基本方式是：考生在给出选择结果后，还要简单阐述问题的分析过程。这部分重点是考查考生的解题思路是否清晰。

问题求解能力主要考查学生综合运用知识解决问题的能力。考核的基本方式是：考生要将专业知识与现实生活中遇到的问题相结合进行分析和解答。这部分重点是考查考生综合运用所学知识解决实际问题的能力。

对于以上4项考核，学生在得到题目后都会有5分钟的准备时间。每项考核的时长是10分钟，包括5分钟的准备和5分钟的测试。每个学生完成面试总计需要40分钟，并且在一条考试线上所有学生的考题均相同。

2. 面试流程控制的标准化

面试共占用6个大教室，其中1个作为考前等候区，1个作为考后等候区，4个作为考场（每个考场分别考核沟通交流、英语听说、逻辑思维、问题求解等方面的能力）。手机坚决不得带入考场，以免考完的学生和未考的学生之间传递信息。成立5个面试小组，每个面试小组由4位主考教师组成，每位主考教师负责1项指标的面试，每名学生需要经过4位主考教师的面试，每名主考教师对每位考生的面试过程要全程录音和现场记录。主考教师提前10分钟进入考场，考生提前20分钟进入考前等候区，根据抽签结果确定所要进入的面试小组，在考场外的考前等候区读题、思考5分钟，然后按照引导指令依次进入各考场回答考题5分钟。4个考场都考完的考生进入考后等候区观看青春励志电影，待全部考生面试完毕，方可取回手机并离场。标准化面试的现场如图1所示。

(a) 面试考场中不同面试小组的考生在面试

(b) 考前等候区里不同面试小组的考生在进行考前准备

(c) 考后等候区里面试结束后的考生在观看青春励志电影

图1 标准化面试的现场

3. 面试题目和评判原则的标准化

为确保同一专业各面试小组的面试试题难度和评判标准保持一致，要求在同一条面试流水线上的所有学生的考题相同。哪个面试小组采用哪套面试题由学院主管研究生的副院长从两套备选题中现场抽签决定，并将每套考题中的5个问题分别指定给5个面试小组的主考教师分头考核，每位主考教师负责一项指标的考核，并且对本面试小组的所有考生考核同样的考题。因为在同一大教室的5个面试小组的考题是不同的，所以相互之间不会影响。被分到同一面试小组的所有考生都考同样的题目，这样不仅对考生比较公平，也便于主考教师以相同的标准给考生打分。为了避免考同样题目的考生之间相互传递信息，确保面试的公平性，先考完的考生单独安排在考后等候区，使其无法与考前等候区准备的考生接触，同时在考前将学的手机集中收取保管，在考试全部结束后再返还给每位学生。此外，为了避免个别主考教师对来自非重点院校的考生产生歧视心理而影响面试评分，面试评分表上仅出现学生名字，匿去学校等其他信息，并且面试全程录音，以备监督检查。同时考虑到教师的打分习惯，为减小打分误差，按百分制打分，然后再乘以系数0.2压缩到20分之内作为单项能力测试的分数。

三、研究生复试方法的合理性分析

自2013年起利用基于程序理解技术研制的基于B/S结构的考试自动评分系统[2,3]在我院研究生复试中进行机上考试测试考生的专业基础和实际编程能力,自2014年起采用标准化面试的方法测试考生的综合素质、发展潜质以及创新精神。

2013～2015年的机试和面试的成绩分布情况如图2所示。从图2可知,自2013年进行机试改革以后,机试成绩分布基本符合正态分布,这说明机试内容相对科学,评分也相对客观。而自2014年进行面试改革以后,面试成绩基本符合正态分布,这说明标准化面试的方法更科学,教师的评分也更客观。但2013年未采用标准化面试方法时的面试成绩未能呈现正态分布规律,在一定程度上反映出主考教师因不敢轻易否定一个考生而普遍给学生的面试分数偏高,导致面试成绩的区分度不大的问题。

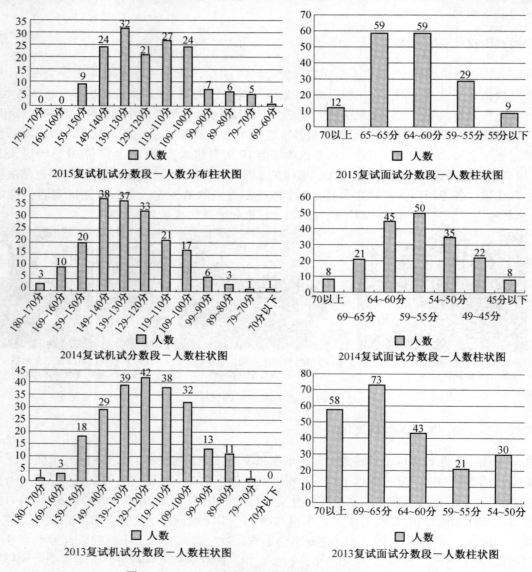

图2　2013～2015年的机试成绩和面试成绩分布情况

四、研究生复试方法在遴选优秀生源中的作用与效果分析

为了分析研究生复试方法在选拔优秀生源中的作用与效果,我们分别对近4年复试前后的考生上线情况和名次变化、改革前后的录取分布以及机试和面试的分数分布等情况进行了统计分析。

复试前后的上线情况对比见表2。复试前后的考生名次变化情况对比见表3。从表2可知,自2014年进行面试改革以后,复试前未录取而复试后上线的985、211院校考生人数均有上升,复试前上线而复试后未录取的985、211院校考生人数均有下降;并且自2013年进行机试改革以后,复试前未录取而复试后上线的985、211院校考生人数均大于复试前上线而复试后未录取的985、211院校考生人数。从表3可知,985院校考生参加复试后的排名普遍上升,但其他院校考生的排名有所下降。这说明,新的复试方法有助于提高对985、211等重点院校学生的录取比例。

表2 复试前后的上线情况对比

时间	复试前未录取→复试后上线					复试前上线→复试后未录取				
	合计	211	985	普通学校	本校	合计	211	985	普通学校	本校
2012年	14	12	9	2	5	13	10	9	3	3
2013年	16	11	8	4	6	16	9	6	7	6
2014年	18	16	15	2	10	19	8	6	11	3
2015年	29	20	17	9	0	4	0	0	4	0

表3 复试前后的考生名次变化情况对比

时间	985学校			211学校			普通学校		
	总人数	名次变化平均值	变化结果	总人数	名次变化平均值	变化结果	总人数	名次变化平均值	变化结果
2012年	86	4.33	上升	32	−3.5	下降	59	−4.4	下降
2013年	84	6.2	上升	28	−6.68	下降	62	−0.1	下降
2014年	76	10.74	上升	17	−3.59	下降	47	−16.06	下降
2015年	79	9.8	上升	23	−10.83	下降	67	−7.84	下降

改革前后参加复试的生源分布和录取的生源分布情况见表4。从表中数据可知,自2013年进行机试改革以后招收的985高校生源比例比2012年提高近10个百分点,而自2014年进行面试改革以来,招收的985高校生源比例超过60%,2015年较2012年提高近20个百分点,这说明经过研究生复试方法改革以后,生源质量得到了显著提升。2015年的整体录取率下降是因为2015年的推免生占用了70%以上招生名额,导致通过统一考试方式招收的考生名额大幅度减少。

表4 近4年参加复试的生源分布和录取的生源分布情况

时间	参加复试同学本科就读学校/%				整体录取率/%	录取学生本科就读学校/%			
	211	985	普通学校	本校		211	985	普通学校	本校
2012	18.08%	48.59%	33.33%	22.03%	41.24%	12.32%	45.21%	42.47%	20.55%
2013	16.09%	48.28%	35.63%	37.36%	49.43%	15.12%	54.65%	30.23%	36.05%
2014	12.14%	54.29%	33.57%	25.71%	57.14%	13.75%	60.00%	26.25%	25.00%
2015	13.69%	46.43%	39.88%	19.64%	25.60%	9.30%	65.12%	25.58%	34.88%

以上试点应用结果表明,这种新的研究生复试方法能更加全面客观地考核学生的能力和水平,更有利于优秀生源的遴选,在一定程度上起到了在研究生复试中遴选优秀生源的作用,对"考研专业户"型生源起到了一定的过滤作用,有助于提高研究生的生源质量。

五、结语

本文主要研究了联合机试和面试的研究生复试方法,采用机上考试测试考生的专业基础和实际编程能力，采用标准化面试测试考生的综合素质、发展潜质以及创新精神。在我校计算机学院连续3年的试点应用结果表明，该方法从多角度全面客观地测试考生的能力和素质，起到了在复试中遴选"综合素质高、专业基础好、实践能力强"的优秀生源的作用，为提高研究生生源质量奠定了基础。

参考文献

[1] 苏小红,刘挺,邱景,等. 联合机试和面试的研究生招生复试选拔与考评体系研究[J]. 计算机教育,2014,21:41-46.

[2] WANG T T, SU X H, MA P J. Semantic similarity-based grading of student programs[J]. Information and Software Technology, 2007, 49(2):99-107.

[3] 马培军,王甜甜,苏小红. 基于程序理解的编程题自动评分方法[J]. 计算机研究与发展,2009,46(7):1136-1142.

面向研究生复试的结构化面试执行模式研究

季景涛,周善宝,梁大鹏

(哈尔滨工业大学　150001)

摘要:面试考核作为笔试考核的一种有效补充,近年逐渐成为有效选拔研究生的重要手段。相较传统类型面试,结构化面试的实施过程更为公正公平,面试结果也更加科学有效。哈尔滨工业大学经过多年工作实践,逐步探索出了符合工科高校特色的结构化面试执行模式与方法,进一步完善了试题命制、考务培训、流程设计、结果评价及过程监督五个方面的具体执行形式与内容,积累了较为丰富的实践经验,形成了较为系统的工作体系,并希望以此能为国内其他院校的研究生选拔工作提供借鉴与参考。

关键词:研究生复试;结构化面试;执行模式

一、结构化面试概述

近年来,"结构化面试"这一热词逐渐进入了人们的视野。在公务员选拔考试中,部分单位已经开始采取无领导小组讨论与结构化面试结合的方式,以针对部分考生参加面试强化培训的情况[1]。在一些企事业单位的人才选拔中也逐步引入结构化面试,以选拔优秀人才。当前,国内的一些高校开始将其应用到研究生复试当中并进行了相关研究,如上海交通大学管理学院对平行分组面试进行了结构化改进[2]、南开大学的"体验式面试"。

"结构化面试"一般主要指面试前就面试所涉及的内容、试题评分标准、评分方法、分数使用等一系列问题进行系统的结构化设计的面试方式,即对同类被测者、用同样的考核流程和考核内容,并以同样的标准进行评分,主要评价应考者能力和水平的面试方法。相较传统面试,结构化面试实施过程更为规范,面试结果更为客观、公平、有效。使主观考核形式更加趋于客观性、合理化和科学化,也更易于教师和考生所接受[3]。哈尔滨工业大学自2008年来开始在硕士研究生入学考试复试选拔中引入结构化面试,并结合工作实际逐年进行改进和完善,形成了较为符合工科特色的研究生面试考核执行模式和方式方法,面试结果更加自然地呈正态分布(图1),选出了"真材实料"。

二、面向研究生复试的结构化面试执行模式解析

综合多年来的执行情况,结构化面试执行模式一般可从以下五个方面进行设计和统筹安排。

1. 考核试题的标准化命制

结构化面试需要对试题考核内容进行模块化和标准化设计,试题难易要有一定的区分度。在深入分析考生应该掌握的综合能力基础上,科学制定面试考核的关键点,避免面试仍考查学生掌握的书本知识、面试问题同笔试的考试科目相似等情况。针对考核目标,将试题内容进行模块划分,能够有效考查学生的知识运用能力以及实际解决问题的能力。一般而言,具体可根据考核目标将试题分为分析表述能力、逻辑思维能力、外语听说能力、实践创新能力等几个模块内容。"分析表述能力"可以反映出考生的语言表达、沟通交流以及待人接物等方面的能力,从中可了解考生的自然情况和综合素质情况;"逻辑思维能力"并非是指具体的逻辑知识,而是考核考生的逻辑分析能力、知识面和思维反应速度;"外语听说能力"不一定只单纯考核外语的听说能力,而是可以结合专业情况,侧重于考核考

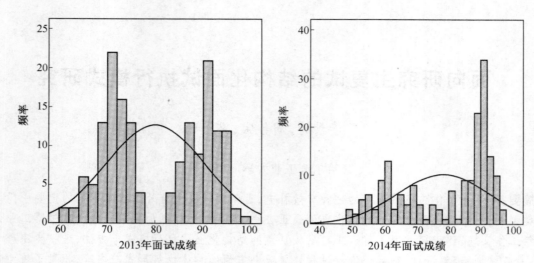

图1 哈尔滨工业大学某学院实施结构化面试前后面试成绩正态分布比较图

生外文阅读、表达、思考和总结归纳等能力,可通过短文复述、互动问题、自由交流等方式进行,考官在交流过程中围绕考核要点进行提问,并根据考生的回答情况逐渐增加难度;"实践创新能力"主要是对考生专业综合能力和个人实践能力的全面而深入的考核,在面试考核中一般所占比重最大,考核时间也可较其他环节稍长。此外,个人综合能力也是重点考核要素之一,其中包括道德品质、人文素养、事业心、责任感和心理健康状况等,一般可在"分析表述能力"考核环节中进行,不需要单独设置。当然,各高校还可以根据本单位人才培养特点,自行修改对应的项目,设计符合本单位特点的标准化试题。

除了试题内容模块化之外,对于试题的使用量也需要提前明确,主要根据考核工作流水线的数量来确定试题的使用量,在考前抽签决定正式试题与备用试题。由于面试考核不同于笔试考核,主观性较强,这就要求试题要明确考核要点、评分标准以及延展性问题,避免考核的随意性,有效解决常规面试方式难以对考生综合能力、综合素质进行全面考核的问题,继而提高面试的科学性和有效性。

2. 考务人员的专业化培训

由于面试考核是一种"偏主观式"的考核方法,难免在过程中存在感情色彩,如人情分、印象分、情绪分等,近年来,面试流程是否科学、程序是否规范、标准是否不统一、评价是否全面、考官是否专业、提问是否科学等问题逐渐成为高校研究生复试工作中是否公平、公正、透明的集中体现,这也是高校能否恰当、科学使用好面试自主权的关键之一。结构化面试对考官提出了更高的要求,不仅需要扎实的专业知识,同时还需要有较强的沟通能力和丰富的面试工作经验。同时,结构化面试对考务人员的工作也进行了重新界定,如监考员、引导员、计时员等。这就要求学校、院系、学科等不同层面对考官、考务人员队伍进行定期的专题培训,培训内容需要涵盖面试考官从业能力、专业考核基础知识、通识能力、工作流程等,保证考官及考务人员队伍的专业化。

此外,由于需要确保结构化面试考核顺利、有序进行,因此要在考场外围设置大量的考务工作志愿者,主要包括考生引领、计时、等候区服务等多个岗位。在考前,学校和院系要对志愿者进行严格的保密与考务培训,确保与考生无利益相关,并签订保密协议,严肃考场纪律。

3. 考核流程的结构化设计

结构化面试不仅需要对试题的结构化设计,同时还需要设计相应的考核与组织模式。根据参加面试的考生数量和考官数量,一般主要包括单小组、多小组流水线和小组混合三种模式。

(1)单小组模式。此种模式适用于考生人数较少的专业或学院,每个考核小组一般不少于五名专家。不同考核要素的主考人分别由小组中的不同专家担任,负责依据不同考核要素的标准化面试题目进行提问,小组中的全部专家根据考生的回答情况,依照统一的评价标准对该考核要素进行评分。采取单小组考核的形式,考生只需要参加一个小组全部考核要素的考核,全部考核要素分数的总分就是考生最终的面试分数。

(2)多小组流水线模式。此种模式适用于考生人数较多的专业或学院,主要是将全部考核要素分成若干个小组逐一考核,形成一条"考核流水线"。此外,还可根据考生人数将同一环节再分为若干个小组,这样就形成多条"考核流水线"(图2)。每个小组由不少于两名考官组成,不同考核要素由不同的小组负责,小组成员依据该考核要素的标准化题目进行提问,小组中的全部考官根据考生的回答情况,依照统一的评价标准对该考核要素进行评分。考生该考核要素的分数是该小组全部考官评分的平均分。采取多小组考核形式,考生要参加多个小组全部考核要素的考核,最后面试的分数是全部考核要素分数的总分。

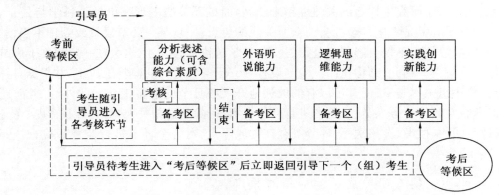

图2 多小组考核流水线示意图(注:可根据具体学科或专业需要调整考核环节和内容)

(3)小组混合模式。此种模式适用于同一院系考生人数差别较大的不同学科或专业。对于人数较多的学科或专业采用多小组流水线模式进行,而对于人数较少的学科或专业,可在专业内采用单小组考核模式考查专业综合能力(考核小组不少于5人),对于其综合素质的共性考核可在多小组流水线中完成(图3)。因此,混合模式也可视为多小组流水线模式的另一种形式,仅在考核小组和内容的组织形式方面有所区别。

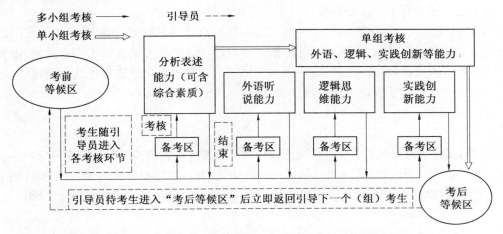

图3 混合模式考核流水线示意图(注:可根据具体学科或专业需要调整考核环节和内容)

4. 面试结果的同质化评价

由于参加面试的考生所用的试题、考核方式、评价标准等均实现了规范和统一,因此即使在不同"考核流水线"上的考核成绩也具有可比性。在不同考核模块中,学生的考题是同类型的,考题的答案也统一了标准。在考核过程方面,结构化面试也要求对考官提问的时间控制以及提问的方式做了严格规范,建立了统一的工作流程和评价标准,保证不同考官的考核标准相同,避免了发问与追问的随意性。所以,在这种标准化执行机制的基础上,虽然考官不同,但不同组间的面试结果也可以进行同质化比较,保证了评价结果与排序的公平性。

此外,由于结构化面试最大限度地减弱了面试过程中面试考官的主观情绪影响,使考核结果相对客观和公正,面试成绩也更加合理和科学,偏主观性的面试考核更趋于客观和公正,具有较强的说服力和可信度,强化了面试在研究生招生选拔中不可替代的作用。

5. 选拔过程的全程化监督

结构化面试由于也涉及命题、考核、评价等多个环节,同时也存在着较高的风险点,所以试题的保密性、考核环节的公平公正性、结果评价的科学性等都是研究生招生工作应当研究和不断完善的关键所在。而今,社会对于研究生招考的关注度越来越高,面试环节的主观评价是否科学与公正、对外信息是否公开和透明等都是考生乃至社会公众所关注的焦点,一旦某一环节设置或处理不当,就极易产生重大问题和连锁反应,不仅会影响到公正、公平、科学选拔优秀人才,也会在一定程度上影响到研究生招考工作的公信力。因此,结构化面试应当设置独立于考务之外的监督工作组,并根据具体的考核环节,设计监督小组工作表格,使其可以有的放矢地开展各环节的监督工作。此外,在考前还需要对参与面试的考官及其他考务人员、志愿者进行严格政审,排除利益相关人,努力查找命题、考务人员抽调、试题发放与回收、候考、考核次序、评分等存在的风险点,对各个环节进行监督和检查,惩防并举,防患于未然。

四、结构化面试实践研究成果的应用与推广

对于面试所需考核的要素,国内各高校的标准并不统一,甚至同学校内的同一学科不同专业的标准也可能会参差不齐,极大地影响了公平选拔人才。结构化面试考核指标的确定与试题的标准化命制在一定程度上缓解了这一问题。各高校可根据量化指标体系,结合本专业人才培养特点,逐步形成适合本单位的标准化试题库,最终形成全面考查学生基本素质、外语水平、逻辑思维和实践能力等符合国家人才选拔要求的指标体系,建立健全研究生人才招生工作良性发展机制。面向研究生招生的结构化面试内容全面、运行过程规范、可操作性强,不仅可以应用于研究生招生选拔中,对于其他相类似的人才招考工作也具有十分重要的推广与借鉴作用。

目前,哈尔滨工业大学经过多年的理论和实践的相关论证,所量化的面试考核指标可广泛应用于高校研究生招生选拔工作,结构化面试工作体系则可应用于各类招考的面试工作。此外,随着结构化面试工作模式的不断完善,希望可以形成一系列可供我国研究生招生选拔工作改革的建议性文件,在新形势下推动学位与研究生教育工作提供参考性意见。

参考文献

[1] 吕杰. 创新工作思路 提升公务员考录质量[J]. 中国行政管理,2015(1):157-158.
[2] 顾锋,刘明柱. 平行分组面试方法的结构化改进研究[J]. 学位与研究生教育. 2008(1):32-33.
[3] 秦元元. 结构化面试:企业筛选人才的捷径[J]. 中国人力资源开发,2004(6):57-58.

深化改革,持续完善工科博士生招生选拔方式
——以西安交通大学申请考核制为例

罗 婧,南文海,史力健,裴 怡

(西安交通大学研究生院 710049)

摘要:梳理我校工科博士招生申请考核制的实施路线及取得的成绩,总结多年来博士招生选拔改革实施经验,提出现阶段存在的不足和问题,给出了完善改革工作进一步探索的方向。

关键词:博士研究生;招生选拔;申请考核制;实施路线

一、改革背景及意义

博士研究生招生作为选拔高层次创新人才的主要途径,是提高人才培养质量的首要环节。博士研究生选拔改革一直是高等教育改革的热点和难点,也是近年来博士研究生选拔工作的着力点。现行的博士生选拔制度,存在着不能有效考查学生的专业素质、学术潜质和职业能力,特别是导师招生权力落实不够的问题。近年来,随着高等教育改革的深入,在教育部有关司局的支持下,国内高校特别是高水平、知名大学,纷纷开展博士生选拔改革的探索。

西安交通大学工科是该校历史最悠久、实力最雄厚的学科门类,为我国培育了一大批优秀人才,在国内外享有较高的知名度。其中,动力工程及工程热物理、电气工程、机械工程、核科学与技术、生物医学工程、力学、控制科学与工程、电子科学与技术等工科专业在教育部学科评估中均在全国十强之列。现每年招收全日制博士研究生近千名,其中工科博士生约占70%。我校改革博士生入学选拔办法的根本目的在于通过体制、机制的创新,发现人才培养的规律,从而探索出一套能更加全面、真实、准确地反映申请人基本素质、科研能力、学术水平、创新能力的考核体系,进一步提高博士生生源质量。

二、西安交通大学申请考核制实施路线

我校从2008年探索博士招生选拔改革的可能性至今已有七年时间,参与的学科主要为实力雄厚的工科。按照改革的实施过程大致可分为以下四个阶段。

1. 试点前阶段——可行性分析

我校之前的博士招生方式存在着一些弊端。例如,完全依赖笔试成绩排名作为选拔的唯一标准,学术性选拔标准不突出,部分热门学科存在着英语成绩一票否决的情况,导师认为在培养学生过程中存在高分低能的现象。为进一步提高博士生源质量,发挥导师的学术权力,我校尝试探索适合实际情况的博士招生改革。

美国大学的研究生教育得到了全世界主流教育学界的推崇,其博士生招生采用申请考核制,选拔出大量来自全世界不同教育背景的优秀生源,申请考核制得到了充分的认可。其流程大致为:向招生部门或研究生院递交申请材料,申请材料包括GRE/TOFEL成绩、学历证书、在学成绩单、专家推荐信、自我陈述、科研计划书等;学校根据自己设定的条件进行资格初审,将通过初审的材料转给相关系所;教授根据申请材料的情况再进行判断,是否给予直接录取,或是进一步面试或电话、视频交流考核,甚至委托第三方做相关能力的测试等。

经过对国外大学申请考核制的研究,校内专家论证,学科、导师调研,结合相关政策,最终决定以个别学院试点的方式开展申请考核制改革。

2. 试点阶段

2009年我校按照"学科相对接近,选拔条件容易统一,生源质量较高"的原则,经过精心考量,决定在两所传统工科学院开展博士生招生选拔改革,入学方式采取申请考核制。

试点方案[1]中重点改革考核评价体系,突出以下三方面内容:

第一,突出科研、创新能力评价。由专家小组集体审查、评价、给出成绩和评价结论,主要依据已取得的科研成果、公开发表的文章、公开出版的著作、已取得的专利、硕士学位论文、拟攻读博士学位的科学研究计划书、专家推荐信、获奖证书等。

第二,优化笔试。优化笔试是对该学科基础性、共性化素质进行的考试,由院(系)一级学术委员会负责按学科特点确定考试科目数及其内容范围、评价标准、考试时间等。

第三,强化复试。对考生在该专业的学术造诣、学术潜质、专业倾向及综合素质进行深度考查。

制度建设方面,学院成立博士招生工作组,组成以导师为主的考核小组。加强学院一级的领导和导师的自主权。各院制定本单位的选拔办法,第一时间向社会公开公示。坚持公平公正原则,做到制度健全,程序公正、过程公开、结果公平。

我校经过三年的探索实践,进一步淡化了招生考试的应试性,改变了"一考定终身"的选拔弊端,试点学院导师的学术权利在录取环节中得到了进一步的体现,满意度得到提升。

3. 推广阶段

为深入贯彻落实《国家中长期教育改革和发展规划纲要(2010～2020年)》及三部委《关于深化研究生教育改革的意见》文件精神,全面提高我校博士研究生培养质量,逐步完善我校博士生招生考核体系,进一步发挥学院及教师在博士入学选拔中的作用和主观能动性,在总结前期部分试点学院成功经验的基础上,学校大面积推广博士生招生选拔办法改革。

2013年学校在总结第一阶段改革经验的基础上,决定在工科等优势学科学院推行申请考核制,框架及流程如图1所示。

学校2014年出台申请考核制指导意见[2]后,各院根据意见结合自身学科特点,进一步健全学院的制度保障,做细做实考核办法,切实强化学科、导师在选拔中的作用。意见要求学院(或按一级学科)成立由主管研究生招生工作的负责人、学术委员会成员、学位评定委员会成员、博士指导教师等有关成员组成的工作组,负责探索和建立符合学科特点的,以提高选拔质量为导向的考核办法,对考生学术造诣、科研创新能力及综合素质进行全面考查,使有突出学术专长和培养潜质的拔尖创新人才脱颖而出。该办法应体现教师在博士招生中的主体地位,保障选拔的科学性、有效性和公平性。工作组主要职责:第一,制定选拔办法。学院应参照本指导意见及当年招生简章规定的内容,制定选拔办法,并报学校招生领导小组审批。选拔办法中应包括申请条件、申请材料和申请考核的办法及流程。学院可提出能较全面地反映申请人学术水平、科研素质的要求和条件,比如提供外语水平、专家推荐信、科研计划书、学位论文等相关材料。第二,制定材料评议的标准,安排专家对申请材料进行书面评议。第三,制定综合能力考核选拔办法和流程,按照学科组织成立综合能力考核小组。第四,确定拟录取名单。

对选拔办法方面做了进一步详细具体的规定。第一,资格审查。学院派专人对申请者按照学科或学院的申请条件或要求进行资格审查。以形式审查为主,主要核对考生提交的书面材料是否真实、完备、有效。材料核实无误,提出相关意见后,安排专家对材料进行书面评议。此环节无淘汰比例要求,当考生材料不全或有疑问时,应及时与考生沟通;考生材料不符合条件的,不予受理。第二,材料评议。专家对申请者的书面材料进行全面的、独立的评估、打分,并出具书面评议意见。工作组应制定较为科学、全面、合理的打分标准,对考生的学习经历、工作经历、承担科研项目、学术水平、攻读博

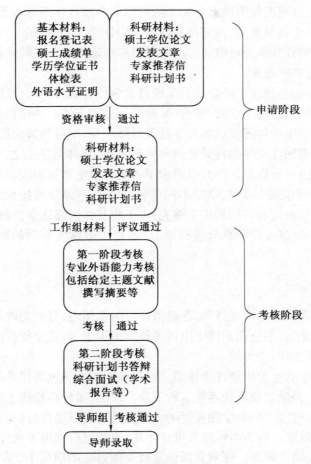

图 1 申请考核制框架及流程

士的研究计划书、推荐信等方面设定评分标准。书面评议意见中应包含对该考生进一步考核的方向及重点的建议。本环节学院可设定一定的淘汰比例。第三,综合能力考核。综合能力考核分专业考核和综合面试两个部分。①专业考核。学院可根据学科的特点,组织申请者进行专业基础知识的测试(含笔试),包括实验操作、案例分析、专业外语(含听力)、心理素质等一系列的考核。②综合面试。综合面试主要采取现场答辩的方式。考核小组应根据专家对申请者书面材料的评价及进一步考核的建议,针对申请人设计考核的重点和方式,必要时可要求申请者准备答辩材料。申请者须按照考核小组的要求进行陈述,并接受专家的提问。本环节主要考核申请者的科研志趣、逻辑思维与语言表达能力、创新意识与分析解决问题的能力。综合能力考核结束后,专家填写有关记录,并出具评语及综合分数。

该考核制度进一步强调了申请材料的质量、真实性、科学性,关注和强化申请材料的价值,对制度的操作执行进行规范,成立导师组,与导师个人学术权力进行制衡,提升了效率,保证了公平与公正,使生源质量得到了提高。

4. 总结完善阶段

为了进一步掌握、分析申请考核制实施过程中产生的问题,针对近 300 名师生进行了调查走访。结果显示:63%的学生认为撰写推荐信的导师及评价影响申请的通过;26%的学生认为推荐信的模板内容可以进一步规范化;86%的学生会邀请自己硕士阶段的指导教师撰写推荐信;84%的学生将考前准备的主要精力用于书面材料尤其是科研计划书的撰写;62%的学生会在申请期间与拟报考的导师就研究方向等内容沟通联系;67%的学生认为硕士期间材料包括成绩单、发表文章、科研成果等能反映其科研潜力;80%的学生认为仅通过笔试无法全面反映自身的学术水平和科研能力;85%的学生认为我校申请考核制实施情况较为满意。40%的导师不会亲自撰写学生推荐信；推荐信中最受导师关注的前三项内容为学生科研潜力、沟通技能和团队协作能力；90%的导师重视科研计划书的内容，尤其是研究方向；72%的导师认为可以通过申请材料初步筛选出潜在的培养对象，80%的导师认为不宜对申请者的资格做过多的限定。

可以说我校已经初步建立了一套能够反映自身学科特点，科学、合理、公平、规范的选拔体制。申请考核制实施六年以来，得到了学院、学科、导师的认可和支持。参与招生改革的学院、学科的选拔方式有了较大的变化，招生主体逐步回归到学科及导师本身，学科导师的招生自主权得到了更充分的体现和落实，学生报考更加注重导师科研方向和科研水平，导师与学生之间的契合度更加一致，导师满意度较高，选拔质量进一步提高。同时也累积了大量的招生数据和改革经验，当然我们也清晰地认识到改革中存在着不足和问题。例如学院不同学科间水平差异导致按照学院统一选拔时质量参差不齐；部分学院考核中对申请材料的利用不够充分、不将其作为筛选学生的依据、使申请流于形式；在录取中按照初试成绩与复试成绩的总分进行录取，违背了申请考核制的初衷；导师组与导师意见相左时，莫衷一是的问题。

三、进一步工作设想

我们将在省、部有关司局的支持下，在政策许可的范围内，对前期改革实施情况进行总结，不断探索我校规范化、科学化、公平公正的博士申请考核制招生方式，在全校范围内全面推行申请考核制，并重点做好以下几方面工作：

第一，建立更科学的生源质量评价体系。在导师们招生满意度提升的同时，按生源学校的层次统计公开招考博士生生源质量却发现逐年有所下降。加之，国外高校硕士归国求学的人数和趋势上升，故仅通过硕士学位高校层次判断生源质量的方法显然已经不适合目前的选拔方式。

第二，提高选拔效度。因为考核环节设计不足，申请材料利用不充分，结果区分度不高，导致最终录取依靠部分科目成绩来确定。探索在保证学科导师自主的前提下，学科导师通过哪些维度和考查点较全面、客观、科学地反映学生的真实情况，给出具体的指导意见。

四、结语

为不断提高博士生源质量，探索招生选拔改革的脚步不会停止。我校提出的"生源质量提升工程"是一项系统工程，除了招生改革工作外，还需进一步完善博士生资助体系，建立博士生指标补偿机制，健全优选分流机制，不断调动博士生求学、科研的积极性。

基于问卷调查的生源质量提升措施研究与实践

林宇斐,尹定丰,杨 杰,郝 锋

(国防科学技术大学研究生院招生处 410072)

摘要:研究生招生是研究生教育的重要组成部分,生源质量的优劣直接影响到研究生培养的质量和水平。做好研究生招生工作对提高研究生培养质量具有重要意义。2014年1月,国防科学技术大学研究生院通过不记名方式对研究生招生工作的现状及师生对招生工作的意见和建议进行了问卷调查。问卷调查为改进学校研究生招生工作提供了数据依据,并起到了重要的指导作用。在对问卷调查结果进行分析的基础上,研究生院于2014年对招收2015级硕士研究生的招生宣传和选拔机制等工作进行了改进。最终的录取数据显示,2015级硕士研究生生源质量有大幅提升。

关键词:研究生招生;问卷调查;生源质量

研究生教育作为高等教育中的最高层次,为国家发展提供了广泛的智力支持和坚实的人才基础[1]。做好研究生招生工作,对提高研究生生源质量,提升高校的办学水平和科研能力具有重要意义。

2013年是国防科学技术大学招收地方研究生的第一年,报考数量及生源质量不甚理想。为了提升2014年报考我校2015级地方研究生的考生数量和质量,同时进一步提高军人研究生生源质量,研究生院于2014年1月通过不记名方式对学校研究生招生工作的现状及全校师生对招生工作的意见和建议进行了问卷调查。结合问卷调查结果,分析了研究生招生工作情况,提出改进生源质量的具体措施,并在2014年中至2015年初实施了这些措施。2015级硕士录取工作的结果显示,2015级生源质量较2013级有大幅提升。

一、调查问卷设计

1. 调查总体设计

经教育部和解放军总参谋部批准,国防科学技术大学从2013年开始招收地方研究生,因此,2013级硕士研究生包括军人研究生和地方研究生两大类。其中,2013级军人硕士研究生一志愿报名人数较充足,97%来自"211工程"高校,89%来自"985工程"高校,录取平均分为373分;但是,2013级地方研究生一志愿报名人数不足,最终录取人员大部分为调剂生源,仅49%来自"211工程"高校,29%来自"985工程"高校,录取平均分为352分,与军人研究生有较大差距。为把好研究生教育入口关,提高生源整体质量,2014年1月,经研究生院党委批准,由招生处牵头组织,在校内以不记名问卷调查的方式,对学校研究生招生工作的现状及全校师生对招生工作的意见和建议进行摸底,并以此为基础改进研究生招生工作。

问卷调查工作实行"四步走"方案:第一步,2014年1月,设计调查问卷,具体为调查问卷的对象范围和具体问题的设计;第二步,2014年2月,回收调查问卷并统计结果;第三步,2014年3月至4月,根据统计结果,分析招生工作现状,提出生源质量改进措施;第四步,2014年5月至2015年3月,将生源质量改进措施付诸实践。

2. 对象范围设计

对以往招生工作具有切身感受并可能提出建设性意见的群体主要包括新入学的学生和研究生导

师。其中,新入学的学生作为当前招生工作政策的作用对象,刚刚经历了招生录取工作的整个流程,对上一轮招生工作中存在的问题有最直接的感受;导师作为招生工作的参与者和服务对象,对生源质量的好坏有最切身的体会,可以对招生工作提出建设性意见。因此,问卷调查的对象从学生和导师两个角度展开。

我校生源包含军校应届生、地方高校生(应届生或往届生)和军队在职干部三类。按照军队总部的规定,军校录取其他军校生源不得超过本校应届生的2%,即军校应届生98%以上为本校应届生。军队在职干部报考研究生需经所在单位批准同意,即受政策影响,无法自由报考。地方高校生作为我校硕士研究生的重要生源来源,其质量在很大程度上决定了生源的质量。因此,此次问卷调查的学生对象是2013级从地方高校录取的硕士研究生。

导师作为遴选和培养研究生的主要人员,其意见及建议在很大程度上反映了招生政策改进的方向。我校博士研究生导师全部为硕士研究生导师,因此,此次问卷调查的导师对象是硕士研究生导师。

3. 问卷问题设计

针对学生和导师,分别设计调查问卷。学生调查问卷主要涉及读研高校和专业的选择、高校信息的了解渠道、想要了解却难以了解的信息、现行复试方案等方面的内容。导师调查问卷主要涉及学生满意度、招生指标动态调整机制、现行复试方案、推荐免试政策、招生自主权等方面的内容。

二、调查结果统计与分析

调查问卷于2014年1月份下发,2月完成问卷的回收与数据统计,最终获得有效问卷1 048份,其中导师385份,学生663份。

1. 招生宣传实效性数据统计与分析

(1)实际招生宣传时间晚于最佳宣传时间。

由于全国考研以及各高校组织的保研工作都集中在大四上学期中后段展开,因此,我校往年的研究生招生宣传一般在每年的9月份左右开展,针对的是大学四年级报名考研或参加推免的学生。然而,调查结果显示,超过半数的学生在大学三年级就已经决定了自己是否读研并明确了读研的意向高校,仅有不到25%的学生在大四上学期决定。这表明,以往招生宣传的时间晚于最佳时间,对已经决定或初步决定了读研高校的学生来说,改变其初衷是比较困难的事情,宣传效果大打折扣。

(2)招生宣传途径与实际情况有所偏差。

调查问卷结果显示30%以上的学生通过全国研究生招生信息网、我校研究生招生信息网等网络渠道了解我校的招生信息;其次是通过亲友的介绍,占20%以上;仅有不足4%的地方高校生通过我校举行的现场招生宣传活动来了解我校。这表明,现场宣传方式需要进一步加强,网络宣传应受到持续重视,同时,还要重视师兄弟间的口口相传,建立招生宣传工作发展的长效机制,提高招生宣传的实际效果。

(3)招生宣传内容可以更加全面。

调查问卷中我们设置了"您在报考时,最想了解的问题有什么?",答案选项有"学校排名、专业排名、导师和师资特色、专业招生名额、去年专业上线率、去年专业录取率、去年专业复试线、专业就业行情、科目考试大纲、过去的专业试卷及参考教材等、专业招生计划中推免生的比例、各类奖助金情况、学校各类收费情况、专业近三年承担重大课题项目"。学校排名、专业排名声誉和军校氛围是学生选择较多的选项,除此之外,其他选项选择人数相当,并无明显差距。这表明,学生感兴趣的内容涉及学校情况、招生政策的各个方面,应该尽量全面,同时突出重点。

2. 选拔制度科学性分析

（1）选拔考查重点较明确。

导师最看重的学生的素质是研究兴趣、实践动手能力和专业研究背景；学生认为导师最看重的是突出的科研能力和成果、扎实的专业理论水平和良好的科研态度。这反映出导师和学生对于优秀学生选拔的考查重点的看法是一致的，在研究生选拔过程中，学生是否具备从事下一阶段科学研究的潜在能力应该是选拔考查的重点。

（2）复试选拔机制有优化空间。

对于参加全国硕士研究生入学考试的统考生来说，初试因科目限制，较难考查考生的创新能力、专业素养和综合素质等，因此，这部分能力的考查主要在复试阶段进行。复试作为硕士研究生招生考试的重要组成部分，其选拔制度的科学性在很大程度上决定了最终选拔的研究生的水平和质量。根据问卷调查，70%以上的学生及60%以上的导师对于研究生复试内容和形式及专业潜在人才选拔有效性表示满意，但仍有28%的学生认为复试中存在面试主观性问题，23%的学生认为复试淘汰率低、形式化。导师则认为在复试过程中，考生对专业发展前沿和前景的把握、运用专业知识解决实际问题以及创造性思维和解决问题的能力的判断是比较困难的。

对于通过推荐免试方式攻读研究生的推免生来说，国家的推荐免试制度为其免去了初试环节，即通过了招生单位组织的复试便可录取。推荐免试制度，是我国硕士研究生招生制度的重要组成部分，是激励广大在校学生勤奋学习、全面发展的有效措施。做好推荐免试工作对于深化研究生招生制度改革，加大拔尖创新人才选拔培养力度，推动高等学校全面实施素质教育具有重要的意义[2]。然而，与统考生复试类似的问题就是，导师在问卷中反映了推免生选拔过程中科研、社会实践、获奖情况难以量化，学生的研究兴趣和潜能较难考查的困境。

（3）复试信息公开力度可以进一步加大。

在问卷中，我们调查了学生在进入我校的复试后，有哪些信息较难了解到或无法及时了解的问题。调查结果显示，学生对于该问题，选择较多的选项有复试的方案和安排、录取的标准、个人综合排名以及录取结果信息等。这表明，研究生复试信息的公开力度需要进一步加大。

三、基于问卷调查的生源质量改进措施

根据上述统计性分析，招生处设计了有针对性的改进措施。具体如下：

1. 加大宣传力度，提升宣传实效

在招生宣传时间方面，招生处以往选择在9月份开学后进行研究生招生宣传。参照此次调查结果，招生处提早了招生宣传时间，2014年5月开始，全校共派出7支招生宣传小分队赴7个方向的地方高校进行实地招生宣传。招生宣传小分队由各学院派出老师组成，另有负责招生工作的管理人员带队。老师负责现场宣讲、现场为学生解答与学科专业有关的疑问，管理人员负责本方向的招生宣传组织及政策性疑问的解答。同时，鼓励学术名师加入宣传队伍，力求宣传队伍高端化、大师化和专业化，发挥知名导师的影响力。

在招生宣传途径方面，鉴于网络是学生了解高校信息的主要渠道，首先，采取一定措施保证与我校有关的信息每天都在全国研究生招生信息网首页显示；其次，对我校研究生招生信息网进行了改版，丰富了网站内容，招生信息及时在网站公开，增加了博士生报名、复试录取、推荐免试及申请审核四个平台；第三，利用新型社交媒体，开通国防科大研究生招生官方微信号，及时发布招生相关信息，每天由专人回答学生提问。此外，利用好暑期学校等各类活动，向外校学生发放宣传资料，扩大影响力，同时借助在读研究生的力量，向本科学弟学妹邮寄宣传资料，扩大宣传面。

2. 改革研究生选拔机制，提高生源质量

科学制定研究生选拔标准。导师问卷调查反映了当前推免生评价标准存在科研能力难以量化、

成绩比重过高,难以选拔出具有科研潜力的学生的问题。招生处结合学校实际情况,于2014年新制定并实施了《国防科学技术大学综合考核选拔优秀应届本科生攻读硕士研究生实施办法》《国防科学技术大学跨学院招收推荐免试所示研究生实施办法》和《国防科学技术大学博士研究生"申请-审核"制招生实施办法》。

科学设置专业课考试科目和内容。部分导师认为研究生入学考试自命题科目设置不合理,较难考查考生的创新能力、专业素养和综合素质。各学院对相关专业的自命题科目进行了重新设置,优化整合,保证其能充分反映专业研究方向的要求。

加强和规范复试环节管理,制定了《国防科学技术大学研究生复试管理办法》,明确了复试的基本内容、复试专家组的组成要求、复试人数与录取人数之间的比例、复试违规的处罚等。加大信息公开力度,复试全程录音录像备查,加大对复试的监管,招生工作管理人员全程参与复试,切实维护复试录取公平公正。

3. 逐步建立招生指标动态调整机制,调动各方积极性

通过问卷调查发现,导师已经认识到研究生招生指标是"紧俏"资源,针对导师希望招到更多学生的迫切需求与实际招生指标限额之间的矛盾,我们计划逐步建立基于生源质量的"奖勤罚懒"机制,具体做法为建立研究生培养质量评价标准,根据评价结果动态调整导师的招生指标。问卷调查结果显示,导师认为研究生培养质量评价标准应与生源质量、研究生发表的论文水平、研究生学位论文优劣情况及导师培养研究生的经验等相关联,以提高导师在招生工作及研究生培养过程中的责任心和积极性。招生处基于2012年教育部出台的"高校博士生基准规模测算办法",结合导师意见,以博士研究生招生指标为试点,制定了国防科学技术大学博士研究生规模的指标核算体系,将博士生导师的招生指标与科研经费、科研平台、人才队伍及效益指标挂钩。

4. 提高地方研究生待遇,增强学校吸引力

学校的知名度和专业排名与声誉一直是考生择校的主要考虑因素,也是提高研究生生源质量的重要基础。要吸引优质生源,第一要素就是要进一步加强学科专业建设、提高学校在"985工程"高校中的竞争力[3]。然而,此次问卷调查结果显示出学生选择读研高校时关注的另外两个热点问题,那就是高校可以给研究生提供的奖助学金以及毕业工作的去向。奖助学金是地方研究生学习和生活经费的最主要来源,我们在2014年进一步完善了奖助体系建设,设立了地方研究生助学金、学业奖学金、"三助"岗位及各类专项奖学金,着力提高地方研究生的生活质量。同时,由于学校从2013年开始招收地方硕士研究生且学制为2.5年,今年年底就将面临地方生的就业问题,因此,学校正在逐步加强与用人单位的联系,尤其是与国防工业部门的联系,在学校层面帮助地方生拓宽就业渠道,以期在学生中形成良好的口碑,增强对学生的吸引力。

四、生源质量改进措施的实践效果

基于问卷结果的分析,在生源质量改进措施的指导下,2015年国防科学技术大学硕士研究生招生录取工作已经完成,并取得了良好效果,具体内容如下。

1. 学校研究生招生宣传工作水平大幅提升

(1)学校研究生招生工作对学生的影响力加大。

相关高校的应届本科生和部分硕士研究生2 000余人参加了我校的实地招生宣传活动。研究生招生微信公众号粉丝增加2 000余人,招生宣传活动通知点击量达11 000余次,研招网在招生宣传期间累计回答学生提问数千条,招生咨询电话日均接电话近100个。

(2)与其他高校的联系更紧密。

进一步加强了与其他高校相关业务部门的联系及与国防生及地方生推免或考学的政策的协调,

为深入合作奠定了基础,与 50 余所地方高校及院系签订了联合培养协议。

2. 推荐免试生和统考生生源均有改善

(1)推荐免试研究生申请人数剧增,质量提高。

通过努力,今年共吸引地方高校应届本科生踊跃申请我校推免(申请人数比去年翻一番),各学院均反映今年推免生的可选余地大幅增加。经严格的审核筛选、复试考核,基于"择优录取、宁缺毋滥"的原则,最终圆满完成地方高校优秀推免生录取工作,其中录取的推免生 985 院校生源达 74%,211 院校生源达 98%。

(2)硕士研究生统考报名人数大幅增加,质量较高。

统考报名人数比去年的报考人数增加了 20%。以报考人数最多的"思想政治理论""英语一""数学一"三门科目为例,报考我校考生的统考科目平均成绩相对于全省来说优势明显,三门主要统考科目的平均成绩之和较全省高出 22 分。

(3)地方硕士研究生 985、211 生源比例位于全国高校前列。

2015 年录取的地方硕士研究生,86% 来自于"211 工程"高校,60% 来自"985 工程"高校,在全国高校中名列前茅。

五、结语

问卷调查作为学校招生工作主管部门主动了解导师学生满意度、意见和建议的有效手段,为改进研究生招生工作提供了重要的数据依据,并起到了一定的指导作用。问卷调查活动结束后,对调查结果进行了统计,并根据统计结果针对招生宣传、选拔机制等的具体措施进行了重新设计与改进。目前,2015 级硕士研究生录取工作已经完成,录取数据显示,2015 级硕士研究生生源质量较 2013 级有大幅提升。

参考文献

[1] 李文翠,胡浩权,刘永霞,等.部分高校硕士研究生招生政策存在的问题及对策[J].化工高等教育,2013,3:11-13.

[2] 邱均平,赵蓉英,马瑞敏,等.中国大学及学科专业评价的作法、结果分析及启示[J].科技进步与对策,2009,26(1):118-123.

提高全日制硕士研究生入学率的策略研究[*]

邓 珂，冯德芬，魏 锋

（广西科技大学研究生处 545006）

摘要：伴随全日制硕士研究生招生规模的不断扩大，研究生入学率相对较低的现象逐步显露。论文简要介绍了现有机制下的研究生招录过程，分析了研究生放弃入学造成的各项危害，针对影响研究生入学率的若干主要因素提出通过完善备录机制、设置调节指标等策略以解决研究生入学率相对较低的困境，并对其可行性与效果进行了分析和研究。

关键词：研究生；入学率；备录；调节指标

硕士研究生招生计划指标是硕士研究生招生单位（以下均简称：招生单位）的重要资源，是促进招生单位各学科协调发展，优化以科研为导向的研究生培养体系的重要调节手段。随着社会经济的发展，研究生培养规模和社会对研究生需求量都在不断扩大，全日制硕士研究生（以下均简称：研究生）入学率相对较低的现象日趋显露。在现有的机制下，研究生放弃入学就意味着招生单位研究生招生计划指标的流失。如何提高研究生入学率，避免研究生招生计划指标的浪费，成为招生单位需要研究和解决的问题。

一、现有机制下的研究生招录过程

在我国现有的研究生招生机制下，研究生招生录取工作一般分为初试和复试两个阶段。从2014年开始，研究生初试一般安排在12月底进行，初试成绩安排在次年1月公布。教育部将在招生当年的3月份发布《全国初试成绩基本要求》，相应研究生招生计划由招生单位的上级主管部门于3月底前下达到各招生单位。各招生单位必须于招生当年4月底前完成所有复试工作，并向上级主管部门上报拟录取名单。各招生单位上报的拟录取人数必须严格遵循上级主管部门下达的招生计划数。各招生单位上报的拟录取名单经过统一录取信息检查后，由教育部最终确定录取名单。所有研究生录取工作一般在5月底前全部结束，录取工作结束后任何招生单位都不得再进行补录。事实上，各招生单位将拟录取名单上报上级主管部门后，就很难再修改拟录取名单或者进行补录。

二、影响研究生入学报到率的因素

影响研究生入学报到率的因素很多，既有社会环境因素，也有研究生个人因素。

1. 研究生就业压力逐渐增大

自2000年我国实行研究生扩招政策以来，研究生招生规模逐年递增，根据《国家中长期教育改革和发展规划纲要（2010～2020年）》中所描述我国的教育事业发展目标，到2015年我国全日制在校研究生规模要达到170万人，到2020年将突破200万人。因此，研究生与同期毕业的大学本科生将面对同样严峻的就业形势[1,2]。既然无论读研与否，将来都将面临严峻的就业压力，那么对于相当一部分应届考生来说，找好工作的重要性已经超过了继续深造的重要性。换而言之，对于这些考生如果找

---

[*] 广西研究生教育创新计划项目"地方性高校全日制研究生招生机制改革的研究"（JGY2014115）；广西研究生教育创新计划项目"教学研究型大池研究生教育服务地方经济研究"（JGY2014119）。

到好工作一定会珍惜就业机会,甚至放弃读研。

多数大学本科毕业生求职和复习考研是同时进行的。在现有机制下,对于此类毕业生被招生单位录取的时间往往早于被用人单位录用的时间。在巨大的就业压力下,必然会造成部分找到满意工作的本科生为了不错过用人单位优厚的待遇条件而选择放弃入学的情况。

2. 录取结果与报考志愿存在偏差

从生源结构来看,相当一部分招生单位由于各种客观条件的限制,第一志愿报考生源相对较少。尤其是以教育部划定的"B区线"作为当年进入复试的对应初试成绩基本要求的招生单位,录取生源基本以调剂考生为主。

部分调剂考生因第一志愿报考单位竞争激烈,只能调剂到其他招生单位或同一招生单位的其他学院(系、所)、学科,甚至不得不调剂到不同的录取类别领域(如由学术型硕士调剂到专业型硕士)。如果实际录取结果与考生第一志愿偏差太大,也有可能导致考生放弃入学的情况[3,4]。

3. 家庭经济条件困难

对于2014年以前录取的研究生,录取类别存在"公费"(国家计划生)和"自费"(自筹经费生)之分。部分考生由于家庭经济条件所限,为减轻家庭负担必须被招生单位录取为公费生才能继续深造,但由于各种原因最终被招生单位录取为自费生而被迫放弃入学。2014以来,国家逐步深化研究生教育改革,取消原有"公/自费"录取制度,推行研究生"奖、助学金"制度。各级研究生教育主管部门和招生单位加大对研究生奖、助学金体系的资助力度,在一定程度上缓解了家庭经济条件困难的研究生的入学压力。但目前实行的研究生"奖、助学金"制度,要求录取研究生先入学报到,缴纳学费、住宿费等其他费用并完成注册手续后方可向招生单位申请各类奖、助学金。家庭突遭变故或经济条件极度困难的研究生,仍有可能放弃入学。

4. 读研目标不明确

部分考生存在表现心理或者从众心理,看到别的考生准备考研,自己也跟着考研。因为读研目标并不明确,被录取后仍旧会选择放弃入学。

三、研究生放弃入学造成的危害

1. 破坏教育公平性

招生单位的录取名单在教育部录检工作结束后将正式确定,无法再修改录取信息或者进行补录。如果已被录取的考生放弃入学,招生单位当年的招生计划指标只得浪费。同时由于放弃入学的考生占用招生计划指标,使得其他同样达到录取条件却因成绩排名靠后导致差额复试遭到淘汰的考生,因招生单位招生计划指标有限而失去继续深造的机会。一方面不愿继续深造的考生占用、浪费宝贵的招生计划指标;另一方面渴望得到继续深造机会的考生却只得另择他路,这明显有违于教育公平性原则。

2. 浪费大量社会资源

研究生入学前招生单位将根据当年上级教育主管部门下达的招生计划提前配置各类教学、科研资源。研究生如果放弃入学,必然造成招生单位教学、科研资源的浪费。同时,也给各级研究生教育主管部门、研究生招生考试管理部门及招生单位造成巨大的人力、物力、财力和时间上的浪费[3,5]。

3. 个人诚信缺失

由于部分考生不能确定自己的最终选择,在明知自己已经被招生单位录取后仍旧应聘其他各类企、事业单位；有的考生已经满足第一志愿报考单位的进入复试的初试成绩分数线却无故放弃第一志愿报考单位（或专业）举行的复试，仍旧向自己更加心仪的其他招生单位（或专业）提交调剂复试申请；有的考生调剂阶段参加多家招生单位举行的复试，向多家招生单位表达自己愿意接受该招生单位录取的"假意"，招生单位要求其做出明确抉择时仍旧假借各种理由拖延；还有的考生明知道自己不愿意，也肯定不会入学读研，只为取得一纸录取通知书或满足自己的虚荣心致使招生单位浪费招生计划指标。凡此种种，无不反映了这些考生个人诚信的缺失。

四、研究生入学率低的应对策略

1. 完善备录机制，适当调整录取注册时间

为应对招生单位拟定录取的考生（以下简称：拟录取考生）放弃最后录取资格，招生单位通常会在确定拟录取考生名单的同时确定若干备录考生。备录考生是在同样达到招生单位的录取条件，仅因综合成绩排名靠后导致差额复试遭到淘汰的考生中择优挑选。招生单位如果发现拟录取考生中有放弃拟录取资格的，可以以备录考生替补。

通过设置备录考生的方法可以在一定程度上避免招生单位的招生计划指标流失，但经过实际操作我们发现在现有机制下的研究生招录过程中该方法的效果相当有限。首先，以备录考生替代拟录取考生需要拟录取考生的充分配合。招生单位要使用备录考生进行替补操作的前提是拟录取考生向招生单位明确提出放弃拟录取资格。而事实上，正如本文第二部分所述，多数放弃入学资格的考生在研究生复试录取阶段会由于各种各样的原因而不能确定自己的最终选择，因而不会贸然向招生单位明确表示自愿放弃拟录取资格。其次，备录考生本身具有更大的流动性。由于备录考生仍旧属于被招生单位正常差额复试所淘汰的考生，因此备录考生在研究生复试调剂时间结束前会做出更多的选择。例如考生在被招生单位确定为备录考生后，仍旧会抓紧时间申请参加其他招生单位举行的复试；或者同时成为多家招生单位的备录考生；或者联系招聘单位，寻找优厚的工作待遇。诸如以上各种选择对于"前途未卜"的备录考生都可以理解的，但这也为招生单位保持稳定可靠的备录生源带来相当大的不确定性。第三，研究生录取工作一般在每年5月底前全部结束，届时教育部通过最终录取检查确定当年各招生单位的研究生录取名单。录取名单一旦确定，任何招生单位不得再修改录取信息或者进行补录。因此，目前的通过设置备录考生的方法只是在一定程度上帮助招生单位规避复试调剂阶段拟定录取的研究生放弃正式录取的风险，而对于已经正式确定在最终录取名单上的研究生放弃入学报到的情况没有实际效果。

鉴于此，我们建议适当调整研究生录取名单的确定方式。首先，各招生单位上报的拟录取名单内包含一定比例的备录考生，但对备录考生做必要的备注说明以此区分正常录取考生与备录考生。其次，教育部可保持现行的研究生录取检查方式对各招生单位上报的拟录取名单进行录取检查。但录取检查工作只审核拟录取考生是否具备录取的条件，暂不确定最终的研究生录取名单。第三，招生单位向通过教育部录取检查的考生（包含正常录取的考生与备录考生）发放录取通知书等相关录取材料，待被录取的研究生正式入学报到后（一般可定位在录取当年的9月底前）上报研究生入学报到名单（或研究生新生注册学籍信息）。最后，教育部根据招生单位上报的当年实际入学报到名单（或以招生单位研究生新生注册学籍信息为准）确定（注册）招生单位当年最终的研究生录取名单。

招生单位确定的正常录取考生与备录考生同时入学报到会出现如下三种情况。第一，若放弃入学的正常录取考生人数恰好等于入学报到的备录考生人数，则招生单位设置备录考生的数量恰到好处，此为理想状态；第二，若放弃入学的正常录取考生人数大于入学报到的备录考生人数，则招生单位通过设置备录考生的策略在一定程度上减少了当年招生计划指标的浪费；第三，若放弃入学的正常录取考生人数小于入学报到的备录考生人数，则会出现上级主管部门预先下达的招生计划数与招生单位额外设置的备录考生人数之间的矛盾。针对第三点我们提出以下策略解决。

2. 合理设置调节指标,实行弹性招生

为化解目前招生单位刚性[6]的招生计划指标与设置备录考生方案之间的矛盾,我们建议设置调节指标,实行弹性招生。

设置调节指标是指招生单位根据当年研究生招生工作的需要,在上报拟录取研究生时结合招生单位往年研究生新生入学报到率等实际情况,适当超出当年的招生计划数。为保证上级主管部门在宏观上控制研究生招生规模,超额上报的数量(或比例)由招生单位预先向上级主管部门申请核准。教育部依据招生单位上报的当年入学报到名单(或招生单位研究生新生注册学籍信息)确定招生单位当年最终的研究生录取人数,对实际入学人数超出招生计划数的部分在下一年度下达招生计划时予以扣除。

详细计算方法如下:

设当年下达的招生计划数为 X,调节指标为 A,招生单位上报的拟录取人数为 R,放弃入学人数为 C,实际录取人数为 P,则实行弹性招生策略的第一年有

$$R_1 = X_1 + A_1$$
$$P_1 = R_1 - C_1 = X_1 + A_1 - C_1$$

假设第二年上级主管部门确定该招生单位研究生招生计划的增长规模为 $N\%$。

(1)若 $P_1 \leqslant X_1$,则第二年上级主管部门确定该招生单位研究生招生计划为

$$X_2 = X_1(1+N\%)$$

所以有第二年招生单位上报的拟录取人数为

$$R_2 = X_2 + A_2 =$$
$$X_1(1+N\%) + A_2 =$$
$$(R_1 - A_1)(1+N\%) + A_2$$

(2)若 $P_1 > X_1$,则第二年上级主管部门确定该招生单位研究生招生计划为

$$X_2 = X_1(1+N\%) - (P_1 - X_1)$$

所以有第二年招生单位上报的拟录取人数为

$$R_2 = X_2 + A_2 =$$
$$X_1(1+N\%) - (P_1 - X_1) + A_2 =$$
$$X_1(1+N\%) - (X_1 + A_1 - C_1 - X_1) + A_2 =$$
$$X_1(1+N\%) - A_1 + C_1 + A_2$$

以此类推,从实行弹性招生策略的第二年开始,招生单位当年可上报的拟录取人数受招生单位上一年度设置的调节指标制约。若上一年度设置的调节指标过大,则当年可上报的拟录取人数必将被削减,影响招生单位当年的招生和规划。因此,设置调节指标完全可以保证招生单位实行弹性招生计划时的稳定性和可控性。

在实际操作中,招生单位可参考近年来本单位研究生新生入学率、所处地区当年大学生就业率等相关因素合理设置调节指标。实行弹性招生时应根据当年研究生招生工作的实际需要统筹考虑,避免招生单位为增大研究生招生规模而恶意大量设置调节指标的情况发生。

五、结语

研究生招生计划的编制与管理是我国研究生招生制度改革的重大课题,是研究生教育规模和结构调整的重要环节。如何消除研究生入学率低带来的危害,是关系到我国研究生招生机制改革和研究生教育良性、健康发展的重要问题。完善备录机制,设置调节指标的策略,既可以提高研究生入学率,避免招生单位招生计划的浪费,同时也能保证上级主管部门对招生单位研究生招生规模的宏观掌控,保持招生计划的可控性和稳定性。

参考文献

[1] 王云秀.研究生就业调查与建议[J].教育与职业,2012(17):91-92.
[2] 徐佳,吉祥.研究生就业问题探讨——扩招背景下[J].现代商贸工业,2013(9):142-143.
[3] 朱惠媛.高校录取新生不报到的原因与对策[J].江苏高教,2013(3):90-92.
[4] 刘士平.普通高校录取新生不报到率逐年升高问题及对策的思考[J].淮北煤师院学报(哲学社会科学版),2002(1):140-143.
[5] 孟安明.改革研究生招生限额制度[J].教育与职业,2010(19):7.
[6] 罗敏.我国研究生招生计划政策现状、特征与改革[J].高等教育研究,2011(9):49-54.

以培养过程为主线构建全日制工程硕士奖学金体系
——以"特需项目"高校北京石油化工学院为例

张敏霞,徐自力,籍俊伟,王永哲

(北京石油化工学院研究生工作部(处) 102617)

摘要:在当前研究生教育综合改革背景下,以"特需项目"试点单位北京石油化工学院为例,遵循专业学位研究生培养规律,以提高工程硕士培养质量为核心,以培养过程为主线构建全过程、全方位、全覆盖的全日制工程硕士奖学金体系,引导研究生不仅要注重专业知识学习,更要注重工程实践能力的培养;不仅要注重在学期间的学业表现,更要提升就业能力。充分发挥奖学金体系激励、导向、育人功能,帮助工程硕士更好地完成学业,对于普通高校培养高层次应用型专业人才有积极意义。

关键词:全日制工程硕士;特需项目;奖学金

国务院学位委员会在2011年通过了《关于开展"服务国家特殊需求人才培养项目"试点工作的意见》,试点工作以5年为期,即从2012年7月到2017年7月。现在试点工作已进行过半,2012年首批招收的全日制专业学位硕士已经或将要毕业,这批试点高校也从无到有完成了首轮专业学位研究生培养全过程工作。在当前研究生教育全面收费的大背景下,在试点高校中建立契合专业学位硕士培养模式的奖学金体系,对于提高符合社会特殊需求的专业型人才培养质量有积极意义。

首批51所"特需项目"高校中,授权招收培养工程硕士的高校就有24所,接近半数。按照授权专业学位硕士点计算,共计67个授权点中有40个属于工程硕士的相应领域,工程硕士授权点占到总数的60%。由此可见,工程硕士培养在"特需项目"中占有相当大的比重,工程硕士培养数量大、覆盖面广,具有代表性。

北京石油化工学院作为"服务国家特殊需求人才培养项目"的首批试点高校,在化学工程和机械工程两个领域招收和培养全日制工程硕士,本文以北京石油化工学院为例,以全日制工程硕士为研究对象,就研究生奖学金体系进行探讨研究。

一、奖学金体系设计方案

指导思想:遵循专业学位研究生培养规律,以提高工程硕士培养质量为核心。建立健全财政专项经费投入和学校事业经费投入相结合、社会企业筹集经费为辅配的研究生奖学金投入机制,努力提高研究生生源的质量,积极拓展研究生国际化培养途径,全面激发工程硕士教育活力,促进专业学位研究生教育持续健康发展。

设计原则:坚持系统设计,以提升工程实践能力培养为重点,以工程硕士培养过程为主线,引导研究生不仅要注重知识学习,更要注重工程实践能力的培养;不仅要注重在学习期间的学业表现,更要提升创新创业等职业能力。充分发挥奖学金在研究生培养过程中的激励、导向及育人功能。

二、以培养过程为主线的全日制工程硕士体系整体设计

根据上述指导思想及设计原则,综合考虑奖学金吸引优秀生源、激励成才、导向及资助功能,就奖学金的类别进行如下设置:奖励优秀的研究生国家奖学金,吸引优秀生源新生奖学金,切合培养环节的学业奖学金系统(包括学业奖学金、企业实践奖学金和创新创业奖学金),拓展国际化培养途径的国际研修奖学金,以职业能力为导向的企业专项奖学金和支持研究生开展创新创业的专项基金共同

构成全过程、全方位、全覆盖的研究生金奖学金体系,系统构成如图1所示。

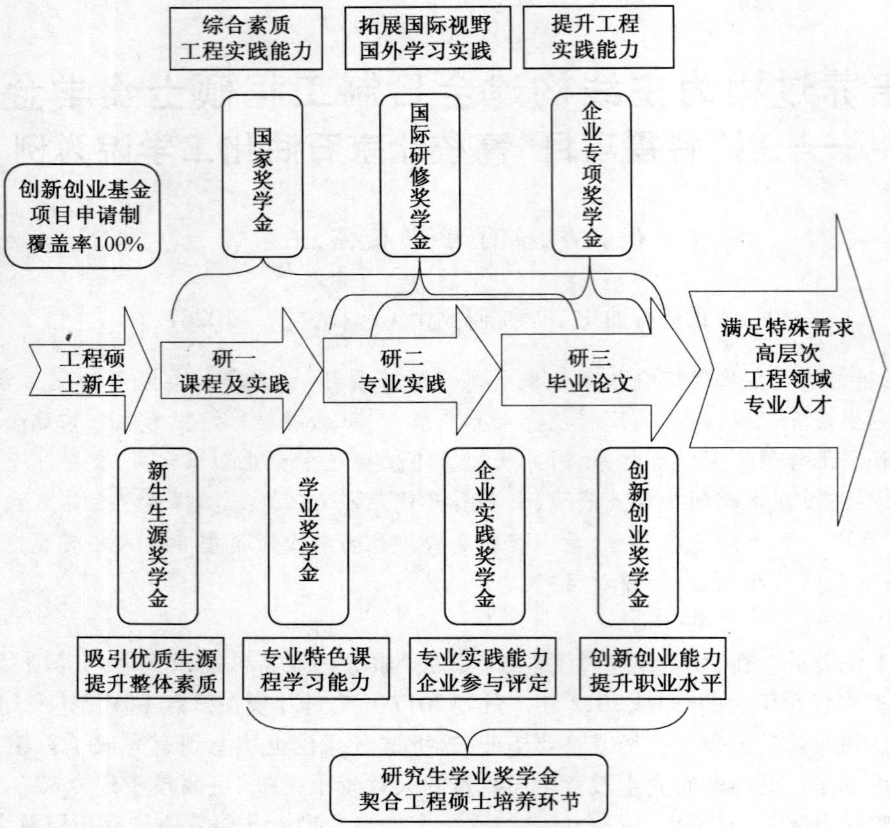

图1 以培养过程为主线的全日制工程硕士研究生奖学金体系

1. 全过程培养的奖学金体系

以工程硕士培养过程为主线,设置新生生源奖学金,重点考查研一学业成绩的学业奖学金,重点考查研二的企业实践成绩的企业实践奖学金,以研三创新创业成果为重点考查的创新创业奖学金和企业专项奖学金,实现奖学金评定工作从入学到就业的工程硕士全过程培养环节相结合。

2. 全方位育人的奖学金体系

注重专业基础知识学习的学业奖学金,注重工程实践能力培养的企业实践奖学金,创新创业奖学金,职业能力为导向的企业专项奖学金,以及拓展国际化视野的国际研修奖学金等共同组成全方位育人的奖学金体系。

3. 全覆盖保证教育公平性

综合考虑整个奖学金体系设置,将新生生源奖学金和学业奖学金系统中的三个奖学金项目均定位为"奖优+助学",覆盖全部在校研究生,确保奖学金的助学功能。奖励等级设置合理,又适当拉开档次,凸显奖学金的激励作用。

激励优秀兼顾助学功能的奖学金体系配合保障公平的国家助学金和助学贷款,以及按劳分配的"三助"津贴,多种奖助形式相互补充,从政策上保证了每一位研究生都有能力负担学费、住宿及生活费,保证了教育的公平性。

三、奖学金体系构成

1. 激励优秀的研究生国家奖学金

研究生国家奖学金是奖助体系中最具影响力和权威性的一个奖项,具有荣誉度高、奖励额度大、社会关注度强、影响面广的特点。2012年我国首设研究生国家奖学金,随着深化研究生教育综合改革的推进,以及教育财政制度的不断完善,教育部、财政部以教财〔2014〕1号印发《普通高等学校研究生国家奖学金评审办法》,其中第十二条规定,高校根据自身情况,以研究生道德品质和学习成绩为基本条件,科学合理地制定研究生国家奖学金评审指标体系。对于专业学位研究生,评审标准应偏重考查其专业实践能力和适应专业岗位的综合素质。由此可见,国家奖学金对专业硕士的重要程度及政策导向性。

综合考虑国家奖学金的激励导向功能,结合工程硕士培养过程,国家奖学金设置指导思想为:重点奖励学业成绩、工程实践能力、创新创业项目成果和社会公益活动等方面表现突出,综合素质全面发展,道德品质优秀的研究生。奖励额度及名额按照国家分配评选。

2. 吸引优秀生源的新生生源奖学金

特需项目首批试点院校从2011年才开始招生,相对其他硕士授予单位处于弱势地位,大部分研究生通过调剂方式入学,生源质量亟待提高。

新生生源奖学金重点奖励第一志愿报考我校并被录取的优秀研究生,该项奖学金的设立从根源上提升了工程硕士生源质量。

参评对象:全部研一学生。重要评选点:是否第一志愿报考,入学成绩(初试成绩+复试成绩)。评定时间:研一上学期。覆盖面:100%。

3. 密切契合培养环节的学业奖学金系统

按照财政部、教育部以财教〔2013〕219号印发《研究生学业奖学金管理暂行办法》结合我校地方高校特色,将单一考查学业成绩的研究生学业奖学金,针对工程硕士培养环节拆分为三个奖学金:针对研一专业学位课程及实践阶段,设立学业奖学金;针对研二专业实践阶段,设立企业实践奖学金;研三为毕业论文研究阶段,也是我校创新创业基金资助项目结题阶段,设立创新创业奖学金。

(1)学业奖学金。

夯实专业理论知识,完成专业学位特色课程学习是硕士生第一学年的首要任务。学业奖学金重点奖励在研一期间取得优异成绩的研二学生,重要评选点:课程成绩。设定课程成绩项在奖学金评定中的权重为80%,使成绩优异的研究生更具获得学业奖学金的优势,让学业奖学金真正起到激励学习的作用,又不会造成整个工程硕士阶段唯成绩论的导向作用。评定时间:研二上学期。覆盖面:100%。

(2)企业实践奖学金。

实践教学是全日制工程硕士培养中的重要环节。设立企业实践奖学金,以实践能力为考查重点,奖励在研二期间企业实践阶段取得的优异成绩并得到实践单位认可的研三学生,重要评选点:实践报告的评价、实践单位的评价和取得实践业绩的证明。评定时间:研三上学期。覆盖面:100%。

(3)创新创业奖学金。

参评对象:研三学生。重要评选点:创新创业成果。该项奖学金的设置充分调动研究生参与创新创业实践活动的积极性,提升创新实践能力,提高工程硕士创业就业质量。评定时间:研三下学期。

4. 积极拓展工程硕士国际化培养途径,建立国际研修奖学金

积极拓展工程硕士国际化培养途径,为了解工程领域相关方向的国际最新技术进展,全面激发工程硕士教育活力,促进我校专业学位研究生教育持续健康发展,设立国际研修奖学金,鼓励在校研究生参加国际研修项目。该项奖学金资助二、三年级研究生参与国外高校、科研院所或企业等从事与本人所在领域相关的工程实践性研修活动,采取申请制,以答辩论证方式进行评选,在校生覆盖率为20%。

5. 健全财政投入机制,建立企业专项奖学金

建立健全财政专项经费投入和学校事业经费投入相结合、社会企业筹集经费相辅配的工程硕士奖学金投入机制。积极拓宽奖学金来源,增设企业专项奖学金,是对国家、学校设立奖学金的有效补充。

我校现设有安东石油奖学金和电信奖学金,针对化学工程和机械工程两个专业领域工程硕士。企业专项奖学金充分发挥奖学金导向功能,对于引导研究生巩固专业知识,提升解决实际工程问题能力,培养符合社会需求的专业应用型人才,提升就业水平等各方面都有积极意义。

6. 创新创业专项基金

为支持研究生开展创新创业活动,我校设立专项基金,采取项目审批制度,研一、研二申请,研三结题,覆盖面为100%,其成果作为研三进行的创新创业奖学金的重点考查内容。

四、结语

以培养过程为主线构建全日制工程奖学金体系,符合工程硕士人才的培养规律。充分发挥奖学金体系激励、导向、育人功能,帮助工程硕士更好地完成学业,对于"特需项目"高校培养高层次应用型专业人才有积极意义。

参考文献

[1] 唐继卫. 总结试点工作经验 全面推进专业学位研究生教育综合改革[J]. 学位与研究生教育, 2013(9):1-3.

[2] 丁雪梅,甄良,宋平,等. 培养机制改革下的研究生基本奖学金制度研究[J]. 学位与研究生教育, 2009(5):1-5.

[3] 李忠,熊玲,陈小平. 建立全日制专业学位硕士研究生奖助体系、实践教学基地的探讨[J]. 学位与研究生教育,2010(2):8-12.

[4] 干勤,柏伟. 服务 特需 职业导向 创新工程硕士专业学位研究生培养模式——重庆科技学院"2461"研究生培养模式的实践探索[J]. 学位与研究生教育,2014(8):14-18.

博士生培养年限与资助体系的关系研究*
——以哈尔滨工业大学为例

王智鹏,于 航,魏宪宇,王晓磊

(哈尔滨工业大学研究生院 150001)

摘要:通过对哈尔滨工业大学2008~2010级博士研究生科研产出的时间节点与毕业时间的对比规律分析,发现现行的博士生资助体系中存在一定的不合理性,借此提出对进一步完善博士生资助体系的思考。

关键词:博士研究生;培养年限;资助体系

一、引言

博士生教育以科学研究为导向,培养具有独立分析问题、解决问题的科研人员。目前博士生已成为科研队伍的主力军,如何保障博士生研究期间的基本生活,让他们能够在毫无后顾之忧的情况下安心科研也是众多教育工作者关注的重要问题。

2013年,围绕研究生教育的综合改革,国家颁布了一系列的政策,其中《教育部 国家发展改革委 财政部关于深化研究生教育改革的意见》(教研〔2013〕1号)、《财务部 国家发展改革委 教育部关于完善研究生教育投入机制意见》(财教〔2013〕19号)明确指出了教育投入机制的指导意见:完善研究生教育财政拨款制度,完善研究生奖助政策体系,建立健全研究生教育收费制度。哈尔滨工业大学在充分借鉴以往博士生奖助学金工作经验的基础上,坚持以人才培养为根本,以提高质量为核心,建立健全以政府投入为主、受教育者合理分担培养成本、学校多渠道筹集培养基金的教育投入机制,全面激发博士生奖助体系的活力。

但目前博士生成果产出所需的时间越来越长,现有的博士生资助体系并不能覆盖学生在校期间的全部科研时间。本文将以哈尔滨工业大学2008~2010级博士研究生的实际科研产出时间与毕业时间的对比分析为依据,探讨更有助于激发博士生科研动力、解决博士生实际生活问题的资助体系。

二、博士研究生资助体系构成

哈尔滨工业大学的博士生资助体系由研究生基本奖助学金、研究生国家奖学金和"三助"津贴三部分组成。所需经费由国家助学金、学业奖学金、学生学费、学校助学金、导师科研经费中的劳务费等几部分构成。

博士研究生基本奖助学金由国家助学金、学校助学金、学业奖学金和导师津贴组成。如表1所示,每名博士生奖助学金额度为一、二、三年级每年4万元,第四年3.4万元。博士生四年奖助学金的总额度为15.4万元。

哈尔滨工业大学每年录取博士生1 100人左右,校内博士生导师1 258人,一般情况下,每名博士生导师招生数量不超过2名,其中新评聘的博士生导师和校外及境外兼职博士生导师招生人数不超过1人。学校根据导师招生的数量、科研项目的需要及基础学科等特点设立培养基金类型:面上基金(A类基金、B类基金)、重大项目基金及专项基金。原则上博士生导师招收的第一个博士生为A类

---

* 中国学位与研究生教育学会课题"博士研究生培养过程管理及质量控制的激励与惩罚机制研究"(2015Y0403)。

基金,第二个博士生为 B 类基金;管理学类的博士生导师招收的第一名博士生和第二名博士生均为 A 类基金。为了满足学校和博士生导师重大科研项目的需要,个别导师经院系向招生办公室提出申请,招收第三名博士生,其基金类型为重大项目基金。专项基金是为了满足基础类学科、人文社会学科和新兴前沿方向培养博士生的需要设立的基金类型,学校每年为理科和文科博士生导师提供 1 个或 2 个专项基金的指标,以支持学科的建设和发展。

表1　博士研究生基本奖助学金　　　　　　　　　　　　　　　　　万元/年

年度	A类基金			B类基金		
	国家及学校助学金	学业奖学金	导师助研津贴	国家及学校助学金	学业奖学金	导师助研津贴
第1~3年	2.4	1.0	0.6	2.0	1.0	1.0
第4年	1.8	1.0	0.6	1.8	1.0	0.6
合计	9.0	4.0	2.4	7.8	4.0	3.6
总计	15.4			15.4		

表2　博士研究生基本奖助学金　　　　　　　　　　　　　　　　　万元/年

年度	重大项目基金			专项基金		
	国家及学校助学金	学业奖学金	导师助研津贴	国家及学校助学金	学业奖学金	导师助研津贴+学校助管助教津贴
第1~3年	1.4	1.0	1.6	2.4	1.0	0.2+0.4
第4年	1.8	1.0	0.6	1.8	1.0	0.2+0.4
合计	6.0	4.0	5.4	9.0	4.0	0.8+1.6
总计	15.4			15.4		

学校建立"三助"津贴体系,即设置研究生助教、助研和助管岗位,并提供相应津贴,具体如下:①助教津贴,博士生助教工作岗位类别设置为 A、B、C 三类,A 类的实际工作时间不少于每周 12 学时;B 类的实际工作时间不少于每周 10 学时;C 类的实际工作时间不少于每周 8 学时。助教 A 类岗位津贴标准为每人每月 500 元,B 类为每人每月 400 元,C 类为每人每月 300 元。②助管津贴,研究生助管岗位按工作量分为 A、B 两类。A 类岗位每周工作时间不少于 9 小时,津贴为博士生 400 元/月。B 类岗位每周工作时间分别不少于 7 小时,津贴为博士生 300 元/月。③助研津贴,助研岗位主要针对博士生,由博士生导师设置,博士第 1~4 年为每年 1.2 万元或每年 2.4 万元。博士第五年为每年 1.2 万元或每年 2.4 万元或每年 3.6 万元。

哈尔滨工业大学的奖助体系充分调动了各种资源以资助博士生更好地完成学业,培养基金横向与纵向的交织关系,充分考虑了导师和学生的不同角度,基金类型的设置及配比不仅有利于导师选拔优质生源,并且可以科学地指导博士生导师根据个人能力及科研项目科学的进行招生,如此更加有利于集中优势资源培养博士生,保证博士生可以参加到大量的科学研究的同时还可以获得相当的助研津贴[1]。

三、博士研究生学习年限规律分析

学制(System of School Education):学校教育制度的简称。学校教育制度是一个国家整个教育制度性质的集中体现。它规定各级各类学校的性质、任务、办学层次、类型、入学条件、学习年限以及彼此之间的关系。学制的内涵十分丰富,既有各种层次和各种类型学校教育之间的关系,又涉及某一层面、某一范围内的工作,是一个完整的系统。就其主要内容而言,学制属于社会上层建筑,具有一定的社会制约性。它反映社会政治、经济、科技、文化的发展对教育所提出的要求。因此,学制的建立、改革和发展要依据一定的社会生产发展水平,受一定的社会政治经济和科技发展状况制约,同时,一个国家采取何种学制也受该国历史文化传统的影响[2]。

2000年,教育部下发《关于加强和改进研究生培养工作的几点意见》,提出研究生培养实行弹性学制。即规定博士生学习年限一般为3~4年,允许研究生分段完成学业,并规定学生累计在学的最长年限。2002年6月,科技部、教育部印发的《关于充分发挥高等学校科技创新作用的若干意见》指出,要"改革高校研究生培养制度,逐步推行与国际接轨的研究生培养制度,取消对研究生培养年限的统一规定,实行弹性学制"。自此,哈尔滨工业大学明确了博士的学制为4年,最长不超过5年。

图1为哈尔滨工业大学2008级至2010级博士生在各年级期间发表的文章与毕业时间情况,可以分析得出博士生主要产出科研成果的时间节点为博士三年级与博士四年级,SCI的发表主要分布在博士三年级、四年级和五年级,其中以博士四年级最多;2008级博士生EI的发表在博士第三年最多,博士第二年、第四年与第五年大幅度地减少,而2009级的博士生EI发表的则主要分布在博士三年级、四年级和五年级,博士第四年最多。而2010级的博士生因第五年的数据统计不全,所以可以观察前四年的数据,基本与2009级博士生发表文章的年级相似。根据图1,可以明显地观察到博士生毕业时间主要集中在第五年,呈现出正态分布的特点,博士第四年与第六年毕业的人数较多,而博士第三年毕业较少。

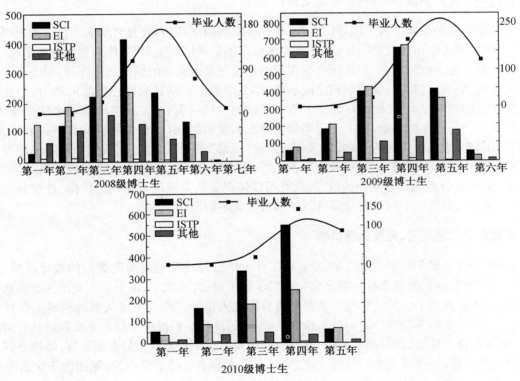

图1 哈工大2008级至2010级博士生在各年级期间发表的文章情况

通过上述分析可知,哈尔滨工业大学博士生弹性学制的实施,较好地适应了不同学科、不同培养类别的博士生教育发展需要,符合博士生培养基本规律,有助于保证博士生基本培养质量。一方面,在相对宽松的学制下,博士生和导师可以更多地关注学位论文质量,不会因为赶答辩时间而降低论文水准和要求。另一方面,充足的学习时间给予指导教师和博士生更大的学术空间和更长的研究时间,有利于导师和博士生选择一些难度大、具有重大学术价值的基础研究课题作为论文选题,从而有利于拔尖创新人才的培养。但是哈尔滨工业大学的奖助学金仅能覆盖到博士第四年,并且因为国家在博士生培养投入却未及时做出调整,还是按3年学制进行拨款,而导致博士第四年的奖助学金全部需要学校自筹经费,这就使博士第四年的助学金较前三年有所下降。此外,博士第五年时完全没有助学金和学业奖学金,所需的生活来源仅靠导师进行资助,而根据上述研究,博士生正是在第五年时完成其学位论文,而目前的资助体系很难满足博士生的基本生活需求。

四、博士研究生奖助体系改革的建议

1. 明确政府的资助重点,探索建立博士生论文基金

为提高博士生资助水平,哈尔滨工业大学自培养机制改革以来就不断地完善博士生资助体系,统筹国家专项拨款、学校专项经费、导师资助经费、社会捐赠奖学金和学校自筹的其他经费用于资助博士生第四年、第五年的学习,在保障博士生基本生活的问题上取得了一定的成绩,但是由于现在博士生的课题难度逐渐变大,创新性不断提高,科研成果的产出时间相对滞后,学校对于博士生学位论文质量的监管更加严格,亟须政府根据现在整体的博士生毕业时间调整财政经费的投入年限,以保障博士生在学习年限的基本生活需求。除此之外,可以探索性地建立博士生学位论文基金,参照自然基金、博士后基金等类型的基金,有条件的针对在博士第三年与第四年发表了标志性成果的博士生进行资助,鼓励其在学制年限内继续深入地进行课题研究,保质保量地完成其学位论文,如此将有利于保障博士生的生活质量,有利于保证博士生的培养质量。

2. 强化经济资助功能,完善博士生奖助贷体系

深入挖掘奖助学金体系各个项目的关系,优化资助的内部结构,完善奖助学金在培养过程中的功能。第一,建立博士生信用贷款制度,博士生作为科技创新领域的主力军,作为学历教育最高获得者,具有巨大的潜在经济创造能力,根据博士生在校的表现与发表文章的情况进行评估,对于毕业风险较小的博士生提供学业贷款,只要能顺利完成学业,那么博士生完全具有偿还贷款的能力,如此既可以让学生自己分担培养成本,又能满足博士生读书期间的生活所需。第二,突出奖学金的激励作用,奖学金的作用是用来奖先树优的,建立学业奖学金动态调整机制,引导学生尽早发表科研成果,鼓励学生尽快完成学业,增强学生的竞争意识。第三,完善"三助"的育人之能,在美国一般的三助岗位足以支撑起学生的基本生活所需[3],然而我国目前的"三助"标准难以满足学生的生活所需,这就需要增加"三助"的投入,合理地设计薪酬标准,如此既可以体现受教育者以劳动创造价值、合理分担培养成本的需求,又可以降低学生对于自身经济条件和机会成本的担心。

3. 拓展资金来源渠道,完善保障机制

自2006年以来培养机制改革以来,哈尔滨工业大学已经充分地将政府拨付的教育经费与学校、博士生导师所能筹集到的资金投入到研究生奖助学金中,在此模式下,博士生的资助很难再次有大幅度的改变,因此拓展博士生奖助学金的来源渠道显得尤为重要。博士生所从事的科研工作具有重大的创新性,且博士生培养具有巨大的外部价值及效应,因此需要积极探索与企业或其他社会组织机构的合作,开展联合办学模式,分担学校的办学成本,拓宽博士生资助资金的来源渠道,能够更好地为博士生提供生活保障,解决博士生的后顾之忧,势必会提高博士生的培养质量,保证博士生教育的顺利进行。

参考文献

[1] 丁雪梅. 培养机制改革下哈工大博士生培养基金体系的建立及运行研究[J]. 学位与研究生教育,2011(7):1-3.

[2] 秦惠民. 学位与研究生教育大辞典[M]. 北京:北京理工大学出版社,1994:89.

[3] 李若虹. 哈佛大学文科博士培养体制初探[J]. 社会科学论坛,2006(5):47-66.

第五部分
价值观塑造与职业伦理教育

高等学校学生全媒体育人平台建设方法的探索实践
——以哈尔滨工业大学研究生全媒体建设为例

谭玉磊,徐 晶,王 宏

(哈尔滨工业大学研究生院 15001)

摘要:校园媒体是高等学校思想政治教育工作的重要阵地,是校园文化宣传的主要载体,而随着当今社会媒体技术的不断发展以及互联网技术的不断更新,校园媒体在思想政治教育工作中的话语权正在面临着巨大挑战[1]。针对目前校园媒体在发展过程中面临的实际情况,作者以哈尔滨工业大学研究生媒体运行信息为依据,以国内外校园媒体的发展经验为参照,以受众的需求心理为导向,提出了高等学校学生全媒体渗透式育人的模型化建设方法和运行方案。

关键词:校园媒体;研究生;全媒体;模型化

一、高等学校媒体建设现状分析

1. 国内外高校媒体建设现状

由中国高校传媒联盟发布的《2010年中国高校媒体发展报告》指出:91.5%的高校有报纸,90.2%的高校有广播,75.0%的高校有新闻网,72.8%的高校有通讯社,58.0%的高校有电视台,46.4%的高校有新闻类杂志,且高校媒体呈现出融合的趋势,有超过20%的校园媒体进行了不同程度的融合,同时伴随着"微时代"的到来,各大高校也纷纷开设微信、微博等新媒体用于校园宣传。由此可见,以报纸和广播为代表的传统校园媒体在全国高校中依然占据着较高的比例,以微信、微博为代表的新媒体是伴随着近几年互联网时代的变革而产生的,其具有形式新颖、内容多样、反应迅速、传播广泛、互动性强等特点,受到广大高校师生的青睐。

相比中国高校媒体,国外一流大学的校园媒体具有更加悠久的发展历史和更加广泛的影响力,例如耶鲁大学的《耶鲁每日新闻》,哈佛大学的《哈佛大学学生报》,普林斯顿大学的WPRB广播台等。这些媒体中绝大多数都是融合型媒体,例如《耶鲁每日新闻》,其最初只是以校报的形式发行,经过多年的发展,目前的《耶鲁每日新闻》已经是集合报纸、杂志、网站等多种媒体形式的综合性校园媒体,其在Facebook,Twitter和You Tobe上都拥有自己的公共主页[2]。同时这些媒体大多独立于学校运行,媒体的运营主体为在校学生,其策划、创作、营销,甚至财务都是自行负责。这些媒体的影响力也远超国内校园媒体,例如波士顿大学《每日自由新闻》的日发行量就超过了12 000份。

2. 国内高校媒体建设存在的问题

纵观国内高校媒体的建设情况,我们发现国内高校虽然具有报纸、杂志、广播、电视、网站、微信、微博等多种媒体形式,但是国内高校媒体在吸引力和影响力上还是远不如国外高校媒体,究其根源,我们认为主要有以下3个方面的原因。

从高校媒体发展的外部环境来看,伴随着互联网技术的发展,特别是移动互联技术的发展,新媒体呈现出迅猛的发展势态,而校园媒体往往不能较快捷地应用新兴媒体技术。据中国互联网络信息中心(CNNIC)发布的《中国互联网络发展状况统计报告》显示,截至2014年6月,中国网民规模达6.32亿,其中手机网民规模达5.27亿,手机网民规模首次超越传统PC网民规模。另外,据CNNIC

发布的《2013年中国青少年上网行为调查报告》显示,截至2013年12月,中国青少年网民(指25周岁以下)规模达2.56亿,青少年手机网民规模达到2.21亿,青少年已经成为移动传媒的主力军。高校并非是信息的孤岛,受外部传媒环境的影响,高校的文化生态环境正在发生着改变,社会上多样化的媒体形式对高校学生来说更加具有吸引力,校园媒体较弱的适应能力导致受众的流失。

从高校媒体发展的自身结构上看,高校媒体的管理和运营相对来说比较落后。其功能以发布校内消息为主,其内容往往偏离学生的日常生活和阅读喜好,其语言形式往往比较刻板,且其教育的方式往往以说教为主,容易招致学生的反感。高校媒体自身的缺陷导致了其核心竞争力弱,对广大师生缺乏吸引力,因此往往关注度不高,发挥思想政治教育的作用有限。

从高校各种媒体形式的融合度上来看,高校虽然拥有传统媒体和新媒体等多种媒体形式,但是各媒体之间缺乏有效的融合,资源整合和媒体联动的力度不够。因此,高校媒体之间不能形成完整的宣传网络,在宣传过程中容易出现"孤军奋战"的局面。当今社会,媒体融合是媒体发展的必然趋势,事实证明单一媒体的信息量已经远远无法满足受众的需求,只有加强媒体联动,促进媒体融合,才能在宣传过程中形成合力而发声,从而吸引广泛的关注。校园媒体的发展也应该走上媒体融合的道路,这样才能充分拓展思想政治教育工作的阵地,提高校园媒体在校园内的影响力。

3. 哈尔滨工业大学研究生全媒体建设的总体思路

所谓的全媒体,不是指对各种媒体的简单加和,全媒体是基于媒介融合基础上的媒介观念的革命,它是对各种媒体形式的综合性应用[3]。根据针对哈尔滨工业大学研究生媒体建设的相关经验,结合国内外高校媒体建设实际情况,我们提出了"全时域""渗透式"育人的全媒体建设思路。传统校园媒体在进行思想政治教育的过程中,往往以教育者作为教育工作的主体,广大受众则处于被动接受的状态。而"全时域""渗透式"育人的理念则在于将受众对信息的需求作为媒体传播的逻辑学起点,将以往思想政治教育的内容以学生容易接受的形式渗透到日常的媒体宣传工作中,使学生在全时域潜移默化中受到教育。围绕上述思路,我们提出了如下全媒体建设的方法方案,即"$N+X$"的建设模型、"$N=1$"的内容组织形式以及"$1=N$"的媒体联动方式。

二、高等学校全媒体建设及运行模式

1. 紧跟新兴媒体技术的"$N+X$"建设模型

媒体构成的技术内涵不断变化,特别是最近几年伴随着移动互联技术的发展,这种更新换代的速度越来越快,因此我们既要保证校园媒体在传统媒体领域的影响力,也要充分重视新媒体建设,两者结合构建"$N+X$"的建设模型。

"$N+X$"建设模型(图1)中,"N"是高等学校目前运用的既有传统媒体的综合,而"X"即是指那些目前受到受众广泛喜爱的最为新兴的媒体技术形式。在发展校园媒体过程中,既要保证各种媒体共同发展,又要突出建设流行媒体,形成完整的校园媒体网络,才能在宣传过程中始终把握时代性。随

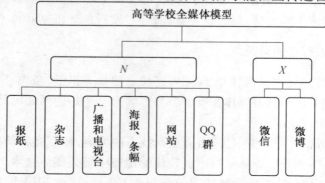

图1 高等学校全媒体"$N+X$"建设模型

着时代发展,模型中的"X"将不断变成"N"中的一部分,而总会有新的媒体技术成为"X"的相应内容,也就是高校全媒体建设新的关注热点。

以哈尔滨工业大学研究生校园媒体为例,"N"即包括研究生日常关注的海报、条幅、宣传栏、宣传单、LED宣传屏等宣传媒体,《哈工大研究生》等传统纸质媒体,"研究生电视台"等音视频媒体,研究生"丁香花开"网站、门户网站主题页、主题QQ群、主题微博等网络媒体等,而"X"则是以微信公众平台为代表的新媒体,我们针对我校研究生上述获取校园资讯的途径进行了调查,其结果如图2所示。

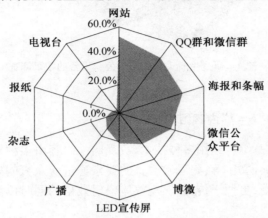

图2　哈尔滨工业大学研究生获取校园资讯的途径调查

由图2我们可以看出,我校研究生主要通过校内网站、QQ群和微信群、海报和条幅获得校内资讯,而报纸、杂志和电视台的关注度则相对较低。分析其原因,主要是因为校内网站的信息相对来说更加全面;而QQ群和微信群则主要用于院系以及班级内的交流沟通和消息发布;海报和条幅具有传统的宣传优势,也是采用最为广泛的宣传方式。另外,微信公众平台也具有较高的关注度,但结果显示其并未成为研究生获取校内信息的最主要方式。

另外,我们对研究生日常使用频率最高的社交平台进行了调查。调查发现研究生使用微信的频率最高(图3),且近59.0%的学生所关注的微信公众平台的数量为5~10个(图4)。这表示微信公众平台虽然暂时还未成为研究生获取校内信息的主要方式,但是其发展潜力是巨大的,有待进一步开发。

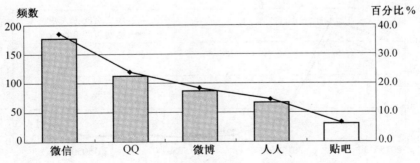

图3　研究生日常使用频率最高的社交平台调查

为了有效发挥研究生校园媒体作用,服务研究生成长成才,我们建设了"哈工大研究生工作部"微信公众平台,同时在既有的"研究生传媒中心"学生组织成立了"研究生新媒体"工作组来负责该微信平台的日常运营。目前"哈工大研究生工作部"共有"研学生活""快捷工大""校园互动"3个下拉菜单,下设13个模块,提供校内资讯、招聘信息、留学信息、找空教室、办事指南、《哈研》美文、校园美食等一系列全方位的资讯和服务。同时为了加强"X"和"N"的联系,我们利用微信公众平台对其他媒体具有很好兼容性的特点,将《哈工大研究生》"丁香花开""研究生电视台"等媒体的内容融合到微信公众平台中,除了传统的文字形式,还引入了图片、声音、视频等元素,并开展相应的线上线下活动,极大地丰富了微信公众平台的内容。目前该平台关注人数已超过25 000人,覆盖了全校大部分

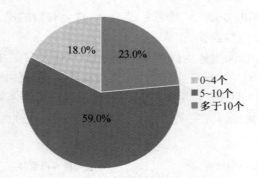

图4　研究生所关注的微信公众平台的数量调查

研究生和部分本科生。

2. 综合多种媒体技术的"$N=1$"内容组织模式

媒体内容的组织应该注意综合运用多种技术,实现同一内容由多种媒体技术配合的生动展现形式,如图片配合声音、视频结合文字等,将思政教育的要素通过受众喜闻乐见的形式包含在生动的内容组织之中,使学生易于接受,更便于传播,实现媒体辐射效果的同时以渗透的方式融入学生的学习生活。

同时,媒体传播的特点决定了其必须规避生硬僵化的方式。以往在媒体宣传的过程中,我们往往忽视了受教育者的主体地位,从而直接导致了校园媒体和学生之间的亲和力不够。当代大学生更加注重个人选择,因此说教式的教育方式很容易受到排斥,只有学生乐意接受的内容才能起到思想政治教育的作用,所以在高校进行媒体宣传的过程中要更多地考虑到学生对信息的偏好,以此作为依据对宣传的形式和内容进行调整。当前,含有校园生活特色的自媒体模式易引起学生的共鸣,例如由哈工大研究生传媒中心制作的自媒体"如果把哈工大的一天拍成电影",结合了图像技术和文字表达方式,其在微信公众平台上发布后获得了很好的效果,微信公众平台的后台数据如图5和图6所示。虽然在该自媒体中并未明显地表达思想政治教育的目的,但却提高了学生对学校的认可,让学生感受到了对校园生活的珍惜,达到了渗透式育人的效果。

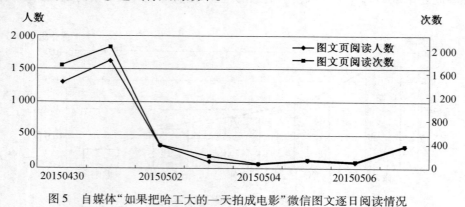

图5　自媒体"如果把哈工大的一天拍成电影"微信图文逐日阅读情况

3. 发挥媒体联动作用的"$1=N$"信息辐射方式

媒体联动是增进媒体融合的有效途径,所谓的媒体联动,就是指从充分发挥媒体宣传力度的整体效应出发,综合各方面的因素,全盘设计与整合,形成强大的信息辐射,它不仅包括内容、人员方面的联动,同时也包含技术和机制等方面的联动[4]。对于哈尔滨工业大学的媒体建设我们提出了"$1=N$"的联动方式。所谓的"$1=N$"既是指对于同一个事件,应采取多种媒体形式共同报道,合理地发挥各类媒体在传播中的优势,也表示对于特定信息,应利用多种媒体以不同形式、在各自占据优势的时间和空间展现同一主题。

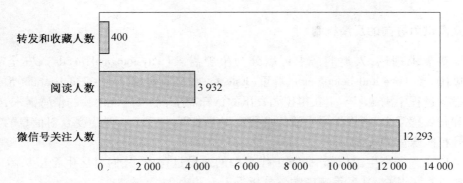

图6 自媒体"如果把哈工大的一天拍成电影"微信图文累计阅读情况

此外,不同的媒体形式具有不同的传播特点,了解各种媒体在校园传播中的特点,才能在媒体运行过程中综合不同的媒体优势,从而达到最佳效果。例如,以报纸和杂志为代表的校园纸媒具有更加悠久的发展历史,其具有稳定的运营模式和专业的原创团队,但是其时效性较差,在移动互联和自媒体风起的今天很容易被冷落;校园广播具有传播速度快、穿透力强、成本低等特点,但是其信息转瞬即逝,不利于信息在受众之间的二次传播;网站具有信息量大、形式多样、内容丰富等特点,但是网站是静态宣传,受众不点开网页就无法实现传播;微信、微博等自媒体形式具有传播迅速、关注度高、便捷及时、丰富多彩等特点,但是其单次传播的信息量有限。利用不同媒体之间的优势互补,可以充分将媒体传播效果最大化。

三、高等学校全媒体建设保障机制

1. 以校园传媒中心为核心的运行组织

加强高校全媒体建设,体制机制是基础,必须提升校园媒体管理的顶层设计能力和影响力,才能在宏观上总领全局、整合资源、优化布局、促进融合,才能在总体上为实现"$N+X$"的建设模型、"$N=1$"的内容组织和"$1=N$"的联动方式提供有利的制度保障。如果在运行过程中缺乏统一的领导,各种媒体之间就无法建立起稳固的联系,将在很大程度上造成资源的浪费和宣传的不足。因此建立校园传媒中心,负责校园媒体的统一管理十分必要。校园传媒中心运行组织架构如图7所示。

图7 校园传媒中心运行组织架构图

校园传媒中心在人员组织上采取老师负责,助管协助的组织形式,各种校园媒体的管理和运营则由学生组织负责。校园媒体的主体受众为在校学生,因此学生应该成为校园媒体创作的主力军,这样所宣传的内容才能更加贴近学生的生活。但是由于学生受理论水平、专业技能和资金问题等因素的限制,所以教师的指导和学校的支持必不可少。学生的广泛参与保证了校园媒体在运营过程中的活力,指导教师的参与则保证了校园媒体在宣传过程中的主体方向。

校园传媒中心在工作方式上采取引领发展、优化服务的工作理念,其主要任务是增进媒体联动,促进媒体融合。在具体工作中应定期开展媒体交流会,加强各媒体之间在人员上的联动,有助于发现校园媒体在发展过程中的问题,探讨校园媒体在发展过程中的思路,增加各媒体在宣传过程中的合作,起到资源共享和舆论导向的作用。同时传媒中心还应通过调研了解校园媒体的发展环境,为校园媒体的发展提供科学的数据支撑。

2. 以受众需求为导向的反馈机制

根据马斯洛需求理论,人类的需求可以分为生理需求(Physiological needs)、安全需求(Safety needs)、爱和归属感(Love and belonging)、尊重(Esteem)和自我实现(Self-actualization)5类。校园媒体在信息传播的过程中满足了学生获得校园资讯的认知需求,带来愉悦体验的情感需求,提高对学校认同感的爱和归属感需求,指导学习生活的自我实现需求等,切实分析学生受众对信息的需求有利于从根本上指导校园媒体的建设。

例如,在"哈工大研究生工作部"微信工作平台的建设过程中,我们对学生希望从微信公众平台得到哪些服务进行了调查,其多重响应频数分析见表1和表2。

表1 个案摘要

	个案					
	有效的		缺失		总计	
	N	百分比/%	N	百分比/%	N	百分比/%
统计结果	500	100.0	0	0.0	500	100.0

表2 频率

		响应		个案百分比/%
		N	百分比/%	
如果使用微信平台,你喜欢什么功能?	文体活动	390	26.0	78.0
	学校新闻	333	22.2	66.6
	招聘信息	444	29.6	88.8
	社团信息	166	11.1	33.2
	时政新闻	167	11.1	33.4
总计		1 500	100.0	300.0

根据以上调查结果,我们充分考虑了学生受众对不同信息的需求,有针对性地推送相关内容。

在"哈工大研究生工作部"微信公众平台的运营过程中,我们及时关注微信后台数据,对每次推送的内容和形式做出相应调整。如图8所示,根据微信后台的图文分析我们发现,转载的内容相对来说关注度不是很高,但是每次推送具有独创性的自媒体内容时总能获得较为可观的关注度。

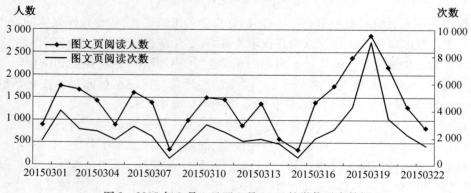

图8 2015年3月1日至3月22日的微信后台数据

根据这一特点,我们在微信上发起了"微信封面人物征集活动",通过初步的报名和筛选,我们确定了8名志愿者,由研究生传媒中心的专业摄影同学为其拍摄了一组校园写生,并作为"哈工大研究生工作部"微信公众平台中部分板块的"封面人物"。征集结果图文在4月9日发布后的短时间内阅读人数就突破了1 000人次,并且在之后的4天内依然保持着较高的关注度(图9)。由于这些"封面人物"均为来自各个院系的杰出代表,因此其不仅能起到提高微信公众平台影响力的作用,同时弘扬了校园文化,树立了学生榜样,发挥了德育渗透的有效作用。

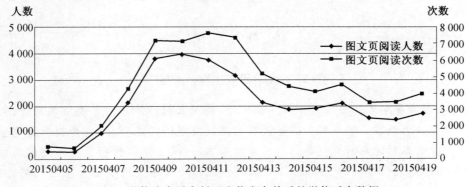

图9 微信公众平台封面人物发布前后的微信后台数据

四、结语

研究互联网发展趋势的著名学者谢尔·以色列表示:"我们正处在一个转换的时代——一个全新的交流时代正在代替老朽的、运转不灵的传播时代。"校园媒体作为思想政治教育工作的主要阵地,只有转变发展方式,不断适应时代的要求,才能在校园文化的传播过程中占据主动权。实践证明,媒体融合的全媒体模式是媒体发展的必然趋势,习近平总书记在中央全面深化改革领导小组第四次会议上发表讲话时谈到,推动传统媒体和新兴媒体融合发展,要遵循新闻传播规律和新兴媒体发展规律,强化互联网思维,坚持传统媒体和新兴媒体优势互补、一体发展。关于媒体建设模型、媒体融合与媒体联动的方式一直是国内高校媒体工作者所积极探讨的内容,采用模型化的研究思路能够拓展校园媒体运营经验的适用范围,扩大思想政治教育的空间,从而最大化地增强校园媒体运营方式的实效性。

参考文献

[1] 赵扬. 新媒体背景下大学生思想政治教育工作的创新思考[J]. 思想教育研究,2011(12):72-74.
[2] 周颖,古筝. 中国高校与美国常青藤盟校校园媒体运作模式比较研究[J]. 媒介教育,2011(10):129-130.
[3] 姚君喜,刘春娟. "全媒体"概念辨析[J]. 新闻与传播研究,2010(6):13-16.
[4] 张婧. 论作为思想政治教育载体的高校媒体建设[J]. 项目成果,2012(1):41-42.

新时期研究生思想政治教育工作模式的创新与构建[*]

范涛,周文军,洪涛

(武汉理工大学研究生院 430070)

摘要:研究生教育是培养高层次人才的主要途径,是国家创新体系的重要组成部分,创新并构建新时期研究生思想政治教育工作模式是高等教育内涵式发展的内在需求,也是提升研究生教育质量的必然要求。充分认识新时期研究生群体思想素质基本特征,了解掌握研究生思想政治教育面临的问题,提出研究生思想政治教育的"一二三四"工作模式,即:秉承促进研究生全面发展的理念,完善组织保障和内容保障"二大体系",依托研究生导师、研究生辅导员和研究生干部"三支队伍",搭建学术科研、社会实践、文化活动和心理健康"四个平台",具有一定的现实意义。

关键词:思想政治教育;研究生;工作模式

党的十八届三中全会通过的《中共中央关于全面深化改革若干重大问题的决定》,对在新的历史起点上全面深化教育改革做出了战略部署。特别是围绕党的十八大报告提出的"深化教育领域综合改革"总体目标,明确要求"全面贯彻党的教育方针,坚持立德树人,加强社会主义核心价值体系教育,增强学生社会责任感、创新精神、实践能力"。研究生教育是培养高层次人才的主要途径,是国家创新体系的重要组成部分。在研究生教育强调"内涵式发展"和"服务需求、提高质量"背景下,切实加强和改进研究生思想政治教育是一项艰巨任务。

研究生思想政治教育作为大学生思想政治教育的重要组成部分,必须紧紧围绕"立德树人"这一根本任务,准确把握研究生思想政治教育面临的新情况和新问题,不断创新工作模式,努力承担起提高高等教育人才培养质量的重要使命,为全面建成小康社会、实现中华民族伟大复兴的中国梦提供强有力的人才保证和智力支撑。

一、新时期研究生群体思想素质基本特征[1]

研究生作为高校学历层次最高的学生群体,既具有大学生群体的共性,也有其不可忽视的特殊性。研究生经过大学四年的学习和生活,思维方式受到了科学的培养,综合能力得到了系统的训练,在人生阅历上积淀了相对丰富的社会经验。

1. 自主意识个性化

研究生能比较冷静、客观地思考、分析和看待人生和社会问题,他们对政治问题比较关注,有自己的见解和认识,是非观念比较强。在当今的新媒体时代,研究生接触信息的渠道越来越多,获取的信息量越来越大,涉猎的知识面越来越宽,受各种社会思潮冲击越来越广,导致其思想观念日益呈现出多样化,自主、自立、自尊、自强的意识也日益增强。

2. 价值取向多元化

他们热爱祖国,具有正确的政治方向和政治观点,自觉贯彻执行党的路线、方针和政策,但缺乏严

---

[*] 湖北省研究生思想政治教育规划重点课题"新媒体视阈下基于五维度的研究生思想政治教育研究"(2014ZDB03)阶段性成果。

格的党性锻炼和系统的理论学习,理想信念也不够坚定。由于过分强调个性,在价值判断上的功利性表现时有发生。有的研究生不愿到条件艰苦的地方去工作和锻炼,更加注重经济地位的提升和经济条件的改善,将工作环境地点和待遇收入水平作为个人就业选择的唯一标准。

3. 纪律观念淡薄化

由于研究生生源结构、招考方式、培养方式、培养类型和研究方向的多样化,使研究生的教学、科研和活动的组织形式呈分散性特点。他们的学习和生活相对自由和分散,再加上他们逐渐增强的成人意识,使得研究生往往以自我为中心,单兵作战,导致研究生的组织性、纪律性较为松弛,与人协调合作的能力不够,团队意识亟待提高。

二、当前研究生思想政治教育面临的主要问题[2,3]

近年来,研究生思想政治教育工作取得了长足的进步和发展,但与提高高等教育质量、培养拔尖创新人才的要求相比,与研究生成长、成才的内在需要相比,还存在一些差距,这是高校思想政治教育工作中的"短板"。主要表现在以下几方面。

1. 工作的必要性和紧迫性重视不够

目前,学校普遍重视研究生专业知识的传授、科研能力的培养和学位论文的完成,忽视研究生的思想政治教育工作,认为研究生已经具备了通过自我教育完成思想政治教育的能力,从而导致研究生思想政治教育被严重忽视。实际上,由于研究生思想状况的多元化,生源结构和社会经历的差异化,同时面临就业、生活、感情等各种压力,给研究生思想政治教育工作带来了新的挑战。

2. 工作的针对性和有效性研究不够

当前,学校研究生思想政治教育体制、机制建设与研究生的群体特点、教育的发展趋势和高校的实际还存在一些不相适应的地方。研究生思想政治教育模式的探索不够、研究生思想政治教育与业务培养结合不够、配套政策的出台相对滞后以及新时期研究生思想出现的新问题和新情况等,这些因素严重制约研究生思想政治教育工作的有效开展。

3. 导师的重要性和示范性发挥不够

大多数研究生导师仅仅只将自己定位为研究生学业上的指导者和引路人,认为自己在思想政治教育方面没有太多的责任和义务。很多导师只注重专业知识的传授,忽视了对研究生在世界观、人生观和价值观的引导。在诚信缺失、学术造假现象日趋严重的当下,导师对研究生思想品德和学术道德的引导显得尤为重要。

4. 学院的主体性和主动性调动不够

基层学院作为研究生教育的直接部门,应充分结合本单位实际情况,围绕研究生教育的全过程,从完善和规范研究生思想政治教育的组织体系和内容体系等方面进行全方位的资源整合,为培养高层次人才的核心目标服务。然而,基层学院在研究生教育方面更多是大量材料的提供和上报,没有太多关于工作的主动性思考,没有制定出切实有效的措施来促进研究生思想政治教育。

三、新时期研究生思想政治教育工作模式的创新与构建

基于新时期研究生群体思想特征和研究生思想政治教育面临的问题,为进一步加强研究生思想政治教育工作的针对性和有效性,我们认为需要探索构建高校研究生思想政治教育工作的"一二三四"新模式,即:秉承促进研究生全面发展的理念,完善组织保障和内容保障"二大体系",依托研究生导师、研究生辅导员和研究生干部"三支队伍",搭建学术科研、社会实践、文化活动和心理健康"四个

平台"。

1. 秉承一个理念：促进研究生的全面发展

探索研究生思想政治教育管理工作的新模式，首先要回答的是以什么样的育人理念作为开展研究生思想政治教育工作的出发点和落脚点。我们认为，这个理念就是促进研究生的全面发展。我们的工作就是要全面提高研究生的素质，使研究生不仅要学会如何做学问，更要学会如何做人，自觉成为追求"中国梦"的时代先锋，成为实现"中国梦"的可靠力量和主体力量。

2. 完善二大体系：组织保障体系与内容保障体系

（1）完善组织保障体系。要切实把思想政治教育渗透到研究生教育的各个环节，贯穿到研究生教育的全过程，做到思想政治教育与业务培养紧密结合，努力形成全员育人、全方位育人、全过程育人的格局。一是要进一步完善在学校党委的统一领导下，党政齐抓共管，专兼职队伍相结合，形成"学校党委—研工部—学院党委"三级领导体制；二是要进一步完善"研工部—学院—学工办（研工办）"三级工作机制。

（2）完善内容保障体系。一是推动研究生奖助体系改革。要认真贯彻落实《教育部　国家发展改革委　财政部关于深化研究生教育改革的意见》（教研〔2013〕1号）等文件精神，建立健全长效、多元的研究生奖助政策体系，强化国家奖学金、学业奖学金和"三助"岗位助学金等对研究生的激励作用。二是加强研究生党支部建设。一方面要推动低年级以班级、高年级按课题组、实验室、科研基地灵活设置党支部；另一方面要加强研究生特色党建活动的顶层设计，特别是要结合时代主旋律，注重普遍性学习和重点性学习相结合，针对不同研究生群体开展不同层次的学习活动，提升学习效果。三是着力推进"责任、诚信、成才"三项教育。通过形式政策报告会、征文比赛、志愿服务、社会实践、文艺活动等形式，进一步在研究生中开展"我的中国梦"、学习宣传贯彻党的十八届三中全会精神等主题教育实践活动；通过开展"研究生学术诚信与学风建设"系列宣讲、在入学阶段与研究生签署学术诚信承诺书等形式，不断加强研究生科学道德教育、责任诚信教育、学术规范教育；通过开展"研究生十佳科技学术之星"评选和向研究生国家奖学金获得者学习宣传活动等方式，强化研究生先进典型的榜样示范带动作用，引导广大研究生自觉形成责任担当、诚实守信、励志成才的精神风貌。四是强化网络引导教育。积极探索运用新媒体的方式和手段开展研究生思想政治教育引导工作，努力加强网络阵地建设，切实加强对微博、微信的指导与管理，建立网站、微博、微信"三位一体"的研究生信息交互平台，充分发挥新媒体在研究生思想政治教育工作中的"风向标""发动机""扩音器""透视镜"作用。

3. 依托三支队伍：研究生导师、辅导员和研究生干部

（1）依托研究生导师队伍。结合导师遴选和考核管理，进一步明确落实研究生导师的思想政治教育首要责任。强化导师对研究生的思想品行、道德伦理、学术诚信起示范和教育作用，防止发生学术不端行为。鼓励导师参与研究生党团和班级活动，调动导师育人的积极性和主动性，发挥导师在研究生思想教育、学风建设、就业指导等方面的指导作用。

（2）依托研究生辅导员队伍。严格按照教育部相关要求配备研究生专职辅导员，根据工作需要适当聘任部分研究生兼职辅导员，进一步充实研究生辅导员队伍。进一步完善研究生辅导员工作职责及对应的考核评价和奖惩机制，推行基于过程管理的量化考核和学生满意度测评。坚持常态化业务培训和外送培训相结合，加强对研究生辅导员的培训。

（3）依托研究生干部队伍。一是抓队伍建设。采取民主选举、组织推荐、公开招聘等多种方式，选拔优秀的研究生到研究生干部岗位上来，对研究生党支部、班级和研究生会干部进行全过程培养与监督。二是抓教育培养。重点实施研究生骨干培养"展翅计划"，深入开展以骨干培训班为代表的研究生干部培训活动。三是抓管理使用。对研究生骨干从严要求，特别加强学风和道德建设，使研究生干部能够在校园中处处发挥榜样带头作用。

4. 搭建四个平台：学术科研平台、社会实践平台、文化活动平台和心理健康平台

（1）搭建常态化的学术科研平台。学术科研活动是研究生思想政治教育的有效载体，能够承载思想政治教育的内容和信息。要完善校、院两级学术交流平台，促进交叉学科学术交流。指导、支持各研究生培养单位建设学术科技活动平台，举办高质量、高层次、区域性的学术科技活动。鼓励跨学院、跨学科举办高层次研究生学术活动，促进学科交叉融合。

（2）搭建大众化的社会实践平台。促进青年学生向实践学习，向人民群众学习，是加强和改进大学生思想政治教育、全面提高高等教育质量的重要任务。要贯彻落实《教育部等部门关于进一步加强实践育人工作的实施意见》（教思政〔2012〕1号）等文件精神，鼓励研究生深入大型企事业单位和重点工程项目现场，开展与专业研究相衔接、服务国家战略需求与区域经济发展的社会实践活动。进一步开展"助教、助管、助研"活动，鼓励研究生通过"三助"等形式参与社会实践。

（3）搭建品牌化的文化活动平台。文化活动是丰富校园生活的有效途径，能够拓展思想政治教育的方式，促进思想政治教育与素质教育的融合。要按照"打造精品，树立品牌"的工作思路，积极开展素质讲坛、体育赛事、文化艺术、职业发展等内容丰富、主题鲜明的校园文化活动，如邀请学术泰斗、社会贤达等作为主讲嘉宾的闻贤讲坛，通过以研代本帮助解答本科生"学、升、出、行"困惑的交流活动等。

（4）搭建人性化的心理健康平台。研究生心理健康教育是思想政治教育管理工作的重要组成部分，直接影响到研究生的成长与发展。要充分依托学校和社会心理健康教育机构，认真开展研究生复试和入学两个阶段的心理健康知识普查，建立研究生心理健康档案。举办研究生心理健康宣传教育系列活动，通过新生心理普查、心理委员选配、知识讲座、研究生导师和心理委员培训、知识竞赛等，推动研究生群体心理健康教育全覆盖。

全面加强和改进研究生思想政治教育工作，意义重大，任重道远。研究生是高校人才培养的高层次人才，他们毕业以后将成为社会主义合格建设者和可靠接班人中的骨干和中坚力量。正因为如此，研究生教育工作者要把研究生的思想政治教育作为专业去建设、作为职业去发展、作为事业去追求，不断提升研究生思想政治教育工作的科学化水平，努力开创研究生思想政治教育工作的新局面。

参考文献

[1] 王海波,韩杰斌,曹体进.新时期研究生思想政治教育的平台建设初探[J].学理论,2013(4):301-302.

[2] 王勇,肖万飞.创新研究生思想政治教育管理模式的对策研究[J].东北农业大学学报(社会科学版),2013(2):42-45.

[3] 江乃兵.研究生培养机制改革与创新思想政治教育工作的思考[J].思想教育研究,2011(3):70-73.

深化研究生教育改革背景下的研究生"三助"功能与实现途径研究
——以哈尔滨工业大学为例

王 宏,闫 薇,吴 婷,谭玉磊

(哈尔滨工业大学研究生院 150001)

摘要:2013年起,国家提出要全面深化研究生教育改革,各高校纷纷探索深化研究生教育改革的有效途径,研究生"三助"工作需要紧跟形势。对研究生"三助"的自我实现、培养、资助及引领4个功能进行探讨,在此基础上,对研究生"三助"的实现原则进行研究,并提出了研究生"三助"的有效实现途径,为推进研究生"三助"工作提供参考依据。

关键词:研究生教育改革;研究生"三助"功能;实现原则;实现途径

2004年,美国在《2020的工程师,为新世纪工程的愿景》提出:"未来的工程师应该具备以下关键素质即分析能力、实践经验、创新能力、沟通能力、商务与管理能力、伦理道德以及终身学习能力等"[1]。2010年,我国出台的《国家中长期教育改革和发展规划纲要(2010—2020年)》中提出要"着力培养信念执著、品德优良、知识丰富、本领过硬的高素质专门人才和拔尖创新人才";2013年1月出台了《教育部 国家发展改革委 财政部关于深化研究生教育改革的意见》(教研〔2013〕1号),提出对研究生"更加突出创新精神和实践能力培养"。综合美国及中国对高层次人才培养目标不难发现,高层次人才除了具备扎实的专业基础外,创新能力、实践能力也非常关键,此外沟通协作、人际交往、认知社会等能力也同样重要,因此需要以能力提升为重点,积极探索人才培养的有效途径。

研究生"三助"是指研究生在校期间在完成学习任务的同时,按照有关规定,受聘从事协助教学、协助科研、协助管理的工作的简称(以下简称研究生"三助")[2]。2006年起,研究生培养机制改革启动,研究生"三助"越来越受到关注和重视。2014年,教育部出台《关于做好研究生担任助教、助研、助管和学生辅导员工作的意见》(教研〔2014〕6号),明确了研究生"三助"在人才培养中的重要作用,强调要充分发挥研究生"三助"的培养功能,全面培养研究生综合素质和能力。在这一背景下,对研究生"三助"功能进行深入研究,探索有效实现原则和实现途径,对于深化研究生教育改革具有深远意义。

一、研究生"三助"的功能

1. 自我实现功能

首先,研究生担任"三助"通常期待通过参与教学、科研、管理提升个人能力。因此他们在面对学校提供的机会时,会根据自身诉求,主动选择、申请适合自己并且能够提升自己某些能力的岗位。从心理层面分析,这个主动选择过程源于研究生主体自我成长和发展的内隐需求和期望,正由于这种内在需求,研究生主体才有意愿去投入时间与精力从事"三助"工作。这个过程体现马斯洛需求层次理论中的"自我实现的需要"的层次,是研究生自我实现的需要,因为他们有着"应该在这世上做的事,极需要有让他能更充实自己的事物"[3]的内在需求。其次,研究生通过担任"三助",在工作中贡献自己的劳动,自身的付出获得了肯定,个人的能力得到提升,其人生价值得到实现,这也是一种良性刺激,激励研究生以更大的热情投入到这项工作,持续提升自我,从而发挥"三助"自我实现功能的最大效能。

2. 培养功能

根据对美国以及中国人才培养需求的分析,我们发现当前社会对于研究生能力和素质的要求是全方位的。因此研究生在学习之余,参与或协助教学、科研、管理工作,对于提高研究生综合素质、能力具有积极的意义。通过担任"助教""助研""助管",研究生参与到学校的建设和发展中,成为教学、科研以及管理的重要支撑和补充力量,研究生也从中受益,得到了锻炼,全面提高了个人的能力与素质。因此有必要强化研究生"三助"的培养功能,真正让研究生"三助"发挥"培养能力、锻炼才干、提升素质"的作用,成为提升研究生综合素质和能力的重要载体。

3. 资助功能

2006年起,国家实行研究生培养机制改革,使教育成本由单一的国家承担,转向由国家、社会、学校、学生共同分担多元模式,研究生需要交纳部分培养费用。2013年,国家下发的《财政部 国家发展改革委 教育部关于完善研究生投入机制的意见》(财教〔2013〕19号)规定,2014年起,研究生实行全面收费,这就意味着所有研究生都需要自行交纳学费,分担教育成本。因此各高校纷纷对完善研究生奖助体系进行探索,通过加大对研究生资助力度,减轻其学习期间的经济压力,因此"三助"资助功能愈加凸显出来。学校为研究生提供"三助"岗位,并按照一定的薪酬标准,为研究生发放津贴,从而达到资助的目的,研究生通过个人劳动获得报酬,提高生活待遇,缓解经济压力。对于博士生来说,资助功能作用更为明显,博士生为导师助研,在团队中参加科研项目、深入开展研究,导师支付津贴作为博士生从事科研的报酬,对导师和团队贡献较多的博士生,导师会增拨更多的助研津贴作为额外的奖励,有些导师甚至一直资助到博士生毕业。导师对研究生的资助是研究生资助体系的制度创新,它将导师的科研资助和研究生学习、科研积极性紧密连接,推动了研究生教育双主体的科研积极性和互动联系性[4],研究生的智力价值得到了充分的体现。研究生"三助"津贴的发放体现了"按劳分配,多劳多得"的原则。

4. 示范功能

为了引导本科生投身科研,培养主动学习的热情,哈工大创新研究生"三助"工作内容,聘请优秀的硕士、博士生担任班主任助理、博士生学长,深入到本科生小班,通过参加班会、与同学座谈、走访寝室,发挥自身对本科生的影响力,进而发扬榜样的示范力量,此外研究生助教在课堂上给本科生进行答疑、辅导课程,或在实验课程中进行指导。研究生扎实的理论功底和对科研的认真态度,为本科生树立良好的榜样,起到积极的示范效果,有助于激发本科生热爱学习、献身科研的主动性,因此研究生"三助"的示范功能效果也比较重要。

二、研究生"三助"实现原则

基于国家和社会对人才的需求,探索与之相适应"三助"工作体系具有重要意义。哈尔滨工业大学在2001年开始设立"三助"岗位,2006年结合培养机制改革全面铺开研究生"三助"工作。经过十余年的探索和实践,建立了完备的研究生"三助"工作体系,形成规范、科学的岗位设置、人员招聘、培训考核的管理机制,探索了"与研究生教育综合改革相结合、与职业能力培养相结合、与应用实践能力相结合"的原则,保障了研究生"三助"工作的实施效果。

1. 与研究生教育综合改革相结合

为保障研究生"三助"工作实效,哈尔滨工业大学在工作机制、管理机制、保障机制、培训机制等方面进行了探索。在工作机制上,积极鼓励和支持各培养单位设置助管岗位,为研究生提供参与实践的机会,根据研究生个人能力和岗位的双重需求,确定岗位职责书,规范岗位管理。在管理机制上,招聘环节,按照公开、公平、公正的原则,面向广大研究生招聘,择优聘任,统一发布信息招聘信息和岗位需求,对于聘任、考评结果及时公示;管理环节,设岗单位组织岗前培训,并设置指导教师,负责研究生助管、助教的工作指导、考核及日常管理,通过分类开展岗位管理与考核,力争达到育人和用人的双赢目标;考核环节,助管和助研实行绩效考核,考核结果与津贴发放挂钩。在保障机制上,经费保障方面,完善研究生教育经费投入机制,以学校投入为主,并通过社会捐赠、导师资助等多渠道筹集经费,"三助"经费被纳入研究生培养经费进行统筹,每年在下拨经费的基础上,提供相应的配套经费,并且积极调动导师资源,导师为助研支付助研津贴;队伍建设方面,强化培养单位和指导教师的主体责任,设立助管岗位的单位或部门同时承担对助管助教的指导职责,岗位指导教师的作用得到进一步的强化。在培训机制上,分类建立指导与培训体系,根据不同岗位对职业能力需求提供相应的培训,实行"定制式、模块式"的培训模式。

2. 与职业能力培养相结合

通过对研究生"三助"的调研及访谈发现,研究生普遍希望通过"三助"提升个人素质,因此哈尔滨工业大学正积极探索职业能力培养模式,针对助管、助教、助研不同特点,分别建立分类指导与培训体系,即以培养研究生的教学能力和完备知识为导向的助教培训体系、以提高研究生科研能力为导向的助研培训体系、以培养研究生职业能力和责任意识为导向的助管培训体系,有针对性地进行指导和培训。此外还根据不同岗位对职业能力需求,借鉴企业的模块式能力培训模式,将每个岗位的需求按照职业能力分解,分别设置专项的模块培训,邀请经验丰富的教师、管理人员、职业咨询师等专业人员组成培训团队,为研究生"三助"提供相关的培训,尤其注重对创新能力、沟通能力、解决问题等能力的培训;此外,岗位指导教师根据研究生"三助"工作的工作表现,有针对性地对其职业能力进行培养与训练,有助于提升研究生就业后的竞争力。

3. 与社会实践相结合

社会实践是研究生认识社会、接触社会的重要途径,而"三助"也是研究生社会实践的重要内容之一,而且有着较大的优越性,研究生"不出校园"就可以参与社会实践。自2006年起,哈尔滨工业大学将硕士研究生思想政治理论课程3学分划为课堂讲授2学分与社会实践1学分,要求硕士研究生必须参加不低于20小时的实践活动,2012年起,将博士生培养"必修环节"中"学术活动"与"社会实践"共享1学分,即"学术活动"与"社会实践"。"三助"被纳入研究生社会实践当中,硕士研究生担任助管、助教满一学期考核合格即可获得社会实践1学分,将研究生"三助"也纳入社会实践范畴中,实现了能力提升和社会实践的双重目的。

三、分析研究生"三助"的实现途径,助力研究生综合素质提升

为了保障研究生"三助"实现途径的效果,需要针对研究生助教、助研、助管设置相应的途径和岗位,并进行相应的考核,注重对研究生综合素质的提升,达到育人的目的。

研究生通过担任助教,提高了研究生的教学能力和水平。助教协助教师批改作业,解答疑问,指导实验,组织学生进行课题讨论,有助于深化研究生对于所学理论知识的理解,拓展知识面,而在此基础上鼓励研究生助教参与课程教学准备,参与研讨式教学、案例教学的组织工作,更能够激发研究生主动思考、深入钻研的积极性。助教侧重于增强研究生对相关课程知识的系统掌握和理解,培养研究生从事教学工作的能力。同时研究生担任助教,与教师接触密切,能够学习教师教育育人和治学的严谨态度;参与交流与教学的组织工作,与学生开展交流,还有助于培养沟通交流的能力和组织管理的能力。

研究生担任助研,提升了研究生的科研和创新能力。助研需要参与导师的课题项目,开展科学研究,在这个过程中,研究生既能学习科学的研究方法,接受全面、系统的能力培养和训练,培养发现、分析、解决问题的能力,又能学习导师严谨治学的精神,树立崇尚科学的科学精神、求真求实的钻研态

度,树立投身科研、深入研究的信念,而且在科研过程中,自身的创新能力也在不断提高。助研是作为老师的助手身份参与课题研究,对于研究生来说身份发生了重大转变,研究生必须具备独立思考的能力,独立发现问题、解决问题的能力,这将有助于提高研究生的科研和创新能力。

通过研究生助管工作,提升研究生职业能力和责任意识。助管主要从事协助学校机关部门或院系管理部门做事务性工作,或者结合自身专业优势从事技术性工作,还可以参与思想政治工作。他们既可以担任教学、科研、管理等行政工作助理,也可以担任本科生的兼职辅导员、班主任助理、博士生学长,还可以发挥自身专业优势和技术优势,承担网站或信息平台的维护、兼职记者及摄影、国际事务交流、图书资料分类以及数据信息处理等工作。第一,通过从事管理性、技术性、专业性的工作,增强研究生工作与专业学习的相关性,使研究生沟通、组织、协调、解决问题能力和责任意识得到全面的锻炼;第二,助管在工作中接受系统的职业培训和规范考核与管理,个人的职业素质得到锻炼,从而达到提升就业能力的目的;第三,研究生在工作中能够了解管理工作的流程和工作内容,有助于在今后的工作岗位中迅速熟悉工作,尽快地适应社会角色。

四、结语

研究生通过担任"三助",培养了自身能力与素质,为学校各单位的科研、教学以及管理输送了一批重要力量,实现了研究生参与校园建设和学校发展的目的,在进一步提高研究生培养质量方面发挥积极作用,因此有必要对研究生"三助"进行深入探索,以期更好地发挥研究生"三助"在研究生培养环节的效果,为国家和社会输送大批品德优良、本领过硬、实践能力和创新能力强的高素质专门人才和拔尖创新人才。

参考文献

[1] 李晓强,孔寒冰,王沛民.建立新世纪的工程教育愿景——兼评美国"2020工程师"《愿景报告》[J].高等工程教育研究,2006(2):7-11.
[2] 叶定剑,张逸阳.思想政治教育视角下的研究生"三助"教育[J].高校辅导员,2013(12):51-53,73.
[3] 马斯洛.动机与人格[M].北京:中国人民大学出版社,2013.
[4] 王文利,张润杰.从德育的视角探索研究生创新人才培养的途径[J].北京邮电大学学报(社会科学版),2006(3):33-35.

工科高校研究生公寓社区德育渗透方法研究

谭玉磊,徐 晶,王 宏

(哈尔滨工业大学研究生院 15001)

摘要:公寓是高校学生日常生活的重要场所,与教室、实验室等共同构成了学生的活动空间,也是课堂之外对学生进行德育和素质教育的重要阵地。工科高校研究生普遍有着科研任务繁重、生活压力大、课余活动单一等特点,这也意味着公寓在德育教育中发挥着更重大的作用,本文在工科研究生的教育背景下,意在探讨通过公寓社区化建设,发挥德育教育渗透作用,丰富研究生课余活动,找到提升研究生综合素质的可行方法。

关键词:公寓社区化;工科高校;德育渗透

一、公寓社区化的含义及国内外概况

1. 公寓社区化的含义

21世纪以来,随着我国高校改革步伐逐步加快,学生对公寓的需求已经从最初的满足居住逐步演变成涵盖生活、学习、娱乐、交流等多个方面。考查当前高校学生社区的现状,有以下显著特征:一是规模庞大,以共同学习为目的,由全国甚至全球聚集而来的数量庞大的学生群组成;二是相对长住,高校学生大部分远离家庭,共同生活在学校建设好的公寓区内三四年;三是自成体系,社区内有较为完善的生活服务设施。学生公寓不同于普通的住宅公寓,一方面由于青年学生虽大多数成年却不够成熟,需要接受更多成长成才方面的培育和锻炼;另一方面,大学是浓缩的小社会,社会的所有功能得以体现。因此学生公寓需走向管理机制更完善、利益诉求更满足、作用发挥更充分的新阶段——公寓社区化,通过相关建设,实现文化凝聚,以学生为主体,形成独特的校园文化、社区文化等,同时增强学生的认同归属,可以充分发挥在学生公寓空间之内的德育教育渗透作用,使学生公寓与学生其他学习生活空间共同构成育人的"全空间"。

2. 公寓社区化国内外现状

由于社会、经济、文化制度等方面的差异,各国高校学生公寓管理也各具特色。发达国家的高等教育比我国较早进入了大众化时期,他们在学生管理方面的经验值得我们学习和借鉴。在英国,公寓管理实行寄宿制与导师制相结合的模式,该模式的核心内容是通过学生与导师共同居住在同一校园环境中来创造导师与学生的部分共同经历。德国与法国普遍将大学界定为教学、科研的学术性机构,而学生的服务工作一般都由社会化的机构来承担。高校一般都会成立联络办公室,用于联络本校的学生和服务机构。与学校提供的相关服务相比,社会化机构提供的服务能让学生的日常生活早日步入"社会化"的步调。而美国的宿舍住宿管理引入了类似社会化的管理,比如学生要申请宿舍时必须先向宿舍主管部门申请并提交相关材料,并且有趣的是学生可以和学校议价,其中公寓建设比较突出的学校便是斯坦福大学。斯坦福大学自20世纪70年代以来,推行住宿教育项目(Residential education)。住宿教育主要为本科生提供了体验小型社区生活的机会和平台。该项目的核心理念是将生活和学习相融合,而不是相互区分;正式的教育和公寓中非正式的学习模式都是构成斯坦福教育的重要组成部分。斯坦福大学将学生公寓划分为不同主题开展活动,建设了与传统公寓楼有所不同的特色主题楼,包括学术主题与单一特色主题公寓楼、种族主题公寓楼、自我管理与互相合作居住区、课题楼、公寓与套间等。

在我国香港,学生公寓社区常常体现为"书院制"的形式,如香港中文大学的书院制,其书院和学院犹如两翼,分工协作完成对学生的培养。学院负责专业的传授与创新,专心提供专业教学,而书院负责提供宿舍食堂服务,负责在课程之外给予学生辅导,提供非形式教育,通过教育扩展了学生治学的兴趣,使学生具有较长远的眼光和较为广博的学识基础,并且培养了学生的人际关系技巧、文化品位、自信心和责任感。在学生了解各个书院的基本情况后,可以根据自己的兴趣自行选择,学生告知书院后,形成契约关系,两者关系平等,便于学生接受管理并进行自主管理。

对于国内高校,近年来随着学校经济条件的改善,都在致力于满足学生硬件设施条件需求,十分重视学生住宿条件的改善和学生宿舍生活设施齐全,硬件条件基本能够满足学生日常生活需要。但是这些只能为学生提供基本生活的保证,如何在软环境中更好地满足学生需要,就需要公寓的管理制度发挥重要作用。多年来,学校一方面高度重视学生公寓的管理和服务,努力为研究生提供良好、整洁的休息环境,另一方面也在部分公寓提供了阅览室、电视厅、展示墙等公共空间,探索公寓文化育人。但在现行研究生住宿制度下,硕士生按学院分年级集中住宿,博士生按入学时间自行选房住宿,虽然方便了管理和服务,但是相同专业的学生居住在一起,并不意味着兴趣爱好相同,即使有某些兴趣爱好也很难在公寓中找到志同道合的伙伴,学生们缺少一个相互交流沟通的平台,同时也制约了研究生各学科交融创新、公寓住宿群体文化的发展,学生社交能力和水平的提高;另一方面,如果按上述的兴趣而不是专业划分公寓,在人数众多的情况下不方便管理。所以在现阶段,大多数学生公寓所能发挥的作用仅仅是解决了学生们的起居问题,而没有起到桥梁的沟通作用。

二、工科高校研究生公寓社会化的必要性

1. 工科高校研究生的基本特征

工科研究生作为学校科研工作的主力军和生力军,承担了大量国家、企事业单位的科研任务,研究生的培养质量直接关系到国家未来科学技术与社会经济发展。所以如何在现有条件下,充分挖掘各方面育人资源,切实提高研究生的创新能力和综合素质,已成为研究生教育的重要课题。

研究生在校期间由于大量的科研任务,每日往返于实验室、公寓"两点一线"之间。大量科研学习时间分配在实验室,使得研究生停留在公寓的时间有限,而且寝室枯燥乏味的生活无法调动学生的积极性,尤其当前电脑和网络的普及,电脑成为必需品,研究生的课余时间大多花在上网上,同学之间的交流减少,宿舍氛围变得冷淡,容易导致同学间人情关系淡漠。在学生回到公寓后无所事事,使得许多学生沉迷在电视剧和游戏当中,这不仅没有使公寓发挥其应有的对身心休息作用,而且使学生缺乏体育锻炼,如果找不到健康缓解压力的方式会严重影响到学生德育素质全面健康发展。此外,大学是浓缩的小社会,社会的所有功能得以体现,对于研究生的要求不再仅仅局限于学术能力,所以公寓的作用需要得到更充分的发挥。在工科院校中现行培养模式机制下,学校较为充分地利用了教学楼、实验室等平台资源,而对于大部分研究生来说,公寓仅仅是住宿的地方,公寓的空间育人资源还未能有效发掘。

2. 工科高校社区公寓化建设思路

公寓社区活动的出发点在于学生的兴趣点,以学生的兴趣为导向,已满足学生成长成才的需求为目标。开展的活动要切实深入学生,倾听学生心声,了解学生需求,及时解决学生遇到的实际困难;要充分发挥学生自身的主观能动性、参与性,增强公寓共建的效果;要发挥文化建设的渗透教育作用,通过平台搭建开展丰富的文化活动,营造良好的文化氛围,将教育要素渗透到研究生生活的各个方面,潜移默化地引领我校研究生全面发展,提升人文素质和道德修养;要在德育培养的过程中,充分挖掘学生的潜力,从而引导学生自我教育、自我管理、自我服务,提高研究生综合素质。

公寓在功能上与教室或者活动中心有本质的差别,公寓的功能决定了不可能开展大型讲座、文体系列活动,只能是小范围地聚集相关的兴趣爱好者,所以要充分发挥这些同学的积极带动作用。通过小型的分享交流会、培训班等活动,"以点带面",改变学生原先对公寓的观念,在此基础上,鼓励学生根据自身共同兴趣和需求,以相同兴趣爱好为基础或者以相同需求为目标,自主开展相关活动,相互加强交流,最后形成同学自发地,自主管理与服务的良性公寓社区化管理模式。

三、工科高校公寓社区实现德育渗透的方法

1. 加强公寓社区内空间建设

正如上述提到的,学生公寓作为研究生日常休息和生活的最重要的地方,是课堂之外对学生进行思想政治工作和素质教育的重要阵地。加强公寓社区内的文化活动建设,将文化素质教育渗透到研究生课余生活的各个方面,对提升研究生综合素质十分必要。

(1)建设弹性活动空间。

我国高校研究生公寓往往资源有限,不能提供如大型活动室和礼堂等类似的空间,这就要求充分利用好有效空间,在购置设备、准备活动时应充分考虑到公寓场地及活动的特殊性。例如,在选择桌椅时,多功能折叠的桌椅可以在闲置时减少占地空间,同时可以作为讲座的讲桌,又可以转换为交流时的物品摆放桌,这样一方面大大节省了空间,又在讲座交流等活动中为同学提供方便,同时通过把这些家具用品的收起可以快速将活动室变成易于进行体育锻炼的瑜伽室等活动空间。这样就把单一空间变成了集讲座、交流、娱乐、锻炼等功能于一体的弹性活动空间,大大拓展了有限空间的多种功能。

(2)充分利用立体空间,加强文化渲染。

在有限的平面空间内,要充分利用立体空间,也就是纵向的空间。所谓的纵向是指公寓走廊的宣传海报、宣传栏以及公寓大厅的LED屏以及校园内其他的宣传地点。墙体的告示栏、宣传栏和文化版可以有效烘托学生公寓社区氛围,增强德育渗透实效并提升学生关注度和归属感,同时可以充分发挥学生自主性进行公寓立体空间设计,使公寓社区呈现多样的文化包容性和活力。环境本身也是一种教育,立体空间也可引入如学术前沿、学术大师、专家学者、专业故事、一流大学、名人名言、传统文化、校园传统等内容,满足不同层次、不同年级学生的文化需求。

2. 结合学生兴趣点,开展内容丰富的社区活动

公寓社区活动应坚持兴趣为牵引,侧重于交流与分享,与其他空间学生活动不同的是,在公寓活动中更多的是把活动时间交托给参与者,提供自由提问、互相探讨交流的时间,营造轻松、和谐的社区互动环境,让参与者体会在新奇有趣的同时,学习到实用的知识,陶冶艺术情操,提升综合素质。根据相关探索和实践,笔者认为除了种类繁多、内容丰富的文化艺术活动之外,特别适合在公寓社区开展的活动包括以下几个方面。

(1)生活情感技能提升。

"生活技能提升"模块重点一方面在于普及生活类小常识,提升生活技能;另一方面为学生日常交流搭建平台,共同话题讨论,加强情感交流。如裸妆速成、袋装牛奶是否可以用开水烫、快速风干T恤等。此外情感交流活动也特别适合在公寓开展,例如"她/他在想什么""要不要AA制""女生会主动表白吗"等热门话题,通过辩论、分享方式让男女生彼此更为了解,走进内心世界,促进了男女生更好的交流。

(2)职业能力培养。

多数研究生会在毕业后走入职场,因此职业能力提升是研究生关注的另一兴趣点,由于工科高校研究生科研压力繁重,难以有足够的时间深入企业实习和了解提升自身职业能力的相关方法,因此有必要在公寓社区中设置职业能力提升的模块,内容如面试模拟训练、无领导小组讨论和职业形象培养

等,通过交流不仅能分享相关经验,还可以让研究生直接了解自身专业领域内企业以及行业发展概况,使得研究生在提高自身竞争力的同时更明确自身的定位和发展目标。

(3) 体育健身锻炼。

鉴于现在各高校大学生忽略体育锻炼和身体素质下降的现状,尤其对于工科研究生来说,大多数时间花在教室和实验室,繁重的科研作业使得其身心疲惫,体育锻炼不仅可以强身健体,而且可以放松身心,缓解压力。体育健身锻炼项目为追求生活品质的同学搭建了一个学习和体验的平台,能够倡导健康生活的良好习惯,女生公寓可以开展"瑜伽培训""芭蕾形体训练"等活动,男生公寓如"8分钟撕裂腹肌""一副哑铃,锻炼全身"等活动,有效帮助研究生加强运动,放松身心,养成良好的健康习惯。

四、工科高校的社区公寓化建设的保障机制

1. 建立学生组织,实行社区化管理

公寓社区是学生进行自主管理与服务的平台,管理模式上应建立由研究生代表组成的社区管理委员会,完善合理、民主、自治的社区化管理框架,在相关部门的指导下开展自我教育工作。以相近公寓组成学生社区,试点建立学生社区管理机构。由学生代表组成的社区管理委员会,直接参与公寓的管理和服务,参与社区制度规范的制定和落实,在社区公开选拔推荐社区管理委员会成员,负责社区日常管理、防火安全、卫生检查、社区文化建设、生活技能培训等。根据学生社区特点,开展社区命名,广泛开展社区之间、社区内部各公寓的学术交流、文体活动等。

2. 探索研究生导师和辅导员进公寓,广泛搭建服务学生成长平台

探索建立导师进公寓,研究生协理员辅助的工作模式。设立学生发展咨询与辅导室,为教师开展教育实践活动提供必要场所。导师在研究生学习生涯和社会生活中发挥着重要的作用,但现阶段导师对于学生的带领作用基本只停留在学术上,导师的意义远不仅于此,在生活中,如指导研究生如何更好适应社会,帮助学生提高综合素质等方面都应发挥重要作用。此外,导师对学生的日常生活不够了解,与研究生缺乏深入的沟通。所以让导师进公寓,不仅可以提升研究生参与活动的积极性,而且可以加强导师与学生在生活中的交流,加深彼此了解。

3. 建立有效的信息反馈机制

学生作为公寓社区化的主体,所办的活动是否真正满足了学生的需求,有没有需要改进的方面,以及是否有特别需要的活动被忽略等,想要真正了解学生的兴趣与需求就要建立有效的信息反馈机制,让参与者自己发声,说出自己的兴趣、需求,评价活动的优点与不足,取其精华,去其糟粕,才能不断改进,促使活动真正满足同学需要,提高同学参与活动的积极性,形成良性循环。

4. 充分利用信息化手段

对于研究生来说,手机 QQ、微信等新媒体软件都是不可缺少的社交工具,所以要充分利用互联网、社交工具等广泛使用的现代信息化手段进行社区公寓的活动信息推广,以及意见网上反馈等方面的服务,可以以公寓为单位在社交平台建立公共账号等方法,充分利用信息化手段,积极探索信息社区建设。

五、结语

本文以工科高校研究生公寓为背景,提出了公寓社区化建设的必要性以及为相关建设模式提供参考。在当前的工科高校研究生培养方面,德育培养被忽略,在公寓社区化建设中,以学生的兴趣和需求为导向,其过程的重点在于培养学生的德育素质,提升学生的整体素质,弥补传统公寓社区化模

式下的欠缺部分,使学生在公寓的空间内也能得到发展。当然,我校的公寓社区化还处在探索模式中,还存在着许多的不足和进步空间,在今后的探索道路上,我们会根据实际以及学生的反馈积极改进,坚持"空间育人"的理念,让学生在公寓轻松、和谐的环境中,促进自身的全面发展。

参考文献

[1] 武亚珍.学校学生社区管理模式的创新研究[J].学校后勤研究,2009(2):147-149.
[2] 姜波.学生公寓社区化管理模式研究[J].高校后勤研究,2013(4):95-97.

社会主义核心价值观视角下研究生学风建设研究

崔靖园,钱嫦萍

(华东理工大学研究生院 200237)

摘要:随着研究生人数的不断扩大,高校的研究生学风建设面临着严重的考验。高校研究生学风偏离社会主义核心价值观的成因分析,既有研究生个体主观行为因素所致,也受研究生所处的客观环境影响。社会主义核心价值观的提出对高校的研究生学风建设有重要意义,不仅体现在研究生思想道德素质、理想信念和科学精神教育中,更提升了研究生的内在学习动力。勤学、修德、明辨、笃实既符合研究生的成长规律,又指明了引导研究生在学风建设中践行社会主义核心价值观的有效途径。

关键词:研究生;学风建设;核心价值观

社会主义核心价值观是社会主义核心价值体系的内核,体现了社会主义核心价值体系的根本性质和基本特征,反映出社会主义核心价值体系的丰富内涵和实践要求。十八大报告提出的24方针从国家、社会、公民3个层面具体规范了社会主义核心价值观的内容。对社会主义核心价值观的研究要从广义着手,而对核心价值观的狭义解释则体现在其在宣教方面的意义。高校是教育培养青年的重要园地,也是用社会核心价值体系武装青年的重要思想阵地。作为培养社会主义事业建设者和接班人的高校对推动青年学生培育和践行社会主义核心价值观,具有重要的政治责任、现实责任和历史责任。

改革开放以来,我国研究生教育取得了重大成就,有理想、有追求、有创新、有科研成果已成为当代研究生学风的主体形象。随着研究生规模的扩大,受一些主观和客观原因的影响,高校研究生学风建设面临严峻的挑战,抄袭、剽窃、造假等有违科学道德和学术行为规范的现象屡有发生,偏离了社会主义核心价值观的根本宗旨。学风弥漫于无形,但可观察于有形。研究生学风问题不仅制约了学校教育质量和人才培养水平,也影响着研究生的成长成才[1]。优良的学风,是保证研究生践行社会主义核心价值观的前提。只有不断优化和谐的育人环境,构建优良学风的长效机制,才能聚推社会正能量,引领社会文明不断向前发展。

一、统筹兼顾,正确理解和把握社会主义核心价值观在引导优良研究生学风建设中的意义

1. 提升研究生思想道德素质新高度

社会主义核心价值观对有效提高研究生思想道德素质的必然性和可行性更多的是通过研究生学风建设情况这一重要的途径载体和着重抓手来实现和体现的。习近平总书记与青年代表座谈时指出:"青年兴则国家兴,青年强则国家强。"研究生践行社会主义核心价值观不仅要外化于行,更要内化于心。在当前形势下,以优良的学风建设引领广大研究生全身心地投入到学习和科研中,即"外化于行";提高每位研究生学习和科研的自觉性,使其能够达到自律自严的境界,即"内化于心"。要有效改变研究生在关于公德意识的尊重与践行方面知易行难、执行脱节的状况,则需要用社会主义核心价值观引领社会思潮,构建社会协同的教育机制、以理服人的教育机制,以此系统地加强研究生的思想道德教育。

2. 拓展研究生理想信念教育新纬度

美国政治学者托克维尔对政治信仰做过这样的评价："一个社会要是没有共同的信仰，就不会欣欣向荣；甚至可以说，一个没有共同信仰的社会，就根本无法存在。"[2]在研究生的教育培养过程中，指导思想是关键，也是营造优良校园学风的理论基石。党的十八大从国家、社会、个人3个层面概括了社会主义核心价值观的价值目标、价值取向和价值标准，"三个倡导"可以说是对民族精神、时代精神以及爱国主义、集体主义、社会主义的一种具体阐释。在高校研究生的思想政治教育工作中，要将优秀传统文化和优秀传统价值观的继承和发扬作为理想信念教育的主要内容。学校是进行理想信念教育的主渠道，当研究生中存在政治信仰迷茫、理想信念模糊的问题时，良好学风的打造帮助他们树立正确的价值观、树立为共产主义奋斗的崇高理想，自觉担负起时代赋予的崇尚使命。

3. 部署研究生科学精神新要求

英国教育家赫青黎指出，科学精神直接影响人生观的形成和文化修养的提高，启发人们用怀疑的眼光重新审视一切[3]。研究生是"准"科技工作者，高校在其当前教育培养中，重知识，轻方法，更轻精神，导致一些研究生求真务实不彻底，缺少批判质疑精神，不愿意献身科学事业，学术失范现象时有发生。在经济社会快速发展和科技创新跨越的关键时期，社会主义核心价值观的及时提出为青年学生指明了方向。研究生作为"准"科技工作者更要弘扬科学精神，坚持文化自觉，牢固树立正确的人生观和价值观，把个人的聪明才智和价值实现融入国家富强、人民幸福和科技进步之中，在创新实践中将科学精神不断发扬光大。

4. 增添研究生内在学习新动力

研究生学习的"能动性"从何而来？这就涉及人的需求。研究生文化价值观的构建离不开内心坚信一定的理论作为思想和行动指南的内在动力。社会主义核心价值观的本质是主体对客观世界中存在价值关系的能动反映，把社会生活中占据统治地位或是核心地位的价值理念、行为规范向社会个体价值不断转化和渗透，从而将外在的行为准则转化为个人内在行为需求的过程。对于在校研究生而言，就是将中国特色社会主义共同理想、以爱国主义为核心的民族精神和以改革创新为核心的时代精神、社会主义荣辱观不断渗透到自己的学习和科研中，内化为崇高的理想信念，内化为科学的世界观、方法论，内化为正确的价值追求，并成为自觉意识和主动行为。

二、追根溯源，引致研究生学风建设偏离航向的成因分析

研究生教育注重培养学生研究问题和分析问题的能力，提升其从事该学科科研教学的能力，承担着向社会输送精英人才的重要使命。然而，随着研究生规模的不断扩大，受生源多样化以及社会环境变化的影响，抄袭、剽窃、造假等有违科学道德和学术规范的字眼越来越多地出现在有关研究生培养教育的话题中。究其原因，主要体现在以下几个方面。

1. 从研究生个体的主观行为来看

（1）研究生价值选择实用化。

社会的转型和深刻变革不仅带来经济建设的成就和人民生活水平的改善，也使在校青年学生的思想观念、生活方式和价值观念等发生着变化，社会上弥漫着一股浮躁和功利的思潮，利益追求成为许多人的第一追求。受学习压力、经济压力、就业压力等各方面的影响，以及某些传播媒介不负责任的宣传导向和思想政治教育工作的弱化，相当一部分研究生在价值选择方面更加趋向于实用主义，以实用、功利作为选择评价标准，以讲求实效为目的，把学习的最终目标定位于以个人利益为中心的高薪工作。

（2）研究生价值取向多元化。

现阶段我国高校正处于思想大活跃、观念大碰撞的时期，高校已不再是以前意义的封闭系统，而是一个开放的组织。民族多样性和文化形式的层出不穷，还有西方各种思潮的不断涌入，各种社会思想客观存在的同时，必然引起在校研究生生活方式、思想观念以及思维方式等的深刻变革。在这一过程中，研究生传统价值观的统治地位受到怀疑乃至动摇，表现出复杂性和多元性等特点。当前形势下，一些消极的价值观如功利主义、拜金主义、消极悲观主义等严重影响着在校研究生的价值观念和价值行为。

(3) 研究生目标定位边缘化。

目标是方向，信念是动力。毋庸置疑，在校研究生理想信念目标的主流呈现积极、健康、向上的良好态势，但是看到这些主流的同时，我们也不能忽视部分研究生信念目标缺失的问题。面对理想与现实的巨大反差，学校教育与社会实践的强烈对比，物欲追求和目标现实成了一些研究生的精神原则和驱动力，金钱和权力成了他们世俗的上帝。一部分研究生对自身发展充满期望，却胸无大志，不同程度地存在政治信仰迷茫、理想信念模糊，缺乏远大目标和积极向上的人生追求。

(4) 研究生本位认识个性化。

个体总是要使自己独立于他人，自我是独立自主的自我表达和实现，被认为是最重要的。个人要实现自己的目标，必须将自我理解为其行为主要是参照自己内在思想、情感和意志，而不是参照他人的思想、情感和意志才是有意义的。现阶段的一些研究生更喜欢谈论有关时尚潮流的话题，而对一些时事政治则是充耳不闻，特别是一些90后研究生，当话不投机时，宁愿选择沉默；他们做事强调以自己为中心，个性鲜明，缺乏集体认同感，做事容易冲动；他们学习能力强，独立性强，有自己的想法，但是容易迷茫，抗挫折能力差。

2. 从研究生所处的客观环境来看

(1) 社会转型和转型时期的社会环境滋生了不良学风的萌芽。

社会的深入变革为经济发展提供源源不断的前进动力，但转型时期的社会也存在着一些消极现象。财富的分配不均、收入差距的不断变大等一些不良现象致使当前社会风气浮躁，功利主义现象凸显。高等学校是教育人、培养人才的场所，也是社会的组成部分。社会的各种思潮和风气直接或间接、或多或少地要反映到校园内，对研究生学风造成了较大的冲击。一些研究生坐不住冷板凳，学问基础不扎实，不注重专业知识的学习和专业技能的培养，急于写文章、出成果，个人主义、投机主义等行为时有发生。

(2) 培养体制和校园文化的相对滞后未能有效应对不良学风的演变。

研究生入学有全国统一考试这个"进门"的高门槛，而在研究生的学位论文选题、开题、实验研究、学位论文的撰写、评审及答辩等的培养过程中却没有一套严格的考评监督机制，没有实行淘汰制，这在客观上为研究生的学术腐败的滋生提供了"温床"。同时，研究生没有严格的班级概念，不同于本科生，有强烈的集体主义观念和严格的组织纪律，致使很多研究生参加校园文化的主动性和积极性出现较大的差异。然而，一些高校为了吸引研究生参与到校园文化建设中来，往往采取一些物质奖励的方式，长此以往，可能导致校园文化建设偏离轨道，助长一些不良校园风气。

(3) 课题组团队建设和管理中的不足助长了不良学风的发展。

导师是研究生培养过程的具体执行者，导师的学术水平及治学态度会对研究生的学风产生潜移默化的影响。研究生的学风深受导师教风的影响。从总体上看，目前我国研究生导师队伍的总体学术素养是好的，能够在科研活动中以身作则，率先垂范。但是，由于一些高校教学规范执行不严，导师指导研究生偏多，以及社会不良风气的消极影响，部分导师确实存在责任心不强，治学不够严谨现象。特别是在研究生的培养过程中，只侧重论文的发表和项目的完成，而忽视对研究生的科学道德方面的教育。此外，一些导师盲目追求研究生的招生数量，又忙于申报课题项目、奖项评优，缺乏对研究生的日常管理，这些都给研究生优良学风的培养带来了很大的负面影响。

三、强基固本,引导研究生在学风建设中培育践行社会主义核心价值观途径

习近平总书记指出,广大青年树立和培育社会主义核心价值观,就要在勤学、修德、明辨、笃实上下功夫。勤学、修德、明辨、笃实,既符合广大青年的特点和成长规律,又指明了当下研究生培育和践行社会主义核心价值观的实现途径和有效方法。

1. 引导研究生把"勤学"作为生活习惯,夯实培育践行社会主义核心价值观的知识根基

研究生的角色是学生,也就是说在研究生的生活中,用于学习的时间应占据其生活时间的大多数。相对于社会其他群体而言,研究生的角色对于学习本身来讲专业性更强。研究生如果没有丰富的专业知识和理论基础,哪里会有创新,更谈不上对某一科学领域的研究了。研究生的"勤学"是一种主动行为,它不受制于外部因素被动地约束,而是个体发自内心的对知识的追求与渴望。这就要求学校一方面要提供完善的硬件设施,包括图书馆、教室和宿舍的设施设备等,为学生学习提供便利的外部环境,使其能够静下心来认真学习;另一方面,学校也要创造良好的学习软环境,打造优良的校园文化,制定合理的研究生培养方案和柔性的学分考核形式,凸显研究生的个性发展,激发其内在的学习动力。

2. 引导研究生把"修德"作为永恒追求,筑牢培育践行社会主义核心价值观的品格基础

学校的根本任务是立德树人,特别是在研究生的教育培养中,他们是科技发展的技术骨干和推动社会经济前进的中坚力量。三聚氰胺、瘦肉精、毒胶囊等科技方面的造假事件对社会民生产生重大影响,很难想象一个没有道德底线的高学历专业人才将会做出怎样危害社会的行为。我们必须清楚地认识到:学校教育培养目标是德智体美全面发展的社会主义建设者和接班人,不是培养会考试的学生、能发论文的学生、能就业的学生,而是合格的、优秀的建设者和接班人。学校必须坚持育人为本、德育为先,必须突出德育为首的地位和作用。这就要求学校充分利用中华优秀传统文化、社会主义先进文化、校史校情开展多种形式的社会主义核心价值观学习践行活动,营造浓厚的育人氛围,用高尚的人格和良好的师德、师风教育感染学生,实现教育的润物细无声。

3. 引导研究生把"明辨"作为思维动力,把握培育践行社会主义核心价值观的前进方向

苏霍姆林斯基说,"真正的教育者不仅传授真理,而且向自己的学生传授对待真理的态度,激发他们对于善良事物受到鼓舞和钦佩的情感,对于邪恶事物的不可容忍的态度"。随着通信技术的进步和发展,研究生获取知识的途径越来越多,也越来越方便。从书本到网络再到微信、微博手机客户端,琳琅满目的资料唾手可得,如何从海量的信息库中汲取有效的知识,并从中提升思维能力,尤其是培养辩证思维对研究生的教育有着举足轻重的意义。研究生在各种纷繁复杂的社会现象、思潮以及各方面的人生考量面前要"学会思考、善于分析、正确抉择,做到稳重自持、从容自信、坚定自励"。这就要求学校在研究生的教育培养中,首先,要改革传统的教学方法,推行采用讨论式和启发式的教学方法;其次,要给在校研究生创造"论辩"的环境;再次,要培养研究生进行自我是非辨析的能力和习惯,充分发挥学生的主观能动作用,使其学会独立思考,树立勇于创新精神。

4. 引导研究生把"笃实"作为做事态度,强化培育践行社会主义核心价值观的立身之本

践行和培育社会主义核心价值观,归根结底是一个实践问题,一种价值观要真正发挥作用,必须融入社会生活,让学生在实践中感受它、感知它、领悟它。核心价值观的生命力在于实践,在于每一个研究生自觉付诸行动中,扎扎实实干事,踏踏实实做人,由易到难、由近及远,努力把核心价值观的要求变成日常的行为准则和内在的信念理念。成功的背后,永远是艰辛的努力。研究生要把艰苦环境作为磨炼自己的机遇,把小事当作大事干,一步一个脚印往前走。作为当代的研究生,践行社会主义核心价值观要着重落实在行动上。首先要树立科学的精神,不断加强业务学习,储备好将来报效祖国

的本领;其次要树立服务的理念,把为人民服务作为一种习惯,使其成为一种人生的态度,通过参加各类社会实践、志愿服务等公益平台,努力实现自身的价值;再次要勇于担当社会责任,不要被物欲横流的社会所迷惑,在追求物质利益的同时,更要追求思想道德境界和精神境界,肩负中华民族伟大复兴的责任和义务。

参考文献

[1] 李涛,叶龙. 高校研究生学风建设刍议[J]. 北京交通大学学报(社会科学版),2013(4):112-116.
[2] 托克维尔. 论美国的民主[M]. 北京:商务印书馆,1983.
[3] 杨宗康. 高校研究生科学精神培养机制探讨[J]. 课程教育研究,2012(23):244.

军队院校研究生学员领导力培养探析*

邢云燕[1]，蒋　平[2]，林聪榕[1]

（1. 国防科学技术大学军事高科技培训学院　10073；
2. 国防科学技术大学信息系统与管理学院　410073）

摘要：对于军队院校研究生学员来说，领导力培养至关重要，直接关系到学员将来在部队的任职能力水平和指挥管理水平。首先阐述了军队院校研究生学员领导力培养的必要性，然后分析了现有培养条件存在的问题，最后给出了军队院校研究生学员领导力培养的探索途径。

关键词：领导力；研究生；军队院校

一、引言

军校研究生学员在我军国防力量建设中有着重要的作用和地位，义不容辞地肩负着提高我军国防力量的使命。习主席在视察国防科学技术大学时强调，要牢牢抓住培养高素质新型军事人才这个中心任务，深入研究现代军事教育特点和规律，坚持走以提高质量为核心的内涵式发展道路，努力培养造就能够担当强军重任的优秀军事人才。要坚持面向战场、面向部队，"围绕实战搞教学、着眼打赢育人才"，使培养的学员符合部队建设和未来战争的需要。同时指出，广大教员要切实肩负起立德树人、教书育人的光荣职责，做学员健康成长的指导者和引路人。因此，围绕党在新形势下的强军目标，不断强化学员综合素质培养，大力培育高端军事人才，为实现中国梦、强军梦提供强有力的人才支持是军队院校人才培养的光荣使命和中心任务。

二、军校研究生学员领导力培养的必要性

1. 领导力培养是迎接世界新军事革命挑战的需要

当前，世界新军事革命浪潮正在不断推进军事科技理论、军事科学技术和武器装备的新发展，战争形态和作战样式也随之发生了巨大改变。当人们将目光聚焦于新概念武器、军事科技理论前沿和尖端技术取得的最新成果的同时，一些军事大国又把视野瞄向了领导力建设上面，以此希望促进战斗力的提升和实现人才培养效益的最大化。外军研究认为，在现代信息化战争中领导力建设至关重要，在遂行作战任务的过程中谁的领导力水平发挥出色，谁就有更大的可能性掌握战争主动权。因此，面对新军事革命浪潮的冲击，领导力建设走向战争准备和军队建设的前台已成为重要的时代标志[1]。

2. 领导力培养是实现党在新形势下强军目标的需要

习主席指出，要实现党在新形势下的强军目标，没有大批高素质的建军治军骨干是不可能的。我们要把听党指挥、能打胜仗、作风优良的目标要求，贯彻体现到干部工作的方方面面，作为衡量和选用干部的标准，转化为干部工作的制度安排，为实现强军目标提供坚强的组织保证和人才支撑。研究生

---

* 国防科学技术大学研究生教育教学改革研究课题（YJSY2014020）。

学员是我军信息化部队建设中的中坚力量和精英,他们接受了系统的理论学习,在理论方法分析和思维意识培养方面初步具备了发现问题、分析问题和解决问题的能力。与此同时,培养勇于担当、能够担当的领导力,从而为实现党在新形势下的强军目标贡献聪明才智是研究生学员的又一个历史使命和责任。

3. 领导力培养是培养高素质新型军事人才的需要

习主席在视察国防科学技术大学时提出,要加快建设具有我军特色的世界一流大学,努力把国防科学技术大学办成高素质新型军事人才培养高地、国防科技自主创新高地,为实现中国梦、强军梦提供有力的人才和科技支持。现代战争是人才的较量,从作战空间、作战样式、协同范围、决策层次、指挥跨度等方面,都对指挥员的领导力提出了更高的要求。因此,培养和造就一大批具有高度政治觉悟、掌握现代军事技术、懂得现代战争指挥艺术的优秀人才,是实现我军现代化、赢得未来战争的根本大计,是走中国特色精兵之路、加强我军质量建设的非常重要的内涵[2,3]。

三、军校研究生学员领导力培养存在的问题

1. 对研究生学员领导力培养意识不强

军队院校对研究生学员领导力的培养意识更多地表现在感性认识上,往往认为领导力的培养是通过后期走上工作岗位后不断锻炼和磨炼而逐步形成的。无论是院校管理层面,导师指导层面,还是研究生学员自我认知层面,普遍将人才培养的重心放在专业技术及第一任职所需的技能培训方面,认为穿插在研究生日常科研教学活动和生活活动中的竞选型活动组织就可以实现对研究生学员领导力培养的目的。尽管研究生学员通过参加一些活动组织,如研委会、担任骨干职务,领导力水平得到一定提升,但由于缺少相应的条令和培养制度规范,研究生学员领导力的培养也仅仅覆盖到极少数学员。

2. 对研究生学员领导力培养的内涵与范畴不明确

虽然不少院校对研究生学员领导力培养持认可态度,也意识到了领导力培养对研究生人才成长具有积极意义,但对研究生学员领导力培养的内涵与范畴认识模糊。研究生学员领导力培养应该聚焦哪些方面;如何针对部队人才使用需求,切实培养研究生学员的领导力;研究生学员领导力的培养课程如何设置等问题都直接影响到研究生学员领导力培养的水平以及未来研究生学员在部队实践中的指挥管理水平。由于大多数研究生学员缺乏领导力能力锻炼和经验积累,到部队后在管理上生搬硬套、方法强硬,不善于协调沟通,给同事或战士们留下"高学历、低能力"的印象。

3. 尚未列入学员人才培养目标

我国军队院校对研究生学员科学文化素养培养方面的目标和举措十分明确,但尚未对研究生学员领导力的培养目标和内容进行界定。研究生学员毕业走向工作岗位后,在专业知识应用和技术攻关方面表现出色,但在组织、协调、决策、管理、带兵等能力方面表现偏弱,不能完全适应部队任职的要求。而美国十分注重军校学员的领导力培养,致力于将学员培养成为军队和国家未来的领导人以及社会发展各个领域的精英,从而适应新军事变革的需要,谋求未来战争遂行任务中的战略主动和人才优势。同时,为学员领导力培养制定了明确的目标和内容,进而有针对性地培养学员领导力。

四、军校研究生学员领导力培养的途径

1. 强化培养理念与明确培养目标

军队院校在加强研究生学员科学文化素养培养的同时,还应把研究生学员的领导力培养作为高

素质新型军事人才培养的另一抓手,不仅使研究生学员具备严谨的逻辑分析和科学有效的学习能力,还应具备良好的能够带动他人实现组织目标的行为能力,从而为其在将来适应部队任职要求和在工作岗位上充分发挥优势和展现能力奠定基础。这就要求军队院校在研究生人才培养目标中纳入领导力培养这一内容,并结合我军打赢信息化战争和新时期部队建设的人才需求,制定培养方案,有的放矢地为国防和军队现代化建设提供人才支持。

2. 完善课程设置与教学实践

从美国军官学校学员领导力培养课程设置及内容来看,一方面课程体系较为丰富,广泛开设哲学、心理学和社会学等方面的课程[4]。另一方面,注重学员领导力培养的循序渐进的过程,逐步完成学员领导力培养的基本理论学习。而我军已在指挥类和合训类本科学员的课程设置方面开始强化领导力培养的相关内容,但在研究生学员课程设置中内容并不凸显。应当建立军队院校与部队之间的双向交流制度,一方面,军队院校到部队了解研究生学员领导力培养的相关需求。另一方面,可以聘请来自部队的指挥官对研究生学员进行实践教学,从而实现院校与部队之间人才培养的有效衔接。

3. 实施导师与队干部"双重"培养

作为研究生学员文化素质的培养者——导师,在指导学员完成专业知识学习和训练的同时,应在课题项目研究中充分发挥研究生学员的主观能动性,鼓励并引导其独立完成部分研究内容。而作为研究生学员日常生活的管理者——队干部,应根据学员的个性特点[5,6],鼓励学员参加学校各种社团活动,并争取成为活动的组织者或领导者。这些看似丰富学员业余生活的"兴趣班",往往在活动过程中潜移默化地增强了学员的领导力,为学员成为明天的领导者打下基础。事实上,导师和队干部是研究生学员的良师益友,在学员自主学习领导力的过程中应主动及时地发现问题并加以引导,帮助他们找到合适的学习方法,将有助于领导力的提升。

五、结语

研究生学员是国防与军队信息化建设中的中坚力量和精英。不管是面对未来纷繁复杂的战场环境,还是国防科技攻关的前沿阵地,都需要一批能够审时度势、灵活应变,做出正确决策的领导者。因此,应加强培养和造就研究生学员的领导力,为实现"能打仗""打胜仗"的强军目标提供人才智力和领导力支持。

参考文献

[1] 邱懋. 基层指挥军官领导力的构成及开发途径研究[D]. 长沙:国防科学技术大学,2008.
[2] 黄宏,洪保秀. 世界新军事变革中的中国国防和军队建设[M]. 北京:人民出版社,2004.
[3] 吴涛,奚洁人. 战略领导力问题研究[J]. 上海行政学院学报,2013,14(1):24-31.
[4] 邓晓蕾,刘玮. 美国军官学校学员领导力培养透视[J]. 国防大学学报. 2006(9):114-116.
[5] 高超. 新时期军校学员领导力培养的探讨[J]. 中国科技投资,2014(19):467.
[6] 宁吉军. 军队院校学员领导力培养问题探析[J]. 决策与信息,2013(6):129.

论研究生职业伦理教育

谭军华

(哈尔滨工业大学(威海)船舶与海洋工程学院 264209)

摘要:研究生作为社会高层次人才,对国家的发展以及社会的进步起到关键作用,然而国内在培养研究生过程中,很多高校只注重专业技能的教育,忽视了职业伦理教育。通过研究职业伦理的内涵、开展职业伦理教育的重要意义以及研究生职业伦理教育的现状,提出了从提高伦理教育重视程度、完善课程体系、创新教育模式、加强师资队伍建设以及实施导师责任制等方面促进研究生职业伦理教育。

关键词:研究生;职业伦理;就业

高校是培养社会主义建设者和接班人的摇篮,为国家建设输送了大批优秀人才,研究生作为高端人才,在推进社会发展进步过程中起到关键性作用。然而,高校在培养研究生的过程中,更多地关注学生的专业技能以及职业素质教育,以提高其就业竞争力,但却忽略了开展研究生职业伦理等素质因素的教育,导致一部分人才在工作中只注重个人利益得失,逃避责任,在影响个人发展的同时,也给企业以及社会带来了负面影响。

一、职业伦理的内涵

职业伦理主要包含两层含义:工作观和专业伦理,这也是中国传统道德文化中较为欠缺的一部分。

1. 工作观

为何工作?工作有何意义?这是工作观所探讨的问题。正确的工作观主要包括发展自我和服务社会。"发展自我"通俗来说就是凭借工作,发展自己的才华最终实现自我价值。因此,个人在工作中应感受到满足感和成就感。虽然有一些工作赚钱很多,但却不能使得个人价值和尊严得到提升,也不能使人的潜力得到开发,这类工作并不值得去做。其次,工作的最终目的应该"服务社会",即所从事的工作必须对社会有益,能促进国家的进步和社会的发展,诸如投机倒把、坑蒙拐骗这些对社会有害的工作应强烈抵制。在服务社会的同时,还应注意环境污染及安全等问题,以免遗祸子孙、伤害他人。树立正确的工作观能促使我们在工作上赋予更积极、更神圣的意义,进而使我们更加敬业,在工作上表现更加优异。

2. 专业伦理

每个行业,都有必须要遵循的行为准则和规范。最常见的专业伦理有智慧财产权、工业安全、环境保护等,每一位专业人士都应恪尽职守这些专业伦理,从而避免伤害他人甚至危害社会。在欧美发达国家,各行各业都有严谨的"专业伦理规范"(Professional ethic code),比如商业伦理、工程伦理、医药伦理等,并且各专业公会都有专门部门来制定规范,对于违反职业伦理的专业人员将受到制裁,并会将他们的开业执照吊销。而在国内,以台湾为例,过去30年来,为了发展经济,在环境保护方面较为疏忽,现在要付出惨重的代价去挽救。现在中国大陆又在重蹈覆辙,以致空气污染、水污染、土壤污染都极为严重。因此,每位从业者都应秉着良知,用专业的知识去防止危害社会的事情发生。

二、开展研究生职业伦理教育的意义

1. 开展研究生职业伦理教育是培养完整职业人的基础

一直以来,人们都在追求全面、自由、健康向上的个人发展。而个人要想得到全面发展,伦理道德是必不可少的一部分,意大利诗人但丁曾说过:"一个知识不全的人可以用道德去弥补,而一个道德不全的人却难以用知识去弥补。"如果一个人职业伦理素养缺失,即使拥有再高超的技能和丰富的学识,也仅仅是一个人格有缺陷的人,很难真正成为一位完整的职业人。

研究生属于社会高层次人才,关系到国家的发展及社会的进步,但很多研究生在本科毕业后没有步入到社会中历练,直接进入研究生学习生涯,距离完整的职业人还有一定距离,应予以重视。其次,研究生学习阶段,更多的只注重专业学习和项目研究,评价考核的指标主要是参与的项目以及论文的发表,忽视了研究生完美人格的培养,违背了教育理念的初衷。此外,由于研究生阶段发表论文以及硕士论文任务较重,一些学生急功近利,从而进行学术造假,对自己以及他人造成了恶劣的影响,从某种程度上来说,这就是缺乏伦理素质。因此,开展研究生职业伦理教育迫在眉睫,它是培养研究生完美人格,使其成为完整职业人的基础。

2. 开展研究生职业伦理教育能完善职业教育的内容

随着我国高等院校招生的不断扩大,本科生数量不断增加的同时,研究生的人数也与日俱增。各高校的研究生办学条件不断得到改善,教学效果及质量明显提升,然而也不可避免地存在一些其他问题,例如教学内容与实际工程脱离、课堂教学模式得不到创新、教学内容不完善等。

现如今提倡的素质教育,必须要促进人的全面发展,研究生最终还是要步入社会,仅仅传授学生书本知识,不传授做人的道理,只会使学生成为一台对社会有用的机器,而不会成为全面发展的人。要使研究生步入社会后的职业不断得到发展,从而推动社会进步,必须要有完善的职业教育,通过完善的职业教育,使研究生将所学的专业知识及技能等与职业教育有机统一起来,成为德才兼备的社会人才。当前职业教育并不完善,职业伦理教育更是职业教育中的短板,很多高校都没有加以重视,因此必须通过开展研究生职业伦理教育来完善职业教育的内容,这对研究生树立正确的职业观以及今后的职业发展具有重要意义。

三、研究生职业伦理教育的现状

在社会飞速发展、物质欲望的社会背景下,有一部分职业出现了不良的职业伦理,如教师伦理缺失、医学伦理恶化、科技伦理滑坡等现象。社会主义市场经济中存在的盲目性、自发性等负面效应,使职业伦理面临严峻的挑战。教育失当是导致职业伦理缺失的关键原因。高校研究生职业伦理教育的不足之处主要表现在以下几个方面。

1. 研究生职业伦理教育意识薄弱

研究生职业伦理教育意识薄弱主要体现在3个层面,首先,学校层面,当前高校对于研究生教育主要以专业课程为主,国内将职业伦理教育纳入研究生课程的高校少之又少,而且学校对于研究生职业伦理教育投入的精力和财力也较少,弱化了职业伦理教育;其次,研究生自身层面,由于研究生学习生涯较短,大部分精力主要放在课题项目研究以及专业知识的学习上,只注重个人专业水平的提高,忽略了人格的完善,使得研究生自身技能发展良好,而伦理素养有所缺失;最后,社会层面,在物质社会中,企业急需研究生这样的人才帮助其获取最大利润,企业本身缺乏职业伦理精神,在其发展过程中对社会造成了一些损害,从而淡化了研究生职业伦理教育的意识。

2. 研究生职业伦理教育课程设置不合理

首先,研究生的职业伦理教育没有因地制宜地引入到我们国家,没有考虑到我国的实际国情,完全生搬硬套欧美等西方国家的职业伦理教育,不能辩证地看待问题,造成职业伦理与我国传统文化的冲突;其次,受传统德育教学工作的影响,研究生职业伦理教育中的专业伦理性不足。职业伦理教育的内容以基础理论为主,不能与研究生专业知识有机结合,导致其解决职业伦理问题时能力不足,降低了研究生对职业伦理的敏感度。

3. 研究生职业伦理教育模式单调

当前,国内职业伦理教育的模式仍然以传统的课堂灌输为主,这种模式不仅让授课老师感到空泛,提不起兴趣,也使学生感到枯燥乏味,甚至在学生心中产生抵制情绪,严重影响了教育教学质量,高校应鼓励教师进行创新,改进职业伦理教育模式,将抽象的理论形象化,提高学生兴趣,使学生更容易接受和理解教师所讲的内容

4. 研究生职业伦理教育达不到预期效果

研究生职业伦理教育意识薄弱、教育课程设置不合理以及教学模式单一等一系列问题,导致研究生职业伦理教育达不到预期效果。以我国开展职业伦理教育最早的学科之一的医学伦理教育为例,其效果并不尽如人意,大众对医生的职业伦理素质依旧不是很信任,医患关系仍然很紧张。

四、研究生职业伦理教育的对策

针对研究生职业伦理教育中存在的不足,提出以下几点对策,以加强研究生职业伦理教育建设。

1. 提高研究生职业伦理教育重视程度

首先,高校应意识到研究生职业伦理教育的重要性,并做好积极的宣传工作,正确引导研究生对职业伦理的认知,加大职业伦理教育投入力度,使教师及学生认识到职业伦理教育的重要性;其次,研究生自身也要正确对待职业伦理,树立正确的职业价值观,将职业伦理与自己所学专业知识技能结合,从而促进自身的职业发展及社会的进步;最后,社会企业要积极鼓励研究生进行职业伦理教育,在招聘过程中应对学生职业伦理素质进行重点考查,将考查结果作为是否录用的重要依据,这是对企业自身的负责,也是对研究生及社会的负责。

2. 完善研究生职业伦理教育课程体系,创新教学模式

研究生职业伦理教育不应局限于就业指导或者应届毕业生,应对所有的研究生甚至本科生开展全面而系统的职业伦理教育。在教学内容上,学校除了设置基础课程之外,还应研究针对不同专业方向研究生所对应的职业伦理教育课程,做到因地制宜,因材施教,同时由于职业伦理教育是人文教育和科技教育的结合,还应注意其他学科的引入,做到多学科协调,共同推进职业伦理教育发展。整个职业伦理教育应贯穿研究生整个学习生涯,从而使研究生养成良好的职业伦理素养。在教育模式上应勇于创新,摒弃传统的"填鸭式"的教育模式,可采取专题讲座、案例教学、情景教学等创新教学模式,使得理论联系实际,充分调动学生的积极性和主动性,引导研究生正确认识职业伦理的重要性。

3. 加强师资队伍建设

研究生职业伦理教育长期有效的发展,不仅依靠自身独立理论基础以及完善的课程体系,还依赖于教师队伍的建设。首先,教师专业理论素养的提高是增强研究生职业伦理教育长效发展的重要保证。教师要不断提高自己的业务能力,与时俱进,全方位提升专业理论素养。其次,教师的多元开放是推动职业伦理教育长效发展的源泉。职业伦理教育包含理论与实践,教师要不断丰富自身的知识结构,在教育教学过程中还应积极与不同领域的专家、学者交流,共同为建设职业伦理教育添砖加瓦。

4. 实施导师责任制

正所谓"一日为师,终身为父",导师在研究生的学习生涯及生活中起到了无可替代的作用。导

师的言行举止对学生的行为起到了潜移默化的作用,因此,高校在研究生职业伦理教育中可以引入导师责任制,让导师对研究生的职业伦理素养进行监督,当导师发现学生有不当的行为举止时,应立即与其交流,让学生加以改正,学生也会在导师的建议下,端正自己的言行,培养良好的职业伦理素养。

五、结语

我国的研究生职业伦理教育起步较晚,还存在很多不足的地方,但是通过借鉴欧美等国家职业伦理教育的开展,国内各高校正在积极开展职业伦理教育方面的工作,这将对研究生自身的职业发展以及推进社会进步起到重要作用。

参考文献

[1] 杨斌,姜明,钱小军. 专业硕士学位项目与职业伦理教育二题[J]. 学位与研究生教育,2014(6): 5-8.

[2] 夏昱,刘福窑. 论大学生职业伦理精神的培养[J]. 思想理论教育,2013(1):75-78.

[3] 龙裕灿. 完整职业教育不应忽视的另一半——中职生职业伦理教育的现状分析及对策研究[D]. 广州:广东技术师范学院,2010.

[4] 潘建红. 高校工程伦理教育刍议[J]. 华中农业大学学报(社会科学版),2009,83(5):80-83.

研究生的学术道德问题浅析

李晓宇

（北京理工大学　100081）

摘要：根据研究生培养过程中出现的学术道德失范现象，列举了目前学术道德失范的主要表现；通过对研究生学术道德失范的主观原因和客观原因等深层次分析，提出了研究生需要加强自我修养，高校则需要加强荣誉教育，通过改善学术环境以及加大对学术道德失范行为的成本等方法减少学术道德失范行为。

关键词：研究生培养；学术道德；失范

现代高等院校有培养人才、科学研究与社会服务等多元化职能，是我国社会发展和经济建设的重要保障。高等院校研究生的培养是其实现上述职能的重要保障。研究生教育作为高等教育的重要组成部分，学术道德问题将严重影响高等院校的教育水平、科技研究成果和高校的学术声誉等。本文以高等院校研究生为主体，分析了学术道德目前出现的问题，并提出了相应的促进学术道德良性发展的措施。

一、研究生学术道德失范的主要表现

目前我国研究生的培养主要包括招生、教学、科研、毕业论文设计与撰写、论文答辩或考核、学位授予或证书授予等环节。各类高等院校根据其不同的培养目标有不同的课程设置和培养过程，虽然形式不断创新和发展，但是对研究生教育的本质并未根本改变。随着研究生规模的扩大，学术道德失范的案例在研究生培养中变得较为突出，其主要有以下表现。

1. 随意修改实验数据

研究生在论文写作过程中，为了达到论文评审和考核的要求，对数据进行随意修改，以便尽可能"快"地得出学术研究成果。更有甚者，对论文的数据全部伪造，已达到快速发表学术论文或者获得学位的捷径。一项针对研究生随意修改实验数据现象的专项调查数据显示，约有33%的研究生会在进行研究实验或者在写学术与学位论文时对数据进行修改，甚至伪造。

2. 抄袭、剽窃和侵占他人的研究成果

随着互联网的发展，文献数据库为科研人员提供了极大的学术交流的便利，但同时，互联网式的论文写作模式也应运而生。部分研究生无论在课程论文还是毕业学位论文和学术论文，都采用简单的"复制粘贴"式。抄袭、剽窃现象频现。

3. 一稿多投，追求数量

在我国多数高等院校的研究生培养和考核中，学术论文是重要的考核指标，其数量是学位授予和学术评价的重要指标。有些研究生为了增加论文发表的可能性与数量，将同一论文同时或几乎同时投给多家期刊出版社并先后发表，以达到尽快发表论文或者多发表论文的目的。一稿多投的现象既是学术人员道德失范的表现，也是严重扰乱学术秩序的行为。

4. 其他

此外，研究论文中的署名混乱也是一种不良的学术道德失范现象。很多研究生在写论文或发表论文时，喜欢随意增减或者更改论文作者的署名，或者为了某种目的，如申请学位，一篇文章出现多个共同署名问题等。甚者出现雇佣"枪手"购买论文或者学术成果，或者充当"枪手"为他人发表学术成果。

二、研究生学术道德失范深层次分析

1. 主观原因分析

研究生的学术道德失范首先是行为者本身遵守学术道德的思想意识薄弱，同时也是科学研究意志力不强的表现。一方面，学术道德也是社会道德的一部分，学术道德失范行为本身就是受到社会和学术界批判的行为，研究生在做出学术道德失范行为之前就突破了自己的学术道德底线，其坚持学术道德的思想意识薄弱。另一方面，研究生教育和培养是一种社会精英教育，随着现代科技的发展越来越快，科技界竞争越来越激烈，研究生的深造和创新也越来越有挑战。但是挑战与机遇并存，全球化的科技发展和我国教育事业的不断发展，为研究生提供了广阔的发展空间和创新条件，在学术研究的任务面前，部分人用非道德，甚至是非法手段等学术失范途径获取学术研究成果，这是其科学研究意志欠缺的表现，他们在攀登科学高峰的路途中自我堕入深渊。

2. 客观原因分析

研究生的学术道德失范在近年研究生教育中大量出现，也有各方面深层次的客观原因。

（1）社会学术要求的提升和学术资源不足。

近10年以来，我国硕士研究生招生规模增长近80%，博士研究生招生规模增长近30%。随着高等院校不断发展，对研究生的学术研究要求总体上越来越高。在这样的背景下，高等院校的导师资源的发展速度远远低于研究生数量的发展速度，同时有效的高水平期刊资源也间接提高了高水平学术研究成果发表的难度。另外，不同高等学校和不同学科之间的教育项目投资的不平衡，也使得学术成果发表的难度产生不同的差异。

（2）社会不良风气的影响。

对于某些出版社和期刊社在审核、编辑学术期刊方面的不当行为，已经损害现今学术成果发表的规范秩序。同时，互联网技术等通信技术的发展，也为学术灰色地带提供了生存空间。学术道德的维护需要社会道德的积极支持，两者相辅相成。

（3）学术道德失范的违规成本低。

学术道德失范的行为首先是违反道德，也可能触犯法律。在目前国家相关部门和学术机构也制定了相关制度，但是在执行上还有较大欠缺。主要由于以下原因：①学术规范没有严格明确的规范可循；②学术评价和监督机制不健全，缺乏客观可操作的评价体系和制度；③对于不同的学术失范行为，目前没有相对应的惩罚措施，或者惩罚措施过轻，对道德失范者的警示作用不强。

三、研究生学术道德建设措施建议

1. 研究生加强自我修养，高校加强荣誉教育

研究生作为学术界的未来人才，要不断加强自身投身科研学术的信念和加强科学研究的意志品质。提高自我修养，提高学术研究的自信心和钻研精神，避免出现学术道德失范的行为在其参与或主导的学术研究中发生。

对于高等学校和导师，要在研究生的开始阶段对其加强学术荣誉教育。研究生是我国高等教育的最高学历,是学术界的最高荣誉。成功获得硕士和博士学位,是研究生在学术研究领域中的终身荣誉,这不容玷污。

2. 为研究生营造更良好的学术环境

研究生的培养离不开导师、学校、社会提供的支持。导师在研究生的培养中有着至关重要的作用,对研究生的研究方向、课题和研究条件等均要尽可能安排好。高等院校要加强对研究生培养的投入,建立良好、科学的学术奖励机制和合理的学术评价制度,对研究生学术道德的发展起积极的引导作用。社会的经济吸引和价值引导,需要所有社会学术参与者要坚守各自角色的职业操守,共同营造良好的学术氛围。

3. 加强学术道德失范行为监管,加大惩罚力度

学术道德失范行为一方面要靠正面引导,另一方面也要加强学术道德失范行为监管,加大惩罚力度。对于学术道德失范行为,在研究培养的各个阶段和环节,均需要加强审核,失范行为一旦发现,必须严惩。提高学术道德失范行为的违规成本,要使学术人员对规范和学术道德有敬畏之心,对违规研究生的违规惩戒结果,要对违规者有重大利益限制,并对其他学术人员有警示作用。

参考文献

[1] 王旭东. 论地方高校社会服务职能的拓展[DB/OL]. [2015-6-20]. http://www.cnki.com.cn/Article/CJFDTotal-ZGGJ200708006.htm.
[2] 李盛兵. 研究生教育模式嬗变[M]. 北京:教育科学出版社,1997.
[3] 中国教育在线:2015年全国研究生招生数据调查报告[DB/OL]. [2015-6-20]. http://www.eol.cn.

构建军队院校研究生荣誉制度方法初探

冯 岳，吴金强，汪信伟

（国防科学技术大学 410072）

摘要：荣誉制度是军校研究生应该坚持的原则，是提升人才培养质量的重要举措。但是在我军院校中，荣誉制度的研究较为滞后，荣誉制度内容不完善，运行机制不健全，没有形成完整的体系，不能起到促进研究生自主学习、完善自我的作用。因此，要积极借鉴外军院校先进做法，结合我军院校实际，构建具有我军特色的军队院校研究生荣誉制度。

关键词：军队院校；荣誉制度；研究生

荣誉制度最早出现于1817年的美国威廉与玛丽学院，发端于学生对在校期间不作弊的保证。之后发扬光大于弗吉尼亚大学。但是真正让世人皆知是在美国西点军校实行之后。从西点之父塞耶发起，西点创造性地提出了"西点学生决不说谎、欺骗或偷窃，也不容忍他人如此的行为"的荣誉制度，经过200年的不断完善，尤其是1976年丑闻事件后，现今的荣誉观念更加明确和细化，得到西点人广泛认同。其中心内容是服从、自律、责任、服务这样一个演进过程。

荣誉制度的构建，是一种自我认同与自我尊重，是人的自我实现与自我发展。在马斯洛关于人的需求的"金字塔"结构中，它居于最高层次。荣誉制度是军校研究生应该坚持的底线原则，每个人都应该时刻提醒自己。它是军人核心价值的内在体现，是学院领导力培养的关键环节，更是提升人才培养质量的重要举措。但是在我军工科院校中，过于注重学习成绩、荣誉制度的研究较为滞后，对荣誉制度的价值认识不到位，荣誉制度内容不完善，运行机制不健全，没有形成完整的体系，不能起到促进研究生自主学习、完善自我的作用。因此，要积极借鉴外军院校先进做法，结合我军院校实际，认真研究，构建具有我军特色的军队院校荣誉制度。

一、设计荣誉准则是构建荣誉制度的重要前提

荣誉准则是荣誉制度的基础。荣誉准则要求研究生品行端正，言行一致。研究生为能自觉遵守这一准则而感到自豪，同时忠诚维护和有效执行荣誉制度。设计荣誉准则应把握以下原则。

1. 围绕德育功能设计

我军有优秀的光荣传统传承下来，社会主义核心价值观的要求中也对公民道德提出了严格的要求。我们既要继承好的传统，又要顺应时代要求，以德育为出发点，以培养具有高尚道德的研究生为落脚点，认真设计荣誉准则，构建荣誉制度的基础，积极发挥荣誉制度对研究生的规范和促进作用。

2. 围绕校风校训设计

校风校训是一所学校的灵魂所在，体现了学校的建校初衷、培养目标、方法原则和根本要求，是经过几代人甚至十几代人的不懈努力积累总结传承下来的。因此将校风校训融入荣誉准则之中，更容易表现出较强的亲和力和感染力，有助于研究生对荣誉准则的接受和执行。

3. 围绕强军目标设计

习主席提出的强军目标是对军队的最新要求，军校作为培养军队指挥人才的摇篮，更应该认真贯

彻这一要求,在制度要求、军事训练、工作学习等各方面均应体现出为达到这一要求所做出的努力。在荣誉准则的设计中,要始终以强军要求为指导原则,从根本上培养敢打必胜的信念,从认识上树立强军卫国的理想,从行为上践行珍惜荣誉的要求。

二、健全激励机制是构建荣誉制度的有效途径

有中国特色的军校研究生荣誉激励机制应根据核心军事能力和非战争军事能力的要求,以当代革命军人核心价值观为牵引,以培养军校研究生创造性思维能力、反应能力、综合能力等方面为目标,运用多样化的激励机制,建立完善的研究生荣誉评价指标,激励创造热情。

遵循心理发展规律,通过对研究生的表彰、认可、宣传和奖赏,可以使研究生对其行为更为坚信和坚持,并内化为精神层面的认知与理解。在实际行动中巩固并保持下去,正是荣誉激励最重要的作用。学校既要重视个人荣誉的激励,又要重视集体荣誉的激励,而且要把荣誉激励与批评激励结合起来。既要对正确的思想和行为给予肯定,也要对错误的思想和行为给予否定,这样才能起到荣誉激励的作用。

1. 运用丰富的教育形式,培养研究生珍惜荣誉的认同感

教育,简单说就是教书育人,就是要培养符合时代要求的人才。党的十八大以来,习主席对军队院校建设做出了一系列重要指示,其中在人才培养上,强调要坚持面向战场、面向部队,围绕实战搞教学、着眼打赢育人才。军校为完成这一目标,就要丰富教育内容,创新教育方法,抓好教育质量。对培养研究生的荣誉观念来说,教育同样起到至关重要的作用。

一是注重光荣传统教育。历史虽然由前辈创造,可一旦被激活,就会形成浓厚的荣誉氛围,研究生长期生活在这样的环境中,就会慢慢产生强烈的自信心和自豪感,形成强大的凝聚力和向心力,并逐渐形成勇挑重担、不辱使命的主人翁意识,在日常生活中养成维护荣誉的意识。在革命战争年代,我军的革命前辈视荣誉高于一切,他们为了个人的荣誉,可以放弃荣华富贵;为了集体的荣誉,可以忍受万千磨难;为了祖国的荣誉,可以牺牲自己的一切甚至生命。在对当代军校研究生进行荣誉观教育时,应该充分开展光荣传统教育,运用讲故事、上教育课、请老红军讲座、观看红色电影等手段,激发研究生内心对革命先辈的敬仰之情,自觉形成珍惜荣誉的意识。

二是注重优秀典型宣传。对很多人来说,发生在身边的事情才是最有说服力的。要充分把握这一规律,挖掘研究生集体中在珍惜荣誉方面表现突出的人,把他们树为典型,将其珍惜荣誉的平凡举动讲给大众听,有助于研究生明白珍惜荣誉的意识是表现在普通的日常生活、学习、训练之中的,要树立正确的荣誉观。同时也可以适当地结合反面典型给研究生以警示教育,正反结合会取得更好的效果。

三是注重仪式教育。仪式的激励和氛围的感染对研究生具有强大的感染激励功能。举行授衔仪式、授旗仪式、授枪仪式等对于培养研究生荣誉观念具有不可替代的作用,定期组织研究生参观军校的成果馆或纪念馆,利用里面陈列的大量史料、照片、军服、勋章、手稿等实物或模型进行潜移默化的教育引导,充分利用各种典礼、仪式和宣誓活动营造氛围,耳濡目染。在集体的环境中,研究生更容易形成对荣誉的共鸣,激发内心的自豪感,养成更加自觉的习惯。

2. 通过激烈的竞争机制,激励研究生珍惜荣誉的积极性

一旦研究生对荣誉有了认同感,那么珍惜荣誉就会成为他们的一个共同的目标。为了能够早日达到这一目标或是较别人更加接近目标,研究生之间自然会形成一种竞争关系。要正确对待和积极运用这一竞争意识,同时建立合理的规范机制,宣扬竞争的内容,鼓励所有人参与竞争,明确竞争的"对手"现状。

引入竞争机制,不仅旨在确立严明公正的奖惩体系,做到奖优罚劣,更着眼于对研究生的军人事业心和进取心的激励,着眼于对研究生奋发向上、追求荣誉的引导,使崇尚荣誉、追求荣誉的价值观真

正内化为研究生的成才追求和自觉的实践行为。研究生参与到竞争中之后,对珍惜荣誉的好胜心会逐渐转变为珍惜荣誉的积极性,形成一种有益的氛围,增加研究生对荣誉的珍视程度,达到构建荣誉制度的目标。

3. 实施严格的奖惩规定,督促研究生珍惜荣誉的自觉性

我们长期以来实行的奖惩机制一直具备并且强调奖励成绩、表彰先进、惩戒错误、警示教育的功能,这个优良传统可以直接纳入到荣誉制度体系中来,对那些道德操守良好、维护集体利益的同志要给予表扬和奖励,对违反道德要求、损害大家利益的同志要进行惩戒和警示。

在以荣誉准则为基础的一致标准下,对研究生进行综合排名,作为担任骨干、评功评奖、入党、毕业分配等的依据,使荣誉制度与研究生的切身利益挂钩。无论是受奖还是受罚的同志,在制度的要求下和周围同志的监督下,都会对珍惜荣誉形成一种自觉性,经过一定时期的坚持,就会成为一种本能的行动。

4. 建立涉及全体研究生的荣誉档案

将荣誉观作为评判研究生综合素质的重要一条,就需要把研究生的荣誉表现予以记录,形成档案。荣誉档案是团体和个人出色地履行了义务并获得的物质或精神荣誉,按规律管理起来以备查考和宣传的多载体的各种直接证明件。它的载体可以是注重精神奖励的荣誉称号,也可以是注重物质奖励的实物。研究生的立功受奖、优秀研究生的评选等各类选拔以荣誉档案的记录为重要依据,这些档案反映了每一学期的先进模范研究生,记录了他们的功绩,是荣誉教育中不可缺少的一部分,对培养军队院校研究生正确的荣誉观具有重要的激励作用。

三、建立职能机构是构建荣誉制度的有力保证

建立和健全相应的职能机构是保障一项制度顺利运行的重要举措,它可以制定合理的制度内容并通过实践进行制度的修改和完善,监督制度的运行情况和实施过程,并对制度的应用效果进行评价。国外军队院校在构建荣誉制度时成立了荣誉委员会,对荣誉制度的顺利运行并取得重要成绩起到了至关重要的作用,我军院校可以借鉴这一举措,成立适合院校实际情况的荣誉委员会。

1. 以研究生为主体

荣誉委员会的主体是学生,主要由学生自己担任委员会骨干成员,但不排斥学校管理人员的监管或参与。荣誉委员会全权负责与荣誉制度相关的事务,包括对违规行为进行调查和审判。向新生和新教师介绍荣誉制度,对荣誉制度进行修改和调整等。

2. 组建荣誉教育集体

为了能与学生有效沟通,荣誉委员会必须遴选并训练一批"荣誉教育者",他们每天与学生接触,帮助学生,特别是帮助新生理解和接受荣誉制度。他们深入新生宿舍,向新生介绍荣誉制度,并与新生一起讨论,以便帮助其进一步认识和理解荣誉制度的重要意义。

3. 在班上推选荣誉代表

借鉴我军"支部建在连上"的传统做法,在荣誉教育者的组织下,可以在每个班选出一名代表,成立班级荣誉组织。这些代表定期组织同宿舍同学开展讨论,以便同学们关注荣誉制度,并把大家的意见收集起来反映给荣誉委员会。这种做法可以提高学生的自我管理能力,减少了很多违背荣誉准则行为的出现,让学生生活在一个相互信任和尊重的氛围中。

崇尚荣誉,就是要自觉珍惜和维护国家、军队、军人的荣誉,视荣誉重于生命,建功立业,坚守革命气节,严守军队纪律。通过科学设计荣誉准则,建立健全荣誉机制,合理组建荣誉机构,构建形成完整

的荣誉制度,不断激发军校研究生投身军队的光荣感,培养出适应未来战争和军队建设需要的合格指挥员。

参考文献

[1] 许察金.关于荣誉的社会价值若干理论问题思考[J].探索,1996(6):51-53.
[2] 郭文剑.美国"荣誉制度"的德育功能[J].西藏教育,2009(6):37-39.
[3] 宁显福,华丹.军校研究生荣誉制度构建略论[J].海军工程大学学报,2010(9):18.
[4] 王波,华丹,张雯丽.论军校研究生荣誉制度的构建[J].解放军理工大学学报,2011(8):39-41.
[5] 闫巍,杜辉,李雪.新形势下军校研究生荣誉激励机制建设思考[J].海军大连舰艇学院学报,2013(4):16-19.

第六部分
研究生创新创业教育

整合资源,搭建平台,营造良好的研究生创业生态环境
——浙江大学研究生创业教育的探索和实践

陈凯旋,王璐莎,吕淼华

(浙江大学党委研究生工作部 310027)

摘要:研究生创业教育是一项系统工程,浙江大学多年来持续开展研究生创业教育,注重整合资源,多方搭建平台,从前端的创意激励,到中端的创业文化培育和创业技能培训,再到末端的创业孵化,着力打造完整的研究生创业教育生态链,逐步探索并建立起促进研究生创业可持续发展的生态机制。

关键词:研究生;创业教育;创新教育;生态系统

浙江大学研究生创业教育起步较早,早在四校合并之初的1999年,学校就成立了研究生创新创业中心;2000年,学校颁发了《浙江大学关于研究生在学期间停学创业的暂行规定》的文件;自2002年开始,学校党委研究生工作部相继承办或者主办了包括第三届"挑战杯"天堂硅谷中国大学生创业计划竞赛以及2002年、2004年、2006年连续三届海峡两岸大学生创业计划邀请赛等一系列与创业相关的赛事。十几年来,浙江大学积极开展创新创业教育,培养学生创新意识、创业精神和创造能力,鼓励研究生自主创业,对研究生创业实践教育开展了持续的探索和实践,并取得了良好成效。

一、研究生创业教育的理念

文化引领:研究生创业教育是以创造性和开创性为基本要求,围绕激发研究生创业意识及创业精神,提升其社会适应能力这个根本目标,培养他们未来从事创业实践活动所必备的知识、能力、品质等素质。研究生创业教育的内涵,既包含了客观层面的知识传授和技能培养,也包含了主观层面的意识激发和品质塑造,而后者往往更为重要。因此,营造良好的创业文化氛围是引导学生进行创业活动的前导,激发研究生的创业意识,点燃研究生的创业热情,培育研究生的创业精神,是研究生校园文化建设中的重要内容。

创新驱动:研究生教育的本质是创新教育,研究生创业教育也必然体现其创新性。在实践中,我们积极倡导和鼓励基于创新的创业活动,强调创新驱动创业。创业的形态有很多种,但是我们不鼓励研究生进行仅以赚钱为目的的简单创业活动,而是鼓励研究生结合自身的专业特长,大胆开展产品创新、服务创新以及模式创新。

分层推进:分层有两个方面的含义,一方面,从创业教育的目标而言可分为三个层次,一是以解决就业为目的的创业教育,二是创新驱动的创业教育,三是以锤炼意志和塑造精神为目的的创业教育。另一方面,从创业教育的阶段来分,分为意识的启蒙、能力的提升及创业的实践三个层次。对于大部分人而言,更多的是创业的启蒙,唤醒他们内心的创业意识,埋下创业的种子;而对于一些有创业想法的同学,则着重提高他们创业的知识和技能;第三个层次则针对部分有较为成熟项目以及强烈的创业愿望的研究生,教育的重点在于提供科学的引导和必要的服务,鼓励他们创办企业。

二、研究生创业教育的生态支持系统

研究生创业教育是一项系统工程,从研究生创业的生态规律出发,建立促进研究生创业可持续发展的生态机制,结合研究生创业在不同发展阶段的需求,探索构建完整的研究生创业教育实践生态支

1. 重视前端——建立研究生创新创意激励机制

创新驱动创业,成功的创业源于好的创意,激发合理的创意和想象力是支持创业走向成功的必经之途。基于此,学校设立专门基金,旨在建立研究生教育实践前端激励机制,帮助研究生尽早明确知识与创意的价值风险和转化目标,为研究生创新的可持续发展奠定可行性基础。激励基金通过对有创意和潜力的创新点子和创业想法提供一定经费的无偿支持,激励若干项有商业前景或社会公益价值的研究生创意计划,来鼓励研究生结合市场需求,开启创新思维,开展科技发明、软件设计、文化创意、调查研究,促进研究生创业前期从创意到产品的实现。

2. 整合资源——培育研究生创业教育的丰厚土壤

研究生创业教育需要整合学校、政府和企业的资源。我校在开展研究生创业实践教育工作过程中,紧紧围绕提升研究生综合创业素质这个中心议题,形成了"政府推进、学校搭台、企业参与"的推进模式。

加强与政府和企业的联系,可以为研究生创业教育提供实践平台,通过与政府以及企业之间的直接或间接的联系合作,构筑研究生创业的"发展外围"。"发展外围"的意义在于为研究生们的创业团队提供税收、场地等政策扶持,发挥小企业创业基地、科技企业孵化器等现有园区和孵化基地的优势,为初创企业提供孵化场地,以及创业实训、创业孵化、创业指导资源,培养研究生的企业家精神,带领其将传统学术场域中的限制抛开,寻求新的发展空间。研究生创业团队可以积极承担外围研究课题,从事研究服务,通过知识与技术的转化,达到双向共赢的局面。为进一步促进知识与资本、创业与创新的有机融合,学校与多家创业园区合作共建创业实践基地。

3. 突出主体——发挥学术科研和师生互动的核心创业力量

创新教育是创业教育的基础与起点,创业教育在一定意义上是创新教育的逻辑延伸,创新教育的质量在很大程度上决定了创业教育的质量。研究生的创业教育实践要取得成效,关键在于要避开急功近利的短视创业行为,树立长远发展的目标,发挥学术科研的核心创业力量。师生是大学创业的主体,校园中真正成功的创业实践,都是在于激发师生创新活力,深化师生互动的创业实践。我校在挖掘研究生创业团队和项目时,除了评估其市场价值和应用前景,更重要的是引领研究生走学术成果与科技创业相结合之路。学校鼓励研究生创业行为跨系、跨专业进行,通过对科研与学术市场价值的开发来进一步实现科研与学术的发展。

三、研究生创业教育的平台与载体

1. 以研究生创业社团为载体,搭建创业者自我教育平台

1999年研工部指导成立了研究生创新创业中心,2002年与科技园共同支持创办了未来企业家俱乐部。作为校园内最早且最为活跃的两个研究生创业社团,研究生创新创业中心侧重于创业者的启蒙和校园创业文化氛围的营造,未来企业家俱乐部侧重于校园创业精英的自我成长和创业团队的熔炼。两个社团倡导创新模式的探索与创业精神的学习,积极营造创新创业的校园文化氛围,在社团内部创造Self-education(自我教育)和Co-education(相互教育)的环境,力求提升研究生创新创业的素质与能力。十几年来研究生创新创业中心先后主办了"浙港高校研究生学术论坛""创·道人生"大讲堂等一系列活动。未来企业家俱乐部重在提供创业服务,搭建创业平台和桥梁,以其为主体举办的"青蓝"创业论坛、新项目开发与孵化服务等活动在广大学生中反映良好。社团丰富的活动既锻炼了一批研究生干部,同时也培育了一大批创业者。

2. 以创业文化节为载体,搭建创业文化培育平台

多年来,研工部联合大学科技园,整合校内外各种资源,依托研究生创业社团,邀请企业界、投资者及学者开展了大量的与各类创业相关的论坛、讲座,同时开展各类竞赛,如连续三届海峡两岸创业计划邀请赛,2011年举办的"创美华彩杯"浙大学生创业大赛,2012年举办的旅游营销创意大赛,2013年举办的校园创新大赛等。从2013年开始,我们把各类研究生创业相关的活动整合成为研究生创业文化节,集企业家讲座、创业者论坛、项目路演、作品展览与创业比赛于一体的以创新创业为主题的综合类活动,成功引导广大研究生、本科生共同参与,至今成功举办两届。另外从2011年开始,在研究生群体中开展"求是创业之星"的评选,通过典型的塑造和宣传,进一步弘扬创业精神,培育创业文化。

3. 以创业素质拓展班等为载体,搭建创业技能培训平台

为了帮助有创业热情的研究生实现梦想,从2007年开始,联合科技园举办创业素质拓展班,针对条件相对成熟、有强烈创业意愿的学生展开重点培养,有针对性地强化他们的创业实战技能。至今创业素质拓展班已经举办了八届,累计招收学员400余名。创业素质拓展班(素拓班)课程主讲人包括政府官员、企业家、投资家及高校学者,他们针对创业初期创业者遇到的种种实际问题,介绍"创业政策""风投融资""企业管理"等相关重要领域的理论知识和解决所遇到问题的途径、经验和方法,内容强调实用性与可操作性,受到在校研究生的热烈欢迎。近几年素拓班进一步完善了"体验式创业实践"模式,正在逐渐向"创业孵化器"的目标靠近。每届培训班均培育出若干创业项目和创业团队,累计培育创业团队逾40支。

近两年,研工部对培训领域进行细分,在继续开办素质拓展班的基础上,分别又与有关单位合作举办了"涉农领域创业辅导班""互联网领域创业培训班"等,每年有一百多名对创业有强烈意向的研究生接受创业技能培训。

4. 以e-WORKS创业实验室为载体,搭建创业项目孵化平台

为了给广大学生提供专业孵化服务的平台,由浙江大学国家大学科技园管委会、浙江大学党委研究生工作部、浙江大学管理学院发起,联合浙江大学创新技术研究院有限公司、浙江大学科技创业投资有限公司等单位共同打造了e-WORKS创业实验室。e-WORKS创业实验室充分整合政府、企业、高校等多方资源,发挥科技园作为小企业创业基地、科技企业孵化器等优势,为大学生创业团队提供低成本的生产经营场所和企业服务;同时将创业实训、创业孵化、创业指导相结合,细化、规范服务流程。浙江大学创业实验室现面向全校广泛征集大学生(包括本科生、硕士生、博士生)的科技项目和创业团队,从中选择优秀项目进行预孵化,建立不同阶段大学生创业的全方位、阶梯形的创业服务体系。目前已有一批具备科技转化含量和市场投资价值的创业项目成功入驻e-WORKS创业实验室。

四、研究生创业教育的特色与创新

1. 层次性

两次学术革命浪潮史无前例地赋予了高校创业教育的功能与使命,建设创业型高校是我校做出的重要战略选择。创业教育重在渗透和培养学生终生受益的创新精神和创业意识,研究生创业教育的受众是全体研究生,而不仅仅局限于少数有创业意愿或创业潜质的学生。但同时,创业教育丰富的内容与内涵决定了研究生创业实践教育必然是一种多层次的教育属性。因此,在设计与构建研究生创业教育体系时,学校为了适应不同家庭环境、不同文化知识背景、不同爱好和个性的研究生的实际需求,增加了创业教育培养目标的柔性——在把创业观念植根于学生的心中、埋下创业成才种子的基础上,对条件相对成熟、有强烈创业意愿的学生展开重点培养,有针对性地强化他们的创业实战技能。

同时,给予多方位的进一步支持,鼓励他们进行创业实践的尝试。

2. 整合性

浙江大学推进研究生创业教育的过程中,不仅充分挖掘高校的内部资源,同时积极吸引外部力量参与,与社会建立广泛的外部联系,在不断促进各方对创业教育的价值认同的基础上,寻求加强多方合作的高效机制,逐渐形成了有力推动研究生创业教育的工作合力,支撑起整个创业教育体系。基于许多创业教育在实际开展过程中都被活动化、项目化、培训化,"零敲碎打"的方式缺乏必要的连续性和系统性,很难取得真正成效的考虑,浙江大学在构建研究生创业教育体系时,站在建立系统的高度,积极探索建立促进研究生创业可持续发展的生态机制,结合研究生创业在不同发展阶段的需求,着力打造完整的研究生创业教育生态链,包括最前端从创意到产品的培育,到中端的创业项目和团队孕育挖掘,创业项目和团队培育指导,再到末端创业项目和团队预孵化。

3. 自主性

传统教育以教授传授和灌输式教育为主,创新创业教育必然要突破这种传统教育方式,转向启发式教学才能实现其创新创业效果,引导教育管理形式由封闭、强制和集中转向开放、参与和自主。创业教育是重视发挥学生的主体作用,满足学生个性化的可持续发展的教育。因此,浙江大学的研究生创业教育过程中特别强调尊重学生的主体地位,发挥学生自我教育功能,激发学生的自我服务意识。校园内活跃着多个以创新创业为导向的学生社团。这些学生社团不仅在学校研究生创业教育体系中发挥着不可替代的作用,更为重要的是,高度自主性社团在校园的活跃,本身就为广大学生补上了如何树立主体精神,摆脱依赖性、被动性、模仿性和简单适应性,形成自主性、主动性、创造性和独立思考问题、敢于挑战权威等创业必备品质的重要一课。此外,学校在创业教育中高度重视参与式教育方法的引入,把培养学生成为具有持续发展能力的创业型人才作为首要任务,最大限度地激发学生的参与热情。

五、研究生创业教育的初步成效

1. 融合理念与现实,构建创新创业生态教育体系

经过十多年的教育实践积累和学生需求探索,浙江大学研究生创业教育形成了与自身特色相契合的生态体系,生态体系包含目标理念体系、组织环境体系、参与主体体系、培训内容体系和实践平台体系五大模块,五大模块相互独立,又彼此交融,对推进我校创新创业教育实施的科学化、规范化、系统化起到了重要作用。目标理念体系模块围绕对研究生创新创业意识强化、创新创业知识丰富、创新创业技能提高与创新创业心理品质培养四大目标,形成层层递进、由外及内的教育目标体系。组织环境体系模块涵盖了我校对研究生创新创业教育的组织支持和资源投入,在创新创业经费、基础设施等物质方面给予多重保障,同时通过鼓励创新,推崇创业的氛围和文化,激发学生的创新创业精神和热情,为创新创业教育提供内在的动力支持。参与主体体系模块重在协调、引导、组织管理群体、师资队伍和学生群体之间的行为关系,使其朝着资源配置最优化、创新创业文化内化的方向发展。在培训内容体系上,经由科学规划,我校在课程内容体系方面兼顾知识、策略、能力、素质等相关的理论和实操课程的设计和安排,科学合理安排培训课程内容,激发学生创新创业的主观能动性。实践平台体系模块主要由学校与上文提到的"发展外围"双方共同拓展,通过构建产-学-研联合教育体系,对学生的创业实践能力进行培养和检验。

2. 积极营造良好氛围,掀起校园创业文化热潮

创业教育是创业实践活动的先导,研究生创业教育一方面要培养学生终生受益的创新精神和创业意识,另一方面是促成学生进行自主创业实践。学校中举办的创业活动覆盖的学生群体人数众多,

为创业文化的培育提供了优良沃土。创业素质拓展班累计培训学员 400 余人,"创·道人生"大讲堂成功举办 16 期,受众近 5 000 人次,"创业博览会"成功举办四届,受众近 4 000 人次;"青蓝创业论坛"成功举办 11 届,受众近 4 000 人次;"新项目开发与孵化"从 2006 年起已成功举办过 14 次,孵化出各类项目 50 余个;其他诸如在杭大学生 APP 应用创意大赛、YOYO 杭州、BigDay 智能硬件创新峰会、公益平台项目、招商银行理财风暴季等活动也得到了同学们的广泛响应与一致好评。

3. 推动科技成果转化,树立创业企业典范

通过连续多年的研究生创业实践教育,我校的创新创业氛围日益浓厚,学生的创新创业思维更加活跃,研究生自主创业成功案例的数量和质量都有了明显的提高,目前在浙江大学国家大学科技园中注册的 400 多家大学生创业企业中,超过 60% 是研究生创办的。

优秀的创业教育加上优质的创业实践平台,造就了优秀的创业典范。在浙江大学创新创业氛围的引领下,校园内诞生了一批优秀的研究生创业企业。仅以浙江大学创业教育与实践类优秀社团浙江大学未来企业家俱乐部(研究生为主体)的创业实践数据为例,在俱乐部成立的十多年的时间内,由其会员自主创办且目前仍然活跃于各个行业的公司数量达 20 余家,覆盖电子产品、教育培训、移动互联平台、供应链服务等诸多领域。在创新创业的良好氛围下,产-学-研相结合的创新创业方式为越来越多的浙大学子所认可并付诸实践,掀起了一次又一次的校园创业热潮。

参考文献

[1] 邹晓东,翁默斯,姚威. 我国革新式创业型大学的转型路径[J]. 高等工程教育研究,2014(2):100-105.
[2] 埃茨科威兹. 创业型大学与创新的三螺旋模型[J]. 科学研究,2009,27(4):481-488.
[3] 温正胞. 大学创业与创业型大学的兴起[M]. 杭州:浙江大学出版社,2011.

初探工科研究生"大工程观"的创新模式[*]

王德伟

（哈尔滨工业大学工程与社会发展研究中心　150001）

摘要：在工科研究生教育中，妨碍工科研究生创新机制的主要问题是缺乏认识论转向的教育理念和缺乏促进交叉学科教育的管理体制，这源于我国高等工程教育的"实用主义"教育理念。而与认识论相关的课程是人文社会科学，包括哲学、历史和国际关系等。"大工程观"的创新模式结合了"理性主义"与"经验主义"的理念，并把培养跨越自然科学与社会科学的、具有复合型知识的工科研究生作为目标，而这是专业教育具有文化蕴涵的内在合理性的关键。因此，应设置适应工科研究生的科技史、科技哲学和国际关系的课程，并制定在完成本专业学分和学位论文情况下，选修其他学科的"必修"课程学分和相关论文，可授予硕士双学位的管理制度。

关键词：工科；研究生；大工程观；创新；模式

对激发学生创新机制的讨论离不开对教育目的的探讨，而自由教育和职业教育的教育目的是不同的，这主要与内在/外在两分法相联。主张自由教育者认为，通过对公共知识的学习和理性的训练，人的自由本性才能实现，而职业教育由于追求外在目的饱受诟病。然而，没有理由认为某种学习的最终有用性会削弱其丰富的内在性，[1] 作为追求人类福祉而不断创新的工程教育从未过时。但问题是，我们的工程教育，尤其是工科研究生教育是否蕴含了工程创新文化？这是职业教育具有内在合理性的教育目的的关键。

一、问题的提出

2015年5月8日，在国务院公布的《中国制造2025》中的基本方针写明了创新驱动是核心，人才培养是根本。规划的实施将有助于我国由工程建设大国向工程建设强国转变。而这一转变有赖于我国高等工程教育，尤其是工科研究生教育理念、教育模式和教育体制的根本转变。中国工程院常务副院长潘云鹤院士曾指出，科技人员在高校受到的教育和训练本身存在诸多弊端，导致其创新能力不强，难以满足经济发展的需要。[2] 那么，我国高等工程教育究竟存在哪些妨碍科技创新的机制问题呢？这是探讨激励工科研究生创新机制的逻辑起点。

目前，在我国工科研究生教育中，妨碍创新机制的主要问题是"两个缺乏"，即缺乏认识论转向的教育理念和缺乏促进交叉学科教育的管理体制。其中，缺乏认识论课程设置主要是指与学理直接相关的三个学科的知识欠缺：

（1）在哲学认知方面，许多学生认为科学是科学，哲学是哲学，普遍缺乏对理性与经验，现象与本质的识别。不知道科学源于古希腊自然哲学的理性主义传统，不理解爱因斯坦说过的"开普勒的惊人成就证实了这条真理：知识不能单从经验中得出，而只能从理智的发明同观察到的事实两者的比较中得出"[3] 的思想。没有"无理性不学术"的理念。

（2）在历史认知方面，工科研究生普遍缺乏甚至轻视科技史和专业史。许多学生认为历史是故纸堆，杂乱无章。不了解马克思说过"人体解剖是猴体解剖的一把钥匙"[4] 这一反思的思维方式所揭

---

[*] 黑龙江省高教学会"十二五"课题（HGJXH B2110313）。

示的历史本身的逻辑。缺乏对中西文化差异的反思,对科学含义既不知己,也不知彼,没有"无历史不研究"的理念。

(3)在国际关系认知方面,受专业知识限制,工科研究生普遍缺乏国际化视野。许多学生对"冷战"的前世今生、中美俄欧日关系、中国和平发展战略、南海争端始末、石油美元、区域经济集团化等国际关系知识几近无知,无法将科技创新放在国际政治、经济、军事和文化的背景下来理解,缺乏在科技创新中应有的责任感和使命感。

缺乏促进交叉学科教育的管理体制主要是指受管理体制制约无法支持交叉学科发展。

交叉学科是科技创新的生长点。诺贝尔奖获得者查尔斯·汤斯发现激光的成功得益于科学与工程的结合。诺贝尔经济学奖获得者赫伯特·西蒙就读于芝加哥大学政治系。在大学期间,西蒙又学习了经济学、高等数学、符号逻辑和数理统计等知识。与之对比,我们受专业和学科管理的限制,无法培养出中国的"西蒙"。

二、问题的根源

以上问题源自于我国高等工程教育体系初期的"实用主义"教育理念。以哈尔滨工业大学为例,哈尔滨工业大学是由俄国学者在1920年春,"为中东铁路及其附属地培养工程技术人才"这一目标创建的。1951年,教育部提出哈尔滨工业大学要仿照苏联工程教育的具体办法,即培养重工业部门的高级工程技术人才和专业的高校理工科教师[5]。1956年,国务院组织编制《1956至1967年科学技术发展远景规划》,提出要注重把西方最先进的科技成果应用到我们国家科技建设中最需要的部门中……可见,这一时期,我国高等工程教育主要实行的是以"引进、消化、吸收"为主的"实用主义"教育理念。改革开放以来,中国的高等工程教育确有重大改革,如"卓越工程师"计划,"拔尖人才"(仅在本科生层面)培养计划等,但传统工程教育的"实用主义"理念没有得到彻底反思。

工程教育理念是指对工程教育指导思想的理性认识的总体观念,是指导工程教育理论和实践的前提和基础。它蕴涵高等工程教育世界观、价值观和方法论定位和指向,与工科研究生创新机制有关。

在世界工科教育理念中,历史上存在英国的"经验主义"传统模式和欧美的"理性主义"传统模式。由于受经济社会发展阶段的历史局限性和"冷战"的制约,苏联工程教育主要采用"实用主义"理念是迫不得已的选择。而我国现代工业是在苏联援建的"156"工程基础上开始的,采用苏联工科教育模式有其必然性。但当我国经济规模体量已成世界第二,制造业已达世界第一,社会中层人口已接近亿人规模,在知识经济和信息社会日益凸显的发现、发明、创新等精神特质的工业化中后期,再坚持"实用主义"的工科教育理念显然不合时宜。

三、解决问题的三个理念

为了消解"实用主义"的教育理念所带来的弊端,在工科教育中出现三个有区别的理路:一是在工科教育体系外,附加一个"通识教育"的理路;二是美国工程教育的"回归工程"的理路;三是我国结合国内外工程教育实践,提出的内生在工科教育体系内的"大工程观"教育理念。

1."通识教育"的教育理路

通识教育的概念目前没有统一认识,但其含义大致包括旨在培养积极参与社会生活的、有责任感的、全面发展的社会的人和国家的公民;就其内容而言,通识教育是一种广泛的、非专业性、非功利性的基本知识、技能和态度的教育。其预设前提是教育主要是培养一个和谐的人,而不是作为一个专家。[6]

这里需要澄清一个问题,工程教育是专业教育,不是通识教育,但把工程教育仅仅理解为专业知识教育也是狭隘的。朱高峰院士指出:"不少学校开了一些人文课程,但大多是泛泛的文化艺术之类,对工程需要的针对性较差。"他从工程教育三个知识域,即专业工程知识、工程实践和非工程专业知识角度指出,"我们这里完全是个跛脚凳,并且还在向金鸡独立的方向发展。"[7]

2. "回归工程"的教育理路

美国工程教育经历了从工程经验到工程科学,再到工程实践的发展过程。自20世纪90年代,美国工程教育掀起了"回归工程"的浪潮,提出建立"大工程观",用以指导工程教育改革的理论体系。1994年,美国工程教育学会发表了《面对变化世界的工程教育》一文;同年,麻省理工学院(MIT)工学院院长乔尔·莫西斯提出了该院名为《大工程观与工程集成教育》的长期规划;1995年,美国国家科学基金会发表了《重建工程教育:集中于变革——NSF工程教育专题讨论会报告》。这一系列的报告集中体现了一种思想,那就是面对变化了的当今世界,工程教育必须改革。而工程教育的改革方向是要使现在的建立在学科基础上的工程教育回归其本来含义,更加重视工程实际以及工程本身的系统性和完整性。[8]

3. "大工程观"的教育理路

应该说,西方的自由教育或通识教育有很深的积淀,并一直是教育的主流。在他们的工程教育的大学里设有人文社会科学学科不是问题。而我们对其"回归工程"的教育理路的实质有过度解读之嫌。换句话说,"大工程观"是我国工程教育界结合国内外工程教育实践提出来的。

1995年国家教委工程教育考查团赴美考查,认为工程本身是多学科的综合体,现代科学技术的发展以及工程系统复杂性不断地增加,已打破了原有的学科界限,向协同综合的方向发展,使工程与社会、政治、经济、环境、法律、文化等联系越来越紧密。……依据大工程的观点,考虑高等工程教育的改革,必须认真研究工程教育的整合性,促进教学内容的综合化,加强对学生关于经济、社会、国际、人际和表达能力的培养。其实质是提高人才的全面素质,而不是只教会学生某种专业技术知识。[9]

四、"大工程观"的创新模式

从"大工程观"的工程教育理念不难发现,它是把具有"理性主义"理念与具有"经验主义"理念相结合的产物。根据这一理念,我们提出"大工程观"的创新模式,简称"12345"模式,重构激发学生创新学理机制。所谓"12345"模式,就是一个人才、两个理念、三个维度、四个特性和五种素养。

一个人才,就是着力培养跨越自然科学与社会科学,具有复合型知识的工科研究生目标。这是专业教育具有文化的内在合理性的关键。

两个理念,即帮助学生提高科研的历史与逻辑相结合的辩证方法,并把"理性主义"贯穿到整个科技实验之中,树立"无历史不研究"和"无理性不学术"的两个学理理念。以此提高学生的认识论和方法论的哲学素养,促进教育理念从"知识论"向"知识论"与"认识论"并重转变。

三个维度,就是教育学生把工程专业知识放在科学技术逻辑维度、历史文化价值维度和自然环境生态维度等加以理解,即三个维度。以此弥补学生知识结构的两种文化的断裂。

四个特性,是指引导学生了解工程中存在的"实践数理性""系统复杂性""历史演化性"和"人文价值性"四个特性,帮助学生正确地、深入地、全面地认识和把握鲜活的工程活动。

五种素养是指提高学生在澄清专业基本概念、理顺技术发展脉络、把握工程实践技巧、领悟工程科学奥秘、了解社会环境影响五种素养,提高工程技术的文化含量。

五、对策

基于以上分析,本文提出如下对策:

(1)在工科研究生课程设计中,设置科技史和科技哲学课程等,2学分,32学时,重点学习科学家的科学发现过程及其科学思想和科学精神等。同时,开设国际关系系列讲座,重点学习国际政治、经济、军事等知识,培养学生的国际化视野,1学分,12学时,共计44学时。在此不得不赘述的是,科技史教材应重点参考"科学的历程"[10]"西方科学的起源"[11]等,科技哲学教材应重点参考"爱因斯坦"[12]"近代物理科学的形而上学基础"[13]等新的国内外研究成果。

（2）为促进交叉学科建设和发展，制定在完成本专业课程学分和学位论文情况下，选修其他学科的"必修"课程和完成相关论文，尤其鼓励工科研究生选修科技史和科技哲学方面的"必修"课程，授予硕士双学位的工科研究生管理制度。

强化认识论转向的工程教育理念和促进交叉学科教育的管理体制，是工科研究生教育是否蕴含工程创新文化的关键，是职业教育是否具有内在合理性的教育目的的关键。更重要的是，我们正处在一个创造堪比洪堡开创"科学文化"不同的"工程文化"的新起点上，尽管道路漫长，但前景让人期待。

参考文献

[1] CURREN R.教育哲学指南[M].上海:华东师范大学出版社,2011.
[2] 潘云鹤.培养创新型工程科技人才[J].中国高等教育评估,2007(4):22-23.
[3] 许良英.爱因斯坦文集:第一卷[M].北京:商务印书馆,1977.
[4] 马克思恩格斯全集:第46卷上[M].北京:人民出版社,1995.
[5] 何维民.哈尔滨工业大学大事记[M].哈尔滨:哈尔滨工业大学出版社,2000.
[6] 王晓慧.教育研究型大学的通识教育研究[D].南京:南京师范大学,2007.
[7] 朱高峰.关于当前工程教育的几个问题[J].高等工程教育研究,2000(4):1.
[8] 王正洪,陈志刚.大工程观的教育理念与工科本科院校的办学特色[J].中国高教研究,2006(1):30.
[9] 国家教委工程教育考查团.回归工程·多样化·宏观管理[J].高等工程教育研究,1996(1):14-18.
[10] 吴国盛.科学的历程[M].长沙:湖南科学技术出版社,2013.
[11] 林德伯格.西方科学的起源[M].长沙:湖南科学技术出版社,2013.
[12] 李醒民.爱因斯坦[M].北京:商务印书馆,2005.
[13] 伯特.近代物理科学的形而上学基础[M].长沙:湖南科学技术出版社,2012.

新形势下高校研究生创业问题的调研与对策建议

钱 广

（西南石油大学研究生工作部 610500）

摘要：研究生是我国大学教育客体的重要组成部分，是我国大众创业群体中最具优势的群体，促进研究生创业工作的开展离不开对现行的研究生创业态度、创业教育现状的认识和了解。本文在对研究生创业认知、态度、技能、方向选择等方面调查分析基础上，提出了改进研究生创业教育的工作建议，有利于研究生教育工作的健康发展。

关键词：经济转型；研究生；创业

一、问题的提出

2005年，我国做出了"加快建设国家创新体系"和"建设创新型国家"的重大战略抉择，科技创新受到了重视。在党的十七大提出"提高自主创新能力，建设创新型国家"基础上，党的十八大更是明确提出实施"创新驱动发展战略"，要求把科技创新"摆在国家发展全局的核心地位"。习近平总书记在全球创业周中国站活动中谈到："青年是国家和民族的希望，创新是社会进步的灵魂，创业是推动经济社会发展、改善民生的重要途径。青年学生富有想象力和创造力，是创新创业的有生力量。希望广大青年学生把自己的人生追求同国家发展进步、人民伟大实践紧密结合起来，刻苦学习，脚踏实地，锐意进取，在创新创业中展示才华、服务社会。"青年学生创业是我们教育体制改革和高新技术产业跨越式发展的动力源泉，是繁荣社会主义市场经济，加速我国经济发展，实现创新型国家的重要力量。

据国家统计局数据显示截止到2014年，我国在学研究生人数已经达到近179.4万，每年毕业研究生为51.4万人。培养具有创新精神与创新创业能力的研究生人才队伍，服务于国家经济建设是大学教育义不容辞的责任。通过科学发现、知识创新、技术创新，发挥研究生教育在国家创新体系中的重要作用，既是建设创新型国家的需要，也是现代大学自身发展的内在要求。研究生作为最具创新、创业潜力的群体之一，是大学生中学历较高、心智成熟的群体，在大众创业中具有自身优势。如何有效利用研究生自身专业、技术优势进行创业，为社会提供更多的就业岗位对我国高等教育的健康发展和质量的提升具有非常重要的现实意义。研究生的创业离不开创业教育和创业环境，因此从个体与环境的互动作用过程，我们必须弄清楚研究生自身对创业教育的认知、现行的创业技能培训、创业方式等相互之间的关系。本文围绕研究生对创业教育认知、创业技能培训、创业方向选择、影响因素等与研究生创业教育有关的问题，采用现场调研的方法收集数据，旨在了解高校研究生创业教育、创业工作开展的现状、研究生投身创业可能面临的困难、影响其创业的主要因素等，并以此为基础改进现行的研究生创业教育。

二、高校研究生创业工作现状调研分析

1. 调研分析背景

本次研究以某省六所高校的硕士和博士研究生为调查对象，调查采取随机抽样调查和问卷调查相结合的调查方式。从上述六所高校的研究生中随机抽取500名同学进行调查，向他们发放调查问卷共计500份，回收得到有效问卷455份，有效回收率为91%。以有效问卷为主要调研依据，调查问

卷由49个问题构成,其中客观题46个,主观题3个。内容大体涵盖了高校研究生对创业的认知与态度、创业技能相关方面、创业方向选择、对创业指导的建议等。

2. 调查结果与分析

在本次调查过程中,男生与理工科研究生所占比例相对较大,随机抽样所得到有效问卷中的男女比例如图1所示;理工科学生与文科学生比例如图2所示。

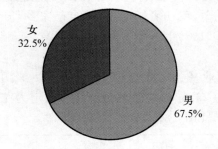 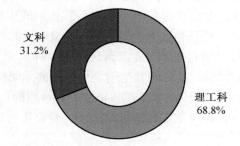

图1　调查问卷中男女比例　　　　　图2　调查问卷中理工科学生与文科学生比例

(1)高校研究生对创业认知与态度方面的调研结果分析。

多数受访者把创业理解为开办一个企业(公司)(41.1%)或是只要开创一份事业都可以叫创业(42.8%),少数受访者(14.3%)认识创业包括开发一项前沿的科技项目。超过半数的受访者(60.7%)表示对创业有兴趣(包括"很有兴趣"和"比较有兴趣")。就创业的出发点这一问题来看(图3),较多的受访者倾向于通过创业来获取更多的财富,部分创业者是想通过创业来解决就业问题或是挑战自我。由此可见,创业对于高校研究生的吸引更多表现在经济实际方面(财富与就业),自我价值的挑战与实现也在一定程度上激发着高校研究生的创业潜质。而当预测自己的创业前景时,大部分受访者表示会感到"迷惘"(30.4%)和"有压力"(41.1%),选择"自信"的受访者仅为20%左右,多数研究生对于创业方法等并不十分了解,而实际问题带来的顾虑与压力也成为高校研究生创业羁绊的主要原因。谈及研究生创业,大部分受访者表示认同(选择"认同,是实现理想的一个途径"占51.8%,选择"应该会是一个不错的选择"占24.1%)。

(2)高校研究生在创业技能相关方面的调研结果分析。

相比"老师授课"和"活动加训练"这两种获得创业方面的知识和技能的途径而言,半数以上的受访者更愿意接受"亲身实践"这样的形式来提高自身创业能力(图4)。接近一半的受访者(48.2%)会把"到企业实习"作为创业之前的有益准备,小部分受访者(21.4%)认为通过"参加创业计划大赛"可以很好地储备创业能力,另一部分受访者(23.2%)会选择"看创业书籍"作为创业参考,少数受访者(8.9%)选择通过"求助创业型企业家"的方式来寻求创业经验。可见,就创业技能准备来讲,高校研究生将理论运用于实践的心态较为强烈,更愿意从"实习"的角度锻炼和提升自身的创业技能。

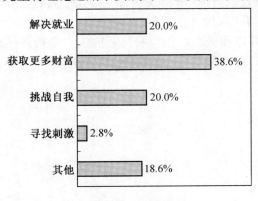 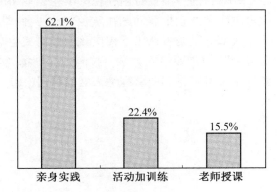

图3　创业的首要出发点　　　　　　图4　获得创业方面的知识和技能的途径

(3) 创业方向选择方面的调研结果分析。

研究生毕业之后，部分受访者会选择"到政府部门、国有企事业单位就职"（72.6%），也有较大一部分受访者会"自己创业创办公司"（12.5%）。谈到创业规划，超过半数的受访者选择"自主创业"（51.8%），部分受访者会选择"合伙创业"（33.9%），依靠"家庭创业"所占比例较小（10.7%）。在选择创业领域方面（图5），大多数同学选择"自己感兴趣的领域"或是热门方向，而以结合自身专业或选择风险较低行业为创业选择方向的较少。由此看出，受访者多是以持续发展的眼光来选择创业领域，也较多考虑自我意识与兴趣在创业中的积极作用。另外，受访者倾向于在"自己家乡"开始创业（42.6%），并且会选择"有经验"（40.0%）和"学历高"（29.1%）的人作为创业合作伙伴。

(4) 对创业指导的建议调研结果分析。

调查结果显示，研究生创业最需要的是研究生科技创业基金支持（31.0%）以及个人或团队研究成果或专利（26.2%），与此同时，个人强烈的价值观志向（22.6%）也被部分受访者认定为在创业中不可或缺，其次是需要"得到社会化、专业化的管理和服务"（图6）。

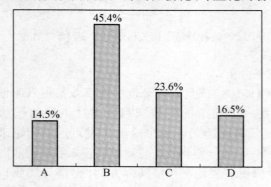

A：与自身专业相结合的领域；B：自己感兴趣的领域；C：往当今热门的方向发展（如软件、网络等高科技行业）；D：启动资金少、容易开业且风险相对较低的行业

图5　创业选择的领域

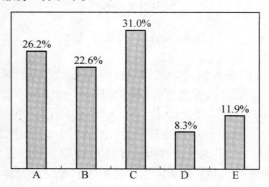

A：个人或团队研究成果或专利；B：个人强烈的价值观志向；C：研究生科技创业基金支持；D：学校提供的各类创业培育和服务；E：得到社会化专业化的管理和服务

图6　研究生创业最需要的支持

研究生在创业过程中最大的障碍主要集中在"资金不足，没有好的创业方向""经验不够，缺乏社会关系"和"未受过系统的创业知识教育"（图7）。受访者中有71.4%的研究生没有参加过创业类的培训或讲座，多数受访者对于创业设计大赛的关注度并不高（"知道但没有参加过"的占52.8%，"不知道"的占34.0%），而有62.5%的受访者希望开设创业指导课程。

针对学校开设创业指导课程内容的选择，受访者希望在市场营销、财务税收、个性化辅导以及人际交流与沟通技巧方面得到专业的指导（图8），这四方面的技能需求期望较为平均。

针对目前各高校普遍存在的学生创业协会（社团）的建议方面，活动太少、宣传力度不够、创业知识等讲座举办较少等问题在学生创业协会（社团）中普遍存在（图9）。

大部分受访者认为学校应该鼓励研究生自主创业，并应积极采取相应的鼓励措施，"学校提供配套资金""将创业纳入大学科技园区提供场、实验设备等环境和服务中"被多数受访者所接纳，部分研究生建议可以将创业课程纳入必修课（图10）。

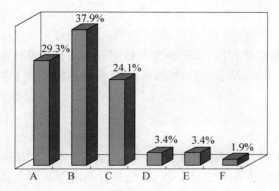

A:资金不足,没有好的创业方向;B:经验不够,缺乏社会关系;C:未受过系统的创业知识教育;D:亲人的反对;E:面对风险心理承受能力不足;F:其他

图7 研究生在创业过程中最大的障碍

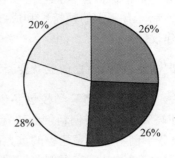

图8 对学校开设创业指导课程的建议

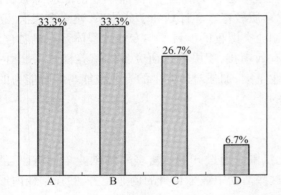

A:现在活动太少,应该多办一些活动;B:好像不是很有名,应该加强宣传;C:应该多向同学介绍创业知识,举办一些讲座等;D:其他

图9 对学生创业协会(社团)的建议

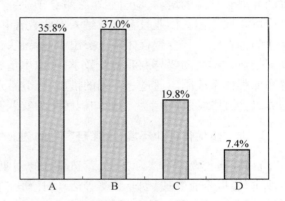

A:学校提供配套资金;B:纳入大学科技园区提供场、实验设备等环境和服务;C:将创业课程纳入必修课;D:其他

图10 学校应该采取何种鼓励措施

谈及政府在扶持研究生创业方面的措施中,"社会化专业化管理服务机构提供服务""政策支持""研究生科技创业基金支持"在受访者当中得到普遍认同。可见,高校研究生希望在创业方面得到政府的关注与可实施性的支持(图11)。

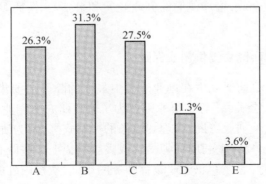

A:研究生科技创业基金支持;B:社会化专业化管理服务机构提供服务;C:政策支持;D:宣传鼓励;E:政府不应该扶持,不应再出台过多的这类政策,使大量研究生盲目地选择创业而荒废学业

图11 政府在研究生创业方面应该提供哪些扶持

三、推动研究生创业工作的对策与建议

研究生作为一个特殊群体，与本科生和其他创业群体相比，无论在专业技能方面还是思维认知方面对创业的理解都具有一定的独特性和成熟性。鉴于此，结合研究调查结果，笔者对高校研究生创业工作提出以下建议。

1. 大力开展创业教育，树立创业就业新理念

《教育部关于大力推进高等学校创新创业教育和大学生自主创业工作的意见》（教办〔2010〕3号）中指出："在高等学校开展创新创业教育，积极鼓励高校学生自主创业，是教育系统深入学习实践科学发展观，服务于创新型国家建设的重大战略举措；是深化高等教育教学改革，培养学生创新精神和实践能力的重要途径；是落实以创业带动就业，促进高校毕业生充分就业的重要措施。"

从本课题的调研结果来看，超过半数的受访者（60.7%）表示对创业有兴趣，因此正确引导研究生转变传统的就业与创业观念显得非常重要。如果引导的方向正确，措施得当，研究生创业数量和质量都会成为社会新的就业增长点，缓解目前高校毕业生所带来的就业压力。所以对于研究生创业教育的开展和理念的培养，应自始至终贯穿于研究生的三年学习和生活当中，而非毕业前的应急教育。学校可采取把创新创业教育有效纳入专业教育和文化素质教育教学计划和学分体系，建立多层次、立体化的创新创业教育课程体系。突出专业特色，创新创业类课程的设置要与专业课程体系有机融合，创新创业实践活动要与专业实践教学、学位申请答辩有效衔接，积极推进研究生的培养模式、教学内容和课程体系改革。通过一系列的措施，充分营造创业氛围，加强对研究生的专业技能与综合能力的培养，目的性地锻炼学生将专业知识转化为实践基础的能力。

2. 进一步优化创业环境，增强研究生的创业体验

首先，高校要结合实际情况，营造良好的创业文化氛围。通过开展丰富多彩的创业培训讲座、创业沙龙、模拟企业管理、创业大赛等活动，让研究生在这些活动中锻炼自身的创业能力，并在学校内形成重视创业、尊重创业的良好氛围。

其次，结合政府相关政策，加强校企联合，为研究生提供各行业的创业实践实习机会，增加研究生的创业体验。各高校可以利用与企业的合作关系，让有创业兴趣的研究生能够深入到企业一线去观摩学习、交流，从而让他们对创办企业产生较为直观的感受。

第三，充分发挥大学科技园和企业孵化园的作用，鼓励研究生创办入园企业。现在多数理工科、财经管理类高校均建设有不同级别、不同类型的科技园或企业孵化园，这对研究生在校园内获得创业经验提供了良好的平台。高校可通过设立"学生创业启航计划基金"，为优秀的创业项目设立启动资金，鼓励研究生在校期间创办企业，增加他们的创业经验和自信心，降低研究生直接面临社会创业失败的风险。

3. 全面整合多方资源，为研究生提供创业保障

通过本课题的调研分析，目前研究生在创业过程中最大的障碍主要集中在"资金不足，没有好的创业方向""经验不够，缺乏社会关系"等主要原因。为了解决研究生创业后顾之忧，高校应当帮助研究生整合各方资源，构建研究生创业咨询、管理和服务的一站式平台，为研究生创业提供足够的保障。

首先，发挥高校的师资优势，注重利用导师团队或吸收社会上一些既有创业经验又有一定学术背景的人士从事兼职教学和研究，加强专职创业教育师资的培训，从校内外的企业中聘请一批具有创业经历的专家作为"创业导师"，为高校创业研究生一对一地配备"创业导师"或"导师团队"进行指导。

其次，高校应加强与政府的合作和交流，将研究生创业教育纳入国民创业教育体系，争取政府多方面的支持，从而形成校地联动机制。可以通过定期邀请政府就业创业部门来校讲解国家对于高校学生创业的扶持政策、讲解高校学生创办企业的相关程序，或与高校联合在校内设立高校学生创业咨

询、管理和服务的一站式平台,降低研究生创业的时间和经济成本。

第三,高校除本身设立"学生创业启航计划基金"外,还应引入和社会风险投资机构、天使基金的合作。通过引入社会投资机构的丰富资源,确保研究生的创业项目能够得到较好的投融资,解决创业资金不足的问题。

第四,高校应提高研究生科研成果转化意识,建立良好的科研成果转化机制。较于本科生而言,研究生的科研能力和优势凸显。除了他自身具备的能力和素质外,他还有导师和实验室团队作为其科研成果转化创业的支撑。高校应当提高研究生科研成果转化意识,在研究生创办科技企业时给予全方面的扶持,甚至对于好的科研转化项目,采取高校和研究生共同持股、风险共担、收益共享的合作模式,建立良好的科研成果转化机制。

4. 发挥创业典型示范效应,加强对研究生创业典型的宣传

首先,发挥创业典型的示范作用,是强化创业工作的重要途径。创业典型在某种意义上来说是一种精神的信仰,是强化高校学生创业工作的重要途径,树什么样的典型,标志着一个组织提倡什么、弘扬什么。树立一个先进典型,就是竖起一面旗帜,就是在学生中确立一种导向。

其次,发挥创业典型的示范作用,是高校学生创业的重要参照。某一个创业典型的成功,他的全部或某部分成功经历可以成为其他创业者可复制、可参考的样本,为后来者提供指导和帮助。

第三,发挥创业典型的示范作用,是高校学生创业文化建设的重要标志。加强高校的创业教育,进而形成良性的创业文化对于培育高校学生创业具有特殊而又重要的作用。好的土壤,才会孕育好的种子,好的创业氛围和创业文化才能孕育好的创业项目。

四、结语

我国已进入必须依靠创新驱动发展的新阶段。推动结构调整和产业升级,需要创业的助力和催化。通过支持战略性新兴产业和高技术产业处于成长期的创新型中小企业发展,可以激励创新创业、扩大社会就业、促进创新型经济加快成长。为了贯彻落实党中央、国务院关于全面深化改革战略部署和促进高校毕业生就业创业工作要求,引导和支持更多的大学生创业,人社部等九部委下发了《人力资源社会保障部等九部门关于实施大学生创业引领计划的通知》(人社部发〔2014〕38号),这是鼓励高校学生创业的一剂"强心针",是高校发展研究生创业教育和开展研究生创业工作的"助推器"。因为青年大学生创新创业是我们增强国家实力的必然选择,是解决我国面临诸多挑战的根本性举措,是人民群众自身发展的内在要求,是提高社会生产力和综合国力的战略支撑。我们应当充分利用国家政策、响应国家号召,大力在高校研究生中开展创业工作,从而为我国高等教育的良性循环和健康发展做出贡献。

参考文献

[1] 吴薇. 构建促进研究生自主创业支持体系的思考[J]. 思想理论教育,2009,(19):75-78.

借鉴国际经验构建工科研究生创新人才培养体系的实践*
——以哈尔滨工业大学交通运输工程学科为例

王 健，胡晓伟[1]，于 航[2]

(1.哈尔滨工业大学交通科学与工程学院　150090
2.哈尔滨工业大学研究生院　150001)

摘要：借鉴华盛顿大学培养创新型人才的特色，从"如何做研究、研究选题、研究方法、成果展示"四个方面借鉴国际一流大学研究生培养和教育的先进经验，构建工科研究生创新人才培养体系，有利于提高研究生科研创新能力的培养与科研之间的互动，并结合交通运输工程学科的特点进行重点突破，在英文课程共建、研究生科技创新大赛引导、多源国际合作交流等方面进行了有益的探索和实践，有效地解决教学、项目与科研创新各个环节之间的衔接与联系，培养研究生的创新精神和研究能力，逐步缩小与国际一流学科的差距，为实现哈尔滨工业大学建设世界一流研究型大学的目标不断探索创新。

关键词：研究生教育；交通运输工程；国际合作；创新人才

交通运输工程学科作为一个应用性和理论性相结合的工学学科，具有较强的实践性和可操作性，如何为交通运输工程学科培养更多的创新型人才、提高研究生的培养质量是交通学科教师关注的一个重要问题。结合哈尔滨工业大学交通运输工程学科建设发展的实际需要，借鉴美国华盛顿大学(University of Washington, UW)土木和环境工程系(Department of Civil and Environmental Engineering, CEE)的研究生教育和培养特色，不断寻求创新人才的培养途径和培养模式。

一、华盛顿大学研究生培养特色

华盛顿大学作为一所世界顶尖的著名大学，位居美国十所最顶尖研究型大学之列，在培养研究生创新精神和研究能力方面具有独特的特点[1]。美国UW近年来支持和鼓励跨学科研究生教育，项目的教学人员一般都具有不同的学科背景，他们大都来自不同的院系或者科研中心；还有的是具有扎实的多学科理论知识的学者，至少精通两个学术领域，有资格和能力培养跨学科研究生[2,3]。

UW的研究生在选题的时候，需要与自己的导师进行多次深入的交流。导师更注重研究生提出个人见解，并启发学生的自身思维，鼓励他们形成自己的观点[4]。在教学过程中，每周有一个固定时间，导师与学生就本周的研究进展进行讨论，可分为一对一和多对一的两种[5]。UW的专业课程讲授不受某一本教材的约束，而是教师根据自身的教学经验和对课程的理解来安排课程内容和进度。教师会明确学生在下次上课之前课前阅读的资料，包括课本和网上资源，具体到页数[5]，从而在讲课时有针对性地向学生讲解。

UW的老师注重通过国际会议交流来拓展学生的研究视野和促进学术交流[6]，通过资助学生参加国内或者国际学术会议，例如TRB年会，每年华盛顿大学都会有博士生去参加TRB年会并宣读自己的文章，通过报告和海报的形式与国际学者开展交流。

通过对华盛顿大学土木与环境工程系研究生培养特色的总结[7]，有针对性地提出了我国交通运

---

* 黑龙江省高等教育教学改革项目高教综合改革试点专项项目(GJZ201301003)；黑龙江省高等教育教学改革工程项目(JG2012010163)；哈尔滨工业大学研究生教育教学改革研究项目(JGYJ-201526)。

输工程学科研究生培养需要借鉴的部分,包括学科交叉培养、出国交流、课程设置和面对面讨论等方面。

二、工科研究生创新人才培养体系的构建

依据哈尔滨工业大学建设世界一流研究型大学的目标,利用哈工大国际合作交流和多学科交叉的优势,将华盛顿大学研究生培养的经验本土化,具体从提高研究能力、确定研究选题、创新研究方法和交流研究成果等方面进行具体的实践,构建了国际一流学者共建英文课程教学、研究生科技创新大赛引导、多源国际合作交流的创新培养体系,通过优化和改革来提高我校工科学科的研究生创新能力。

1. 共建英文研究生课程教学

通过英文课程共建,可以借鉴国际高水平大学在研究生教学中的经验,促进我校研究生课程体系的完善及研究生课程教学质量的提高,强化创新人才的理论基础与实践能力,进而可以探索构建一套适合工科学科的示范性国际教学交流平台和机制。

以交通运输工程学科为例,主要开设的国际英文研究生共建课程有 *Transportation Management Decision-making Theory and Methods*(与美国伊利诺伊大学-香槟分校共建)、*Principle of Viscoelastic*(与法国里昂大学共建)、*Pavement Dynamics*(与德国亚琛工业大学共建)、*Bridge Structural Health Monitoring and Safety Evaluation*(与美国东北大学共建)。这些英文研究生课程共建,使研究生的毕业论文选题、学术论文发表和毕业去向具有国际化和精英化的特质。

2. 研究生科技创新大赛引导

为进一步培养我校研究生"探索自然-引领未来"的科技创新意识,加快创新型人才培养机制建设,促进研究生学术活动开展,哈工大研究生院组织和实施了研究生科技创新大赛。同时鼓励和支持研究生积极参与各种类型的设计大赛,如数学建模大赛、电子设计大赛、建筑设计大赛等。通过研究生科技创新大赛引导、多种奖学金共同激励,推动了研究生科技创新活动的开展,研究生参与科技创新的比例逐年增长。

其中哈尔滨工业大学第一届研究生科技创新大赛以"未来三十年大城市交通蓝图"为主题,从多元化角度展示我校研究生对于未来交通发展的关注和构想,其中"自动驾驶背景下未来交通出行模式设计""重力驱动磁浮可编组个人轨道交通设计""半空直升式公共交通(空中快巴)的可行性与实现方法研究"等作品获得了校内外评委的好评。

3. 多源国际合作交流

充分利用哈尔滨工业大学的国际合作与交流特色,利用博士生短期访学计划、优秀博士生国际交流计划、国际会议资助计划和暑期学校等国际交流项目,实现了研究生培养与国际一流学科的最新研究同步,鼓励研究生通过国际合作展示自己的研究成果,与国外学者进行探讨和交流,与其建立良好的合作关系。

近三年,交通运输工程学科共派出 12 名博士研究生、硕士研究生参加了交通运输领域一流国际会议——TRB 年会(Transportation Research Board Annual Meeting program);并与美国伊利诺伊大学-香槟分校、瑞典皇家理工学院联合举办了四届国际交通运输领域博士生论坛,吸引了国际知名学者和博士研究生参与;2012~2015 年共有 17 名博士生获得国家留学基金委 CSC 资助,分别赴美国华盛顿大学、德州农机大学、伊利诺伊大学-香槟分校、澳大利亚新南威尔士大学等高校,与国际一流学者进行科研合作。

4. 研究生教育与培养成果

基于所在学院的研究生培养实践,将华盛顿大学研究生培养的经验本土化,构建了交通运输工程

学科研究生创新培养体系,综合考虑共建课程、创新大赛、多源国际合作的影响,将研究生的自我创新意识、导师的创新引导和学校的创新研究环境统一起来,取得了较为丰硕的成果。

通过借鉴华盛顿大学研究生培养的经验,鼓励研究生在国际期刊发表论文,2012~2014年间交通运输工程学科博士研究生共发表SCI文章24篇,其中包含交通领域顶级期刊 *Transportation Research Part B* 等;2012~2014年间博士研究生获得授权发明专利10项,获得省部级及以上科研奖励7人次。

近三年,交通运输工程学科向社会输送了近200名硕士、70名博士。部分优秀硕士以优异成绩考取了交通运输部规划研究院、公安部道路交通安全研究中心等中央直属机关公务员,部分优秀博士竞聘到哈尔滨工业大学、北京航空航天大学、华南理工大学等985高校任教。

三、工科研究生创新人才培养体系的进一步拓展

以上总结了哈尔滨工业大学交通运输工程学科借鉴国际经验,构建工科研究生创新人才培养体系的实践和成果,下面将结合国际学科评估与国内一级学科评估的契机,进一步查找交通运输工程学科与国际一流学科的差距,了解国内外相关高校在交通运输工程学科的发展方向与目标,摸清导师对研究生创新的期望和研究生自身对创新的理解及兴趣点,引入反馈机制,不断改进和提升研究生培养质量与创新能力。未来将会在以下方面开展进一步的拓展与完善。

1. 多学科交叉研究的深入

目前的学科交叉偏重于工程与材料方面,而随着大数据的快速发展和智能交通管理的要求,未来可进一步加强与管理科学与工程、计算机科学与工程、控制科学与工程等学科的交叉与融合。根据学科交叉的需要,鼓励研究生选修课程、项目合作和文章讨论,提高交通运输工程学科的多学科交融,启发研究生的创新性思维。

2. 研究生课程教学的模块化

麻省理工学院(Massachusetts Institute of Technology)在2014年提出的课程教学模块化,对我校交通运输工程学科研究生教学是一个极大的启发和改进。结合目前硕士培养中学位硕士与专业硕士的划分,可分别构建包括交通模型、算法设计、交通政策与交通数据处理的学位硕士课程教学模块,构建包括交通调查、工程实践、交通仿真与交通政策的专业硕士课程教学模块。

3. 课程教学的慕课发展

目前正迅猛发展的慕课(Massive Open Online Course, MOOCs)授课方式将会对传统的授课产生冲击,将会在课程讲授过程中加入一些视频影像资料,同时结合国际一流学科的慕课资源,提高学生对知识点的理解深入程度,同时可以及时检查学生的学习效果,并反馈到以后的课程学习和知识点分析中,结合研究生的个性化需求进行知识的传授,使研究生的个性化培养得到彰显。

参考文献

[1] DUBROW G, HARRIS J. Seeding, Supporting, and Sustaining Interdisciplinary Initiatives at the University of Washington: Findings, Recommendations and Strategies[D]. Seattle (WA): The Graduate School, University of Washington, 2006.

[2] 刘亮亮. 华盛顿大学和北京大学跨学科研究生培养项目的比较[J]. 世界教育信息, 2006, (7): 35-36.

[3] FLAHERTY J, VON MASSOW M. Mixing business with science: Graduate student perceptions of a pilot interdisciplinary course [J]. Transformative Dialogues: Teaching & Learning Journal, 2013, 6 (3): 1-14.

[4] 刘黎,赵德龙. 中美高等教育之比较[J]. 四川师范大学学报:社会科学版,2004,31(3):49-53.
[5] 黄云志. 美国华盛顿大学研究性教学对创新人才培养的启示[J]. 电气电子教学学报,2009,31(增刊):83-86.
[6] 胡甲刚. 美国跨学科研究生培养管窥:以华盛顿大学"城市生态学"IGERT博士项目为个案[J]. 学位与研究生教育,2009,(10):71-75.
[7] 安实,胡晓伟,王健. 美国华盛顿大学研究生培养对交通运输工程学科的借鉴[J]. 研究生教育研究,2014,(2):88-90.

仪器学科研究生创新能力培养现状及提升举措

苏绍璟,周 靖,郭 凤

(国防科学技术大学机电工程与自动化学院 410073)

摘要:高校在培养工科研究生掌握坚实宽广的基础理论和系统深入的专门知识的同时,更重要的是培养研究生具有独立从事科学研究工作的能力。国防科技大学仪器科学与技术系是军队测控技术与仪器仪表专业高素质人才培养与科学研究的重要基地,但目前的研究生培养现状与部队对研究生创新研究能力需求之间仍存在一定的差距。针对研究生在科研工作和学位课题研究的创新性上表现出来的一些不足,需要从课程设置、培养过程和评价奖励机制等方面进行一些新的改革和探索。

关键词:仪器科学;研究生;创新能力

一、我校仪器系研究生创新研究能力的现状

军事院校的仪器科学与技术学科作为军事信息技术的关键和基础学科,主要研究物理信号及信息的获取、处理、传输和应用等方面相关的科学与技术问题,对国防军队建设有着极其重要的作用。世界新军事革命深入发展,战争的信息化和精确化特征更加明显,迫切需要仪器学科为我军培养掌握仪器科学与技术专业范围坚实的基础理论和系统的专门知识,能独立从事本学科及相关领域教学与科学研究的高层次专门人才或解决实际问题的高层次应用型人才。

目前,我校仪器学科奠定了较坚实的基础并呈现出良好的发展势头,学科综合实力不断提升,2012年在教育部全国一级学科评估中排名第八。从普遍情况看,我系研究生大多专业素质良好、技术基础扎实。但仍有一些研究生主观能动性不强,独立研究能力不足,创新研究能力与军队对创新性军事技术人才的需求之间有一定差距,主要体现在进行科研项目和课题研究的过程中还存在以下一些问题:

(1)自信不足,独立性差,依赖性强。有些研究生在遇到工程难题时,往往被困难吓住,首先期望有高手帮忙解决而不是自主研究。甚至在一些简单的技术细节上不敢查询参考资料、独立论证和自己"拿主意";习惯于反复向他人求证,缺乏创新的意识和胆识,不敢挑战权威,不敢"标新立异"。

(2)自学能力欠缺。课程学习和导师的传授,只可能涵盖实际科研工作和学位课题研究中面临的问题的极小部分。新的课题项目往往要求研究生能够通过自主学习补充新知识,而一些学生太过于依赖课堂和书本所学,不管是科研工作还是论文研究,自主学习新知识的意识和能力比较欠缺。这样的现象还常出现在一些课程学习成绩非常优秀的学生身上,例如,我系近几年部分推荐免试、提前攻博的博士生反而更难按时拿到博士学位。这表明我们的教学工作很成功,但忽略了学生自学能力的培养。

(3)畏惧困难,精力分散,钻研毅力。科研攻关和论文研究,难免会遇到一些不易解决的核心关键技术。一些研究生在此过程中没有解决问题的足够耐心,在工作中遇难辄止,缺乏迎难而上的坚强意志力和开拓创新的战斗勇气。

---

* 国防科技大学"十二五"研究生教育教学改革研究资助项目。

二、创新实践能力不足的原因分析

结合本校研究生在科技创新中表现出的一些不足,笔者认为,造成上述问题的原因主要有以下几点。

1. 课程教学中培养研究生的能动性不足

传授知识的形式局限于教材、课堂和教师,而忽视学生的能动性,是一种封闭的教学方式。若教学过程中激发学生创新潜能的开放性、研讨性、实践性环节不足,则学生会习惯于课堂学习理论知识、课下利用所学定理和公式练习巩固的传统思维方式;主观求新意识不够,能动性没有得到有效激励,思维僵化;缺乏创新的意识和胆识,不敢创新,惧怕"立异"。杨振宁教授就曾说过中国传统教育培养出来的学生"胆子小,教师没讲过的不敢想,教师没教过的不敢做"[1]。在课题中遇到新问题,缺乏主动通过文献检索和反复研究来分析解决问题的意识,甚至存在"没有现成资料和参考方案就不能开展工作"的现象。

2. 导师对研究生创新能力的培养缺乏正确的认识和准确的把握

(1)"欠指导"导致科研工作"缺钙":有些导师自身业务繁忙,疏于对研究生方向性的指导,没有很好地引导学生逐步掌握科学研究的基本方法,培养其分析问题和解决问题的综合能力。

(2)"过指导"导致欠缺科研工作"自理能力":有些导师在学生遇到困难时,勤勤恳恳地一次次帮忙解决甚至帮忙查找文献,实际上这样并不利于学生体验学习探究过程,不利于仪器学科研究生创新性培养目标的实现。

3. 培养机构对研究生创新活动的激励力度不够

研究生培养过程虽在指导思想上鼓励学生创新,但在对研究生创新实践活动的鼓励力度和经费支持上仍有不足。我们的学生往往需要花费太多精力在课程学分上,而仪器学科是偏实际应用的学科,只有创造更多机会接触到真正的实践应用才能对学科内涵和科研工作理解透彻。

三、加强仪器系研究生研究能力的几点举措

对于仪器学科的研究生,强化其自主研究能力、技术攻关能力以及创新思维方式,产生的社会效益远远高于课堂讲授和导师指导之下学生单纯按部就班执行的培养模式。

(1)课程设置:注重实践性和开放性。

可以借鉴一些国外名校的教学方法[2],针对研究生开设一些前沿性、实践性强的课程,教学内容为教师推荐的文献和自选课题,指导学生对教学内容进行独自思考或分组探讨,但对涉及的观点不做是非定论。学生根据选题去选材、论证和实施。注重学生对问题的思考、探究和解决的过程以及相互之间的团队合作与学术争辩,让学生能够视角独特而富有创见。

(2)培养过程:从培养学生的学习习惯入手,让学生有更多的机会体验探究过程,加强对学生学习方法的指导。

①增加实践探究。让研究生在培养早期就参与到工程项目中来,解决一些有研究意义、有一定难度的实际问题,并时常进行总结,从而激发其科研兴趣,培养其创新精神和科研态度。

②加强研究型教学。增设定期性研讨交流会,推进培养模式由被动适应性学习向主动探索性学习转变[2],由传授知识向传授方法转变,突出科学态度、科学方法和科学精神的培养。重视内外部的各种学术交流活动,扩展学术视野,在思维碰撞时激发更多灵感和火花。

③注重文献检索能力的培养。文献查阅及综述是科研工作的第一步,是了解某一专业领域的前言问题和发现新问题的基础[3]。例如在学位论文开题阶段,导师应指导学生选题,但不直接参与学生选题,让学生在一定的依据下自主选题并培养学生掌握从书本、期刊、报告、网络等一切可能的途径

快速研究消化并获取自己所需信息的能力。

（3）评价机制：鼓励、重视、挖掘和提升学生的创新意识。

①建立灵活的优惠政策、奖励政策和制度，加大研究生创新的鼓励力度。加大学生申请课题或资助基金的支持，并对做出成绩的学生给予奖励。鼓励学员参加学科竞赛、科技创新和成果转化等活动，对发表高水平学术论文或取得专利者进行奖励。鼓励学员申报并完成创新实践项目或自主设计并完成创新实验，制定相应机制计入实践学分。

②建立多层次课程考核方法。采用以期末卷面成绩为主的考核方式，学生可能会以考前突击来应付，实际掌握知识的状况并不好。要突破传统的考核方式，在课程考核过程中加大对自主解决问题能力的评估，对积极参与科研活动的学生加分，督促学生创新实践能力的提高。

③条件建设。创造条件建设稳定的专业实践基地对专业实践环节的落实非常重要。建立满足本、硕、博一体化人才培养的仪器学科专业实验室、高性能军用传感器实验室、网络化测控研究平台和装备计量与测试中心。根据学科特点及承担的科研项目，以更加灵活和开放的学制体系保障创新型人才培养的质量。

四、改革试点及成效

针对仪器科学研究生自主创新研究能力的提高，我系近年从课程建设、培养方案和奖励机制等方面进行了一些改革试点，并获得了比较好的成效。

1. 课程改革

根据仪器科学与技术的学科内涵和学科体系，以强化研究生工程实践能力、科研能力的培养为目标，增加了实验教学学时，加大了实验室开放力度。例如在基础教育阶段，开设了开放性实验课程"现代测试技术实验"，并对"数字化测试技术"课程的实践部分进行了改革。课程模拟科研课题过程，学生首先根据教师推荐或自主拟定的方式确定选题，然后在教师的指导下查找文献资料并拟定课题方案。同班同学模拟"评审专家"进行方案评估并由教师进行总结指导。方案通过后，根据实验室提供的各种实验开发平台进行方案实施，最后完成设计与实验报告并通过研讨会进行互评。经过这一过程的预先锻炼，学生在进入实验室参与科研项目时，彻底融入课题的平均时间从 6 个月缩短到 3 个月，在科研工作中的自主意识、创新意识和担当意识有了一定程度的提高。

2. 培养过程改革

在培养过程中，针对"欠指导"和"过指导"的问题，我们强化了导师的引导作用。一方面要有计划有针对性地指导学生掌握资料筛选、方案拟定、设备调试的基本原则和思路方法；另一方面敢于放手，让研究生在课题中担当主力，给予一定的压力，强调通过自主研究和团队合作攻坚克难。通过派遣研究生在没有教师带队的情况下独立或团队外出执行外场调试任务，有效锻炼了研究生独立自主的意识和能力。同时，实验室经常性开展学生主导的研讨交流会，促进了科研和学术的交流研讨和学术争论。学生发表 SCI 检索论文的数量逐年上升。毕业生自主创新能力提升，根据部队调查反馈，在部队科研单位主力承担装备研制任务的比例有所提升。

3. 创新激励机制改革

在机制创新中，我系近年制定了一些灵活的鼓励制度，加大了对研究生创新活动的支持力度。在招生时，对积极参与各种科研实践课题、学科竞赛的考生根据成效大小给予加分奖励；主办虚拟仪器大赛、协办机器人大赛等科技竞赛并增加资助力度；积极创造条件引导研究生独立申请科研经费和研究生创新基金；缩减课程学分的硬性要求，增加科研实践学分要求；完善学科建设与部队装备建设的互动，鼓励学生深入了解相关产业和军事技术前沿。同时在"十三五"建设规划中，拟构建科技含量较高的综合性研究生创新实验基地，进一步提高人才培养质量。

五、结语

本文对我校仪器学科研究生科研和学术研究能力的现状进行了一些总结。自此基础上,分析了研究生教育的不足,并从课程设置、培养过程和评价机制三个层面对研究生研究能力培养的探究提出了几点思考。当今社会呼唤更多创新研究能力突出的人才,如何提高研究生自主创新能力,在未来工作岗位能够更有担当,是研究生教育改革必须深入思考的问题。

参考文献

[1] 周鹏娜. 科技创新视阈下的我国高校人才培养模式的思考[J]. 传承, 2013(14): 112-113.
[2] 田喜洲. 论大学生科研能力的培养[J]. 重庆大学学报:社会科学版, 2002(6): 106-107.
[3] 樊超,孙明波. 在科研实践中培养研究生创新能力的几点思考[C]//国防科学技术大学研究生教改论坛. 长沙:国防科学技术大学, 2013:9-13.

需求视角下某工科大学研究生创新教育现状调查*

石红波,魏麟霄

(哈尔滨工业大学(威海)经济管理学院　264209)

摘要:创新教育应面向学生需求。为揭示高水平工科大学研究生对教育教学改革的关注点,根据在某工科大学进行的研究生抽样调查,对当前研究生的认知和需求现状进行了较为客观和深入的分析。结果表明,该工科大学研究生认为思维能力的培养在教育教学过程中最为重要,其中关键在于创新能力的培养。此外值得反思的是,研究生们对教学环节方面的改进期望较低。最后,针对调查结果简要分析了相关原因,并从研究生教育的思维培养、专业设计、学术环境、教学方法、课程设置五个方面提出了对策建议。

关键词:工科大学;研究生教育;创新能力;教学改革

一、引言

随着改革、开放、创新成为我国当前经济社会的新常态,社会变革与发展为高等工程教育研究提供了新动力。高水平工科大学研究生教育的根本任务是培养拔尖创新人才;而"拔尖人才"的培养要定位在"创新"层面上,创新教育的培养目标在于培养研究能力的创造性。工科研究生的创新能力是更高要求的工程实践能力,这一群体越来越成为各个工业领域中技术研发、工程实践和科技管理的中坚力量。本文面向学生实际需求,基于相关文献资料和问卷调查结果,试对工科大学研究生教育教学现状进行分析,为创新教育的改革发展提出建议。

二、国内外研究现状述评

1. 国外研究

"学以致用"的教育价值观在世界范围内被广泛接受,而卓越工程人才培养的最大难点就是实践创新能力的塑成。

早在2006年举行的第三届中外大学校长论坛上,美国耶鲁大学校长理查德·莱文(Richard Levin)曾指出,当今世界,"研究生仅具有专业性的知识是远远不够的""必须有批判性的思考、创新能力""要培养他们的好奇心、严密的逻辑思维和独立思考、解决实际问题的能力"。培养大量创新型人才是摆在发达国家高等工程教育面前的严峻课题。前美国工程院院长查尔斯·韦斯特(Charles Vest,2011)近年一直呼吁并强调,技术的精通、宽泛的教育、作为全球公民的自觉定位、可以成为商业和公共服务方面的领军人物以及伦理道德基础等目标应当纳入到工科研究生的培养方案之中[1]。

不仅如此,美、欧等西方学者普遍认为,创新意识和创新思维是在宽松、自主的环境中逐渐形成的,因此没有学术自由也就无创新可谈[2]。另外,近年来还有学者(2011,2013)提出,工科研究生创新教育的效果应该反映学生、工业界、指导教师和社会这四个利益相关者集团的意见和诉求[3]。

---

* 教育部人文社会科学研究专项任务项目(工程科技人才培养研究)"卓越工程人才校企合作培养的动力溯源与机制创新"(15JDGC011);哈尔滨工业大学研究生教育教学改革研究项目"高水平工科大学研究生创新教育的发展现状和调查研究"(JGYJ-201326)。

2. 国内研究

创新教育是指为了使人们能够创新而开展的教育活动,即凡以培养人的创新素质、提高人的创新能力为主要目标的教育活动,都可以称之为创新教育。

对于工科大学来说,创新教育有其独特的内涵。徐显明(2009)指出,工程技术类学科最高水平的创新是创造新的方法,即创造新工艺、新流程、新途径、新手段[4]。不言而喻,工科类研究生的创新能力和水平将在很大程度上影响到国家的自主创新能力。

王树国(2011)认为,作为国家创新体系的动力系统,研究生整体教育质量,与当前国家经济社会发展对人才需求之间存在较大差距[5]。越来越多的学者意识到这个问题,一系列关注研究生教育改革的文献相继出现。廖文武等(2012)从质量意识不强、生源质量下降、指导力量不足、过程控制不力、经费投入匮乏等五个方面,探析了影响我国研究生教育质量保障的重要因素及问题[6]。杨春艳(2010)则指出,欧美研究生教育改革自21世纪以来,已经明显趋向于关注实践操作能力的培养,也就是说,将学位课程与学生的职业发展结合起来,以更好地满足社会对人才的要求[7]。卢毅屏(2012)从实践的角度出发,探索了工科研究生创新能力培养的可操作性[8]。洪天求(2014)研究了合肥工业大学的"英才计划"教改实验班,从五个方面概括了该实验班的机制创新[9]。

与学生实际需求相比,多数研究仍停留在一般性探讨和对策分析层面,真正有助于深化工程教育综合改革的还有待提高。或者说,原则性的多,可操作性的少;依据二手资料的多,直接深入调研的少。本研究将力求有所突破。

三、问卷调查和统计分析

为深入了解工科大学研究生对现有教育教学现状的感知,研究中采用问卷调查的方法获得数据,利用描述性统计分析了不同类型研究生对创新教育的看法,采用因子分析则有助于构建教育教学综合指标,以便提出针对性的建议。

1. 样本选取及调查问卷的回收

本研究的调查对象为某"985工程"大学的硕士、博士研究生。共发放问卷580份,回收542份,其中有效问卷520份,有效回收率约为90%。样本年龄集中在21~26岁年龄段;男性368人,占70.77%;硕士研究生266人,占53.2%,其中学术型硕士125人,占47%,应用型硕士141人,占53%;博士研究生254人,占48.8%,其中脱产博士研究生238人,占93.7%,在职博士研究生16人,占6.3%。

2. 统计工具和方法选择

问卷结果的数据统计分析采用SPSS 20.0软件。首先通过描述统计,对比不同类型研究生对现有教育教学体系的建议。然后通过SPSS中的降维因子分析,将问卷中20个问题归纳为5个主要因子,通过每个系数与因子的得分情况得出样本的大概综合得分。同时,为方便起见,在SPSS软件中用A1~A20对应表示问卷中的20道问题。

3. 描述性统计

将原问卷中Likert Scale的五个衡量尺度对应地表示为"1""2""3""4""5"。值越大,意味着答题者对该问题重要程度的认可度越高。

调查结果显示,受访研究生普遍认为多培养创新能力是研究生教育的重要环节。该项问题对应均值最大,为4.455 8。除此之外,受访研究生对给予个人更大发展空间、加强师生交流、组织更多专业实践活动以培养动手能力这三个问题的重要程度的认可度也相对较高,其均值在4.3以上。

而多介绍学习方法、选择更适用的教材、照顾基础差的学生、注意课堂效果并合理布置作业这四个问题在受访者中的认可度相对较低,且照顾基础差的学生这一项内容得到的重要性评价最低,均值为3.5731。

与硕士研究生相比,博士研究生同样对多培养创新能力重视程度最高;在增加专业实践活动方面,博士研究生的重视程度(4.29)低于硕士研究生(4.37)。同时,与硕士研究生相比,博士研究生对基础学科、加强学术交流方面更为重视。这说明博士生更加注重夯实理论基础,了解学术前沿;而硕士生相对来说更加注重专业实践。

与学术型硕士相比,应用型硕士最重视的是拥有个人更大的发展空间,同时,从较为重视的问题项来看,应用型硕士更加重视专业设计和课程设置,希望专业定位更清晰,师生交流更多。

在职博士生与脱产博士生相比,最重视的均为多培养创新能力,而脱产博士生较重视的内容,在职博士生都纳入了同样重视的范畴。因为本次问卷调查获得的在职博士生样本数较小,所以两种类型的博士生对于研究生教育的态度对比性较弱,希望在以后的研究中可以对该类问题做进一步探讨。

4. 因子分析

本文通过对520份调查问卷的答案统计,在SPSS中进行探索性因子分析。

首先通过KMO(Kaiser-Meyer-Olkin)和巴特利(Bartlett)球形检验统计量,确定问卷样本是否可以进行探索性因子分析。

KMO是Kaiser-Meyer-Olkin的取样适当性量数。KMO测度的值越高(接近1.0时),表明变量间的共同因子越多,研究数据适合用因子分析。由表1可知,KMO值为0.850,表示适合进行因子分析。Bartlett球形检验的目的是检验相关矩阵是否是单位矩阵(identity matrix),如果是单位矩阵,则认为因子模型不合适。本数据结果显示的Bartlett球形检验近似卡方的值为1 944.528(自由度为136),伴随概率值为0.000<0.01,达到了显著性水平,说明拒绝零假设而接受备择假设,即相关矩阵不是单位矩阵,代表母群体的相关矩阵间有共同因素存在,适合进行因子分析(表1)。

表1 KMO 和 Bartlett 的检验

取样足够度的 Kaiser-Meyer-Olkin 度量		0.850
Bartlett 球形度检验	近似卡方	1 944.528
	df	136
	Sig.	0.000

提取方法:主成分分析。

接着用SPSS软件计算得到相关系数矩阵的特征值、方差贡献率及累计方差贡献率,采用主成分分析法提取特征根大于1的共同因子,并将因子载荷量低于0.5的项目进行删除。对问卷数据进行因子分析后,发现题目A5和A11的因子载荷均小于0.5,故删除这两项,重新进行因子分析后,发现题目A3的因子载荷又小于0.5,将它删除。再次进行因子分析,得到表2。

表2 解释的总方差

成分	初始特征值			提取平方和载入			旋转平方和载入		
	合计	方差/%	累积/%	合计	方差/%	累积/%	合计	方差/%	累积/%
1	4.663	27.432	27.432	4.663	27.432	27.432	2.735	16.090	16.090
2	1.442	8.483	35.915	1.442	8.483	35.915	2.339	13.760	29.850
3	1.254	7.379	43.293	1.254	7.379	43.293	1.826	10.739	40.589
4	1.130	6.645	49.938	1.130	6.645	49.938	1.392	8.186	48.775
5	1.062	6.244	56.182	1.062	6.244	56.182	1.259	7.407	56.182
6	0.915	5.382	61.564						

续表 2

成分	初始特征值			提取平方和载入			旋转平方和载入		
	合计	方差/%	累积/%	合计	方差/%	累积/%	合计	方差/%	累积/%
7	0.866	5.093	66.657						
8	0.739	4.349	71.005						
9	0.681	4.005	75.011						
10	0.667	3.921	78.932						
11	0.647	3.804	82.735						
12	0.586	3.446	86.182						
13	0.553	3.250	89.432						
14	0.502	2.956	92.388						
15	0.471	2.770	95.157						
16	0.432	2.543	97.700						
17	0.391	2.300	100.000						

从表中可以看出,前 5 个特征值大于 1,同时这 5 个公共因子的方差贡献占了 56.182%,说明提取这 5 个公共因子可以解释原变量的较大部分信息。

在此基础上采用极大方差正交旋转法,经过 9 次迭代后,得到旋转成分矩阵(表 3)。

表 3 旋转成分矩阵[a]

	成分				
	1	2	3	4	5
A16	0.644	0.029	0.234	0.159	0.203
A14	0.637	0.391	0.052	−0.042	−0.172
A15	0.630	0.197	0.309	0.002	0.017
A13	0.627	0.286	−0.109	0.041	0.048
A20	0.620	0.200	0.090	0.254	−0.006
A10	0.597	0.008	0.206	0.077	0.276
A18	0.096	0.667	0.185	−0.013	0.234
A19	0.276	0.644	0.045	0.211	−0.053
A17	0.144	0.635	0.049	0.146	−0.181
A12	0.220	0.621	0.086	−0.031	0.221
A8	0.201	−0.045	0.726	0.059	−0.062
A6	−0.058	0.277	0.709	0.173	−0.002
A7	0.311	0.141	0.619	0.079	0.066
A1	0.055	0.343	0.040	0.778	0.046
A2	0.236	−0.105	0.255	0.752	0.051
A9	0.076	−0.022	−0.143	0.103	0.834
A4	0.158	0.386	0.250	−0.062	0.512

注:a 表示旋转 8 次迭代后收敛。

提取方法:主成分分析。

旋转法:具有 Kaiser 标准化的正交旋转法[a]。

根据表3,将F1命名为"专业设计",F2命名为"教学方法",F3命名为"学术环境",F4命名为"思维培养",F5命名为"课程设置"。

可以得到如表4所示的因子结构。

表4 因子结构

因子	因子载荷值					解释方差贡献率/%
	F1	F2	F3	F4	F5	
专业设计	0.644					21.07
	0.637					
	0.630					
	0.627					
	0.620					
	0.597					
教学方法		0.667				12.27
		0.644				
		0.635				
		0.621				
学术环境			0.726			18.27
			0.709			
			0.619			
思维培养				0.778		35.92
				0.752		
课程设置					0.834	12.47
					0.512	

从表4中可以看出,解释方差贡献率最大的是思维培养,其次是专业设计。说明这2个公共因子相对其他3个来说更为重要。

四、结论与建议

1. 研究结论

根据调查和统计分析,可就研究生关注的教育教学现状得出以下结论。

第一,受访研究生在教育教学中最看重的活动为思维培养,主要在于创新能力的培养。关注最少的是教学方法的改进。其原因一是可以归结为高水平工科大学的研究生教学体系已经较为成熟,研究生素质普遍较高,教学环节普遍不需要更进一步改进;但相应地也说明现有培养机制在研究生创新能力的培养上还有较大的发展空间。另一个可能的原因在于,研究生培养单位更加看重科学研究,而轻视教学环节。学生受此大环境影响,对教学改革也就缺乏要求。

第二,比较硕士研究生和博士研究生对教育教学的态度,其差异在于硕士研究生更加注重专业实践活动,博士研究生更加注重学术交流和基础学科的建设。这也反映出两种不同层次研究生培养目标和培养模式的差异。

2. 对策建议

针对上述分析和研究结论,提出以下建议。

首先,思维培养方面,一是增设提高逻辑思维能力的课程,注重创新思维的培养。二是可以采取讨论式学习,由老师拟出问题,学生进行自主学习,独立思考,在讨论中互相启发及评价,从而学会交流与合作,培养创新意识。

其次,专业设计方面,增强专业的目标性、时效性,增加课外活动扩大知识面,增加专业课程及其应用介绍,加强就业指导教育,组织更多专业实践活动,开展多种方式的专业教育。例如加强校企合作,建立和扩大研究生校外实训基地,通过校外实训,帮助学生深入了解其专业内容。

再次,学术环境方面,要重视基础学科,在博士生教育教学过程中越加强调这一点。同时加强师生交流,多举办学术交流活动,如前沿讲座、报告等。

然后,在课程设置方面,研究生培养单位应加强研究生课程建设和教学改革的常态化投入,统筹使用各类经费。一方面提供优质、多元的课程资源,一方面支持和奖励愿意承担新课程任务、创新教学模式的教师。以培养创新能力为重点,科学设计课程分类,拓宽知识基础,培养人文素养。

最后,在教学方法方面,鼓励学生主动关注学术前沿和发展动态,而不局限于书本知识和课堂教学。注重培养学生的学习兴趣,为其搭建信息交流平台,提供各种获取学术资源的渠道,如参加学术会议和各类创新活动等。

参考文献

[1] VEST C. Context and challenge for twenty-first century engineering education [J]. Journal of Engineering Education, 2008(7):235-236.

[2] MITRAL S, CRAWLEY E. Effectiveness of self-organized learning by children: Gateshead Experiments [J]. Journal of Education and Human Development, 2014(3):79-88.

[3] 叶民,叶伟巍. 美国工程教育演进史初探[J]. 高等工程教育研究,2013(2):109-114.

[4] 徐显明. 大学的文化使命与大学文化建设[J]. 国家教育行政学院学报,2009(6):3-7.

[5] 王树国. 关于一流大学拔尖人才培养模式的思考[J]. 中国高等教育,2011(2):9-11.

[6] 廖文武,陈文燕,郭代军. 研究生教育质量影响因素分析与对策研究[J]. 研究生教育研究,2012(2):11-14.

[7] 杨春艳,王晨. 21世纪以来欧美研究生教育改革新趋势[J]. 学位与研究生教育,2010(9):60-65.

[8] 卢毅屏. 工科研究生创新能力培养要素初探[J]. 研究生教育研究,2012(4):54-56.

[9] 洪天求. 产学研协同培养卓越工程人才的探索与实践[J]. 合肥工业大学学报(社会科学版),2014(4):107-112.

军队工科院校研究生创新能力培养对策思考

王树礼,丁士拥,耿青霞

(装甲兵工程学院训练部　100072)

摘要:军队工科院校研究生创新能力培养主要是指院校在研究生培养过程对其创新能力进行主动作用与影响的行为和过程,在此过程中,培养理念、课程体系、管理方式、环境条件等发挥着重要作用。从研究生创新能力的基本内涵界定出发,对研究生创新能力进行了概念分析,并针对创新能力的重要组成部分,提出研究生创新能力培养应当重点关注的,包括培养理念、配套机制建设、环境条件支持等在内的六个方面主要问题。

关键词:军队工科院校;研究生;创新能力培养

"创新"一词在教育教学研究领域中的基本含义是要开发学习者的创新能力,培养创新型的人才,以促进学习者综合素质的全面提高。创新意味着提出并验证前无古人的理论或实践,包含对于某一领域的批判、开拓与推陈出新,是为满足某一领域的实际需要(包含理论及实践两部分),实现突破的行为,创新的成果最终可以是一种新理念、新理论、新设想、新技术、新的设备或者产品。研究生教育是高等教育的最高层次,其目的在于造就国家创新人才的中坚力量。提高研究生创新能力培养水平,是国家和军队的共同要求。教育部、发改委、财政部2013年联合下发的《关于深化研究生教育改革的意见》中指出,要完善以创新能力为目标的学术学位研究生培养模式,建立创新激励机制;《2020年前军队院校教育改革和发展规划纲要》(以下简称《纲要》)提出要完善研究生创新能力培养机制。要提高军队院校研究生创新能力,需要认真梳理军队院校研究生创新能力的基本内涵与架构,从而有针对性地解决创新能力培养过程中存在的主要问题。

一、创新能力基本内涵

《纲要》指出,要实施军队研究生教育创新计划,要采取各种措施,面向武器装备和部队实际需求,为研究生自主开展科学研究和实践创新提供平台。在这种形势下,军队院校研究生创新能力,是指研究生根据军队与国防建设、武器装备科技发展需要特别是院校主体任务需要,并结合部队相关需求,面向培养目标,基于相关领域现有资源,提出或发现问题,采取有效方法与措施创造性地解决问题,并对解决问题的相关成果进行提升、推广和转化,在此过程中所表现出的综合能力。这是对军队院校研究生创新能力的一个基本界定。

在研究生创新能力含义基本界定中,可以发现三方面要素。第一方面要素是创新能力的诱因,即研究生创新能力的根本源泉是面向需要和需求进行学习与探究,这是基础和关键,没有现实需求引导的创新,一般不列入研究生创新能力培养范畴;第二方面要素是基于相关领域现有资源,即研究生创新的基础,这一资源包括现有的文字资料、理论论述或者实践探索等,其中也暗含了一层意思:在现有基础中能够找到的内容,不能算是创新,而只能是抄袭,目前在研究生培养过程中常见的"学术不端",多数属于这一范畴;第三方面要素是能够发现或者提出问题并采取有效方法来创造性地解决问题,这一要素已经具体到了研究生学位论文中的"创新点"问题,也同时表达出,创新能力并不是一种专门或专项能力,而是在发现问题、采取措施解决问题过程表现出的综合能力,这种能力难以进行定量化的评判与评价,只能从多个方面进行综合性的评价。

具体而言,在军队院校研究生培养过程中,能够体现和支撑研究生创新能力的关键环节有五个:

一是课程结束后的文献综述环节,即运用所学相关领域知识进行自身知识体系构建、为个人创新打基础的环节;二是研究生开题环节,是通过导师的引导在相关领域发现问题和提出问题的重要环节;三是课题研究环节,是研究生解决问题,发挥主观能动性和创造性的重要环节,是体现研究生创新能力过程的重要环节;四是学位论文撰写环节,表面上看,学位论文撰写本身体现不出创新过程,而事实上学位论文撰写过程也是体现创新能力的关键环节之一;五是着眼于部队实际的综合实践能力培养环节,这一环节为研究生的应用创新能力培养提供支撑,其前提是需要构建相应的课程(理论)体系。

二、影响创新能力培养的关键因素

军队工科院校研究生创新能力培养主要是指院校在研究生培养过程对其创新能力进行主动作用与影响的行为和过程。有观点认为,研究生创新能力培养的关键完全在于导师。这种观点并不全面,或者说是不正确的。导师指导研究生时也会受到环境、条件等因素的干扰。导师在研究生创新能力培养方面起重要作用,但影响创新能力培养的关键因素主要包括以下几个方面。

1. 创新能力培养理念

军队院校研究生创新能力培养理念,主要是指院校对于创新能力培养的目标定位、方法途径等。其中包含与创新能力相关的教学理念、科研理念、质量观念与评价观念等,其中质量观念是核心问题。这些观念理念对于研究生创新能力培养起关键的牵引作用。

2. 培养模式

培养模式主要是解决怎样培养创新能力的问题,主要包括招生选拔方式、课程学习方式(理论课程与实践课程)、导师指导方式、科学研究方式等方面,院校可以通过这些环节的改革与创新,交叉与组合,最终达成研究生创新能力的培养。

3. 课程体系支撑

研究生各专业方向创新能力培养需要怎样的课程体系支撑,一直以来极少有完整的研究结论或实践结果。院校在研究生专业创新能力培养方面也极少提及课程体系支撑的问题。针对某一学科专业方向,为研究生构建一套有助于创新能力培养的课程体系,必定有助于能力的培养。

4. 研究生管理方式

研究生创新能力培养过程贯穿于整个研究生管理过程之中,研究生管理方式对于创新能力培养也会产生重要影响。面向创新能力培养的研究生管理方式也可以理解为,院校为实现研究生创新能力培养而采取的创新性管理活动,这对于培养工作具有很强的促进作用。

5. 研究生指导教师

"师父领进门,修行在个人。""入门",是一件重要的事情。研究生创新能力培养在一定程度上依赖于导师。导师在自己所属领域掌握前沿知识,拥有开拓意识,具有创新精神,才能引领研究生沿着该领域进行开拓创新。

6. 研究生培养条件

广义而言,培养条件是指院校通过建立相应的制度,统筹教育资源,为研究生创新能力培养提供相应的软件、硬件条件组合,包括教学场所、文献资料、设施、科研项目、组织机构及相关制度等;狭义而言,主要指教学科研条件保障,其中也会涉及有利于培养创新能力的师资力量建设等相关内容。

7. 科研学术氛围

科研学术环境和学术氛围与研究生培养条件一样,是研究生创新能力培养的基本平台。主要包括院校的学科建设水平、学科发展规划情况、学科交叉融合举措、学术交流机制等,都属于这一平台范畴,良好的科研学术氛围,有利于研究生创新能力培养。

三、创新能力培养应关注的主要问题

研究生教育是院校教育的品牌,是院校创新的生力军。就内涵而言,研究生创新能力培养工作需要有一个结果,并通常有平台和条件为依托,开发出有创新的理论、作品或产品。军队工科院校在研究生创新能力培养方面,需要关注以下几个方面。

1. 树立研究生创新能力培养理念

在研究生培养理念中,创新能力培养应当作为第一条宗旨。结合武器装备和军队建设需求的创新能力培养理念,更应当是军队工科院校追求的主要目标。所谓理念,应具有前瞻性、先进性、科学性、可行性与普适性。要具备这些特征,就需要院校进行开放办学,集聚和吸引优质办学资源,吸收先进办学经验,推动研究生指导教师确立立足于本学科专业领域的广泛对外合作意识,提升研究生指导水平,实现院校整体学术水平的不断提升,立足军内、国内,放眼世界,拥有全球视野,真正培养具有世界眼光的新型高层次军事人才。

2. 加强研究生培养品牌意识与服务意识

树立品牌意识和服务意识,对于培养研究生的创新能力非常重要。研究生教育在很大程度上是一个院校的品牌,代表院校的水平,品牌意识需要军队院校集聚全院(校)优势力量,开展研究生教育质量建设,在研究生培养的各个环节提升质量。同时,在目前社会就业形势倒逼地方院校研究生教育质量的情况下,军队院校也同样面临满足军队建设需要和部队需求的压力,这就需要军队工科院校在研究生培养方面树立服务意识,为社会、国家和军队服务,这是研究生创新能力培养的重要支撑,也是军队院校研究生培养工作的主要动力。

3. 夯实研究生培养模式与课程体系

创新能力培养的基础是什么?需要哪些关键要素?各军兵种、不同专业、不同武器装备均有所不同,良好的研究生培养模式是创新能力培养的重要保证,清晰化的课程体系是创新能力培养的关键基础之一。着眼创新能力培养,军队工科院校要以研究生创新能力知识体系构建为出发点,结合关键需求与实际情况,组织专门人员开展相关研讨,开展培养模式、教学方法、管理方式创新,认真梳理研究生课程体系,突出个性化培养特性与课程特色,为研究生创新能力培养提供基本保障并奠定重要的基础。

4. 构建适应需求的环境条件支持

院校为研究生培养所提供的环境条件,是研究生创新能力培养的重要保障,主要包括学习环境,如图书资料储备;场地环境,如实验室条件;课题研究环境,如与研究生相关的科研项目;导师队伍,如某学科专业方向杰出的带头人等。环境条件和培养理念一样,需要加大投入,但更需要长久的积淀。同时,部队也应当针对作战训练和武器装备运用中遇到的关键问题,与院校一起加强环境建设,建设一个有利于研究生持续开展创新的环境,为研究生的创新能力提供用武之地。

5. 推进配套机制建设

与研究生创新能力培养相关的配套机制建设,也应当属于环境条件的一部分,在此单独提出来,表明其在研究生创新能力培养方面的重要作用。研究生创新能力培养的配套机制建设主要包括创新扶持(扶助)政策、相关激励政策、科研学术交流以及教育教学管理制度等内容,院校需要依据自身的实际情况,对配套机制进行优化和完善,为研究生创新能力培养创造有利条件。

6. 提升创新意识和能力

个体的意识和能力在创新能力培养过程中占据主导地位。和其他能力培养一样,创新能力也需要培养主体的主观能动性。狭义而言,培养主体主要包括研究生指导教师和研究生学员。培养导师的创新意识和能力,需要进一步加强导师队伍的培养和培训工作,内容可围绕军队和国防建设最新需要,武器装备的最新发展及运用情况,新作战模式,新战法、训法等,使导师始终能够站在学科和专业领域的最前沿指导研究生。院校还应当通过加强氛围建设,着力构建教学团队、导师团队,引导研究生重构创新知识体系,培养研究生发现问题、解决问题的能力。

四、讨论

军队工科院校研究生培养工作的目的是造就国防和军队创新人才的中坚力量。有人认为,研究生的研究工作与实践能力培养存在较远的距离,创新与实践也不在同一个层面。事实上,创新能力与实践能力之间并不矛盾,后者使前者得以验证,并给予前者更多指导,进一步明确创新的方向,只有经过实践的创新才更具活力。院校研究生教育工作与学科建设工作密切结合,成为探究前沿、锐意创新的重要场所。在研究生培养过程中,军队工科院校在培养计划、课程设置、实践锻炼等方面,进行了不懈的探索,竭力落实国家和军队的相关文件精神,向建设知识创新基地、高层次创新人才培养基地迈进。

五、结语

创新需要相应的知识体系作为基础支撑,同时也需要深入了解和掌握相关领域现状,需要有目标和需求的牵引,即研究生创新能力培养需要院校和部队共同参与,要求导师务必了解培养目标,掌握部队需求,能够站在行业领域甚至职业的前沿,才能真正引领研究生开展脚踏实地的创新活动。同时,院校也应当站在宏观角度,为导师、研究生提供相应的氛围和保障条件。

参考文献

[1] 何青. 务实与求真:研究生创新能力评价研究[M]. 上海:华东师范大学出版社,2013.
[2] 鲍健强. 90 年代日本研究生教育发展研究[J]. 学位与研究生教育,2001(2-3):56-60.
[3] 李世海. 创新教育新探[M]. 北京:社会科学文献出版社,2005.
[4] 林崇德. 创新人才与教育创新研究[M]. 北京:经济科学出版社,2009.

军校研究生招生与创新培养再探析

王国红,李　彦

(空军工程大学理学院电子科学教研部　710053)

摘要:创新教育及对研究生的创新培养,是当前一大热点问题。作为研究生导师的笔者,以多年的教学实践及对制约军校研究生创新能力的几种因素分析后认为:互动式教育、实践式教育、师生平坐、语调和表情的加深等是启发研究生创新思维、激励研究生创新能力的有效措施;招收地方各类在职人员为研究生,体现"杂交优势",将会出现"学术包容""科研无界限""研究气氛活跃"等现象,也是研究生创新培养的科学方法。值得指出:对地方在职人员的招收,首先要加强保密意识的教育。

关键词:军校研究生;创新培养;师生互动;学术包容;科研无界限

中共中央、国务院于2010年7月,印发了《国家中长期教育改革和发展规划纲要(2010—2020)》(以下简称《教育规划纲要》),这个划时代的文献,成为我国教育发展与改革的指导性纲要。其中,再次强调要"继续实施'研究生教育创新计划',要不断提高研究生培养质量,创新研究生培养方法,培养一批拔尖创新人才"。在此之前的2005年,教育部《关于实施研究生教育创新计划,加强研究生创新能力培养,进一步提高培养质量》文件中指出,"以解放思想、更新观念为前提,以提高研究生创新意识、创新能力为核心。"上述两篇文献均说明了研究生创新教育(创新培养)的重要性与紧迫性。

关于研究生创新能力的定义,不同的研究者有不同的论述。但总体来说,多数研究者认为其内涵为:"研究生有目的、有计划地依托自身素质,有效利用各种创新资源,在学习、研究和实践等活动中,所表现出的创新文化认同能力、创新知识获取能力、创新思维提升能力、创新人格塑造能力、创新资源利用能力、创新成果产出能力等。"纵观目前我军研究生创新能力状况,其情形不够理想。如何进一步提高研究生创新能力与应用能力及应变能力的培养,是研究生教育与管理中一个不可回避的现实课题。

关于研究生创新能力培养,笔者已发表过两篇文章,在此进一步进行再探讨,并增加了研究生招生的探讨。

一、古今中外、伟大人物对教育创新的论述

我国春秋时代的伟大教育家孔子早在两千多年前就指出:"学而不思则罔",意思是光学习知识,而不去思考,就会迷茫(就不会去创新)……"我国古代伟大的教育家孔子,……正是自己杰出的创造才能、创造性贡献而创立了他们的历史地位。"

近代教育家陶行知先生早就提出了"创新教育""培养创造能力的人"。

我国改革开放的总设计师邓小平同志20世纪80年代初就为教育事业题词:"教育要面向世界,面向未来,面向现代化……"又指出:"引进技术改造企业第一要学会,第二要提高创新……"

Norman认为,创新能力意味着:①富有想象力,生成新的想法,脱离定式思维,以独辟蹊径的方式看世界;②新颖,例如发明或创造新事物、改进别人发明的事物,做别人以前没有做过的事物,以不同的方式做别人以前做过的事物;③有用、有价值;④探寻、实验和冒险;⑤批判性思维和综合能力;在创新能力的诸多特征中,新颖性和有用性是研究者公认的两个主要特征。

二、制约军校研究生创新能力培养的主要因素

请看一个现实中的案例:

某一军校研究生毕业后留校任教的老师,数年后,转业到地方某一"211工程"的大学继续任教,但任教后不久,根据教学督察组老师的意见及学生的意见:这个军校老师"下岗、转岗了"——从教师岗位下转到了教辅岗位,原因有以下几点:

①该教师的知识面不够广博;②讲课中不能举一反三,只能照本宣科;③每次讲课没有一点创新内容;④讲课中涉及的一些观点问题十分滞后。

此点说明了我们军校研究生的培养尤其创新能力的培养有待加强——作为现役军人、军校研究生及军校教师,随时面临转业的可能,因此,为适应社会的发展及教师自身的发展,我们自身的及研究生的创新能力培养及多方位适应能力的培养,不可回避且迫在眉睫。

军校研究生由于自身的特点:保密性、纪律性、适应部队战斗性、服从命令性、自成体系性等多种特殊性,在一定程度上制约了其创新能力的培养,因此,作为军校研究生指导老师,我们应探讨出一套既适应军校特殊要求,又适应地方各行业的研究生创新能力培养的新方案。

审视军校研究生创新能力培养状况,其制约因素主要有:

1. 创新氛围不够浓郁

创新文化氛围是提倡创新、激励创新、保障创新的价值理念、制度行为与环境氛围的集合体。目前军校师生的精神面貌、学风、体制和环境氛围,与真正的创新文化及氛围稍有差距,比如:

(1)创新意识不强。部分军校教员惯于应试教育,注重知识传授,轻于能力培养、思维启发。而在"军校等级观念较强的特殊氛围"中,学员多数是不会向教员提出异议的——此乃制约创新能力的障碍,也是在一定程度上的"马太效应"的反应……

(2)军校中师生关系往往表现为命令与服从的关系,阻碍研究生创新活力的激发,妨碍研究生创新思维的发展和创新品质的形成。

(3)跨学科跨专业的团队合作意识欠缺。现在的科学研究已经到了多学科、多专业、多单位交叉渗透、相互合作的阶段,一个课题仅靠本专业、本学科、本单位的知识与实力难于解决,而军校研究生的培养由于上述"保密性"等自身的特殊性,与外界地方院校、科研院所、企业等联系较少,这也是制约创新培养的一个重要因素。

2. 研究生教学中缺乏创新能力的培养意识

我国传统的教学模式是"教师讲,学生听",作为对这一传统教学模式的矫正,当前我们军校研究生教学中一个惯用的方法是"教员讲授与研究生口头讲述其研究报告相结合",一般是教员首先在较短的时间内概述某课程的基本理论、基本方法、发展历史及现状,再提供若干研究专题,让研究生进行分组并选择自己感兴趣的专题,课后检索文献并摘录其重要内容、准备研究报告,课堂上做讲述报告,然后师生讨论,最后教员予以点评。这种方法理想层面上看似以研究自主学习和探究性学习为主,具有一定的主动性、研究性和体验性,能够培养研究生检索文献、组织文献的能力及语言表述能力,但现实中,这种方法并未达到理想的效果——创新能力没能充分激发。究其原因,就是"军校研究生是吃军粮的——毕业后是包工作的"——"皇帝的女儿不愁嫁",研究生并没有下功夫准备研究报告。而地方院校研究生,包括大学生面临着就业的巨大压力——没有创新能力,是难以被较好的单位接收的,难以适应社会发展的。

三、研究生创新能力再探讨

多年的教学实践和经验,笔者认为应实施以下方法对研究生进行创新教育的改革:互动式教育;实践式教育;师生平坐;语调和表情的加深。

1. 互动式教育

互动式教育的实践古老而又年轻,应该说,早在两千年前的大教育家孔子开设私塾讲学时,已有实践。今天更富有意义及价值。互动式教育,可真正打开学生思路,且让学生畅所欲言,"张开幻想的翅膀"……以激活创造力及创新力……互动教育方法既是创新方法,又可培养学生的创新能力……

笔者且认为:能够与学生产生互动,说明教师的教学艺术高出一筹。

2. 实践式教育

实践式教育早在我国20世纪六七十年代曾有尝试,今天更有价值和意义。当今社会,竞争激烈,走向社会,走向国际,已成为教育的发展趋势。国家及每个学生都要参与国际竞争,"书呆子"已不能适应当今社会了,故实践式教育势在必行。实践一次胜过10堂理论课。

3. 师生平坐

师生平坐的教学方法,美国、英国等西方发达国家早有尝试,收效甚佳,这种教学法打破了我国千年来的"师道尊严"的传统规矩。

"师生平坐"教学法可使师生之间缩短距离,互相沟通,推心置腹,使学生对知识的传播更易接受和理解并共同探讨之,并可增强记忆,永刻心中。且可试行"学生反考老师"的做法,这些可使学生的思维获得飞跃式发展,是其创新能力培养的一种行之有效的方法。当然,在我们军校由于教员与学员之间严格的上下级关系,做到这一点,是比较困难的。

4. 语调和表情的加深

教师语调的抑扬顿挫、表情微笑与严肃、眼睛的闪亮可吸引学生的注意力,并可加深理解老师所讲的内容,即使多年后仍记忆犹新、历历在目。这是一种科学而通俗的教学艺术。

四、研究生招生新探讨——兼招地方研究生:杂交优势

为了体现"杂交优势",作为军校研究生指导老师的笔者建议:军事院校在招收研究生时,针对招收地方研究生、地方在职教师及工程师等应制定新的政策。

军校在招收研究生时,应出台新政策,制定出一定的比例招收地方生及地方在职人员。原因是地方大学、设计院、研究所及其人员等,具有多元学术、多元文化、多元科研思维等特征。将他们招到军校后,将体现出"杂交优势",将出现"学术包容""科研无界限""研究气氛活跃"等现象,尤其可避免,或者说尽可能地不出现"科研、学术武断"的做法,笔者认为:"科研、学术武断"是"科学研究、学术创新的一大毒瘤",必须除掉。在培养研究生尤其是地方在职研究生的过程中,进行学术探讨及交流时,要吸收地方在职研究生的"思想活跃""超长发挥"等特点,对指导老师也是一种促进,并以此带动军校研究生的学术科研思想,此上述"师生互动"的一种体现,也是我国优秀教育传统——"教学相长"的一种创新尝试。

值得指出:在招收地方研究生之后,根据军校这一特定环境,首先应对他们进行保密纪律及保密意识的宣传教育。

五、加强实习环节的培养

此点简言之,应加强军校研究生实习环节,尤其是在地方实习环节的培养,此为适应军校研究生服役数年后,转业到地方工作的应对能力,另一点也是创新能力培养的重要环节。

六、结语

教育改革势不可当,教学创新势在必行。只有这样,才能使我们的国家更加强盛、国防更强大。

军校研究生培养,一要适应部队"能打胜仗"的要求,二要适应"未来可能面临的二次就业"的要求,而创新能力及创新意识的培养,是适应上述要求的重要因素。

参考文献

[1] 杨叔子. 有志有力,有物相之——兼谈研究生的素质和创新能力[J]. 高等教育研究,2001(4):64-67.
[2] 朱清时. 如何培养研究生的创新能力[J]. 学位与研究生教育,2002(4):1-3.
[3] 廖和平,高文华,王克喜. 高校研究生创新能力培养的审视与思考[J]. 学位与研究生教育,2011(9):33-37.
[4] 徐芳瞿. 创新与创造教育[M]. 上海:上海教育出版社,2001.
[5] 邓小平. 邓小平文选(第二卷)[M]. 北京:人民出版社,1983.

工科高校研究生创业教育研究

徐 晶，姜亦鑫

（哈尔滨工业大学 150001）

摘要：高校开展创业教育是深入学习实践科学发展观，服务创新型国家建设的重要举措，是深化高等教育教学改革，培养学生创业创新精神和实践能力的重要途径。工科高校应紧密结合国家需要、学科特色、研究生特点，突出创业教育的普适性和针对性。本文结合世界一流大学创业教育的经验，结合国内工科高校创业教育发展过程中的有效做法，为促进我国工科高校研究生创业教育的特色发展提供有效建议。

关键词：研究生；创业教育

"大众创业、万众创新"作为我国经济发展新引擎，为经济社会发展培育和催生了新的动力，也掀起了我国创新创业的热潮。在全球创业观察覆盖的60多个国家和地区中，我国的创业排名已从2002年的第11名提升到第2名，已经成为全球创业最活跃的地区。在新的经济背景下，工科大学的育人使命也随之延展，创业教育模式的发展亟待完善，既要体现工科大学对现代与未来经济增长方式的适应，也要体现大学对社会发展独有的推动作用，突出创业教育的特色。研究生教育作为人才培养的最高层次，其创业教育应以人的全面发展为目标，以创业实践活动为载体，以创新精神和创业意识为核心，以创造和创业能力为关键，培养新一代具有创新精神、创业意识和创造能力的人才，并将他们作为辐射源，辐射和引领社会进步和创新，是工科大学研究生对国家和社会的一种特殊责任和使命。

一、国外工科高校创业创新教育特色

创业创新教育成果显著、产学研结合密切是世界一流大学的共同特征之一。美国创业创新教育开展较早，教育体系完善。从斯坦福大学创造硅谷奇迹开始，美国高校经历了一个从教学型院校、研究型大学到创业型大学的演进过程，高校创业创新教育蓬勃发展。而健全的创业教育体系、强有力的创业支持系统和庞大的创业合作网络，成为美国高校创业教育的主要特色。同时，美国高校创业大赛影响深远，1983年美国德州大学发起创业大赛，每年有20多所世界一流大学参加。Yahoo等公司就是在斯坦福校园的创业氛围中诞生的。麻省理工学院建立了MIT创业生态系统，构建了6个独立的项目和中心对创业教育与创业提供全方位的支持。MIT的"5万美元商业计划竞赛"已有20多年的历史，美国表现最优秀的50家高新技术公司有46%出自MIT的创业计划大赛。

创业教育在全社会的支持下开展起来，是英国创业教育的突出特色。政府启动了大学生创业项目，鼓励学生开展创业活动并进行实体运营，并将创业教育作为重要内容纳入大学战略规划。日本高校广泛开设创业教育理论和实践训练，以日本大阪商业大学为例，学生在所学专业之外，需在学校专业机构中进行为期4年的创业教育理论和实践训练，学校为创业大学生无偿提供创业场地和办公设备。此外，印度正以创业型大学的创建积极推动大学创业教育，全面营造创业氛围与创业文化，并取得初步成果。据统计，目前在美国硅谷及印度创业企业的数量居首位。

二、我国工科高校创业教育特色

自国家2002年在高校确立首批创业教育试点学校以来，工科高校结合自身特点和学科特色纷纷开展了多种形式的创业教育，研究生创新创业教育蓬勃发展。

(1)"面上覆盖,点上突破",教育目标层次鲜明。国内工科高校面向全体研究生开设通识教育课程,组织创业计划大赛、创业沙龙、创业大讲堂等普适性创业教育,使每一名研究生具有基本的创业意识和理念。同时,注重创业教育与学科学习结合、注重发挥创新实践对创业活动的前端激发作用,对于极具创业热情和创业基础的研究生提供专项创业培训、配备专业导师团、提供孵化基金与场地,培养研究生的创业素质。

(2)组织构架明晰,协作构筑创业教育体系。上海交通大学等高校设立了创业学院。学院由教务部门、学工处、研工部、团委、就业中心、校产管理部门共同组成。一般而言,教务部门负责科技创新,并联合经管学院、就业中心开展创业通识教育课程;团委负责组织挑战杯等竞赛类活动;研工部、学生处联合学生社团开展多种形式的创业实践活动,营造创业教育氛围;校产管理部门负责提供资金、培训,提高创业技能,帮助企业孵化。各个部门合力从基础教育、氛围营造、创业实践开展以及企业孵化共同推动创业教育开展。

(3)创新、创业教育与专业教育融合,培养方案符合人才成长需求。除了通过通识教育引导研究生的创业意识和企业家精神以外,很多工科高校通过开展领导力、创业机会等课程,使学生具备基本的创业素养。南京航空航天大学面向全校学生开展了30多门就业、创业类课程,并且将创业课程作为必修课,设定学分。通过鼓励开展与专业结合的创业教育课程,引导研究生在专业思维的基础上激发创业意识;通过案例研讨的模式使学生具有实战思维;通过模拟训练营、创办企业等环节引导学生真正参与创业实践。

(4)多元化创业导师团,助力学生创业。清华大学等工科高校都通过聘请知名企业家,创业成功人士,经济、法律等相关专业人士,成立了创业导师团。导师团在创业计划评审、创业技能培训、创业实践指导等多方面给予研究生专业的指导,帮助研究生解决在创业过程中遇到的困难,同时导师团的自身影响力与示范作用也增强了创业教育的氛围,使得创业教育更具有说服力和带动力。长三角和珠三角的工科大学,结合地域经济驱动优势,采取将创业团队和学生请进来的方式,组织创业俱乐部,将校内外专家、校内外创业团队和校外企业聚集起来,整合创业资源。

(5)建立学生创业园区,搭建平台孵化创业成果。各高校在资金和场地建设上都给予学生创业项目相当数目的投入。南京航空航天大学搭建了总面积3 000平方米的大学生创新、创业中心,中心容纳了学生创新实验室、创业社团、孵化园、创业指导中心等部门,实现了由学生创业到创业孵化的一站式体验与服务。浙江大学实行校政合作,搭建5 000平方米场地作为大学生创业孵化用房。上海交通大学、浙江大学等学校通过创业实训基地、创业孵化园为学生提供创业实践和孵化的场所,助力学生创业实践。哈尔滨工业大学在黑龙江省委省政府的支持下,建立了涵盖创客大厅、创业企业办公室、创客咖啡、公共加工平台、一站式服务办公室等孵化设施的大学生创业园,发挥创业园对地方创新能力的引领作用。哈尔滨工程大学在启航活动中心专门为学生创业提供了相应的场地和相关扶持政策。

(6)借鉴国外高校模式,创新创业教育手段。在美国哈佛大学i-lab模式的启发下,清华大学于2013年4月启动了创新创业教育平台X-lab。校内14个学院联合创建,以培养创新创业人才为目的,为有志于创新创业的清华大学在校各类学生和校友提供创业培训、辅导和支持。截至2015年1月,这一平台已经吸引5 000多人次参加培训,接收435个创业项目,注册128个初创公司,直接带动1 000余人就业,35个项目已经获得风险投资,融资总额超过1.5亿元。X-lab成立仅一年多就呈现了蓬勃发展的态势,众多工科高校也纷纷借鉴此模式,增强创业教育手段的灵活性和现代化。

三、工科高校发展研究生特色创业教育的建议

(1)研究生创业教育要有明确的定位。不是每一个研究生都适合创业,但是每个同学都应该掌握创业的相关知识,培养创业精神,能够判断机遇、抓住机遇;研究生创业精神培养能够为学生提供有效平台,使有兴趣的同学有机会吸收创业知识,提升创业能力。因此实现创业孵化绝不是教育的终极目标,而是人才综合素质的提升与强化。

（2）研究生创业教育要注重整合资源、协同合作。高校的资金、场地与师资力量相对有限，与地方政府、企业寻求合作不仅能获得有效的资源支持，同时三方的沟通交流也有助于打造良性的创业生态链。采取开放式组合的方法，促进跨校、跨领域、跨职业组建团队，打破学校之间、学科之间、院系之间的多重壁垒，鼓励多专业学生合作创业，鼓励在校生与校友组团创业，鼓励学生与社会各行业联手创业，丰富创业思维、加快创业步伐、提高创业质量。

（3）研究生创业教育要体现工科特色，提高科技创业率。工科高校的创业要体现工科特色，创业教育要以专业作为有效支撑，因学科特色而异。各高校创业企业孵化数据显示，研究生是成功创业企业的主力，科技含量高的项目转化成功率和竞争力具有明显优势，所以，在研究生中开展创业精神培养具有重要意义。

（4）研究生创业教育要建立科学的评价体系。教育评价是提升创业教育质量的保障，应遵循个性化、实践性、本体性和互动性原则。突出研究生创业教育的过程性、层次性以及对研究生健全人格和个性的培养作用。同时，研究生创业教育要坚持重实践的原则，增强与社会的直接对接和检验，构建"实践-反馈-协调"的评价模式，抓准"教育"对人综合素质的提升作用和全面发展的影响。

创业教育作为提高教育质量，培养学生创业创新精神和实践能力的重要途径，是我国现阶段及未来高等教育的一项重要内容。工科高校研究生教育要抓准"教育"的核心内容和关键环节，明确定位；注重整合资源，促进协同合作；集中体现工科特色，提高科技创业率；建立科学有效的创业评价机制，实现全面提升工科研究生创业教育的质量的目的。

参考文献

[1] 徐飞.创业之道——创新与创业大讲堂实录[M].北京：北京大学出版社，2013.
[2] 大学与创业教育——提高人才培养质量的新战略[M].北京：高等教育出版社，2012.

江西高校"服务国家特殊需求人才培养项目"创新创业教育研究

洪恩强,李 硕

(南昌工程学院 330029)

摘要:由于"服务特需项目"试点工作国内从开展到实施才过了两三年,因此整个项目还处于发展的萌芽时期。创新创业教育能对其培养制度中存在一些偏离专业硕士研究生本质特征的因素进行有益补充。将创新创业教育引入到"服务国家特殊需求人才培养项目"中,能进一步促进"服务国家特殊需求人才培养项目"人才培养目标的实现。

关键词:服务国家特殊需求人才培养项目;创新创业教育

一、"服务国家特殊需求人才培养项目"的本质特征

"服务国家特殊需求人才培养项目"是一项国家在面对经济社会大发展的背景下,为了能够更好地使我国高等教育发展主动适应国家现代化建设需求,针对有关行业领域特殊需求的高层次专门人才,按照"择需、择优、择急、择重"的标准,让少数办学水平较高、特色鲜明的高等学校,在一定时期内招收培养硕士、博士专业学位研究生的人才培养项目。2011年8月,国务院学位委员会正式发布《关于开展"服务国家特殊需求人才培养项目"试点工作的意见》,启动项目申报程序。当年11月,即发布《关于下达"服务国家特殊需求人才培养项目"——学士学位授予单位开展培养硕士专业学位研究生试点工作单位名单的通知》,确定项目试点名单。目前全国范围内已经有63所高校成功申请该人才培养项目,其中江西省范围内有关硕士专业学位研究生试点单位有3所:南昌工程学院(工程硕士)、宜春学院(药学硕士)以及井冈山大学(社会工作硕士)。

"服务国家特殊需求人才培养项目"是在我国迫切需要具有创新意识和能力的专业性人才的背景下产生的。因此,"服务国家特殊需求人才培养项目"教育要适应并服务于社会发展。"服务国家特殊需求人才培养项目"专业硕士研究生和学术型硕士研究生的培养目标的相同之处在于培养高层次的专门人才,不同之处在于专业人才的输出不同。学术型硕士研究生以培养学术型研究人员为主要任务,强调理论水平和学术能力;"服务国家特殊需求人才培养项目"专业硕士研究生以培养应用型实践人员为主要任务,强调专业技术和实践能力。

二、我国"服务国家特殊需求人才培养项目"培养存在的问题

在国际上,专业硕士研究生的培养是一种与行业专业技术职务的聘任紧密联系的专业学位的培养。我国的专业硕士研究生的培养经历了从成人教育到全日制教育的转变,硕士研究生教育培养方向从2009年开始经历从以学术型人才培养为主到以应用型人才为主转变。由于"服务特需项目"试点工作国内从开展到实施才过了两三年,因此整个项目还处于发展的萌芽时期。

"服务国家特殊需求人才培养项目"是指针对国家有关行业领域特殊需求的高层次专门人才,现有硕士、博士学位授予单位难以满足培养需求,择需、择优、择急、择重安排少数办学水平较高、特色鲜

---

* 全国教育科学"十二五"规划2014年度教育部重点课题"应用技术型高校产学研结合规律研究"(DHA140320);2015年南昌工程学院研究生教育质量工程校级教改课题"'产学研合作'在专业学位硕士研究生培养中的应用研究"(2015YJG023)。

明、能够服务国家战略发展需要,且在人才培养方面具有不可替代性的高等学校,在一定时期内招收培养研究生并授予相应学位的人才培养项目。

该项目之所以强调"特殊需求",必与一般需求不同。它是新时期我国对学位授权动态调控机制的一种全新探索,也是研究生教育模式的一次突破性尝试,不仅体现在培养单位的"特殊选拔"上,还体现在其培养单位的"有限授权"和"动态管理机制"方面。

造成我国"服务国家特殊需求人才培养项目"专业硕士研究生创造力不足,并影响和制约其健康发展的一个主要原因是其培养制度中主要存在以下一些违背其本质特征的因素。

1. 人才培养模式偏学术化

"服务国家特殊需求人才培养项目"专业硕士研究生的人才培养目标以实践运用为导向,以专业技术能力为核心,强调产学研的有机结合。但目前大部分高校专业硕士研究生的人才培养方案、授课教师、授课教材、教学方法等仍大多借鉴学术型研究生的人才培养模式,很少直接和用人单位共同商定人才培养方案等细则,使其不可避免地带上学术化的痕迹。

2. 创新创业意识有待提高

由于我国"双师型"教师普遍缺乏,使"服务国家特殊需求人才培养项目"专业硕士研究生在校期间夯实实践基础的机会较少。目前学校的任课教师仍按传统的教学方法和手段授课,使专业硕士研究生尽快进入角色的时间推后,专业发展目标不清晰。创新创业教育是帮助提高"服务国家特殊需求人才培养项目"专业硕士研究生教育质量的一个重要渠道。

3. 实践能力培养系统性不强

"服务国家特殊需求人才培养项目"专业硕士研究生前期在校学习,之后再跟随校外导师参与实践项目研究,使得校外导师成为决定专业硕士研究生实践能力培养质量的关键因素。学校理应提供更早的职业生涯教育、更多的资源、更广阔的平台来帮助专业硕士研究生自主地学习和实践。

三、创新创业教育对专业硕士研究生培养的积极意义

创新创业教育最早在20世纪30年代兴于美国,随后在欧洲等国家不断推广。创新创业教育使高校的科技研发和成果运用有效对接,最大化地实现了学校科学研究、人才培养和服务社会三大功能,其中人才培养是高校创新创业教育的关键。

(1)要提高专业硕士研究生人才培养的质量,必须强调其在促进社会的经济、科技创新发展、社会服务等方面的作用。通过创新创业教育,进行创新创业事业,打造创新创业品牌,完成创新创业成果,将对专业硕士学位研究生的培养质量的考核,进入社会后,确保专业硕士研究生学位的质量和声誉,杜绝"走过场"等现象的发生。

(2)创新创业教育的核心是创新创业意识和能力的培养,强调"授之以渔"。作为以学术性、实践性和职业性为特征的专业硕士研究生,创新创业教育有助于他们树立创新创业意识,夯实创新能力和实践能力,形成产学研合作体系,使科研成果迅速转化为市场产品,进一步实现我国科教兴国的战略目标。

四、专业硕士研究生创新创业教育平台建设的相关建议

1. 课程建设

探索适合于我国"服务国家特殊需求人才培养项目"专业硕士研究生培养目标的创新创业教育课程,让学校、校内外导师、企业三方共同制定专业硕士研究生的人才培养方案和教学大纲。创新创业教育课程不仅仅局限于理论课程的教学,还包括大量的实践教学环节。课程设计不仅要根据学生

的学科专业实行不同的创业实践教学大纲,还要将创业过程中应具备的创业意识、管理知识、财务知识等的培养有机结合起来。

2. 师资队伍建设

给予校内导师更多的企业挂职学习机会,给予校外导师更多政策和经费方面的支持。除此之外,邀请具有企业管理经验的企业家、投资家和企业高管为"服务国家特殊需求人才培养项目"专业硕士研究生做兼职教师,通过他们的亲身经历,使专业硕士研究生更能设身处地了解创业相关的经济问题和社会问题。通过真实的案例模拟和研究,帮助专业硕士研究生将所学运用到具体的新产品研发上。

3. 实践平台的建设

与企业更多地开展产学研合作,共建基地,共建实验室,共同分享实验设备和专业人才。学校可以为企业完成尖端产品的研发、人员的教育培训,企业为学校提供研究经费的支持和人才培养的场所,双方可以进入互惠互利的良性循环中。

参考文献

[1] 马陆亭.以提高博士生创新能力为宗旨机制建设[J].荆门职业技术学院学报·教育学刊,2007,22(1):1-3.
[2] 杨同军.美国硅谷地区高校创新创业教育的启示[J].中国成人教育,2015(4):105-106.
[3] 胡桃,沈莉.国外创新创业教育模式对我国高校的启示[J].中国大学教学,2013(2):90-94.

基于工科研究生自主创新能力培养的几点思考

金 宁，高治军，徐 亭，王延臣

（沈阳建筑大学 110168）

摘要：研究生教育，相对于本科教育来说，更加侧重对学生自主研究创新能力的培养。近十几年来，研究生招生规模逐渐扩大，但是，研究生学生的实际学习质量却出现了不同程度的下滑，在自主创新能力方面，尤其是工科研究生，存在一定的差距。本文通过对当前工科研究生教育现状的基本分析，尝试着提出了一些提高其自主创新能力的关键要素。

关键词：研究生；创新能力；培养

一、引言

社会的进步离不开创新，近代历史上，对社会生产力有着重大推进作用的三次产业革命，都是源于科学技术的发明与大规模推广应用，创新的重要性可见一斑。具体到当前高校的工科研究生，个人认为创新能力包含两个维度的能力：一是原始创新，二是集成创新。原始创新，就是在原先没有实验研究成果的领域进行创新，而集成创新则是通过归纳分析别人的创新成果，实现升级改进。言而总之，工科的研究生教育，不仅要使得学生掌握扎实深厚的专业系统知识，构建起学生基本的知识框，还要积极拓展学生的自主创新能力，培养学生动手实践、刻苦钻研的精神。

二、当前工科研究生的自主创新能力的综合概况分析

结合学校教育的基本情况与社会用人单位的反馈，可以知道，当前工科研究生，在自主创新能力方面主要存在的问题如下。

1. 学科专业理论发展滞后

通过对比一些高校的研究生使用教材和对导师授课内容的分析，发现当前很多高校的研究生教学理论不够先进，没有及时跟进当前学科领域的最前沿知识理论，同国外理论水平有较大差距，导师的授课内容也比较落后。对于工科的研究生来说，他们研究的内容与社会市场的需求紧密相关，而学科专业理论的滞后，则在一定程度上阻碍了研究的进步，与市场整体需求的差距逐渐扩大，同时，很多高校在学科专业理论建设方面，缺乏同其他高校的交流。

2. 工科研究生的科研实践参与意愿不高

根据相关调研数据，总体上看，工科研究生的实际研究实践时间较短，而且并不是所有的学生都有机会参加。对于一些比较枯燥的基础性研究、实验性研究，不少学生的参与意愿不高。现在很多高校研究生人数大量增长，面临的就业压力也越来越大，在校的很多学生在严峻的就业形式面前，更倾向于把顺利就业放在第一位，而投入到科研实践的时间和精力不足。

---

* 全国工程专业学位研究生教育自选研究课题（2014-YJ-025）。

3. 高质量的学术成果很少

从实际学术成果来看，当前高校的工科研究生，很难做出高质量高水平的学术报告，其研究内容、研究模式、分析框架、逻辑结构都显得创新能力不足，缺乏有突破性的创新。从学术研究和实际实验成果来看，工科研究生在校期间，研究的内容基本都是前人研究过的，鲜有突破创新，在研究技术和研究方法上，也大多是沿袭他人的模式。

4. 现阶段工科研究生的入学选拔机制不够合理

很长一段时间以来，工科研究生在选拔时都是"严进宽出"，这种模式降低了学生入学后的学习动力。不少学生为考研，在本科期间专攻与考研相关的一些课程，对其他课程采取应付的态度，根本不考虑专业知识的系统性，造成学生知识体系不合理，基础知识薄弱，不具备在研究生阶段进行创新的基础。另外，在校的研究生之间素质与能力参差不齐，由于其在本科时期所学的专业技能水平不同，而在进入研究生时期，导师很难组织整体有效的研究计划。

三、提升高校工科研究生自主创新能力的关键要素分析

上文分析了当前高校工科研究生在自主创新能力方面存在的综合问题，以下本文对提升高校工科研究生自主创新能力的几个关键要素进行详细分析。

1. 高校工科研究生培养的体制要素

传统的高校研究生培养体制，有很多需要进一步完善之处，对学生自主创新能力的培养有着不可忽视的影响。因此必须要对旧的培养模式进行解构分析，及时改进不合理的制约因素，逐渐引入产学研相互结合的人才培养模式。加大科学研究的对外开放步伐，提升与企业之间的合作水平，实现科研基础资源共享。有条件的高校可以独立承接企业的科研任务，然后通过导师的任务分配，将模块化的研究任务细分给工科研究生，充分调动学生的研究兴趣，并给予其应有的激励。高校导师要根据工科研究生的个体差异，分析清楚每个学生的特色专长，按照最优合理的组合形式加以匹配研究任务，对企业的研发需求进行深度剖析，结合高校自身的科研优势，切实推动工科研究生的实践性研究。高校要敢于尝试校企协作式培养，提升学生自主创新能力培养的目标性、针对性。在保证学生的创新思维得到有效锻炼的前提下，适当考虑科研攻关创新的成本效益。

2. 教材理论要博采众长、与时俱进

高校研究生的自主创新能力不强，除了学生自身缺乏必要的创新锻炼之外，也需要高校在教材方面做一点反思。从我国的研究生教材使用情况来看，很多普通一本院校使用重点大学编写的教材，重点大学使用名牌大学编写的教材，名牌大学则使用国外高校编写的教材，基本呈现出这样一种模式。要知道，纸质教材的理论水平，是学生在研究生阶段理论学习的最主要资料，这就要求高校在使用教材方面一定要十分注意。导师要将优秀的教材、阅读文献介绍给研究生，对于时代最前沿的知识要及时补充更新，保证当代工科研究生在其所学领域的综合知识不落伍。高校的教材建设也要博采众长，吸收优秀研究成果，与时俱进，紧随时代发展的方向趋势。

3. 拓展多元化的教学方式

工科研究生未来是一线的科研工作者，因此，他们的研究要更加注重实用性，当然，自主创新能力是丰富科学研究的基础，这就对高校的工科研究生教育教学方式提出了新的要求。在研究生培养阶段，导师应该更加放开课堂约束，逐步拓展丰富的教育形式。围绕学生的自主创新展开一系列有效的教学。鼓励学生进行独立思考，通过阅读大量专业参考文献积累丰富的知识，形成学生自身的理论逻辑体系。在学生具备一定的理论基础知识后，导师要逐步引导学生开展内容丰富、形式灵活多样的科

学实践研究。导师要通过与企业之间的沟通合作,为学生搭建实际科学研究的平台,在学习过程中,不断进行理论知识的检验,深化学生对理论知识的理解,提高学生自主创新的热情。

4. 发挥导师因素的重要作用

导师要通过自身多年的教学经验,把良好的学习技能方法介绍给学生,让工科学生在学习专业知识的同时,不断培养他们自身对科学技术创新的浓厚兴趣。要知道兴趣是学生自主学习的原动力,导师要帮助学生认识到科学研究的价值所在、魅力所在,积极培养学生热爱和尊重科学的态度,使其建立正确的、科学的思维方法。导师在授课前,要制订好教学计划,及时更新教学课件,融入专业最前沿的科研动态。在教育实践研究阶段,导师还可把研究生带到实验室或实习工厂,通过做实验和参观,使学生对书本上的知识理解得更深刻。在课题的研究实验过程中,导师要认真考查学生对知识的运用能力,发现不足的,导师要及时提出意见。把学生学习的重点和注意力引导到对知识的理解、消化、发展和创新方面,把学生在讨论中的表现,如深入思考、勇于提问等作为考核的内容之一,在考试中要出一些关于科学方法方面的问题,让学生总结或运用。在教学中,启发学生勤于思考、勇于提问是培养学生创新意识的重要手段。

5. 以人为本注重学生的个性特长

研究生正处在人生中的黄金时代,精力旺盛,思想活跃,有强烈的求知欲,喜欢提出问题,这是非常可贵的。导师应该因势利导,帮助他们发现自己的长处和弱点,给予具体的引导和积极的建议。在教育改革的新形势下,素质教育代替了应试教育,我们更应该注意因材施教,尊重学生的主体地位,注重学生的个性发展,尤其在研究生培养中,要针对不同的学生采取不同的引导方式,让有特长的出类拔萃的人才脱颖而出,这样才可能培养出世界水平的优秀人才。使他们的创新思维、创新能力和实践能力得到综合的训练与提高。研究生应该有相对独立的研究课题,给他们提供发挥自己创造能力的机会,不要把研究生只是当研究助手,要鼓励研究生在做毕业论文时,有较大的突破和创新。

6. 提升导师团队之间的合作与竞争水平

导师团队整体水平的不断提高要有一个既合作又竞争的工作环境。合作与竞争并不是一对矛盾,工学结合的教学模式就需要各门专业课程导师的通力合作;高校的各种技能大赛也不是一名导师能组织研究生独立参加的,而在面临职称评定、工作量核算的问题上导师之间确实存在着竞争的压力,可以利用较高层次的科研合作、项目开发合作来平衡较低层次的授课能力的竞争,达到团队和谐、共同发展的目的。高校在评价导师的程序上,尽可能使用科学、简便、易行的评价方法。导师评价体系由导师基本素质、导师工作状况和绩效工作三个维度构成。导师基本素质包括思想道德素质、业务能力素质、身体心理素质;导师工作状况包括育人管理、教学工作;绩效工作包括教学成果、公开课情况、教学论文、课题情况等。建立以导师量化自评为主,学校领导、同事、学生共同参与的导师评价制度。合理有序的竞争,是很好的激励方法,导师之间,学生之间,通过内部相互竞争,可以提高研究内容的质量,也是对自我的监督和激励。

四、结语

目前我国国民经济发展对高层次技术人才的要求是需要高素质、复合型、创新型的工科研究生。创新和实践能力的培养是工科研究生教育的出发点和归宿,而工科研究生创新能力的培养是一项综合性、系统性的工程,其培养机制的形成受到多方面因素的影响,不仅仅涉及教育中的某一个环节,同时还贯穿基础教育到高等教育创新能力的整个培养过程,通过不断完善管理思路,在研究生选拔机制(如发展研究生推荐免试入学机制)、教学模式、培养过程等多个方面着力改革;相信,随着高校在提高研究生培养质量方面相应政策的不断出台以及这些举措的实施,将对提高研究生教育管理者、指导老师和学生的积极性,促进高校工科研究生创新培养体系进一步的完善和提高,促进研究生创新水平质的飞跃起到很大的作用。

参考文献

[1] 胡常伟,毛宁,陈新度.产学研结合模式下工科研究生培养的探讨[J].科技管理研究,2012,5:163-165.

[2] 郑永杰,田景芝,纳丽娜,等.日本工科研究生实践教学的经验及其启示[J].教育探索,2011,6:153-155.

[3] 徐科军.产学研合作培养工科研究生实践创新能力[J].电气电子教学学报,2014,5:11-13.

[4] 伍度志,但琦,吴松林,等.培养工科研究生创新能力为核心的数理统计教学研究[J].中国电力教育,2014,5:150-151.

[5] 汪思源,王文标.工科研究生创新思维的模式培养——质疑训练与实例分析[J].航海教育研究,2014,2:28-31.

[6] 聂文娟,李劲松,王小琛.工科研究生创新能力培养研究[J].教育教学论坛,2014,22:136-137.

[7] 王月明,董振域,王浩.基于TRIZ理论的工科研究生创新能力培养[J].阴山学刊(自然科学版),2014,3:105-106.

[8] 梁珍淑,王艳环.工科研究生创新能力培养探究[J].科技创新导报,2014,20:226-227.

[9] 温全,寇福生,周鹏,等.试论工科研究生自主创新能力培养的关键要素[J].经营管理者,2014,26:265-266.

[10] 胡朝斌,陈新,郭兰中.工科研究生校企联合培养模式探讨[J].科教文汇(下旬刊),2013,12:53-54.

[11] 高明,计龙龙.高校加强工科研究生创新能力培养路径探析[J].华北水利水电学院学报(社科版),2013,5:91-93.

以学科竞赛为载体,培养研究生创新能力

温 全,高治军,刘 洋,于 洋

(沈阳建筑大学 110168)

摘要:文章阐述了学科竞赛的特点及参加学科竞赛对培养研究生创新能力的重要性,并以某高校为例,对研究生参加学科竞赛的现状进行分析,总结了存在的问题及原因。最后笔者提出加大高校对学科竞赛重视程度、强化学生专业实践能力、充分发挥教师指导作用等对策建议,改善研究生参加学科竞赛的现状。

关键词:学科竞赛;研究生;创新能力

一、学科竞赛概述

1. 学科竞赛概念

学科竞赛是以竞赛的方式,在紧密结合课堂教学内容的基础上,激发学生理论联系实际并通过实践来发现问题、分析问题、解决问题的能力,旨在引导学生通过完成竞赛任务来增强学习兴趣及研究主动性,从而来培养学生团队意识、创新能力的系列化活动。学科竞赛大多要求参赛者根据赛事组委会的要求,自主确定设计的领域和方向,完成设计内容。因此参赛队伍首先要分析案例,再确定大赛的设计方向和选题,最后根据相关的理论知识完成设计内容。

我国学科竞赛始于1993年,为了推动和促进高等学校的教改工作,原国家教委提议在高等学校组织开展电子设计、数学建模等四大竞赛。1994年试点成功后开始在全国进行推广。教育部《高等学校教学质量与教学改革第二期工程》建设内容第一方面工作"大力提高高等学校教育质量"的第10条,标题就是"推进研究生竞赛活动"。《教育部财政部关于实施高等学校本科教学质量与教学改革工程的意见》(教高〔2007〕1号)也指出:继续开展大学竞赛活动,重点资助在全国具有较大影响和广泛参与面的研究生竞赛活动,激发研究生的兴趣和潜能,培养研究生的团队协作意识和创新精神。教育部"高等学校本科教学状态数据库"中也要统计全国性学科竞赛的成绩,并定期向社会公布。由此可见,学科竞赛在学生能力培养方面的重要作用越来越被关注。

随着学科竞赛的地位越来越突出,参加高校学科竞赛已成为研究生提高专业水平、检验创新能力的有效途径,也是高校研究生参加课外学术活动的主要形式之一。由于学科竞赛与课堂教学内容密切相关,学科竞赛已经融入高校人才培养过程中去,对提高人才培养质量具有十分重要的意义。

2. 学科竞赛的特点

由于高校学科竞赛重点考查研究生实际分析和解决问题的能力,强调学生的创新意识和思维,注重学生的团队协作精神和动手能力,所以学科竞赛有着常规教学所不能及的特殊教育功能。如今,学科竞赛几乎涵盖大学专业的各个学科,尽管不同学科之间的内容和专业性有所差别,比赛形式也各不相同,但是它们均秉承了学科竞赛的本质特征,因此在实施过程中有着诸多的共同点,具体如下:

---

* 全国工程专业学位研究生教育自选研究课题(2014-YJ-025)。

（1）竞赛题目多与实际生活紧密联系，考查学生运用本专业知识解决实际问题的能力，强调理论知识和实践动手能力的充分结合。

（2）竞赛内容通常都具有一定的应用背景或项目背景，内容广泛，综合性强，竞赛强调学生的创新思维和研究能力。

（3）竞赛要求参赛选手要有较强的耐心和责任心，有百折不挠、持之以恒的研究精神。

（4）竞赛一般要求选手以团队的形式参赛，不仅考查个人的综合能力，更考查团队的协作精神。

（5）竞赛结果的呈现形式多样，如设计图纸、实物模型、论文报告等，要求学生善于表达自己，充分展示研究成果。

二、参加学科竞赛对培养研究生创新能力的重要性

由于高校学科竞赛重点考查研究生实际分析和解决问题的能力，强调学生的创新意识和思维，注重学生的团队协作精神和动手能力，所以学科竞赛有着常规教学所不能及的特殊教育功能，能够调动学生的学习积极性，引导学生探索研究型的学习方法，培养学生的动手实践能力，锻炼学生在实践操作中百折不挠的心理素质，总而言之，参加学科竞赛对培养研究生的创新能力具有极为重要的作用。

1. 有利于调动学生的学习积极性

高校学科竞赛是把课堂教学延伸到课外实践，以竞赛的方法将理论知识用于实际操作的系列化活动，因此任何一项学科竞赛的前期准备就是学生理论知识的学习。巩固专业知识、拓宽知识范围是研究生能够参加学科竞赛的基本要求。学生参加学科竞赛，可以促进对所学知识的理解和掌握，帮助学生把知识应用到实用操作之中，这在一定程度上可以优化学生知识结构，鼓励学生学习的自主性。同时，研究生学科竞赛以高速发展的科技进步为背景，立足于学科前沿，竞赛题目往往比较新颖，内容涵盖面广，所以在准备竞赛的过程中，学生又会涉及一些先进的科研技术、科研成果，这就促使学生充分发挥主观能动性，积极参加各种培训学习，以使自己系统掌握相关知识，在竞赛中取得好成绩。此外，通过参加学科竞赛，学生能够开阔视野，缩短课堂教学与社会实践的距离，充分认识到知识和创新的重要性，增强对创新创造的浓厚兴趣，从而调动学习的积极性。

2. 有利于引导学生探索研究型的学习方法

在我国高校中，虽然素质教育已经倡导了很多年，但是传统教育的影响依旧根深蒂固。在高校专业课程的教学过程中，更多强调从理论上对知识的理解，对专业的实践重视度不够；以笔试为主的考试体系更多的是考查了学生对知识点的记忆能力，学生为了取得较高的分数往往采取考前突击的方法，很容易出现高分低能的情况；缺乏科学的实践教学体系，也很容易使学生所学的知识与社会实际应用相脱节。而学科竞赛是研究生综合运用基础知识解决实际问题，从而实现理论到实践转化的一个平台，是对理论教学的一个有益补充。学科竞赛的内容多是综合性的考量，参赛人员对于知识的综合理解和运用，很多都是资助大赛的企业所遇到的实际难题的提炼与简化，学生想要完成竞赛任务，常常需要到企业去实地调研，然后搜集行业的相关资料，细致分析，去粗取精，这些来自于现实问题的难题，通常需要学生采取研究型的学习方法，多思多想，克服知识学习过程中的固化现象，在这个过程中，学生对知识的融会贯通能力会大大增强。

3. 有利于开拓学生的创新思维

创新不是异想天开，研究成果的发现是在扎实的基础上，运用创造性思维能力，通过艰苦的探索和努力才能获得。学科竞赛，从某个角度来讲，实际上就是一个进行知识的重组、使新思想从无到有的过程，这个过程到处闪烁着创新思维的火花，能够充分调动学生"提出问题、分析问题、解决问题"三阶段思维能力，有效地开拓学生的创新思维。同时，参赛学生如果想在众多参赛者中胜出，必须要充分发挥主观能动性，冲破传统的、常规的思维模式，推陈出新、与众不同，进行创造性思维活动，所以

学科竞赛要求学生在准备阶段就要立意新颖,能够想他人之未想。在参赛过程中,针对同样的问题,参赛者也可以在其他选手那里看到不同的思考、不同的解决方法,这个过程也有利于打破以往学生在常规教学中所接受的一个问题一个标准答案的固化思维,引导学生多方位、多角度地看待问题。参加学科竞赛,在一定程度上鼓励了学生独立思考,敢于追求真理的信心和勇气,能够激励学生开拓思维、追求真知。

4. 有利于培养学生的动手实践能力

在高校专业课程的常规教学中,教师更多强调从理论上对知识进行理解记忆,对专业知识在现实生活中的具体应用重视程度不够,造成很多学生实践动手能力差。而作为我国培养研究生创新实践能力的重要平台之一,学科竞赛则是对常规教学模式的有效补充,是对研究生动手实践能力的全面检验。学科竞赛大多是要求参赛者根据大赛组委会提供的案例,自主确定设计的领域和方向,完成设计内容,在这一过程中,学生通常需要查阅资料、确定设计方向,根据相关的理论知识自己动手设计出参赛作品,并在实际应用中不断调试。因此,参加学科竞赛,能够帮助学生把专业知识和实际应用紧密结合,并在实际操作中不断提高学生的动手能力。这种竞赛需要学生在实际操作中运用所学知识分析问题、解决问题,是对创新精神、动手能力全方位的锻炼。而且参赛队伍最后完成的设计方案还能解决案例中企业实际存在的问题,为企业提供决策依据。

三、研究生参加学科竞赛现状分析

1. 研究生参加学科竞赛概况——以某高校为例

学科竞赛在人才培养中起着引领作用,各高校相继出台鼓励研究生参加学科竞赛的文件和相关制度,以激发学生参加竞赛的积极性和主动性。以笔者所在某高校为例,对研究生参加学科竞赛情况进行浅析。该校通过出台《学生竞赛管理办法》《学科竞赛资助及奖励办法》等相关文件,鼓励广大教职工及在校研究生广泛参加不同领域及级别的竞赛项目。表1为该校近年来学生参加各级学科竞赛及获奖情况。

表1 某高校2010~2014年研究生参加各级学科竞赛人数及获奖人数统计表

年份	国家级竞赛人数	省级竞赛人数	市级竞赛人数	国家级获奖数	省级获奖人数	市级获奖人数
2010	38	246	354	5	121	174
2011	41	253	377	7	138	183
2012	43	279	396	8	154	179
2013	43	305	427	7	162	205
2014	52	344	465	11	177	254

由表1可见,研究生参与各级学科竞赛人数与最终获奖人数中,省级及市级层次内所占比例较高,而国家级竞赛的参与人数与获奖人数相对较少,说明该校整体科研水平有待提高,应该积极广泛地参与国家级的学科竞赛项目。但总体而言,该校参与学科竞赛人数与获奖人数呈明显上升趋势,说明该校在不断提高科研水平,该校研究生参与学科竞赛的积极性日益提高。

2. 存在问题及原因分析

尽管一些高校出台了鼓励研究生参加学科竞赛的文件或相关制度,也通过多种途径筹措资金,加大对学科竞赛的投入及奖励力度,但学科竞赛的成绩并不尽如人意。笔者通过调查、总结及分析,认为其原因主要有以下几个方面。

(1)学生专业知识的实践应用能力相对薄弱。

专业知识的实践应用能力相对薄弱是学科竞赛成绩不理想的最重要原因。近年来,虽然教育体制在不断地改革,高校也越来越积极地朝着素质教育的目标迈进,但是由于受各种条件所限,高校中多数学科还仍然停留在课堂教学的阶段,"填鸭式"的教学模式不能给学生提供大量的实践机会,这使得学生难以将所学知识进行实际应用,造成学生专业理论知识牢固、实践应用能力薄弱的现状。而随着学科竞赛的参与者越来越多,学科竞赛对学生的创新思维和创新能力要求也越来越高,学生如果仅仅是对课本知识的死记硬背,无法在实际操作中融会贯通,就很难在竞赛中脱颖而出。

(2)教师指导作用不显著。

高水平的指导教师是学科竞赛质量的核心保障,是将学科竞赛与创新人才培养结合的重要保证。没有指导教师的高水平指导,学科竞赛就很难做出高水平的成果。而大多数首次参加学科竞赛的学生往往都缺乏对学科竞赛的系统认识,只有在指导教师的帮助下才能很好地确定方向、查阅资料、立项申请以及进行科学研究。调查分析显示,由于一些指导教师对学科竞赛的参与热情不高、对学生的独立研究能力过于信任,从某种程度上讲,他们并未充分发挥在学科竞赛中对学生的积极指导作用。

(3)学校的参赛保障和支持力度还有所欠缺。

引导学生参与学科竞赛,学校的参赛保障和支持力度是不可欠缺的。学校的参赛保障和支持力度不足主要表现在用于竞赛的硬件资源不足、激励措施不够。学校为参赛学生提供的实验场地有限、实验室仪器设备不足等问题限制了学生在实际操作中创造能力、科研能力等相关能力的发挥。

四、完善研究生参加学科竞赛现状的对策及建议

随着市场竞争的日益加剧,社会对就业人才的要求不断提高,培养具有丰富基础知识、熟练的实际操作能力、独特的创新能力、良好的综合素质的应用型人才已成为目前高等教育的主要任务。笔者结合我国研究生参加学科竞赛存在的问题及原因,进而提出有利于提高研究生参赛积极性、提高研究生创新能力的对策及建议。

1. 加大高校对学科竞赛重视程度

虽然目前很多高校出台一系列政策文件支持鼓励在校师生参加学科竞赛项目,但是相对国外高校对鼓励学生参加学科竞赛的宣传力度而言,我国高校对此的重视程度仍然不够。因此,作为高校应当对学科竞赛给予足够的重视,多为师生提供参与竞赛的平台,保证竞赛的相关信息及时准确,加大对学科竞赛的宣传力度。高校可以根据情况对各部门、学院设定最少参与学科竞赛项目数量,适当加大对参赛人员、获奖人员的奖励强度,提高研究生参与学科竞赛的积极性、主动性。

2. 强化学生专业实践能力,充分发挥教师指导作用

创新灵感来自于实践,因此需强化研究生的专业实践能力,杜绝纸上谈兵现象的出现。学校应提供足够的教学所需设备、实验场地,扩大实践课程所占比例,提高研究生专业实践能力,以更好的竞争优势参加学科竞赛,培养创新思维,实践的过程也是对研究生精神状态和心理素质考验与培养的过程。此外,应充分发挥高校教师的指导作用,在授课过程中不仅要给予学生知识上的指导,更要有精神上的引导,重视培养学生对本领域以及跨学科竞赛项目的兴趣。

高校学生参加学科竞赛的过程就是对知识深入理解、灵活运用的过程;对创新思维以及实践能力培养锻炼的过程;同时也是对精神状态和心理素质考验与培养的过程。实践证明,参加学科竞赛对培养当代研究生的创新能力具有重要作用,是提高就业竞争力和自身综合素质的有效途径。

参考文献

[1] 李国锋,张世英,李彬. 论基于学科竞赛的研究生创新能力培养模式[J]. 实验技术与管理,2013,3:24-26,34.

[2] 薛艳茹,刘敏,赵彤,等. 依托学科竞赛,提高地方院校研究生创新能力[J]. 实验技术与管理,

2013,6:170-173.
- [3] 刘保军,彭芳,黎萍,等. 科技竞赛和 CDIO 模式研究生创新能力培养实践[J]. 中国教育技术装备,2012,6:53-54.
- [4] 陈巍. 基于机器人竞赛的研究生创新能力的培养模式[J]. 实验室研究与探索,2012,7:297-300.
- [5] 杨珏,张文明. 以科技竞赛为载体,提升研究生创新实践能力[J]. 中国高等教育,2014,20:30-32.
- [6] 林晓. 基于创新竞赛的研究生创新人才培养模式研究[J]. 江苏高教,2015,2:132-134.
- [7] 林文卿. 基于科技竞赛的研究生创新能力培养分析[J]. 科技与管理,2010,2:141-144.
- [8] 庄冠冠,李建英. 基于学科竞赛的研究生创新能力的培养研究[J]. 网络财富,2010,16:18-19.
- [9] 付雄,陈春玲. 以科技竞赛为载体的研究生创新能力培养研究[J]. 计算机教育,2011,6:29-31.
- [10] 周治瑜,王瑞斌,胡丽华,等. 学科竞赛是培养研究生创新素质的重要载体[J]. 现代农业科学,2008,5:100-101.

军校理工科研究生拔尖创新人才培养模式的探索与实践

田晓霞,张 立,屈绍波,马 华,王斌科

(空军工程大学理学院 710051)

摘要:基于军事应用需求,从拔尖创新人才成长的规律出发,从需求牵引、凝练学科方向、设置交叉课程体系、构建特色创新平台、建立选拔与激励机制、强化师资队伍建设等方面,对军校理工科研究生拔尖创新人才培养模式进行了探索与实践。

关键词:理工科;军事应用;研究生;拔尖创新人才

一、军事应用型研究生拔尖创新人才培养的重要意义

拔尖创新人才是指科学研究型的高层次创造性人才、应用研究型的高技术创新人才和某一专业领域有特长的高级专门人才[1]。2010年7月国务院公布的《国家中长期教育改革和发展规划纲要(2010—2020年)》中指出:高等教育培养目标的重点放在着力培养信念执着、品德优良、知识丰富、本领过硬的高素质专门人才和拔尖创新人才。高等教育系列之一的军队院校是培养国家军事人才的摇篮,《国家中长期教育改革和发展规划纲要(2010—2020年)》同样适用于培养军事人才的军事院校,为军事院校的未来发展和改革提供了纲领性指南,是军事院校进一步发展改革的依据性文件。面对日益复杂的国际形势,作为担负国家安全和国防建设重任的军事人才,是我军打赢未来信息化战争的重要因素,国防建设和未来信息化更需要军事应用型拔尖创新人才,培养军事创新人才对国家国防建设和军事发展具有重大的战略意义,特别是军校工科研究生中拔尖创新人才的培养尤为重要,他们作为未来信息化战争和国家国防战略的重要参与者,是新型武器装备、高科技技术的引领者,是攻克技术难关的践行者,是履行军队历史使命和打赢未来信息化战争的迫切需要,对实现国防和军队现代化、信息化建设有着十分重要的意义[2,3]。

近年来,为适应新时期国防建设与信息化战争的需要,我校针对工科研究生培养中存在的院校教学与部队任职脱节的问题,以培养具有军事应用拔尖创新人才为目标,提出"拓宽基础、立足应用、瞄准前沿、优生选拔、构建团队、自主创新"的拔尖创新人才培养方针,以优势学科为依托,凝练学科方向,从拔尖创新人才成长的规律出发,在探索学科发展与高素质军事人才培养之间关系的基础上,从培养方案、课程体系、实践平台、激励制度、师资队伍等方面的问题,构建了军事应用拔尖人才培养创新模式。

二、军校理工科研究生拔尖创新人才培养模式的探索与实践

1. 以需求为牵引,凝练学科方向

作为军事应用的重大问题解决往往是设计许多知识领域的交叉学科,不仅需要研究者具有宽广、精深的知识储备,还需要具备解决复杂、综合的实际工程问题的能力,而且需要具备对世界军事科技发展的敏锐力和军事热点问题的洞察力。高等院校是集聚高层次人才的战略高地,在从事创新性强,

---

* 教育教学研究课题(JWY201421);空军工程大学教育教学研究课题(JY2014413)。

技术含量高,关键技术及前瞻性研究等方面有自身的优势,所以军事院校首先要充分立足于自身科研优势,以部队的需求为牵引,以优势学科为引领,以开展项目研究为依托,凝练学科方向,制定学科方向规划,解决好"培养能干什么的人"这一问题,让学生学有所得,学有所用。2010年来,我校以培养"军事应用型拔尖创新人才"工科研究生人才为目标,修订了新的工科研究生培养方案,对军事应用型研究生拔尖人才培养学科方向展开研究论证,凝练出了适合军事应用型拔尖人才培养的学科方向,突出构建"拔尖""创新"与"军事应用型"相融合的特点,并制定了相应的学科建设五年规划。

2. 改革科学体系,注重交叉课程建设

随着未来信息化战争中高新技术武器装备的不断创新和作战环境的复杂化、多元化发展,需要军事人才在实际工作中表现出综合素质高,综合能力强,掌握多学科理论基础,具有多专业实际技能和综合应用能力[2,3]。面对军事应用对拔尖创新人才的需求,军事院校研究生教育必须在相应的专业领域创新性地探索出迎合部队需求,适合自身发展,具有交叉学科型拔尖创新人才培养模式,而拔尖创新型人才培养的依托与落脚点是学科中的专业和课程,专业和课程是学科方向系统凝练后的集中表现,因此,军校工科研究生培养要建立与人才培养目标相适应的课程建设体系,课程建设体系是研究生培养中学科建设的重要任务之一。2010年以来,我校围绕凝练后的新学科方向,组织包含了光学、电子科学与技术、材料科学等几大类一级学科的专家、教授参与进行论证,形成了适合军事应用型拔尖人才培养的一系列交叉学科课程体系,自编教材,开课形式灵活,包括必修、任选和前沿讲座等多种课程形式,大大激发了研究生学术原创性的研发成果的获得。

3. 以特色学科为引领,构建创新实践与成长平台

拔尖创新人才的培养,需要良好的实践研究和良好的成长环境[2,3]。学校坚持以需求为牵引、创新为驱动、转型求发展、强大特色学科为引领,把握学科前沿领域,积极跟踪国内外高新技术,先后建立了以新型隐身材料开发与技术应用为主体,包含五大组成部分的军用特色创新技术平台体系,为研究生进行科研训练、提高能力、综合应用知识、科技创新等一系列科研学术活动提供了场所与硬件支持,学生在此平台开展自己的研究课题或参与导师的重大科研项目,在实践中使自己的综合能力得到锻炼,创新能力得以提高。学校还充分发挥大学特色学科优势,将科研成果、科研训练等融入部队军事应用,开展以研究和探索为基础的研究生教育教学,将学科、部队应用基地建设与研究生教学紧密结合起来,使其成为统一学科建设、科研发展与教学创新的载体,真正做到科研、教学、应用的有机融合,在实战中提高创新能力,通过一系列拔尖创新人才培养举措的实施,为国防科技事业和军队建设培养了一大批基础知识扎实、综合应用能力强、具有开拓精神和创新能力、科学和人文素质兼备的军事科技领军人才。

4. 建立选拔与激励机制

在配套机制的研究过程中,注重发挥制度奖惩激励和权责统一的效力,在研究生学员专业选择机制中提出了"优学优选"的原则,学员分制管理办法中,对学员多修学分实施额外奖励,在导师制管理办法中,既明确导师职责,又规定导师考评要求。制定了一系列培养创新人才相应选拔与激励机制:

(1)《学员导师制实施办法》。在各学院多年实践总结的基础上,将导师制进一步完善和规范,明确导师设置、导师职责、辅导工作量计算、导师评价等。导师制的规范实施,对促进教师、学员联系互动,提高人才培养质量效益将发挥积极作用。

(2)《学员荣誉制度实施办法》。建立荣誉制度是军委《纲要》的一项重要精神,该办法将学员品德、学习、军事、文体等方面成绩进行记载,成立校、院、旅(大队)、学员队四级荣誉委员会对学员荣誉进行认定,以荣誉校徽、荣誉代表、大会表彰、宣传报道、荣誉纪念等形式彰显荣誉,营造崇尚荣誉、珍惜荣誉、创造荣誉的浓厚氛围。

(3)《学员综合等级评定办法》。对学员思想政治素质、科学文化素质、军事专业素质、身体心理素质和课外拓展素质五个方面进行量化考评,形成综合素质得分,按优秀、良好、一般三个等级形成评定结论。效力方面:对评定结果为优秀的学员,学校向用人单位进行重点推荐,并作为每年毕业留校和从部队选调干部的必要条件;每年从综合等级评定为优秀学员中选取3%高定一级,选取10%高定一档,对评定结果不合格学员予以结业处理。《优秀硕士研究生直博管理办法》对特别优秀的硕士生,提供直博机会,缩短学制,并作为全军、全国优秀硕、博士论文的苗子来培养,近年来,涌现了许多以全军、全国优秀硕、博士论文为代表的创新拔尖人才。

5. 强化拔尖创新人才培养师资队伍建设

通过从部队选调师、旅以上领导干部兼职到院校任教以及引进或聘请国内外院校著名专家、教授等充实研究生导师队伍,解决导师队伍"近亲繁殖"问题。另外,逐渐建立、完善导师工作质量评估体系,建立相应的激励与管理机制,最大限度地发挥导师的潜能,基于"鼓励竞争、保证质量以及宁缺毋滥"的原则遴选导师,鼓励并支持院士、学术带头人等名师、大师参与到拔尖创新人才培养工作中来。2010年以来,大学1名教授被聘为中国科学院院士,先后成立了多个全军、部级及省级创新团队,研究生培养中先后有3人次获全国优秀博士论文,1人次获全国优秀博士论文提名,30多人获全军优秀博士、硕士论文等成果。

三、结语

总之,为国家国防建设和军队信息化时代建设,培养"军事应用型拔尖创新人才"是军队研究生教育工作的核心任务和主要目标。研究生是科研的主力军,其创新培养根本在于思维和能力的培养,要出原创性技术成果,就必须培养和造就拔尖创新人才,就必须重视研究生的创新培养工作,通过科学合理的培养方案和优化课程,夯实学员的基础知识和专业知识,开拓学员的视野,增强学员的学术前沿研究的敏感性,通过技术精湛、素质高的导师队伍积极引导研究生参加科研和学术研究,构建创新实践平台,为研究生创新能力提供了良好的创新环境,从而培养能满足国防建设和未来信息化战争需要的军事应用型拔尖创新人才。

参考文献

[1] 张秀萍.拔尖创新人才的培养与大学教育创新[J].大连理工大学学报(社会科学版),2005,33(3):30-33.
[2] 张卫锋,徐正飞.军校依托项目培养工科研究生的机制研究[J].中国电力教育,2011,24(4):27-28.
[3] 蔡跃明,王向东,高琴,等.军校工科研究生创新能力培养的探析[J].电气电子教学学报,2011,33(2):4-7.

提高军队院校工科研究生学术创新能力的思考

杨 喆,郑 江

(中国人民解放军第二炮兵工程大学训练部 710025)

摘要:本文首先阐述了军校工科研究生创新能力的内涵,论述了军校工科研究生创新能力培养的关键要素。随后,从研究生主观努力程度、导师队伍、研究生培养的体制和机制、学术环境与氛围等方面分析了制约研究生创新能力的培养问题和原因。最后,针对这些问题,从四个方面提出了构建以创新能力培养为主线的工科研究生培养模式的具体措施和办法。

关键词:军队院校;工科研究生;学术创新;创新能力

军队院校研究生教育是军队院校教育的重要组成部分,是战斗力生成模式转变的重要推进器,是高层次军事人才队伍建设的主要依托,是军队创新体系和创新能力的基石。军队院校研究生,特别是占全部研究生培养规模80%以上的工科研究生,是军队科研队伍的生力军,他们既担负创新和发展军事科技的任务,也担负解决部队建设和作战训练重点难点问题、直接提高部队战斗力的任务,在建设信息化军队、打赢信息化战争中具有基础性和引领性作用。因此,应重视军校工科研究生的创新能力的培养。

尽管学者们对于如何评价研究生创新能力意见不一,但研究生在读期间的课程成绩、发表论文数量和水平、学位论文水平、科研工作能力及其他科研成果的水平和数量是评价研究生创新能力的最直观和主要的指标。本文分析了军校工科研究生创新能力培养过程中存在的一些问题,并提出了解决的措施和办法。

一、军校工科研究生创新能力内涵与创新能力培养

1. 军校工科研究生创新能力的内涵

创新能力是运用知识和理论,在科学、艺术、技术和各种实践活动领域中不断提供具有经济价值、社会价值、生态价值的新思想、新理论、新方法和新发明的能力[1]。一段时间以来,很多国内外学者对创新能力的内涵进行了概括总结[2-7],综合来看,创新能力是由多种因素共同作用、相互影响而形成的,旨在破除旧事物、创造新事物所表现出来的综合能力,主要包括:获取知识的能力、对现有知识进行重构与运用的能力、发散性思维能力和创造性思维能力等。创新能力是指各方面素质的综合表现,对于研究生而言,要关注对他们综合知识、科研能力、思维和品德的培养,使其具备进行创新所需的思维能力、知识积累、专业技能和品格特征。

21世纪,科学技术日新月异,高新武器装备迅速发展,战争形态和作战样式深刻变化。新形势下,我军信息化建设加速推进,军队使命任务不断拓展,军队对高层次人才的需求呈现层次上移、类型多元、重心转变的发展趋势,迫切需要大批适应部队需求、用于探索创新的高层次新型军事人才。军队研究生教育是培养高层次创新军事人才的主渠道,是建设信息化军队、打赢信息化战争的重要人才保障和智力支撑。军校工科研究生是军队研究生教育的主体,承担着探索科学规律、创新和发展军事科技的任务,也担负着解决部队作战训练和武器装备运用的重点难点问题、直接提高部队战斗力的任务。因此,军校工科研究生的创新能力,应集中体现在对军事科技发展前沿的获取能力,对武器装备关键技术的掌握能力,对部队作战训练重点难点问题的分析能力,对部队新质战斗力生成瓶颈问题的

解决能力,在领导部队建设中敢于突破传统的改革意识和创新思维等几个方面。

2. 军校工科研究生创新能力培养的关键

创新能力是军队研究生教育质量标准的核心内容。研究生创新能力的培养是一个系统工程,涉及院校人才培养理念、培养目标、培养模式、培养环节、日常教育管理、综合育人环境等事关人才培养的各类要素[3]。国内学者普遍认为,生源质量、基础知识学习、科研实践、成果凝练、指导方法和科研学术氛围是研究生创新能力培养过程的关键要素,也是培养研究生创新能力的主要环节。军队工科研究生学习期间,其课程成绩、所选课题与部队实际结合程度、学位论文水平、参与完成科研工作能力、取得科研学术成果的层次和数量、参加学术交流的数量和质量等,是评价其创新能力的最直观的重要指标。

二、军校工科研究生创新能力现状和原因分析

当前,军队工科研究生教育最突出的问题之一就是培养的研究生创新能力不足,不同程度地表现在研究生缺乏创新精神和创新思维,科研实践能力参与度低,高水平学术成果数量偏少,学位论文原创性不高,不能创造性地解决建设信息化军队面临的实际问题。军队院校现行培养模式对工科研究生创新能力的影响主要表现在以下几个方面。

1. 创新型人才培养理念相对滞后

受传统教育观念与当今社会急功近利思潮的影响,当前军队工科研究生培养中存在重继承轻创新、重物本轻人本的价值取向,表现在研究生培养理念上则是重知识积累轻创新能力提升,重学科本位的知识学习轻跨学科的知识积淀,重以院校为中心的培养轻与校外的合作培养,重单一的导师指导轻跨学科跨单位的联合指导,重论文写作中的观点创新轻创新能力的系统训练,重学术论文数量轻论文质量,重应景文章的写作轻部队现实问题的研究,重院校内部评价轻部队用人单位评价等,导致研究生培养在一定程度上功利思想泛滥、创新意识弱化。

2. 创新型人才选拔渠道不畅

研究生生源良好的基础与潜质,包括丰富的科学知识、深厚的人文功底、合理的智能结构、活跃的创新思维、扎实的研究基础,是创新能力培养的基石。生源选拔是研究生教育的入口关,决定了军校研究生创新能力培养的基础,目前军队研究生教育特别是工科研究生普遍存在生源选拔渠道不畅的问题,主要体现在一是研究生生源范围不广。受现行招生政策限制,大多数军队院校仅能招收部队在职干部、军校应届硕士毕业生和国防生,符合条件的报考对象数量不多,可选范围受限,生源培养经历单一,考生学缘结构难以改善。二是考试制度不完善。现行研究生考试制度下,各院校为了尽可能扩大招生规模,都不同程度地放宽了复试的要求,对研究能力的考核、研究基础和非智力因素的考查不够,选拔导向不合理;同时复试评分随意性大,复试规则操作性不强,公平公正性受质疑。三是研究生学习动机不纯。一些研究生求学目的复杂,功利主义倾向严重,将攻读学位作为部队任职、工作调动、事业升迁的缓冲,导致学风浮躁,学术功底薄弱,在学习和科研工作中缺乏严谨的治学态度。

3. 课程体系缺乏合理性

日新月异的军事变革决定了军队研究生教育必须是通才教育,必须注重培养能够综合运用多门学科知识发现、分析和解决军事实践实际问题能力的高层次应用型人才。目前,军队院校工科研究生培养在课程体系、教学内容设计还不够合理,没有及时将科学研究的前沿知识和新发现充实到课程教学中,专业课程的教学内容不同程度地存在着老化或与本科阶段课程内容设置重复的问题;课程体系中缺少文理交叉、理工交叉的综合课程,知识性课程多,技能性课程少,讲授类课程多,研讨类、案例类课程少。

4. 导师队伍能力水平有待进一步提高

导师队伍能力素质是影响研究生培养质量的关键因素。要提高研究生的创新能力，就必须建设一支适应科技创新、责任心强、师德高尚、在学术界享有盛誉、有能力跟踪学术前沿的导师队伍[3]。当前，研究生教育普遍实行学术导师负责制，军队院校研究生导师队伍还存在一些制约创新能力培养的消极因素，一是导师队伍学缘学历结构不合理，具有博士学位的导师比例不高，整体学历结构还应进一步提升；许多导师的最高学位在任教学校获得，学缘结构近亲繁殖现象较为严重，不利于导师队伍整体学术能力提升。二是导师指导能力不强，部分工科研究生导师缺乏高水平科研项目支撑，科研经费不足，导致研究生缺少参加学术交流活动和科研实践的锻炼机会，难以深入开展前沿领域创新研究；部分导师所带研究生多，事务性工作繁忙，投入指导研究生的精力和时间不足，与研究生的定期交流次数少。三是导师管理制度机制不完善。院校普遍实行导师终身制，缺乏竞争激励和淘汰机制，人才培养工作的好坏全凭导师个人觉悟高低。四是少数导师育人责任心不强，把研究生作为自己的附属品和廉价劳动力，对研究生重任务布置、轻指导帮助，重技能训练、轻创新引领，导致师生关系功利化、冷漠化。

5. 现行培养模式聚焦创新能力培养不足

研究生培养过程是一个系统工程，创新能力培养应贯穿于研究生培养的各个环节。当前军队研究生教育不同程度地出现了本科化倾向，究其原因主要是目前的工科研究生人才培养模式还不能很好适应培养创新型军事人才的客观要求。主要体现在以下几个方面：一是研究生培养的制度机制还不完善，全军范围的研究生培养过程全程淘汰机制还未建立，部分院校虽然在入学笔试、面试、开题答辩、中期筛选、预答辩、最终答辩都制定了颇为繁复的考评程序，但由于缺乏应有的规范与约束机制，导致执行标准不严格，实质性淘汰比例较低。二是在学术交流方面，由于军队院校的特殊性，开放办学方面的局限性较大，承办国内外高水平学术会议也由于安全保密等原因受到限制较多，工科导师和研究生由于军人身份的特殊性，外出交流访学、出国联合培养的渠道不畅，学术氛围不浓厚，研究生的科研自主性得不到充分发挥，创新思维受到抑制。三是在创新研究激励和支撑方面，对优秀论文的培育和资助体系还不完善，缺少全军性的研究生创新基金和奖助机制，各院校优势学科的高水平教学科研实验资源未实现广泛共享，难以满足更多研究生开展前沿性课题研究的需要。

三、构建以创新能力培养为主线的工科研究生培养模式

1. 抓好招生入口关，提高研究生生源质量

军队研究生教育是专才教育，培养的是军事科学技术领域的专门研究人才，对招生对象的知识水平、学术素养和个人兴趣等都有更高的要求，因此，在招生环节就要严格选拔程序和标准，特别是要对报考对象的创新能力进行考查和评价。首先，要对研究生的知识水平进行考查。研究生阶段的学习是研究型学习，需要具备深厚的知识储备，对所属学科及相关领域知识体系有全面的了解，为进一步学习和研究奠定基础。因此，在初试过程中要重点对招生对象基础理论的系统掌握水平和专门知识了解范围进行考查。其次，要在复试过程中对研究生的学术兴趣进行了解和考查，通过面试交流判断考生是否热爱专业、有无继续学习深造的强烈愿望，并作为是否录取的重要参考依据；再次，要对研究生的学术素养和创新思维能力进行评价。对研究生学术素养和创新思维能力的考查主要在复试阶段进行，可采取笔试、面试和对考生学术成果进行审核评价相结合的方式，切实把其学术素养、创新能力和学术成果作为考核评价的主要内容。通过设置开放性的笔试考题，考查考生是否具备严密的逻辑思维能力和分析判断能力，是否能够提出独创性的见解和观点。通过面对面的交流，考查语言表达能力、临场应变能力和专业知识熟练程度，从而评价考生是否具备研究生学习和科研的基本素质。通过对考生所发表论文、所参与科研项目和科研活动、所获得科研奖励等进行考查，全面地了解考生是否

掌握了学术研究的基本方法、基本规律和基本要求,是否在创新性研究方面具有良好的天赋和潜力等。应进一步加大研究生复试阶段专业面试和笔试所占的比重,加大导师招生自主权,探索实行博士研究生招生申请审核制,切实使研究生招生成为选拔研究型人才、创新型人才的重要途径。

2. 优化课程设置,创新教学方法手段

课程学习是研究生获取知识和能力,培养创新精神和创新能力的主要平台,在科学技术突飞猛进的今天,军事科技的发展日新月异,军队工科研究生教育必须要积极适应这种形势要求,对课程体系和教学内容、方法、手段等进行调整、改革和创新,使研究生的知识基础更加扎实完备,并通过课程教学激发研究生的创新意识与创新能力。首先,要减少单纯的基础知识与技能传授课程,增设相关前沿学科、交叉学科课程,鼓励教员开设综合性、研究性课程,把最新的科研成果融入教学;积极邀请校内外知名专家开设学术讲座,传达最新的研究成果和学术动态,帮助研究生拓展学术视野,营造良好学术氛围,培养研究生创新意识与探索精神。其次,要摒弃传统的"知识灌输型"教学模式,提倡研讨式、启发式、提纲式的精讲与研究生在自学、研究基础上的学术讨论相结合的模式,启发研究生思考,使研究生由被动"听讲"式教学转到主动参与学术讨论上来。把教员的角色定位为引导和点拨,鼓励学员进行自主学习、研究思考、辩论交流和总结创新。再次是聚焦课程建设,加强研究生课程优质教学资源整理力度,集聚优势学科力量集中开展研究生跨学科课程建设,推动全军研究生精品课程建设进程,依托军训网构建精品课程资源共享平台,实现跨学校、跨地区选课与学分互认,大力提高研究生课程教学水平。

3. 改革导师制度,充分激发导师队伍潜力

导师是培养研究生成为高层次人才的重要引路人,不仅担负着向研究生传授专门知识、培养学术科研能力的责任,还对研究生的综合素质培养与全面发展产生重要的影响。因此,改革完善研究生导师制度,不断加强导师队伍建设整体水平,是提高工科研究生创新能力的关键环节。首先,要严格导师的选拔,要严把入口关,坚持标准、公开透明,改革完善导师遴选制度,注重考查新任导师的师德师风、学术水平、教学能力,逐步建立起学历层次较高、学缘结构合理、梯队层次衔接的导师队伍。其次,要大力加强中青年导师队伍培养,通过设立专项基金、安排进修访学、参加学术交流、合作研究等多种途径,加快中青年导师培养。再次,是完善考评激励制度,推行导师评任分离机制,完善能上能下、能进能出的导师队伍动态管理机制。施行导师招生资格年度审查,定期对导师的学术水平、工作态度以及指导学生的发展情况进行评估考查,对考核成绩落后或不合格的导师给予暂停招生、取消导师资格等处罚。最后,要改变研究生指导方式,建立健全导师组联合指导制,探索实行主导师负责与导师团队联合指导相结合的指导方式,指导教师团队由跨学科、跨研究方向的导师组成,通过集体智慧帮助研究生拓宽学术视野,启发创新思维,进而培育出高质量的科研学术成果。

4. 构建科研创新平台,营造鼓励创新的学术氛围

浓厚的科研学术氛围可以培养研究生科研工作兴趣,激发创新热情,提升科学素养。许多新思想都是在广泛自由的学术交流中,由观点的相互碰撞而产生的新的思路和想法[7]。军校应积极为研究生构建科研创新平台,开展各种形式的学术交流活动,培养创新兴趣,激发创新思维。

一是要建立研究生科研创新基金,鼓励研究生积极参加科学研究创新活动,引导工科研究生选择创新性强及富有挑战性的应用研究课题作为学位论文选题,培育各级优秀博士硕士学位论文。二是建立跨院系、跨专业的研究生创新实验平台。研究生创新实验平台主要依托较完善的学科专业实验室,通过拓展功能,整合、新建一批综合性创新实验室,满足研究生科研实践和创新能力培养需要。三是要积极创造条件,促进研究生科研成果的转化。军事科研的根本目的是要为军事理论和技术进步服务,只有把科研成果应用到实践当中,为军事实践提供指导,才能体现科研的价值。要加强与总部机关、科研院所、军工企业及地方相关单位的联系,畅通科研成果转化渠道,对那些有较强创新性和推广价值的研究生科研成果,要将其推向部队、推向市场,并鼓励研究生与有关单位合作进行深入研究。

  研究生创新能力培养是一个复杂系统过程,影响因素很多,涉及研究生教育工作的各个方面。需要导师及研究生培养单位共同探索和实践,不断发展完善,形成有利于激发工科研究生创新能力的培养模式。

参考文献

[1] 陈新忠,李忠云,胡瑞.研究生创新能力评价的三个问题[J].学位与研究生教育,2010(1):10-13.

[2] 宋晨晖,王悦芳,朱玉山.研究型大学的创新人才培养机制探讨[J].高等教育研究,2001(4):64-67.

[3] 刘静,赵珊.导师队伍建设与研究生创新能力培养[J].中国科技信息,2010(20):266-267.

[4] 徐亚清,王怡然.我国研究生创新能力培养研究述评[J].河北大学学报(哲学社会科学版),2009(34):98-101.

[5] 侯金才,李静平,于海涛.导师小组制培养研究生的创新能力探讨[J].齐齐哈尔医学院学报,2010(31):88-89.

[6] 李文彬.关于研究生创新能力培养的几点思考[J].中国林业教育,2009(27):102-104.

[7] 吴宏翔,熊庆年,顾云深.我国研究生创新能力不足的表现[J].学位与研究生教育,2005(9):37-39.

研究生创业:素质历练与学习策略

张俊峰

(西安交通大学研究生院 710049)

摘要:本文探讨了研究生群体在创业过程中可以获得的素质历练与应当遵循的学习策略。其中,研究生创业者可获得的素质历练包括有利于丰富和检验掌握的课程知识、有利于培养和造就坚韧的创新精神和有利于明确和坚持未来的发展目标三个方面;研究生创业者可采取的学习策略包括建立完善的创业知识体系、形成纯正的创业思维动机和加强广泛的创业实践互动三个方面。

关键词:研究生;创业;素质;学习策略

2015年5月4日,国务院办公厅发布了《关于深化高等学校创新创业教育改革的实施意见》(国办发〔2015〕36号),意见指出:"修订实施高职高专专业教学标准和博士、硕士学位基本要求,明确本科、高职高专、研究生创新创业教育目标要求,使创新精神、创业意识和创新创业能力成为评价人才培养质量的重要指标。"明确将研究生创业作为高等学校教育内容的重要组成部分,列入需要完成的创业主要任务和措施之一。针对归属于高层次人才领域的研究生群体,探讨其在创业过程中可以获得的素质历练与应当遵循的学习策略,有助于指导研究生增进创业意识,勇于投身创业潮流。

一、研究生创业者的素质历练

21世纪中,若想获得未来事业的成功,每个人就必须要依靠自己的丰富知识、辛勤劳动和创业精神。经过本科阶段的学习训练或者短暂工作的体验感悟,入校研究生在生理和心理上已渐趋成熟,思维活跃度高,个性能力多样,既学习了一些专业技能知识,又积累了一些实践工作经验。在当今主要由科技创新引领经济和社会发展的时代,研究生开展创业活动,不但是推动时代发展和前进的重要动力,也是有效历练个人素质的绝佳机会。

1. 有利于丰富和检验掌握的课程知识

课程内容是研究生培养方案的重要组成部分之一。研究生课程一般遵循学科发展要求和人才培养规律,按照学科群设置课程,在基础理论课程、专业技能课程等方面有所涉及,一般既综合考虑了学科发展现状和研究生知识需求,并兼顾硕士、博士两级学位授予标准,与本科生课程在知识内容与结构层次上保持了一定的延续性和递进性。通过课程学习,研究生可以掌握宽广的基础知识,运用科学的思维习惯,形成合理的智能结构,具有一定的实践能力。

然而,知识并非是封闭的。日本著名管理学家大前研一曾说:"虽然知识确实是必不可少的,但仅仅卖弄知识则是毫无意义的。在理解前人知识的基础之上,必须认真地思考自己应该怎样去做。"研究生尽管已经掌握了培养方案所规定的课程内容,也能依据自身个性需求学习了诸多其他课程,但是,若要消化和领会这些课程的内容实质,还需要通过工作或生活实践的检验和校补过程,而创业则是这个过程当中极为重要的一个训练环节。在创业过程中,研究生可以将书本知识与现实生活进行充分结合,让所学到的课程知识真正得到有效发挥,进而使自己的智慧和胆识得到充分展现。研究生文化水平较高,思维普遍活跃,对事物的领悟能力较强,善于及时抓住各种信息并采取有效的应对策略,因此更适宜于通过创业过程尝试新体验、获得新灵感和收集新经验。在创业的过程中,那些理论知识渊博且善于运用知识的人才可能成为最终的胜利者。因此,在理论知识与现实环境的激烈碰撞中,通过创业实践过程,研究生可以丰富和检验掌握的课程知识,以创业促进步,求发展。

2. 有利于培养和造就坚韧的创新精神

据国际教育界预测,21世纪全世界将有相当比例的大学生和研究生要走自主创业之路。为此,我国积极转变传统教育理念,深化高校人才培养模式,出台了一系列措施和政策,鼓励高等院校从传统就业教育转向创新创业教育。在鼓励和提倡研究生自主创业的过程中,其中重要的一点是:引导和培养研究生富有勇于开拓的创业精神,形成坚忍不拔的性格品质,成为未来行业的领军人物。创新是人类所特有的创造性劳动的体现,是人类社会进步的核心动力和源泉。创业家意味着其必须具有诸如"正直""诚实""创新"和"坚守信誉"等类似的高贵品质。研究生创业的过程,也就是培养和造就自身坚韧性格和创新精神的过程。比如国际著名商投资本IDG自2014年起开始举办校园创业大赛,其最主要的目的就是选拔那些最具创新精神和最具科技潜力并成为中国未来创业之星的90后在读大学本科及研究生个人及团队。2014年9月,IDG资本在长沙成功举办了校园创业大赛20强总决赛。其中,浙江大学博士生开发的脑电波测控设备获得亚军,中国地质大学研究生开发的出境旅游消费引擎夺得季军,并分别获得8万元和5万元启动基金奖励。据赛事举办者介绍,研究生的参赛项目许多都具备了完整的商业模式和成熟的商业计划,有的甚至已经在实际操作中获得了相当可观的经济或社会效益。尤其令赞助大赛的IDG资本高管人员印象深刻的是:研究生创业者们思路开阔、创意独到,他们凭借良好的教育背景、独立的自我个性和义无反顾的创业激情,在项目创业过程中体现出锲而不舍和难能可贵的创新精神。

3. 有利于明确和坚持未来的发展目标

创业精神的培养,关乎国家大业、民族兴亡和个人发展。研究生通过创业历练,可以使其逐步积累前进中获得的有益经验和遇到的深刻教训,明确个人未来的发展目标,树立开创心仪事业的远大理想,为家乡和国家的民生发展做出无私的奉献。经过创业过程的熏陶洗礼,研究生的在校学习方式可能会得到一定程度的改变,不再单纯被动记忆和理解知识,而是主动提出问题、探讨问题,构建一种开放性的学习过程,并且与自己未来的发展目标息息相关。通过创业,研究生可以逐渐突破原有纯粹理论知识的限制,新鲜活跃的创业点子将会层出不穷,也会对社会实际有着更为充分的了解。在这种情境下,由于研究生不再封闭机械式地从事课程学习,不再单纯简单地获得知识信息,而是及时恰当地呈现一些需要学习、探究的问题及情景,研究生与社会之间的学术交流和情感对话的空间和范围得以拓展扩大,各层级之间的知识更加易于融合和相互贯通,从而更容易激发他们自觉开展知识探究,进行深度社会思考,形成创业创新意识,保持持久学习热情,最终找准发展目标,实现人生价值。

综上所述,研究生参与各类形式的创业活动,有利于运用课程基础知识,历练个人能力和明确发展目标。但是,创业也是相当艰难的。《左传·宣公十二年》云:"筚路蓝缕,以启山林",意思是说"驾着简陋的车,穿着破烂的衣服去开辟山林",足见创业的艰辛困苦。因此,若想取得创业的成功,研究生还必须掌握和形成良好的学习策略。

二、研究生创业者的学习策略

丹麦教育家克努兹·伊列雷斯认为,人的学习包括三个主要维度:内容、动机与互动。其中,学习者的能力、见识和理解是通过内容维度完成的,以便学习者有足够的素质能力应对生活中的现实挑战。学习者的动力、情绪和意志是通过动机维度完成的,以便学习者有充分的心智能量应对诸如愉悦抑或苦恼的情感。学习者的活动、对话和合作是通过互动维度完成的,以便学习者提升自我在相应社会情境与共同体中的整合。伊列雷斯关于学习三个维度的研究为我们展示了学习所具有的广泛性和多样性的内在性质,有利于研究生创业者建立和形成自身良好的学习策略。这些学习策略主要包括以下几点。

1. 建立完善的创业知识体系

美国第一商务公司主席兼首席执行官马克·霍夫曼认为:"(工程学科)人员如果没有一点企业

知识,要建立企业是很困难的……因为你要走在投机资本家的前面,你要理财,你要制订并组织企业计划。"对于研究生创业者而言,最为重要的一点是:必须跟上时代的步伐,找准发展的方向,在学好专业知识的同时,还要建立完善的创业知识体系,以便应对和掌控未来实际创业过程中的各种变化,实现未来创业的成功。

目前,为了鼓励和帮助研究生开展创业活动,许多高等院校设立了"创业学院"或其他多种形式的创业培养平台,开设了丰富多彩、类型多样的创业培训活动。比如清华大学在其网络教育平台"学堂在线"上开设"中国创业学院",并推出了系列创业在线课程,首期计划推出的 20 多门创业在线课程,不仅包括"创办新企业""技术创业"等思维与技能类课程,还包括该校若干院系教授等提供的关于产业技术创新的学习课程,更有从美国麻省理工学院等世界知名院校引进的如"创业 101:你的客户是谁?"等优质课程。又比如西安交大将创业能力纳入研究生综合能力训练范畴,通过搭建校企实践基地合作平台,为研究生创业打造从意识启蒙、知识储备、能力培养到项目孵化的具有可持续性、全面的创业教育体系,为具有创业意向的研究生提供有益指导与建议。

2. 形成纯正的创业思维动机

作为一种综合性很强的社会实践,创业活动根源于一个人强烈的内在需要,缺乏这种内在需要,也就绝不可能产生创业行为,但仅仅具有创业需要还是不够的,它必须上升为创业动机。一旦具有坚持不懈追求目标和期望获得最佳效果的心理状态和动力,创业者才会全心付诸实践,勇往直前,也才能较大程度地实现创业的成功。研究生创业者概莫能外,依然需要具有纯正的创业思维动机。实际上,许多创业成功的研究生正是由于对现实生活环境的敏锐观察激发了他们心灵深处的内在动机,他们之所以成为创业活动的主要参与者,不是被周围有钱有势者所左右,也不是以其利益为出发点,根本动机就是其内心存在着一种要追寻自己使命感、发挥个人能动性的坚定执着,在他们眼里,作为创业媒介代表物之一的金钱只不过是必要的助燃剂而已。

比如重庆邮电大学声名远扬的"菜小二"高校鲜果公司的创始人——经管学院研究生姜军的创业思维动机就非常客观、纯正,值得广大在校研究生学习和借鉴。姜军来自一个普通的工薪家庭,他当初创业之时并非因为是有钱没处花,也不是迫切需要解决生活危机,而是将创业作为一种对自己的超越和渴望实现的梦想,他说:"从高中到现在,对自己比较满意的地方就是想做的东西都能做成,我喜欢不断追求目标,努力去探索,我一直都知道如果有时机,一定会走出创业这一步。"因此,研究生若想获得创业的成功,就必须形成纯正的创业思维动机,善于用理性支配自己的行动,保持永无止境的好奇心与进取心。

3. 加强广泛的创业实践互动

创业并非是由一个人的基因决定的,却与其政治、社会和经济等生活环境有着千丝万缕和不可分割的密切联系。在创业过程中,研究生应当开展广泛的创业实践互动,破除较为封闭的个体工作方式,在尽可能大的范围内展示出个人的知识技能、价值观念和态度趋向,珍惜一切可以促进自我视野开阔和学习借鉴的机会。毋庸置疑,良好的创业实践交互活动便于创业者与社会其他成员之间的交流和合作,一方面既可以实现创业经验和智慧的共享,另一方面也可以增强创业者发展事业的信心与动力。十分关键的一点是:那些常常自鸣得意于自己认可的产品或服务以至于忘记了产品制造或服务提供的真正目的是为了供他人进行便利使用的创业者(包括众多研究生创业者在内),正是由于在实际生活中没有进行精密细致的市场调查和良性深入的沟通互动,往往最终导致了创业的失败。

参考文献

[1] 法雷尔. 创业时代[M]. 李政,杨晓非,译. 北京:清华大学出版社,2006.
[2] 伊列雷斯. 我们如何学习[M]. 孙玫璐,译. 北京:教育科学出版社,2014.
[3] 大前研一. 洞察力的原点[M]. 朱悦玮,译. 北京:中信出版社,2013.

地方高校研究生培养创新工程项目体系建设的思考*

呼 丰

（苏州科技学院研究生部　215009）

摘要：培养创新工程项目是研究生创新能力培养的重要载体，是地方高校落实各级研究生教育文件精神的重要手段和形式。地方高校因其自身研究生教育发展的特点，在培养创新工程项目建设实践的道路上仍有许多亟待解决的问题存在。针对该类问题，以不同参与主体为研究对象，分别从项目的组织、立项与验收等方面进行讨论，发现并总结问题，从而寻求改革方向，推动地方高校研究生创新能力培养的良性发展。

关键词：地方高校；研究生培养创新工程；创新能力培养；思考

创新是一个民族的灵魂，是一个国家政治、经济、社会发展的不竭动力。研究生教育作为高层次人才培养的主要途径，是国家创新体系的重要组成部分。创新能力培养作为研究生教育的核心，一直以来都是研究生教育与培养中不可回避的现实问题，各级培养单位和研究生教育工作者也在多年的教育实践及发展中为此坚持不懈地努力着。研究生创新能力的概念及内涵也在不断的调查研究中得到澄清，在此基础上，相关学者也在分析中就创新能力的评价和影响因素进行了充分的讨论，对我国研究生教育的创新能力培养起到了积极的导向作用。

教育部、国家发展改革委、财政部《关于深化研究生教育改革的意见》指出："要完善以提高创新能力为目标的学术学位研究生培养模式，重视研究生科研训练的系统性，鼓励多学科交叉培养，拓宽研究生学术视野，激发其创新思维。"教育部、人力资源社会保障部《关于深入推进专业学位研究生培养模式改革的意见》也指出："要着力增强研究生勇于探索的创新精神和善于解决问题的实践能力。"由此可见，创新能力培养在不同时期、不同学位类别的研究生教育中都有着举足轻重的地位和与时俱进的现实意义。地方高校的研究生教育具有起步较晚、学科发展不均衡、探索性强等特点，虽然可以借鉴其他培养单位成熟的教育及管理理念，但是面对自身的实际情况，在构建学校研究生培养创新工程体系上还有很长的一段路要走，且需要在自身的建设实践中不断转化提升，促进学校研究生教育的长足发展。

一、苏南某地方高校研究生培养创新工程体系建设及存在问题

以苏南某地方高校为例，学校自2009年起以研究生科研创新计划项目为起点，开始架构研究生培养创新工程体系，并在研究生教育与培养实践中不断完善。研究生培养创新工程体系是学位论文之外研究生创新能力培养的有益补充。多年来，在上级主管部门和学校职能部门的引导下，学校各级领导及研究生教育管理部门高度重视培养创新工程项目在研究生创新培养方面的积极作用，先后制定和修订完善了各项管理规定，学校研究生培养创新工程体系也在不断实践中得到了充实和优化，在该体系下陆续设立并重点建设的子项目有研究生科研创新计划项目、研究生教育教学改革与研究项目、研究生精品课程建设项目和企业研究生工作站，各子项目的建设实践情况如下。

---

* 江苏省普通高校研究生教育教学改革研究与实践课题（JGLX15_152）。

1. 研究生科研创新计划项目

研究生科研创新计划项目旨在给研究生创造良好的科研机会与条件,促进其开展系统、规范的科研训练,发掘和发挥创新优势,提高研究生的科研创新能力与实践能力。研究生在导师的指导下可充分发挥自身科学研究的主动性和创造性。该项目为学校研究生创新培养工程体系的重点,目前可由研究生针对立项通知,结合自身科研兴趣及方向在导师的指导下自行申报。近五年来,学校研究生科研创新计划项目共计立项313项,每年立项比例基本稳定在20%左右(申报比例达40%以上),其中120项推荐到省级并获准立项。为保证充分的项目研究时间和结题要求,目前项目仅针对一年级研究生独立申报,研究周期为1~2年。2011~2013年立项项目结题率为86%,基于项目研究发表核心学术论文150余篇,在促进学校研究生创新能力培养方面发挥了重要的作用。但是,在项目的具体评审和建设中也有一些问题存在:

(1)由于项目申报数较大,在立项评审时会将申报书按学科进行分组,由研究生教育主管部门组织相关学科的专家进行集中评审,鉴于评审时间较短,申报书研究方向及立项角度差异性较大等客观因素,评审专家不可能对所有申报材料进行细致的评定。

(2)由于省级立项和校级立项的经费资助额度差别较大,在评审及项目建设过程中就难免有些主观的原因掺杂其中。

(3)项目结题对基于项目的学术论文等成果有较高的要求,这就导致在申报和结题中都出现理工类项目比重明显高于文史类项目的现象。

(4)立项项目基本都会成为研究生学位论文的选题方向,这在一定程度上就使得科研创新计划项目失去原有的价值和意义。

2. 研究生教育教学改革与研究项目

通过研究生教育教学改革与研究项目的设立,引导研究生指导教师、任课教师及各级管理人员在认真总结研究生教育教学实践及改革中重点和难点问题的基础上,积极探索,勇于创新,形成高水平、有特色、适应新时期发展需要的研究生教育教学优秀成果,不断提高研究生培养质量和研究生教育水平,并积极发挥优秀成果对研究生创新培养的示范、辐射作用。导师和任课教师是研究生创新能力培养最直接和最重要的指导主体,然而学校研究生教育教学改革与研究项目的建设情况却不容乐观。该项目每年的立项数不足研究生教育工作者基数的5%,而申报数平均也仅为立项数的135%。由此可见,该项目在研究生创新能力培养中的重要作用并未在导师和任课教师中得到足够的重视,另一方面,该现象也在一定程度上反映出各级研究生教育管理部门未能在该项目的立项和建设中发挥积极的引导作用。另外,由于项目并未有明确的结题要求,且教改类课题的成果无法像研究生项目通过学术论文(但又不局限于学术论文)等来进行量化考核,因此在验收工作上缺乏具体的规范。

3. 研究生精品课程建设项目

推行研究生精品课程建设,进一步加强研究生课程体系建设,促进研究生创新培养中课程教学模式和教学手段的创新和改革,提升研究生课程教学水平和教学质量,从研究生教育培养的基础环节入手,引导研究生科研创新能力的培养。该项目的立项建设情况与研究生教育教学改革研究项目大致,其每年的立项比例甚至更低,而后者在实践中的一些问题在该项目中也有所体现。课程学习是我国学位与研究生教育制度的重要特征,教育部《关于改进和加强研究生课程建设的意见》指出:"立足研究生能力培养和长远发展加强课程建设,全面提升研究生创新能力和发展能力",而学校研究生精品课程建设项目的现状却与这个背景有些不相符。

4. 企业研究生工作站

企业研究生工作站是由企业申请设立、出资建设并引入高校研究生导师指导下的研究生团队围绕技术研发和人才培养、培训开展科研工作的机构,是规模企业与高校产学研合作的重要平台,也是研究生创新培养的重要实践基地。该平台有很强的实践性和应用性,在推动研究生实践和科研创新能力方面越来越显现出其在研究生教育培养中的重要地位。近五年,学校通过省教育厅、科技厅认定的在建企业研究生工作站达 35 个,涵盖环境科学与工程、化学工程、土木工程、建筑学、光学工程、管理科学与工程等多个学科,确立的课题研发项目累计达 68 项,首批计划进站研究生数近百人,为我校研究生创新能力培养和地方经济发展提供了有效的科研合作平台。然而多年的建设实践中也呈现诸如建设主体模糊、经费投入不均衡、在站研究生管理不规范等问题,而这些问题对于工作站的良性运行和研究生创新能力培养等都会产生负面影响,需要在持续的建设中解决和改进。

二、关于研究生创新工程项目体系建设的思考

研究生创新工程项目体系建设是一个系统性的工作,不同的子项目涉及不同的参与主体,然而,各个参与主体却又不是孤立地存在于某一个特定项目内。研究生是创新项目的主体,需要教育管理部门和指导教师的引导;导师和任课教师是教改课题和精品课程建设的主体,但其研究重点是围绕研究生这个客体开展的。因此,要把研究生创新工程项目体系建设好,充分发挥其对研究生创新能力培养的作用,需要多方的合作与协调来共同推动。

1. 从研究生教育管理部门的角度出发

研究生教育管理部门是研究生创新能力培养的主导者,地方高校由于其自身研究生教育发展的特点,在培养创新工程项目建设中需注意以下几点:

(1)加强对培养创新工程项目立项的引导。

明晰研究生创新能力培养的意义,引入奖惩机制鼓励各类教育工作者积极投身于培养创新工程项目建设中。针对立项评审的问题,可尝试在立项前确定个别交叉学科的研究和改革热点作为课题立项方向,引导教育工作者和研究生成立多学科合作的课题组,这样可以有针对性地进行比较评审。同时,不同学科知识体系和研究角度等的融合也可充分调动和发掘创新能力,以突破个人和单学科研究的局限性。正如两个苹果如何交换都只是两个苹果,两个想法的交换就会得到更多的想法一样。而这也正是培养单位重视和推动研究生创新能力培养的出发点和落脚点。

(2)加大建设经费的资助力度。

研究生培养创新工程作为系统工程,其各个子项目的建设不论在哪一个级别都应被放在同一个高度得到足够的关注和重视。项目的级别虽然有所差异,但是通过项目的开展和研究所要实现的目标则是一致的。因此,研究生教育管理部门应当加大对培养创新工程项目的建设经费资助力度,提高校级立项项目的资助额度,吸引更多的教育工作者和研究生参与进来,切实将学校研究生创新能力培养推到一个新的高度。

(3)优化项目的结题验收。

为了保障培养创新工程项目的顺利开展,除了加强过程管理外,制定规范的结题验收标准是必不可少的。目前学校要求研究生科研创新计划项目结题须发表核心学术论文至少一篇,而其他教师类项目则未有类似明确规定。目前,学术论文的成果形式在各类项目结题验收时大多会默认作为首要的考查条件,然而正如教改类课题和精品课程建设成果不容易去量化一样,研究生的科研创新计划项目的成果形式不应局限在学术论文上,而这不仅仅会成为研究生发掘自身创新能力的禁锢,也是与时下学位论文形式多样化的大趋势相悖的。因此,研究生教育管理部门应在保证课题研究质量的前提下优化培养创新工程项目的结题验收规范。

2. 从导师及任课教师的角度出发

导师及任课教师是研究生创新能力培养的实施主体,实施主体自身的创新能力对研究生的影响是巨大的。地方高校由于学科发展的差异,导师及任课教师的素质和水平也存在参差不齐的现象。

为了保证研究生培养创新工程项目在研究生创新能力培养方面起到实效,师资队伍的自身能力提高就显得很有必要,另外,多学科交叉的指导教师组和课题组的形式也是创新培养的一个发展方向,以训练和提升研究生的创新转化能力。

3. 从研究生角度出发

研究生是培养单位创新能力培养的客体,也是创新能力实践的主体。在创新能力培养中,研究生须充分发挥其主观能动性,加强自身知识能力的组织架构,在课程学习和课题研究中,学会用不同的视角去发现问题和解决问题,在实践中提升知识创新及转化能力。

三、结语

研究生培养创新工程是提高研究生创新能力培养的重要平台,该体系的建设需要各级教育管理部门、导师和任课教师、研究生的协同,其建设质量也需要社会经济发展的检验。地方高校在研究生教育发展的初始阶段,要做到培养和管理的重心下移,还有很多工作要做。

参考文献

[1] 陈新忠,李忠云,胡瑞. 研究生创新能力评价的三个基本问题[J]. 学位与研究生教育,2010,01:10-13.
[2] 廖和平,高文华,王克喜. 高校研究生创新能力培养的审视与思考[J]. 学位与研究生教育,2011,09:33-37.
[3] 董泽芳,何青,张惠. 我国研究生创新能力的调查与分析[J]. 学位与研究生教育,2013,02:1-5.
[4] 徐亚清,王怡然. 我国研究生创新能力培养研究述评[J]. 河北大学学报(哲学社会科学版),2009,02:98-101.
[5] 呼丰,于立刚. 企业研究生工作站在深化专业学位研究生教育改革中的作用探析[J]. 湖北第二师范学院学报,2014,10:84-86.

第七部分
学位点评估及研究生教育质量保障

基于因子分析法的学科建设核心要素的定量分析*
——以北京工业大学市级重点学科绩效评估结果为例

李 娟,程兰芳

(北京工业大学经济与管理学院 100022)

摘要:学科建设是一个复杂的系统工程,影响学科建设与发展的相关因素涉及方方面面并且错综复杂,但其中究竟哪些指标对学科的建设和发展贡献更大?笔者以北京工业大学参加北京市重点学科中期考核的19个学科数据为蓝本,运用因子分析法计算出了影响学科建设成效的核心要素,定量分析了学科建设在立项、建设与考核不同阶段的要素贡献程度,并通过实际案例验证,揭示了学科建设宏观和微观两个层面的一般性规律和学科建设不同管理主体的责任分工。该结论对于各级教育主管部门特别是学科带头人在学科建设实践中加强政策引导和资金投入的针对性,提高建设效益具有指导意义。

关键词:学科建设;核心要素;因子分析法;定量分析

学科是实现高等学校人才培养、科学研究、社会服务和文化传承四大功能的最基本载体。学科建设是统领高等学校工作的核心,直接影响着学校的办学效果和整体办学水平。《国家中长期教育改革和发展规划纲要(2010—2020年)》明确提出:"以重点学科建设为基础,改进管理模式,引入竞争机制,实行绩效评估,进行动态管理;"李克强总理在2015年的《政府工作报告》中也强调:"要建设世界一流大学和一流学科。"因此,新形势下政府应如何评价高校的学科建设成效?高等学校又该如何有的放矢地加强学科建设以使其在学位授权点定期评估的新常态下立于不败之地?这些是摆在各级高等教育管理者特别是学科负责人面前的一道难题和重要任务。

学科建设是一个复杂的系统工程,影响学科建设与发展的相关因素涉及方方面面并且错综复杂。但问题是,诸多要素当中究竟哪些指标对学科的建设和发展贡献更大?为此,笔者以北京市重点学科中期考核数据为蓝本,运用因子分析法以北京工业大学的19个市级重点学科为例进行绩效评估分析,并由定量计算出的因子贡献率作为选择、确立学科建设的核心要素影响力的依据。

1. 学科建设的内涵及要素分析

学科既是一种知识体系,也是一项以人为本的研究活动,其内涵具有人本性、群集性、持续性和关联性的特点。而学科建设是以学科学术性质为核心,集学科方向建设、学科梯队建设、基地建设和项目建设于一体的综合性建设项目。它不仅涉及学科自身学术水平的建设,还涉及组织、制度和资源配置等相关社会建制方面的建设。因此,在学科建设中应注意到学科的"人本性",充分调动研究人员的积极性;注意到学科的"群集性",在尊重个体的同时强调团队合作并重视学术交流;注意到学科的"持续性",保持学科各组成单元的合理结构,注意优势积累,推动学科的可持续发展;注意到学科的"关联性",通过重点建设带动相关学科的发展。

为此,笔者设计了学科建设绩效评价指标体系见表1。该指标体系从项目管理的思想出发,从项目的执行情况和项目当前达到的水平两个方面来考核学科建设项目的建设绩效。

---

* 国家自然科学基金项目《基于"投入-产出"的专业学位质量评估模型的构建与实证研究》(71473011)的资助。

表1 学科建设项目评价指标体系

一级指标及其权重	二级指标及其权重
学科建设项目执行情况	X_1学科建设目标与实际的结合程度
	X_2学科建设进展与标志性成果
	X_3经费支出安排
学科建设项目现状	X_4学术队伍
	X_5科学研究
	X_6人才培养
	X_7条件平台
	X_8学术交流

2. 基于因子分析法设计的学科建设绩效评价模型

为了便于与现实中的学科建设成效进行比较研究,笔者以2006年4月北京市教委组织专家对全市重点学科建设情况进行的中期检查数据为依据。当年北京工业大学的19个学科参加了中期检查。根据专家对每个重点学科的平均打分,以及在参评组别内的相对打分情况予以排名,因涉及学校内部资料,学科名称以字母代替,具体结果见表2。

表2 北京工业大学19个市级重点学科中期考核专家打分及其排名(2006年)

重点学科名称	专家评分	校内排名
市重点学科——jggc	92.24	1
市重点学科——jsjyy	91.99	2
市重点学科——hjgc	90.9	3
市重点建设学科——jxdz	90.79	4
市重点学科——wdz	90.59	5
市重点建设学科——swyx	89.62	6
市重点学科——glkx	89.52	7
市重点学科——jtys	88.9	8
市重点建设学科——jzsj	88.84	9
市重点建设学科——szgc	88.15	10
市重点学科——gxgc	87.29	11
市重点学科——jxsj	87.14	12
市重点建设学科——xhcl	87.02	13
市重点建设学科——gclx	86.77	14
市重点建设学科——yysx	86.45	15
市重点建设学科——jcjs	84.94	16
市重点建设学科——njtwl	83.58	17
市重点建设学科——jsjrj	83.44	18
市重点建设学科——gjmy	83.31	19

资料来源:2006年北京市重点学科中期检查表(下同)

为了分析表1指标体系中学科建设各要素的贡献率,笔者采用了因子分析法来进行评价和排名。

通过因子分析法对上述 19 个学科依照表 1 指标体系采集的数据进行分析,对指标分组并对各学科进行综合排序。用数学模型描述为:19 个样品学科中对每一个样品学科进行观测的指标有 8 个:X_1,X_2,$\cdots$,X_8,其标准化后的指标用小写字母 x_1,x_2,$\cdots$,x_8 表示,各个指标均受 m($m<8$)个公因子的影响,同时每个指标还受一个特殊因子的制约,于是,标准化变量 x_i 可用公因子 F 和特殊因子 u 来线性表示,即

$$\begin{cases} x_1 = a_{11}F_1 + a_{12}F_2 + \cdots + a_{1m}F_m + u_1 \\ \cdots\cdots \\ x_8 = a_{81}F_1 + a_{82}F_2 + \cdots + a_{8m}F_m + u_8 \end{cases}, m < 8 \quad ①$$

用矩阵表示该模型为

$$x_{8\times 1} = A_{8\times m} \cdot F_{m\times 1} + U_{8\times 1} \quad ②$$

此模型有三个特点:其一,模型不受量纲的影响;其二,因子 F 的个数少于指标的个数 8;其三,模型中系数 a_{ij}(称为因子载荷)的经济意义代表第 i 个指标 x_i 对第 j 个公因子 F_j 的依赖程度(相关系数),且它不是唯一的。这种非唯一性表面上看是不利的,但正因为如此,却可以通过因子轴的旋转,得到新的因子载荷,使新的因子有更加鲜明的实际意义。

这里,笔者依据表 1 的学科建设绩效评价指标体系,并参照北京市重点学科中期考核的专家评分表的权重赋值后得到重点学科中期考核的评价指标体系及其权重,见表 3。

表 3 学科建设项目评价的指标体系及其权重

一级指标及其权重 α	二级指标及其权重 β	各项指标德尔菲法权重 ($\mu = \alpha \times \beta$)	按权重大小的指标排序
重点学科建设项目执行情况(权重为 0.4)	X_1 学科建设目标与实际的结合程度(权重为 0.3)	0.12	4
	X_2 学科建设进展与标志性成果(权重为 0.5)	0.20	1
	X_3 经费支出安排(权重为 0.2)	0.08	6
重点学科建设现状(权重为 0.6)	X_4 学术队伍(权重为 0.3)	0.18	2
	X_5 科学研究(权重为 0.3)	0.18	2
	X_6 人才培养(权重为 0.2)	0.12	4
	X_7 条件平台(权重为 0.1)	0.06	7
	X_8 学术交流(权重为 0.1)	0.06	7

因子分析的最大优势是极大地简化分析指标的个数,用极少的公因子来解释众多的指标信息。对于学科建设绩效评价问题来说,就是按照各个学科在上述 8 个评价指标上的得分值数据,将 8 个指标进一步综合为更少的几个综合因子,并根据各学科在综合因子上的得分表现来评价,从而达到既全面又简化数据结构的分析目的。利用 SPSS 统计软件计算输出如下主要结果,见表 4 和表 5。

表 4 特征值及解释方差(所有变量)

指标	初始特征值			载荷平方提取总和			旋转后的载荷平方		
	总值	变量值/%	累积值/%	总值	变量值/%	累积值/%	总值	变量值/%	累积值/%
x_1	5.134	64.169	64.169	5.134	64.169	64.169	2.624	32.805	32.805
x_2	1.038	12.978	77.147	1.038	12.978	77.147	2.072	25.899	58.705
x_3	0.624	7.805	84.952	0.624	7.805	84.952	1.414	17.669	76.374
x_4	0.532	6.645	91.597	0.532	6.645	91.597	1.218	15.223	91.597
x_5	0.291	3.635	95.232						

续表4

指标	初始特征值			载荷平方提取总和			旋转后的载荷平方		
	总值	变量值/%	累积值/%	总值	变量值/%	累积值/%	总值	变量值/%	累积值/%
x_6	0.190	2.371	97.603						
x_7	0.112	1.399	99.002						
x_8	0.080	0.998	100.000						

表5 旋转后的因子载荷矩阵

指标	公共因子			
	F_1	F_2	F_3	F_4
x_1	0.437	0.822	0.143	0.012
x_2	0.755	0.407	0.262	0.318
x_3	0.176	0.862	0.212	0.292
x_4	0.758	0.240	0.222	0.393
x_5	0.740	0.175	0.550	0.189
x_6	0.295	0.170	0.229	0.889
x_7	0.770	0.583	-0.062	0.095
x_8	0.174	0.173	0.934	0.206

表4的输出结果显示了样本协方差矩阵的特征根、贡献率以及累计方差贡献率等信息。方差贡献率是衡量公共因子相对重要程度的指标,方差贡献率越大,表明该公共因子对变量的解释程度越高。其中最大的4个特征根依次为5.134,1.038,0.624和0.532。它们解释了总方差的91.6%,即前4个因子包含的信息量达到总信息量的92%,说明这4个公因子代表了原始指标所反映的足够量的信息,故可以用这4个公因子代表原始8个指标的信息量。

进一步地,旋转后的因子载荷矩阵表明,前4个公共因子可以写成原始8个变量$X_1,X_2,\cdots,X_8$的线性组合,其中的系数就是表中对应的每一列F_1,F_2,F_3和F_4,结论归纳在表6中。表6不仅将8个指标分为关系不太密切的4个方面,而且也表明了哪些指标之间具有较大的相关性,反映出了学科建设评价的核心要素及其影响因子。

在此基础上,以上述4个因子F_1,F_2,F_3,F_4各自的解释方差为权重,可以写出综合评价变量F的表达式为

$$F = [64.169\% \cdot F_1 + 12.978\% \cdot F_2 + 7.805\% \cdot F_3 + 6.645\% \cdot F_4]/91.597\% \quad ③$$

代入并计算其数值,可对各学科的综合评价值大小进行排序,得出评价结果,见表6。

表6 学科建设评价的核心要素及其影响因子

公因子	包含信息量比例/%	重点学科建设的核心要素	影响因子	要素说明
F_1	64.169	X_7条件平台	0.770	产出成果与学科基础条件
		X_4学术队伍	0.758	
		X_2学科建设进展与标志性成果	0.755	
		X_5科学研究	0.740	
F_2	12.978	X_3经费支出安排	0.862	建设目标与实际结合度、经费支出安排合理性
		X_1学科建设目标与实际的结合程度	0.822	
F_3	7.805	X_8学术交流	0.934	学术交流
F_4	6.645	X_6人才培养	0.889	人才培养

在表6的基础上,通过使用公式③计算综合因子得分并排名,得到表7。

表7　因子分析法测算的重点学科建设状况新排名

因子分析法新排名	重点学科名称及其编码	专家打分法排名	排名之差
1	重点学科——jggc	1	0
2	重点学科——gxgc	11	−9
3	重点建设学科——jxdz	4	−1
4	重点学科——jsjyy	2	2
5	重点学科——wdz	5	0
6	重点学科——hjgc	3	3
7	重点建设学科——swyx	6	1
8	重点学科——jtys	8	0
9	重点学科——glkx	7	2
10	重点建设学科——xhcl	13	−3
11	重点建设学科——jzsj	9	2
12	重点建设学科——szgc	10	2
13	重点建设学科——jcjs	16	−3
14	重点建设学科——gclx	14	0
15	重点建设学科——njtwl	17	−2
16	重点建设学科——yysx	15	1
17	重点学科——jxsj	12	5
18	重点建设学科——gjmy	19	−1
19	重点建设学科——jsjrj	18	1

通过对比可以发现,采用因子分析法得到的表7的新排名与采用专家打分法得到的表2综合排名有比较大的相似性,除gxgc和jxsj两个学科以外,多数学科的两种排名结果在±3名以内,说明用因子分析法计算得到的重点学科绩效评估的结果是可信的。这是因为两种算法都是利用同一"专家评分",只是确定权重的方式不同——表2是根据德尔菲法由专家确定的权重进行加权平均分来排名,而表7的因子分析综合排名则是首先将8个指标综合成4个公因子,再根据各自的相对重要性(即方差贡献率)为权重计算加权平均得分后来排名的。从而证明,用因子分析法可以定量评价学科建设的核心要素及其影响因子(指对学科建设成效的贡献率),见表6。

在表6的基础上按影响因子大小进行排序,表8反映出各个核心要素对重点学科最终建设成效的贡献程度。

表8　按影响因子排序的学科建设核心要素一览表

重点学科建设的核心要素	影响因子	按因子大小排序
X_8学术交流	0.934	1
X_6人才培养	0.889	2
X_3经费支出安排	0.862	3
X_1学科建设目标与实际的结合程度	0.822	4
X_7条件平台	0.77	5
X_4学术队伍	0.758	6
X_2学科建设进展与标志性成果	0.755	7
X_5科学研究	0.74	8

3. 核心要素揭示的学科建设一般性规律

根据表 6 的结果,按照公因子中包含信息量的比例排序,得到重点学科建设的核心要素依次是:最关键的因素 F_1 是以学术队伍和科研条件平台构成的学科基础条件和以科研成果为主要标志的学科进展情况,其反映了重点学科建设中人力和物力投入的水平,以及重点学科建设的物化成果;定量论证了"条件建设是学科建设成效的内在保障,科学研究水平是学科建设成效的外在反映"。这与人们通常的定性分析相一致。排在第二位的要素 F_2 代表的是"明确的学科建设目标与科学合理的经费使用支出",这是衡量学科建设项目立项建设科学性和财力支持合理性的指标。其三 F_3 是学术交流,体现了学科研究的"群集性"特点,即学科本身所具有的与外部环境交换信息和能量的特点。其四是人才培养质量,反映的是学科建设的根本目标。

进一步地综合 4 个公因子来看,公因子 F_1 和 F_2 包含了各个学科建设项目的全部信息量的 77.15%,体现了学科建设中"人""财""物"3 个方面的投入,因此它们是构成学科建设要素中的决定性因素,而公因子 F_3 和 F_4 分别从横向(与外界同行的学术交流)和纵向(人才培养体现出的学术传承)反映了学科建设项目的成长性,因而它们是学科建设要素中的派生要素。

另一方面,按影响因子大小进行排序的表 8,则从"各个核心要素对重点学科最终建设成效的贡献程度"这一角度揭示了学科建设诸要素中的关键指标,即学术交流和人才培养指标是重点学科建设八大要素中贡献度最大的指标;其次是合理的经费安排和明确的建设目标;再次是物质和人力条件;最后才是科研项目及其成果。这个排序结果与以往人们的定性分析并不一致,但恰恰反映出大学的本质正是学术文化的传播和培养学术继承者,因为学术交流程度直接反映了该学科的学术活跃度和主流影响力,特别是能够作为主办方举办高水平的学术会议更是该学科具有很高的学术声誉的象征。同理,以生源质量、全国百篇优秀学位论文质量和毕业生就业质量等为核心构成的人才培养质量指标,也直接反映了该学科的社会认可度。

将前述 3 种方法,德尔菲法、因子分析法的公因子排序法和因子分析法的影响因子贡献率排序法即前文表 3、表 6 和表 8 合并为一张表,可以得到表 9。

表 9 各种方法的学科建设要素排序之比较

学科建设的核心要素	德尔菲法权重排序表 3	因子分析法公因子排序表 6	因子分析法影响因子排序表 8
X_2 学科建设进展与标志性成果	1	3	7
X_4 学术队伍	2	2	6
X_5 科学研究	2	4	8
X_1 学科建设目标与实际的结合程度	4	5	4
X_6 人才培养	4	8	2
X_3 经费支出安排	6	6	3
X_7 条件平台	7	1	5
X_8 学术交流	7	7	1

从表 9 可以看出,按德尔菲法排序反映的是评估时专家对学科建设"产出"要素的重视程度,那么公因子排序则揭示了管理部门和学科带头人应当在学科建设之初"投入"的要素;而影响因子排序则提示在学科建设进入到发展时期应采取的建设策略。具体来说,因学科建设是一个深化、充实、调整和改造已有学科,或者新建乃至创造尚不存在的某一学科,以增加学科的深度(质的提高)、广度

（知识量的增加）、宽度（学科数量的增多）的项目。因此，在某高校某一学科的创设或起步阶段，应按照"公因子排序"，从学术队伍和科研条件建设起，即所谓的"凝练方向、汇聚队伍、搭建平台"，此时首要的建设策略是明确学科建设的目标，引进和培养人才提升师资队伍水平，加强平台条件的建设。

而在确定了学术带头人，学科进入发展时期后，则应按照"影响因子贡献率"的策略，从学术交流和人才培养着眼。因为，学术交流和人才培养指标实际是该学科的社会声誉指标，最忠实地反映了学科建设的水平，并且因其具有普惠性特征，加强学术交流和人才培养的投入能够最大限度地调动学科中全体师生的积极性和贡献力。其次，合理的经费安排和明确的建设目标反映了该学科建设的顶层设计规划是否科学合理；在此基础上人（师资队伍的引进和培养）和物（条件平台）的建设才能够有的放矢；随后科研项目和成果的取得属于学科建设的成效，就是水到渠成的事了。

以上定量研究揭示了学科建设的一般性规律，即学科建设的不同阶段应采取不同的建设策略：初级阶段（立项阶段）着眼于学科建设的宏观层面即人财物的建设；而发展阶段（建设中后期）应着眼于微观层面的学术交流与人才培养。伴随学科的发展，学科建设策略应将宏观与微观循环往复，推动学科建设的螺旋式上升。

4. 实证案例分析

为了对以上结论进行验证，笔者选取了北京工业大学19个参评学科之一的"重点建设学科——njtwl"进行案例实证研究。该二级学科1986年即获得硕士学位授权点，但由于原来学科基础薄弱，十多年未有大的进展。2003年该学科引进了一名院士之后，成立了固体微结构与性能研究所，师资队伍规模并不大，因此把主要精力投入到研究生培养上。学科带头人（院士）为该学科的发展制定了长远规划，并且经常性地开展国内外学术交流并举办国际学术会议，鼓励青年教师特别是支持研究生参加国际学术会议。同时，也大力加强该学科的条件平台建设，购置了一批当时处于国际领先水平的一系列电子显微镜和分析测试设备，并花大力气引进和培养青年教师。对比该学科十年来建设成效显著，表现出很好的成长性——2003年该学科获得二级学科博士学位授权，2005年其所在一级学科获得了一级学科博士学位授权，2006年学科带头人获得了国家"973"项目的首席科学家称号，2007年获得了该一级学科的博士后流动站并有一项成果被评为"教育部2007年十大科技进展项目"。该学科虽然在2006年北京市重点学科中期考核时位列全校倒数第三（表2），但在2007年底北京市教委组织的重点学科验收工作中被评为优秀并于2008年1月晋升为北京市重点学科！近五年来，该学科的成长势如破竹——培养的研究生2010年获得全国百篇优秀学位论文提名奖，2011年获得1篇全国百篇优秀论文，2012年获得2篇北京市优秀博士学位论文；2013年学术带头人在国际最高学术期刊 *Science* 上发表论文、博士生在 *Science Communication* 上发表论文。近五年培养了2名国家杰出青年科学家获得者，1名教育部长江学者特聘教授，3名北京市科技新星。

另一个案例也来自上述北京工业大学19个参评学科之一的"重点学科——gxgc"。该学科1998年获得了一级学科硕士点，2000年获得了一级学科博士点、2002年列为北京市重点学科。十年来，本学科虽然暂时还没有院士，也没有长江、杰青等专家加入，但是该学科带头人着力加强国内外学术交流和推行国际联合培养研究生，引进了一名从英国留学归国的首批国家千人计划专家和数名长短期北京市海聚人才青年教师。在此基础上，积极主办承办国内外高水平学术会议，并与国外高水平大学联合培养博士生，每个博士生在读期间都有机会参加国际学术会议，推动了学科的整体发展。从该学科2012年参加教育部学位与研究生教育发展中心组织的第三轮学科评估结果（表10）来看，该学科整体排名位列全国同类学科的第14名，但在教学教材、学位论文、优秀毕业生和国际交流等二级指标上，其排名及百分位都优于本学科的整体排名和百分位，充分证明学术交流与人才培养对该学科的建设与发展做出了重要贡献。

表 10　重点学科——gxgc 在 2012 年第三轮一级学科评估的结果

评估得分		学科排名		百分位			
77		14		36.8%			
一级指标		队伍与资源	科研水平		人才培养		学科声誉
指标排名(2012年)		14	13		14		13
百分位(2012年)		36.8%	34.2%		36.8%		34.2%
二级指标	专家团队	实验室	学术论文	科研获奖	科研项目	教学教材	学位论文	国际交流	优秀毕业生
排名	12	21	11	17	14	2	8	12	10
百分位	31.6%	55.3%	28.9%	44.7%	36.8%	5.3%	21.1%	31.6%	26.3%

以上两个十余年的学科建设实例,有力地验证了前述因子分析法中有关"学术交流和人才培养是具体学科建设过程中的核心要素"的结论。

5. 结语

综上所述,基于因子分析法定量计算得出的学科建设核心要素的影响因子,结论是可靠的。它揭示了学科建设的一般性规律:首先,学科建设的主体责任人是学科带头人;而各级教育主管部门是对于学科建设成效的评价主体。因此,作为"评价主体"的管理部门与作为"建设主体"的学科带头人应采取不同的学科建设策略,具体来说:

教育主管部门作为学科建设成效的评价主体,从宏观层面对学科建设进行引导,即在设置或确立学科建设项目时,应依据"公因子法"策略,即从学科建设的平台搭建、学术队伍的引进和培养、科研项目及标志性成果等"投入性"指标进行考量;而在项目考核阶段,主管部门则应依据"德尔菲法"策略,即从学科的科研项目、成果和师资队伍建设状况等"产出性"指标去考量。

而在学科的建设与发展阶段,学科带头人作为具体学科建设的负责人应从微观层面,依据"影响因子法"策略,即根据本学科发展的不同阶段,首先做好学科建设的顶层设计和论证规划,找准建设目标,科学合理地将建设经费重点支持到学术交流和人才培养中,鼓励广大师生积极参加国内外学术交流活动,扩大学术视野,提升自身学术声誉;同时也通过学术交流找准学科发展前沿为学科未来发展探明方向。另一方面,在学科建设顶层设计的基础上,有针对性地培养和引进人才,建设科研条件平台。换句话说,通过学术交流活动瞄准国际前沿开展科学研究,同时依托高水平项目和学科建设经费的支持大力培养人才,既培养学生又锻炼队伍,从而使学科优势不断积累,特色越发鲜明,走上良性循环的道路。

一句话,通过因子分析法计算的学科建设核心要素,从宏观和微观两个层面定量分析了学科建设在立项、建设与考核不同阶段的要素重点程度,揭示了学科建设不同管理主体的不同责任和不同建设重点。以上结论对于各级教育主管部门和具体学科的负责人在学科建设实践中,有的放矢地加强政策引导和资金投入具有指导意义。

我国高校引入学科国际评估的探讨

双勇强

（哈尔滨工业大学研究生院　150001）

摘要：学科国际评估是建设世界一流大学和一流学科的重要举措。通过综览欧洲国家在学科国际评估中的实践做法，结合我国近几年开展的探索性尝试，总结了国内外评估时思路和指标体系存在的差异，提出了我国高校应该有选择地开展学科国际评估，并对我国怎样引入和推进学科国际评估提出了几点建议。

关键词：一流学科；学科国际评估；学科建设；评估体系

一、引言

随着高等教育国际化程度越来越高，我国迫切需要加快建设一批世界一流学科，以增强学科国际竞争力，促进高等教育内涵式发展。学科评估作为保障学科建设、促进学科发展的重要手段，一直是高等教育管理者和学者们热衷的研究课题。

国内最具权威和影响力的是教育部学位与研究生教育发展中心（以下简称"学位中心"）组织的全国学科评估。该学科评估中各学科采用统一的指标评价体系，有利于全国范围内的定位分析与学科改进。本质上属于外部性的质量保障行为，是政府层面的宏观监控。作为办学主体的高校自身，在如今学科评估形式多元化、学科提倡内涵式发展的背景下，为实现世界一流大学的目标，高校自身应积极开展科学性与国际性兼具的评估活动。然而，目前高校开展的学位点自我评估中，大都立足于学校内部基本要求进行"兜底式"查找问题[1]，缺乏国际学科的建设标准。如何实践学科发展评估的理念，将其置身于全球参照体系中，用国际视角诊断学科的优势与不足，是现在面临的主要困难。

高校引入学科国际评估，建立有助于学科发展的内部学科保障评估体系势在必行。教育部文件中也多次指出，鼓励有条件的高等学校开展学科专业国际评估[2,3]。文章主要针对学科国际评估的总体思路、学科国际评估的探索实践、国内外学科评估体系差异以及怎样在我国高校中引入和推进学科国际评估等进行探讨。

二、学科国际评估的总体思路

国际评估要求树立起国际意识，借鉴国际一流大学评估经验，聘请国际专家、参考国际评估标准。本文提出的"学科国际评估"特指基于高校办学层面，结合经济社会发展需要和自身学科建设规划，自发地邀请某一学科领域的最为活跃的国际顶尖学者，在对学科进行深入了解的基础上，运用国际通行的学科标准，对于学科的发展情况和国际定位，做出符合高校自身特征的评价、建议的一种自评估机制。其基本特征是围绕学科建设的核心要素来设计评估框架。学科建设的核心要素仍旧集中在学术方向、师资队伍、学术贡献、人才培养、学术声誉等几个方面。另外，也涉及了教师聘任、研究方向、课程设置、育人环境[2]等较为微观的因素，这对于寻找学校相关院系学科与国际一流学科的主要差距，判断出阻碍学校相关院系及学科发展的主要瓶颈，进而提出突破学科发展主要瓶颈的建议与举措，能够更加突出院系自身发展特色，更具针对性和可操作性。

在我国学位中心刚结束的第三轮学科评估中，除采用"师资队伍与资源""科学研究与创作""人才培养质量"[3]等一级学科范围内的客观指标外，还增加了"学术声誉"这一主观评价指标，结合我国学科建设状况的同时,参考了国外的学科评估标准,有与国际标准接轨的趋势。但其只是对国内学科进行静态比较评价,适合面上宏观管理,难以兼容国家战略与学科、高校自身发展的内在规律与多元化价值需求之间的矛盾[3],不能有效地体现我国建设世界一流大学和一流学科所需要的国际比较评估[1]。

高校的这种学科国际评估,转变了以前评估的判断性排名、刚性计量、年度考评,努力向构建突出学科核心价值、以国际标准为主、柔性的发展性诊断评估靠拢。因其始终坚持国际先进性、权威性、程序规范性、学者治学以及学科独特性原则,所以总体来讲,这种自评估后的评估结果是有很大科学性的。

三、学科国际评估的探索实践

1. 国外已有的实践

国外高等教育国际评估开展得较早。法国于1985年在全国评估委员会(CNE)中规定,评估专家可以是法国人,也可以是外国人。2007年,正式成立研究与高等教育质量评鉴局(AERES),组建了3 500人的专家队伍,并招聘了部分外国专家,人数占到专家队伍的19.3%,对科研等情况进行评估。而且在评估指标的设定上,只设一级指标,下级指标根据各高校自身情况自行制定,具有较强的适应性。1992年,希腊建立了大学评估协调委员会,对大学的教学、研究和管理活动开展评估。评估成员具有丰富的质量评估经验,是从国内外选拔的,并尽力剔除个人或社会关系等因素对评估结果的非正常影响。2001年,瑞典政府开始对高校学科专业进行质量评估。在高教评估专家组中,必须至少聘请一位外国专家,主要是北欧专家。运用国际标准对学校院系进行科研评估、实地考察等,以发现科研新的增长点。瑞典乌普萨拉大学2007年和2011年实施的"质量与革新"项目(即KoF07和KoF11),便是很好的佐证。在"博洛尼亚进程"下,芬兰、挪威、丹麦、荷兰等其他欧洲国家也都组成了国际化的质量评估队伍,借鉴和吸收欧洲质量保障体系的标准、他国经验及国际趋势,结合国情和学校具体情况,提高高等教育质量的内涵发展。

英国政府在借鉴欧洲质量保障体系的同时,积极组织高等教育质量保证机构(Quality Assurance Agency for Higher Education,QAA)开展学科评估,以及全国大学科研评估(Research Assessment Exercise,RAE)。QAA学科评估以高校自评为基础,结合外部学科同行评议,侧重教学评估,主要集中于对各学科水平上学生学习经验和成就质量,并依据学科特点设计不同的评估指标。RAE侧重科研评估,设置了15个大的学科评估领域,67~69个小的学科领域和67~69个评估专家组,其中约1/3是国外著名专家。指标权重随学科不同而有所变动。此外,高等教育调查机构QS公司(Quacquarelli Symonds,QS)设立的大学排名、英国《泰晤士高等教育专刊》(Times Higher Education,THE)和汤森路透公司(Thomson Reuters)合作的THE大学排名,亦是民间机构实践学科国际评估的一种方式。QS排名包括主要世界大学综合排名及学科排名。主要评价学术科研质量、教学质量、国际化、毕业生质量等几个方面,还利用声誉和论文被引等数据对5大学科领域、30个学科方向进行世界高校学科排名。而THE世界大学排名评价指标体系则由教学、研究、论文引用、国际视野和产业收入5个一级指标和13个二级指标组成。在分学科排名中,二级指标的权重也会根据学科自身特点而有所差异。不论是政府组织,还是第三方机构组织,学科评估与排名均以达到国际优秀标准为目的,借此重新审视高校自身的办学方针、学科发展战略,并对缩短与世界一流大学之间的差距有重要的促进作用。

2. 国内高校的实践探索

通过借鉴国外科研机构在国际评估方面的先进经验,近年来,国内少数重点高校也开始探索开展学科国际评估,助力世界一流大学建设。清华大学2002年展开试点评估,2006年正式启动,2009年明确计划开展学科国际评估工作,邀请近百位海外一流学者组成国际评估专家组,对学科师资队伍、学生培养、科研和平台发展情况进行考察,2011年完成首轮环境科学与工程、生命科学、计算机科学与技术等12个学科的国际评估[6]。复旦大学、上海交通大学、浙江大学也从2006年起,逐步开展这项工作。哈尔滨工业大学亦于2014年7月召开学科国际评估试点预启动会,计划对土木工程、计算机科学与技术、环境科学与工程3个试点学科开展学术国际评估。

以上海交通大学机械与动力工程学院(以下简称"机动学院")为典型,该院第一轮中长期学科评估于2009年9月启动,2011年6月结束,历时22个月。机动学院学科国际评估的工作流程可以归纳为以下四个部分。

(1)前期准备(2009.9~2011.3):主要是学校规划发展处顶层设计国际评估的工作方案,机动学院结合自身情况,对具体方案提出修改意见。两部门共同协商国际评估工作小组具体细则,共同推荐遴选评审专家,评估专家多是来自该学科领域内的全球知名学者、全球知名院系或机构负责人、高被引科学家、重要国际期刊编委、知名企业研究负责人或技术总监等;学院凝练了7个参评学术方向,精心准备了共计1 000多页的15份评估材料。

(2)通信评议(2011.4~2011.6.15):邀请专家164名、参评专家66名进行通信评议,并尝试对机动学院21名学术方向带头人进行个人学术水平评估。依据国际顶尖同行的评价标准,对教师学术影响的国际性、研究方向的前沿性、学术产出的影响力、学术地位的基准值进行了评估。这在学科国际评估中尚属首次。

(3)现场评估(2011.6.22~2011.6.24):第一次开展全英语现场评估。现场评估专家组由来自美、英、法、日等学术界与企业界的11名著名专家组成,其中非华裔专家6名。机动学院学术方向带头人首先向专家组详细汇报了近年来其在科学研究、人才培养、师资队伍建设等方面的发展情况和取得的成绩,以及7个学术方向的状况。除此,评估队伍参观了实验室,还分别与青年教师、硕士生、博士生代表座谈,深入了解机动学院在科研、教学等方面的情况。专家对机动学院的学科建设给予了高度评价,整体实力接近世界前50名,并认为未来发展还有较大的上升空间,建议在对接国家战略需求的同时,合理平衡基础研究与应用研究,加强交叉学科的建设和跨院系的合作,培育新的学科生长点;加强师资多源化建设,以及与世界顶尖大学的合作,从而进一步提升学院的国内外学术声誉等。

(4)反馈整改(2011.6.25至今):学院以国际评估的评估报告为基础,对各学科展开深度分析,总结优势与不足,并与国际水平相对照,形成学院整改方案。实质性地推动了学科建设水平的提升,推动了学院国际化战略的有效实施。

总体来说,国内高校学科国际评估开展较少,没有丰富的经验可依循,仍旧处于试行探索阶段。截至目前,学科国际评估在我国的探索实践大致可划分为三个小阶段,见表1。

表1 我国大学学科国际评估的探索与演变

阶段	2007~2008	2009~2010	2011~
评估目的	国际一流标准	面向国际科技前沿和国家战略需求	面向国际科技前沿、国家战略需求和学校建设重点
评估方式	现场评议为主	通信评议与现场评估结合	院系自评、通信评议、现场评估三者结合
专家选择	学校单项任命	学校推荐与院系推荐相结合,以学校推荐为主	
评估内容	科研水平评价	以学术水平评价为主、加大人才培养的评价	院系层面的总体评价、方向层面的科研评价、教师层面的个体评价
评估结果	专家自主决定	模块化设计的评价报告	专家报告与第三方报告结合
工作机制	背靠背的机制	全程互动的工作机制	学校组织、院系主体、多方参与

四、国内外学科国际评估的差异

概览国内外高校在学科国际评估方面的探索实践,发现国内外高校都会关注学科的前沿方向、学术成果、人才培养、师资队伍、学术的活跃度等方面,但在建设思路上却存在差异。国内大学已经形成了自己的评价体系和建设思路,主要体现在学科界定、师资队伍、科学研究、人才培养、社会影响等方面,见表2。这与我国高等教育的投资体制及学术制度与文化等方面特点是密不可分的。

表2 国内外机构学科评估体系的比较

要素	国外机构	国内机构
学科界定	多学科间的交叉	单一学科的重点学科建设
师资队伍	体现学术能力的同行评价 PI制为基础的教师间合作	反映学术能力的指标 强调实体化的团队
科学研究	重视质量的兴趣导向性研究 关注学术成果的影响力	重视数量的任务导向研究 关注科研项目的竞争力
人才培养	毕业后的发展潜力 将学生视为科研伙伴	在校期间的学术表现 将学生视为科研助手
社会影响	重视同行评价和社会评价	重视政府主导的评价

在评估体系的设置上,我国高校往往强调国家战略、科研成果、社会服务等方面,而英、美等国家则将教学质量、人才培养列为学科评估的核心要素,强调学生科研伙伴及毕业后的发展潜力等。我国高校在学科评估标准体系、评估内容的国际化上还需要进一步改进。

五、推进我国高校进一步开展学科国际评估的建议

学科国际评估是教育评价改革的大势所趋,是学校转型发展的必然选择。对于我国高校来说,学科国际评估是一项新的挑战。纵使国内高校在学科评估上形成了我国学科制度情境的评价体系,但在学科国际评估的评估思路、评估方法、实践等方面还有很多不成熟的地方,实际评估距离动机与效果的统一还有一定的差距[4],也出现了种种问题,比如评估专家层次及学术水平难以把握、评估进度难以监控、评价结果使用不足、改进反馈及后续跟踪环节缺失等,需要进一步发展完善。在借鉴国际先进经验的同时,如何结合我国的社会制度、经济制度、学术制度与文化情境等方面的特征,创造性地做好这项工作,大致可从宏观和微观两个层面加强关注。

(1)宏观层面:政府要加强创造我国高校开展学科国际评估的有利环境。

国家政府要继续加大我国高校开展学科国际评估的相关制度建设和政策扶持,确保高校开展自我评估的规范性、公正性和透明性。

(2)微观层面:高校应不断改进学科国际评估的实践与探索。

第一,更新学科评估理论与理念。以理论指导为抓手,参考国内外已有实践,改进评估实践。各大高校要加强学习,凝练国际评估的基本理论,力争形成有自己特色的研究成果;深入了解国外评估发展趋势,努力构建国际评估国外资料;进而可以不断更新丰富的国际评估理论,来探索符合自身院校特征的学科国际评估模式。借鉴已开展学科国际评估高校的经验,相互交流、调研,参照制定开展学科国际评估的评估手册,方便指导各学科实施国际评估。

第二,打造学科评估体系国际化。在评估指标体系的设定上,要鼓励各学科提出符合本学科属性、特点、文化的评估标准,推动学科交叉研究评价,促进多学科系统创新。同时,允许不同学科设计和采用不同的评估方法。在学科和参评方向的划分上,除独具我国特色需求的本土化学科外,应尽可能参照国际通行惯例,与国际一流标准接洽,以便增强与国家相关学科的可比性,明确国际定位,展开学科改进或交流合作。如《美国新闻与世界报道》能根据商学、法学等10余个学科性质和特点,设计多样化学科评估指标体系,接受AACSB国际认证[5],有明显的时效性、针对性和国际前瞻性。

第三,评估主体方面,采用国际化的专家同行评议,进一步完善国际评估专家库,注重遴选专家的

能力水平,回避与本学校、本学科关系密切的专家,以及与现任教职工有研究合作关系或个人关系的专家,尽量避免任人唯亲;全力打造国际评估门户网站。

第四,建立院系国际评估新常态工作机制,构建院系国际评估年度报告制度。开展3~4年周期性的、常规化、系统化的国际评估,对学科发展开展日常跟踪评价,不断反馈整改,推进评估结果的应用。并将院系年度考核与一级学科评估工作对接起来,确保真正确立起用国际视野和国际比照体系推动学科建设和发展的评估保障。

另外,我国高校在开展学科国际评估时,应谨慎考虑自身水平,并非所有学科都适合国际评估,选择相对能冲击世界一流的优势学科进行评估,会使学科国际评估更有针对性和实效性[6]。

学科国际评估是一项成本高、难度大的工作,在引入实施的过程中,要结合高校定位和院系学科特征,不断摸索完善适合自身院系特征的国际评价模式,对于出现的问题,要及时协调沟通,同时兼顾到与国内学位中心评估和其他评估的重复,真正做到"以评促建"、建设世界一流学科的目标。

参考文献

[1] 魏欢. 我国高校开展学科国际评估的分析和思考——以"211工程"三期建设中高校国际评估为例[J]. 教育研究,2014(7):89-93.

[2] 张光辉. 浅析我国高校学科的国际评估[J]. 中国电力教育,2014(2):71-74.

[3] 蒋笑莉,王征. 研究型大学学科国际评估的探索与实践——以浙江大学为例[J]. 学位与研究生教育,2013(10):44-48.

[4] 张杰. 用国际一流标准开展院系中长期评估[J]. 中国高等教育,2007(20):4-7.

[5] 陈棣木,张进. 对美国USNews商学、法学和工学分学科评估方法的比较研究[J]. 高教发展与评估,2008,24(6):52-59.

[6] 魏欢. 我国高校开展学科国际评估的分析和思考——以"211工程"三期建设中高校国际评估为例[J]. 教育研究,2014(7):89-93.

高校内部开展研究生教育评估的探索与实践*
——以哈尔滨工业大学为例

甄 良,梁大鹏,苗茹花,英 爽

(哈尔滨工业大学研究生院 150001)

摘要:培养单位定期开展自我诊断式评估,是提高研究生教育质量的有效手段。国内多数高校均实行校、院(系)二级管理模式,院(系)为质量保障的第一主体,因此以院(系)为评估对象,考察其"人才培养"情况,加强院(系)承担人才培养质量责任意识,将有效提升质量保障的内生动力。为此,本文介绍了哈尔滨工业大学内部开展研究生教育评估工作的发展历程、评估内容、评估程序和取得的实践效果,并思考其对于建立健全我国高校学位授权点自我评估制度的启示。

关键词:高校内部评估;哈尔滨工业大学;自我评估

提高质量、内涵发展是新时期研究生教育的核心任务[1]。研究生培养单位是质量保证的第一主体,对提高研究生教育质量发挥着决定性作用[2]。国务院学位委员会、教育部在《关于加强学位与研究生教育质量保证和监督体系建设的意见》(学位〔2014〕3号)中明确提出:"学位授予单位要建立研究生教育质量自我评估制度,组织专家定期对本单位学位授权点和研究生培养质量进行诊断式评估,发现问题,改进学科建设和人才培养工作,不断提高研究生教育质量。"[3]

高校内部评估是培养单位为了自身学位与研究生教育发展需要,利用可行的技术与手段,依据一定的标准,对本单位研究生教育存在的问题进行的评价与估量的活动。高校内部开展的研究生教育评估,通常以院(系)整体或学位授权点为评估对象,主要考察其在研究生培养方面绩效表现情况,以期更好地改进院(系)或学位授权点的教学和研究情况,不断提高人才培养质量。近10年来的相关文献表明,国内诸多高校管理者们都主张积极发挥学校的自主性,重视自我评估的发展,有关高校自我评估的文献可以查阅到很多,但由于仍属于探索阶段,此类文献大都在进行理论上的研究,至于如何开展自评以及对于不同高校、不同学科自评指标体系的构建与实践研究,成熟报道却不多见[4]。

哈尔滨工业大学(以下简称"哈工大")自2005年就开展了研究生教育校内评估,此后,一直把校内评估作为评价该校各院(系)教学、研究和服务效果的主要手段。2007年、2012年先后两次完善了评估指标体系、精简了评估流程,现已在一校三区(哈工大校本部、威海校区、深圳研究生院)各院(系)完成两轮评估工作。哈工大开展研究生教育校内评估在国内高校中属于较早的,且已相对成熟,具有一定的代表性,本文以哈工大为例,对高校内部开展评估的内容、流程、取得成效等进行介绍,以期为我国高校即将开展的学位授权点自我评估工作提供参考和借鉴。

一、评估内容

哈工大开展的研究生教育校内评估,内容是以"人才培养"为核心,考察学校战略规划、规章制度等在各院(系)层面的推行情况及实施成效,目的是从院(系)、教师、学生等各层面强化人才培养质量意识,回归"大学的根本任务是培养人才";加强院(系)承担监督教师教学质量、导师指导能力的责任,提升质量保障的内生动力。因此,评估指标充分结合学校研究生教育实际情况、各培养环节基本

---

* 哈尔滨工业大学研究生教育教学成果奖培育项目"研究生教育校内评估的管理与实践"(CGPY-201428)。

要求,着重从学生、教师、专家、院(系)等多角度反映各培养环节现状。评估指标体系共有7个一级指标,包括15个二级指标和27个观察点。7个一级指标主要涉及教师队伍、招生工作、课程教学、学位论文过程管理、论文质量及科研成果、研究生教育国际化、教育教学管理。建立评估指标体系的指导思想是:突出重点、针对问题、有效实用、便于操作;评估指标中的观察点充分考虑学校研究生教育现状及存在的问题,使指标体系发挥诊断、导向和激励功能。具体评价指标体系见表1。

表1 研究生教育校内评估指标体系

一级指标	二级指标	主要观察点	评估方式
1.教师队伍	1.1 教师队伍	整体教师队伍结构、水平	院(系)自评
2.招生工作	2.1 招生工作	近3年生源质量,为改善生源质量采取的措施	院(系)自评
3.课程教学	3.1 课堂教学	教学材料审查,包括教学大纲、教案、教材(讲义)、试卷(考试资料)等	专家抽查
		课程教学质量抽查,遵守课程教学相关规定情况,授课效果如何	随堂听课 学生座谈 教师座谈 问卷调查
	3.2 实践教学	实验课开设情况,教学效果如何	
		利用校内/外实习基地等开展实践活动的情况,相应制度执行情况,效果如何	
	3.3 教育教学研究	承担项目情况,发表论文情况,获得奖励情况	院(系)自评 专家抽查
		近3年论著出版数量及质量情况	
4.学位论文过程管理	4.1 导师指导	定期与学生讨论课题研究进展情况,各环节把关情况,导师责任心及导学关系情况	院(系)自评 专家抽查 学生座谈 教师座谈 问卷调查
		研究经费及科研条件,助研津贴缴纳情况	
	4.2 博士生培养	各培养环节考评措施,是否按期进行,把关程度及效果;特色做法	
	4.3 硕士生培养		
5.论文质量及科研成果	5.1 学位论文质量	硕士论文质量情况,分委会审查把关情况	校内、外专家 匿名评审
		博士论文质量情况,分委会审查把关情况,校学位会审查通过情况	
		近3年获得全国优博(优博提名)、学术新人奖、校优博、省优秀硕士论文等情况	院(系)自评
	5.2 科学研究成果	获学位博士生发表论文被SCI、EI检索情况,人均篇数;高水平的文章发表情况	院(系)自评
		获学位博士生获得授权发明专利、获得省部级及以上科研奖励情况	院(系)自评
	5.3 创新教育软环境	组织开展各类学术交流活动情况	院(系)自评 学生座谈 问卷调查
		支持研究生参加国内、校内学术交流情况	

续表1

一级指标	二级指标	主要观察点	评估方式
1. 教师队伍	1.1 教师队伍	整体教师队伍结构、水平	院(系)自评
2. 招生工作	2.1 招生工作	近3年生源质量,为改善生源质量采取的措施	院(系)自评
6. 研究生教育国际化	6.1 研究生教学国际化	课程教学国际化情况,教学效果	院(系)自评 随堂听课
	6.2 联合培养与国际学术交流	与国外、境外联合培养研究生情况	院(系)自评 学生座谈 问卷调查
		鼓励学生参加国际学术交流情况	
	6.3 留学研究生培养	近3年留学研究生培养规模;面向留学生开设的全英文课程门数及能力	
7. 教育教学管理	7.1 教育教学管理	规章制度的建设与执行情况	院(系)自评 学生座谈 教师座谈
		服务于师生情况,工作效率;与研究生院各部门协调配合情况	
特色及经验		为保证培养质量而实施的运行机制、优化做法和措施等	院(系)自评

二、评估程序

评估采取院(系)自评和学校评估相结合的方式,自评工作主要是各单位根据学校评估指标体系的要求做好院内研究生教育各环节的内部检查和梳理,整理本院(系)研究生教育的客观数据、梳理本院(系)研究生教育的特色、取得的成绩和存在问题并形成自评报告。学校评估与日常的督导检查有效结合,重点是对研究生课程教学的质量、各培养环节(如学位论文开题、中期、答辩等)的质量、论文质量等进行现场检查和档案材料审查。同时,学校组织学生、教师、研究生教育管理人员进行座谈,对学生开展问卷调查,对某些评估观察点进行评价。最后汇总院(系)自评、专家评估、师生座谈、问卷调查等评价结果,在定量分析与定性评价的基础上,针对各院(系)形成研究生教育校内评估反馈意见。各院(系)针对评估过程中发现的问题和不足,结合评估专家意见,制定具有可操作性的改进提升方案,包括未来一段时间的发展目标和保障措施。学校组织专家在日常督导检查工作中继续跟踪调查,查看整改方案落实情况。评估工作的总体情况见表2。

表2 评估工作总体情况

总体目标	重点在于发现问题、交流经验、持续改进,实现以评促建
评估方式	院(系)自评和学校评估结合
评估关键点	课程教学质量、各培养环节的过程质量、论文质量
具体活动	随堂听课、论文抽审、座谈会、问卷调查、实地考察、汇报交流会
评估周期(1年/批)	第一批:航天、电信、机电、材料、能源、电气、计算机7个学院 第二批:经管、人文、外国语、法学、化学、物理、数学、生命、化工、土木、市政、建筑、交通、食品14个院(系) 第三批:威海校区各院(系) 第四批:深圳研究生院各院(系)

三、评估成效

哈工大在10年的研究生教育校内评估实践工作中,不断完善评估指标体系,精简评估流程,建立了一套较为系统、完整和规范的校内评估制度。通过校内评估,学校、院(系)、教师对研究生教育中存在的问题有了更深刻的认识,针对存在的问题制定了相应的改进措施,明确了工作的重点和努力的方向,为全面提高研究生教育质量起到了极大的推动作用。

通过开展校内评估工作,宏观层面达到以下目的。

(1)建立起全方位的研究生教育保障体系。通过开展校内评估工作,系统全面地收集了大量信息,使学校全面了解研究生教育整体现状,总结特色工作及经验,发现存在的主要问题。对于好的经验、做法,学校出台相关政策、制定相关制度保障以使其更好地巩固和加强;针对发现的问题,全面分析制约其关键因素,制定切实的整改措施,解决存在的问题;针对存在的不足,加强了研究生教育各环节的质量监控,强化了薄弱环节。经过不断地完善、改进,现已基本建立起包括招生、培养过程管理、学位授予等各环节的全方位的质量保障体系。

(2)充分掌握各项规章制度执行情况。通过开展校内评估工作,使学校准确了解各院(系)研究生教育工作现状,充分掌握了各项规章制度的执行情况。这一方面使学校了解到相关政策的合理性、可行性,是否达到了预期目标,为完善相关政策提供了依据;另一方面也促使院(系)更加重视研究生教育工作,将相关规章制度落实到位,保障了研究生教育相关工作顺利开展,并实施到位。

微观层面实践效果可以表现在以下几点:

(1)院(系)、教师层面越来越重视研究生教学质量,教学秩序明显好转,教学质量有所提升,试卷等材料更加齐全,批改更加规范。

常态的课程教学质量检查与评估工作相结合,加大了抽查听课力度,增加了试卷等档案材料定期审查环节,故院(系)越来越重视课程教学,在大、小会议上多次和教师强调,严肃研究生课程教学秩序,加强课程教学责任感。同时加大了惩罚力度,对"教学事故"进行严肃处理;对专家听课效果连续两年不理想、学生评教反映问题较多的课程,要求院(系)给出明确的整改意见。从近3年相关数据(详见表3)可以看出,教学秩序明显好转,教学质量有所提高。

表3 近3年课程教学质量检查情况统计表

年度	按时提交教学日历比例	调、代课次数	教学事故数	专家抽查听课教师数	优良率	试讲教师数	试讲优良率
2012	92.9%	624	29	484	94.8%	112	83.9%
2013	98.3%	808	19	421	94.8%	141	90.8%
2014	98%	713	14	444	96.8%	37	97.3%

(2)硕士论文总体质量良好,分类培养的成效明显。

哈工大于2007年9月率先进行研究生分类培养模式改革试点工作。其核心是:根据研究生本人志愿、课题方向、就业形势、学科建设需要及研究生培养条件等,将硕士研究生分为学术研究型和应用研究型两种类型进行培养。为检查分类培养成效,评价硕士生论文质量,在第一批评估的7个学院中,分别抽查了学术型硕士生论文109篇,一式一份,送往国内各学科排名前列的著名高校进行匿名评审;抽查了应用型硕士学位论文71篇,一式两份,一份送往国内各学科排名前列的著名高校,一份送往相关企、事业单位进行匿名评审。评审结果如图1和图2所示。

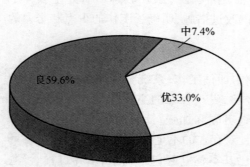
图1 学术型硕士生论文总体评价

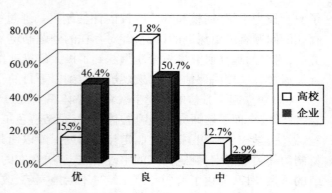
图2 应用型硕士生论文总体评价

从评审结果综合看,硕士生论文总体质量较高,优良率接近90%。总体没有评"差"的论文;应用型硕士生论文企业专家认可度高于高校专家,且优秀率达到了46.4%,优良率约为97.1%,说明应用型硕士论文与企业实践结合紧密,达到了预期培养目标,分类培养成效显著。

(3)通过座谈会、问卷调查,清晰了质量提升的关键点,为后续研究生教育改革、发展明确了方向、提供了依据。

评估期间,针对课程教学、导师指导等方面,分别同各院(系)硕士生、博士生、青年教师进行座谈,并开展问卷调查。对于普遍反映的问题,部分已采取了相应措施,如:学生、教师普遍反映硕士生2年,课程学习0.75~1年,找工作耽误一段时间,最终完成论文的时间非常有限。鉴于此,学校借助三学期制改革,将课程学时压缩(由18学时1学分调整为16学时1学分),同时将学习负担较重的学位课均调为秋季学期,从春季学期开始即可进入实验室,开展论文研究相关工作;学校修改了学籍管理办法,明确因求职等理由请假超1个月者,将进行延期毕业。通过评估发现:院(系)层面对课程教学质量重视不够,管理效率和水平急需提高;教师、导师层面育人责任心不强;学生层面学习主动性差,讲究实用主义等。此类问题为后续深化研究生教育改革明确了方向。

四、评估启示

2014年1月,国务院学位委员会、教育部出台了《学位授权点合格评估办法》,明确提出:"学位授权点每6年进行一轮评估,每一轮评估的前5年为自我评估阶段,最后1年为教育行政部门随机抽评阶段。"这就意味着所有学位授权单位均将在未来5年内开展授权点自我评估工作。借鉴哈工大近10年的评估经验,我国高校开展学位授权点自我评估时,应重视如下几个方面:

(1)合理确定评估标准。

评估的价值在于促进学位点按照既定的标准和目标有序的建设,因此在评估过程中,最为关键的是设计科学的评估标准(即评价指标体系)。对于同一所高校,各学位点内部的人才培养要素组成及结构关系基本雷同,因此高校内部应首先根据自身实际情况,充分论证影响人才培养质量的相关因素,并结合国家"学位授权点自评要素",制定一个统一的、与本校办学目标定位一致的学位点自评估指标要素(应细化到具体考察点)。其次,由各学位点根据本校统一的指标要素,制定本学位点应达到的评价指标(定量指标与定性描述),评估要素可根据自身特色修改或增加。最后,由校学位委员会或专门的学位点评估领导小组讨论决定各学位点制定的评价指标是否合理,是否符合学校总体发展要求,并给予最终认可。

(2)注重简化评估流程。

评估工作繁重复杂,需要按照评估指标体系汇总大量数据,因而"评估对象"历来对评估工作均不同程度给予"排斥",如有些数据再经教师、学生汇报上交,耗费大量人力、精力,且数据真实度也有待考察。现大多数高校管理工作已信息化,很多人才培养相关数据在高校内部相关部门均可收集到,因此,为简化评估工作流程,提供切实可靠的评估数据来源,可以建立一个信息高度集成的"学位点综合管理信息系统",即根据学位点评估要素,分析评价指标涉的相关数据,在高校内部各管理部门(如科研处、人事处、研究生院等)信息系统中收集相关数据,集成建立"学位点综合管理信息系统",相应数据信息应尽量做到定时更新。这一方面减轻了学位点汇总相关数据的工作负担,同时也为评估工作提供了切实可靠的数据支撑。

(3)组建专门评估机构。

各授予单位应组建专门的评估机构,除了负责本校学位授权点评估组织、协调等日常工作外,还可兼具两项工作任务:一是负责建立及维护"学位点综合管理信息系统";二是负责研究生教育质量保障相关事宜,实施各培养环节(如课程教学、学位论文开题、中期检查、答辩等)质量常态化监测,并采集相关信息汇总至"学位点综合管理信息系统"。专门评估机构应配备专职人员,提供专门条件,同时可通过组建"研究生教育专家"队伍的方式加强组织建设,为加强日常研究生教育各环节质量监测提供保障。

参考文献

[1] 刘延东.在全国研究生教育质量工作会议暨国务院学位委员会第三十一次会议上的讲话[J].学位与研究生教育,2015(1):1-6.

[2] 曹卫星.注重省级统筹 强化内涵建设 构建区域研究生教育质量保证监督体系[J].学位与研究生教育,2015(1):17-21.

[3] 国务院学位委员会,教育部.关于加强学位与研究生教育质量保证和监督体系建设的意见[EB/OL].(2014-01-29)[2015-07-29].http://www.moe.gov.cn/publicfiles/business/htmlfiles/moe/s7065/201403/165554.html.

[4] 薛然,雷丽萍.国内外研究生教育评估概况与首都医科大学研究生教育自我评估实践[J].首都医科大学学报:社会科学版增刊,2010:78-80.

基于毕业研究生的发展质量跟踪评价模式研究

闫薇,王晓磊,魏宪宇

(哈尔滨工业大学研究生院 150001)

摘要:人才培养质量评价要坚持在学培养质量与职业发展质量并重,对毕业研究生的发展质量进行评价具有非常重要的意义,在提出研究问题的基础上,首先,对国内外相关文献进行系统性综述;其次,总结了现有的毕业研究生质量评价模式并归纳了所存在的问题;最后,从三个层面、四个维度和评价平台设计等方面,探讨和构建了毕业研究生的质量评价模式。

关键词:毕业研究生;培养质量;发展质量;跟踪评价

近年来,我国高校的研究生教育发展迅速,招生数量不断增加,通过培养和输送大批高层次专门人才,为经济发展和社会建设做出了重要贡献。但是,随着研究生培养规模的逐年扩大,研究生培养质量所存在的问题日益凸显,并越来越为高校和社会用人单位所重视,对研究生质量进行科学评估已成为研究生教育研究和政策实践的热点问题。

一、问题的提出

依据《中国学位与研究生教育发展战略报告》的概念界定,研究生教育质量是指研究生教育系统所提供的服务对于社会需要的满足程度。狭义的质量,指研究生教育培养人才的质量,包含两个方面,一是培养的研究生是否达到了学校的课程训练要求和学位授予标准,二是培养的研究生是否能够有效满足社会部门的人才需求,因为高校所培养人才的社会评价,也是衡量人才培养质量的重要指标。因此,研究生质量可从时间维度上划分为攻读学位期间的培养质量和毕业后的发展质量两个部分。其中,前者体现为研究生的知识基础、学术科研能力以及相关的专业技能和综合素质;后者则体现为社会部门(用人单位)对研究生培养质量的认可程度,它反映了毕业研究生的社会价值,是检验研究生培养质量的重要参考系[1]。由此可见,研究生质量既应包含培养质量,也应包含发展质量,尤其是毕业研究生发展质量更能够考察研究生教育质量的应用价值,因此,对毕业研究生的工作状况、职业发展状况进行评价,一方面有助于了解社会部门的人才需求,使得研究生培养质量的评价更为客观和准确,另一方面有助于制定和调整研究生教育的相关政策,使研究生教育更加切实满足社会需要,以从根本上实现研究生教育"促进整个社会的可持续发展和进步"的崭新使命。

《教育部 国家发展改革委 财政部关于深化研究生教育改革的意见》教研〔2013〕1号中明确提出要改革教育评价机制,重点提出要"人才培养质量评价要坚持在学培养质量与职业发展质量并重",在此基础上"建立毕业生跟踪调查与用人单位评价的反馈机制,主动公开质量信息"。因此,对研究生质量的评价已经由单纯的培养质量评价,拓展为培养质量评价和发展质量评价兼顾,通过发展质量评价所得到的信息和反馈机制改进研究生培养质量的综合评价体系。

二、国内外对于毕业研究生质量评价模式及存在问题

近年来,国外学者关于毕业研究生质量评价的有关论述,可发现其评价指标集中于以下几个方面。国外研究主要有两种,第一种是以寻找工作状况、雇佣情况、对博士培养的回顾性评价以及博士学习经历对工作的影响为指标的培养效果评价模式[2];第二种是以毕业生就业的职业类别、职业流动、工资收入和职业满意度为指标的毕业研究生职业发展评价体系[3]。与国外相关研究类似,国内

学者也对毕业研究生质量评价进行了一些研究和探索,我国毕业研究生发展质量研究的主要目的在于了解毕业研究生的职业生涯发展状况,检验和评估高校的研究生培养工作。国内的此类研究多借鉴国际上较通用的指标要素,如就业流向、专业对口情况、薪酬、工作满意度等来描述毕业研究生的职业发展状况。赵世奎等人的《博士学位获得者职业发展状况及其影响因素——基于职务晋升和学术生产视角的实证分析》,选取教育要素(学习方式、导师学术影响力)和职业发展要素(职务晋升和学术生产)进行回归分析,探讨教育要素对职业发展的影响[4]。而范巍、赵世奎等人撰写的《中国博士发展质量调查》报告,从博士生发展质量角度入手,对我国20多年来毕业博士的发展状况和影响因素进行了系统分析[5]。

对上述研究生质量评价的研究进行综合分析后发现,当前的研究生质量评价研究存在如下一些问题:

(1)对毕业研究生的发展质量评价较少。

由于目前研究生质量评价主要集中在"在学质量"的评价,即对研究生的生源质量、课程学习质量、学位论文质量等在学期间的培养质量做出评价,而"人才培养质量是一个软性的评价对象,其真实水平要在一个大的时间尺度内才能表现出来"[6],因此,研究生质量的评价不仅要注重毕业时所表现出来的能力,更要考查研究生毕业后在社会上取得的成绩,以及高校利益相关者对他们进行评价。只有对研究生"培养质量"和"发展质量"进行综合评价,才能全面而客观地揭示高校毕业研究生质量的真正内涵。

(2)评价对象过于局限。

毕业研究生的社会需求和个体发展是高校研究生教育质量最直接的体现,但"研究生质量不仅表现为研究生自己主体的客观属性,还要体现为质量的感知和受用对象,即社会、单位组织和个人的评价"[7]。因此,要客观检视研究生发展质量评价,还需要对社会和单位参与评价,由于目前研究生的社会价值主要通过个体在职业岗位进行的生产实践来体现,用人单位作为毕业研究生的需求方和接收方,其所反馈的信息对高校研究生培养具有重要的影响,他们作为"高校利益相关者"[8]与高校一同纳入评价主体范畴中,在发展质量评价中增加用人单位对毕业生职业表现和贡献的评价,共同构成质量综合评价体系,有助于更加全面地获得毕业研究生发展的整体状况。

(3)质量评价缺乏持续性。

目前高校或一些研究机构开展的毕业研究生发展质量评价,通常是聚焦于某一个时间节点对毕业生的发展质量进行评价,只能获得毕业研究生发展质量的阶段性信息,故而只部分反映了毕业研究生某一特定时期的发展质量,而不能较为全面地衡量毕业研究生发展质量。毕业研究生发展质量评价需要持续地进行跟踪调查,因此以毕业3年、5年、10年作为时间节点,持续地进行跟踪评价,能够得到毕业研究生发展质量的各个截面数据,进而系统透视毕业研究生的发展质量。

(4)质量评价缺少有效的手段和载体。

首先,若采取纸版或电子版问卷形式,不但耗费人力物力,而且覆盖面积比较局限;其次,毕业研究生通信方式的频繁变更,问卷回收效果很不理想,也就不能及时跟踪调查毕业研究生在就业之后各阶段的发展状况,从而难以全面掌握毕业研究生的发展质量信息;第三,研究生毕业后,学校对其影响力和关系强度逐渐减弱,毕业生对母校的关注度和归属感也越来越少,这也会对质量评价造成一定的负面影响。因此,需要积极探索学校与毕业生连接的纽带,发现和构造有效的手段和载体,以保障评价的信度和效度。

三、基于毕业研究生的发展质量评价模式构建

毕业研究生的发展质量评价模式是指在研究生毕业后,对其"培养质量"与"发展质量"进行跟踪性的评价,通过毕业研究生个体的自我评价和用人单位的第三方评价,形成对某一群体的毕业研究生发展质量评价,从而分析影响发展质量的相关作用因素,是一种综合性的质量评价模式。其中"培养质量"代表了毕业生群体在获得学位时所具备的理论水平与知识储备能力,它是研究生质量评价的

起点,也是"发展质量"评价的参照与整体教育质量评价的基础;"发展质量"是毕业生群体在获得学位后一段时期内所形成的职业胜任能力与显现的发展潜质[8],其在"就业领域的工作状况和职业发展状况将对研究生教育质量相关政策调整起正反馈效应"[9],主要聚焦于对工作状况和职业发展状况进行跟踪性评价。发展质量评价必须是自评和他评相结合。在毕业生研究生对自身发展质量进行评价的同时,还要加入高校利益相关者即用人单位参与评价,以从社会需求方的角度对毕业研究生群体的工作状况和职业发展状况进行系统测评。

发展质量指标体系的设计需要综合考量多方面因素,因为"研究生发展质量与所受教育的关系既存在一定的必然联系,也有相当的不确定性与偶然性。毕业后,研究生的职业发展是个人与组织间的选择、适应和匹配的过程,个人发展与组织需要间的匹配受到很多因素的制约与影响"[10]。因此,毕业研究生发展质量评价指标体系的设计,既要考虑到在校期间的各个培养环节对毕业研究生所产生的作用,还要考虑到离开学校后研究生培养质量的后续价值和效用,因此本文尝试从三个层面、四个维度来设计"毕业生研究生"的质量评价体系。

1. 三个层面

(1)当前工作状况。这一层面主要是对其个人职务、职称、工作年限、收入、奖励等个人情况的评价。工作状况如实反映当前阶段毕业生的职业,是评价毕业研究生发展质量的基础性数据。

(2)毕业研究生的职业发展状况。毕业研究生的职业发展状况主要是对毕业生的职位晋升、工作调换、升职情况的调查,以及对影响工作表现、工作精神、研判思维、道德素养及团队表现的重要因素评价。

(3)培养效果反馈性评价。培养效果反馈性评价主要指,将毕业研究生反馈的研究生教育对其自身知识基础、能力以及素质形成所产生的影响作为评价内容,着重评价研究生教育对于毕业生的持续性影响,既包括课程教学、科研训练、学位论文写作、学术交流、综合素质培养等研究生教育环节对毕业生的影响,也包括导师的能力、责任感及学术素养等因素的作用。

2. 四个维度

(1)决策能力和职业道德。英国质量保障局在高等教育资格框架方案中将"研究生毕业群体在不完全信息环境下可对专业领域的复杂问题做出大胆、明智判断"作为研究生发展能力的首要评判标准,而将"个人、团队乃至社会的道德责任感"作为毕业生群体发展能力的终极评价指标[9]。可见,对毕业研究生发展质量进行评价时应该将其决策能力和团队道德责任感作为首要的评价指标,考察毕业生在复杂多变的情境下,依靠专业知识和应变能力做出的决策,以及在团队中表现出来的担当意识和团队精神,即职业道德。这两点是毕业生必备能力和综合素质的最重要体现。

(2)专业技能。"基础理论、专门知识和基本技能"是高校对毕业生的最基本要求,而用人单位关注的是引进人才对理论和知识的实际应用能力,以及所掌握专业技能的完备度。

(3)学习能力。研究生在培养环节学到的不仅是丰富的专业知识,也培养了自主学习的能力,这有助于他们在新的职业环境或科研环境中迅速汲取和掌握新的知识,并结合个人的知识储备对新的知识进行有效迁移;学习能力除了包含吸收和整合新知识的能力,自主学习能力也是学习能力的重要维度,毕业研究生在职业发展中自主学习的能力对其发展质量具有较大的影响。

(4)创新精神和处理问题能力。创新能力已经成为人才的核心能力,而创新精神的培育更是产生和提升创新能力的必要基础。走向社会后,毕业研究生迫切需要学习和形成处理实际问题的能力,这一能力需要"干中学",而非单纯从书本中获取。

3. 研究生发展评价平台设计

研究生发展质量评价效果的好坏,一方面取决于参与评价的人数和反馈率,同时还和评价方式、载体有着密切的关系。想要对毕业研究生的发展质量进行动态跟踪,进而获知研究生的职业生涯发展路径和发展状况,仅仅依靠传统的纸版或者电子调查问卷方式,具有较大的局限性,而且不能提高毕业研究生的关注度,无法为下一步跟踪评价打下良好的基础。为了获得满意的评价效果,需要对评价的方式和载体进行创新。探索以当前广泛使用的网络传播媒介或微博、微信等新兴的移动通信媒介为载体,或开发集兼有毕业研究生服务、学校信息发布、毕业研究生社交等多重功能于一身的毕业研究生发展质量跟踪调查平台,将是比较有效的举措。以此为平台进行跟踪评价,一方面通过增强学校对毕业生的持续影响力和辐射力,密切关注学校与毕业研究生的联系,使其形成良性循环;另一方面通过搭建平台,畅通学校与毕业生的互动渠道,有助于通过平台获取准确、客观的毕业研究生发展质量评价结果。

四、结语

在毕业研究生的职业发展质量日益受到重视的今天,对毕业研究生发展质量开展全面的评价具有重大价值。毕业研究生的质量评价既要包括培养质量,也要包括发展质量,这是将两者结合进行的综合性评价,首先需要对评价指标进行合理的选择,同时还需要对评价的方法进行探索,找到科学有效的评价模式,并充分利用网络和移动通信媒介为载体,保障跟踪评价的效果。

参考文献

[1] 张小民,张莉.博士培养质量和发展质量关系的结构方程模型[J].西安建筑科技大学学报,2008(9):83-87.
[2] The Center for Innovation and Research in Graduate Education. Social Science PhDs - Five Years Out [EB/OL] http://depts.washington.edu/cirgeweb/phd-career-path-tracking/2261-2.
[3] AURIOL L, SCHAAPER M, FELIX B. Mapping Careers and Mobility of Doctorate Holders: Draft Guidelines, Model Questionnaire and Indicators[R]. OECD Publishing, 2012.
[4] 赵世奎,范巍,李汉邦.博士学位获得者职业发展状况及其影响因素——基于职务晋升和学术生产视角的实证分析[J].高等工程教育研究,2011(1):148-151.
[5] 范巍,蔡学军,赵世奎,等.中国博士发展质量调查《学位与研究生教育》,2011(1):1-7.
[6] 郑中华,王战军,翟亚军.外部认可视角下重点大学的人才培养质量评估[J].研究生教育研究,2011(3):63-68.
[7] 盛明科,唐检云.研究生教育质量评价指标体系设计的框架[J].学位与研究生教育,2007(7):13-17.
[8] 李金龙,张淑林,陈伟,等.基于"毕业生群体"视角的研究生教育质量评估模式探讨[J].学位与研究生教育,2015(3):1-5.
[9] 王战军,李明磊.研究生质量评估:模型与框架[J].高等教育研究,2012(3):54-58.
[10] 邹琼,郝锋,甘雪.研究生教育与个人职业发展的相关研究之研究评述[J].高等教育研究学报,2011(03):108-112.

学位点自我评估的理性省思与实践探索

齐昌政,汪志明,赵 弘,郝书会

(中国石油大学研究生院 102249)

摘要:学位点评估是学位点质量保证与监督的重要手段,自我评估是研究生教育质量保障与内外部结合的评估体系的基础。当前,我国高校学位点评估存在功利化、外部化、标准化、简单化等弊端。中国石油大学(北京)以学位点促变促建为目的,构建了多元化的学位点自我评估体系,不断完善学位点自我评估的运行机制,为保障研究生培养质量做出了有益探索。结合评估实践,提出了学位点自我评估的展望。

关键词:学位点评估;自我评估体系;运行机制;自我评估展望

学位点评估是学位点质量保证与监督的重要手段,发挥着诊断、评价、督促和改进功能,成为高校学科建设和研究生教育质量管理的重要方式。统筹构建内外部相结合的研究生教育质量保障与评估体系成为深化研究生教育改革的重要着力点。理性审视学位点评估,探索科学合理的评估方法,才能适应学位点的实际需求,实现评估的价值,促进学位点科学发展。近年来,中国石油大学(北京)以保障和提高研究生教育质量为目标,构建全方位的学位点内部质量评估体系,促进学位点的内涵建设,为保障研究生培养质量做出了有益探索。

一、我国高校学位点评估存在的现实困境

学位点是指学科在教师队伍、课程设置、科学研究、教学平台和管理制度等方面达到一定的条件,满足硕士研究生或博士研究生人才培养要求,经由各层次学位授权审核和国家教育行政部门审批,获得人才培养资格的教学和科研基本单位。学位点是凝聚学术队伍、开展学术活动,发挥高校人才培养、科学研究、社会服务、文化传承等功能的平台,是提高研究生教育质量的基本保障。

学位点评估是依据一定的标准或条件,对获得授权的学位点的质量要素进行测量并做出评价的过程。目前,随着我国学位授权及其监督机制改革的不断深入,国家学位点管理制度改变,高校办学自主权逐步扩大,形成了行政评估为底线、社会评估为辅助、自我评估为基础的内外部相结合的学位点评估体系,初步构筑了一套有效的监督机制。但由于评估时间较短,高校的自我评估还处于起步阶段,在评估目的、评估主体、评估内容、评估方式等方面还存在着功利主义、管理主义、标准主义、技术主义等弊端。

1. 评估目的功利化

"评估是根据一组显性或隐含的标准,系统地衡量一项政策或方案的执行成果,其目的是经由此项工具的使用来改善政策或方案的质量。"[1]学科发展是长期行为,需要长期积累,一个学科获得学位授权后,要培育高水平的师资队伍、建立科学研究和教学平台、开展高层次人才培养和高水平的科学研究,每一项工作都是一个漫长的过程。而评估具有强烈的导向性,学位点评估的功利性表现在多个方面:一是评估指标成为大学学科建设的指挥棒,如评估的科研导向、强调领军人才等等,而并非所有的学位点都要强调科研,重金引进的所谓人才也可能"水土不服",不符合学科发展的需要;二是高校、学生、教师、教育行政机关等利益相关者用评估结果来观察、评价相关学科,甚至作为资源配置的唯一依据,助长了评估的道德风险和功利倾向,如学科成果的借用调配、学科资源配置的马太效应等。

学位点评估的功利化某种程度上使其工具价值消解了本体价值。

2. 评估主体外部化

在现有评估制度设计上，管理主义弥散于评估过程。学位点是某个学科领域的学术共同体组织，既是教学平台，又是学术载体，理论上说，学位点是了解自身发展水平和问题的直接主体，学位点的教师和学生应该是参与评估、诊断问题、明确发展目标和方向的主体。而当前的评估仍然具有强烈的管理主义倾向，表现在教育行政机关制定评估目标和评估要素，尽管在此过程中有同行专家组织的参与，仍然无法对千差万别的学位点对症下药。从管办评分里的视角来看，评估的主体应该超越行政立场，回归专业本位，借助专业优势，保证评估的客观公正，但被评者在评估中的缺位或参与不足，无助于达成评估目标和持续改进的目的。

3. 评估内容标准化

评估总是试图用一把或少数几把标尺去测量目标，评估指标一刀切，无法彰显学科的特色和优势，无法全面衡量不同性质或不同领域学科的内涵。学位点建设是复杂的，它既包括师资队伍、科研平台、教学设施等条件建设，又包括教学投入、课程建设、科研训练、实践教学、素质教育等过程建设，还包括毕业率、就业率等显性结果产出，以及学生身心变化、人格成长等隐性结果产出。评估内容反映了评估主体的价值判断，研究生教育具有个性化、多元性和复杂性，不同的学位点千差万别，有的侧重于科研，有的人才培养有特色，因此要超越"标准主义"的立场，突破静态思维，以一种开放、弹性的心态对待标准，要与评价客体深度融合，重视过程评估。

4. 评估方式简单化

目前的学位点评估大多遵循"标准主义"和"技术主义"的逻辑，只关注结果，评估时对照标准一一打分，折算出评估总分。在这样的操作程序下，标准是静态、客观、绝对、不容置疑的，阶段性结果替代了日常的关注质量提升的努力。此外，在学位点评估中，学科界限与成果分配无法完全厘清，学科建设的存量和增量变化难以厘清，定量评价和定性评价如何结合见仁见智。因此，形式单调的学位点评估不是一劳永逸的，结合学位点发展的实际，探索多元的评估指标体系，丰富评估方式，才能真正实现"以评促建""以评促变"的目的。

二、以学位点促变促建为目的，构建多元化学位点自我评估体系

近年来，中国石油大学（北京）围绕学位点建设，分类构建学科评估体系，在外部质量评估方面，积极参加教育部学位中心组织的水平评估、国家学位点专项评估、学位论文抽检及各级重点学科建设项目评估。在内部质量评估方面，主要开展了以促进发展为目的的优势学科研究生教育国际评估、以提高人才培养质量为目的的学位点合格评估、以提高学科建设成效为目的的绩效评估、以掌握学科发展动态为目的的状态评估、以研究生教育过程检查和监控为目的的教学检查评估等五类评估，为完善学位点质量评估体系，提高研究生教育质量奠定了良好的基础。学位点自我评估体系比较见表1。

1. 国际评估

国际评估是在优势学科开展国际水平评估，以寻找差距，争创世界一流。石油石化学科是学校办学特色和优势所在，是国家优质教育资源，其发展目标是建设世界一流学科，培养世界一流人才。因此，这些优势学科需要面向世界，开阔视野，寻找与世界一流大学和学科之间的差距。学校在石油与天然气工程学科开展了国际评估，聘请美国石油工程专业研究生教育评估专家小组莅临评估督导工作。经过对学院教学、科研、师资、实验室、硬件配套、学生工作的全方位考查，评估专家小组给出评估和指导意见。

表1 学位点自我评估体系比较

评估类型	评估目的	评估主体	评估内容	评估方式
国际评估	促进优势学位点向世界一流水平看齐	国际专家主导；师生广泛参与	教学、科研、师资、实验室、硬件配套、学生工作等	项目汇报、实地考察、教师座谈访谈、研究生座谈以及内部讨论
合格评估	所有学位点达到人才培养基本条件	研究生院主导；学位点参与	师资水平、教学平台、科研条件、科研经费	摸底评估；反馈整改
绩效评估	学科建设项目实现建设目标	同行专家；职能部门	建设成效、建设目标、资金使用	会议评审；资金审计
状态评估	掌握所有学位点发展动态	研究生院	师资队伍、人才培养、科学研究、学术交流	收集数据，编制报告
教学检查评估	规范人才培养过程	研究生院；教学专家	人才培养过程、教学档案	现场督导；检查材料

2. 合格评估

合格评估是对学位点是否满足基本办学条件和人才培养的基本要求进行评价。2014年，国家发布《学位授权点合格评估办法》，启动学位授权点合格评估工作，学位授权点合格评估遵循科学、客观、公正的原则，以人才培养为核心，重点评估研究生教育质量和学位授予质量，以学位授予单位自我评估为主。合格评估为诊断式评估，是对本单位学位授权点的全面检查，着眼于发现问题，办出特色，持续提升研究生教育质量。学校在此之前，已开展自我合格评估，主要考查各学位点的师资水平、教学平台、科研条件、科研经费等教学支撑情况，对于基础薄弱的学位点停止招生，并要求加快建设。

3. 绩效评估

绩效评估是对重点学科建设项目建设水平和建设效益的评价。"十一五"以来，学校构建了国家重点学科、省部级重点学科、校级重点学科三级重点学科体系，通过"211工程"、学校投资等多种形式投入建设经费，重点支持学科开展平台建设和高层次人才队伍建设。建设期满，通过绩效评估形式，对学科建设成效进行评估，重点评估资金使用、建设目标达成、标志性成果等内容，主要进行学科增值评价。评估主体包括校外同行专家和校内职能部门。

4. 状态评估

状态评估是对学科日常基本数据的收集、整理和分析，目的在于为学位点建设、发展、规划提供依据，为学位点合格评估积累数据。研究生院每年收集各学位点在师资队伍、人才培养、科学研究、学术交流等方面的数据，编写年度学科发展报告，供各学院和学位点参考。敦促相关学院和学位点形成评估意识、质量意识，在薄弱环节加强建设。

5. 教学检查评估

教学检查评估是学校通过多种形式对各学院、各学位点日常教学和管理等方面的评估。包括两个方面：一是每学期开展一次教育教学检查，检查内容主要是招生、培养、学位工作的各类档案、材料的完备和归档情况；二是成立校内研究生督导专家组，由教学经验丰富的教学专家组成，通过听课、抽查课、抽查学位论文、督查研究生论文答辩、调研专业核心课程体系等多种形式，对学位点人才培养各环节进行评估和督查，为研究生教育教学改革提供指导。

三、完善学位点自我评估的运行机制

高校在研究生教育质量保障体系中处于基础性地位,以自我评估、自我约束、自我发展为核心的内部质量保障是研究生教育质量保障的基础和前提。学位点评估作为研究生教育质量保障的综合载体,对于建立质量保障机制、保护学术自由自治、赢得良好声誉具有重要意义。但评估也存在一定的风险,学位点评估是专业性极强的工作,面对的是专业素养极高的高知群体,他们对自己的专业领域具有天生的敏感性,在评估中必须充分尊重他们的意见,评估者与被评估者应以共同建构的方式,充分互动,查找问题的症结,协商发展对策。为开展评估,学校制定了相应的配套和保障措施:

一是简化数据采集工作。学位点基础数据是各类学科评估的基础,而向院系采集学科数据势必会增加教师的负担,同时,科研、人事、资产、研究生院等学校相关职能部门已有一套比较完整的管理制度和信息系统,因此,为了不额外增加院系和教师的工作负担,减轻教师对评估的抵触情绪,校内评估在现有数据的基础上以学科为口径加以梳理整合,并让各学科进行核对,实现了数据采集的及时、准确、完整。

二是建立学科负责人制度。按一级学科(或独立设置的二级学科或交叉学科)设一名学科负责人,跨学院的学科分别设立一名学科负责人,并由学科挂靠单位的学科负责人总负责。学科负责人全面负责本学科的规划、建设、组织与协调工作,负责编制学科规划、评估、检查、验收等学科建设相关材料,学校对纳入学科建设体系的学科项目拨付项目管理费,学科负责人在年度考核中折算成一定的工作量。同时,每名学科负责人配备一位年轻教师作为助理,协助负责人开展工作。通过建立学科负责人制度,更加明确了学科建设的组织和领导责任,增强了学科建设的荣誉感、责任感,学科评估的主动性、自觉性。

三是尽量采用同行专家评议方式。凡涉及资源分配的评估,都将同行专家评议作为评估方式之一。一方面专家的专业判断提高了评估的效度,更有利于诊断问题;另一方面专家评估结果使学位点更易于接受,也有利于学位点对外开放和交流。同时,尽量让学位点成为评估主体之一,参与评估的全过程,共同建构评估结果,真正发挥以评估促进发展的目的。

四、学位点自我评估展望

在高校中,学位点建设水平良莠不齐较为常见,它与学校办学历史、学科积淀、服务面向等息息相关。有些学科发展较为成熟,形成了优势,有些学科则起步较晚,基础薄弱;有些学科具备科研优势,有些学科则侧重人才培养。在一个学科内部,不同研究方向、不同导师也有很大差别,人才培养质量和水平也会参差不齐。学位点建设的成熟度不同,对学位点的发展与自我提升的需求也不同。学位点的内部评估是引导学位点建设和学科建设的重要手段,通过构建多元的自我评估体系,能够促进和引导学位点向不同的目标发展。结合我校学位点自我评估的实践探索,提出自我评估的一些理念或措施,对于完善研究生教育内部质量保障和评估具有启示意义。

一是创新多元化评估形式。因应不同的评估目的,确立相应的评估方式,这样才能有的放矢,以评促建。

二是参与式评估应成为评估的主要方式。学位点的自我审视与评价应作为一项基本的质量保障环节。评估是为了被评者能更好的发展,只有被评者参与才能更好地实现评估目的,使评估化为内生需求,而不是外力所迫。

三是发展性评估和增值性评估应成为评估的着力点。评估不仅是为了了解学位点的现状,诊断问题,更是对过去发展的阶段总结,对未来发展的价值追求,要面向未来,着重考察学位点的发展质量和进步程度。

四是坚持常态评估与定期评估相结合。学位点发展是长期行为,评估是短期行为,学位点评估不仅是管理的需要,更是为学位点及时诊断问题,持续改进质量,提高发展水平。

五是营造评估文化。通过营造评估文化,使学位点每个教师和学生形成质量意识、评估意识,促

进其观念体系、思维方式、行为方式和制度建设的转变,促进学位点持续改进质量的自觉性和主动性,融入人才培养的全过程。

参考文献

[1] 官有垣,陈锦棠,陆宛苹.第三部门评估与责信[M].北京:北京大学出版社,2008.

基于学生视角的全日制工程硕士教育质量研究及思考[*]

包艳华,于苗苗,马永红

(北京航空航天大学人文社会科学学院　100191)

摘要:为了解受教育主体对高等工程教育服务质量的体验情况,本研究基于学生满意度的视角,从学习过程感知和学习结果感知两个方面对8所"211"重点高校的全日制工程硕士应届毕业生开展调查,回收有效样本909份。研究发现,超过6成的工程硕士认可当前的教育质量;工程硕士对学习过程和学习结果的满意度显著正向影响总体质量评价;其中,与总体评价有较强的相关性的是工程硕士对课程的体验、实践的体验及导师指导的体验;中度影响总体评价水平的是对合作培养单位参与的体验以及能力提升水平的感知;而对总体评价影响较弱的是工程硕士对职业发展的感知。基于此,本文也对提升工程硕士教育质量评价提出相关建议。

关键词:全日制工程硕士;教育质量评价;学生满意度;学习过程;学习结果

工程硕士专业学位教育是我国专业学位研究生教育中的重要组成部分,其年均招生规模占总体专业学位招生规模的40%以上。工程硕士研究生是培养高层次复合型应用技术人才的有效途径。在高等工程教育大规模发展的同时,质量问题也备受关注,教育部在2009年开始试点,2010年全面开展了以应届本科毕业生为主体的全日制工程硕士教育,迄今已有四届毕业生。在2010年启动了"卓越工程师计划",贯通本科和研究生层次的卓越工程师人才培育,工程硕士教育成为重要的高层次人才培养途径之一。2014年6月,习近平总书记在第十七次中科院院士大会、工程院第十二次院士大会上的讲话中,也强调了"我国要在科技创新方面走在世界前列,必须在创新实践中发现人才、在创新活动中培育人才、在创新事业中凝聚人才,必须大力培养造就规模宏大、结构合理、素质优良的创新型科技人才",这对我国高等工程教育及工程硕士研究生教育提出了更高的要求。工程硕士研究生的培养目标是具有明确的从事工程相关行业的职业指向的,而以应届本科毕业生为主体的全日制工程硕士生源缺乏工程实际的实践经验,不同于那些来自于工程实践一线的在职攻读工程硕士学位的学生,高等教育机构不得不面临着将"一张工程实践的白纸"培养成为"兼具'学术性实践性职业导向性'的未来卓越工程师后备军的巨大挑战"。从这个意义上讲,工程硕士研究生教育的质量将会对于我国从工程教育大国向工程教育强国迈进产生重要的不可忽视的影响。本研究基于全日制应届工程硕士毕业生的视角,聚焦于学生满意度的测评,对我国工程硕士培养质量进行评价,考量工程硕士对什么最满意,对什么最不满意,以及影响工程硕士对教育质量评价的因素。

一、文献综述

在进行学生满意度测量时,国外已有从不同的视角来获取学生对高等教育的体验的研究。Ogunnaike Olaleke Oluseye等人(2014)的研究从客户关系管理的角度出发,认为大学应该采取有效的学生生命周期管理和父母关系管理,以实现学生的满意度[1]。De Jager and Gbadamosi(2010)通过考察学校所提供的一些支持性服务的质量来预计学生的满意度和学生离开学校的倾向,以及对学校管理的信任度和支持度[2]。Stodnick and Rogers(2008)运用高等教育服务质量模型(SERVQUAL)对包括研

---

[*] 教育部哲学社会科学研究重大课题攻关项目"创新专业学位研究生培养模式研究"(13JZD049)。

究生在内的高等教育领域进行满意度评价研究,该评价结果表包括了保证性、移情性、响应性、有形性和可靠性五个维度[3]。Sojkin 等人(2012)从对满意度的研究涉及了社会排名、专业、知识、设备、课程、教师六个指标[4]。Douglas et al.(2008)利用关键事件法把服务质量要素分为四个方面:使人满意的要素(出现会导致满意,缺乏不会导致不满),使人不满意的要素(缺乏会导致不满,但是出现不会导致满意),关键要素(既可以导致满意,又可以导致不满),中立要素(出现不会导致满意,缺乏不会导致不满),其中关键要素是高等教育服务质量的决定性因素,应该得到高等教育机构的重视[5]。

国内也有很多学者对工程教育的满意度从不同研究视角来进行分析。崔军(2014)从可雇佣能力和工程实践两个维度对工科本科毕业生和企业进行了满意度研究[6]。赵婷婷等人(2014)以我国工程教育认证标准中规定的毕业要求为基础,划分出专业知识水平、相关工程能力、职业发展能力和品德修养四个分析维度,来衡量用人单位对本科工科毕业生的满意度[7]。陈敏等人(2009)的研究分析了工科本科生对人才培养模式、专业及课程、实践教学、教师、教学基础设施、教学管理等方面的满意情况[8]。傅红等人(2011)认为课程培养、论文撰写和实践是工程教育培养中的核心环节,将其为一级指标构建结构方程模型,考量工程硕士学生满意度现状[9]。夏天娟等人(2008)从入学考试、课程教学、学位论文等工程硕士培养的环节入手,分析了工程硕士培养质量存在的问题[10]。张乐平等人(2012)从入学动机与专业认同度、课程体系与教学状况、实践基地建设与实践能力培养以及导师指导情况等四个方面来发现全日制工程硕士培养中学生和教师的满意度[11]。

结合国内外满意度相关研究视角可以看出,对满意度的研究和测量多是从培养过程阶段的评价来进行,而忽视对培养结果的评价。本研究认为,学生对高等教育的满意度,不仅体现在培养过程上,还体现在培养成果上。学生对培养质量的感知,具体来说呈现在对学习过程的体验和对学习成果的收获当中。对高等教育培养质量学生满意度的评估,从培养方案的主体结构入手,更符合高等教育培养的逻辑顺序。要将缺乏工程实践经验的学生培养成为兼具"学术性实践性职业导向性"的高层次工程科技人才后备军,仅仅依靠高等教育机构是不够的,必须引入高等教育机构以外的工程界人士进入培养体系开展工程硕士的合作培养。本研究中,特别引入了对合作培养单位参与的这一因素的观察和研究。

因此,本研究从工程硕士培养过程和培养结果两大环节入手,以学生的角度考查工程硕士教育质量。将学生对学习过程的体验具体分为对课程教学、专业实践、导师指导、合作培养单位参与 4 项指标的感知评价;学生对学习结果的体验体现在其对能力提升和职业发展的满意度上。

二、研究设计

1. 问卷设计

(1)工程硕士在学习过程中几个维度满意度设计的信效度分析。

本研究将工程硕士在学习过程中的满意度分为了四个维度:学生对课程体系实施的满意度、学生对实践体系实施的满意度、学生对导师指导作用的满意度以及学生对合作培养单位参与的满意度。在 $\alpha=0.01$ 水平下学习过程几个维度的 KMO 值为 0.949,适合进行因子分析;主成分分析将各题划分为了上面四个维度,共可以解释总变异量的 69.593%;同时每道题在相应维度上的载荷值均高于 0.546。以上检验说明学习过程部分的四个维度具有很好的效度。另外,四个维度信度分析的总体检验系数 Cronbach's α 系数值为 0.954,各分维度的内部一致性系数在 0.841~0.947 之间,具有非常好的信度。在李克特式 5 级量表下,该维度划分的信度和效度均通过了检验,说明是合理的,具有分析的意义和价值。

(2)学习结果的满意度各维度信效度。

工程硕士的学习结果包含了能力提升和职业发展两方面。与学习过程的维度划分类似的,在学习结果部分的维度划分上也用主成分分析法进行了验证性因子分析。得到的结果为所有体现学习结果满意度维度的题的 KMO 值为 0.937,在 $\alpha=0.01$ 水平下显著,这两个维度共可以解释总变异量的

55.762%,且每道题在相应维度上的载荷值均高于0.581,说明该划分的效度是良好的。同时,学生对能力提升高低的评价这一维度的Cronbach's α 系数为0.925,具有很好的信度。

2. 样本分布情况

对于实施调研高校的选择,考虑了学校类型和地域分布。既有综合性高校,也有文科或理工科特色明显的高校;既有中央部属学校也有地方高校;既有经济发达地区,也有经济发展一般的地区。在我国专业学位教育体系中,进入国家"211工程"建设的高校(简称211高校),占专业学位培养单位总数的20%,但在专业学位授权点数、招生学生规模等主要指标上占有重要的地位,约占50%。且从上世纪80年代开始专业学位的探索,到今天全日制专业学位研究生的各种试点,这些高校都是主力军,也是我国专业学位研究生教育的一个缩影。因此这些高校选择具有较高的代表性。课题组于2014年6~7月,对7月份即将毕业的全日制工程硕士应届毕业生进行全国范围内第一次调研。问卷通过各高校管理部门向学生发放。实际调研的有北京大学、北京航空航天大学、中国石油大学、中国农业大学、华北电力大学、北京工业大学、重庆大学、福州大学等8所"211高校"。

在我国40种工程硕士专业方向中,本次调研涵盖了27种,回收有效问卷909份,样本包括的工程硕士方向主要集中在机械工程(88个)、材料工程(28个)、动力工程(26个)、电气工程(66个)、电子与通信工程(46个)、控制工程(36个)、计算机技术(29个)、软件工程(114个)、建筑与土木工程(39个)、化学工程(63个)、地质工程(106个)、石油与天然气工程(134个)、安全工程(19个)、车辆工程(54个)等。

三、调查结果分析

从整体教育质量评价的结果来看,一半以上的工程硕士对本校本专业的教育质量比较认可,其中有57.5%的学生认为教育质量比较高,更有8.5%的工程硕士认为教育质量非常高;另外,还有28.8%的学生认为整体教育质量一般;少数人对教育质量比较不满,有3.6%的学生认为教育质量比较差,还有1.4%的同学持完全否定的态度,对教育质量的评价为非常差,如图1所示。

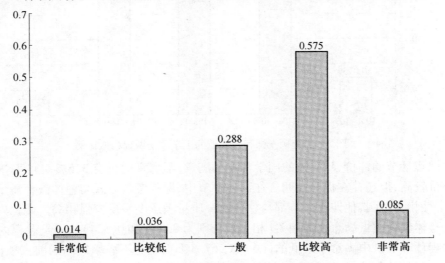

图1 工程硕士对总体质量的满意度评价

工程硕士对学习过程和学习结果的满意度显著影响整体质量评价,见表1。在工程硕士对学习过程的评价中,总体评价与学习过程4个维度的相关性显著。其中,它与课程满意度,实践满意度和导师指导满意度具有较强的相关性,说明这三者质量的好坏更能影响学生对专业学位的总体评价,而合作培养单位对教育质量的作用稍弱于课程、实践和导师指导3个环节。

在对学习结果的评价中,总体评价与能力提升满意度和职业发展满意度均显著相关,说明工程硕士能力的提升幅度及未来职业发展都会影响教育质量评价。其中,总体评价与能力提升满意度存在显著的中度相关；但与职业发展满意度存在较低的显著相关。

表1　学习过程和学习结果中各维度与总体评价的相关性

一级指标	学习过程				学习结果	
二级指标	对课程环节的满意度	对实践环节的满意度	对导师指导的满意度	对合作培养单位的满意度	能力提升满意度	职业发展满意度
与整体教育质量的相关性	0.605	0.565	0.516	0.358	0.414	0.249

1. 工程硕士对学习过程的感知

（1）工程硕士对课程内容的职业性和前沿性评价低，影响整体满意度。

在工程硕士的课程结构上，40.3%的学生认为工程硕士课程与工学硕士课程的相似性在50%~80%之间，有29.2%的学生认为他们所学课程相似度在81%~100%之间，而有30.6%的学生认为课程相似性不到50%，如图2所示。值得注意的是，大部分工程硕士课程在保有和学术型部分课程相同的基础上，也改进了一些课程，体现其独特性。但是工程硕士课程需要改进多少和在哪些方面改进是需要研究的问题。

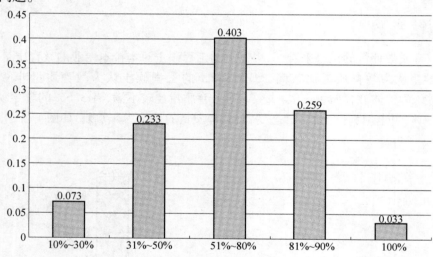

图2　工程硕士课程与相应的工学硕士课程相似比例

对整个课程环节的评价，71.7%的同学都觉得满意，不满意的仅有3.5%。可见学生对于课程环节总体的评价较高，但还存在提升空间。在课程环节中，课程考核方式与整体教育质量满意度的相关性最低，为中性相关，而其他课程环节都与整体教育质量满意度呈现较强相关。课程内容的职业性以及前沿性与整体教育质量满意度最相关（相关性分别为0.536和0.524）。但是课程内容的前沿性和职业性是课程环节评价中满意率最低的（66.3%，67.3%），也是不满率最高的前三项（课程学习与实习实践占用时间的比例为7.2%、课程内容的前沿性为6.6%、课程内容的职业性为6%），见表2和图3。

表2　课程教学各题项与整体教育质量满意度的相关性

题项	相关性
课程内容的前沿性	0.524
课程内容的职业性	0.536
课程教学方式	0.516
课程学习与实习实践占用时间的比例	0.505
课程的考核方式	0.481

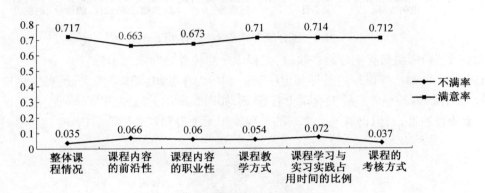

图3　工程硕士对课程环节的评价

（2）在实践环节中，案例教学的开展对整体教育评价影响突出。

从总体来看，有63.3%的学生对实践整体感到满意，有4.2%的学生对实践感到不满意，说明在实践环节的整体质量上工程硕士学生的普遍认可度比较高，但还有很大的进步与提升空间。在实践环节中，与整体教育质量的满意度相关性最强的是开展案例教学（为0.512），呈现出较强的相关性，其他专业实践都与整体教育质量的满意度呈中度相关。实践环节与整体教育质量最相关的前五项依次是案例教学的开展、校内外培养基地的安排、实践活动对能力的提升、实践时间的要求、实践项目的安排，见表3。

具体到细节，实践对能力的提升、实践时间、实践对论文的帮助、校外导师对实践的指导是满意率最高的四项，而实习补助、校内外培养基地的安排、实习基地的配套条件以及实习基地的选择是工程硕士最不满意的四个方面，如图4所示。

表3　专业实践各题项与整体教育质量满意度的相关性

题项	相关性
校内、外培养基地的安排	0.493
实践时间的要求	0.478
实践基地的配套条件	0.471
实习补助或津贴	0.437
实践基地的选择	0.438
案例教学的开展	0.512
校外导师对实践的指导	0.438
实践项目的安排	0.477
实践活动对论文的帮助	0.439
实践活动对能力的提升	0.488

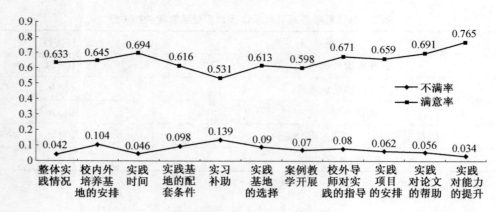

图4 工程硕士对实践环节的评价

(3)"双师型"导师制仍有三分之一缺口,工程硕士对校外导师满意率低。

目前工程硕士导师指导以校内外导师组(63%)和校内单导师(33%)为主,还有少量校外单导师(2%)指导。具有校内外导师组的工程硕士有63%,如图5所示。这说明"双师型"在工程硕士体系中得到了一定的普遍推行,但仍有三分之一的工程硕士无法得到校外导师的指导。

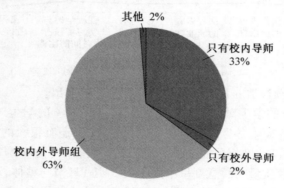

图5 工程硕士导师类型分布

总地来看,78.9%的学生对于导师是满意的,不满意的只有1.6%。导师指导各题项与整体教育质量满意度均呈现中度相关,其中校内导师和行业人员共同指导与整体教育质量相关性最强(见表4)。工程硕士对导师指导满意情况差异明显,如图6所示,相比较而言,工程硕士对校内导师满意度更高,而对校外导师满意率较低。具体来说,最满意的是校内导师的指导(91.3%),其次是校内导师对职业标准的熟悉程度(84%)、校内导师和行业人员共同指导(74.6%),令工程硕士最不满意的是校内导师与校外导师的合作形式(51.3%)和校外导师的指导(55.9%)。

表4 导师指导各题项与整体教育质量满意度的相关性

题项	相关性
校内导师的指导	0.430
校内导师对职业标准的熟悉情况	0.418
校内导师与校外导师的合作形式	0.380
校外导师的指导	0.337
校内导师和行业人员共同指导	0.445

(4)合作培养单位参与度与整体教育质量显著相关,但是参与度较低。

从图7可以看到,工程硕士对合作培养单位参与招生环节、授课环节、实践指导环节和学位论文环节的参与度普遍比较低,参与度在38.3%~61%范围内浮动。合作培养单位参与度各题项与整体

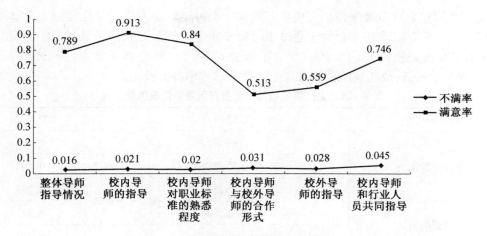

图6　工程硕士对导师指导环节的评价

教育质量满意度的相关性均显著,合作培养单位参与招生环节、授课环节和指导实践环节与整体教育质量满意度呈现中性相关,而合作培养单位参与学位论文环节与整体教育质量满意度的相关性稍弱,呈现弱相关(见表5)。合作培养单位在这四个环节的参与活动都较少的占了17.4%~27.1%,其中合作培养单位参与度最少的是授课环节。

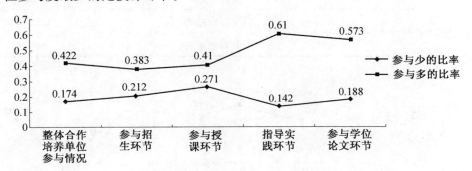

图7　工程硕士对合作培养单位参与度的感知

表5　合作培养单位参与度各题项与整体教育质量满意度的相关性

题　项	相关性
参与招生环节	0.339
参与授课环节	0.256
指导实践环节	0.334
参与学位论文环节	0.296

2. 工程硕士对学习结果的感知

(1)各类能力中,基于知识的能力与总体满意度相关性最大,创新能力和国际视野提升较小。

本文依据工程硕士专业学位指导委员会的规定,将学生能力的发展归纳为基于行为的能力、基于知识的能力、基于技能的能力和基于工作状态的能力。数据显示,工程硕士教育质量的总体满意度评价与学生能力提升显著相关,相关程度呈中性。从具体能力分类来看,基于知识的能力与总体满意度相关程度相对较强,表明学生在工程硕士教育过程中,首要看重的是自身专业知识的积累和专业综合素质的提升,对总体满意度评价也最为显著。其次为基于工作状态的能力,表明工程硕士较为注重专业学习与社会职场的衔接与否,这与工程硕士人才培养目标是吻合一致的。相对最弱的是基于技能的能力,如动手能力、创新能力和国际视野,对总体满意度评价影响也最小(表6)。

大部分学生对他们在专业学位研究生学习过程中所得到的能力提升是比较满意和认可的,如图 8 所示,满意率达 71.7%,表明工程硕士通过工程类专业学位的学习获得了显著的能力提升,如团队协作能力(80.3%)、分析能力(76.9%)和动手能力(75%)。但是创新能力(56.9%)和国际视野(47.1%)满意率比较低,说明这两种能力在工程硕士培养中提升较小。

表 6　能力提升各题项与整体教育质量满意度的相关性

能力分类	题项	相关性
基于行为的能力	沟通能力	0.293
	团队协作能力	0.302
	组织协调能力	0.299
基于知识的能力	职业素养	0.373
	专业知识	0.407
基于技能的能力	动手能力	0.262
	分析能力	0.305
	创新能力	0.269
	国际视野	0.280
基于工作状态的能力	职业实践能力	0.322
	职业发展潜力	0.347

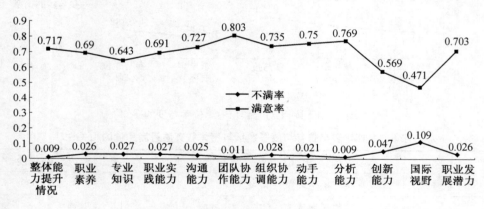

图 8　工程硕士对能力提升的评价

(2)在工程硕士职业发展维度中,社会需求符合度、专业忠诚度和就业相关度与总体评价显著相关,但仅有一半的学生认为工程硕士专业符合社会需求。

在职业发展维度中,工程硕士专业的社会需求符合度和专业忠诚度与整体质量评价均在 $\alpha=0.01$ 水平下显著相关,专业与就业的相关度与整体质量评价在 $\alpha=0.05$ 水平下显著相关。这说明工程硕士的职业发展情况对整体教育质量的满意度有显著影响(表 7)。从图 9 可以看出,工程硕士专业的社会需求符合度仅为 55.2%,专业忠诚度和专业与工作相关度都比较高,分别为 77.8% 和 85.8%。

表 7　职业发展维度各题项与整体教育质量满意度的相关性

题项	相关性
专业学位与社会需求的符合度	0.420
专业学位与工作的相关度	0.77
对本校本专业学位的忠诚度	0.362

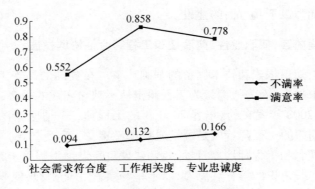

图9 工程硕士对职业发展的评价

四、思考与建议

从工程教育总体评价结果可以看出，工程硕士教育质量得到60%同学的认可，说明我国工程教育在一定程度上取得了成绩，但是仍有很大的发展空间，从研究中凸显了一些问题，引起思考。

第一，课程环节与总体评价的相关性最强，体现了课程环节在工程硕士培养中的重要地位。目前大部分工程硕士课程在保持和部分学术型课程相同的基础上，也不同程度的改进了一些课程，其中课程内容的前沿性和职业性与整体教育质量的相关度虽然很高，但是职业性和前沿性的满意度评价却是课程评价中最低的两项。在全日制专业学位开展的初期，高校在学术性和职业导向性两方面的取向上自然存在着混乱无序、顾此失彼的现象，要达到融合、综合还需要时日不断改进。

第二，本研究发现，实践环节与总体评价的相关性仅次于课程环节，七成以上的学生认可实践环节对能力的提升作用。但是学生对实习实践基地（包括实习实践基地的安排、选择、配套条件和补助）的评价相对较低，而案例教学对整体质量的作用突显，所以关于实践内涵的界定是值得思考的问题。

第三，在导师指导环节主要体现的问题是，工程硕士的校外导师资源不足，"双师型"导师队伍存在三分之一的缺口，使得一部分学生无法得到校外导师的指导，并且学生对校外导师的指导并不满意。"双师型"导师制度应引起高度重视，在我国，真正了解工程实践的教师不到20%，对工程类教师的筛选和管理仍需加强。

第四，合作培养单位参与度对整体教育质量的影响虽然显著，但是学生对合作培养单位参与度的评价低于对课程、实践和导师指导环节的评价。这反映出合作培养单位在高校培养工程硕士过程中起到一定的调节作用，但是合作培养单位在参与招生、授课和学位论文等环节时并不能实现主动参与，产学研合作整体水平比较低，没有发挥好工程界与高校联合培养工程硕士的作用。

第五，工程硕士在能力提升方面整体上与教育质量是很匹配的，但是学生在国际视野和创新能力的提升方面感知并不明显。这两种能力提升的满意度比较低，也反映了培养单位对于工程硕士应具备的能力结构可能会存在误区，不自觉地将工程硕士矮化、低化，认为工程硕士只要实践能力表现出有所提高就达到要求了，反而无视硕士层次研究生的基本学术性、拓展国际视野和从实践中发现问题开展创新研究的要求。

第六，专业学位与工作的相关度满意率很高，体现出工程硕士的就业空间还是很大的，工程硕士毕业生可以在相关工程领域就职，这是令人欣喜的。但是值得注意的是，学生对专业学位的忠诚度比工作相关度低了八个百分点，这说明大部分学生对本校本工程硕士专业学位是认可的，但是专业忠诚度可能收到了学校品牌效应等因素的影响。更值得注意的是，有一半的工程硕士认为专业学位的设置不符合社会需求，而工程硕士对合作培养单位的参与度评价很低，可以推断出有些工程硕士专业学位在培养目标的设置和培养过程的安排上缺乏社会人士的介入，使得毕业生在求职时发现自身能力与工作需求的能力出现不匹配的情况。

本研究认为应重点加强以下几方面的建设。

1. 重新合理设计课程内容，使职业性、前沿性和工程综合性协调发展

课程学习是工程硕士知识积累和技术储备的基础环节。在美国的高等工程教育中，职业性越强的专业反而对课程的要求越高，因为他们认为工程硕士从不缺乏实践的机会，而对理论知识与技术知识需求强烈[12]。在美国2008年发布的《培养2020年的工程师——适应新世纪的工程教育》系列报告中，提出了2020年所期望的工程师特质是既精通技术又接受了广泛教育。借鉴美国的这种按需分配的工程教育课程设计理念和工程师培养目标，我们建议重新设计工程硕士教育的课程内容，适当在课程中融入对学生工程实践意识的培育和思考，而不是与实践完全割裂，使职业性、前沿性和工程综合性三者协调发展。

2. 重新理解实践的内涵，设计合理的实践路径，建立全新的实践逻辑

习近平总书记在中央财经领导小组第七次会议上说："创新驱动实质上是人才驱动。为了加快形成一支规模宏大、富有创新精神、敢于承担风险的创新型人才队伍，要重点在用好、吸引、培养上下功夫。"从创新驱动发展战略的角度来讲，工程硕士实践的内涵应该是多样化的，实践应不单指企业实践，从广义范围上来说，实践还应包括校内的案例教学、仿真实验、综合实验平台、案例撰写和研讨、导师的应用型项目训练等，因此，可以从更多的途径加强对工程硕士的实践训练。

3. 构建"双师型"导师制，改进教师队伍的评聘制度，适量引进工程类教师

实践证明，从企业引进工程类人才进入培养体系是培养兼具"学术性实践性职业导向性"的工程类人才的有效手段。在柏林工业大学，40%的教授来自于工程领域，这些工程类教授必须是曾经出版过著作并且活跃于研究或开发的领导者。《中共中央国务院关于深化体制机制改革加快实施创新驱动发展战略的若干意见》中提出"允许有创新经验的人才到高校兼职……试点将企业任职经历作为高等学校新聘工程类教师的必要条件"。我国高等教育机构应借鉴国外经验，在国家政策支持的有力保障下，建立导师的分类评估体系，适度加强专业学位工程类校内导师的引入和建设，保证工程类教师的质量，使这些导师既活跃于学术研究，又有工程经验，还可以和原有的校内导师合作。另外，充分发挥实务导师、校友导师的作用，实现导师组的多样化建设。

4. 实现政府、企业、研究所和高校的联动，保证学生实践研究训练

在知识生产的新模式下，知识产生于更广阔的应用情境中，并且使得利益相关者达到互利共赢。合作培养单位的参与可以与高校共同发挥优势互补的作用，使工程硕士获得从基础理论到实践应用的全方位培养。在这方面，建议从人力资源机制（如校友企业、导师的社会关系）、互利共赢机制（如产学研合作、校企功能交互）和政策支持机制（如校企合作专项基金、实习及实践基地制度）入手，激发合作培养单位的积极主动性。目前我国也有很多联合培养的有益探索。譬如，2007年10月，太原理工大学与中国煤炭科工集团太原研究院共同组建山西省煤矿装备研究生教育创新中心，联合培养机械工程硕士，如图10所示，实现了政府部门、高校、科研院所共同参与的"政产学研联动机制"，山西省教育厅每年都会为有"中心"实践经历的学生发放专业实践证书，已经成为学生求职的重要保障；还有中国汽车校企联盟，目前已吸引了11家整车集团和12所汽车院校的参与，已成为王牌院校与最强车企唯一、高端的合作交流平台，依托独特、高效的互联网平台和服务终端，实现了汽车人才培养的一体化。

放眼世界强国工程科技前沿，德国2012年提出了以智能制造为主导的"工业4.0"高科技战略计划，掀起第四次工业革命；美国政府2011年正式启动了"先进制造伙伴计划"，要重新夺回制造业市场；英国2013年成立了7个"高价值制造推进研发中心"，力图加快促进成果转化。我国正面临着世界发达国家"再工业化"的新挑战，"中国制造2025"已经上升为国家战略。工程硕士是我国实施创新驱动战略、提升自主创新能力和复兴我国工业的中坚力量,在工程科技竞争的新形势下,重视工程硕士的教育质量将成为我国晋升为竞争工业和科技强国的新契机。

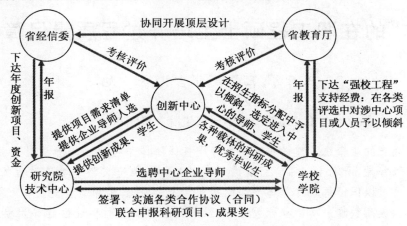

图10 研究生教育创新中心共建协作关系图

参考文献

[1] OLUSEYE OGUNNAIKE OLALEKE, T BORISHADE TAIYE, EMMANUEL JEJE OLNMIDE. Customer Relationship Management Approach and Student Satisfaction in Higher Education Marketing[J]. Journal of Competitiveness. 2014,3:49-61.

[2] DE JAGER J, GBADAMOSI G. Specific remedy for specific problem: Measuring service quality in South African higher education[J]. Higher Education, 2010,60:251-267.

[3] STODNICK M, ROGERS P. Using SERVQUAL to measure the quality of the classroom experience[J]. Decision Sciences Journal of Innovative Education, 2008,6(1): 115-133.

[4] SOJKIN B, BARTKOWIAK P, SKUZA A. Determinants of higher education choices and student satisfaction: The case of Poland[J]. Higher Education,2012, 63:565-581.

[5] DOUGLAS J, MCCLELLAND R, DAVIES J. The development of a conceptual model of student satisfaction with their experience in higher education[J]. Quality Assurance in Education, 2008,16(1): 19-35.

[6] 崔军. 利益相关者眼中的本科工程教育课程[J]. 高等工程教育研究,2015,1:174-179.

[7] 赵婷婷,王彤,杨翊,冯磊. 用人单位对本科工科毕业生培养质量满意度的调查研究[J]. 高等工程教育研究,2014,6:86-96.

[8] 夏天娟,杜朝辉,吴世华,等. 工程硕士培养质量存在的问题与对策——基于问卷调查结果的分析[J]. 高等工程教育研究,2009,1:143-148.

[9] 本科教学质量现状调查课题组,陈敏,房保俊,林林. 工科本科教学质量现状调查报告——三校学生满意度调查[J]. 高等工程教育研究,2009,6:71-81,112.

[10] 傅红,段万春,孙永河. 我国工程硕士培养中的问题及其对策——基于学生满意度调查的考察[J]. 云南师范大学学报(哲学社会科学版),2011,4:117-123.

[11] 张乐平,王应密,陈小平. 全日制工程硕士研究生培养状况的调查与分析——以Z大学为例[J]. 学位与研究生教育,2012,3:11-17.

[12] 马永红,李汉邦,郑晓齐. 解读美国工程硕士教育[J]. 清华大学教育研究,2008,4:49-55,63.

"四位一体"的在职工程硕士生培养过程质量保障体系建设

王亚男,王雪华,张吉礼,刘　旭

(大连理工大学研究生院　116024)

摘要:质量是教育的生命线。建设研究生教育质量保障体系是提高培养质量的关键。建立由任课教师、学部/学院、督导、研究生院四者组成的贯穿教学—学位论文整个培养过程的"四位一体"的培养质量保障体系,可以保证每个培养环节都能落到实处,为提高培养质量提供有力保障。该体系分别以明确培养目标、提高教师主动性和积极性、加强论文各环节管理和过程监督为重点,由分级目标体系、教学质量和论文质量保障体系以及过程监督保障体系等构成。

关键词:在职工程硕士生;培养质量;保障体系;四位一体

在职专业学位教育作为培养特定职业高层次应用型专门人才的一种终身教育形式,自1991年实施以来,为社会主义现代化建设培养了一大批具有创新能力、创业能力和实践能力的应用型、复合型高层次应用人才。目前,随着我国高等教育的发展,在职专业学位教育已经开始从外延式发展逐渐向内涵式发展转变。2013年,国务院学位委员会 教育部 国家发展改革委《关于进一步加强在职人员攻读硕士专业学位和授予同等学力人员硕士、博士学位管理工作的意见》中指出,"各级研究生教育主管部门和培养单位要高度重视在职人员攻读专业学位培养质量和在职人员学位授予质量,把保证和提高在职人员培养质量和学位授予质量作为提高研究生教育质量的重要内容,抓实抓好"。为此,如何探索建立一套科学、有效、可操作的培养质量保障体系,已成为教育主管部门和研究生培养单位所面临的重要任务。

与全日制研究生不同,在职专业学位硕士生以边工作边学习的方式攻读学位,工学矛盾突出,而且学生来源复杂多样,理论基础参差不齐,为管理和培养质量的提高带来很大困难[1],也为培养质量保障体系的建设提出了新的挑战。

本文根据在职工程硕士生"进校不离岗"的培养特点,结合我校的培养实践,以提高教师教书育人的主动性、积极性和加强教学、论文各环节管理和过程监督为重点,围绕着培养目标的设定,培养计划的制订与实施,课程教学和论文研究、撰写、答辩过程等培养全过程,以全面提高培养质量为目标,建立了由任课教师、学部/学院、督导、研究生院四者组成的贯穿教学—学位论文整个培养过程的"四位一体"的培养质量保障体系。

一、建立人才培养分级目标体系

培养目标是教育的出发点和归宿点,具有很强的导向作用。建立人才培养分级目标体系,将培养目标进一步具体化,使教学目标更加明确,有助于提高教学内容设置的针对性,从而达到提高培养质量的目的。分级目标体系以学校在职工程硕士培养目标作为总体目标,因此学校对在职工程硕士教育的培养定位在培养过程中起着很关键的引导作用。学校必须根据自身的实际情况并结合国家关于在职工程硕士的培养要求制定明确的培养目标。在学校总体目标的指导下,各专业领域培养单位根据本学科优势和社会及企业的需求确定各自专业领域的培养目标,制定科学的培养方案及课程体系。课程设置以专业领域培养目标为指导,应具有针对性,明确每门课程设置的实际意义与价值。在确定各门课程的具体教学目标时还应考虑根据学生特点及需求,并依据教学目标确定所使用的教材、相应的教学大纲、具体教学内容及各教学环节的质量标准(图1)。

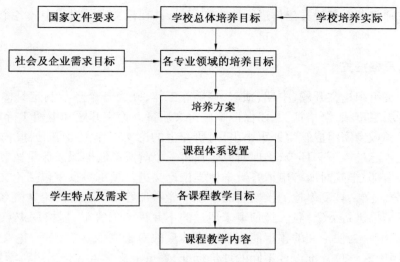

图 1　人才培养分级目标体系

二、建立教学质量保障体系

课程教学质量是保证研究生培养质量的基础。任课教师是影响课程质量的主要因素。教师的专业素养和教学水平、教学态度、管理方式以及教师投入教学的时间和精力等，都会直接影响到课程教学质量。我校在工程硕士培养方面鼓励学部/学院充分发挥学科优势，制定任课教师遴选标准，原则上选聘具有副教授以上职称，教学和实践经验丰富并且认真负责的优秀教师作为在职研究生的任课教师。对于校外任课教师的选聘，学校也做出了明确规定，要求主讲教师应为知名高校、科研院所的教授，或来自大中型企业的高级工程师并且从事相关的教学、研究工作，熟悉在职工程硕士生的培养目标及特点。授课方面，鼓励教师创新教学模式，采用案例教学、讨论式教学、互动式教学及现场情景教学等方式，促进教师和学生之间的交流，提高学生的学习兴趣。管理方面，强化质量意识，要求教师严格执行考勤制度和教学过程管理，凡出勤不达三分之二以上的学生不允许参加考试，以保证学习质量。

教师教学工作的积极性是影响教学质量的关键因素，我校积极采取相关政策促进任课教师将更多的精力投入到在职工程硕士生教学工作。

（1）提高在职工程硕士研究生教育的地位，将在职工程硕士研究生教育工作纳入到绩效及学校各项评价考核范畴，充分体现学校对在职工程硕士研究生教育的重视，促进教师对在职工程硕士研究生教育的重视和教学积极性的提高。

（2）设立教改基金和精品课程建设基金以促进教师进行教学改革的积极性。

（3）建立奖惩制度，激励任课教师严格考勤管理和认真教学，对于优秀的课程给予一定的奖励。

（4）加强经验交流，鼓励教师到校外访问学习。

三、建立论文各环节质量保障体系

学位论文是在职工程硕士生学习阶段的重要组成部分，是检验培养质量的一个重要指标。规范学位论文过程管理，设置开题、中期、预审、答辩等环节，建立论文过程分解预审淘汰机制，可以从学位论文形成的源头开始，对论文形成的整个过程进行质量监控，从根本上提高论文质量。

1. 落实导师职责

导师是提高学位论文质量的关键，指导教师的学术风格、科研水平和治学态度直接决定着研究生培养质量。在职工程硕士生论文工作实行双导师指导制、负责制。加强导师制度建设，增强导师的责任感和积极性，促进学生和导师之间的沟通和交流，保障研究生在导师指导下独立完成论文研究撰写工作,保证指导教师定期对其论文工作进行检查和指导,并在论文书写过程中的各个环节给出具体意见。

2. 学院审核,严格把关

学部/学院负责组织论文开题、中期、预审、答辩等工作,并为各个环节制定具体目标,时间、进度和要求,依此进行层层审核,严格把关,以保证学位论文质量。论文开题和中期实行集中评审制,由学部/学院组织相关领域专家组成答辩评审小组,对研究生的论文工作汇报情况、报告撰写情况做出评价打分,答辩通过才能进入下一环节,确保研究生在每一个阶段都能够保质保量按要求完成工作。学位论文完成以后,学部/学院对所有申请答辩学生学位论文进行预审。预审包括论文重复率检测和同行专家评审两部分。文字重复率检测没通过的学生不能参加答辩。通过的论文匿名送两名预审专家评审,然后对评审结果进行分级筛选,经预审未通过的不允许参加答辩,需按评审意见认真修改后参加下次答辩前的预审。为使论文的预审能客观准确地反映对论文的真实评价,论文的评审还要根据学位论文类型按照国家学位标准设计不同的评价标准,着重审核学生综合运用科学理论、方法和技术手段解决实际问题的能力;具体审核其解决实际问题的思路和方法的先进性和可行性,学位论文工作的技术难度和工作量。

3. 研究生院随机抽审

研究生院对各学部/学院预审通过后的论文进行随机抽审,并将论文送审结果作为研究生院分配招生名额的一项依据。抽审比例一般为20%,若被抽中,将由研究生院外送盲审。若外审结果有一份为"不同意答辩",原则上该生不能参加学位论文答辩,此次答辩申请无效。若对外审意见有异议,则按以下程序处理:由学生本人向所在学部/学院提出复议申请,学部/学院学位评定分委员会组织三名相关专业专家(包括组长1名)对论文进行会审复议,填写《学位论文评阅意见会审复议表》,由学位评定分委员会审核,认为该学位论文达到答辩要求后方可参加答辩。该生的论文修改说明及学部/学院外审结论等材料经学部/学院学位评定分委员会主席签字后方可提交到学位评定分委员会进行学位讨论。两份外审意见均为"不同意答辩",则答辩申请无效。对于因外审未通过导致答辩申请无效的学位论文,学生须认真进行修改,论文达到要求后方可参加学部/学院组织的下一轮硕士学位论文答辩,再次申请答辩时,论文重新匿名外审。

四、建立培养过程监督保障体系

1. 设立专业学位教育指导委员会,为在职工程硕士生培养工作提供指导和咨询

专业学位教育指导委员会分为校级和学部/学院级,委员由校内专业领域专家和来自企事业单位的校外专家构成。校专业学位教育指导委员会在学位评定委员会的指导下开展工作,负责培养方案、研究生指导教师资格认定标准、学位论文标准、各项管理办法、培养过程中课程和学位论文工作过程质量监督、学位论文预答辩与外审质量监督、淘汰及学术仲裁等重要事宜的审议和指导工作等。学部/学院专业学位教育指导委员会在学部/学院学位评定分委员会的指导下开展工作,具体工作职责由学部/学院参照专业学位教育指导委员会条例来制定。

2. 建立由资深教育专家组成的督导组,对教学、管理及论文各环节进行监督

教学方面,抽查授课内容、出勤情况、考核方式及结果,检查各种考试考场纪律,协助研究生院加大巡考力度。检查试卷的保管、装订以及成绩单的管理等是否到位。检查学部/学院各项管理规定执行情况,督促学部/学院、任课教师及导师严格按照培养管理规定认真完成各培养环节。协助做好核心教材以及公共课程和专业基础课程课件建设及教学改革工作。论文方面,协助研究生院完善工程硕士专业学位论文质量参考标准。对在职工程硕士生学位论文开题报告,中期、预答/预审及答辩情

况等进行监督、评价和反馈。审查论文质量,提出规范化要求。对未通过答辩者或对外审结果存在疑义者进行仲裁。同时,督导组还参与自评估工作以及与专业学位硕士生教育有关奖项的评审工作。此外,督导组设有例会,定期召开工作会议,总结在职专业学位硕士生教育工作中的经验与问题,共同商讨解决办法,为学校在职专业学位硕士生培养献计献策。

3. 管理重心下移,研究生院宏观调控,学部/学院细化管理

在管理方面,由研究生院代表学校实施宏观管理和质量控制,全面制定各项规章管理制度,做好职责分工、责任落实等事宜,督促各学部/学院把好质量关。学部/学院负责研究生的日常管理和导师管理,如培养方案的制定及实施、开课管理、论文相关工作管理及组织答辩等,并依据研究生院制定的各项规章管理制度和本学部/学院各专业领域培养特点及实际情况,制定各项管理细则,做好每一项细节工作,保障各项工作都能得到落实。

以全面提高培养质量为目标的培养过程保障体系建设是一个复杂的系统工程,需要在实践中验证并不断改进。我校在多年的在职工程硕士生培养过程中不断探索建立的由任课教师、学部/学院、督导、研究生院组成的涵盖了教学、论文和过程监督的"四位一体"的培养过程保障体系,实现了培养的全过程管理,保证了每个培养环节都能落到实处,为提高培养质量提供了有力保障。

参考文献

[1] 张立,胡新喜. 在职研究生培养质量管理若干问题的思考[J]. 湖南农业大学学报:社会科学版,2004,5(3):52-55.

研究生课程学生评教体系优化研究*

杨皆平,张永学,冯 叶

(中国石油大学 102200)

摘要:学生评教是教学质量评价的重要手段。本文结合中国石油大学的研究与实践,改进、优化评教系统,介绍并分析了综合打分式网络评教模式及其优缺点,介绍了单一打分加问卷调查式网络评教模式的设计思路及指标体系。

关键词:研究生;学生评教;指标体系

2014年初,教育部出台了《关于加强学位与研究生教育质量保证和监督体系建设的意见》,并发布了《学位授予单位研究生教育质量保证体系建设基本规范》,强调要建立科学的教学督导和评价制度,加强对授课质量的监测和评估,提高课程教学质量[1]。产品质量的好坏,用户的评价至关重要,从某种意义上讲,学生是教师课程教学的"用户",因此,学生评教无疑是课程质量评估的一个重要手段,学生评教结果对学校掌握课程基本情况及教师提升授课水平都有十分重要的意义。

比欧美国家相比,我国学生评教起步较晚,到20世纪90年代初才得到普遍认可与重视,并逐渐成为教师教学质量评价的重要手段[2]。近年来,伴随着信息技术的迅猛发展,越来越多的高校开始采用网上评教模式。评教的技术支持和指标体系都日趋成熟,由原来的纸质问卷、统一时间统一地点到如今的网络问卷、固定时间段内学生自由评教,发展很快。但由于发展时间相对较短,难免存在一些问题和不足。中国石油大学从2001年起,就开始了研究生课程学生评教体系的探索和建设。

一、课堂问卷式评教模式(2001~2004年)

2001年,我校研究生院开始设计调查问卷,在课间发放给学生填写,统计分析调查结果,以此作为研究生课程质量评价的重要依据,并将学生集中反映的问题反馈给授课教师,以此促进教师改进授课手段,提高教学质量。这一做法也存在一些不足:一是教学评价当堂进行,师生难免有些尴尬,学生有时碍于情面不好做出负面评价;二是问卷采用纸质版,统计工作量很大。后期尝试让学生课后填写教学质量评价问卷,但也碰到问卷回收率较低、一人填写多份问卷、填写过于随意等问题。

二、综合打分式网络评教模式(2005~2012年)

随着网络信息技术的发展,我校开始建设研究生课程网络评教系统。表1为该系统使用的指标体系。

研究生课程网络评教体系共包含4个大项指标、17个小项指标。每一小项的评价分为优、良、中、差、很差5个等级。4个大项指标权重由评价人即选课研究生自由决定,总权重为100%。每个大项指标中,小项指标平均分配。

研究生课程网络评教系统主要有以下优点:①原来每门课程都要到教室去发放评教问卷,每门课程都要人工汇总并统计评教结果,通过网络系统实现学生评教后,省去了以上繁琐步骤,极大地提高了工作效率;②通过研究生课程学生评教系统,自动生成评教结果,并对评教结果进行排序。

---

* 全国工程专业学位研究生教育自选课题(2014JY-113)。

表 1　不同权重的多指标综合评分体系

一级指标	二级指标	权重
教学态度	能够按时上下课，很少调课，不缺课	评价人自定
	经常了解学生的学习情况，听取学生教学建议，注意改进教学方法	
	适时安排答疑，作业布置适量，批改作业及时认真	
	教学大纲，教学日历完整	
教学内容	教学内容充实、适度，反映学科前沿	评价人自定
	备课认真，内容组织结构清楚，教学资料完整	
	内容讲解条理清晰，重点难点突出	
	选择的教材、参考书适用性强	
教学方法	讲解口齿清楚，语言生动，表达准确	评价人自定
	讲解内容深入浅出，速度快慢适中	
	课堂板书书写工整，条理分明	
	有教学特色，能合理利用多种媒体（投影、幻灯、多媒体、实物、模型等）进行教学	
	启发式教学，注意培养学生分析、解决问题的能力	
教学效果	学生注意力集中，能理解所讲内容	评价人自定
	与本科同类课程相比教学水平高	
	通过学习对该门课程感兴趣	
	学习能力，方法和理论水平有明显提高、收获大	

三、通过系统设定

研究生在查看每门课程成绩前，必须对该门课程进行教学评价，保证了学生的评教率，系统使用十分便捷。

在该系统的使用过程中，也发现了一些问题。

1. 评教结果趋同

图 1 为 2007～2009 三学年研究生评教平均成绩。从图可以看出，学生评教成绩普遍存在偏高的问题。2007～2008 学年评教的最低成绩为 89.5 分，最高为 95 分，分数差距较小，很难体现差别，无法科学地评价授课质量。

2. 选课人数对学生评教结果排名有直接影响

学生评教结果排名前 20% 的课程中，选课人数小于 20 人的课程占有很大的比例，分析 2009～2010 学年学生评教情况分析后发现，在评教结果排名前 20% 的课程中，有近 80% 的课程选课人数在 20 人以下。另外，选课人数少的课程，评教人数也少，在样本较少的情况下产生的统计结果，可信度不高。

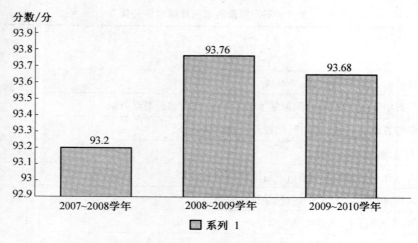

图 1　2007～2009 三学年研究生评教平均成绩

3. 评教指标过于繁琐，偏于抽象化，很难反映课程的实际教学效果

学生评教指标分为教学态度、教学内容、教学方法及教学效果四个方面，实际上这几个方面互相之间联系紧密，这种分类方法有些表面化、宏观化和形式化，难以反映出真实的具体问题。对教师而言，向他反馈具体的问题，比告知他学生评教分数更加有效果。试想，告诉一个教师"您的学生评教打分较低"，教师当然会反思，但他最想知道的还是"我哪里做得不好"。如果告诉一个教师"95%的学生认为他们根本听不懂"，教师就知道问题所在了。

四、单一打分加问卷调查式网络评教模式（自 2013 年开始）

根据发现的问题，我们对研究生课程学生评价系统做了改进。打分项只设置一项，学生根据自己的感受对教师授课做出总体评价。另外，设置若干问题选项，设置选项时要注意两点：一是题目不宜过多，以免学生产生厌烦情绪而应付作答；二是问题简单直接，学生能轻松作答，统计结果也能直接说明问题。根据我们关注的重点，每学期可以对评教指标（问题设置）做出不同调整。表 2 是我们现在采用的研究生课程学生评教指标。表中第一项为唯一打分项，研究生对教师教学的总体评价分为"优秀、良好、一般、较差、很差"，系统自动将以上选项对应为"95,85,75,65,55"。以所有学生评教的平均值作为评教分数。

表 2　单一打分加问卷调查式指标体系

序号	调查内容	选项
1	对该教师本门课程教学的总体评价	A. 优秀　B. 良好　C. 一般　D. 较差　E. 很差
2	你觉得该任课教师是否为课程教学做好了充分的准备？	A. 非常充分　B. 较充分　C. 一般　D. 较不充分　E. 非常不充分
3	您认为教师自身对本门课程的掌握程度如何	A. 很精通　B. 较精通　C. 一般　D. 掌握较差　E. 掌握很差
4	您认为教师能否做到讲解透彻，表述清晰	A. 能　B. 一般　C. 差
5	课程内容反映学科领域最新研究成果与动态方面	A. 优秀　B. 良好　C. 一般　D. 较差　E. 很差
6	对于该教师的讲课内容，听课后你可以掌握多少？	A. 基本全部掌握　B. 掌握大部分(60%～80%)　C. 一半左右(40%～60%)　D. 很少一部分(20%～40%)　E. 完全听不懂，没有掌握(20%以下)

续表 2

序号	调查内容	选项
7	如果存在听不懂的情况,原因是(可选多项)	A. 教师讲授不清　B. 自己基础较差　C. 自己学习不够勤奋　D. 课程内容本身较深,不容易掌握
8	教师讲授过程评价	A. 很认真,充分利用课堂时间　B. 比较认真,不浪费课堂时间　C. 不认真,经常敷衍,对付课程时间
9	你觉得本课程的考核、考试方法是否合理,评分做到公平、公正?	A. 非常合理　B. 较合理　C. 一般　D. 不太合理　E. 很不合理
10	教师授课手段	A. 仅多媒体　B. 仅板书　C. 多媒体与板书结合　D. 没有多媒体也很少板书
11	该门课程的学习过程中教师布置作业的次数	A. 4次及以上　B. 3次　C. 2次　D. 1次　E. 0次
12	教师批改作业情况	A. 批改很认真　B. 批改较认真　C. 一般　D. 有批改,但很对付　E. 不批改
13	教材、参考材料或讲义情况	A. 有适用教材　B. 有参考材料　C. 有讲义　D. 无教材、参考材料或讲义
14	与本科类似课程相比	A. 重复 50% 以上　B. 重复 20-50%　C. 基本无重复　D. 本科无类似课程
15	教师授课是否有特色、对教师的希望或建议(如有请填写)(请填写):	

新的研究生课程学生评教体系投入使用后,问卷调查结果显示,92%的受访研究生在新旧评教系统的比较中支持新的评教系统,大多数研究生认为新的评教系统更易用、更实用。当然,在评教系统的使用过程中,有些问题和细节需要我们一一改进。比如,要加强宣传,消除学生顾忌,引导学生积极参与评教,在评教页面强调保护学生隐私,强调不会因为评教而影响其考试成绩。对评教结果要认真分析。美国教育家斯塔弗比姆说过:"评价最重要的意图不是为了证明,而是为了改进"[3]。因此,在评教结果的公布范围上要有所注意,可以采取教师能看到的个人成绩及排名,只在全校公布排名前 10% 的教师的模式。评教成绩好的,组织教学观摩,评教单项有严重问题的,可以安排督导组专家听课,或者进行专项的教学能力训练。要让评教系统不仅是评价、监督课程教学质量的工具,还要成为改进、提高课程教学质量的好帮手。

参考文献

[1] 张爱梅,王胜霞.关于网上评教的调查与对策[J].教育探索,2010(9):66-69.
[2] 姚少霞.树立评教服务意识——明尼苏达大学评教机制的启示[J].成人教育,2014(5):33-35.

提高科研单位研究生培养质量须把好五"关"

田 涛，王 丽

（总参第五十六研究所 214083）

摘要：对肩负研究生教育任务的军队科研单位，既直接生成战斗力，又为战斗力生成提供人才智力支撑。提高研究生培养质量对研究生教育坚持为军队战斗力服务具有重要意义。军队科研单位提高研究生培养质量须把好五个"关"口。

关键词：科研单位；研究生；培养质量

当前，我军信息化建设加速推进，军队使命任务不断拓展，对高层次人才和军队研究生教育提出了新的要求。面对新的形势和任务，军队研究生教育必须始终坚持为军队战斗力服务的发展方向。对肩负研究生教育任务的军队科研单位来讲，既直接产生战斗力，又为战斗力生成提供人才智力支撑。提高研究生培养质量，对军队科研单位具有重要现实意义。如何才能有效提高科研单位研究生培养质量？笔者认为必须把好以下五个"关"口。

一、要把好"生源关"

生源质量是研究生教育的基础，直接关乎研究生培养质量。因此，提高研究生培养质量，首先应当从提高生源质量着手。对军队科研单位而言，由于自身的特点，提高生源质量显得尤为必要。军队科研单位没有本科生教育，生源从来源上看只能依靠外部输入；从去向上看，培养的研究生以留用为主，不像院校可以根据需要进行宽口径分配，所以科研单位的生源必须要高质量。把好生源质量关，要做好以下几个方面的工作。

1. 做好招生宣传

提高生源质量一般需要较大的报考人数作为保障，这对热门院校和专业来说不成问题，但对学生来说相对冷门或难考的军队科研单位和专业特别是新招生专业就很难了。这些专业往往报名人数少，上线人数甚至达不到招生简章上公布的招生人数。这就要求我们必须加大招生宣传力度，"走出去"找生源、抢生源。宣传中要注意突出科研单位研究生教育和学科特色，吸纳优秀生源报考。尤其要重视鼓励和吸引军地一流院校的优秀生源报考，这一方面可以扩大考生规模，提高生源质量；另一方面又可以拓展和改善生源结构，避免学术上的近亲繁殖。还可以拓展招收渠道，利用招收推荐免试研究生的有利条件，加大推荐免试研究生招收宣传，吸引地方一流大学的优质生源，有效提高生源质量。

2. 加强招生培训

一方面对招生宣传、录取人员进行国家、军队招生政策、法规、制度等业务知识的培训，使每一位工作人员能准确理解和掌握招生政策和操作程序，提高其业务水平；另一方面要对招生工作人员进行选人、识人、考核和面试技巧的培训，让他们能够"慧眼识珠"，真正将优质生源锁得定、招得进。

3. 改进录取办法

加强初试试卷的科学性、合理性，使之能真正考出考生综合素质水平和学术能力。通过这一层筛选把"死背书"和综合素质较低的考生拦在复试门外。适当加大复试成绩在综合计分中的比例,将录取的决定权更多地留给复试专家和导师。规范复试评分标准,着重考察考生的学术潜力和科研素质。组织"多对一"复试和面试,学习借鉴当代人力资源考核办法,将适合单位需要的优质生源选拔出来。

二、要把好"培养关"

研究生教育是一个精心培养人才的过程。加强培养过程管控,进行精细化管理,对提高研究生培养质量非常重要。

1. 科学设置课程

课程学习是研究生掌握知识与技能的主要途径,研究生培养必须重视课程设置的合理性,应该在学位课和非学位课之间形成合理的比例,既有一定的覆盖面又具有方向性,应该反映各学科、各领域的最新进展,促进教学与科研前沿更加紧密的结合。对科研单位而言,课程学习是薄弱环节,课程设置选择余地小,要力求做到课程设置得科学、合理。针对科研单位的薄弱环节,还要通过与军地高校、科研院所合作、共享教育资源、联合办学等多种途径,采取学校代培、教师代课等多种方法开设必要的专业课程。

2. 加强课程考核

课程考核是检验和促进课程学习的有效手段。研究生课程考核方式及评定要求应当根据课程的性质和特点,有针对性地采取笔试、读书报告、专题报告、课程论文等形式。其中,公共课应统一组织考试,按照学习表现、期中考试、期末考试等成绩综合评分;专业必修课采取命题或自主选题方式,在限定时间内以开卷或闭卷形式提交课程论文;专业选修课采取提交读书心得、组织研讨或撰写论文等形式进行。在考核过程中,要坚持高标准、严要求,让课程考核真正起到检验和促进课程学习的效果。

3. 加强中期考核

中期考核是对研究生课程学习阶段学习情况的考查,也是研究生进入课题研究和学位论文撰写阶段的依据,是把目标管理和过程管理相结合的重要手段。研究生培养容易出现两头紧、中间松的现象,为确保和提高研究生培养质量,科研单位应当规范和加强中期考核。在研究生完成课程学习、进入课题实践之后,应当对研究生进行一次全面的中期考核,对研究生思想政治表现、课程学习、科研能力和科研成果等情况进行一次集中梳理考核。

三、要把好"论文关"

学位论文工作是研究生培养的重要环节,是培养研究创新能力,综合运用所学知识发现问题、分析问题、解决问题能力的主要环节。学位论文的水平充分反映研究生的科研能力、创新能力,同时也是能否获得学位的重要依据。把好学位论文质量关,是提高科研单位研究生培养质量的关键。

1. 要把好论文开题关

学位论文开题报告是研究生在完成文献阅读后写成的关于学位论文选题与如何实施的论述性报告,对研究工作和论文撰写起定位作用。论文开题报告要提出拟解决的主要问题,阐述主要观点,以研究步骤、方法及措施为主要内容。为了保证研究生培养质量,提高论文质量,必须对论文开题报告进行评价。要召开论文开题报告会,研究生在会上对课题进行详细汇报并对专家提问做出必要的解释和说明,专家对论文开题报告进行评议。论文开题报告成绩不合格者,不得进入课题研究。只有选题适当,对课题的研究现状、意义和价值等能做出说明和通过可行性论证的才能进行课题研究。

2. 要把好论文评阅关

学位论文是对研究生的综合评价,对研究生学位论文的认可也是对研究生培养质量的认可。为确保研究生培养质量,杜绝论文评审中常见的迁就照顾现象,应当采用匿名评审制度。严格执行学位论文评审方面的规定,由培养单位和外单位的专家学者特别是一流院校和科研机构的负责任的专家学者进行匿名评阅,确保论文评审的客观、公正。同时要扩大论文"双盲"评审的范围和比例,抽检的比例应适当扩大,促进研究生及导师更加注重论文质量。

3. 要把好论文答辩关

研究生学位论文答辩,是确保论文质量和研究生培养质量的最后一关。对科研单位来讲,这是关系研究生培养质量的关键环节,必须严格把关。要把好答辩委员会组成关。答辩委员会成员必须符合规定,由具有副高职以上专业技术职务的知名专家学者、学术骨干组成,外单位的专家要占相当的比例,且必须要有责任心,最好能够担任答辩委员会主席。学位论文答辩,必须严格标准,按照规范的程序进行。答辩委员会必须坚持实事求是的科学态度,本着坚持标准、严格要求、保证质量的原则,审查论文,组织论文答辩,不投违心票,杜绝出现看导师面子"放水"的现象。质量水平差的论文坚决不能通过答辩,或限期修改,或推迟答辩,或重新答辩。对通过答辩但在学位论文抽查评审中不合格的论文,要追究导师、答辩委员会主席及成员的责任。

四、要把好"导师关"

研究生导师的水平直接决定研究生的培养质量。因此,科研单位要把好"导师关",加强研究生导师队伍建设,突出导师在研究生培养中的主导地位。

1. 要加强导师遴选

遴选新任研究生导师应当坚持高标准,不仅学术水平要达标,责任心、师德首先要达标。要选拔那些品德高尚、学术技术精湛、在某领域有一定威望的专家、适合并乐于担任导师的优秀人才担任研究生导师。要敞开导师队伍的大门,采取得力措施吸引科研一线的优秀人才,同时要大力培养本单位的学科、学术带头人,鼓励和吸引更多优秀人才为单位研究生教育贡献智慧和才华。

2. 要加强导师培养

科研单位导师的科研能力很强,但指导学生的能力和水平有待提高。要通过举办导师培训班、导师研讨会、组织学习调研等多种形式对新任导师进行培训,提高其理论水平和培养研究生的能力。选送有潜力的导师到军地院校培训,有计划地安排导师学习进修,组织导师到部队代职锻炼,参加重大科技攻关、应急训练及其他重大军事活动。要优先安排导师担任课题任务项目负责人,支持导师参加科研和各类学术交流活动。科研单位要积极完善访问学者制度,进一步加大导师赴著名高校或研究机构进修学习的政策力度,有计划地选送优秀中青年导师到一流大学和研究机构研修交流。要结合重大科研项目研制,在教学实践和科学研究工作中培养研究生导师,以老带新,提升中青年研究生导师的学术水平和素质。

3. 要加强导师考核

要打破导师岗位终身制,导师应能上能下。要建立定期考核制度,考核导师岗位履行职责情况,包括责任心、行为规范、指导水平和学生的论文质量等。制定科学的量化标准是遴选、考核导师的前提。导师的学术水平高低可以从其论文、专著、科研项目、获奖情况等相关条件中进行具体量化。考核与遴选要结合,对于考核优秀的实行奖励,分配研究生名额可适当倾斜,对达不到考核要求的取消其带研究生资格。

五、要把好"监督关"

科研单位研究生部是研究生教育和培养的主管部门,是研究生质量保证的末端,也是贯彻落实各方面要求、组织实施的汇聚点,对提高研究生培养质量起着很重要的作用。研究生部要积极履行职责,主要是把好"监督关"。

1. 要加强政策监督

作为主管部门和职能部门,首先要注意抓好国家、军队研究生教育培养方面的政策、法规和各项规章制度在本单位的落实情况。要随时监督政策的执行和落实情况,及时采取有效措施,保证各项政策不走样、不变通。要发挥桥梁和纽带作用,及时向上级研究生主管机关反映政策执行过程中存在的问题。要保证既较好的执行各级的政策,又有利于本单位研究生培养质量的提高。

2. 要加强学业监督

科研单位研究生部要积极参与研究生教学、培养管理,加强研究生学业监督检查,尤其是在研究生导师确定、选课、课程考试、中期考核、论文开题、论文答辩等关键阶段要积极发挥主观能动性,发挥好组织、引导和监督作用。除了搞好课程考核之外,还可以结合学习情况,开展综合性的学习情况考核,如建立季度学习报告制度、学期和学年总结考核制度等。要充分发挥研究生部干部平时与研究生接触多的优势,注重对其非智力因素的培养,帮助研究生端正学习动机,树立创新观念,锻造意志品质。

3. 要加强导师监督

要建立严格的导师监督和淘汰制度,加强对导师的定期评价,对水平和能力欠缺的导师要敢于取消其带研究生的资格,以此调动导师工作的积极性和责任感。改变只上不下的导师终身制,避免导师资格荣誉化的倾向,保证导师队伍的高素质和高水平。建立导师定期汇报制度,导师要定期向所在单位和研究生部汇报履职情况。这样既可以促使导师将研究生培养真正重视并落实,又可以促进导师间的交流学习。

全日制专业学位研究生培养质量体系建设研究*

傅江浩

(武汉科技大学研究生院 430081)

摘要:专业学位研究生教育是培养高层次应用型专门人才的重要途径,是适应经济社会建设发展需求,服务企业科技创新的客观要求。深刻剖析生源质量、导师素质、课程设置、基地建设、保障措施等因素,探索提升全日制专业学位研究生培养质量的有效途径。明确专业学位研究生培养目标和职业发展需求,加大专业学位课程体系和实践教学体系建设,突出政府主导作用,构建"政府主导、产学合作,多层次、宽幅度、深交融"的"政产学"实践基地联盟,是规范培养环节,提升培养质量的重要途径。

关键词:全日制;专业学位;研究生培养;质量体系

加强专业学位研究生教育是培养高层次应用型专门人才的重要途径。从2009年全国首次全面招收全日制专业学位研究生,到2010年教育部遴选了北京大学等64所高校开展专业学位培养模式改革试点,2013年教育部下发《关于深入推进专业学位研究生培养模式改革的意见》等改革文件,研究生培养结构已经逐渐呈现学术学位研究生与专业学位研究生并行的趋势。顺应时代要求,创新培养模式,促进研究生成长成才,提高全日制专业学位研究生培养质量,是研究生教育综合改革的重要任务与使命。

一、全日制专业学位研究生培养质量影响因素分析

专业学位研究生教育区别于学术学位研究生教育的主要特征是其具有鲜明的实践性,必须掌握相应实践领域的专业知识、实践经验和职业技能。笔者通过构建了"专业学位研究生培养质量影响因素分析模型"(图1),把影响专业学位研究生培养质量的因素分为主观因素和客观因素两大类九个影响因子,而培养环节过程则是对这两大类因素影响力的客观反应。通过对模型进行系统分析,影响全日制专业学位研究生培养质量最为重要的因素主要有以下几个方面。

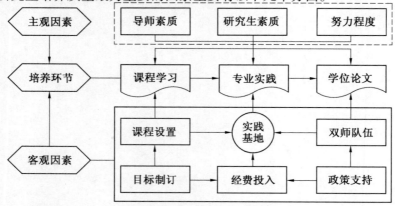

图1 专业学位研究生培养质量影响因素分析模型

---

* 湖北省研究生教育教学改革项目"专业学位研究生实践基地建设探索与实践(2014221)""依托'2011计划'构建高层次应用型创新人才培养新模式(2013225)"的阶段性研究成果。

1. 影响专业学位研究生培养质量的主观因素

(1) 专业学位研究生生源实践能力薄弱。

为适应经济社会建设发展需求，国家越来越重视专业学位研究生的培养，但是专业学位研究生生源的实践能力薄弱仍是质量提升的瓶颈。其一，除了 MBA 等个别专业要求学生必须有实践经验才能参加专业学位研究生考试外，很多专业都以招收应届毕业生为主。应届生比率过高，缺乏社会经验和实践能力锻炼，应用动手能力基础薄弱。其二，在高考体制下，"985""211"院校选择考研究生的学生多以从事理论性研究为主，专业学位研究生成为更多三本学生改变学历背景的首选，有的从大一就开始准备考研，理论基础和实践能力都非常薄弱。

(2) 导师素质影响到人才培养质量。

由于我国专业学位招收改革起步晚，指导要求及管理制度等方面都不够完善，导师在专业学位研究生培养上的认识理念、基本能力和政治素养等方面也都有待提高。一是容易矮化专业学位研究生，认为专业学位研究生培养周期短、贡献率小，对其培养指导也相对少；二是容易与学术型研究生培养同质化，导师往往在做课题研究、学术指导等方面将学术型研究生与专业学位研究生等同，安排同类选题、同类实践、同类指导，没有体现专业学位研究生的特点；三是导师"立德树人"使命感需要提升，有人把导师喊"老板"，导师也容易把研究生当成劳动力，从而忽视了专业学位研究生发展需求，忽略了培养质量的提升。

2. 影响专业学位研究生培养质量的客观因素

(1) 教学内容设置存在的不足。

课程学习是保障研究生培养质量的必备环节，在研究生成长成才中具有全面、综合和基础性作用。国家非常重视课程设置和课程建设在专业学位研究生培养过程中的地位，2014 年教育部下发了《关于改进和加强研究生课程建设的意见》。各高校也逐步认识到课程设置的重要性，但是绝大多数培养单位专业学位的培养方案与学术型研究生培养方案大同小异，直接导致了专业学位研究生在课程设置方面不能够适应人才培养的需要。加强课程建设，提高课程质量，是当前深化研究生教育改革的重要和紧迫任务。

(2) 实习实践基地建设存在困难。

专业学位研究生实践基地建设是推动专业学位研究生培养的重要保障，受到了政府、企业和高校的高度关注，湖北省、湖南省、福建省、江苏省等多个省份也都相继推进研究生创新实践基地及工作站的建设，但是仍然存在一些困难。一是企业与高校联合建设的积极性存在困难，目前对企业参与人才培养缺乏相应的社会评价体系，企业也不能获得社会效益，其参与的积极性不高；二是不同学科类型基地建设的特色性存在不足，建设模式千篇一律，产、学、研融合较弱；三是基地建设过程中的规范性管理存在差距，管理手段贫乏，运行模式不够清晰。同时，省级以上研究生实践基地建设申报手续烦琐，绩效检查严格，研究生预期成果压力大，企业安全及保密风险大。

(3) 培养的保障措施有待落实执行。

近期，国家对专业学位研究生的培养提出了更多的具体要求，但是在实施和推进过程中其执行力、可操作性都有待加强。如培养实践环节与导师指导时间衔接需协调。专业学位研究生培养学制一般是两年，国家要求应届专业学位研究生其中要有一年的企业实习实践经历，虽然可以采取集中式或分段式的形式进行，但是一年的时间不在校内导师身边，如何指导达到毕业要求，导师们均感到困难。双导师队伍建设有困难，高校内部具备"双师"素质的导师很少，从培养理念、实践训练和职业技能训练上讲，真正能够胜任专业学位研究生教育的师资严重缺乏。而校外导师的聘任、选拔、经费支持和绩效考核基本流于形式，双导师队伍建设的不足也是影响专业学位研究生培养质量的重要因素。专业学位研究生的培养经费投入，外出实习以及实践期间的安全保障等方面也需要高度关注。

二、构建全日制专业学位实践实训教学体系

《教育部关于做好全日制硕士专业学位研究生培养工作的若干意见》(教研[2009]1号)明确要求：专业学位研究生教育在培养目标、课程设置、教学理念、培养模式、质量标准和师资队伍建设等方面要突出应用性、实践性的特色。只有更好地明确专业学位的培养目标、加强课程和教学体系建设，才能更好地体现出专业学位研究生的培养特点。

1. 确立高层次应用型创新人才的培养目标及标准

全日制专业学位研究生是指具有一定专门职业素养，通过全日制在校学习方式培养的研究生，其目标定位是培养高层次应用型专门人才。根据国家和区域经济社会发展的需求，在教育部制定《专业学位类别（领域）博士、硕士学位基本要求》的基础上，结合本单位研究生教育实际，按专业学位领域和类别制定与本单位办学定位相一致的博士、硕士专业学位授予标准。同时，可以从"知识结构、能力结构和个性品质"的三维角度，研究确立专业学位研究生培养目标及基本质量标准。"知识结构"中突出专业基础理论、交叉学科知识；"能力结构"中突出知识应用能力、技术创新能力、工程实践能力；"个性品质"中突出工程职业道德、人文科技素养、创新意识和国际视野。

2. 遵循培养目标要求，加大实践课程体系建设

专业学位研究生的课程设置以实际应用为导向，以职业需求为目标，以综合素养和应用知识与能力的提高为核心，强调理论性与应用型课程的有机结合，基础课程与应用研究的有机结合。其一，实践理论课程的设置，应突出实践运用能力的培养，科学论证实践理论课程的比重，给予实践理论课程较高的学时数与学分比例，注重培养学生解决实际问题的意识。课程教学内容要突出专业行业与个人发展相适应，注重职业导向能力的培养。重视课程设置与职业资格培训的衔接，逐步推进校园课程与职业资格的课程置换、课程豁免及完全对接。其二，积极开展实践课程的教学改革，创新实践课程教学方法，充分发挥行业、企业在课程建设中的积极作用，鼓励行业、企业的专家、骨干参与授课或开设专题讲座，将专业实践中的实际问题引入课堂中。重视运用团队学习、案例分析、现场研究、模拟训练等教学方式，探索学校教师与企业工程技术人员相结合的新方法，大力加强案例教学和案例库建设，建立案例教学共享中心。

3. 突出专业学位培养特点，加大实践教学体系建设

遵循人才培养中"认知实践-应用实践-创新实践"的教学规律，以实践研究与创新能力培养为重点，以提高专业素养及岗位胜任力为目标，科学构建"专业基础能力培养-知识应用能力培养-创新能力培养"的实践教学体系。科学制订实习实训教学计划，贯彻和体现"集中实践与分段实践"相结合、"校内实践和现场实践"相结合、"专业实践与论文工作"相结合的原则，使实践或实习相关的学分占学生总学分的1/3以上，建立良好的实训体系。充分发挥校内实验设备、基地以及校办企业的共享资源，有计划、渐进式地完成基础实验、专业系列实验、研究性实验以及结合企业实际的研究实践等实践环节，切实增强参与社会实践，解决实际问题的能力。鼓励研究生社会实践和志愿服务活动，将研究生的社会实践和业务实践作为研究生培养的必要环节。积极开展"研究生挂职锻炼""研究生科技服务"等社会实践活动，引导研究生以科研报告、技术开发和推广、科研成果转化等形式为经济社会发展服务。

三、构建以政府为主导的"政产学"实践基地联盟

教育部《关于加强专业学位研究生案例教学和联合培养基地建设的意见》指出："基地是培养单位为加强专业学位研究生实践能力培养，与行业、企业、社会组织等共同建立的人才培养平台，是专业学位研究生进行专业实践的主要场所，是产学结合的重要载体。加强基地建设，是专业学位研究生实

践能力培养的基本要求,是推动教育理念转变、深化培养模式改革、提高培养质量的重要保证"。坚持以政府为主导、企业为平台、高校为支撑,探索构建"政府主导、产学合作,多层次、宽幅度、深交融"的"政产学"实践基地联盟(图2),通过有效的运行机制,实现三者的有机融合和协同发展,形成长期的优势互补、风险共担、组织松散结合的一种新型合作方式,对培养高层次应用型人才,提升专业学位研究生培养质量具有重要作用。

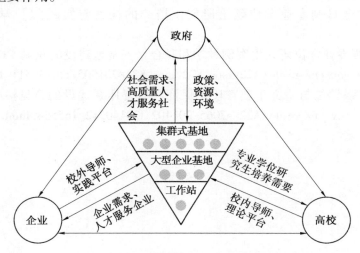

图2 "政产学"实践基地联盟运行机制

1. 坚持政府主导

以政府为主导推动"政产学"联盟模式研究生实践基地建设,能够为专业学位研究生提供有效的实践岗位、项目及保障条件。一方面政府为企业与高校自主、自发、自觉建设实践基地创造条件。国家层面要对专业学位研究生教育实习基地建设的战略规划与运行管理提出指导性意见,在科技创新、人才引进、税收减免等多方面给予支持。如江苏省、北京市的研究生产、学、研基地建设的初步成效,正是政府政策推动的结果。另一方面政府要发挥服务地方经济发展的顶层设计的职责,能够充分发挥政府组织协调的作用,主动联合地方企业和高校,建设具有一定规模的类似于"产业园"集群式的实践基地,可以容纳多个不同学科、不同层级、不同类别的专业学位研究生。

2. 坚持立体格局

建立企业与高校协同合作的立体格局。一方面,在政府引导的基础上,要积极探索国有企业与民营企业,大型企业与中小企业等不同层次企业、不同发展地域、不同产业类别的实践基地建设;同时,建设的规模形式可以多样化,建设产业园区集约式基地、大型企业基地,也可以是结合课题项目建设研究生工作站,注重提升专业学位研究生服务社会需求的契合度和专业素养。另一方面,高校的人才培养必须围绕企业发展战略,在科技创新和新产品开发方面为企业提供科技服务。高校要按照"服务需要,提高质量"的根本目标,针对企业和社会经济发展的需要,切实服务于企业和社会发展需求,输送优秀的研究生去实践,加强理论与实践的结合,创新理论与实践结合的桥梁。同时,要满足专业学位研究生个性发展和培养质量的提高,加强实践课程在学校与基地的对接,实现学校导师与校外导师的衔接,提高实践理论基础与实践运用能力的提升。

3. 联盟体的协同

实践基地联盟体内,坚持政府统筹协调,政府牵头建立利益相关者利益共享机制,按照"优势互补、资源共享、互利共赢、协同创新"的原则,针对联盟体同内发展需求构建人才培养、科学研究、社会服务等多元一体的合作培养模式,提高专业学位研究生培养质量。高校、企业和研究生,都要充分发挥各自的优势,转变教育、用人和就业理念,借助研究生实习基地建设,实现政府、高校和企业在应用型人才培养中的联动机制,提高专业学位研究生培养教育质量,推动专业学位研究生教育的可持续发展。

参考文献

[1] 李献斌.全日制专业学位研究生实践基地建设研究[J].中国农业教育,2012(5):22-25.
[2] 黄建国.经管类全日制专业学位硕士研究生培养的探索与实践[J].学位与研究生教育,2013(3):20-22.
[3] 教育部.关于加强专业学位研究生案例教学和联合培养基地建设的意见[OL].[2015.05.07] http://www.moe.gov.cn/srcsite/A22/moe_822/moe_824/201505/t20150511_189480.html.
[4] 教育部.关于加强学位与研究生教育质量保证和监督体系建设的意见[OL].[2014.01.29] http://www.moe.gov.cn/srcsite/A22/s7065/201402/t20140212_165554.html.

学位点评估与研究生质量保障体系的探讨*

聂　飞，秦　涛，姚　青，马学虎，胡祥培，林　恺

（大连理工大学　116024）

摘要：随着研究生招生规模的扩大，研究生的培养质量也受到了普遍的关注。本文首先阐述学位点合格评估和研究生质量保障体系的相互作用，提出二者彼此互相促进的对应关系。然后剖析了学位点合格评估涵盖的师资队伍、教学培养、科研支撑、奖助体系及声誉调查五大内涵要素，阐述了研究生质量保障体系中导师指导、课程教学、学术交流、论文质量及分流淘汰的重要意义。最后结合现状提出了探索性思考与展望。

关键词：学位点合格评估；研究生质量保障；培养模式；指导模式

一、前言

作为高等教育组成的一部分，研究生教育质量是研究生教育能够满足社会需求的程度，确保和改进教育过程的质量和有效性已成为各国教育界所普遍研究的一个重要课题。近年来，随着我国高等教育的不断发展，高校的不断扩招，我国硕士研究生的数量也达到了国家制定的培养硕士的数量目标。但是，我们在发展进步的同时，全球经济技术也在高速发展，这对我国硕士研究生的培养质量提出了更高的要求[1]。2014年3月17日，国务院学位委员会、教育部正式发布了《关于加强学位与研究生教育质量保证和监督体系建设的意见》《学位授权点合格评估办法》和《博士硕士学位论文抽检办法》三个文件。这是自1978年恢复研究生教育以来，国务院学位委员会、教育部首次印发有关学位与研究生教育质量保证和监督体系建设的文件。我国系统构建以学位授予单位为第一质量主体的研究生教育质量保证和监督体系，教育行政部门将更多地实施事后和宏观监管，改变过去以政府为主、重视准入保障的模式[2]。

学位点评估是研究生培养质量监控的重要手段，不仅使人们对我国研究生教育的现状和水平有了更加深刻的了解，而且强化了研究生教育工作者的质量意识，促进了学位与研究生教育的健康发展，强化了学科、学位点的建设[3]。如图1所示，学位点评估涉及师资队伍、教学培养、科研支撑、奖助体系和声誉调查，而研究生质量保障涉及导师指导、课程教学、学术交流、论文质量和分流淘汰，二者相互促进，彼此监督。学位点评估是促进高校学科建设、强化研究生培养质量监控的重要手段之一，合理构建研究生质量保障体系是学位点合格评估的重要内容之一。

进入21世纪以后，全球化的趋势对教育界产生了巨大的冲击，远程教育、跨国教育、国家间相互承认学历和学分等多种教育形式的出现，以及教育大众化发展的趋势，使得教育市场越做越大，同时竞争也越来越激烈，教育质量的高低已成为提高竞争力并保证向社会输送高素质人才的一个不可忽视的重要方面[4]。近年来，政府对研究生教育的行政职能逐渐从过去的集中式管理模式，转向以研究生教育质量监督与控制为主的模式；政府主管研究生教育部门将逐步从过去的诸事都管，转变到管理战略性、根本性的事务，研究生培养单位将拥有更多的办学自主权；社会管理研究生教育单位的方式也将从直接管理控制转变到间接方式管理，研究生教育资源的流动将主要通过研究生教育单位之

---

* 项目资助：学科评估数据分析与指标体系改进研究（项目编号：2013Y05）。

间的竞争决定等。无论是从研究生教育的行政管理部门,还是从研究生教育部门本身来讲都需要对研究生教育的质量进行监控,保证研究生教育的质量不断改进并同国际保持同步,因此建立全国性的以高等学校为主体的质量保证监督体系,是社会经济发展、研究生教育发展的要求和必然结果。

对比欧美等发达国家和地区可以发现,学校在质量保障体系建设中具有核心作用,形成一种提高质量的内生动力和高度质量自律意识,是各国研究生教育质量保障体系建设的共同规律,也是高水平研究生教育的共同特征。学位授予单位应依据其发展目标和人才培养标准,建立健全内部质量保证体系,特别是"定期开展研究生教育质量自我评估,突出自我评估的诊断作用,及时发现问题,改进学科建设和人才培养工作,不断提高研究生教育质量"。

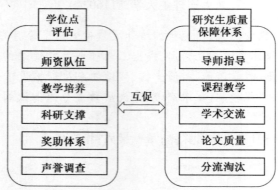

图1 学位点评估与研究生质量保障的关系

二、学位点评估

我国自1981年实施学位制度以来,开展过11次学位点授权审核评估。1985~1989年,开展过六次部分学科的学位授予质量评估;1990~1994年,开展过七次部分学位点质量评估;1995年,开展过一次五个一级学科评估,这次评估包括合格评估、选优评估以及这5个学科申请增列二级学科博士点、硕士点的评审;1997年,开展过一次学位点基本条件合格评估,而学位点定期评估始于2005年。国务院学位委员会、教育部《关于开展学位授权点合格评估工作的通知》(学位〔2014〕16号)和《关于开展2014年学位授权点专项评估工作的通知》(学位〔2014〕17号),国务院学位办启动对全国学位授权点的合格评估工作。评估指南中指出,各学位授权单位根据本单位的办学定位和研究生培养质量标准,从目标定位、研究方向、师资队伍、人才培养、科学研究、学术交流、资源配置、制度建设等方面,真实、准确考察学位授权点的目标达成度[5]。学位点评估的指标体系在研究生质量保障方面应该具有以下特点:

1. 评估标准应充分体现不同学科的发展规律和特点,具有差异性

我国现有大学的特点各不相同,即使同一所大学,其不同学科的特点也各不相同。如果采用同样的评估标准,无法准确反映出学位点的建设成果。因此,各单位应该根据统一的抽评要素,综合考虑到不同层次、不同地区、不同学科、不同评估类型的差异,这样才有利于发挥学位点建设单位的自主性和创造性,有利于各学位授权单位进行学位点布局结构的调整,有利于各单位形成有特色的学位点。

2. 评估标准应把科研和人才培养的软硬指标并重

各单位在进行学位点自评时,要对评估标准的软硬指标进行双重考虑。既要重视科研等基本硬件保障,也不能忽视人才培养的软件成果。从评估指导思想和评估指标体系的权重设计上看,学位点的实验设备、图书资料、信息环境等硬件建设占一定的比例权重,另外,学术声望、学术氛围及社会声誉等体现人才培养质量的软性指标也应该引起足够重视。在泰晤士大学排名、QS世界大学排名等国际评估排名中,学科声誉社会化调查指标都占有接近25%的比例,充分说明软件指标的重要性。只

有这样,才能不背离学位点建设的内涵与实质,有利于引导学位点建设向良性方向发展。

3. 发挥评估主体的积极能动性

学位授予单位应基于自我建设和自我发展的需要主动制定标准;制定的标准应是对人才培养目标、教育教学制度、人才队伍建设、科学研究能力等方面的局部个检;评估应是出于查找问题进而解决问题的需要。全面考虑评估标准的社会性、稳定性、国际性、统一性等因素,为评估标准的完善和评估的具体实施提供机制保障。

三、研究生质量保障体系

研究生教育质量保障体系是指跟研究生教育质量保障相关联的研究生教育过程中的各个保障要素之间相互联系、相互制约的整体。学位点合格评估的重要内容,就是人才培养质量,即研究生质量。为了获得较好的研究生培养成果,必须从质量保障体系入手进行立体保障。研究生教育质量保证体系应包括质量管理体系、质量监督体系和质量反馈体系三部分。质量管理体系包括招生、培养、论文答辩、学位授予、思想政治教育、就业指导等各个环节,也包括师资队伍建设、教学条件建设、教学环境建设等方面。比如导师指导,是提高研究生培养质量的关键。对每一名研究生而言,从论文到科研,从生活到学习,方方面面都会受到导师的影响。导师的学风、治学态度以及人格魅力都会潜移默化地影响学生[6]。在论文质量方面,研究生培养的最后环节是论文,是学术科研成果的总结。国家有论文抽检,各省学位办有抽检,各个学位点建设单位也有抽检,层层把关,保障论文质量就是保障研究生的培养质量。质量监督体系应加强学位评定委员会和各个学位评定分委会的监督职能,加强自我评估;质量反馈体系主要包括对毕业生的跟踪调查和用人单位对毕业生的反馈。

四、思考及展望

研究生教育是贯穿于整个教育教学全过程的系统工程,关系到教育教学的各个方面。随着经济全球化的快速推进,培养研究生的进程将更加迅速。为保障研究生培养质量,学位点评估非常重要。在学术成果方面制定观测监控指标,通过各学位点评估,学位点建设单位自觉主动地进行改进,提高研究生培养质量。

参考文献

[1] 郭智.关于构建硕士研究生质量保障体系的研究[J].吕梁教育学院学报,2012(1):30-32.
[2] 林梦泉.学位点质量评估协同机制探究[J].学位与研究生教育,2013(7):20-24.
[3] 唐秋生.学位点评估工作的研究与实践[J].湖州师范学院学报,2003(1):116-119.
[4] 张国华,王彪,范志娟.国内外研究生质量保障体系比较研究[J].哈尔滨商业大学学报(社会科学版),2004(5):113-116.
[5] 张海防.学位授权点自我评估的研究[J].江苏高教,2012(2):121-122.
[6] 张作岭,刘艳清,赵朋."硕师计划"研究生质量保障体系的构建[J].教育探索,2012(07):77-79.

浅谈参加军队学位授权点自评要把握好的三个关系

甘可行，尹　健，方　毅

（国防科学技术大学研究生院学位与学科建设处　410073）

摘要：本文通过参加军队学位授权点自评，结合实际工作，总结了要把握好的三个关系：一是学科评估与学位授权点评估的关系，分析了两者的差异；二是学位授权点评估指标体系之间的关系，强调突出学科需求、突出人才培养、突出学科内涵；三是学位授权点评估与学科建设的关系，强调以评促建、以评促改，总结了通过自评反映出来的一些共性问题，对评估工作进行了总结分析。

关键词：军队；学位授权点；自评

根据国务院学位委员会、教育部联合下发的《学位授权点合格评估办法》，决定于2014～2019年（一般以六年为一个评估周期）开展学位授权点评估工作，军队系统学位授权点合格评估，由军队学位委员会组织实施。2015年，军队学位办开始组织对武汉片区军队研究生培养单位的学术学位授权点和专业学位授权点（领域）进行评估，军队学位授权点评估主要采取单位自评和总部评估相结合的方式进行，目前各单位已完成自评工作。根据组织开展自评工作的情况和从事学科建设工作的体会，笔者认为参加军队学位授权点自评，要着重把握好三个方面的关系。

一、正确理解学科评估与学位授权点评估的关系

在教育部"学科分类标准"中指出，学科是相对独立的知识体系，即知识的门类、学问的分支[1]，包括学科方向、科学研究、人才培养、学科队伍、条件建设和学术交流等多个要素。因此，学科是高素质人才培养和高水平科学研究的基础，是展示综合办学实力和核心竞争力的重要载体。学科评估是综合性的整体评价。

我国《学位与研究生教育大辞典》对学位授权点的定义为：经国务院学位委员会批准，有权授予硕士、博士学位的学科专业点[2]。由此可见，学位点是具有授予某类学位资格的学科。学位授权点评估是一种诊断式评估，犹如医生把脉，是对身体状态健康与否的基本判断。

我们经常看到的学科排名实际上是学科评估的结果，与学位授权点评估具有本质的区别，两者在实际工作中经常被混为一谈。它们的主要差异表现在：一是定位不同，前者是水平评估，后者是合格评估；二是目标不同，前者是引导争优，后者是保证基本质量；三是重点不同，前者注重学科建设整体水平，后者注重人才培养质量；四是实施的主体不同，前者由专业机构，如"学位与研究生教育发展中心"组织实施，后者由政府部门组织实施，属于行政审批事项。

二、准确把握军队学位授权点评估指标体系之间的关系

根据军队学位委员会下发的《军队博士硕士学位授权点评估实施办法》，军队学位授权点分为学术学位和专业学位两种学位类型进行评估，且规定了详细的评估指标体系，都包括需求评估和水平评估两个方面，其中：需求评估主要从学科必要性、学科特殊性、学科吸引力和岗位符合度四个方面进行评估，满分为100分；水平评估主要从导师队伍、科学研究（专业学位该项评价指标为"实践应用"）、人才培养、学术交流、条件建设、管理工作和外部评价七个方面进行评估，满分为100分。在需求评估中，必要性比重最大（学术学位和专业学位均为50分）；在水平评估中，导师队伍和人才培养的比重最大（学术学位为22分，专业学位为24分）。在学术学位或专业学位评估中，不同学科门类均采用

统一的评估指标体系,但部分指标的评价标准有所差异,博士学位授权点和硕士学位授权点的部分评估指标也有所差异。

军队学位授权点评估指标是围绕学科六要素建立的一个完整的体系,是学科建设需求与建设水平相结合的综合性评估,同时也是衡量学位授权点是否达到要求的合格评估。我们认为,要紧紧围绕指标体系和评价标准,理清评估要素的内在联系,突出重点,抓住核心要素,充分体现学位授权点的特色和优势。

(1)突出学科需求。学科建设必须以重大战略需求为出发点和归宿,服务重大战略需求客观需要有坚实的学科支撑。与地方大学相比,军队院校学科建设更具针对性和指向性。此次军队评估的一大亮点就是首次提出了需求评估,并与水平评估占据同等重要的位置。其中,学科必要性主要回答为什么要建设这个学科的问题,突出军队建设的需求牵引;学科特殊性主要回答为什么要在该校建设这个学科的问题,即学科的特色和优势;学科吸引力主要考察研究生报考和招生录取情况;岗位符合度主要考察毕业研究生岗位任职与专业对口情况。

(2)突出人才培养。学位点归根到底是人才培养平台,学位点评估标准必须突出学生的培养规律,以学生成长过程规律为核心[3]。对于军队研究生培养单位而言,直接面向部队、面向未来战场培养人,人才培养的目标定位就显得尤为关键,在自评报告中,要着重且直接回答本学位授权点的培养对象是哪些学员,这些学员毕业后将被分配到部队哪些工作岗位工作,这些工作岗位要求他们具备哪些能力素质,以及如何培养他们具有这些能力素质等问题。这些问题又涉及人才培养的顶层设计、培养过程、培养条件、体制机制以及毕业研究生的跟踪调查反馈等诸多方面,是评估过程中最为核心的内容。

(3)突出学科内涵。学科是知识体系结构分类的重要标志,它的发展遵循着知识体系的自身逻辑,并以知识的发现和创新为核心。学位授权点本身就是学科发展到一定阶段的产物,其评估自然不能离开学科内涵泛泛而谈,应该体现鲜明的学科属性,突出学科方向的稳定性、前沿性和军事特色,与之对应的课程设置要合理规划,体现循序渐进的层次感,如学科基础课、学科前沿课、实践课等,不同研究方向的核心课程原则上不能重复。同理,在科学研究中,要有稳定的研究方向,有体现学科前沿水平的代表性成果;在学科队伍中,要有稳定且老中青搭配合理的学科梯队等,这些都是体现学科内涵的必备条件。

三、切实理清学位授权点评估与学科建设的关系

军队学位授权点评估的目的,就是以评促建、以评促改,进一步优化军队研究生教育结构,建立和完善军队研究生教育质量保障与监督体系,提高军队研究生教育质量效益。评估只是手段,促进各学科找准自身问题,明确努力方向,指导学位授权点和学科资源的动态调整才是关键。此次评估,把评估结果作为各参评单位加强和改进学位授权点建设工作的依据,也与军队重点学科评审认定、学位授权点动态调整、招生指标调控、学位论文评优抽查、军事类研究生资助课题评审、研究生创新论坛申办等挂钩,鼓励各单位根据本单位办学定位和主体培训任务自行调整学位授权布局结构。我校以此次评估工作为契机,以学校学科发展规划提出的学科体系布局为依据,组织对全校学位授权点进行全面梳理,主动撤销了兵器发射理论与技术、电力电子与电力传动两个二级硕士学位授权点和工商管理硕士(MBA)专业学位授权点。

通过本轮自评,专家们普遍反映我校学科建设成效明显,在国内高校中享有较好声誉,但也反映出一些共性问题:

(1)培养规模有待进一步扩大。军队院校研究生培养规模具有很强的计划性,并没有像地方大学一样扩张,近几年还有缩减的趋势。特别是部分专业学位授权点,近几年招生人数很少,有的甚至没有招生,在评估中存在明显短板。研究生培养规模缩水,有的优质学科资源得不到充分利用,在很大程度上影响和制约了学科建设发展的水平和潜力。

(2)学科内涵有待进一步强化。学科内涵是学科建设的根本遵循,体现在学科要素的方方面面。

通过自评反映出以下问题：部分学术学位点学科方向、课程设置不能很好地体现学科内涵,存在因人设方向、因人设课程的现象,有的军事特色不鲜明,有的方向过多不够凝练,特别是跨学院建设的学科缺乏本一级学科内的统筹规划；专业学位课程学术味重,有的甚至与学术学位课程雷同。

（3）学科队伍有待进一步加强。队伍建设是学科建设的核心,学科建设成效在很大程度上取决于队伍建设水平。通过自评反映出以下问题：部分学术学位点的学科队伍不强、梯队建设滞后,有的学科缺乏团队或领军人才,有的学科方向只有一名教授,存在"青黄不接"的现象；专业学位点尚未完全建立院校和部队（企业）"双导师制",部队（企业）导师作用发挥不明显。

（4）外部评价有待进一步规范。军队院校受体制机制的约束,与地方大学相比相对闭塞,特别是在校友联络、毕业学员信息跟踪反馈等方面。目前,尚缺乏学校层面的统筹规划,对毕业学员的发展质量了解不够,注重个别典型案例的挖掘,忽视对整体培养质量的分析,毕业学员对母校的认可度、用人单位对毕业学员的认可度等信息,还没有顺畅的渠道收集、整理和分析。

目前,我国大多数高校的学科建设,在某种程度上都存在重建设、轻评估的现象,除了教育部学位中心的三次学科评估排名外,尚未形成内生动力的学科评估体系。北京大学正在构思如何统筹国家的合格评估、学术机构的排名评估和已经试点开展的国际同行评议,一个重要的思想就是,通过评估将学科发展与资源配置紧密结合起来,提高资源配置效率。上海市结合上海经济结构转型、人民群众自身发展和现代化国际大都市建设与发展的需要,制定《上海高等学校学科发展与优化布局规划（2014～2020年）》,建立上海高校质量年度报告制度,推进学位授权点动态调整[4]。近年来,我校一直探索开展外部与内部相结合的学科评估,在外部评估方面,积极参加全国一级学科整体水平评估和学位授权点合格评估,按照国内可比性办学指标考核学科学术水平,并结合评估结果,查找差距,明确下一阶段的建设重点；在内部评估方面,实施学科年度建设责任制,在国家评估指标的基础上,探索建立突出贡献导向的评价指标体系,每年年初组织学院制订学科建设计划,年底发布学科建设进展报告,对各学院学科建设情况进行全面评估。

今年是我校设立研究生院30周年,近年来,学校研究生教育的内外部环境都发生了很大的变化,国家和军队也连续出台了一系列深化研究生教育改革的意见和办法,其核心是"服务需求、提高质量",由此研究生教育进入了质量时代。学校内部也有一些新的变化：开始招收培养地方研究生、在全国首批试点招收培养工程博士、试行博士生入学"申请-审核"制、在若干领域开展交叉学科建设培育新的学科增长点、在全军院校率先实行学部制等。这些变化要求我们必须适应新的形势和任务要求,坚持"以学科建设为龙头,以教学、科研为中心",积极探索实践符合学校特点的评估方式,建立健全质量保障和监督体系,建立以培养质量为主导的研究生教育资源配置机制,形成体现自身发展定位、学术传统与特色的质量文化,全面提升学校研究生教育质量。

参考文献

[1] 谢桂华.高等学校学科建设论[M].北京：高等教育出版社,2011.
[2] 秦惠民.学位与研究生教育大辞典[M].北京：北京理工大学出版社,1994.
[3] 杨院.构建我国学位点评估标准体系的思考[J].学位与研究生教育,2013(7)：25-28.
[4] 束金龙,廖文武.省级统筹下的上海研究生教育发展与质量保障体系建设思考[J].学位与研究生教育,2015(1)：40-43.

提高工科院校研究生学位论文质量的几点思考

高治军，温　全，许景科，郭　洋

（沈阳建筑大学　110168）

摘要：硕士研究生学位论文作为研究生教育的重要组成部分和研究生教育的总结性成果，其质量的高低是体现硕士研究生培养过程成功与否的重要指标之一。文章根据"学位论文学术不端行为检测系统"检测硕士研究生学位论文的结果，分析该检测系统对提高硕士研究生学位论文质量方面的成果，总结应用该检测系统对提高硕士研究生学位论文质量工作的启示，强调硕士研究生学位论文质量的高低不能仅仅依靠技术手段检测出的量化指标来衡量，要树立良好的学风、建立完善的规章制度、强化导师的监督与指导作用才是提高硕士研究生学位论文质量的根本所在。

关键词：学位论文；学术不端；质量；启示

近年来，随着我国教育形势的变化及硕士研究生教育体制改革，各大高校的硕士研究生招生规模也在逐渐扩大，随之而来的硕士研究生学位论文抄袭、剽窃及造假等学术不端行为也是屡见不鲜，而硕士研究生作为未来我国各行各业的中流砥柱，这一现象已经引起了全社会的广泛关注。因此，着力加强科学道德与学术学风建设，增强硕士研究生对学位论文的重视程度，提高硕士研究生学位论文质量，培养具有真才实学的硕士研究生已成为当务之急。基于这种形势，"学位论文学术不端行为检测系统"作为检测硕士研究生学位论文重复率高低的电子工具，目前已被国内很多高校关注和使用，该系统检测结果比较科学、客观，可以较好地预防硕士研究生学位论文出现学术不端行为，对硕士研究生修改学位论文和指导教师评阅论文起到很好的参考作用。本文通过对某高校近三年毕业的硕士研究生学位论文学术不端行为检测结果进行统计、汇总、分析，对学位论文出现重复现象的原因进行深入剖析，思考应用"学术不端行为检测系统"对提高硕士研究生学位论文质量工作的启示，提出进一步提高硕士研究生学位论文质量的相关对策。

一、对学术不端行为检测结果的统计和分析

通过对某校近三年毕业硕士研究生学位论文检测结果进行统计、汇总和分析发现，近三年共检测的1 726篇学位论文中有初检论文总计1 388篇，二检论文总计289篇，三检论文总计49篇。2011年该校共毕业硕士研究生484人，检测学位论文528篇，其中初检论文452篇，平均重复率为29.4%，二检论文64篇，平均重复率为15.8%，三检论文12篇，平均重复率为11.4%；2012年该校共毕业硕士研究生503人，检测学位论文627篇，其中初检论文485篇，平均重复率为28.2%，二检论文121篇，平均重复率为14.9%，三检论文21篇，平均重复率为10.5%；2013年该校共毕业硕士研究生489人，检测学位论文571篇，其中初检论文451篇，平均重复率为27.6%，二检论文104篇，平均重复率为12.7%，三检论文16篇，平均重复率为9.7%，检测结果比例分布分别见表1、表2、表3。

---

*　资助项目：1.全国工程专业学位研究生教育自选研究课题，课题编号：2014-YJ-025；2.沈阳建筑大学青年基金。

表1 初检论文检测结果比例分布表

项目	小于10%	10%~20%	20%~30%	30%~40%	40%~50%	50%~60%	大于60%	小计
初检论文数	161	290	356	280	183	86	32	1 388
所占比例(%)	11.6	20.9	25.0	20.2	13.2	6.2	2.3	100%

表2 二检论文检测结果比例分布表

项目	小于10%	10%~20%	20%~30%	30%~40%	40%~50%	50%~60%	大于60%	小计
二检论文数	61	112	66	30	20	0	0	289
所占比例(%)	21.1	38.6	22.8	10.5	7	0	0	100%

表3 三检论文检测结果比例分布表

项目	小于10%	10%~20%	20%~30%	30%~40%	40%~50%	50%~60%	大于60%	小计
三检论文数	14	25	10	0	0	0	0	49
所占比例(%)	28.6	50	21.4	0	0	0	0	100%

1. 对重复率的分析

该校规定学位论文相似性检测重复率低于20%为合格,对于合格的学位论文,学生在指导教师的指导下,对学位论文做进一步修改后,可申请进行学位论文答辩,从图表中可以看出,初检论文的合格率为32.5%,二检论文的合格率为59.7%,三检论文的合格率为85.5%;初检论文中重复率大于50%的学位论文所占比例为8.5%,经过二检、三检后的论文重复率全部分布在50%以下,尤其经过三检后的论文重复率全部分布在30%以下,说明学生结合检测系统给出的论文相似性检测分析报告,有针对性地对学位论文的综述、实验设计与方法、结果与分析及研究结论等几大部分的重复内容进行修改、完善后,论文质量明显有所提高;初检论文中论文重复率大于50%的比例为8.5%,重复率大于60%的比例为2.3%,此部分学生的学位论文应视为存在很大问题,应将检测结果及时地反馈给学生指导教师和学生本人,学生本人应足够重视,并在指导教师的指导下对论文进行彻底、认真的修改。

2. 对重复内容的分析

通过对学术不端行为检测结果进行统计和分析,总结出学位论文出现重复的内容主要集中在学位论文的综述、实验设计与方法、结果与分析及研究结论等几大部分,重复的原因主要分为以下几种情况:学位论文中包含自己所发表过的小论文内容和参考文献重复,该部分重复内容属于合理重复;简单引用参考文献或其他文章中的内容,该部分重复内容属于学术不端行为。学位论文不同部分的重复率也有不同的差异,其中学位论文的实验设计方法部分相对重复率较高,平均重复率占到该部分内容的22.1%,说明一些硕士研究生比较缺乏自主设计、创新及综合能力;学位论文的结果与分析部分和研究结论次之,平均重复率分别占到该部分内容的19.4%和17.2%,说明一些硕士研究生在科研、分析问题、解决问题及总结问题等方面的能力也有待进一步的提高;而学位论文综述部分的平均重复率为12.2%。

二、出现硕士研究生学位论文重复现象的主要原因分析

分析硕士研究生学位论文学术不端行为检测结果,总结出现硕士研究生学位论文重复现象的原因可能主要有以下几点:

1. 研究生对学位论文的重视程度不够

在进行一项关于学术道德的问卷调查中，有35.2%的硕士研究生表示十分重视学位论文的质量，22.8%的硕士研究生表示比较在意学位论文的质量，26.3%的硕士研究生认为参加实习和找工作比学位论文的撰写更重要，15.7%的硕士研究生认为只要能毕业就行，并不在乎学位论文质量的高低。由于硕士研究生学位论文质量的好坏对将来就业并无直接影响，并且学生认为学校最后都会让他们通过学位论文答辩，结果使一部分硕士研究生不愿意投入过多的时间和精力用于学位论文撰写，只是在论文答辩前匆忙抄袭但求通过，正是因为这部分硕士研究生对学位论文的重视程度不够，导致学位论文质量下降，出现学位论文抄袭现象。

2. 研究生缺少实验和实习实践经历

在高校硕士研究生培养过程中，实验和实习实践环节对于硕士研究生综合能力、创新能力、科学研究能力等方面能力的培养起着理论教学所不能替代的作用。相关实验能够为硕士学位论文提供权威的数据基础，实习实践经历则能够让硕士研究生将理论知识融入实际运用中，并通过实习实践去发现问题、解决问题、总结经验。同时，经过实验和实习实践锻炼也能让学生对所学知识及研究领域有更深层次的理解与认识，进而来确保学位论文的撰写水平与深度。但由于受教育体制及硬件设施等条件所限，目前高校中普遍存在硕士研究生缺少实验和实习实践锻炼基础，这些都会在一定程度上影响学位论文质量。因此，高校应尽可能为硕士研究生，尤其是专业学位硕士研究生，创造更好的实验条件及提供更多的实习实践机会与平台，进而来提高硕士研究生学位论文质量。

3. 对学位论文学术不端行为的监督和处罚力度不够

每所高校都有明确的关于对硕士研究生学位论文抄袭、剽窃、造假等学术不端行为的惩罚规定，但是一些高校往往为了顾及学校的名誉和学生本人的感受，在发现学位论文有抄袭、剽窃、造假等学术不端行为的时候，并没有严格按照相关规定给予严肃处理，而是采取要求学生限期修改的方法来继续修改、完善学位论文，长此以往，使得一部分硕士研究生心存侥幸，企图蒙混过关，认为即使学位论文被查出有学术不端行为，仍然有修改、完善的机会，而不会受到严厉惩罚。正是因为高校对硕士研究生的学术不端行为监督、处罚不力，没有引起学生本人足够的重视，从而导致学位论文质量下降。

4. 研究生缺乏分析、总结问题等方面的能力

硕士研究生学位论文作为硕士研究生申请学位的主要依据，是硕士研究生学习能力、科研能力、分析问题能力、总结问题能力等方面的综合体现，而这些能力的培养又是一个长期的过程，不是一朝一夕就能练成的。平时多参与科研项目、实验项目又是培养学习能力、科研能力、分析问题能力、总结问题能力的最有效途径，但部分硕士研究生由于耐不住乏味的科研项目和实验项目锻炼，反而忙于实习、课外兼职，导致自主学习能力、科研能力、分析问题能力、总结问题能力较差，这也是造成部分硕士研究生学位论文质量低的原因之一。

三、进一步提高研究生学位论文质量的相关对策

高校中"学位论文学术不端行为检测系统"的使用，毫无疑问在提高硕士研究生学位论文质量方面取得了较好的成效，但是仅仅期望一个检测系统来保证硕士研究生学位论文质量是不现实的，它起到的只是一个辅助作用，因此除了从技术角度来提高硕士研究生学位论文质量外，笔者认为还可以结合以下方法来进一步提高硕士研究生学位论文质量，具体如下：

1. 加强对学位论文抄袭、剽窃、造假等学术不端行为学生的惩罚力度

高校可以通过建立较为完善的监督机制，加强对存在学位论文学术不端行为学生的惩罚力度，对

于发现学位论文中存在学术不端行为的硕士研究生,要严格按照规章制度严肃处理,从而对心存侥幸的硕士研究生起到警示作用。通过应用"学位论文学术不端行为检测系统"对申请学位答辩的硕士研究生学位论文进行相似性检测,结合《硕士研究生学位论文相似性检测结果处理规定》,对于发现论文中存在学术不端行为的学生,坚决按照规章制度严肃处理,这些措施都将对提高学位论文质量起到较好的效果。

2. 从教育角度提高学生对学位论文的重视程度

学校应从教育角度出发,可以通过学校教育、学院教育、导师教育、学术讲座、学术交流、学术不端行为案例分析与介绍等方式对学术不端行为的影响及惩罚办法进行广泛宣传,在深入开展学术道德、学术诚信宣传和教育工作的过程中,使硕士研究生能够充分意识到学术不端行为为社会、学校、导师及本人带来的危害,并树立良好的学风道德,提高学生对学位论文撰写过程的重视程度,从而不断提高硕士研究生学位论文质量。

3. 强化导师监督与指导作用

导师作为硕士研究生培养质量的第一负责人,对硕士研究生学位论文撰写过程的监督与指导作用至关重要,但是导师在指导学生的同时还要从事大量的教学与科研工作,没有足够的时间和经历对学生学位论文撰写的全过程进行监督与指导,而学生往往都缺乏主动性,不能主动、及时地与导师联系。因此,作为硕士研究生指导,应明确自己的责任和义务,秉着对学生本人和自己学术成绩负责的态度,合理安排时间,定期检查学生学位论文撰写进度,监督学生学位论文撰写过程,解答学生在撰写论文过程中遇到的各种疑问,对学生的学位论文撰写过程进行全程指导与监督,从而来提高学位论文质量。

4. 重视专业知识学习,端正治学态度

硕士研究生学位论文质量的高低是对硕士研究生学习成绩、科研能力等方面的一个综合体现,学位论文创作要经历一个漫长的过程,应从一入学就开始准备,而所学领域专业知识的积累量又是保障学位论文创作过程顺利完成的最重要的因素。因此,在硕士研究生培养过程中,高校应足够重视硕士研究生对专业知识的学习情况,可以通过创新授课方式等办法来增强课程本身对硕士研究生的吸引力,提高硕士研究生对课程学习的兴趣,同时,也应该加强对授课教师的培训和考核,从而确保教师的授课质量。学生的本职工作就是学习,学校和硕士研究生导师也要经常督促学生端正学习态度,注重对专业知识的学习与积累,为将来学位论文的创作打下坚实的基础。

5. 通过建立研究生校企联合培养基地,增强学生的实习实践经验

通过建立校企联合培养硕士研究生实习实践基地,定期选送硕士研究生到联合培养基地进行实习实训,以培养硕士研究生全面素质、综合应用能力为重点,并充分利用学校和企业两种不同教育环境和资源以及在人才培养方面的优势,把以课堂传授与直接获取实际经验、实践能力为主的生产、科研实践有机结合在硕士研究生培养过程中,提高硕士研究生的学习能力、创新能力、科研能力、分析问题和解决问题能力,增强学生的实习实践经验,从而也可以进一步提高硕士研究生学位论质量。

四、结语

实践证明,"学位论文学术不端行为检测系统"给我们提供了方便、快捷、高效的检测学术不端学位论文的方法,对提高硕士研究生学位论文质量具有较好的成效,体现了其在高校硕士研究生学术管理中的重要地位,也有效的预防了学术不端行为的发生,我们应加强宣传,并在相关学术领域广泛使用,更好地发挥其监督、审查学术不端行为作用。同时,要想更有效、更彻底地杜绝硕士研究生学位论文抄袭、剽窃、造假等学术不端行为,还需改进学术评价机制,净化学术环境及社会、学校、学院、导师、学生本人的共同努力。

参考文献

[1] 赵宏伟. 提高硕士研究生学位论文质量的途径[J]. 东北农业大学学报(社会科学版),2010,01:17-20.
[2] 陈卓,杜学元,卜东东. 论学位论文学术不端文献监测系统在教育管理中的应用[J]. 长春工业大学学报(高教研究版),2010,04:41-42,50.
[3] 李华. 研究生学位论文学术不端行为剖析[J]. 北京教育(高教),2010,10:57-58.
[4] 谷秀洁,张大为,尹方屏. 学位论文学术不端行为检测管理策略研究[J]. 西安工程大学学报,2012,01:122-126.
[5] 黄杰. 高校学术不端行为浅析及有关学位论文学术不端行为检测系统(TMLC)的思考[J]. 中国高等医学教育,2011,12:11-12.

工程硕士"不同形式专业学位硕士学位论文标准"应用情况的调研与思考

郭 炜，纪洁菲

（西安交通大学研究生院 710079）

摘要：通过对西安交通大学601位14个专业学位类型或领域在职攻读专业学位人员对"不同形式学位论文"了解情况、学位论文选题等情况的调查，对比分析了工程硕士论文数据。分析显示，虽然该论文标准已公布3年，但是传统的"应用研究"类论文仍然占四分之三。但是在不同类型专业学位中，使用情况有所不同。导师绝大多数对该标准都很清楚，学生、教务员等的认识还有待提高。学生课题来源比较单一，做导师课题的还很少。

关键词：专业学位；硕士论文形式

一、引言

硕士专业学位的目标是培养具有扎实理论基础，并适应特定行业或职业实际工作需要的应用型高层次专业人才。工程硕士是我国最大规模的一种硕士专业学位。作为我国最早开展在职攻读硕士学位教育的高校，西安交通大学在职研究生教育迄今已有20多年历史，取得了丰富的经验和良好的成绩。为了更好地进行专业学位质量控制，突出专业学位应用型特点，西安交通大学2011年颁布了"不同类型专业学位论文标准"。这个论文标准是在工程专业学位教指委（原工程硕士教指委）公布的五种类型工程硕士论文标准的基础上，统筹西安交通大学专业学位招生类别和招生数量而颁布的，包括调研报告、产品开发、工程设计、应用研究、工程/项目管理、案例分析等六种。在职攻读学位人员与全日制硕士专业学位研究生培养的环境不同，有必要了解他们对撰写学位论文的需求和评价，有的放矢地进行在职攻读硕士专业学位教育的改革，使其更好地服务需求，提高其培养质量。

通过对各类在职攻读硕士专业学位人员进行问卷调查，分析他们尤其是招生人数最多的工程硕士论文撰写的情况，了解他们对学位论文撰写过程的感受、学习收获与建议等，可以为学校制定政策、修订培养方案、更新课程内容等提供参考，提高在职攻读硕士专业学位论文质量。

二、调研情况

调查对象选取2014年上半年进行学位申请的在职攻读硕士专业学位人员，共包括12个学院14个类型（或工程硕士领域）的人员。调查方式为在提交学位论文时匿名填写调查问卷。调查问卷包括客观部分和主观部分，就不同形式学位论文标准了解程度、导师情况、课题来源等方面进行了调查。共回收有效问卷601份，经过数据分析后，又选择了部分导师和学生进行定题访谈。

三、调研结果与分析

1. 关于不同形式学位论文的调查与分析

2011年3月起，西安交通大学就在专业学位研究生与导师中推行六种学位论文类型。通过文件

---

* 资助来源"中国学位与研究生教育学会 B2-2013Y07-078"。

下发、给专业学位论文评审专家发送资料等方式扩大多类型应用型学位论文的影响。希望通过本调查,了解推行工作的成效,也能了解现在学位论文各类型分布的状况。

调查题目是"你的学位论文是以下哪种类型:调研报告、产品开发、工程设计、应用研究、工程/项目管理、案例分析、其他"。

如图1所示,绝大多数(74%)的专业学位硕士论文,仍然是传统的"应用研究"类型,而选用其他类型的不足26%。由于没有历年的对比数据,还无法看到变化趋势,但仍然可以说明,学位论文形式比较单一。针对这种情况,笔者访问了一些专业学位研究生和导师。大家普遍的心态是担心撰写非"应用研究"形式的论文,由于不是传统的选题和写作模式,有可能会在学位论文评估中被判定为不合格。为了避免风险,还是选择传统形式。

这种情况说明,"专业学位应该有多种类型的学位论文"这一观念已经被初步接受,但还不够深入人心,没有像传统学术学位论文类型那么有认可度,还需要做进一步的推广。

上面是总的类型和分析,下面看看分专业学位种类的情况。

(1)工程硕士论文类型分布特点分析。

图2所示为在回收的268份工程硕士问卷中各种类型论文的占比。工程硕士论文中传统的"应用研究"类论文占比比平均值(74%)要低,为65%。说明在工程硕士中,多类型的论文观念接受程度高一些,其中"产品研发""工程设计""工程/项目管理"三类接受度均高于平均值,合计达到将近三分之一。能够很快被接受和应用,说明这样的分类是在教师、学生中是有共识的,也是合理的。

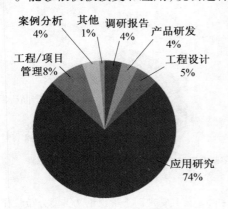 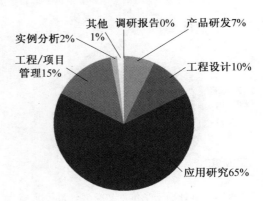

图1 学位论文类型分布状况　　　　　　图2 工程硕士学位论文类型分布状况

"案例分析"类型并不是工程专业学位教指委推荐的类型,而是西安交通大学研究生院根据各学院的要求,经论证后增设的类型。调查显示在工程硕士论文中仅占2%,集中在管理类领域,包括工业工程、物流工程和项目管理。通过事后对教师和学生的访谈发现,导师和学生基本认为设立"案例分析"类型的学位论文还是有必要的,但是因为担心新的形式不被评审专家承认,以往几乎没有人撰写过此类工程硕士论文,没有比较与参考,所以选择起来还是比较谨慎的。

"调研报告"类型暂时还无人接受,分析原因主要来自三方面:①调研报告撰写难度较大,需要学生占有的资料和数据较丰富,所花费的时间也较多,一般学生很难具有这样的条件;②要有适当的时机,如果实际工作中没有需求,学生不可能自发进行这类工作;③撰写调研报告有基本范式,但是如何撰写基于调研报告的学位论文,对导师和学生来说都是新课题,没有多少经验可以参考,出于规避心理,大家没有选择这种形式。

(2)MBA论文类型分布特点分析。

作为对比,对其他专业学位类型分布也需要进行分析。此次调查共收回MBA问卷232份,与工程硕士的268份问卷基本在一个数量级,但是学位论文类型分布还是有明显差距。

在进行专业学位教育实践更久的MBA论文中,传统应用研究型占到87%,说明MBA学生对多类型学位论文的观念接受态度更谨慎。是不是以工程硕士为中心制定的论文类型对MBA不适用呢?

如果说"工程设计""产品研发"类型不适用可以说得通，那么"案例分析""调研报告"和"工程/项目管理"三类对MBA还是很合适的，但选择这三类的仅有5%、4%和2%，合计才11%（图3）。分析原因，一方面是在MBA教师、学生中，对不同形式学位论文的推广力度不够大，结合其他调查发现导师对专业学位可以采用不同形式论文一事是知道的，只是没有努力去推进；另一方面是西安交通大学MBA教育历史悠久，已经在论文方面形成了一定的"套路"，学生比较有惰性，希望顺着比较成熟的方式撰写论文，会比较省力气。因此后期应有的放矢地针对MBA进行多形式学位论文的推进工作。打破范式思维，让MBA学位论文更具有创造性和活力。

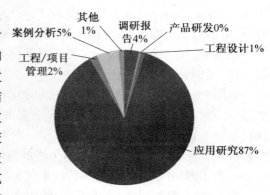

图3 MBA学位论文类型分布状况

(3) 其他类型专业学位硕士论文类型分布特点分析。

会计硕士（图4）和公共管理硕士（图5）分别收回问卷44份和32份，属于小样本统计。虽然样本数不大，但是依然可以发现，它们分别只有4类和2类论文，结合六种分类的来源分析，说明这样的分类方法可能不适合于该类专业学位。针对这种情况，西安交大研究生院已经发出通知，让每种专业学位根据自身的特点，制定出更加科学合理的学位论文类型和标准。

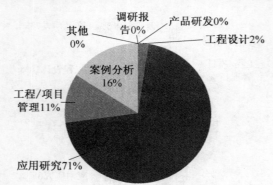

图4 会计硕士学位论文类型分布状况

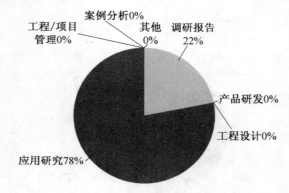

图5 公共管理硕士学位论文类型分布状况

2. 关于"不同形式专业学位论文"扩散范围调查与分析

(1) 如图6所示，在回答"导师是否了解以上专业学位论文类型"的问题时，95%的学生选择了导师"非常了解，且要求按照相应类型的标准撰写论文"。说明经过几年的普及工作，导师对可采用多种形式撰写学位论文这件事情还是清楚的，只有个别导师例外。工程硕士的导师对不同学位论文形式的了解程度与总体相比没有显著差距（图7）。

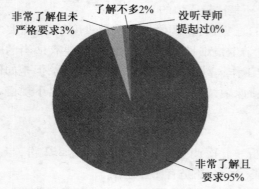

图6 导师对专业学位不同形式学位论文了解情况

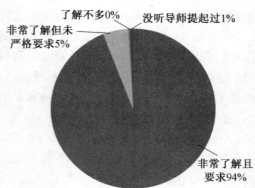

图7 工程硕士导师对专业学位不同形式学位论文了解情况

（2）在回答"你是否从其他途径听说过专业学位论文有不同形式"的问题时,50%的学生有听说过,而一半学生只是从导师那里听说的。

从图8可以看出,专业学位人员对不同形式学位论文的了解情况最主要来源还是导师,从其他途径了解的仍然有限。其中,教务员给学生提醒的比例还是偏低,今后应该在教务员中加强宣传并要求他们提前通知学生。让学生在开题研究之前就对此有充分的了解,并且选择更为贴合实际工作的学位论文形式。

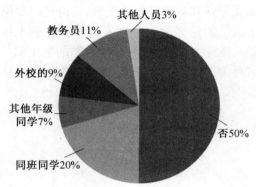

图8　其他人员对专业学位不同形式学位论文了解情况

3. 关于学位论文选题来源的调查与分析

为了解在职攻读专业学位人员学位论文选题来源而拟定此调研问题,调查结果如图9、图10所示。

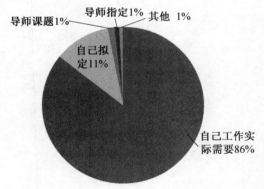 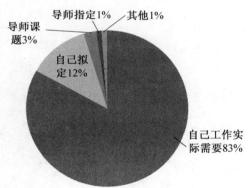

图9　在职人员学位论文研究课题来源统计　　　图10　工程硕士学位论文研究课题来源统计

数据显示,绝大多数(86%)的学位论文课题来自工作实际,说明在职专业学位培养与社会实际结合得相当紧密,其成果可应用或对实际工作起到促进作用。但是也要看到,做导师课题的只有1%,对比自己拟定课题11%,可以发现,有时候学生宁可自己拟定课题,也没有做导师的课题,其中的原因值得分析。通过后期对学生和导师的访谈,主要原因来自两方面,一是在职专业学位学生没有参与到导师的课题研究中,自然无法选择相应题目;二是导师对在职专业学位学生的能力和能投入科研时间没有信心,担心他们不能按时完成任务,因此不敢把自己横向课题的内容安排给在职专业学位学生。

在职工程硕士人员的论文题目来源与全体相比,来自导师课题的选题有所增加,但是在总数中占比依然很小。学生们普遍反映,如果能加入到导师的课题组,会对他们的提高有很大帮助。但是如何能实现,需要学校制度、学生本人、学生单位和导师几方面的共同努力。

四、结论与对策

通过对已完成学位论文的 601 名在职攻读硕士专业学位(尤其是在职攻读工程硕士)人员学位论文类型和相关问题的调研,发现虽然"专业学位不同形式学位论文标准"公布已经 3 年多,但是在导师、教务员和学生的观念里,"专业学位研究生论文可采用多种形式"的概念仍然没有扎根,还需要更深入地普及这一观念,特别需要提高教授专家对此观念的接受程度。只有全体研究生教育从业人员都接受了这一观念,才可能让导师和学生都放开手脚,自由选择学位论文形式。

另外,目前在职攻读硕士人员的论文绝大多数来自于自己的工作实践,这是令人感到欣慰的现象,但是无论是工程硕士还是其他专业学位,参与导师课题的学生的比例还是太低,学校应采取一定措施,提高专业学位研究生对导师课题的参与程度,加强论文的应用性,减少"虚拟的……"的论文。

第八部分
管理与思考

京津冀研究生教育协同与资源共享:壁垒与机制设计[*]

陈 岩,李 毅,李 博

(北京邮电大学经济管理学院 100876)

摘要:从京津冀三地行政分割困局、研究生教育资源的非均衡布局和高狭隘的资源共享机制三个方面全面分析了京津冀研究生教育协同和资源共享现状,并从京津冀研究生教育协同和资源共享平台机制和科学合理的平台监管和考评机制两个方面完善并发展了京津冀三地研究生教育协同和资源共享机制,最后从京津冀研究生教育协同领导机制、综合改革试点、"适用性"学科共建基地、工学博士团培养体系、学分转化认证和科研资源共享机制六个方面提出了具有针对性的政策及建议。

关键词:京津冀;教育协同;运行机制

随着京津冀一体化跃升为国家战略层级以及国家转型升级压力的持续增大,京津冀研究生教育非均衡发展的格局日益凸显。一方面,由于历史、文化及行政规划等因素,北京地区高等院校研究生教育资源的极化效应所引发的京津冀地区间研究生教育梯度差距日益增大,北京地区高等院校的现行"抽血机制"难以发挥对河北地区应有的"造血机制",而京津冀三地科研成果的产出及其转化增加值进一步放大了教育资源的马太效应;另一方面,党的十八大提出了"要坚持教育优先发展"以及十八届三中全会有关"深化教育领域综合改革"的规划设计,国家总体发展方式的转变扩大了北京、天津和河北对于高校研究生的创新驱动力的需求,从而进一步激化了京津冀三地研究生教育的区域协同和经济带动效应的矛盾。从已有研究的积累和深度上看,现有关于教育资源共享的研究主要以教育资源共享模式的影响机制为主要研究方向,缺乏情境依托下的教育资源共享配置效率的研究。虽然学者近几年逐渐将研究的视角转向情境依托下的资源共享的影响机制及路径研究[1-4],但迄今为止尚未发现京津冀教育共享情境下的理论和实证研究工作。因此,如何有效整合京津冀三地现有研究生教育资源,发挥京津冀三地研究生教育协同优势,并在正确定位京津冀三地学研机构、政府和区域产业在京津冀科技资源配置当中的地位的同时,激活北京在京津冀都市圈的增长极效应,引导京津冀三地产业转型升级,打破三地研究生教育资源的集聚不经济和三地研究生教育协同共享困局成为亟待解决的问题。

一、京津冀研究生教育协同和资源共享现状及问题剖析

相较于"长三角"与"珠三角"的协同发展局面,京津冀一体化进程严重滞后于京津冀三地经济、文化和社会发展水平,研究生教育协同和教育资源共享难题尤为突出。当前,国家已进入建设创新型国家和推进城镇化建设的关键时期,研究生教育在智力输出和国家转型升级当中将发挥不可忽视的推动和示范效应。由于京津冀三地研究生教育资源的非均衡布局、教育资源的共享壁垒和教育资源共享障碍等影响因素,三地研究生教育资源密度失衡和非均衡发展困局使得三地研究生教育资源难以发挥地区教育协同、教育资源共享和优势互补的作用。

(1)京津冀三地研究生教育资源的非均衡布局现象日益突出。

京津冀三地研究生教育资源的非均衡布局主要体现在学科授权点、高水平师资、高等院校培养经

---

[*] 北京市教育科学"十二五"规划优先关注课题"京津冀教育协同发展与资源共享机制研究"(AAA14002)。

费以及平台等几个方面。随着近几年国家转型升级压力的不断增大,北京、天津和河北三地逐渐加大了对高校研究生培养经费的投入力度,但是三地横向间高校研究生培养经费之间的差距也在逐年增大。在现行高校经费分配机制当中,地区经济实力和"211""985"工程仍是现行经费分配机制的重要参考因素,地区经济发展的集约效应和高校科研的"马太效应"二者交互作用的负向效应已严重影响了京津冀地区高校研究生培养经费的合理配置,并且这一现象还有逐年扩大的态势(图1)。现如今,北京地区内"211"工程高等院校数目是天津地区的7.7倍,河北地区的23倍。在学位授予点方面,2013年的北京地区"211""985"工程高等院校的博士研究生和硕士研究生学位授予点总数分别是天津地区的5.2倍和6.1倍,河北地区的47.0倍和10.1倍;在高水平师资方面,2013年的北京地区"211""985"工程高等院校的院士、"长江学者"和"千人计划"总数分别是天津地区的6.7倍、6.2倍和4.2倍,河北地区的315倍、281.5倍和104倍;在高等院校培养经费方面,2012年的北京地区的高等院校R&D经费内部支出数为同期天津地区的3.4倍、河北地区的14.3倍;在学科平台方面,2013年的北京地区"211""985"工程高等院校的国家重点学科和国家级实验室(中心)总数分别是天津地区的7.6倍和6.9倍,河北地区的133.0倍和62.5倍(图2)。

图1 京津冀三地"211""985"与三地教育经费对比示意图

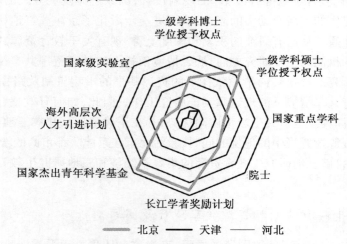

图2 京津冀三地研究生教育资源现状示意图

(2)京津冀三地现有研究生教育机制的"壁垒"严重阻碍了三地的教育协同优势地发挥。

京津冀三地研究生教育机制的"壁垒"主要集中于三地教育行政分割困局和三地研究生培养分工趋同两个方面。第一,京津冀三地教育行政分割困局使得三地本地区内高校研究生教育"小协同"难以过渡发展为北京、天津和河北三地间研究生教育"大协同"。由于现行京津冀三地缺乏科学合理的利益共享运作机制,北京、天津和河北地区的高等院校间的研究生教育协同共建仍主要集中于本地区内高校研究生教育间的"小协同",这势必加重北京、天津和河北之间的教育行政地域分割,客观阻碍了京津冀三地研究生教育协同和资源共享"大协同"的良性健康发展。在既有利益分配机制下,京津冀三地现阶段所面临的严峻财税体制倒逼城市发展的困局不仅给北京、天津和河北的城市发展带来了严峻的人口、城市基础设施公共服务及能源的压力,并且这种发展惯性已逐渐延伸到区县层级。

现阶段,京津冀三地所面临的发展困局已严重客观地影响了三地高校研究生的科研导向和高校毕业生的就业方向,加重了京津冀三地间研究生教育区域发展不均衡的发展困境。因此,现有京津冀三地的行政分割困局成为阻碍京津冀三地研究生教育协同和资源共享的客观外在因素。第二,现有京津冀三地研究生的科研培养方向严重趋同,三地高等院校研究生教育单位难以发挥地区分工和区域教育的协同优势。由于北京、天津和河北区域内同等和同类高等院校之间研究生专业学科建设和优质科研资源的争夺竞争加剧,高等院校研究生学科建设当中的"大而全"的现象和各级教育单位领导狭隘的"政绩观"在京津冀三地高等院校研究生教育当中长期处于主流意识。在这种"主流意识"影响下,北京、天津和河北三地区域内各高等院校主观上盲目追求研究生学科建设的"全覆盖"和科研方向的"全包络",这导致了现如今京津冀三地内各类综合性研究生培养单位"遍地生花",与京津冀三地研究生教育资源和区域经济发展相匹配的研究生分类培养机制难以有效实施。

(3)京津冀三地缺乏行之有效的研究生教育资源共享机制。

在北京、天津和河北三地现行研究生教育资源规划发展当中,各级地方教育主管部门和各级研究生培养单位长期存在的"一亩三分地"意识导致了京津冀三地研究生教育资源共享机制处于畸形发展的局面。第一,京津冀三地高等院校科研文献数据库缺乏基本的共享机制,重复购买和重复建设问题特别突出。由于京津冀三地缺乏基础性的研究生教育科研文献数据库共享平台和建设经费运作机制,三地高校往往依据自身专业建设情况和学校规划选择性地购买相应的科研文献数据库以满足学校全部或部分研究生教育发展的需要。在科研数据库建设方面,由于各高等院校之间缺乏对应有效的信息沟通机制和部分高校领导狭隘的政绩观念,京津冀区域性的高等院校研究生科研文献数据库建设机制难以建立,最终导致高校科研建设经费的重复性浪费。第二,京津冀三地研究生教育当中"资源孤岛"现象与科研成果转化难的交叉困局严重阻碍了三地研究生教育资源共享机制的建立。在研究生学科建设方面,京津冀三地就研究生教育资源就共享意识、交流机制、团队共建和利益共享等方面难以达成统一,最终客观引致京津冀三地区域内各高等院校研究生学科建设当中的"大而全"的现象频出。在研究生科研成果转化方面,由于高校科研资金不足,专利维护费用过高,部分高校教师在将科研成果转化为科研专利过程中存在顾虑,这使得部分优秀科研成果无法以科研专利形式进入流通环节。此外,部分高校教师受限于自身观念意识,仍采取"秘密"或"诀窍"保留部分科研成果,这也直接影响了高校科研成果资本化的进程。除此之外,在保障高校教师科研队伍的建设方面,大多仍以科室审批的模式,缺乏专业的队伍建设和相应的服务理念。

二、京津冀研究生教育协同和资源共享机制

京津冀研究生教育协同和资源共享机制(图3)应以国家转型发展升级和区域协同发展为重点突破口,突出优势互补、良性互补和合作互补特性,发挥京津冀地缘相接、人员相吸和人员相同的先天区域优势,并在优化现有三地教育资源共享平台基础上,重点突出区域发展的异质性以及区域产业转型升级的需求,重新定位京津冀三地政府相关部门、教育主体单位和区域产业在京津冀教育科技资源配置中的地位,充分发挥北京在京津冀都市圈的增长极效应,最终实现京津冀研究生教育资源有序、协调和可持续发展的目标。

(1)京津冀研究生教育协同和资源共享平台。

京津冀研究生教育协同和资源共享平台机制应在结合三地科研积累和地区经济实力的基础上重点引导三地研究生的学科建设导向。第一,北京和天津地区高等院校应重点承担研究生学科建设当中的基础性部分,重点发挥北京和天津两地科研和学科建设当中的既有优势以从根本上提高三地研究生教育当中关键性缺失环节。第二,河北地区高等院校在同北京和天津地区高等院校开展应用型研究生学科共建工作的同时,应有针对性地依据京津冀一体化总体规划方针、省内产业转型升级需求和承接来自北京地区转移产业类型合理规划发展布局以规避三地研究生学科建设当中优质资源的重复性浪费。

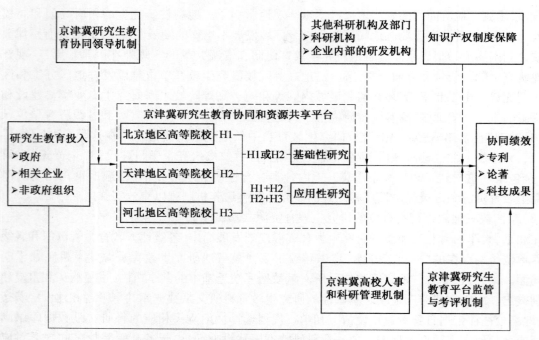

图 3　京津冀研究生教育协同和资源共享框架图

(2) 京津冀研究生教育协同领导机制。

京津冀研究生教育协同领导机制应重点加强顶层设计,紧抓京津冀研究生教育的协同共享发展当中的核心问题,完善和提高现有运行机制的同时重点加强京津冀研究生教育协同和资源共享平台机制建设从而破解现有京津冀三地区域内高等院校研究生教育资源协同和共享壁垒,引导北京、天津和河北地区高等院校研究生教育资源的发展导向,最终形成科研分工明确,定向帮扶渐进式的循环可持续良性发展共享平台。

(3) 京津冀高校人事和科研管理机制。

京津冀高校人事和科研管理机制应建立京津冀三地高校人才流动和科研成果认证制度。第一,京津冀三地高校人才流动应从三地教师跨校兼职方面突破现有的体制机制。京津冀三地教师跨校兼职应以"京津冀研究生教育协同和资源共享平台机制"规划为基本准则,重点帮扶河北地区高等院校提升其应用型研究生科研建设基础,构建科学合理的"北京-河北"或"天津-河北"地区校际间高校教师工作量互认制度以解决三地高校教师跨校兼职工作量互不"兼容"的问题,提升北京和天津地区高校教师的工作积极性。第二,京津冀三地高校科研成果评价机制应集中体现京津冀三地科研导向的差异性。针对三地科研导向的差异性,京津冀高校科研管理机制应构建适合京津冀三地实际科研现状的"基础性研究评价体系"和"应用性研究评价体系"。京津冀三地高校科研成果评价机制将依据三地科研成果的积累情况和学科间的差异性对三地高校导师跨校科研成果做出相应的评价。

(4) 京津冀研究生教育平台监管与考评机制。

京津冀研究生教育平台监管与考评机制应重点加强对三地有关部门的考评机制,并形成"季度考评"和"年终考评"公开制度以加强监督和领导作用。监督和考评机制将从京津冀三地的行政监督、协同绩效产出和高校科研评价等方面重点对三地相关部门和人员加强监督以保障研究生教育规划的有效落实。在该监管和考评机制中(表1),行政监督指标将重点考察京津冀三地相关行政部门的信息公开透明度、相关利益协调机制及反贪污管理,保障三地权力部门的信息顺利沟通和相关基金的有效落实。知识创新产出将重点考察京津冀三地的人力资源投入、财力资源投入、知识创新与转移及区域经济贡献度,保障三地研究生教育资源投入(采用当年地方政府的教育资源投入量衡量)和协同机制下的区域知识及经济转化效益(采用滞后 2~3 年的方式衡量)。高校科研评价将重点考察京津冀三地高校研究生导师交流机制、高校科研服务和产学研结合度以保障高校研究生校内资源的实际使用情况。

表1 京津冀研究生教育协同领导监管和考评机制

一级指标	二级指标	指标解释
行政监管	领导机制信息透明度	信息定期披露机制
	三地利益相关方沟通信息	利益相关方沟通机制
	反贪污管理信息	稽查和鼓励措施
协同绩效产出	人力资源投入	本省（市）R&D人员占教师比例
	财力资源投入	创新研究团队
	知识创新与转移	政府补贴占高校科研人员人均科研经费比例
	区域经济贡献度	科研导向与区域产业需求
		科技成果转化所产生的经济效益
高校科研评价	高校研究生导师交流机制	跨区域高校研究生导师交流机制
	高校科研服务	科研汇报
	产学研结合度	培养新型人才数量

三、京津冀研究生教育协同与资源共享政策建议

（1）构建强有力的京津冀研究生教育协同领导机制。

基于京津冀三地之间行政主体的多元化的现状，应从国家层面构建由有关部委、三地相关政府及职能部门参与的专业化研究生教育资源对接平台以实现全方位、多维度规划和协调的三地高等院校研究生教育的协同发展。京津冀研究生教育协同领导机制应重点体现对区域内研究生教育落后地区利益诉求的回应，成立由北京、天津和河北按比例分摊（如4∶3.25∶2.75）的研究生教育协同发展引导基金，以政府调控手段纠正原有研究生教育资源过度集中三地少数城市及高等院校科研成果与区域发展不匹配的现象以贯彻落实中央有关加强京津冀一体化"顶层设计"的精神。除此之外，京津冀研究生教育协同领导机制还应加强设计三地教育主管单位和三地高等院校的人员互换和挂职交流机制，重点加强互换和挂职交流所在地业务知识的学习以深入了解驻地研究生教育发展和区域产业发展现状，并形成定期反馈汇报机制以客观真实地反应所在地的实际发展诉求。

（2）加快推进京津冀研究生教育协同高等院校综合改革试点工作，落实京津冀研究生教育协同领导机制规划目标。

在转变政府职能和深化体制改革的背景下，政府应以市场失灵纠错机制为研究生教育资源协同改革的重点，发挥京津冀研究生教育协同领导机制的宏观调控引导作用和高等院校研究生教育资源协同共享作用。北京、天津和河北三地政府在制定京津冀研究生教育资源共享配套政策和机制的同时，还应结合本地区产业发展和科研实力的具体情况并以解决国家和企业发展的中长期实际需求为重点攻坚目标，从而为京津冀研究生教育资源协同共享营造良好的外部配套环境。与此同时，京津冀三地还应落实各自地区的引导资金以保障京津冀研究生教育协同领导机制顺利开展工作。

（3）建立科学合理的京津冀研究生导师流动交流制度，构建"适用性"学科共建基地。

针对目前北京、天津和河北三地研究生教育资源分散和分配不均衡的现象，三地教育部门应加强协作以改变以往"一校定终身"的高校管理制度模式，逐步拓展研究生导师跨区域轮岗交流制度。轮岗交流制度应以国家和地区长期发展规划和区域产业转型发展需求为目的，并在结合地区高等院校学科发展现状的基础上有条件、有步骤地开展研究生导师跨校交流和跨校帮扶研究生培养工作。此外，北京、天津和河北三地教育部门还应从长远出发改变现行研究生导师教师职称评定和招聘考核机制，转变过去依靠自身实力建设学科的旧理念，充分借鉴西方发达国家教育部门的办学经验，从而深入挖掘京津冀教育单位的发展潜力。

(4) 构建"适用性"博士培养团培养体系,形成良性"造血反哺"机制。

与现有博士研究生培养机制不同,京津冀研究生教育协同和资源共享机制将从导师选聘、学制和科研导向三个方面有针对性地采取全面系统改革措施。在选聘导师方面,"适用性"博士培养团将重点优化学科与区域产业发展结构,提高博士人才培养层次水平,采取跨区域多点结合的联合选聘机制。在导师人数方面,一名在读博士研究生在规定学制期内一般由两名分别来自北京和河北(天津)高校的博士生导师联合培养。在学制方面,"适用性"博士培养团将采用"1+2+1"模式,即一年基础培养,两年对口帮扶地区高校培养,一年毕业论文准备期的培养模式。在选聘科研导向方面,"适用性"博士培养团将重点结合区域产业转型升级的发展需求,有规划、有目的地引导京津冀三地区域内高等院校博士科研方向,并树立以"北京地区"为标杆的基础型科研导向,以"河北地区"为标杆的应用型科研导向,以"天津地区"为标杆的基础应用型科研导向,进而达到加强三地高等院校产学研用相结合,增强京津冀三地特色型"适用性"博士培养团智库建设的目的。

(5) 建立统一的学分转化认证系统以促进研究生的流动交流。

为保障京津冀三地"适用性"博士培养团培养工作,北京、天津和河北三地教育部门应根据京津冀研究生教育协同领导机制的发展规划纲要和本地区各博士研究生教育单位的实际情况,有序合理地开展校际之间学分互认的先期试点工作。京津冀高等院校校际学分互认应根据博士培养团的培养目标和培养单位(培养导师所在高校)学科建设情况,合理规划"适用性"博士的课程所占学分和,摒弃以往博士课程设计当中的缺陷和不足,逐步科学推进"适用性"博士培养团的校际交流和联合培养工作。

(6) 建立京津冀校际之间科研资源共享机制,集中解决京津冀区域发展和产业升级困局。

在京津冀研究生教育协同和资源共享平台机制下,应着力解决以下两个方面的问题:第一,北京地区和天津地区所在高等院校应发挥教育资源集中和科研实力领先的优势,采取校际协作形式重点攻坚国家重大科技需求和基础性研究。针对国家的重大科技需求和基础性研究,北京地区高等院校应结合本校相关学科的优势师资力量,重点突破国家现代化进程中的科技空白和劣势产业,提升国家和产业竞争力。第二,在区域产学研应用性研究方面,应将北京地区相关转移企业的企业资本引入该共享平台,并建立对应科研中心和实践基地以保证企业对相应科技成果的诉求,保证科技教育资源共享机制的长久运行。

参考文献

[1] ENG T Y, OZDEMIR S. International R&D partnerships and intrafirm R&D - marketing - production integration of manufacturing firms in emerging economies[J]. Industrial Marketing Management, 2013,2:15-17.

[2] QING Z, TONG L I, WEI Y, et al. Investment decision model of industrial technologies and innovation strategic alliance regarding conflict based on plant growth simulation algorithm[J]. Applied Mathematics & Information Sciences, 2014, 8(3):89-90.

[3] 郭瑞光,柴晓霞. 论科技成果商品化[J]. 生产力研究, 1993, 1:77-78.

[4] 翟天任,李源. 高校科技成果转化的协同管理路径研究[J]. 科技进步与对策, 2012, 29(22):44-47.

我国工科研究生教育发展现状与改革实践探索

英　爽，高　栋，姜百川

（哈尔滨工业大学　150001）

摘要：工科研究生教育人才培养偏工程化，是目前我国工科院校的普遍特征，不能很好满足当前建设创新性国家对创新人才的需求，主要体现在人才培养偏重应用，开展科学研究的创新能力不足，尤其是从工程应用项目中提炼科学问题的能力薄弱。调研我国工科院校研究生培养的现状，透视工科研究生教育主要问题，并展现一些工科院校突破传统的人才培养思路而进行的研究生教育改革的实践探索，从实际出发发挥人才培养作用的角度构建适宜工科研究生教育的人才培养模式。

关键词：工科研究生教育；主要问题；实践探索

以解决工程技术实际问题为主要特点的工科院校，人才培养偏工程化。这是我国工科院校人才培养的普遍特征。这个特征，契合了20世纪八九十年代我国建设工业化的需要，为国家培养了大量的工程师。但随着我国步入建设创新型国家的阶段，也凸显出不相适应的地方，人才培养的"学术"性不够，科学研究后创新能力不足，不能在继承和发挥工程学科优势的同时，以应用科学的研究、开发和转化为主攻方向，影响技术研究的科学性、有效性。探析我国工科研究生教育发展的现状，透视其主要问题，并开展一些工科院校的改革与探索，希望能为工科研究生教育的进一步改革提供参考。

一、工科研究生教育发展的主要问题

1. 调研结果统计

接受调研的高校均为工科类院校，调研群体有两类，一类是学术型硕士生，一类是学术型博士生。因工科院校人才培养的特点是偏工程化，所以应用型研究生在工科院校本身就有其适宜生长的土壤，因此本次调研直接面向学术型研究生群体。

（1）攻读学位动机和毕业就业情况。

博士生以自身兴趣爱好和热爱学术研究来攻读学位的不占多数（44.20%），博士毕业生从事教学科研性质工作的比例超过2/3（67.27%），近1/3的博士毕业生就业从事非教学科研性质的工作，但相比硕士生的相关情况要乐观得多（图1、图2）。

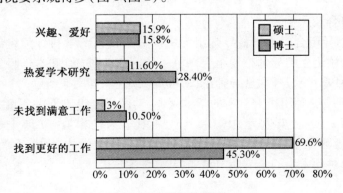

图1　攻读学位的原因

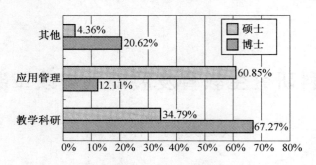

图 2　毕业生从事工作情况

(2) 课程设置情况。

博士生阶段是否需要开设课程,是各高校正在探索的事情。经调查,博士生对课堂知识的需求是很大的(71.60%),但统计目前博士生课程内容对培养科研创新能力的帮助程度不大(一般及以下的比例达到 72.33%,如图3),博士生课程对培养学生科研创新能力的作用薄弱。

硕士生课程体系对形成系统的学科知识和掌握科研方法的帮助程度一般(一般及以下的比例为 57.97%,如图4),选修课程跨2个学科领域以上的比例不多(23.07%)。同时课程内容对开展课题研究的帮助程度也不大(一般及以下的比例达到 69.56%,如图3)。

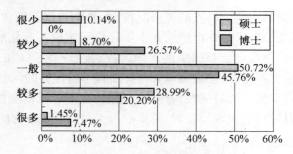

图 3　课程内容对学生的帮助情况

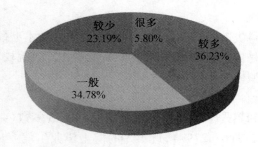

图 4　课程系统对硕士生形成系统的学科知识和掌握科学研究方法的帮助程度

(3) 导师指导组合及影响。

博士生的导师指导组合以本学科导师组为主(82.80%),跨学科导师组(7.53%)及校外联合导师组(6.45%)缺乏;硕士生的导师指导组合以单一导师(44.93%)和本学科导师组为主(37.68%),跨学科导师组(13.04%)及校外联合导师组(2.90%)缺乏。如图5所示。

进一步考察导师或导师组影响学生的学术兴趣、学术素养等方面的程度,对博士生的影响乐观,各项均达到了70%以上(硕士生为50%以上),其中学术素养最高(博士生为83.2%,硕士生为66.6%),但不能忽视影响程度在一般及以下的情况,其中学术兴趣对博士生的影响程度最弱(28.5%),科研能力对硕士生的影响能力最弱(40.6%)。

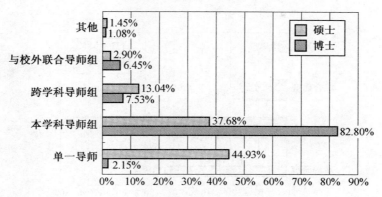

图 5 导师指导组合

（4）参加国内外学术交流相关情况。

相比硕士生,博士生在攻读学位期间参加国内外学术交流的情况要乐观,但也不尽理想,没参加过国外学术交流会议的比例达 55.79%,没参加过 3 个月以上国外学术交流访学或与国外联合培养的比例达 89.47%。

对参加过 3 个月以上的国外短期访学和联合培养的学生,进一步调查其在国外交流的科研方向与国内博士研究课题衔接的程度（图 6）,衔接较为紧密的比例占有 39.35%,衔接一般的比例占有 37.70%,衔接较少及很少的比例也不低,为 22.95%,这一现象也值得重视;同时调查其在国外学术交流的主要收获（图 7）,没有特别的收获占有比例为 21.67%,也不尽理想。

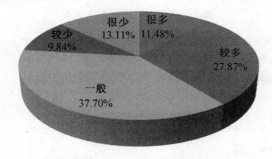

图 6 博士生国外交流与其课题衔接情况

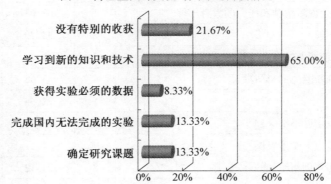

图 7 博士生在国外交流的主要收获

（5）学位论文类型及课题来源情况。

博士生学位论文做基础研究的比例为 41.05%,做应用研究的比例为 43.16%,相比硕士生的情况（基础研究 15.94%,应用研究 75.36%）要乐观（图 8）,但也要看到博士生将近一半的比例是从事应用研究工作。进一步调查学位论文课题来源情况（图 9）,博士生学位论文课题来源于 973、863 项目的比例为 20.78%、来源于国家自然科学基金项目的比例为 54.60%、来源于国际合作研究项目的比例为 10.71%,来源于国家战略需求和国际尖端、前沿研究项目合计有 86.09%,相比硕士生情况

(49.27%)要乐观。

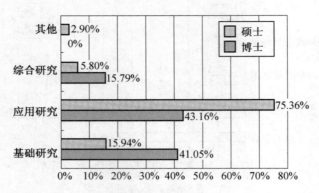

图8 学位论文类型分布情况

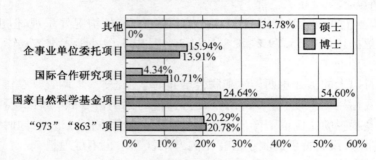

图9 学位论文课题来源情况

(6)研究生创新能力不足的主要原因。

从学生角度调查研究生创新能力不足的主要原因是"教育观念陈旧,对学生创新精神和能力的教育不够",博士生选择此项的比例为52.63%,硕士生选择此项的比例为49.28%。其他项选择的比例及排序见表1。

表1 分析目前研究生创新能力不足的原因　　　　选择比例 %

原因	博士生 排序	博士生 选择比例	硕士生 排序	硕士生 选择比例
教育观念陈旧,对学生创新精神和能力的教育不够	1	52.63	1	49.28
人才培养的国际化不够	2	35.79	7	34.78
缺乏有创新精神、创新能力的高水平导师队伍	3	34.74	2	47.83
没有足以培养学生创新能力的科研项目	4	33.68	4	43.48
产学研结合不够	5	32.63	3	44.93
研究生创新能力自我培养不够	6	25.26	6	40.58
学校缺乏培育创新能力的学术氛围	7	24.21	8	30.43
课堂教学方法难以培养创新精神	8	23.12	5	40.58
研究生招生数量增加太快	9	40.58	9	15.94
其他	10	6.32	11	5.80
对研究生学位论文质量管理的力度不够	11	4.41	10	11.59

2. 主要问题

我国研究生教育的快速发展,也带来了相关问题,对比国内工科院校研究生培养的整体情况,可以发现:

(1) 人才培养偏重应用,科学研究后创新能力不足,尤其是从工程应用项目中提炼科学问题的能力薄弱。

工科院校"学术型"人才培养偏重应用,基础研究能力不足。调查的数据也证实,博士生近一半的比例进行应用研究,硕士生的情况更为不乐观。进一步观察学位论文情况可以发现,论文重视试验过程,缺少理论分析和机理解释,从工程应用项目中提炼科学问题的能力薄弱,集中体现在科学研究后创新能力不足,不能在继承和发挥工程学科优势的同时,以应用科学的研究、开发和转化为主攻方向,影响技术研究的科学性和有效性。

(2) 课程设置缺乏系统设计,体系口径过窄,训练科研方法和基本科研能力的课程少,教师授课方法轻"方法传授"。

目前研究生"课程梯度"问题仍存在,递进性不强,缺乏纵向层面上的累积;必修课和选修课繁多,但对学生形成合理的知识架构缺乏互补和衔接;课程体系口径过窄,不能很好地体现学科交叉或跨学科的趋势;基本科研能力训练的课程欠缺,包括创新人格发展、科学研究方法等重视程度不够;教师授课缺乏将自主探究的意识渗透到课程教学之中,轻"方法传授",学生课堂参与度也不高。这些均不利于学生形成灵活的自主探究的思维能力。

(3) 导师指导组合以单一导师和本学科导师组为主,缺少跨学科导师组指导,导师作为科学精神引导者和创新研究实践者的主要角色体现不充分。

硕士生的导师指导组合仍以单一导师为主,博士生的导师指导组合以本学科导师组为主,跨学科导师组缺乏,不利于学生形成广阔的视野;导师或导师组对学术兴趣、科研能力、创新能力的影响相对欠缺,导师作为科学精神引导者和创新研究实践者的主要角色体现不充分。同时调查中发现,目前博士生做学位论文课题的研究与协助导师做科研能够相互促进的比例有62.77%,有36.17%的比例处于既促进又冲突的状态,师生雇佣关系还是存在的。

(4) 研究生缺少深度参与科研的机会,高水平科学研究训练缺乏。

工科与其他门类不同,面临着各种科学或工程技术等实际问题,工科研究生从事的科学研究是将这些实际问题升华到理论层面,抽象出新的科学问题,进而提出新的算法、模型或思想。因此,深度参与高水平科学研究训练,是工科研究生创新能力得以实践训练的重要环节。但经与研究生座谈,研究生从事科研一般是作为一名操作工或普通的研究人员,不能以重要研究人员或负责人的角色承担责任和挑战自己,在实战中缺乏深度参与科研的机会,不利于发掘学生潜力。

(5) 研究生对自身的定位不明确,自主学习的能动性也相对欠缺,高校在培养中也注重了创造力的"外显"表现,忽视创造力的"内隐"的建设。

研究生选择攻读学位更多的是获得更好的工作,对读研之后自身如何成长和能力建构不清晰,自主学习的能动性相对缺乏。如果没有适当的外力引导和激励,这种状态会持续到毕业,所以毕业质量也不高。同时,高校在研究生培养中注重了创造力的"外显"表现,如多产性、影响度、合作性等,缺乏创造力的"内隐"的建设,如反思、质疑等。不仅在工科院校存在这种现象,这也是我国教育的普遍特征——关注创新的外在表现,缺乏寻求个人自由的社会文化。

二、各工科院校的实践探索

1. 工科研究生分类培养模式改革

为适应社会对人才需求的变化,哈工大在2007年率先开展了硕士生按照学术型和应用型两种类型进行培养的改革工作,根据国际及国家的产业、行业、企业及研究生个人的就业需要,提出了"因需施教"和"因材施教"的培养理念,对学术型研究生重点培养从事科研工作的能力,对应用型研究生重点培养解决技术工程问题和服务社会的能力,并确定不同的培养目标、课程体系、培养方式、实践环节和学位论文标准,提高教学与培养的针对性,充分考虑不同就业取向研究生所需的知识结构而配备相应的教学条件或培养方案,同时在各个培养环节充分考虑研究生的个体差异。这对研究生发掘自身兴趣点并有目的地训练未来岗位需要的能力增强了主动性。

天津大学在探索改革中提出了"3I·4C"的研究生分类培养体系。学术学位研究生的"3I"是指创新能力为导向的课程、国际化的培养模式、多学科交叉的学术培养平台,强调科教结合,提升学生的知识更新力、学术创新力、国际竞争力;专业学位研究生的"4C"是指分类指导的培养模式、能力导向的课程体系、协同培养的实践平台和内涵引领的保障机制,强调产学结合,提升学生的知识迁移力、实践创新力、职业胜任力[1]。

2. 硕士生选拔实施结构化面试,博士生选拔推行"申请-考核"办法

面试考核是对笔试考核的一种有效补充,是选拔有潜力、有志向的好"苗子"的重要手段,哈工大进行了有益尝试,在硕士生选拔中实施结构化面试,将相同的考核内容和环节进行了模块化整合,并将不同模块化的考核环节统一设置在一条或者多条"考核流水线"上。这种方案在机电学院首先试行,去年已在全校推行,各学科根据各自的培养需求设计知识运用能力、逻辑思维能力、外语运用能力、实践创新能力、科学研究能力等考核要素,重点考核考生对本学科(专业)理论知识和应用技能掌握程度,利用所学理论发现、分析和解决问题的能力,对本学科发展动态的了解以及在本专业领域发展的潜力,同时遵循严谨的考核程序,形成各具学科特色的选拔体系。在博士生选拔中,目前许多高校已推行国际上通用的"申请-考核"办法,哈工大从2012年开始拿出部分招生计划试行,目前已经全面推行,更关注对考生的科研能力和创新能力的考核,进一步发挥导师和学科在博士生招生选拔中的作用,并将导师招生资格与学生培养情况有效结合,强化导师招生和培养的责任。

3. 研究生课程教学改革

为提高研究生培养质量,各高校在课程体系建设和教学方法等方面进行了许多改进。如,聘请国外著名学者,建设国际一流水平研究生课程;打通本硕博课程目录,鼓励学生进行跨学科和个性选课;将科研成果和教学有机结合,增强课程前沿性和应用性等。同时一些高校突破传统的人才培养思路,切实从研究生成长、成才的角度出发,积极开展以学生为中心的实践探索。

(1)大力推进MOOC课程。

清华大学早在2013年10月便推出国内首个高校版MOOC平台学堂在线,目前该平台上的可选课程已经超过70个。去年4月,上海交大亦推出独立MOOC平台好大学在线,并与上海西南地区19所高校签下了合作协议,免费让学生跨校选修,实现西南地区课程共享和学分互认。北京大学也推出MOOC平台华文慕课,除了免费学习和互动教学外,还将增加"颁发证书"功能[2]。

(2)出台新学业评价体系等级制取代百分制。

清华大学从今年5月份,全面改革现有学业评价体系,以A,B,C,D等12个等级代替百分制。这并非简单地以等级制取代百分制,引导学生更加"自主"、"从容"与"创新",着眼学生独立性的养成和"与自己赛跑"持续进步,并引导学生更愿意选择具有挑战的课程,将课程选择的着眼点重新放回对自身发展真正有益的能力、素质和知识上。同时新方案要求教师在作业考试方式上进行革新,从关注"知识点"转变为关注"创新点",改革传统的评分给分的做法,大力发展非标准答案的、探索导向、创新导向的考核方式,并以更有质量的师生互动给学生更有指导性的学业反馈。

(3)将学术规范和职业伦理课设为必修课。

清华大学从去年4月以来,共开设34门研究生学术规范和职业伦理教育课程,除了研究生院组织开设的5门公共课程外,共有22个院系开设29门具有专业性质的职业伦理课程,其中17个院系的19门课为新开设课程。作为价值塑造载体的学术规范和职业伦理教育课程,促进学生对复杂实践问题的思辨,培养学生养成伦理意识,增强社会责任感,在面对学术或职业伦理困境时做出负责任的价值判断和选择,起到基石性的作用[3]。

(4)开设创新创业系列课程。

哈工大以国际劳工组织SIYB创业课程体系为框架,结合研究生的特点开设了"创业理论与实务"课程,邀请创业企业、投融资公司、孵化器企业等有丰富创业经历的专家授课,突出创办企业的实务与各环节操作知识,实现对研究生培养创业思维、掌握创业技能的有效指导。哈工大的"创业教育"由课程模块、实践模块和创业活动模块构成,教学类课程包括创业介绍、企业管理等,工具类课程包括新产品开发、创业管理等,规划类课程包括技术创业、公司创业精神等,领域类课程包括商业模式和IT工业领域创业等。

(5) 推广以学生为中心的教学方法。

哈工大将启发式、互动式等多种灵活生动的教学方法应用于课堂讲授过程中,教师先提出本课程涉及的若干个重要问题以及一些学生感兴趣的问题,再给出若干参考文献,让学生在课堂上有机会讲解他们的答案,并引导学生参加讨论,使学生不仅仅学习到了知识,还掌握了提出问题、研究问题并解决问题的方法,从而启发和提高了学生的学习兴趣,培养学生自主学习能力和创新思维。

4. 导师队伍建设

许多高校十分重视研究生导师的遴选、培训、考核与淘汰机制的建设,为提高导师队伍的活力和指导水平,各学校采取了多项新措施。如北京航空航天大学通过改革研究生导师评聘制度,从导师遴选与管理服务、导师培训与经验交流、过程跟踪与分析反馈等方面,着力加强研究生导师队伍建设。其中较具特色的措施:根据不同学科特点,综合考虑导师的科研任务、科研经费、指导时间和培养质量等因素,确定导师招收研究生的类别与限额,并建立健全导师队伍跟踪反馈机制,为导师提供有引导价值的反馈意见与建议。

浙江大学在导师队伍中,组织抓基础、抓重点、抓需求的专业培训,开展研究生优秀德育导师、研究生"五好"导学团队等专项评比活动,建立研究生思政人员与导师的定期联络沟通等协同机制,并提出导师育人的"三三三"原则,即把握被动、主动、互动三个阶段,搭建培训、展宣、工作三个平台,建立保障、激励、协调三个机制,全面推进导师的育人工作[4]。

5. 实行"三学期制"

为促进学生开展实践训练和学术交流,国内很多高校开始实行"三学期制"。如哈工大针对"三学期制"对硕士生培养方案进行了修订,增加了研究方法类、跨学科类、研讨类和创新实践类等课程,利用暑假学期拓宽知识基础,培育人文素养,加强不同培养阶段课程体系的整合、衔接,同时利用暑假邀请国内外知名学者、企业家及有影响的社会人士开展讲座和交流,开展暑期学校和科技竞赛等,充分发挥学术交流、创新实践和国际优秀教育资源对研究生培养的促进作用。

6. 从学生的个体差异和质量需求探索符合自身特色的培养模式

同济大学注重学生的个体差异和质量需求,创建符合自身特色的培养模式,如土木工程专业采用"以人为本"的"4+M"人才培养模式,"4"代表本科4年,"M"代表多样化的硕士培养模式。如:"4+2"模式(专业型工程硕士),毕业后获工程硕士学位,以实际应用为导向,以职业需求为目标,以综合素养和应用知识与能力的提高为核心,为企业培养应用型、复合型、高层次人才;"4+1+2"模式(联合培养),与境外著名大学合作办学双硕士学位计划。为了落实"4+M"培养模式,同济大学对本科和硕士专业学位的培养方案进行了统一梳理,改变过去以课堂教学为主的单线条式的教学模式,创建以核心课程群和递进式精品课程群等为课堂教学链,以规模化实习基地、教学实验平台和创新研发基地等为创新实践链,以高频次国内外土木工程专家讲座和国际化课程班等为交流合作链的立体化、开放性的人才培养体系,实现本、硕课程教学和实践环节的贯通[5]。

三、深化工科院校研究生教育改革的建议

目前"以学生为中心"的人才培养质量观和关注发展学生认知内驱力的教育思想,已经步入高校的改革视域。一些高校在教学管理、激励机制以及评价导向等方面已经突破了传统的人才培养思路,在深化改革中还需在以下几方面加强。

首先,建立科学的大学评价制度。如何让导师潜心研究学问和育人,如何设定科学的人才培养质量标准和教师发展评价体系,改变目前注重人才培养的外显特征,关注内隐建构以及效果和责任的建设,都是急需解决的难题。这关系到创造良好的学术自由环境和研究氛围。

其次,深化基于学生内在驱动力的教育改革。国外研究生教育越来越注重倾听学生的声音,关注学生学习效果,我国一些高校的改革实践也体现出"以学生为中心"的导向,但还需要强化以学生为主导、关注学生学习体验的教育改革。目前研究生培养存在过分夸大外部环境对学生创新能力的影响,忽视学生主体的作用[6]。这需要各高校深入了解能力的内在结构和影响因素,遵从能力发展的内在机理进行改革。

再次,进一步打破学科壁垒,促进通过学科交叉培养创新人才。我国现行的工科一级学科分类过细,导致学生过早地进入学术"小胡同",不利于学生围绕自己的兴趣选择适合自己的研究方向,建议参考工程博士生按领域跨学科培养模式,依托学科群设立工科院校的研究生培养方案,建设跨学科课程体系,实行跨学科导师团队指导,并建立交叉学科研究生培养管理体制机制,完善交叉学科研究生学位论文评审及研究生培养质量保证机制。

最后,继续提高博士生科研收入和博士后待遇,建立依据实际培养年限的博士生国家财政拨款制度,是增强学术职业吸引力,加强后勤保障不可缺少的方面。

参考文献

[1] 天津大学探索"3I·4C"研究生分类培养体系——科教结合产学共融培育创新人才[N]. 中国教育报,2015-1-19(001).
[2] 袁松鹤,刘选. 中国大学 MOOC 实践现状及共有问题[J]. 现代远程教育研究,2014(4):3-12.
[3] 清华大学将学术规范和职业伦理纳入研究生必修课[N]. 中国教育报,2015-04-24(001).
[4] 徐国斌,马君雅,单珏慧. "立德树人"视野下研究生导师育人作用发挥机制的探索[J]. 学位与研究生教育,2014(9):12-16.
[5] "研究生培养模式创新的理论与实践研究"课题组. 中国研究生培养模式的理论与实践研究[M]. 北京:高等教育出版社,2013.
[6] 苏林琴,孙钦捐. 工科研究生创新能力培养现状及影响因素分析[J]. 北京教育,2014(6):23-25.

军队工科院校研究生培养机制改革与创新对策分析

丁士拥,钟孟春,刘信生

(装甲兵工程学院训练部　100072)

摘要:研究生培养机制是指关于研究生培养工作的机构与制度体系,体系中包含军队工科院校研究生教育主管部门、院校、导师、部队、研究生学员以及与研究生培养工作相关制度、规定、规范、标准等,这些要素间相互作用,共同形成研究生培养机制。对目前军队工科院校研究生培养机制与改革现状进行了简要分析,提出围绕军队院校研究生培养机制改革应当建立和健全动力机制、激励机制、约束机制、评价机制和保障机制等五类机制,并对各类机制的主要内容进行了简要概括。

关键词:军队工科院校;研究生;培养机制改革

2005年,教育部、国家发改委、财政部联合下发了《关于进行研究生培养机制改革试点的通知》,标志着研究生培养机制改革正式拉开了帷幕。2009年教育部办公厅下发《关于进一步做好研究生培养机制改革试点工作的通知》,标志着已经进入由点到面、由局部到全部的全面提速阶段。2013年3月,教育部、国家发改委、财政部下发《关于深化研究生教育改革的意见》,标志着研究生教育改革进入综合化、纵深化阶段。军队主管部门紧跟国家研究生教育改革步伐,陆续下发了《关于深入推进军队研究生教育科学发展的意见》等系列重要文件,对军队院校研究生教育改革工作做出了明确的指示和要求。研究生培养机制改革作为研究生教育改革的重要内容,在军队工科院校仍然存在综合发展、深化推进的问题。

一、研究生培养机制的基本内涵

"研究生培养机制"作为一个独立的概念,在2004年前后开始被学位与研究生教育领域广泛运用。梁传杰教授2008年在其发表的《对我国研究生培养机制改革试点工作的思考》一文中指出,理论上需要对研究生培养机制的基本理论问题开展深入研究,包括研究生培养机制内涵、研究生培养机制构建等基本问题。他认为,研究生培养机制是指为实现研究生培养目标,由研究生培养单位和管理部门共同构建的研究生培养系统内研究生与导师、研究生与培养单位、导师与培养单位、培养单位之间、培养单位与两级研究生教育管理部门之间相互联系、相互依存、相互制约、相互作用的关系,以及研究生、导师、培养单位与两级管理部门间协调运行方式。张振刚、缪园等也对研究生培养机制的内涵做出了类似的界定。

对于军队工科院校而言,简单地说,研究生培养机制是指关于研究生培养工作的机构与制度体系,体系中包含军队工科院校研究生教育主管部门、院校、导师、部队、研究生学员以及与研究生培养工作相关制度、规定、规范、标准等,这些要素间相互作用,共同形成研究生培养机制,确保军队工科院校的研究生培养工作顺利开展。多年来,关于研究生培养机制的讨论几乎覆盖了研究生培养工作的方方面面。归纳起来,笔者认为,军队工科院校研究生培养机制改革应建立和健全以下五类机制:动力机制、激励机制、约束机制、评价机制和保障机制。研究生培养机制改革的目的是提升研究生培养质量,培养更多高层次创新型人才。

二、军队工科院校研究生培养机制及改革现状

自20世纪80年代开展研究生教育以来,军队工科院校研究生培养按照招生选拔、过程培养、课

题研究、毕业与学位授予、质量评价等环节开展相应工作。在工作过程中,形成了相应的工作机制,每一项工作都由具体的部门负责,遵循相应的制度和规范。在招生选拔方面,军队工科院校的自主权相对较弱,主要是按照国家和军队主管部门的要求和既定的招生指标完成各学科专业方向的招生工作;在过程培养方面,军队院校的工科研究生主要面向部队、机关或院校、研究所培养高层次人才,按照多年来积累的工作经验和过程规范,但培养目标方面,与实际需求和用人单位的现实需要还稍有差距,其原因也不是单方面的,军队用人单位的需求和地方大学所面对的市场需求不同,军队的高层次人才需求需要进行提炼和转化,军队工科院校在此方面的工作做得还不够;课题研究方面,院校的理论研究课题较多,真正与部队现实问题结合的课题较少或很少,因而也导致了部分军队工科研究生到工作岗位后不适应的情况;在毕业与学位授予方面,通常主要是由院校的学位委员会按照既定的标准予以把关;在研究生质量评价方面,主要是针对学位论文进行评价,各院校都采取了相应措施,比如学术不端检测,军队各级主管部门组织的学位论文检查与抽查工作,同时还参加国家组织的抽查工作等。在军队工科研究生培养方面,有分工细致的机构,也有相对规范的制度为依据,但与地方工科院校研究生培养面向市场需求相比,研究生培养机制的目标指向性并不十分明确。

2003年以来,响应教育部号召,地方工科院校均启动并开展了研究生培养机制改革工作。军队工科院校自2005年以来在研究生培养机制方面也经历了一些改革,培养机制不断得以完善。但与地方工科院校相比,由于缺乏明确的"市场需求导向",缺乏科学系统的高层次人才基本标准诉求,研究生培养机制在实际工作过程中能够发挥的作用相对微弱。概括而言,培养机制中的约束和保障条件都比较好,但机制中动力、激励因素明显缺乏或不足。

近年来,军队工科院校研究生培养过程一方面要响应军委、总部号召,热切希望能够把"能打胜仗""实战化"等指示精神融入研究生培养的实践教学之中,并在主管部门的号召下,依托现有的学科,大踏步开启了相关工程领域、军事学领域专业学位研究生培养工作。基于专业学位研究生培养的应用性特征,许多军队工科院校在培养机制方面进行了改革与探索。既然学术型研究生培养工作的目标定位存在现实困难,一些军队工科院校把目光和注意力转向了专业学位研究生培养方面,许多院校都提出了院校与部队联合培养专业学位研究生的思路和举措,提出了院校与部队共同完善研究生培养机制的构想并进行了实践,在学员攻读研究生的动力、培养过程的激励以及培养过程保障、联合质量评价方面取得了一定成效。这些提法在工科院校研究生培养中也同样适用。

三、改革军队工科院校研究培养机制的基本对策

军队工科院校研究生培养机制改革,应当从系统工程的角度,将院校主管部门、院校以及军队用人单位(部队)的职责任务予以通盘考虑。概括而言,院校应进一步建立健全相应的动力机制、激励机制、约束机制、评价机制和保障机制等,重新梳理培养目标,完善培养环节,构建适应需求的环境氛围,激发研究生学习动力。以确保军队工科院校研究生培养工作长期、稳定、科学、健康发展。

1. 动力机制

强烈的利益驱动是院校培养研究生工作的动力所在。军队工科院校培养研究生是为了培养国防和军队建设需要的高层次人才,而研究生学员攻读学位是为了获得能够适应现代作战需求、实战化训练需要的相关知识,提升学历层次和学位水平。工科院校与研究生学员的结合点是研究生培养工作,研究生通过培养工作提高了综合素质和能力,提高了专业素养,也能够在一定程度上为提升部队战斗力做贡献。

因此,院校培养研究生工作的动力机制关键在于,研究生培养工作如何在最大限度上满足院校、部队和研究生三者的利益追求,从而形成多赢的利益驱动机制。对于军队院校,应坚持"以国防与军队建设需要及部队需求为导向"的研究生培养思路,以人才培养的适需对路来评价院校的办学效益,并将其与军队相关主管部门对于院校的关注投入相挂钩(比如招生任务指标、应用型课题与研究项目投入等),深化军队工科院校对于院校、部队联合培养研究生工作的重要性、必要性认知。部队需

求好比地方大学所面对的市场需求,在动力机制中,部队主管部门应当采取有效措施调动并保护部队参与院校培养工作的积极性,确保部队在联合中能够获得预期的效益,包括:优先获得部队干部送学指标和推荐许可,利用院校资源对部队干部开展相关领域继续教育,从长远观点,通过刺激、激励以及潜移默化的方式将部队转化为学习型军营(部队),以提高战斗力。

2. 激励机制

把部队纳入到军队工科院校的研究生培养机制中来,是建立研究生培养激励机制的重要基础。当前的现实问题是在军队工科院校,部队参与研究生培养工作的积极性并不是很高,因此,通过制定和完善相关的规章制度,从政策和制度的层面激励部队参与高层次人才培养工作显得尤为重要。只有从根本上解决好部队参与军事职业教育("三位一体"的军事教育体系:军队院校教育、部队训练实践、军事职业教育)的激励机制,即解决好部队在参与军事职业教育过程中的近期和长期牵引、利益问题,才能持久、稳定地吸引部队到院校与部队联合培养高层次人才的协作中来,形成稳定、长效的联合培养专业学位研究生机制。

首先,军队主管部门应建立相关的法规、制度体系,从法规、制度上规定部队参与研究生教育的权利、责任和义务。建议制定相关的规章制度,进一步明确和规范军队主管部门、院校、部队、研究生在培养机制中的权利、责任和义务。军队主管部门在这一法规制度的框架下,建立院校与部队联合培养研究生的体系、制度和章程等,对院校部队联合培养工作进行必要的指导和协调。同时,军队主管部门应当指导和鼓励部队建立适应现代作战需求、符合战斗力标准的部队职业教育制度,形成一套适应需求的职前、职后人才培养制度,营造军事职业教育环境,从根本上提升部队战斗力。

其次,军队主管部门应积极与国家相关部门加强沟通,参照国家相关行业领域的职业资格标准,制定部队职业岗位相应的资格标准,从规范的角度对军队职业岗位进行管理和设计,突出岗位特殊性的同时,应充分考虑部队职业岗位与社会相关就业岗位的通用性特征,加强军人职业生涯规划设计,为军事职业教育提供基础的参考蓝本,为军队工科院校研究生培养工作进一步理清需求,提升研究生学员攻读学位的积极性和主动性。

3. 约束机制

对于约束机制而言,应当注意以下几点:一是院校不能任意开展改革,必须依据国家需要、形势需要开展研究生培养模式改革。二是除遵循国家关于研究生教育的相关规定外,还要顺应国防和军队建设需求、武器装备发展需要以及现代作战需要,充分考虑军事特色;三是要创造良好环境,提倡和鼓励部队用人单位积极参与研究生培养机制改革工作。应当由军队主管部门牵头,组织制定部队参与院校研究生培养工作的组织实施细则,明确部队在院校研究生培养过程中应承担的具体义务和责任及相应的惩罚措施,加强政策的执行力,从规章制度的层面形成部队参与院校研究生培养工作特别是培养机制改革工作的约束力,从而提升院校研究生培养工作的针对性。

同时,约束机制还表现在,研究生培养工作作为与部队军事职业教育最为接近、最易于融合的人才培养模式,应当从研究生职业生涯规划的角度出发,对院校教育、部队作战训练和军事职业教育进行统筹规划,把部队用人单位纳入到培养过程中,共同参与研究生培养机制改革创新,使部队和院校一起为推进"三位一体"的军事教育体系集思广益、贡献力量。

4. 保障机制

保障机制,即确保研究生培养改革实现的相关机制,总体上分为三个主要方面。一是健全关于研究生培养需求与目标的论证机构与制度,在厘清军队和国防建设对于高层次军事人才需求的同时,进一步明确研究生培养目标定位,达成院校、部队用人单位、研究生教育主管部门的共识,使研究生培养改革工作有的放矢。二是要健全导师队伍建相关制度,研究生培养机制改革涉及面广泛,但从根本上是为了提升研究生培养质量,而导师是决定培养质量的重要因素之一,加强导师队伍建设,提升导师能力,推进和深化导师组制、双导师制等制度与体制,以适应部队用人单位、研究生的多样化需求。三是健全研究生培养工作的环境氛围建设相关制度,在教学条件、学术环境、科研协作、部队实践等方面加强建设,最大限度地为研究提供一个适应需求的成长、成才环境。

5. 评价机制

评价机制即检验和评估研究生培养质量情况的基本机制。一般意义上,研究者认为,培养质量评价主要是评价研究生在学习期间的主要学习成果(含课题研究成果、学位论文创新等),近年来增加了研究生毕业后在用人单位任职岗位上的评价。笔者认为,对于研究生培养质量的评价,上述评价内容还不够完善。在研究生培养机制改革的框架下,应首先确定评价的基本导向,这一导向应当与改革目标密切关联,在导向的基础上,确定评价的基本要素。基本要素应当包括:培养目标、培养过程、学习成果、综合实践能力、毕业后10年内的岗位任职情况等。关于培养目标,应当对其描述的具体化程度、需求适配度进行评价;关于培养过程,应当对其科学化程度、用人单位参与程度进行评价;关于学习成果,应当对其与学科专业领域、职业生涯的统筹规划程度进行评价;关于综合实践能力,应当与毕业后任职岗位能力需求相关;关于毕业后10年内岗位任职情况,应当对研究生学员在为部队相关领域服务情况、贡献度情况进行评价,而不是简单的职位升迁情况评价。围绕上述几个方面确定指标体系,并辅以相关的规章制度,从而构建新的评价机制。

四、讨论

做每一件事情都需要一个动机。正如本文中提到的,目标对于研究生培养工作至关重要。研究生培养机制改革也同样需要一个明确的目标。军队院校研究生培养工作与地方大学的主要不同在于,地方大学的研究生培养工作直接接受市场经济和社会需求的检验。而军队院校研究生培养工作,由于实战检验代价的高昂与不可行的特征,更是一种储备式的培养,更急需将培养目标具体化。因此,针对军队学历教育院校研究生培养机制改革工作,文章中提到了动力机制、激励机制等相关机制的建设工作,仅仅从一个侧面进行了论述。

五、结语

军队工科院校研究生培养机制改革工作也是一项系统工程。需要着眼于需求,确定目标,科学制订实施路线和规划,有必要增强动力,强化激励机制,搞好保障和评价,用规章、制度、标准来规范和约束参与者的行为。

参考文献

[1] 缪园,刘栩凝.研究生培养机制初探[J].学位与研究生教育,2007(12):14-17.
[2] 梁传杰,陈晶.关于研究生培养机制的系统构建[J].中国高教研究,2008(3):31.
[3] 张振刚.关于研究生培养机制建设和发展的思考[J].中国高等教育,2008(10):28-30.
[4] 赵军.研究生培养机制改革:行动与反思[M].北京:清华大学出版社,2014:25-31.

高校研究生教学秘书胜任特征模型研究*

丁惠敏,彭　宇,关　硕,邹丽敏,刘晓胜

(哈尔滨工业大学电气工程与自动化学院　150001)

摘要：本文探讨高校研究生教学秘书工作,探讨其胜任特征模型及其建构。该研究有助于弄清楚高校研究生教学秘书为胜任研究生教学管理工作所应具备的素质与能力,为建构其培训体系奠定基础。

关键词：研究生教学秘书;胜任;胜任特征;胜任特征模型;高校

一、引言

研究高校研究生教学秘书胜任特征模型及其要素,其意义在于以下两个方面。

首先,实践方面的意义在于,提出研究生教学秘书胜任特征模型及其要素,将明确研究生教学秘书应具有的胜任特征,为研究生教学秘书胜任力培训体系的构建和培训的实施提出理论方面的基础依据。

其次,理论方面的意义在于：从理论上探讨关于研究生教学秘书胜任特征模型的有关理论,将有助于"高校研究生教学秘书与研究生教学管理理论研究"的展开;对于研究关于研究生教学秘书的其他方面的课题也具有一定的理论意义。

二、胜任特征与胜任特征模型的概念

1. 胜任特征

什么是胜任特征？"胜任特征"又称"胜任力""胜任素质"等。Spencer 夫妇(1993)认为：胜任特征是指"能将某一工作(或组织、文化)中有卓越成就者与表现平平者区分开来的个人的潜在特征,它可以是动机、特质、自我形象、态度或价值观、某领域知识、认知或行为技能——任何可以被可靠测量或计数的并能显著区分优秀与一般绩效的个体特征。"

2. 胜任特征模型

什么是"胜任特征模型"(Competency Model)？胜任特征模型是指承担某一特定的职位角色所应具备的胜任特征要素的总和,即针对该职位表现优异者要求结合起来的胜任特征结构。胜任特征模型主要包括三个要素,即胜任特征的名称、胜任特征的定义(指界定胜任特征的关键性要素)和行为指标的等级(反映胜任特征行为表现的差异)。胜任特征模型的建构是基于胜任特征的人力资源管理和开发的逻辑起点和基石。(见百度百科介绍)

据有关研究介绍,早在 20 世纪 70 年代,心理学家麦克米兰(McClelland)受美国新闻署(USIA)委托,首次采用行为事件访谈(Behavioral Events Interview, BEI)方法调查了 50 名 USIA 官员。根据这一结果,1973 年,他在《美国心理学家》(*American Psychologist*)杂志上发表文章,正式提出"胜任特征理

---

* 黑龙江省学位与研究生教育教学改革研究项目;高校研究生教学秘书胜任特征模型与培训体系研究(JGXM_HLJ_2013046)。

论",认为应"为胜任而非为智力进行测验(Testing for Competence Rather Than for 'Intelligence')"。结果发现,带来优秀绩效的胜任特征(Competency)并非以往人们熟知的那些管理技能,而是"跨文化的人际敏感性、政治判断力和对他人的积极期待"等潜在的个性特征。他认为"决定一个人在工作上能否取得好的成就,除了拥有工作所必需的知识、技能外,更重要的是取决于其深藏在大脑中的人格特质、动机及价值观等,这些潜在的因素能较好地预测个人在特定岗位上的工作绩效。"据此,他提出用胜任特征评估来代替传统的学绩和能力倾向测试,并提出了基于胜任特征的有效测验的原则。他的研究被人们视为胜任特征运动取代智力测量运动的一个发展关键点。该理论在心理学、管理学、教育学等领域已经得到了广泛应用,其理论内涵和研究方法愈加成熟,国内外诸多学者依据各行业的不同岗位提出了相应的胜任特征模型。我国的许多专家、学者、研究生也根据此理论研究了许多行业人群的胜任特征模型。

三、关于胜任特征模型与秘书的相关研究

根据文献检索结果,已有许多关于胜任特征模型建构及各种职业从业人员的胜任、胜任特征、胜任特征模型的研究。也检索到一些关于秘书与秘书学的相关研究,现综述如下。

1. 关于胜任特征模型的相关研究

安鸿章在《经济与管理研究》(2003年04期)上发表论文《岗位胜任特征模型的构建与完善》;仲理峰、时勘发表论文《基于胜任特征模型的绩效评价》(第九届全国心理学学术会议文摘选集,2001年);张宏云、时勘发表论文《基于胜任特征模型的360度反馈评价研究》(第九届全国心理学学术会议文摘选集,2001年);杨佳等在《毕节学院学报》(2006年05期)发表论文《论胜任特征及其研究新进展》。

2. 关于其他秘书胜任特征模型的相关研究

暨南大学王凌撰写了硕士学位论文《秘书人员胜任特征研究》,对秘书人员所应具有的共性胜任特征进行了研究。刘丽珍发表的文章《高校科研秘书胜任力研究》,从胜任力培训的内涵入手,探讨了高校科研秘书胜任力培训的策略。

3. 关于教师胜任特征模型的相关研究

彭兰、潘午丽等发表论文《高校博士生导师胜任特征模型构成要素研究》,采用调查方法和统计方法对高校博士生导师的胜任特征模型进行了研究,提出了高校博士生导师的胜任特征模型及其构成要素。北京师范大学徐建平撰写了博士学位论文《教师胜任力模型与测评研究》(2004年)。张议元、马建辉在《中国市场》杂志(2006年36期)发表论文《高职院校教师胜任特征研究》,探讨高职院校教师的胜任特征。

4. 关于企业员工胜任特征模型的相关研究

高潇等发表论文《基于胜任素质的员工培训与人才培养体系建设》,探讨了基于胜任素质的企业员工培训问题,认为"基于胜任素质的员工培训与人才培养体系"的最大特色在于把培训管理工作的起点聚焦于"基于胜任素质"之上,以持续支撑企业发展战略为最终目标,以员工完成岗位工作所需的素质为主线,将岗位素质模型建设、员工素质短板分析、培训需求调查与分析、培训计划与实施、培训效果评估五大内容系统地进行了整合,最终形成了一套实用性和可操作性较强的员工培训和人才培养管理体系。

5. 关于管理者与领导者胜任特征模型的相关研究

冯江平、李丽娜发表论文《中学校长胜任特征模型研究》(第十届全国心理学学术大会论文摘要

集,2005 年);高记发表论文《管理者胜任特征研究现状与展望》(第十届全国心理学学术大会论文摘要集,2005 年);北京师范大学谷向东撰写了博士学位论文《中国特大城区区属单位党政处级正职领导的胜任特征研究》(2005 年);武汉大学欧阳芬撰写了硕士学位论文《我国寿险业中层管理人员胜任特征模型研究》(2005 年);首都经济贸易大学秦楠撰写了硕士学位论文《房地产行业项目经理胜任特征模型探讨》(2006 年)。

6. 关于公务员胜任特征模型的相关研究

梁建春等在《经济论坛》(2007 年 09 期)发表论文《政府公务员管理胜任特征初探》,对政府公务员管理胜任特征进行了研究。

7. 关于科研人员胜任特征模型的相关研究

首都经济贸易大学蒋敏撰写了硕士学位论文《航天系统科研人员胜任特征模型探讨——以航天 A 所科研人员为例》(2004 年)。

8. 关于秘书与秘书学的相关研究

秘书学是本项目的重要理论基础之一。据介绍,对秘书和秘书角色意识方面进行研究的文献有:赵中利、史玉峤编著的《现代秘书心理学》,对秘书工作活动中的心理学问题进行了较细致的分析与探讨,借鉴了心理学和其他学科研究的最新成果,讨论了秘书人员加强自身心理修养,提高心理素质,保证心理健康等方面的问题,并提出了许多新的见解。陈合宜著的《秘书学》,全书共分五部分:第一部分是秘书学概说;第二部分是秘书人员与秘书机构;第三部分是秘书工作与概说;第四部分是秘书实务(上);第六部分是秘书实务(下)。其中第二部分对秘书的职业道德和能力以及秘书的培养进行具体阐述。

王韶龄主编的《秘书学》,共分 18 章四部分:第一部分(1~3 章)为中外秘书概说;第二部分(4~5 章)为秘书工作性质与秘书部门;第三部分(6~9 章)为秘书职业修养、能力、心理;第四部分(10~18 章)为秘书工作实务。

史玉峤编著的《现代秘书学》,共有 20 章,分为五部分:一是秘书工作概说;二是秘书机构与秘书职能;三是秘书实务;四是秘书职业道德与秘书心理品质;五是秘书思维方式、群体结构和智能结构。

柳雯在发表的《秘书角色意识培养探析》中探讨了秘书角色意识对于秘书工作的重要性,认为培养秘书从业人员正确的角色意识是秘书教育和秘书培训的一项重要工作,从形成基本的职业角色认知、培养正确的职业角色认同、形成自信的职业自豪感三个层次分析了树立正确秘书角色意识的途径等。

2013 年 9 月,姜爽、邱旸主编的《秘书学》(21 世纪公共管理学应用型本科规划教材)由北京大学出版社出版。

上述文献为本项目提供了坚实的秘书学理论基础。据介绍,"国际行政管理者协会"(International Association of Administrative Professionals,IAAP),是世界上 30 多个国家和地区的秘书成员交流秘书工作经验的中心和汇集互通信息的阵地。其前身为"国际职业秘书协会"(Professional Secretaries International),是当今世界有名的跨国性的职业组织。该组织成立于 1942 年,原名美国全国秘书协会,其总部设于美国密苏里州堪萨斯城。会员 4 万多人,700 家分支机构,除美国的在职秘书外,包括欧、亚、拉美各洲 30 多个国家和地区,如英国、德国、意大利、瑞士、挪威、比利时、冰岛、澳大利亚、日本、菲律宾、马来西亚、新加坡、印度尼西亚、中国香港、中国台湾、巴西、秘鲁、哥伦比亚、玻利维亚、巴拿马以及南非等。其宗旨是:作为秘书的代言机构,维护秘书的合法利益;通过连续教育,提高秘书人员的素质和水平;介绍最新技术,增强业务技能,提高秘书的职业地位。"国际行政管理者协会"提供给会员的刊物有:

①《秘书》为国际秘书领域主要刊物,交流介绍秘书工作方面的新思想、新观念、新动态、新技术;

②《秘书工作范例》为国际职业秘书协会同各分支机构中企业经理代表人物合作创办的一种多方面综合论述刊物，适用于各种办公室环境，反映秘书职责的共同特性；③《职业秘书道德准则》以建立和传播职业行为标准，体现秘书的职业道德观念。

从这些介绍可以大致了解到国外秘书研究方面的现状，对笔者研究本项目的框架和具体内容很有启发作用。秘书学、胜任力、胜任特征模型研究等均源于国外，文献很多，这里不再赘述。笔者未能查找到有关国外对高校研究生教学秘书进行研究的文献。这将在本项目的研究过程中进行深入的挖掘和整理。

9. 与研究生教学秘书的相关研究

1999年，李颖曾经发表文章《略谈如何加强我校研究生教学秘书的培养与管理》。2008年、赵娜等曾经发表论文《浅议如何做好高校研究生教学秘书》，认为研究生教学工作是高校管理工作的重要组成部分，分析了研究生教学秘书的工作特点及本科教学管理工作与研究生教学管理工作的区别，并探讨了高校研究生教学秘书的工作方法。目前，尚无关于高校研究生教学秘书胜任力模型的有关研究。

2012年，东北石油大学李静曾经发表论文《浅谈研究生教学秘书之教学管理》，认为"研究生教学秘书是高等院校的基层教学管理人员，研究生教学秘书在教学管理中肩负着重要的职责，起着不可低估的作用。在研究生教学管理中，应努力实现管理和服务的有机统一，加强管理的科学性、规范性和高效率，以促进高校研究生教学管理水平的提高。"

10. 综合述评

还有一些其他的相关论文，在此不加赘述。总之，这些论文的共同点都是将"胜任力""胜任素质""胜任特征""胜任特征模型"等含有"胜任"二字的词语作为关键词，研究某一类人员在胜任方面的问题。这些其他方面的研究论文将对本项目的研究具有启发作用。其中的《秘书人员胜任特征研究》《高校科研秘书胜任力研究》《高校博士生导师胜任特征模型构成要素研究》这三篇论文，由于是属于秘书或博导胜任特征方面的课题，具有较好的参考价值。

在本项目立项申请前的文献调研中未发现以"胜任特征模型"为关键词、对高校研究生教学秘书胜任特征模型进行研究的论文。大量的研究论文仍然停留在以往关于高校研究生教学秘书的教学管理工作特点、能力、素质、压力、队伍建设、存在的问题等方面。虽然能力、素质的研究与胜任特征模型研究有许多共同之处，但本研究视角的不同是与各种文章的主要差别。几年过去了，目前国内外的研究现状与几年前变化不大，仍然是检索不到有关高校研究生教学秘书胜任特征模型的相关研究。这也说明，本研究的成果具有一定的创新性。

四、高校研究生教学秘书及其工作概述

1. 高校研究生教学秘书

高校研究生教学秘书是高校研究生教育和培养过程中不可或缺的、最基层的教学管理人员，在研究生教学管理中肩负着重要的职责，是各级领导的助手和参谋，是导师和研究生的公仆和朋友，对各方面都起着管理中枢、联系纽带、沟通渠道、信息节点、服务窗口的重要作用。

研究生教学秘书既不指导学位论文，也不给研究生授课，表面看上去好像与研究生教学质量、教育质量关系不大。在历年的《中国学位与研究生教育发展报告》这样重要的文献中，基本上看不到关于国内外研究生教学秘书研究生教学管理方面的论述。实际上，研究生教学秘书由于工作岗位的特殊性，其工作联系面广、内容庞杂、任务量大、时效性强、影响因素多，与研究生教育质量具有极其密切但不易察觉的重要关系。特别是在目前的新时期，研究生教学管理工作并不是一成不变的，而是伴随着学校、学科的发展和国内外研究生教育的改革一起不断改革、与时俱进的，这种变化对研究生教学

秘书提出了越来越高的要求。研究生教学秘书在研究生教学管理中应努力通过实践、培训来提高自身的综合素质。

2. 高校研究生教学秘书的数量

在我国各高校，研究生、研究生导师、研究生教学秘书三者的人数比例关系呈倒三角形，相差极为悬殊。与世界一流大学不同的是，我们的研究生教学秘书数量很少，与导师数相比差距悬殊。例如，东京大学的教授、准（助）教授及个别讲师一般都有自己主持的研究室；每个研究室一般都有专任的技术官（其工作相当于我国的研究生教学秘书与行政秘书），即技术官数（研究生教学秘书数）与导师数几乎相当。以哈尔滨工业大学校本部为例，据笔者所知，哈尔滨工业大学本部的研究生教学秘书从 2012 年至 2015 年一直都是 30 名左右，没有明显的增减。据统计数据表明：2012 年共有 21 个学院、27 个博士学位授权一级学科点、41 个硕士学位授权一级学科点、硕士研究生 7 857 名、博士研究生 4 507 名、研究生导师 1 872 名（博导 791 名、硕导 1 081 名）。2014 年年底共有 23 个学院、27 个博士学位授权一级学科点、41 个硕士学位授权一级学科点、硕士研究生 7 585 名、博士研究生 5 038 名、研究生导师 2 060 名（博导 909 名、硕导 1 151 名）。以 30 名研究生教学秘书计算，2012 年人均负责硕士、博士研究生约 412.13 名、人均面向研究生导师 62.4 名；2014 年年底人均负责硕士、博士研究生约 420.77 名、人均面向研究生导师 68.67 名。虽然学科点数没有变化，但研究生数、导师数均有所增加，研究生教学秘书的人均工作量呈现增加的趋势。再从 2015 年 7 月获得硕士学位的硕士研究生数来看，全校共有 3 459 名。以 30 名研究生教学秘书计算，人均负责该届硕士研究生约 115 名。如果按两年制硕士研究生推算，就是人均负责硕士研究生 230 名。

仅从这些数字可以看出，承担高校研究生教学秘书工作的人数与导师和研究生数相比较而言，显然很少，但其面向的研究生教学管理工作却极为繁重，面向的各类服务对象人数众多，起到的作用非常重要。因此，高校研究生学位教育与培养工作对研究生教学秘书提出了越来越高的素质、能力方面的要求。研究生教学秘书也因此成为一个工作负担重、精神压力大的特殊群体。各校研究生院（处）、人事管理部门对这一特殊群体应给予高度重视。

3. 高校研究生教学秘书工作

高校研究生教学秘书的主要工作是"研究生教学管理"，对校内既要面对研究生院、学院、系（所）领导、学位分评委员会主席，又要面对学位分评委员会委员、研究生导师、研究生课程任课教师，还要面对硕士生、博士生、本校本科推免生、外籍留学生；对校外既要面对校外兼职博导和境外博导、工程硕士、工程博士及其所在单位、研究生家长，又要面对外校本科推免生、考研生及其家长，还要面对国家学科评估与研究生教育质量评估机构、国外联合培养研究生合作单位等。在研究生教育的入口管理、过程管理和出口管理中，有许多方面都是由研究生教学秘书的教学管理工作来完成的，对应着研究生招生、学籍、培养、学位等方面的各种教学管理工作。可以说，高校研究生教学秘书工作繁多、复杂。

从《哈尔滨工业大学研究生工作手册》（哈尔滨工业大学研究生院，2007）可以知道，研究生工作主要包括招生、学籍管理、硕士研究生培养与学位、博士研究生培养与学位、研究生课程教学管理、研究生指导教师、学术交流等七大方面的工作内容，无一不与研究生教学秘书有关。其中每一方面又包括众多的内容。所以，虽然称为"教学秘书"，但其工作内容远远超出教学管理的范围。

四、高校研究生教学秘书胜任特征模型的构建方法

据研究胜任特征模型建构的专家介绍，建构某一种胜任特征模型的方法主要有模糊评判法、汇编扎栅格法、行为事件访谈法（Behavioral Event Interview，BEI）、工作分析（Job Analysis）问卷调查法、团体焦点访谈法、情景模拟法等多种主观与客观相结合的方法。其中，行为事件访谈法、工作分析问卷调查法、团体焦点访谈法、情景模拟法是常用的构建方法。

我们研究和构建高校研究生教学秘书胜任特征模型，主要采用的方法是问卷调查和访谈调查法。主要原因在于这两种方法比较便于操作、结果宜于统计与分析。

一般认为目前得到公认且最有效的方法是美国心理学家麦克米兰结合关键事件法和主题统觉测验而提出来的行为事件访谈法（Behavioral Event Interview，BEI）。行为事件访谈是建立胜任特征模型不可替代的关键环节。行为事件访谈法在发现特定的胜任特征要素、内容、等级性行为方面具有重要作用。

胜任特征模型研究专家时勘等人在介绍所进行的胜任特征模型建构时曾经写到："行为事件访谈法采用开放式的行为回顾式探察技术，通过让被访谈者找出和描述他们在工作中最成功和最不成功的三件事，然后详细地报告当时发生了什么。具体包括：这个情境是怎样引起的？牵涉哪些人？被访谈者当时是怎么想的，感觉如何？在当时的情境中想完成什么，实际上又做了些什么？结果如何？然后，对访谈内容进行内容分析，来确定访谈者所表现出来的胜任特征。"

我们在设计问卷调查的问题选择肢时，针对各种调查对象既设置了个性化的基本信息调查内容，又为了方便统计与分析设置了关于研究生教学秘书调查的通用内容。

笔者以哈尔滨工业大学的研究生教学秘书、院系领导、研究生导师、硕博研究生这四类人群为对象进行问卷调查研究。研究生教学秘书（35人，女34人，男1人）中包括刚从事该项工作不久的青年研究生教学秘书（10名），也包括从事五年以上该项工作的中年研究生教学秘书（18名），还包括即将退休（2人）、已经退休但延聘的研究生教学秘书（3人）、已经退休未延聘的教学秘书（2人）。调查对象人数总计101人。问卷调查情况表见表1。

表1 问卷调查情况表

调查对象分类	发放问卷数	回收问卷数（%）	有效问卷（%）
研究生教学秘书	35	35(100)	35(100)
院系领导	6	6(100)	6(100)
研究生导师	10	9(90)	8(80)
硕博研究生	50	41(82)	33(66)
合计	101	91(90.1)	82(81.19)

笔者在设计访谈计划时根据具体情况进行了简化和变化，即让被访谈的研究生教学秘书找出和描述他（她）们在工作中最成功和最不成功的一至三件事，然后详细地报告当时发生了什么；另外，让被访谈的研究生、导师、领导找出和描述他们记忆比较深的研究生教学秘书在工作中使其最满意和最不满意的一至三件事，然后详细地报告当时发生了什么。

笔者仍然以哈尔滨工业大学的研究生教学秘书、院系领导、研究生导师、硕博研究生这四类人群为对象进行访谈调查研究。其中访谈研究生教学秘书、院系领导、研究生导师各5人、硕博研究生各5人。访谈调查对象人数总计25人。访谈调查情况表见表2。

表2 访谈调查情况表

调查对象分类	访谈调查数	备注
研究生教学秘书	5	均在岗5年以上
院系领导	5	均主管研究生教育工作
研究生导师	5	均为教授、博士生导师
硕博研究生	10	硕博研究生各5名
合计	25	

笔者希望通过这样的研究，全方位地了解研究生教学秘书自身及其服务群体对研究生教学秘书的评价和期望，以便获得比较客观的对研究生教学秘书胜任特征的认知，进而构建高校研究生教学秘书胜任特征模型。

六、高校研究生教学秘书胜任特征要素的确定

1. 高校研究生教学秘书应具备的职业素质要求

关于高校研究生教学秘书应具备的职业素质要求，根据对问卷的阅读分析，以选择回答数多少为序依次体现在责任心（77，93.90%）、沟通能力（72，87.80%）、信息处理能力（72，87.80%）、管理能力（66，80.49%）、奉献精神（61，75.61%）、组织能力（61，74.39%）、服务意识（55，67.07%）、执行能力（55，67.07%）、交往能力（50，60.98%）、情绪控制能力（44，53.66%）、保密能力（39，47.56%）、写作能力（33，40.24%）、外语能力（33，40.24%）、策划能力（22，26.83%）、服从能力（22，26.83%）、创新能力（11，13.41%）等方面（括号中为回答数和所占比例，可以多选，每项最多为82）。

根据以上结果，笔者认为，责任心、沟通能力、信息处理能力、管理能力、奉献精神、组织能力、服务意识、执行能力、交往能力、情绪控制能力这10项可以作为高校研究生教学秘书应具备的主要职业素质要求，应加以重点培养；保密能力、写作能力、外语能力、策划能力、服从能力、创新能力这6项可以作为高校研究生教学秘书应具备的次要职业素质要求，也应加以重视。

笔者根据上述结果和对问卷论述题及访谈调查回答的关键词提取，将高校研究生教学秘书应具备的职业素质要求编制见表3。

表3 高校研究生教学秘书应具备的职业素质要求

序号	素质要求	序号	素质要求	序号	素质要求
1	责任心	10	情绪控制能力	19	认真
2	沟通能力	11	保密能力	20	主动
3	信息处理能力	12	写作能力	21	表达能力
4	管理能力	13	外语能力	22	亲和力
5	奉献精神	14	策划能力	23	关爱学生
6	组织能力	15	服从能力	24	理解力
7	服务意识	16	创新能力	25	爱岗敬业
8	执行能力	17	耐心	26	有条不紊
9	交往能力	18	高效	27	具有研究生学历

注：1~10项为主要职业素质要求；11~16项为次要职业素质要求；17~27项为一般职业素质要求，未排序

2. 高校研究生教学秘书胜任特征要素的提取与模型建构

从访谈调查中，我们对于访谈中出现的关键词进行统计和分析，提取高校研究生教学秘书胜任特征要素。进行访谈后，主要是对文本进行关键词的抽取和整理，依据出现频次进行排序。在25名访谈记录中，截取了全部能够表达胜任特征的关键词62项（见表4）。

表4 高校研究生教学秘书胜任理论模型

序号	胜任特征类别	胜任特征要素
1	心理簇	责任心(使命感、压力感、爱岗敬业、尽职尽责、主动、认真)
2		服务意识[奉献精神、牺牲精神、投入精神(情感投入、精力投入、时间投入)、热心服务]
3		认可感(领导认可感、导师认可感、研究生认可感、同行认可感)
4		归属感
5		成就感
6		满意度(人际关系满意度、工作满意度、环境满意度、薪酬满意度、晋升满意度)
7		亲和力(关爱学生、和善、善良、耐心)
8	能力簇	管理能力
9		组织能力(协调能力)
10		沟通能力(交往能力)
11		执行能力(高效、有条不紊、不拖延)
12		表达能力(信息处理能力、写作能力、外语能力)
13		情绪控制能力
14		保密能力
15		服从能力
16		创新能力
17		理解力
18		个人魅力(气质、道德修养、教育背景、性格、相貌颜值、穿着打扮、影响力、号召力、自信精神)

通过将这33个胜任特征词汇与问卷调查所得的27项职业素质要求进行综合分析,按意义进行适当合并。如将"使命感""压力感""爱岗敬业""尽职尽责""主动""认真"归入"责任心";将"高效""有条不紊""不拖延"归入"执行能力";将"关爱学生""和善""善良""耐心"归入"亲和力";将"协调能力"归入"组织能力";将"奉献精神""热心服务""辅助意识"归入"服务意识";将"信息处理能力""写作能力""外语能力"归入"表达能力";将"交往能力"归入"沟通能力"等。初步筛选出最重要的胜任特征模型要素,并根据内容类别关系,最终形成了由两簇(心理簇、能力簇)、18项胜任特征要素构成的高校研究生教学秘书胜任特征理论模型。结果见表4。

由表4可知,高校研究生教学秘书的胜任特征模型主要包括7种心理方面的素质:责任心、服务意识、认可感、归属感、成就感、满意度、亲和力;还包括11种能力方面的素质:管理能力、组织能力、沟通能力、执行能力、表达能力、情绪控制能力、保密能力、服从能力、创新能力、理解力、个人魅力。因此,如果构建培训体系的话,建议主要从这些方面考虑培训计划,培养其胜任力。

七、高校研究生教学秘书胜任特征要素的内涵分析

以上研究得知,一名基本称职或优秀的研究生教学秘书的胜任特征由心理和能力两大方面的18项胜任特征要素组成。对其内涵分析如下。

1. 关于心理簇的 7 项胜任特征要素

(1) 责任心。这是在调查中调查对象普遍重视的一个关键词。它包括使命感、压力感、爱岗敬业、尽职尽责、主动、认真等方面。可以说,责任心无疑是优秀的研究生教学秘书应该具有的最重要的胜任特征。

(2) 服务意识。优秀的研究生教学秘书具有很强的服务意识,可将其表述为奉献精神、牺牲精神、投入精神(包括情感投入、精力投入、时间投入)、热心服务等。没有服务意识的研究生教学秘书很难圆满地完成本职工作。服务意识是研究生教学秘书必须具有的胜任特征。

(3) 认可感。研究生教学秘书辛勤工作,往往希望得到各方面的认可,包括领导的认可、导师的认可、研究生的认可、同行的认可等。这种认可感可以形成良性循环,激励研究生教学秘书更好地胜任工作。认可感是研究生教学秘书应具有的胜任特征。

(4) 归属感。研究生教学秘书受研究生院(处)和院系双重领导,既归属于研究生院(处),又归属于所在的院系。形成归属感对于其胜任工作至关重要。所以,归属感是研究生教学秘书应具有的胜任特征。

(5) 成就感。胜任工作的研究生教学秘书往往会具有一定的成就感。与认可感一样,成就感也能很好地激励研究生教学秘书胜任工作。所以,成就感是研究生教学秘书应具有的胜任特征。

(6) 满意度。各方面对研究生教学秘书的满意度、研究生教学秘书对各方面的满意度(包括人际关系满意度、工作满意度、环境满意度、薪酬满意度、晋升满意度等),也是其胜任工作的重要影响因素。所以,满意度是研究生教学秘书应具有的胜任特征。

(7) 亲和力。许多调查对象都提到这一点。表述为关爱学生、和善、善良、耐心等。这一点也和其个人魅力相关。所以,满意度是研究生教学秘书应具有的胜任特征。

2. 关于能力簇的 11 项胜任特征要素

(1) 管理能力。研究生教学管理是研究生教学秘书的核心工作、重要工作,没有一定的管理能力是难以胜任的。所以,管理能力是研究生教学秘书应具有的胜任特征。

(2) 组织能力。研究生教学秘书在工作中,往往需要通过组织、协调来完成任务。如为学科、学位授权点的评估材料撰写组织收集素材、组织专家进行学位论文、出国留学申请材料的评审等。所以,组织能力是研究生教学秘书应具有的胜任特征。

(3) 沟通能力。研究生教学秘书在工作中,往往需要通过沟通来协调各方面的意见和状况。如突发事件、工作中的特殊情况等。所以沟通能力是研究生教学秘书应具有的胜任特征。

(4) 执行能力。研究生教学秘书在工作中必须高效、有条不紊、不拖延、不出错或少出错,贯彻和执行来自研究生院、所在院系的各种方针、政策、决定,执行能力必不可少。所以,执行能力是研究生教学秘书应具有的胜任特征。

(5) 表达能力。研究生教学秘书在工作中需要与人交流、需要与外宾或留学生交流、需要撰写材料,所以信息处理能力、写作能力、外语能力都必不可少。良好的中外语言表达能力、文字写作能力、计算机信息处理能力,是非常重要的。所以,表达能力是研究生教学秘书应具有的胜任特征。

(6) 情绪控制能力。研究生教学秘书在工作中会遇到许多可能使自己不高兴、不满意甚至是很生气的场合,有时可能会生气、发脾气、发火,并往往会因此影响自己的情绪和工作。所以,情绪控制能力是研究生教学秘书应具有的胜任特征。

(7) 保密能力。研究生教学秘书在工作中掌握和知晓各种各样的情况、信息,有些涉密、有些虽然不涉密但也必须控制谈论的范围。如涉密的学位论文或学位会上讨论的某些议题及其具体内容等。所以,保密能力是研究生教学秘书应具有的胜任特征。

(8) 服从能力。研究生教学秘书作为领导的助手,辅助领导进行工作,对于各级领导的指示,服从是辅助、协助领导做好工作的前提。所以,服从能力是研究生教学秘书应具有的胜任特征。

（9）创新能力。任何工作都可以创新。研究生教学秘书通过创新，也可以提高管理工作的质量和水平。所以，创新能力是研究生教学秘书应具有的胜任特征。

（10）理解力。正确理解是胜任工作的一个前提。如正确理解有关政策、正确理解领导的指示、正确理解有关情况的变化等。所以，理解力是研究生教学秘书应具有的胜任特征。

（11）个人魅力。个人魅力是指一个人在性格、气质、能力、道德品质等方面具有的能够吸引人的力量和能力。作为一名高校研究生教学秘书，要受到各方面的欢迎和喜爱，胜任自己工作，如果没有一定的个人魅力肯定是不行的。所以，个人魅力也是研究生教学秘书应具有的胜任特征。

八、结语

通过以上研究，笔者弄清楚了高校研究生教学秘书的胜任特征要素，构建了高校研究生教学秘书的胜任特征模型，这将有助于继续开展关于研究生教学秘书的研究课题，有助于其构建胜任力培训体系。这对构建高校研究生教学秘书培训体系至关重要。今后，笔者将进一步扩大调查面，进行有关文献分析和模型验证，进一步完善研究成果。

参考文献

[1] 李颖. 略谈如何加强我校研究生教学秘书的培养与管理[J]. 广西师范大学学报(哲学社会科学版), 1999(S2): 178-180.

[2] 赵娜, 徐媛, 濮昱. 浅议如何做好高校研究生教学秘书[J]. 中国电力教育, 2008(23): 34-35.

[3] 李静. 浅谈研究生教学秘书之教学管理[J]. 价值工程, 2012(7): 229-230.

[4] 刘嫦娥, 赵曙明, 张丹. 工作胜任力模型建构的方法研究[J]. 现代管理科学, 2009(3): 11-13.

[5] "中国学位与研究生教育现状"课题调研组. 中国学位与研究生教育发展报告(2011)[R]. 北京: 清华大学出版社, 2012.

[6] 王凌. 秘书人员胜任特征研究[D]. 广州: 暨南大学, 2007.

[7] 彭兰, 潘午丽. 高校博士生导师胜任特征模型构成要素研究[J]. 学位与研究生教育, 2012(8): 19-22.

[8] 高潇, 王小溪, 朱海荣, 等. 基于胜任素质的员工培训与人才培养体系建设[J]. 中国电力教育, 2012(36): 5-6.

[9] 徐淑珍. 教学秘书之教学管理探讨[J]. 成都大学学报(教育科学版), 2008(8): 56-57, 63.

[10] 周鉴. 新时期高校教学秘书工作初探[J]. 人力资源管理, 2010(3): 66.

[11] 潘立, 赵颖娣, 鲁建厦. 二级管理体制下研究生教学秘书的角色定位[J]. 高教与经济, 2010, 23(1): 24-29.

[12] 韩召. 重视高校教学秘书工作培养教学秘书创新素质[J]. 辽宁科技学院学报, 2010(3): 85-86.

[13] 陆瑜芳. 秘书学[M]. 2版. 上海: 复旦大学出版社, 2007.

[14] 赵中利, 史玉峤. 现代秘书心理学[M]. 2版. 青岛: 青岛出版社, 2002.

[15] 陈合宜. 秘书学[M]. 5版. 广州: 暨南大学出版社, 2005.

[16] 王韶龄. 秘书学[M]. 2版. 开封: 河南大学出版社, 1989.

[17] 史玉峤. 现代秘书学[M]. 10版. 青岛: 青岛出版社, 2003.

马克思主义理论在工科院校研究生培养中的应用[*]

刘建民

(河北科技大学思想政治理论课教学部 050018)

摘要：马克思主义理论是党领导人民群众进行中国特色社会主义事业的指导思想，这种思想上的先进性、信仰上的引导性和文化上的丰富内涵性，在不同文化背景下的社会发展进程中都曾经发挥过重大作用，在与时俱进的过程中现实意义突出。马克思主义理论在工科院校研究生培养中的应用，从微观层面来说有益于研究生的全面发展，从宏观层面来说有利于中国特色社会主义事业的创新发展，在十八大以来社会生活各个方面发生深刻变革的背景下显得尤为迫切。

关键词：马克思主义理论；工科院校；研究生培养

马克思主义理论博大精深，既有马克思、恩格斯等经典作家对人类社会发展轨迹的科学预见，又包括在中国革命、建设和改革开放时期形成的中国化理论成果。这种思想上的先进性、信仰上的引导性和文化上的丰富内涵性，在不同文化背景下的社会发展进程中都曾经发挥过重大作用，在与时俱进的过程中现实意义突出。工科院校的研究生培养，考虑到鲜明的学校特色，在加强理论与实践教育的同时更要重视思想政治教育，以贯彻为中国特色社会主义事业培养合格建设者和可靠接班人的战略意图。因此，马克思主义理论在工科院校研究生培养中的应用，在十八大以来社会生活各个方面发生深刻变革的背景下显得尤为迫切。

一、工科院校研究生培养存在的问题

1. 理想信念需要进一步坚定

随着中国进入全面深化改革的关键时期，物质生活领域已发生了翻天覆地的变化，而精神生活领域中的变化同样不容忽视。这种变化所产生的影响十分明显，例如在思想领域出现的各种思潮间的冲击与交锋。研究生群体在思想认知上尚未完全定型，思想上的活跃在某些社会现象甚至诱惑面前可能会导致一些问题的发生，严重的会造成理想信念的迷失。这让我们在心生警惕之余必须明确思想政治工作的目标。研究生是实现民族复兴中国梦想的主力军，关系着社会主义事业的兴衰成败，坚定他们的马克思主义理想信念，"以信仰激扬青春，以青春追求信仰，努力成为可堪大用的人才"[1]，塑造满园春色、芬芳怡人的精神家园是具有重要意义的战略任务。

2. 学术修养需要进一步提高

作为学术共同体的后继力量，研究生肩负着繁荣、创新学术研究的历史使命。但近年来一系列并不孤立的现象表明，在关注研究生研究能力培养的同时，更应该注意其良好学术修养的培养。对于一些研究生来说，不用说马克思主义的整体体系，仅马克思创作《资本论》的过程就无异于天方夜谭。没有"坐穿冷板凳"的精神，反而对学术研究漠然、厌烦甚至恐惧，粗制快餐式的论文、篡改文献数据乃至抄袭剽窃他人成果，类似令人警醒的现象让我们不得不思考：如果研究生不仅不能做事，而且不

---

[*] 国家社科基金一般项目(14BDJ006)。

能做人了怎么办？因此，从外界的管理、引导到研究生自身的反省、思考，从制度上、氛围上、思想上提高研究生的学术修养已是刻不容缓。

3. 交际能力需要进一步提升

马克思曾经说过：人是各种社会关系的总和，每个人都不是孤立存在的，他必定存在于各种社会关系之中。研究生是未来社会发展所需创新型人才的后备军，不是闭门造车的"技术宅男"，在学校期间特别是走上社会后，如何以合适的方式来展示自己，获得他人和社会的认可，将在很大程度上决定着能否实现自我价值。一项调查数据显示，研究生阶段，"大部分学生年龄为二十四五岁，一部分人没有男女朋友，一部分同学已经走入社会并可能取得了一些成绩等，都让他们对人生的意义开始重新思考"[2]。这种思考关键在个人的思想反思，当然也离不开学习、生活的具体环境。因此，塑造有利于人际交往的性格、掌握建立良好人际关系的技巧、提升人际交往的能力，理应成为研究生培养工作中的一项重要内容。

二、马克思主义理论在工科院校研究生培养中的应用价值

1. 有利于对研究生价值理念的引导

从原理上来说，马克思主义理论是经过时间、实践检验的科学理论，其中所蕴含的诸多经典原理，诸如理论联系实际、人生价值的意义、人的解放等，在新的形势下都具有重要的指导意义。从成才的角度看，毛泽东、邓小平、江泽民、胡锦涛、习近平等党和国家的领导人，无不是在青年时期服膺马克思主义，并确定了积极向上的价值理念。因此，在马克思主义指导下对研究生进行世界观、人生观和价值观教育，把社会主义、爱国主义、集体主义教育和社会公德、家庭美德、职业道德教育贯穿始终，将有利于在各种文化激烈碰撞、价值理念多元发展的形势下引导研究生形成正确的价值理念，使他们具备理性、客观、全面的分析和判断能力，在大是大非面前站稳立场，做出符合民族利益和社会发展的选择，也有利于个人价值的实现。

2. 有利于对研究生行为习惯的培养

著名教育家叶圣陶先生说：教育就是培养习惯。只有在自学能力和自我管理能力高度发展的同时养成良好的行为习惯，研究生才有可能在走向社会后开启精彩的人生。从这个意义上来说，我们姑且不谈马克思主义中诸多的经典理论，仅从一位位优秀的马克思主义者身上就能体会到学习阶段培养良好行为习惯的重要性。有一则关于青年周恩来学习的史实，他在日本留学的时候，常到位于神田区北神保街的中华青年会馆阅读报纸和书刊，以及从国内邮寄来的《新青年》《南开思潮》等刊物，时刻在坚定着"为中华之崛起而读书"的理想信念。周恩来学生时代养成了把学习思考融入国家和民族命运的习惯，影响了他的一生，直至为中华民族的解放和建设事业做出了不朽的功绩。类似的事例在马克思主义发展史上不胜枚举，值得研究生深思。

3. 有利于对研究生综合素质的提高

社会主义现代化建设所需要的优秀人才，应该是全面发展的综合素质较高的人才，这对研究生工作提出了更高的要求。从目前工科院校的研究生群体现状来看，独生子女的个性化性格、缺乏应有的人文文化的素养、待人接物的能力不足、理想信念的尚未定型等，都显示出培养工作不容乐观。甚至不夸张地说，相当一部分研究生存在着高分低能乃至低分低能的现象，这并不是危言耸听。因此，通过马克思主义理论的学习、吸收，在掌握专业技能的同时，增加对人文社会科学知识的了解，有助于研究生树立正确的世界观、人生观和价值观，明确时代赋予的重要历史使命，以更加积极的心态去融入社会发展的进程中。

三、马克思主义理论在工科院校研究生培养中的应用途径

1. 以独特的校园文化来塑造人

每所大学都有着属于自己的独特校园文化,这是在长期的历史发展过程中形成的底蕴与气质,对研究生的培养起着潜移默化的重要作用。马克思主义理论在校园文化中的体现,不仅仅是在党课教学中,或是思想政治理论课课堂上,抑或群众路线教育实践活动中,更是应把理论中的精髓融入校园文化中,去影响研究生的思想品质和精神气质。以笔者所在的河北科技大学为例,校训为"兴业、尽责","兴业"概括了学校的性质和定位,体现了学校的特色和办学理念,"尽责"是对师生的具体要求,体现了一个人的人生态度和道德追求,"兴业、尽责"意在强化师生的责任和岗位意识,凝聚人心,形成合力,推动学校事业发展。这种形象识别设计中所蕴含的理念,恰是我们广大人民群众在党的领导下,以马克思主义为指导追求与实践中国梦的缩影。学习、生活在这种校园文化中的学生,日复一日地感受着"润物细无声"的文化熏陶,自然会以积极向上的心态迎接生活的风风雨雨。

2. 以制度化的氛围来约束人

马克思主义理论在中国革命、建设和改革开放的实践中所取得的巨大成功,使我们越来越深刻地体会到制度化的重要性。特别是党的十八大以来,以习近平总书记为核心的党中央在谈到治国理政时,尤其强调要"健全权力运行制约和监督体系,让人民监督权力,让权力在阳光下运行,把权力关进制度的笼子里"。在制度化的氛围中,人性的丑陋一面被遏制乃至逐渐消亡,人的聪明才智得到充分的发挥。当然,目前很多学校已建立了诸多规章制度,并在研究生的培养过程中发挥了积极的作用。问题是,这些制度是否在不断的发展、完善?是否适应社会对高素质人才的培养要求?是否已经创设出制度化的氛围?答案显然是没有。因此,在全面深化改革的进程中,以马克思主义中"人的全面发展"的理念来推进制度改革,建立诸如引导研究生创新发展的激励制度、鼓励研究生专注学习的教育制度、培养研究生全面发展的管理制度等,强调由强迫性的行政体制向内生性的制度化氛围转变,建立符合国情的研究生制度体系。

3. 以导师负责制来培养人

导师是研究生培养过程中的关键性因素之一,导师负责制是研究生培养机制改革的核心内容之一。导师对研究生而言,扮演着学术导师和人生导师的双重角色,应该是"德、才、识"兼备的"传道授业解惑"者。换句话说,导师负责制应该贯穿于研究生培养的全过程,最大限度地发挥这种积极的影响。在招生的笔试、面试环节,导师通过试卷特别是面对面的交流来对考生做出评价;在课程的制定中,注重导师专业化的建议,增加导师自主课程所占学分的比例;在科研能力的培养中,导师依托科研项目为研究生提供锻炼的机会;在日常的学习生活中,导师要关注研究生的思想道德修养。当然,这种责任或者说权力的扩大,对导师提出了更高的要求。意味着在导师资格遴选时要更加严格,同时要制定完善的导师考核机制,让真正"德、才、识"兼备的导师站在这个平台上,引导研究生书写自己的人生。

2014年的五四青年节,习近平总书记在北京大学师生座谈会上的讲话中指出:"青年的价值取向决定了未来整个社会的价值取向,而青年又处于价值观形成和确立的时期,抓好这一时期的价值观养成十分重要。"[3]这句话意蕴深远,换句话说,不仅仅工科院校的研究生应该认真学习马克思主义理论,而且整个社会的青年人都应该在马克思主义理论的指导下成长,做到政治立场坚定、人格品质健全、专业能力突出,成为有益于民族复兴的全面发展的人才。

参考文献

[1] 王珏. 信仰激扬青春——首都高校研究生举行信仰研讨交流会[EB/OL]. [2014-04-27]. http://liuxue.people.com.cn/n/2014/0427/c1053-24947096.html.

[2] 郭明彬,朱海涛,李发开,等. 工科院校研究生思想状况调查与分析[J]. 中国研究生,2007(1):20.

[3] 习近平. 习近平谈治国理政[M]. 北京:外文出版社,2014.

CDIO 模式教育理念在电信学院研究生培养中的实践研究经验及成果转化*

贾 敏，郭 庆，顾学迈，赵洪林

（哈尔滨工业大学电子与信息工程学院 150001）

摘要：教育承载着一个国家、一个民族的未来，随着时代的进步，当前的高等教育人才培养模式已不能满足学生发展的需要，严重制约着我国高等学校人才培养质量的提高。因此，亟须构建适应我国国情的具有中国特色的工程教育新模式。CDIO 模式的提出，引发了传统教学模式的改革，将其引入到高校通信人才培养过程中，总结实践研究经验，并最终实现成果转化，解决由理论知识学习向实践能力培养过渡的瓶颈，提高学生的综合素质和工程实践能力，达到提高学生就业率的目的。

关键词：CDIO 模式；研究生培养；实践研究经验；成果转化

一、前言

教育改革发展的核心任务是提高人才培养质量，教育部正在实施的"卓越工程师教育培养计划"，正是探索高校新的工程教育人才培养模式的重要举措。

我国大部分高等院校在学生工程实践能力培养方面存在诸多问题，采用传统陈旧的培养模式，其单一化的教学方式和僵化的课程体系大大降低了教学质量，而不合理的评价激励机制进一步削弱教学力度。目前，通信工程毕业生具备扎实的理论知识，但极度缺乏实践动手能力，因没有全程参与产品研发和生产制造的过程，致使在实际工作中不能快速融入角色，得不到用人单位的认可。可见，积极改革高校通信人才培养模式，力求解决由理论知识学习到实践能力培养过程中的瓶颈问题，提高学生就业率已成为高校通信工程专业人才培养的重要研究课题。鉴于此，结合国际先进的 CDIO 工程教育理念[1]，本文重点探索该理念在通信工程专业教育培养中的应用，提高学生的综合素质和工程实践能力，为学生走入理论科研与生产实践等工作岗位奠定良好的基础。

二、CDIO 模式教育理念在研究生培养中的实践研究经验

CDIO 工程教育模式是构思、设计、实施、运作（conceive、design、implement、operate）四个单词的缩写，是由麻省理工学院等四所大学，经过四年的探索研究，共同得到的创新研究成果[2]。

CDIO 工程教育模式的两个实例就是"做中学"（learning by doing）[3]和"基于项目的教育和学习"，将产品研发作为起点，直至最终运作为教育背景，以工程实践为载体，让学生进行主动学习，充分体现了"以学生为中心"的教学理念。其培养过程核心为 CDIO 的四个组成部分，即构思、设计、实现和运行，同时结合学生自身特点，如专业知识的掌握、个人能力水平和人际交往技能，以及与团队的协作等。该理念对高校改革通信人才培养模式提供了参考和启示。

本学院以培养优秀工程师为目标，在 CDIO 教育理念[4]指导下，坚持"五个注重"，注重培养学生社会责任、专业核心能力、工程实践能力、创业创新能力和大学生个性化。在此基础上，实施"五化"教学改革，重整公共基础课程体系，开创工程教育新模式。"五化"工程教育改革具体如下。

---

* 中国学位与研究生教育研究课题（C-2015 0501-215）；哈尔滨工业大学研究生教育教学成果奖培育项目（CGDY-201404）；黑龙江省教育科学规划课题重点课题（GBB1211024）。

(1) 课程体系模块化。

将培养标准和目标作为依据,寻求课程间的内在联系,采用一体化设计的方式重构课程计划,减少讲授学时,增加实践环节,并将课程分割为模块进行组织管理。

(2) 师资构成多元化。

采用培养、引进、外聘三结合的原则构建师资力量,一是聘请企业专家、校外名师等到校兼任教师,二是选送校内教师到参与企业培训,使其增加行业背景知识,三是为补充校内师资力量,积极引进高水平师资,打造校内外优势互补的"双师"结构师资队伍。

(3) 项目教学系列化。

利用项目对教学方式改革进行驱动,通过项目分类、针对不同年纪、不同学期、不同阶段,将项目贯穿在整个大学教学体系中,形成从简单到复杂,从低级到高级的项目教学系列。明确教学目的,使学生的学习内容逐步递进,能力逐渐提高。通过项目强化实践训练,达到校内完成培养"准工程师"的目的。

(4) 学习评价多样化。

学习评价方法改变过去以考试为主的单一的学习考核方式,代以具有明确的能力培养导向的,采用笔试、答辩、课程论文、现场答辩等综合评价体系的评估方式评估学生学习效果及教学效果。

(5) 科技活动普及化。

学校积极构建科技活动平台,建立国家级科技竞赛为龙头,校级竞赛为基础、省级竞赛为进阶的三级科技竞赛体系,并出台合理的激励政策,充分利用各类优质实践教学资源,搭建课外科技活动平台。将参加科技或学科竞赛纳入培养体系中,并使其成为毕业的必要条件,动员学生积极参与课外科技活动,有目的地培养创新意识,锻炼实践动手能力,全面提升综合素质。

三、CDIO 模式教育理念在研究生培养中的成果转化

本项目结合 CDIO 工程教育模式,针对国内工程实践和研究创新所面对的一些问题,对学生在校期间创新教育的培养模式进行了一系列的优化改进和模式创新,其创新点及取得相应成果如下:

(1) 引入 CDIO "主动学习" "设计-实现经验"标准,强化高层次人才的主动创新意识和实践能力。

学生在学习过程中提高主动学习比例,强调主动探索、主动实践、主动总结、主动科研。实践证明,学生扮演主动角色时会更愿意采用深化的学习方法,将学过的知识和新的概念更好地联系起来,更为全面地掌握学习内容,达到预期的学习效果。项目训练时,主动学习成为一种体验,学生发挥主观能动性,以理论引导实践,再以实践经验验证和拓展新理论,使知识"触手可得"。

目前,我院积极实行"预备研究生"从本科二年级起与对应导师的定期交流机制,在本科阶段即进入有针对性的培养环节,使其优先加入相关项目课题组,通过项目讨论,促进课堂知识的学习,并在相应的工程和项目背景中深化理论知识,在良好的科研氛围中较早地提高自身科研水平。而针对大四学年,则按照研究生一年级的水平进行培养,至今本团队已经成功地培养了三届优秀的硕士研究生,不仅成绩优秀,且在课题及项目中均发挥了较重要的能动作用,在团队教师的指导下独立完成高水平学术论文的撰写,并在研究生阶段独立承担项目中子项目的科研任务。

(2) 引入 CDIO "工程导论"标准,在培养课程中提高项目产品、过程和系统的构建能力相关内容的权重。

在本项目试点的研究生教育模式中,教学内容中包含很大比重的课程设计科目,在基础性课程中加入理论验证和实践试验内容,并将实验结果和报告纳入教学考核体系。学生课程中有关项目产品、过程和系统的构建能力的内容是开展论文的基础和前提。

学校经常要对已开设的研究生课程进行评估和筛选,我院已于 2014 年制定了新的研究生培养方案;同时,我院要求教师结合经济、科技和社会发展,开设新课程,尤其是与高新科技发展密切相关的课程,我院在 2014 年申请了三项"与国际高水平学者共建研究生课程"的项目,密切关注新技术的发

展动态,积极与国际知名学者的专长接轨,为我所用;在更新研究生课程的教材方面,目前我院已出版"十二五"国家重点图书出版规划项目教材三本;我院还非常重视研究生课程的交叉性和学科综合性,吸引和聘请社会各类高级人才来校讲学,开设专项研究生课程,借此来增加"工程导论"相关课程的权重。

(3)引入CDIO"工程实践场所"标准,重视研究生培养课程中的直接经验与实践动手,强调和规范研究生参与实际科研工作。

实践场所和实验室强调动手学习,学生在这里不仅可以进行学习研究,而且有社会学习的机会。近年我院已建设了"信息与通信工程通用实践平台""WCDMA 3.5G 移动通信网络校内实践基地","无线通信系统高级信号处理实验平台"三个实践环境。

本院鼓励学生参与实际科研项目,既有利于科研工作的进展,取得真实的科研成果,又促进了人才实践能力与创新性的培养。在本项目试点的研究生课程学习中,如博士研究生课程"现代信息论与通信网"中的专题作业和设计都是从实际科研项目中提取出来的,或本身就是一个科研课题的实践过程,由研究生个体或研究生群体完成,有时也需要研究生跨学科合作来完成。

(4)引入CDIO"一体化教学"标准,加强科研与工程中的学科融合,打破学生培养中各学科之间的传统壁垒。

一体化教学是CDIO 12条标准中的第三条准则,将知识、能力、素质的培养有机地结合起来,将理论、实践、创新融为一体,集中体现了"教、学、做、思、创"和"基于项目的教育和学习"的内涵,是培养学生创新能力和工程实践的重要途径之一,同时也是对学生集体主义和团结协作精神的培养。

本院在积极营造自由宽松的学术氛围基础上,尊重教师在教育教学中的个性化和独立性,支持其针对科技领域中研究的新热点、新焦点、新课题问题,开设一系列前景广阔、学科交叉性强、科技水准很高的课程和学术讲座。近些年来,教学培养中更加重视和鼓励研究生跨专业选课、跨学科学习,除部分学科必选课程外可由学生根据能力、兴趣和今后志向来选择课程内容,以此培养学生敏锐的眼光、果断的判断力和良好的创造力。

我院非常鼓励和支持研究生跨专业学习及选课,曾经与悉尼大学Branka教授团队及本校理学院数学专业的马坚伟教授建立了进行学科交叉交流的初步意向。

(5)引入CDIO"综合性学习经验"标准,推进人才教学内容的多元化和多样化,将研究生创新教育与人才全面发展相结合。

研究生教育中应十分重视和鼓励学生用自己的方式分析和处理问题,进行差别化教育,营造良好的学术交流氛围,并将一种开放、互动、弹性的教育教学融入其中,真正使研究生成为教育活动的主体。在本学院中,教师重视理论学习,更强调实践锻炼,培养研究生的钻研精神,重视务实作风和协作意识,磨炼其以严谨的科学态度获取知识,并获得研究成果,提高研究生对于学术的追求。

依靠严格的研究生考核制度、阶段评审制度和管理制度,以多重手段、从多个方面保证研究生的培养质量。同时,在教师对学生的考核过程中,注重研究生培养的多样化和规范性,针对不同个体灵活调整方式进行专门化培养,将个性与共性、知识与能力紧密结合在一起。结合研究生对项目课题的完成情况,评估其所具备的科学素养和科研能力,其中包括独立分析和解决问题的能力,以及创新能力和团队精神等。与此同时,我院还通过与企业或科研机构联合培养研究生,进行在职研究生的培养,鼓励学生进入企业和研究机构从事科研工作,使研究生不断调整和充实自己,终于能够适应未来的社会实践与科技竞争。

四、结语

CDIO模式教育理念在我院的研究生培养中的实践已取得了可见的阶段性成果。在国内高校CDIO实践刚刚起步,国外高校CDIO实践已经很好地解决了学生创新能力培养问题的背景下,作为把创建世界一流大学为宗旨的工科高校,为培养出更多世界顶级的研究和工程人才,并在各个科技领域取得了巨大的突破和飞跃,CDIO模式教育理念的教育模式值得我院进行深入研究并加以推广,具有较强的推广价值及较好的应用前景。

参考文献

［1］王刚．CDIO 工程教育模式的解读与思考［J］．中国高教研究，2009，05：86-87．
［2］查建中．论"做中学"战略下的 CDIO 模式［J］．高等工程教育研究，2008，03：1-6，9．
［3］厉威成．CDIO 模式的教育理念及其实践研究［D］．成都：四川师范大学，2012．

推进综合改革,加强教学管理,保障课程质量
——以天津大学研究生培养为例

蔡建爽,刘 宁,赵红星,秦 岭,陈金龙

(天津大学 300072)

摘要:近年来,随着我国研究生规模的持续扩大和研究生教育结构的战略调整,研究生培养质量在研究生培养工作中的重要性日益凸显。在全面推进研究生教育综合改革的大背景下,如何有效保障课程质量,促进研究生培养质量的提高,成为研究生培养工作的重点。天津大学坚持"育人为本""教学优先""质量第一"的教育教学理念,以研究生教育综合改革为契机,把握住分类推进培养模式改革、统筹构建质量保障体系这两个着力点,不断改进和加强研究生课程建设,通过不断实践积累了宝贵的经验。

关键词:研究生教育;综合改革;课程质量

2014年12月24日,教育部办公厅印发了《教育部关于改进和加强研究生课程建设的意见》,指出"加强课程建设,提高课程质量,是当前深化研究生教育改革的重要和紧迫任务",进一步明确和强调了课程教学在研究生教育综合改革中的重要性。天津大学作为一所工科见长的综合性研究型大学,在研究生教育方面始终以培养高素质拔尖创新人才为目标,坚持"育人为本""教学优先""质量第一"的教育教学理念,不断提高教育教学质量。学校坚持用党的十八大精神指导研究生教学管理工作,针对不同类型、来源、层次的研究生,开展有系统性和针对性的教育教学工作,重点加强课程体系和相关制度建设,确保学校人才培养目标的实现,为实现中华民族伟大复兴的中国梦提供人才保障和智力支持。

一、落实政策精神,全面推进研究生教育综合改革

为全面贯彻落实党的十八大及全国研究生教育工作视频会议精神,适应经济社会发展的多样化需求,进一步提高研究生教育质量,学校依据《国家中长期教育改革和发展规划纲要(2010—2020年)》及《教育部、国家发展改革委、财政部关于深化研究生教育改革的意见》等文件,全面推行研究生教育综合改革,不断完善研究生课程体系建设及课程教学管理工作。

天津大学研究生教育综合改革方案经过充分的讨论和精心的部署,紧紧把握提高质量这一主线,提出了"一二四一"的总体改革思路和"三三二"的八项改革措施,以分类推进培养模式改革、统筹构建质量保障体系为着力点,强调对研究生综合素质与能力的培养。

通过对学校研究生教育工作特色的高度总结和国家研究生教育改革方向的深刻把握,发布《天津大学关于全面深化研究生教育改革的意见》和五个子文件。《天津大学分类推进研究生培养模式改革的实施方案》和《天津大学研究生培养质量保障体系建设暂行规定》为进一步加强课程建设,保障课程质量,提供了政策支持。

同时,在教育部和学校领导的大力支持下,召开天津大学第三次研究生教育工作会议,进一步统一全校思想,形成改革共识,部署深化研究生教育改革的方案和措施,大力推进教育改革工作,将"以学生为中心"的教育改革全面引向深入。

二、做好顶层设计,合理构建研究生培养课程体系

构建层次清晰、结构合理的研究生课程体系,是提高研究生课程质量的前提。研究生培养方案的

课程设置要求能够动态反映国家和社会对研究生培养质量的最新要求，反映学科的国际前沿和发展趋势，具备前瞻性和系统性。培养方案修订工作以《中华人民共和国学位条例》及其实施细则、《教育部关于修订研究生培养方案的指导意见》等文件规定为依据，突出研究生创新能力、实践能力和综合素质的培养。学校在充分调研的基础上，分类改革培养模式，定期修订培养方案，及时更新课程设置。

天津大学结合自身特点，明确人才培养目标、厘清研究生培养定位，不断优化研究生培养方案及课程设置。围绕学校培养具有"家国情怀、全球视野、创新精神、实践能力"的高层次复合型创新人才的总体目标，建立了定位清晰、目标明确、特色鲜明、协调发展的"3I·4C"研究生分类培养体系（图1）。

	"3I"体系	"4C"体系
目标	提高质量 追求卓越	
	□ 知识更新力 □ 学术创新力 □ 国际竞争力	□ 知识迁移力 □ 实践创新力 □ 职业胜任力
途径	需求导向 坚持开放	
	科教结合	产学结合
措施	• Innovation：创新能力为导向的课程体系 • Internationalization：国际化为特征的培养模式 • Interdisciplinarity：多学科交叉为牵引的学术平台	• Classification：分类指导的培养模式 • Capability：能力导向的课程体系 • Collaboration：协同培养的实践平台 • Connotation：内涵引领的保障机制

图1 天津大学"3I·4C"研究生分类培养体系

学术学位研究生的培养突出科教结合，以提升知识更新力、学术创新力和国际竞争力为目标，通过以创新（Innovation）能力为导向的课程体系优化、国际化（Internationalization）为特征的培养模式改革和多学科交叉（Interdisciplinarity）为牵引的学术平台搭建，系统构建学术学位研究生"3I"培养体系，实现学术学位研究生的优质化培养；专业学位研究生的培养突出产学结合，以提升知识迁移力、实践创新力和职业胜任力为培养目标，通过分类（Classification）指导的培养模式、能力（Capability）导向的课程体系、协同（Collaboration）培养的实践平台、内涵（Connotation）引领的保障机制，系统构建专业学位研究生"4C"培养体系，实现专业学位研究生的特色化培养。

学术学位研究生培养方案以提高知识更新力为基础，强调对于研究生学术创新力的培养，通过系统科研训练和多学科交叉培养，开阔学术视野、培育创新思维。专业学位研究生培养方案以提升知识迁移力为基础，强调对于研究生实践创新力的培养，建立了面向市场、产学结合、与社会开放对接的课程体系。在培养方案修订过程中，针对课程设置需求广泛征求学生、导师、企业对课程设置的意见，保证方案的科学、系统、合理。

对于工程博士这一新的研究生类型，在针对学科和学生特点构建个性化课程体系的同时，注重创新培养模式，体现学科交叉和领域前沿。精心设计课程教学安排，甄选校内外高水平专业教师共同授课，建立相对稳定的适合工程博士特点的师资库。重视学生评教，不断整合教学资源、改进教学方式，加强案例教学和课堂研讨。

三、着重制度建设，严格把控研究生课程教学管理

天津大学研究生课程教学管理根据《天津大学研究生课程教学管理规定》和《天津大学关于非全日制研究生教学管理的规定》文件的相关要求执行，严格实行校、院两级管理，开设的各门课程明确专门的课程负责人，全面负责教材选用、备课等课程教学环节的管理以及课程质量的保证等工作。

1. 课程的审批及教学内容制定

各学院开设的研究生课程,必须由研究生院审批。课程的教学大纲由各学科组织有关人员讨论,依据《天津大学研究生课程质量标准》确定。教学大纲明确教学目的、教学内容、教学要求、教学方式、考核方式等,特别明确对课程实验环节和双语教学课程的要求。培养方案和教学大纲一旦确定不得随意更改。

2. 任课教师的聘任和相关要求

研究生课程任课教师的聘任严格掌握任职条件。专业课程任课教师由学院聘任,公共基础课程任课教师由开课学院推荐,研究生院审核后聘任。要求具有副教授以上或相应的职称;专业课程的任课教师应从事相关学科领域研究工作并熟悉本学科前沿动态,具有较高的学术水平。对外聘教师加强管理,由开课学院审批任课教师资格,研究生院备案,并存入教师库,未经审批的教师不能主讲研究生课程。

要求研究生课程任课教师在政治思想、品德作风等方面做到为人师表、教书育人,在针对新任课教师的入职培训中加入高等教育法等相关内容的学习,并由校领导对新入职教师进行师德师风教育。对首次讲授研究生课程的教师,在正式开课前组织试讲,聘请主管教学领导、课程负责人或督导组专家等进行评议。

3. 课程教学各环节的管理和实施

教学管理部门依据课程总目录和研究生选课情况签发教学任务书,根据课程表安排组织课程教学。公共课和核心课(或两名以上教师任教的课程)在教学上统一教材和教学大纲,统一考试命题和评分标准,集体阅卷。对思想政治理论课要求使用教育部指定教材。

教学管理部门根据课程教学计划要求,统一安排结课考试环节的工作,组织考场和选派监考人员。各学院按时上报考试安排,并对以论文、大作业等形式结课的课程做统计并写出说明。核心课考试命题需报学科负责人审定。

研究生课程教学以保证教学质量为前提,任课教师要求采用课堂讲授、问题讨论、专题报告、e-Learning教学平台等多种形式进行适合研究生特点的教学活动。各课程教学环节结束后,任课教师须做教学总结,包括:研究生学习情况和考试情况分析、教学体会和教学方法总结和今后改进教学的设想等;同时对课程考核情况进行分析,包括学生对知识点掌握情况与应用能力分析、命题的分析(考核重点,知识覆盖,难易程度,试题量等)和存在的主要问题及改进措施和建议。

四、加强质量监督,深入实施研究生教学督导工作

根据《天津大学关于全面深化研究生教育改革的意见》精神和《天津大学研究生培养质量保障体系建设暂行规定》相关细则,提出了构建"三层次、四维度、全覆盖"的天津大学研究生培养质量保障体系,各学院分别建立院级研究生培养质量保障体系,进一步强化课堂教学纪律,加强课程教学督导。制定《天津大学研究生教育督导工作条例》,发挥校院两级督导组对教学的督导作用,共同负责教学督导和教学质量评价工作。

1. 教学监督评价促进教学质量提高

积极组织有关负责人、有教学经验的教师开展对教学质量的评价工作。采用不同形式(网上教学评价、座谈会、个别交谈等),了解研究生对课程教学的反馈意见,为改进和提高教学质量提供参考。研究生院除组织对公共课程进行督导外,还对学院开设的专业课程进行抽查;各学院负责组织对本学院所开设的全部课程进行督导。对于非全日制研究生,研究生院积极推进考教分离,采取不同形式,不定期对教学情况进行抽查和评价,听取在职研究生对教学各环节的意见和建议,其结果将反馈

至主管学院作为教学改革的参考。

研究生通过问卷和教学平台等多种形式,对课程教学情况进行评价,对教师的教学态度和能力、教学方法、教学内容进行评价;教学督导组进行随堂听课,通过与任课教师的交流,共同探讨教学内容、教学方法、教学效果等改革问题,促进教学质量的提高;要求研究生院领导、各学院教学主管负责人(主管副院长、课程负责人)每学期对研究生课程教学进行1~2次的听课检查,了解教学情况,发现问题,进行改进;每学期组织对课程运行情况(包括上课、考试)的检查,对在课程教学中教学质量欠佳者及时提出意见并要求其制定改进措施。

2. 教学改革立项引导课程建设上水平

通过教学督导促进教学和管理质量的提高,以教改立项对课程建设给予大力支持,积极引导教师提高课程建设质量。首先重点加强了学科核心课程的建设,2012年研究生院组织了对全校一级学科首批36门核心课程建设的考察和验收;其次利用数字化教学平台进行开放课程建设,促进优质教学资源共享,同时也反映了师生在真实教学过程中的互动成果和优秀教师卓越的教学风范,2012年首批33门开放课程向校内外发布,2014年第二批36门开放课程发布;促进了研究生"创新人才培养"项目建设,从2012年起先后批准建设研究生"创新人才培养"项目100多项,全面涵盖公共课和核心课的建设,多项教改成果获天津市和天津大学教学成果奖,支持教材建设39项,出版教材多部。

高校研究生教学秘书胜任力培训体系构建研究*

丁惠敏,彭　宇,关　硕,邹丽敏,刘晓胜

（哈尔滨工业大学电气工程与自动化学院　150006）

摘要：本文探讨高校研究生教学秘书胜任力培训体系的概念与11方面的构成要素——理念、原则、目标、计划、课程、教材、讲师、学员、环境、管理、评估，并论述其建构。这种培训体系（Training System）的构建和实施，将有助于培养一大批胜任高校研究生教学秘书工作的专业人才，从而有助于提高高校研究生教学秘书的工作效率和质量，同时也就必然有助于提高高校研究生培养与学位教育的质量和水平。

关键词：研究生教学秘书；胜任力；培训体系

一、高校研究生教学秘书胜任力培训体系的概念与构成

在我国，已经有一些关于研究生教学秘书培训方面的研究和实践，也有一些高校召开过研究生教学秘书工作培训和经验交流会，但是还没有人提出有关的培训体系。例如广西师范大学李颖曾经发表论文《略谈如何加强我校研究生教学秘书的培养与管理》（1999年），认为研究生教学秘书工作，是研究生培养管理工作中最基层的工作，始终处于整个研究生培养管理工作的前沿。研究生教学秘书工作的水平和质量，直接影响着研究生培养管理工作的整体水平。因此，不断提高研究生教学秘书从事教务工作的能力和水平，加强对研究生教学秘书工作的管理，是保证和提高研究生培养质量的重要环节。

针对高校研究生教学秘书的胜任特征，为了培养其胜任力，需要构建一种有针对性的培训体系，我们姑且将其称为"高校研究生教学秘书胜任力培训体系"。这种培训体系（Training System）的构建和实施，将有助于培养一大批胜任高校研究生教学秘书工作的专业人才，从而有助于提高高校研究生教学秘书的工作效率和质量，同时也就必然有助于提高高校研究生培养与学位教育的质量和水平。

以往高校没有建立针对研究生教学秘书的培训体系。一说到"培训体系"，主要是面向企业员工的培训。这种"培训体系"一般是指"为实现一定的培训目标，将培训四要素（讲师、学员、教材、环境）进行合理、有计划、有系统的安排而形成的一种指导性文件。""通常一个完整的培训体系包括：培训课程体系、培训讲师管理制度、培训效果评估和培训管理体系四部分。其中前三项是培训体系的三大核心工作内容。"对于企业来说，有的研究者还认为培训体系"尤其要和晋升体系、薪酬体系相配合。"

笔者认为，可以参照企业员工培训体系构建与研究已经取得的经验，结合高校研究生教学秘书工作的特点，创造性地研究如何构建"高校研究生教学秘书胜任力培训体系"。

笔者对高校研究生教学秘书胜任特征模型进行了研究（本项目研究者将另文介绍）。笔者构建"高校研究生教学秘书胜任力培训体系"，应该紧密围绕"高校研究生教学秘书胜任特征模型"来思考其培训体系的构建。另外，高校人事管理部门则应有与其相配合的高校研究生教学秘书的岗位考核体系、职称晋升体系、薪酬体系，本文对此不加赘述，将主要探讨如何构建笔者所关注的"高校研究生教学秘书胜任力培训体系"。这一体系主要由高校研究生教学秘书胜任力培训的理念、原则、目标、

---

* 黑龙江省学位与研究生教育教学改革研究项目；高校研究生教学秘书胜任特征模型与培训体系研究（JGXM_HLJ_2013046）。

计划、课程、教材、讲师、学员、环境、管理、评估这 11 个要素构成(图 1)。下面,将逐一进行阐述。

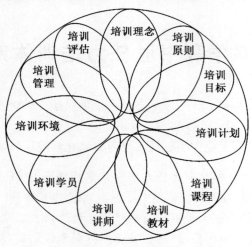

图 1　研究生教学秘书胜任力培训体系及其构成要素

1. 高校研究生教学秘书胜任力培训理念

高校研究生教学秘书胜任力培训的理念至关重要。它关系到整个体系正确与否。其关键问题在于:高校研究生教学秘书胜任力培训理念是什么?换句话说,为什么要对研究生教学秘书进行培训?要进行什么样的培训?笔者的回答是:

高校研究生教学秘书的培训理念是培训高校研究生教学秘书的胜任力,全面提升研究生教学秘书的综合素质和能力,进而提升研究生教学管理工作的水平和效率,促进研究生培养与学位教育的水平和质量。

2. 高校研究生教学秘书胜任力培训原则

基于上述培训理念,高校研究生教学秘书胜任力培训应遵循各种培训一般都应遵循的"系统性原则、制度化原则、主动性原则、多样化原则和效益性原则"。但是由于该培训体系中的各种要素有其特点和特色,原则的具体内容如下:

(1)系统性。

高校研究生教学秘书胜任力培训是一个全员性的(针对所有研究生教学秘书)、全方位的(针对所有研究生教学管理工作及其相关方面)、全过程的(一是贯穿研究生教学秘书职业生涯始终、从上岗到退休;二是研究生教学管理的全过程)系统工程。

(2)制度化。

高校应建立和完善研究生教学秘书胜任力培训管理制度,把这种培训工作例行化、制度化,保证培训工作在每一年度的开展与落实。

(3)主动性。

强调研究生教学秘书学员的参与和互动,发挥学员的积极性、主动性。培训应以学员为本,以学员的提高为目标。所以,不发挥学员的主动性,培训是难以达到目标的。

(4)多样化。

开展研究生教学秘书胜任力培训工作要充分考虑受训对象在工作年限类型、工作经验、工作前教育与工作背景等方面的因素,考虑培训内容和形式的多样性。

(5)效益性。

研究生教学秘书胜任力培训与一般的企业人员培训一样都强调效益性,但又各有异同。同的是都是"人、财、物投入的过程",都是受训人员胜任力提升的过程;不同的是企业强调培训是"价值增值的过程,培训应该有产出和回报,应该有助于提升公司的整体绩效",而高校强调研究生教学秘书胜任力培训应该有助于提升高校研究生管理的整体水平,有助于提升高校研究生培养与学位教育的整体水平。

3. 高校研究生教学秘书胜任力培训目标

笔者将高校研究生教学秘书胜任力培训目标确立如下:

通过高校研究生教学秘书胜任力培训,使高校研究生教学秘书在其工作的全过程中能够胜任所从事的研究生教学管理工作,从而提升和促进高校研究生教学管理工作的效率、水平、质量,进而提升和促进高校研究生培养与学位教育的效率、水平、质量。

如果需要进一步对上述培训目标加以阐述的话,我们要说:这一培训目标说明研究生教学秘书胜任力培训,关系的不仅仅是作为一个研究生教学秘书能够胜任自己的工作,充满自信地、顺利地完成工作任务,更重要的是,由于她(他)的胜任,可以提升和促进高校研究生教学管理工作乃至高校研究生培养与学位教育的效率、水平、质量。

4. 高校研究生教学秘书胜任力培训计划

如何制订高校研究生教学秘书胜任力培训计划?笔者认为,制订好一份科学、可操作、有实效的培训计划至关重要。

厦门大学曾经对研究生教学秘书进行培训,根据《厦门大学研究生教学秘书培训计划》,培训内容"主要包括相关文件解读、研究生院信息化系统的使用、授予学位的程序、同等学力申请学位的申请、申请出国留学的要求、研究生评奖评优的规范等"方面,"并安排适当的参观考察。"培训中具体安排了"评奖评优的注意事项""出国留学相关事项""培养与管理的相关文件解读""信息化系统的使用""组织研究生秘书开展素质拓展训练"。[3]

据介绍,中国科技大学研究生院为进一步提高研究生教学秘书的业务能力,总结交流学位与研究生教育管理工作经验,每半年组织全校研究生教学秘书进行一次集中的业务培训和工作交流,已制度化和常态化。例如,该校曾经召开暑期研究生教学秘书工作会议,对研究生教学秘书进行培训,由研招办负责人总结研究生招生工作,并从招生计划申报、校外推免生接收、研究生招生宣传等方面对研究生招生工作进行详细介绍和布置;培养办负责人从研究生培养过程管理、创新计划实施、网络课堂建设以及研究生教育国际化等方面进行介绍;学位办负责人介绍导师遴选、学位申请等工作,对学位论文查重、网络论文评阅以及视频答辩系统的使用情况进行分析总结。学位办负责人介绍学位与研究生教育信息化工作,提出利用信息技术,实现管理向服务转变的工作思路。与会人员就学位与研究生教育管理有关工作进行讨论与交流,提出许多宝贵的意见和建议。最后,由研究生院负责人做总结发言。[4]

笔者所在的哈尔滨工业大学每年召开一次"研究生教育工作会议",总结、交流当年的研究生教育工作,组织研究生教学秘书参加会议。也曾经在研究生管理系统更新时,组织研究生教学秘书学习使用方法。

由上可知,这些高校的培训内容都是与具体的工作相联系的,都是属于研究生教学秘书工作业务实务的内容。无疑这样的培训对于培养研究生教学秘书的胜任力可以起到重要的作用。但是,笔者认为,这些还远远不够,都谈不上是一种理想的培训计划。系统的培训计划急需加以探讨。

我们认为,一个理想的培训计划除了实务方面的课程以外,基础方面的内容是不可或缺的,对于提升研究生教学秘书的胜任力是更为重要的方面。不认识到这一点,理想的培训计划就不可能构建,理想的培训体系就更谈不上了。基于此种认识,我们提出以"基础讲座+实务讲座+工作会议"共同构成的培训计划(表1)。

表1 高校研究生教学秘书胜任力培训计划

课程编号	课程性质	课程形式	课程名称	学时	培训时间	培训对象
1	基础、岗前培训	讲座	秘书学概论	2	岗前	A类
2	基础、岗前培训	讲座	教育学概论	2	岗前	A类
3	基础、岗前培训	讲座	管理学概论	2	岗前	A类
4	基础、岗前培训	讲座	思维科学概论	2	岗前	A类
5	基础、岗前培训	讲座	创新学概论	2	岗前	A类
6	基础、岗前培训	讲座	计算机应用基础	2	岗前	A类
7	实务、岗前培训	讲座	高等教育学概论	3	岗前	A类
8	实务、岗前培训	讲座	高等教育管理学概论	3	岗前	A类
9	实务、岗前培训	讲座	研究生教育学概论	3	岗前	A类
10	实务、岗前培训	讲座	研究生教育管理学概论	3	岗前	A类
11	实务、岗前培训	讲座	中国学位与研究生教育发展概论	3	岗前	A类
12	实务、岗前培训	讲座	研究生培养与学位教育管理工作实务	3	岗前	A类
13	实务、在岗培训	工作会议	中青年研究生教学秘书管理工作研讨会	3	年中	A,B类
14	年中交流	工作会议	研究生教育工作经验交流会	3	年中	A,B,C类
15	年度总结	工作会议	年度研究生教育工作总结会	3	年底	A,B,C类
16	临时培训	讲座	研究生管理系统更新与管理新办法	3	随时	A,B,C类
17	其他	联谊会、观摩、调研等	待定	X	可有一定的灵活性	A,B,C类
合计				$42+X$		

(丁惠敏等编制)

该计划针对研究生教学秘书不可能像学生那样有大块的时间去学习的特点,一律安排为2或3学时的讲座或会议,使之培训虽然短暂,内容受用长久。该计划以岗前培训和工作会议为主、以在岗培训和临时培训为辅,力求做到在研究生教学秘书工作的全过程中始终有培训相伴,尤其是岗前培训,可以使其胜任力有一个质的飞跃,为其职业生涯的起步和发展奠定坚实的基础。

5. 高校研究生教学秘书胜任力培训课程

"课程是灵魂,包括课程设计、课件的制作、课程的审核评估。"高校研究生教学秘书培训课程体系应针对其"胜任力"——即能力、素质的培养来加以构建。该体系是由若干门适合培养高校研究生教学秘书胜任力的课程共同构成的,这些课程互相补充,完善和改进其知识结构,培养其素质,提高其能力。

对于高校研究生教学秘书的培训,应该选择什么样的课程?采取什么样的课程形式?通过调查,笔者了解到以下情况:

笔者认为该体系主要应由以下12门课程的短学时讲座组成,每门课都对应其要培养的一种或几种胜任力,共33学时。前6门课程的讲座是基础胜任力培养课程,培养基本素质与能力,共12学时;后6门课程的讲座是实务胜任力培养课程,培养实务素质与能力,共18学时;然后是每年安排四次工作会议,每次3学时左右,共计12学时/年。总计学时数为"30+12X"学时(表2)。其中的X为工作年限,体现出每年都应接受培训。

表2 高校研究生教学秘书胜任力培训主要课程一览表

课程编号	课程性质	课程形式	课程名称	学时
1	基础、岗前培训	讲座	秘书学概论	2
2	基础、岗前培训	讲座	教育学概论	2
3	基础、岗前培训	讲座	管理学概论	2
4	基础、岗前培训	讲座	思维科学概论	2
5	基础、岗前培训	讲座	创新学概论	2
6	基础、岗前培训	讲座	计算机应用基础	2
7	实务、岗前培训	讲座	高等教育学概论	3
8	实务、岗前培训	讲座	高等教育管理学概论	3
9	实务、岗前培训	讲座	研究生教育学概论	3
10	实务、岗前培训	讲座	研究生教育管理学概论	3
11	实务、岗前培训	讲座	中国学位与研究生教育发展概论	3
12	实务、岗前培训	讲座	研究生培养与学位教育管理工作实务	3
13	实务、在岗培训	会议	中青年研究生教学秘书管理工作研讨会	3
13	实务、年中交流	会议	研究生教育工作经验交流会	3
14	实务、年度总结	会议	年度研究生教育工作总结会	3
15	实务、临时培训	会议	研究生管理系统更新与管理新办法培训会	3
合计				$30+12X$ (X:工作年限)

(丁惠敏等编制)

设置什么课程,主要根据研究生教学秘书的实际需求确定。例如,对于有的研究生教学秘书来说,计算机应用方面技能的提高是其比较急迫的一种需求,可以通过"计算机应用基础"讲座来给予满足。

(1)秘书学概论。

秘书学概论内容包括秘书、秘书机构、秘书的素质、秘书的日常事务工作、秘书的调研与信息工作、秘书的文化与档案工作、秘书的会务工作、秘书职业准入制度。

通过此课程,可以使研究生教学秘书从一般的秘书的角度,了解秘书及其工作,培养和提高作为秘书的基本素质和能力。

(2)教育学概论。

教育学概论内容包括教育学、教育的产生和发展、教育概念与教育本质、教育和社会、教育与发展、教育目的、教育制度、教学结构和课外活动、人的价值·教育价值·德育价值、人的身心发展过程·教育过程·德育过程、体育、美和美育、劳动教育、综合技术教育和职业教育等。

通过此课程,可以使研究生教学秘书从教育学的角度,全面了解教育及其规律,培养和提高作为秘书在教育学方面的基本素质和能力,使之更好地通过管理进行教育。

(3)管理学概论。

管理学概论内容包括管理与管理者、管理思想与理论的演进、管理的基本要素、管理环境·道德与社会责任、决策、计划、战略管理、组织、管理沟通、人力资源管理、领导、激励、控制、企业文化、管理创新、信息管理与知识管理等。

通过此课程,可以使研究生教学秘书从管理学的角度,全面了解管理的规律和方法,培养和提高管理方面的基本素质和能力。

(4)思维科学概论。

思维科学概论内容包括思维的概念、思维的特征、思维的规律和科学思维的方法等。

通过此课程,可以使研究生教学秘书从思维科学的角度了解人的思维的特点、规律、科学思维的方式和艺术,培养和提高其作为秘书进行科学思维的素质和能力。

(5)创新学概论。

创新学概论内容包括创新的概念、创新思维、创新方法和创新案例等。

通过此课程,可以使研究生教学秘书从创新的角度思考秘书及其工作,养成创新的习惯和创新思维方式,培养和提高其作为秘书的创新素质和能力。

(6)计算机应用基础。

计算机应用基础内容包括计算机基础知识、操作系统 Windows XP 的使用、因特网(Internet)应用、文字处理软件 Word 应用、电子表格处理软件 Excel 应用、多媒体软件应用和演示文稿软件 PowerPoint 应用等内容。

通过此课程,可以使研究生教学秘书从计算机应用的角度,了解计算机的软硬件,了解互联网的应用,为使用计算机做好本职工作打下良好的基础。

(7)高等教育学概论。

高等教育学概论内容包括导论、高等教育发展简史、高等教育的本质与功能、高等教育的体制与结构、高等学校的教师、高等学校的学生与德育、高等学校的教学、高等学校的科学研究、高等学校的研究生教育、高等职业教育、民办高等教育的发展、高等学校的文化建设和高等教育的法制建设等。其中的重点内容是"高等学校的研究生教育"。

通过此课程,可以使研究生教学秘书从高等教育学的角度,了解高等教育,为做好本职工作打下良好的高等教育学基础。

(8)高等教育管理学概论。

高等教育管理学概论内容包括高等教育管理的本质特征、高等教育管理的规律性、高等教育管理的基本原则、发展观和高等教育发展方针、高等教育发展战略与规划管理、高等教育体制、市场机制对高等教育的调节作用、政府对高等教育的宏观管理、高等学校面向社会自主办学、高等学校内部的管理体制、高等学校的领导与决策、高等教育管理的职能和素质。

通过此课程,可以使研究生教学秘书从高等教育管理的角度,了解包括研究生教育管理在内的高等教育管理的方方面面,掌握高等教育管理方面的一般规律和基础知识,为进一步学习研究生教育管理学打下良好的基础。

(9)研究生教育学概论。

研究生教育学概论内容包括学习和创造知识、研究生专业、研究生教育、研究生教育的基本规律研究、研究生教育原则、研究生教育目的和途径、德育论、课程论、科研论、学位论、研究生教育模式论、导师论。

通过此课程,可以使研究生教学秘书从研究生教育的角度,了解研究生教育的方方面面,了解研究生,了解研究生导师,从而也了解研究生教学秘书自身的工作对象。

(10)研究生教育管理学概论。

研究生教育管理学概论内容包括研究生教育系统、研究生教育目的、研究生教育管理、研究生教育管理规律、研究生教育原则、研究生教育效益、提高研究生教育管理效益的方法。

通过此课程,可以使研究生教学秘书从研究生教育管理的角度,了解研究生教育管理的方方面面,了解研究生教育管理工作,提高管理工作的能力、水平和效率。

(11)中国学位与研究生教育发展概论。

中国学位与研究生教育发展概论内容包括中国学位与研究生教育的缘起、发展历程、现状及发展趋势等。

通过此课程,可以使研究生教学秘书从中国学位与研究生教育发展的角度,了解中国学位与研究生教育的昨天、今天和未来发展趋势,有助于全面了解中国学位与研究生教育,有利于创造性地做好本职工作。

(12)研究生培养与学位教育管理工作实务。

研究生培养与学位教育管理工作实务内容包括从研究生招生宣传、入学、在籍期间的各种管理工作到学位会上会、研究生毕业档案归档的全过程管理工作实务。

通过此课程,可以使研究生教学秘书从研究生培养与学位教育管理工作实务的角度,了解自身工作的方方面面,提高管理工作的能力、水平和效率。

6. 高校研究生教学秘书胜任力培训教材

与上述课程相配合的培训教材是非常重要的。选择适合的教材直接作为培训教材或是作为培训参考读物,也是非常重要的。通过对现有相关已出版教材的调查,笔者认为,可以先选择一些现有教材作为培训用教材或培训参考读物,然后逐渐更新,并在适当的时候,组织力量编写适合于培训的系列教材。教材的选用与后面论述的课程体系是紧密相关的。

例如,可以选用的现有教材见表3。

表3 高校研究生教学秘书胜任力培训主要课程一览表

教材编号	作者	教材名称	出版社	出版时间
1	姜爽、邱旸主编	《秘书学》(21世纪公共管理学应用型本科规划教材)	北京大学出版社	2013年9月
2	薛彦华主编	《教育学》(或《教育学原理》《教育学基础》,该类教材极多,可选择一种较为适合的作为教材)	科学出版社	2009年2月
3	周三多主编	管理学(第三版)	中国石化出版社	2010年5月
4	钱学森主编	《关于思维科学》(或翟文明,《思路决定出路》,光明日报出版社,2011年6月出版。或[美]文森特·赖安·拉吉罗著;金盛华,李红霞,邹红等译,《思考的艺术》(原书第10版),机械工业出版社,2013年2月出版。各种书名的关于思维科学的教材较多,可选择一种较为适合的作为教材)	上海人民出版社	1986年7月
5	吴维亚等著	《创新学》(或《创新学教程》《创新学入门》《创新学基础》《创新学原理及其应用》等。此类教材较多,可选择一种较为适合的作为教材)	东南大学出版社	2008年12月
6	潘传中、卿勇、何旭等编著	《计算机应用基础》(同名教材极多,可选择一种较为适合的作为教材)	科学出版社	2010年7月
7	韩延明	《高等教育学新论》(或杨德广主编,《高等教育学概论》(修订版),华东师范大学出版社,2010年12月出版。或杨德广、谢安邦主编,《高等教育学》,高等教育出版社,2009年6月出版。此类教材较多,可选择一种较为适合的作为教材)	山东人民出版社	2012年7月

续表3

教材编号	作者	教材名称	出版社	出版时间
8	杨德广主编	《高等教育管理学》(或薛天祥主编,《高等教育管理学》,广西师范大学出版社,2001年1月出版。或姚启和著,《高等教育管理学》,华中科学大学出版社,2000年1月出版。(同名教材较多,可选择一种适合培训的作为教材)	上海教育出版社	2006年12月
9	薛天祥主编	《研究生教育学》	广西师范大学出版社	2001年1月
10	薛天祥主编	《研究生教育管理学》	广西师范大学出版社	2004年5月
11	中国学位与研究生教育发展报告课题组	《中国学位与研究生教育发展报告(1978—2003)》	高等教育出版社	2006年3月
	"中国学位与研究生教育现状"课题调研组著	《中国学位与研究生教育发展报告(2011)》	清华大学出版社	2012年5月
	中国学位与研究生教育发展年度报告课题组	《中国学位与研究生教育发展年度报告(2009)》	中国人民大学出版社	2010年12月
	中国学位与研究生教育发展年度报告课题组	《中国学位与研究生教育发展年度报告(2011)》	中国人民大学出版社	2011年12月
	中国学位与研究生教育发展年度报告课题组	《中国学位与研究生教育发展年度报告(2012)》	中国人民大学出版社	2013年4月
12	哈尔滨工业大学	《哈尔滨工业大学博士研究生工作手册》《哈尔滨工业大学硕士研究生工作手册》《哈尔滨工业大学博士研究生手册》《哈尔滨工业大学硕士研究生手册》等		每年

(丁惠敏等编制)

7. 高校研究生教学秘书胜任力培训讲师

讲授培训课程的讲师非常重要,他们应该了解所讲授的课程内容,了解受培训的学员——研究生教学秘书的工作、需要的素质与能力、所承受的压力等。

这些讲师应该包括以下两类人员:

(1)一类是培养基本素质与能力类课程的讲师,是来自本校各种课程开课院系的专业教师,或是外聘的适合讲授某门课程的专业教师。

(2)另一类是研究生教学秘书工作实务类课程的讲师,他们熟悉研究生教学秘书的工作和有关管理条例、政策,可以是来自研究生院(处)的主管领导和各学科及院系临近退休或已经退休的、富有丰富工作经验的优秀研究生教学秘书。

8. 高校研究生教学秘书胜任力培训学员

培训学员，也就是培训对象——高校研究生教学秘书。

从工作年限和经验来分，虽然都是研究生教学秘书，但也可以将其划分为如图2所示的三种类型，对于不同类型的研究生教学秘书，应该采取不同的培训形式：

（1）A类研究生教学秘书——即刚从事研究生教学管理工作不久的研究生教学秘书。他（她）们工作年限短，还没有完整地经历一届硕士生、博士生的管理工作，对工作不熟悉，经验很少。对于这些人来说，一切第一次接触到的工作，都可能成为问题，都需要有人答疑解惑。从事该项工作5年以内（包括5年整）的都属于A类研究生教学秘书。

（2）B类研究生教学秘书——即已经从事了一段时间的研究生教学管理工作的秘书，完整地经历了一届或几届硕士生、博士生的管理工作，对工作有一定的了解但又不太深入，具备了一定的经验但还不是特别丰富。对于这些人来说，成为问题的是如何及时总结经验、发现存在的问题、更好地做好工作。从事该项工作5年以上、10年以内（包括10年整）的可以认为是属于B类研究生教学秘书。

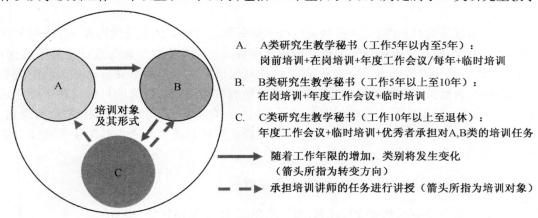

图2　按研究生教学秘书类型划分的培训对象及培训形式

（3）C类研究生教学秘书——即已经从事多年研究生教学管理工作的秘书，甚至已经临近退休。她（他）们工作年限长，完整地经历了一届又一届硕士生、博士生的管理工作，对工作非常熟悉，经验极其丰富。对于这些人来说，成为问题的是不断变化的新形势、新政策等。从事该项工作10年以上的，可以认为是属于C类研究生教学秘书。

对于上述三类秘书应该分门别类地加以培训。这样才能有针对性地解决各自的问题，讲其所需，授其所要，使培训达到目的，获得良好的效果。因此，对于课程和教材的选择，也应该对应这种分类。

对于刚上岗的研究生教学秘书，必须安排参加岗前培训。对于上岗后至5年以上、10年以内的研究生教学秘书应安排在岗培训。至于每年度的研究生教育与培养工作的总结、研究生系统使用方法的更新与研究生管理新规定、新办法的出台等临时培训，都应该及时地组织上述三类秘书作为学员一起参加学习、交流。

9. 高校研究生教学秘书胜任力培训环境

作为培训的环境，可以因地制宜。高校的多媒体教室、会议室当然是首选；还可以选择某些研究生教学秘书的办公室，一边考察、一边培训。

另外，有条件时，也可以组织一些讲师与学员的联谊活动，在放松、自然的活动环境中，往往更有益于讲师与学员、学员与学员之间的交流。

10. 高校研究生教学秘书胜任力培训管理

培训管理包括对培训体系中的目标、计划、课程、教材、讲师、学员、环境、评估的管理。应建立起一个对这些方面进行管理的细则,以便于在培训实施前、实施中进行妥善的管理,使培训达到理想的效果。《高校研究生教学秘书胜任力培训管理办法》的编制,应作为一项重要的课题来加以探讨,这里不再赘述。

11. 高校研究生教学秘书胜任力培训评估

培训评估同样非常重要,主要包括对培训体系中的课程、讲师、学员这三个方面的评估。即:应评估培训讲师的授课效果,还应评估学员的受训效果,进而评估培训课程的质量和效果。对于培训讲师进行评估,可采取学员对于讲师的满意度调查来进行评估。对于学员进行评估,可采取面试、小论文、讨论表现、学习心得、培训日志、培训后工作的表现、绩效、工作经验总结报告等多方面来加以评估。这些应与研究生教学秘书的晋升、提薪、评优等方面相联系,使研究生教学秘书在平凡而繁重的研究生教学管理工作中,既付出辛劳、胜任工作,又获得工作的成就感、满足感、幸福感,在为学校研究生培养与学位教育的发展做出贡献的同时,满足自我实现的心理需求。

二、结语

总之,我们通过研究和思考,对高校研究生教学秘书胜任力培训体系的建构提出了一些初步的想法;对该体系的概念、构成要素进行了分析。希望这种对高校研究生教学秘书胜任力体系的探讨,能够真正有助于建立起一种胜任力培训体系,改变以往高校研究生教学秘书靠自己在实践中摸索和体会、靠私自询问与自己关系较好的资深教学秘书来取经的被动局面。研究的目的就在于要使高校研究生教学秘书胜任力培训体系的建构不但有讲师、有学员、有环境,还要有理念、有目标、有原则、有计划、有课程、有教材、有管理、有评估。只有这样,才能真正构建起高校研究生教学秘书胜任力培训体系,达到我们的培训理念和目标。

参考文献

[1] 苗海荣.七步打造完备的培训管理体系[M].哈尔滨:哈尔滨出版社,2006.
[2] 聂雪林,钟建安.员工胜任特征的开发培训[J].技术经济与管理研究,2006(1):33-36.
[3] 王进.基于胜任特征的企业员工培训研究[D].南京:河海大学,2006.

为打造纺织强国改进纺织工程硕士专业学位研究生教育的探索[*]
——基于各方调研的分析和总结

丁明利

(东华大学研究生部　201620)

摘要：纺织强国的建设离不开纺织教育尤其是纺织工程硕士教育的发展，通过针对在学研究生、毕业研究生、行业人士和高校教师四类人群，从纺织行业的认识和判断、纺织教育的认识和判断、纺织教育与纺织行业的关系、纺织工程硕士专业学位研究生教育情况、其他意见和建议五个方面展开了深入的调研。通过调研，明确了纺织工程硕士专业学位教育存在的问题和不足，据此提出了六个方面的建议。

关键词：纺织工程；研究生教育；纺织强国；纺织教育强国

一、引言

"中国纺织行业'十二五'规划"提出我国要由纺织大国向纺织强国转变，根据这个宏伟的目标，作为本学科排名全国第一的院校，东华大学理所当然要承担起相应的责任。纺织大国体现在体量大、数量大，但科研能力尤其是纺织领域的高科技、新技术等仍然存在较大差距。为了更好地了解差距所在，需要通过调研更好地明确现状，以通过研究生教育的模式改进和优化来建设纺织强国，更好地满足现代化建设的需求。基于此，笔者的调研问卷共分五部分，分别是纺织行业的认识和判断、纺织教育的认识和判断、纺织教育与纺织行业的关系、纺织工程硕士专业学位研究生教育情况、其他意见和建议；调研对象分为四类，分别面向在校研究生、毕业研究生、行业人士和高校教师。

首次调研从2013年5月开始，至2013年12月结束；二次调研于2014年7月完成。校内针对纺织工程专业学位硕士研究生，包括纺织学院、化学化工与生物工程学院、服装学院三个学院的学生；兄弟院校包括天津工业大学、苏州大学、江南大学、浙江理工大学、西安工程大学、武汉纺织大学等六所高校，共回收214份问卷（见表1），除个别题目填写不完整，其他都可以用作统计，作为有效问卷。问卷回收率虽然比较低，但有效率为100.0%。

表1　调研对象情况一览表

类型\项目	数量	占比
毕业生	21	9.8%
教师	34	15.9%
在学研究生	129	60.3%
行业人士	30	14.0%
合计	214	100.0%

---

[*] 上海市学位委员会办公室"上海市研究生教育创新计划实施项目——学位点建设与人才培养模式探索项目"资助；"大纺织学科人才培养现状调研与前瞻分析报告"成果之一。

二、纺织学科研究生教育现状

当前,我国纺织学科教育可以分为四个层次,分别为博士研究生、硕士研究生、本科生以及高职高专学生。本文的对象主要针对硕士研究生尤其是纺织工程硕士专业学位研究生,目前,全国有21所高校拥有纺织工程硕士专业学位授权点,年招生人数约1 200人,其中全日制1 000人、非全日制200人,全国在校生规模约2 600人。

根据当前教育现状和"中国纺织行业'十二五'规划",把纺织行业人才分为四个层次,即行业领军人才和高级研发人员、创新型人才和高级专业技能人才、专业技能人才、一线员工或现场操作人员,对此,有90.2%的受访者认为"基本合理""比较合理"或"非常合理"。

通过调研发现,对于四种教育层次和四种人才培养层次的对应关系,大部分受访者能够接受。选择"基本认同""比较认同"及"非常认同"这三个层次,博士、硕士、本科和高职高专的比例分别为86.9%,87.9%,83.2%,85.5%。具体来说,纺织学科博士培养目标应对应于行业领军人才和高级研发人员,硕士生培养目标对应于创新型人才和高级专业技能人才,本科生培养目标定位于专业技能人才,高职高专培养目标定位于一线员工或现场操作人员。

对于人才培养规模,调研发现,对于当前纺织教育培养的各类人才,本(平均得分2.56)硕(平均得分2.46)博(平均得分2.77)都介于"适中"和"略大"之间,而高职高专(平均得分3.44)则介于"适中"和"非常小"之间,还有一定的发展空间。

在四种教育层次的培养质量中,博士生教育质量相比最高,本科教育质量最低。总体平均来看,博士(平均得分3.39)、硕士(平均得分3.11)介于"一般"和"比较高"之间,高职高专(平均得分3.0)为"一般",本科(平均得分2.85)则介于"一般"和"不高"之间。从此处可以做出判断,中国纺织强国建设和纺织教育强国建设,仅靠拥有博士学位授权点高校是不够的,需要广大本科院校和高职高专院校更加努力,提高质量,才能够真正培养出适合社会需要的人才。

三、纺织行业的认识和判断

如何建设纺织强国,历来众说纷纭。笔者认为在当今这个时代,建设纺织强国,必须站在巨人的肩膀上,只有如此,才能够事半功倍。因此,首先需要明确当今世界上的纺织强国有哪些,它们强在何处?在此基础上,我们的研究生教育尤其是纺织工程硕士专业学位研究生教育才能明确方向,做出的决策才有的放矢。

1. 纺织强国的认识

众所周知,近代的工业革命始于英国的纺织工业在技术上的突破,在工业革命不断发展的过程中,从欧洲、美洲到亚洲逐渐推开,从而形成了当前的格局。那么,在现在我国各类人群心目中的纺织强国有哪些呢?经过调研,笔者发现,排在首位的是日本,其次是美国,再次是德国,余下依次为英国、意大利和法国(图1)。

2. 与纺织强国的差距

在明确了需要追赶的国家之后,就要明白与之差距所在。为此,笔者依据"中国纺织行业'十二五'规划"提出的要素,从六个方面展开调研,分别是:(1)人才队伍,含人才层次、数量、结构等;(2)资金投入,含各级政府扶持力度、社会资本投入等;(3)管理水平,含品牌建设、营销策划、信息化水平、设计、质量管理等;(4)纺织机械,含各类高端纺织装备的研发制造,纺织机械的自动化水平等;(5)相关标准,含全行业标准、地方标准或企业标准等;(6)其他。经过统计和分析调研数据,笔者发现,困扰中国纺织企业发展的困难,首先表现在纺织机械方面,平均得分为4.1分,介于"差距比较大"和"差距非常大"之间;其次是管理水平,平均得分为4.0,正好处于"差距比较大"层次;而对于人才队伍、相关标准和资金投入,差距小一些,平均得分分别为3.6,3.82,3.5,介于"差距比较大"和

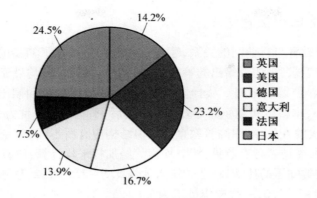

图1 纺织强国认识

"基本无差距"之间。可见,这一调研结果与我国纺织行业现状基本一致。这也对纺织学科教育的发展尤其是研究生教育的发展提供了较好的参照系和判断依据。

四、纺织教育的认识和判断

在认识了纺织强国的情况后,需要探索纺织教育强国与纺织强国之间的关系。在对纺织教育强国的问卷调研统计后发现,排名第一位的依然是日本,其次为美国,再次为德国,余下依次为英国、意大利和法国,这个排名与纺织强国完全一致,说明了二者之间呈现正相关关系(图2)。这充分反映了纺织教育强国对于建设纺织强国的支撑作用和地位。因此,要建设纺织强国,必须加大教育改革力度,最好的突破口就是建设成为纺织教育强国。

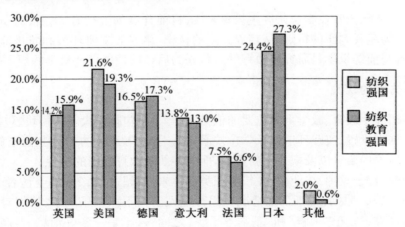

图2 纺织强国与纺织教育强国调研数据占比对比图

那么,我国的纺织学科教育与这些强国相比,又是怎样的呢?笔者给出了六个方面的对比要素,它们分别是:(1)人才培养目标,含培养目标与行业需求的契合度;(2)师资队伍,含队伍层次、数量、结构等;(3)行业支持力度,含行业企业资金支持教育、行业和企业联系的紧密程度等;(4)课堂教学和实践教学,含教学内容、教学方法、教育创新等;(5)教育主管部门的支持力度,含政策支持、资金投入、相关指导等;(6)其他。在分析和统计相关调研问卷后,笔者发现五个给出要素均处于"差距比较大"和"基本无差距"之间,其中相比来说,差距最大的为人才培养目标,以下依次为课堂教学和实践教学、教育主管部门的支持力度、行业支持力度和师资队伍,五个要素的平均得分分别为3.95,3.90,3.78,3.77,3.62。在"(6)其他"的选择方面,有人给出具体建议内容,包括知识产权、文化环境设计、科研水平和学校理论教育过分大于实际操作。这充分反映出当前要建设纺织强国和纺织教育强国中,我国在外部环境和"硬件"方面,已经基本赶上;但更需要在"软件""内功"方面下功夫,以实现由"大"到"强"的转变。

五、纺织教育与纺织行业的关系

为进一步探讨纺织教育与行业间的关系,笔者从三个方面展开了初步的调研。首先对于各层次人才培养能否满足行业需求,受访者给出的答案保持一致,总体来看,均处于同一个层次,即介于"基本能满足"和"比较能满足"需求之间。从具体情况来看,博士生教育和硕士生教育平均得分更高一些,分别为3.18和3.23,本科生和高职高专教育分列其后,平均得分分别为3.14和3.17。

其次,针对不同层次的人员,纺织高等教育的知识结构应有所不同,对专业类知识、管理类知识和其他素质类知识的比例,受访者各有意见,相对均衡。经加权平均计算,所有受访者认为专业类知识、管理类知识和其他素质类知识的比例,行业领军人才为5.3:2.5:2.2,创新型人才为6:2.4:1.6,专业技能人才为6.7:1.7:1.6,一线操作员工为7:1.5:1.5。这或许可以给个人人才培养目标、课程设置等提供借鉴和参考。

最后,关于校企联合培养方面。作为培养专业学位研究生的有效途径,校企联合培养是大量存在的。但对此仍然有一些制约因素,经过调研,发现受访者认为最大的制约因素是"相关政策不明确",占比38.4%;其次就是"经济效益不明显",占比36.0%;"知识产权担忧"的比例也有22.9%。这说明在校企联合培养专业学位研究生方面,国家还需要进一步出台相关针对行业企业的政策。此外,还有受访者给出的具体的意见,包括政府不重视;人员素质不高,联合培养面临宽进严出的瓶颈;此外,对联合培养研究生的考核机制设定需要有针对地设置等内容。这就需要加强部门联动、切实解决各方存在的困难,以真正实现校企联手、协同育人的新局面。

六、纺织工程硕士专业学位研究生教育现状分析

具体到纺织工程硕士专业学位研究生教育来说,目前开展的院校有21所,对于纺织教育比较具有代表性,因此作为笔者调研的重点,从培养方案的认识、培养的主要环节和质量监控三大方面展开调研,以充分了解当前纺织学科研究生教育的现状并为后续的发展以及科学的规划提供依据。

1. 关于培养方案的认识

培养方案是研究生教育、教学最为重要的依据文本,其中包括六大基本模块,包括基本目标、主要方向、学习年限、课程设置、实践环节以及学位授予等。对此,教育双方对此是否了解、了解程度如何直接关涉研究生培养的质量以及模式创新等,从而关涉纺织教育强国的实现。

经过调研发现,对于教师、毕业生、在校生三类群体来说,超过83.2%的受访者了解培养方案,基本符合管理学的"二八"原则,属于正常情况。但行业人士则不那么乐观了,他们对于全日制纺织工程硕士研究生培养方案介于"了解"和"基本不了解"之间,这不是一条好消息,各高校应在制定培养方案时,广泛吸收行业企业的意见和建议,最好能够校企联手制定培养方案。毕竟,根据调研,行业人士参与培养方案的制定的比例仅有37.5%,这与他们对于培养方案的了解情况基本吻合。从研究生教育角度来说,还需要加强导师和研究生对培养方案的了解和认识程度,因为这关涉培养人才的质量。毕竟,对于各高校现行的培养方案的评价,82.6%的受访者给出"基本合理""比较合理"或"合理"的评价,与认识程度成正比。

再进一步分析,笔者发现56.5%的受访者对于培养方案的总体评价不高,表现在目标模糊、课程设置陈旧,与学术学位雷同、区分度不高,给出的其他意见如"定位不清晰,课程设置不系统等"。

2. 培养的主要环节

一般认为,当前专业学位研究生需经过课程学习、实践环节、学位论文三大主要环节,在教师、研究生(含毕业生和在校生,下同)中有超过92.1%的受访者认为"基本合理""比较合理"和"合理",而行业人士的相应比例仅为76.7%,这值得广大教育工作者的反思。认为不太合理或不合理的群体给出的改进意见主要集中在实践环节,包括实践教学的缺失,实践和理论教学两张皮,还有学位论文的

改进等。

3. 质量监控方面

为了更好地体现质量监控,从课程教学、教材质量、实践教学、学位论文四个方面进一步展开调研。

(1)课程教学方面,仅有11.2%的受访者认为当前纺织工程硕士课程总体教学质量"比较高"和"非常高",认为"一般"的占56.1%,认为"较低"和"非常低"的占31.3%。提高教学质量迫在眉睫。

在总体评价低的原因中,排在首位的还是"实践教学的缺失"(占比36.8%),其次是"教学目标不明确"(占比31.6%),再次是"教学方法不合理"(占比26.3%)。

(2)在纺织工程硕士教材的总体质量方面,有83.3%的受访者认为教材的总体质量为"一般""较好"和"好"。这反映提升教材质量还有比较大的空间。

教材质量低的首要原因在于"相关案例、实践或实验指导不足",占比达51.0%;其次就是"无教材、系教师汇编的材料",占比为24.5%;再次为"教材内容陈旧",占比为22.6%。

(3)在当前全日制纺织工程硕士实践教学质量方面,调查显示仅有18.7%的受访者对工程硕士实践教学总体质量给予"比较高"或"非常高"的评价;有54.1%的受访者认为"一般";有27.2%的受访者认为"较低"或"非常低"。

造成实践教学质量低的原因,首要的是"未开设实践课程",占比为43.2%;其次为"教学方法不对",占比为26.1%;再次为"师资力量不足",占比为18.2%,这都是以后各高校要努力的方向。此外,受访者还给出了其他一些原因,包括脱离现实生产情况,缺乏整体认识和配套措施,需加强生产或针对市场的研发实践,实践课程时间安排不合理,纺织工程招的研究生太多,培养资源分散,不够重视,走马观花等。

如何加强实践能力培养呢?调查发现,最有效的实践手段是"学生进入企业开展实践实习",占比为62.9%;其次为"学校开设相关实践类课程",占比为20.6%;再次为"企业或学校开设相关讲座和观摩",占比为13.5%。当然,受访者也给出一些建议和意见,包括学校开设实践课程与进入企业实践学习相结合,结合企业需求进行课题研究,需要稳定的专业兴趣,与企业联合实施等。

对于教育部规定的全日制专业学位研究生必须实习实践6个月以上的规定,仅有40.9%的受访者认同,有44.1%的受访者认为仅有3~6个月的实践就足够了。这值得高校和教育主管部门深入分析和探究。

对校内教师来说,100.0%支持专业学位研究生在学期间进入到行业企业开展实践活动。从研究生自身来看,则仅有71.3%进入到行业企业开展实践活动。

38.2%的校内教师认为研究生在企业实践过程中,对于企业的作用和价值"比较大"或"非常大"。研究生的相应比例为26.7%,行业人士的比例为43.4%。在研究生和行业人士看来,进入企业深入开展实践活动的仅有18.9%,这表明实践的整体质量还急需进一步提升,实习实践活动成效还需继续提升。那么,原因何在呢?

在受访者看来,企业不敢或不愿安排学生深入开展实践的首要原因是"企业对学生不放心",其次企业担心技术外泄。此外,行业人士填写的原因有四点:一是企业投入的费用问题和人员流动的问题;二是企业培养一个人需要花费较多的精力,培养指导完成之后学生离开企业,对企业后续无帮助,所以企业也不愿意投入精力;三是安全问题;四是影响正常学业。如何消解校企之间的信任危机,显得迫在眉睫。

超过61.8%的校内教师认为他在指导研究生开展实践活动时,与校外指导教师之间的沟通交流"比较频繁"或"非常频繁"。

有71.9%的校内外教师对学生的实践活动都是"投入""比较投入"或"非常投入"。作为"过来人",毕业生作为校外导师指导学生实践投入程度比较高,相应比例达到81.3%。

在行业人士看来,学生开展实践活动的效果和价值"一般"。70.4%的毕业生受访者认为作为校外导师指导过学生开展实践活动的效果"比较高"或"非常高"。

(4) 学位论文环节及质量监控。

学位论文过程一般包括开题、中期检查、论文盲审/评审、论文答辩等环节,对此,无论是教师还是在校生学生、毕业生和行业人士,都保持较高的认同度,占比分别为 100.0%、96.1%、94.1% 和 94.1%。

全国工程专业学位教育指导委员会组织专家研制了工程硕士不同形式学位论文基本要求及评价指标,允许工程硕士学位论文采用产品研发、工程设计、应用研究、工程/项目管理、调研报告等五种形式,对此,有 45.3% 的受访者"不甚了解"或"不了解"此项规定,这说明各高校在实际培养过程中,需要继续加大宣传力度。

在是否会采用教指委给出的论文形式时,有 73.4% 的受访者表示愿意选择相对新、且适合工程硕士专业学位类型的论文形式,其中在校生为 69.8%、教师为 85.3%、行业人士和作为校外导师的毕业生为 74.5% 的比例,可见,不同的人士对此评价略有不同,还需要继续加大努力。

对于当前流行的校内外"双导师"指导模式,绝大部分高校(占比为 71.2%)采用此模式,但仍有部分教师或在校生未加选择或认为学校没有执行双导师制学生,导致此项规定工作流于形式。仅有 38.1% 的毕业生"认同"学校实行双导师制,57.1% 的毕业生"不认同",情况不容乐观。

针对校外导师和校内导师在整个论文环节的评价。有 58.1% 的在校生对校外导师在学位论文环节的指导给予好评(80 分以上),40 分以下的仅占 3.1%,这说明校外导师能够为学生提供切实的指导,也是学生需要的。对于校内导师的评价更高,达到 79.1%;40 分及以下仅占 1.6%。

针对校外导师指导学位论文的评价,仅有 23.5% 校内导师认为,校外导师在指导学生写作学位论文时的情况良好,得分达 80 分以上。对此,有 33.3% 的校外导师认同此点,毕业生仅有 19.1%。

针对校内导师指导学位论文的评价,85.3% 的校内导师认为指导学生论文情况良好,得分达 80 分以上。对此,50.0% 的校外导师认同此点,毕业生仅有 61.9%。

对于纺织工程硕士学位论文答辩评分表,52.9% 的校内导师、50.0% 的行业人士、66.7% 的毕业生认为学校对学术学位与专业学位答辩评分表使用相同,值得各校注意并及时改正,以切实改变专业学位研究生教育中存在的"同化"现象。

(5) 事后评价方面。

调研发现有 60.8% 在校生认为实践教学对于即将就业时的作用最大,其次分别为导师的言传身教(占比 18.9%)和论文写作(14.2%),课堂教学仅占 5.4%;61.9% 的毕业生认为实践教学在就业时的作用最大,其次为导师的言传身教和论文写作(均占 14.3%),课堂教学仅占 4.8%;59.1% 的毕业生认为实践教学在工作中的作用最大,其次分别为导师的言传身教(占比 22.7%)和论文写作(13.6%),课堂教学仅占 4.5%。

与之相对应,58.8% 的在校生认为需要加强实践教学环节,其次分别为导师的言传身教(占比 18.9%)和论文写作(12.8%),课堂教学仅占 8.1%。50.0% 的校内教师认为需要加强实践教学环节,其次分别为论文写作(21.7%)和课堂教学(10.9%),导师的言传身教占比 8.7%。76.0% 的毕业生认为需要加强实践教学环节,其次分别为论文写作,占比为 16.0%;最后为导师言传身教和课堂教学,均占 4.0%。

七、相关意见和建议

基于以上五个方面的调研分析,通过加强纺织工程硕士专业学位研究生教育,全面提升纺织工程硕士专业学位研究生教育质量,建设纺织教育强国,进而为实现纺织强国提供支持,笔者提出以下建议。

(1) 定位要明确,师生意识要转变。专业学位的目标是培养从事非学术研究的、知识和技术应用部门的从业人员,重点培养人才的知识或技术应用能力,重点培养其实际操作能力,论文或研究报告表现的是其应用已有知识发现和解决现实问题的能力,所从事的工作以应用职业领域为主。因此,必须按照纺织工程硕士专业学位标准,进行分类指导,严格要求,破除专业学位培养中存在的"四化"现象,更好地树立纺织工程硕士专业学位研究生教育的品牌效应和价值。要强化学生爱国强邦意识和强大传统纺织行业的责任感和使命感;提升学生的创新意识和创新能力,脚踏实地干一行爱一行做好一行;纺织工程硕士培养的人才应该是:"上得讲堂,下得工厂,懂得理论,善于实践,尊重经验,不断创新"。

（2）面向社会实际部门的迫切需求,加强与有关部门、行业企业的联系。切实改进和加强实践环节和相关考核、要求等,让学生通过在企业的实践锻炼,在学与练中真正掌握学科知识,深刻体会到学有所用,从而充分融汇学科知识和企业技能,努力为企业解决生产实际中存在的各种问题,切实保障实践效果,打造校企联合协同育人新机制和新方式。

（3）改变课程教学内容,课堂教学应与行业需要相结合,注重前沿科技知识的传授;要通过"请进来"和"送出去",培养和建立一支适于纺织工程硕士专业学位教育的师资队伍;要改善教学方法,变单纯的讲授为多方面的互动,尤其要加强案例教学;在教材建设上要尽快建立适合纺织工程硕士培养的教材体系。

（4）要加强对研究生导师的服务与管理,强化导师第一责任人的责任意识和使命感;提高研究生教育过程中的导师的投入力度,加强师生之间的沟通、交流;要有激励措施和约束机制,既要树立榜样、积极宣传和表彰,以有效调动导师的积极性,又要适当规范,对个别不太负责的导师加强改进,以实现一定的约束机制。

（5）各方要加大投入力度,国家要出台相关政策支持校企协同育人,给予行业企业更多的政策和制度;学校需加强支持力度,为各类教学活动、联合科技攻关等提供政策支持和补助;还要加强学生在企业实习时的保障机制,全面保障带队教师参与学生的各类权益。

（6）在做好全日制学生培养的同时,也应该加大企业在职人员的培养力度,如招收在纺织企业工作几年的本科生和年限较长的大专生,通过校企协同,定向培养,全面加强与行业企业的深层次合作,在生产实践中找出研究的课题,高校和企业成立联合攻关团队,既能够培养人才,又能够实现技术的改进,实现教学相长、协同发展。

总之,各方全力合作,实现由政策引导和支持的校企联合培养,企业有意愿并能担当对学生实践动手能力的培养职责,学校有义务从企业实际问题提炼出适合学生完成学位论文的课题,从而为纺织强国的早日实现打下坚实的基础,提供更多的人才和技术支持。

CDIO 教育理念及其在工科研究生培养中的应用[*]

贾 敏,郭 庆,顾学迈,赵洪林

(哈尔滨工业大学电子与信息工程学院 150001)

摘要:在现在的教学工作中,学生学习兴趣广泛,但授课课时有限,教育工作者如何找到一种教学方式来解决这种矛盾一直是教育模式研究者的重要任务。在这样的背景下,CDIO 模型应运而生。本文主要介绍 CDIO 教学模型是如何构建的,介绍其基本组成部分。在此基础上,深入探讨如何在教学工作中实施 CDIO 教学模型,分为开放教学、开放实践、开放教学管理和自组织实现几个重要的步骤。本文构建的 CDIO 模型,可实施性强、理念新颖,在教育工作者完成教学的基础上,可以极大地满足学生对知识的渴求,拓宽学生的事业,提高教育的效率。

关键词:CDIO;开放教学管理;开放实践;开放教学;一体化教学

一、引言

近代教育出现了一种新型的教育模式,即 CDIO 工程教育模式。CDIO 工程教育模式于 2000 年提出,瑞典皇家学院与麻省理工学院等知名教育研究机构花费近 2 000 万美元,至 2004 年建立了比较完善的 CDIO 工程教育理念。与此同时,成立了 CDIO 工程教育委员会,继续完善 CDIO 工程教育理念。

CDIO 包括几个比较重要的部分,其中 CDIO 分别是构思(Conceive)、设计(Design)、实现(Implement)和运作(Operate)的缩写。CDIO 的理念是,将学生被动地接受知识转变为主动地获取知识,激发学生的主观能动性,全面综合地提高教学的质量与效率。其中,CDIO 工程教育将对学生的基础知识、个人能力、人际团队能力和工程系统能力 4 个层面进行全方位的教育,以确保学生全面发展,实现教育的现代化。

从 2005 年起,我国引入了 CDIO 工程教育模式。在短短的 10 年里,CDIO 工程教育理念得到了飞速的发展。全国的许多大学都在贯彻 CDIO 工程教育模式。同时,CDIO 教育模式也在国内取得了重要的成果。在 CDIO 工程教育模式培育下的学生,综合能力得到了极大的提高,同时也提高了我国学生在国际的竞争力。这也从侧面上验证了 CDIO 教育模式的可靠性和有效性。为了进一步落实 CDIO 工程教育的实现,我国出台了两个最重要的指导性文件,分别是 CDIO 能力大纲和 12 条标准。由此可见,CDIO 是一个规模空前、覆盖规模广泛的国际化高水平的教育模式,CDIO 教学模式的突破将持续性地影响中国乃至整个世界教育领域的发展。

二、基于 CDIO 教育理念的教学模型

实践证明,CDIO 教学模式不仅能提高学生的学习兴趣,也能全方位地为学生的发展提供广阔的舞台。但任何教育模式在实施中都会面临一些现实的问题,CDIO 教学模式也不例外。学生对各种各样的知识是无比渴求的,但是受教学时间的影响,传统的 CDIO 教学模式不可能完全满足学生对知识的诉求,长此以往,会影响学生学习的主动性与积极性。为了解决教学时间有限与学生对知识的无限

---

[*] 中国学位与研究生教育研究课题(C-2015 0501-215);哈尔滨工业大学研究生教育成果奖培育项目(CGDY-201404);黑龙江省教育科学规划课题重点课题(GBB1211024)。

渴求,本文对 CDIO 教学模式进行进一步的研究,在保证教学质量的前提下,极大地满足了学生对学习新知识、新理念的愿望,提高学生学习的积极性。

CDIO 教学模式以产品研发到产品运行的生命周期为载体,让学生以主动的、实践的、课程之间有机联系的方式学习工程技术[1-3]。我们可以在图 1 中构建出 DIO 开放教学模型。本文提出的 CDIO 教学模式基于传统的 CDIO 教学理念。本文在构建 CDIO 开放教学模式的基础上,用一体化开放教学、开放实践、开放教学管理 3 个方案讨论如何深化 CDIO 教学改革,并将这种理念贯彻到学生的教育工作中。

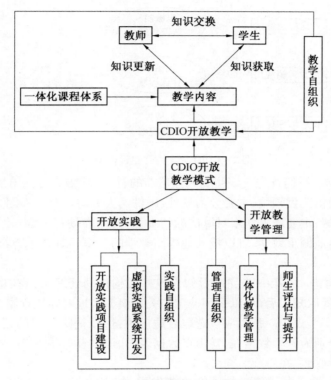

图 1　基于 CDIO 教育理念的教学模型

图 1 展示了 CDIO 开放教学模式将教学内容、教师、学生巧妙地联系在一起,在开放教学、开放实践、开放教学管理三方面有序综合地完成教学的任务。在这个框架下,学生、老师与教学任务不再是分离的个体,而是形成了一种开放体系,老师和教学任务之间、学生和老师之间、学生和教学任务之间都可作为知识传播的途径,这样就立体地完成了知识的交互过程。同时,知识在传播的过程中,打破了传统教育里知识是从老师单方向传播给学生的模式,实现了三者之间知识的双向传播。

为了贯彻 CDIO 开放教学模式,在 CDIO 开放体系中加入了开放实践的环节。具体来说,分为开放实践项目建设和虚拟实践系统开发两大部分。CDIO 提倡学生在实践中学习,而不是传统的被动接受知识。在具体的项目中,学生在实践的过程中获得知识和相应的技能。这样,使书本的知识更富现实意义。

三、CDIO 教育理念的实施方案

在理论上,我们已经对 CDIO 教学模型进行了全面深入的阐述。那么如何将 CDIO 一体化教学模式贯彻在整个教学工作中呢?

1. CDIO 教学内容建设

图 2 全面地描述了 CDIO 开放教学模式中的开放教学的内容。其中,主要包含 4 个方面,分别是如何构建知识体系、如何构建知识点储备库、如何进行知识点的更新以及如何除去知识点冗余,在这

几个方面对知识点进行综合的重构。

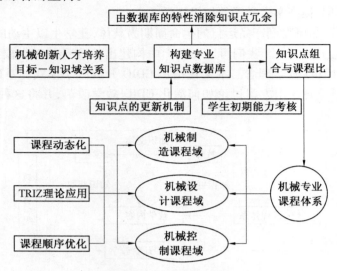

图 2　CDIO 教学内容建设模型

（1）知识点构建基础。我们首先应该明确人才培养的目标，从培养目标出发，来确定教学所应该涵盖的领域。例如，在通信工程领域，主要分为软件、硬件两大方向。对于不同方向的人才，进行有针对性的教育。在软件领域，主要培养学生对算法的仿真能力，而在硬件方面，主要提高学生的工程实践能力。这样，有针对性地侧重教学，可以极大地提高教学的效率。对人才培养的目标成了知识点构建的依据。

（2）知识点储备库构建。在第一步完成对知识点基础构建的情况下，我们的任务就转变为如何构建知识点储备库。在提取知识后，可以采用一定的关系模型实现对知识点储备库的构建，同时可以将这种构建模式储存在一个表中。我们应该选取合适的主键，以消除知识的冗余度。整个知识点储备库包括 4 张关系表，分别为课程数据表、知识点数据表、知识点表与课程表。这样，就可以通过适当的算法将教学知识有机地结合在一起。

（3）知识点及时的更新。由于信息技术的快速发展，知识的更新速度很快，特别是当今这个时代，如果教学的知识库得不到及时的更新，学生没有机会接触最前沿的科学技术，这无疑会极大地影响教学工作的效率。对于通信工程专业来说，电磁场理论与通信原理是相对稳定的，这部分是经典内容，不需要有很大的变动。但总会涌现出很多新兴的技术，如当今的 4G、5G 技术。CDIO 教育模式倡导对知识库进行及时的更新，使同学不仅能掌握基本的经典理论，也有机会接触最前沿的科学技术。同时，对那些过时无用的知识进行删除，也节约了学生的宝贵时间，学习更有益的知识，这无疑是教育领域的一种突破。

（4）知识点冗余消除。在传统教学模式下，存在着教学重复的弊端，让学生的宝贵时间浪费在冗余的教学环节是十分可惜的。在另一些情况下，储备库主键的重复性会导致知识的重复性。这就要求教学工作者设计合理的算法，来检测教学工作中的冗余项，并对其进行删除。这样才能极大地提高教学的效率。

（5）课程的构建。在制订教学计划的时候，要考虑到学生学习的基础水平，从学生的实际情况出发，来实现因材施教的目标。其中一个有效的实施方案是在同学入学前进行一个测试，根据测试的结果来对学生进行分组，进行分层次的教学。这样，可以使学习效率高、学习能力强的学生有机会学习更多的知识，也不会增加大部分学生的压力，从而实现学生的个性化发展。CDIO 课程将理论与实践有机地融合在一起，主要是 TRIZ 理论创新技术的应用与课程化[4]，能够激发学生创新的教学内容。课程内容要面向多维目标，以便"因材施教"。

（6）课程的网络化。随着网络的高速发展，网络成为学生获取知识的重要途径。CDIO 开放教学模式提倡与时俱进，也倡导学生使用最方便的方式获取知识。将课程引入网络，增加网上教学资源，可以提高教育的广泛性。同时,网络可以第一时间传递给学生最前沿的技术,这提高了网络的高效性。

2. 新教师职能模式

在传统的教育模式中,教师主要进行"填鸭式"教学,即在课堂上传送知识,学生没有自主选择知识的机会,也不知道为什么要学习这些知识。而在 CDIO 开放教学模型中,提供了学生主动构建知识的机会,可以在具体的实践中提出问题、分析问题、解决问题,在不断探索的过程中,实现对知识的积累,这样便实现了学生的自主化学习。在具体的开放教学环节中,教师应该做到以下三个方面[5]。

(1)教师应善于创设学习情境。知识的产生源于有其应用的背景。教师在传播知识的同时,应该提供知识产生的背景,将同学引领到知识产生的背景下,可以提高学生自主发现问题、解决问题的能力。在具体的情形下,学生可以更容易地理解知识的产生背景与价值。同时,这种方式极大地提高了学生的创新能力。

(2)教师应高效地引导学生。在传统的教育中,教师是教学的主要部分,同学很少有机会全面加入到教育环节中。传统的教育模式,不仅使教学环节枯燥无味,也使教学质量低下。而 CDIO 开放教学模型提倡教师提供轻松活跃的课堂气氛,让同学作为教学环节的主角,注重学生的感受,激发学生的学习积极性。这样,可以有效地化学生被动地接受为主动地获取知识,同时也会提高学生学生过程中的兴趣,更好地参与到教学环节中。

(3)教师应有效地开发教学资源。传统的教育模式以课本教材为主要内容,而课本教材可能缺乏一些前沿性的重要知识,这部分知识正是学生急需获取的。CDIO 开放教学模型不仅要求教师更好地传授经典的理论,也要求教师通过开发教学资源,将学生引领到教材之外的广阔世界中。

综上所述,CDIO 对教师的教学能力提出了更高的要求。为了进一步落实 CDIO 开放教学模型,有必要定期组织教师进行培训,从根本上产生教学观念的转变,重新定位自己在教学工作中的角色,将更大的舞台留给学生。这样可以提高学生学习的主动性和积极性。

3. CDIO 模型的学生角色

学生作为 CDIO 开放教学模型的重要参与者,也需要重新定位其角色,以发挥其主观能动性。在教学环节中,学生不应该仅仅被动地接受教师传授的知识,还应该从自身出发,积极参与教学环节,自主发现问题,解决问题,以主人翁的姿态更好地融入教学工作中。

4. CDIO 模型中新型的师生关系

在传统的教学模式中,教师一般处于主导地位。而在 CDIO 开放模型中,师生关系是平等的关系。师生关系的平等性不仅体现在教学环节的平等,在课余生活中,教师也应该努力成为学生的朋友。这种融洽的关系不仅能拉近学生和教师之间的距离,同时这种新型关系也有助于学生更主动地融入课堂,提高学习的效率。具体来说,师生关系应该实现如下目标:

(1)互相理解。具体来说,在教学工作中,老师应该耐心解答学生的困惑,学生也应该认真听讲,珍惜老师的劳动成果。

(2)互相包容。在 CDIO 开放教学模型中,教师和学生不再是孤立的个体,而是有机的统一整体。因此,学生与教师之间的相互理解、相互认识,相互合作成为教学工作的重要环节。

(3)平等沟通。新型的师生关系不再是上下级的关系。在 CDIO 开放教学模型倡导老师和学生建立良好的关系,进行平等的对话。

(4)互相学习。俗话说,寸有所长,尺有所短。在教学环节中,学生也有超过教师的部分,教师应该放低姿态,向学生虚心学习。这样,不仅会提高教师的学术水平,同时有利于学生建立自信心,更有动力地学习,以发挥其主观能动性。

四、教学管理的开放性

在教学工作中,另一个重要的方面是教学管理。教学管理的开放性直接影响到CDIO开放教学模型的实施效果。因为CDIO开放教学模型是一种新型的教育体系,在实施的过程中难度更大。因此,制定有效的教学管理方式成为CDIO开放教学模型的重要部分。将CDIO开放教学管理分为一体化教学管理和师生CDIO能力评估与提升两个方面。

1. 教学管理的一体化建设

CDIO开放教学模型的重要理念就是一体化教学。具体来说,一体化教学可以分为如下几个部分:①根据《CDIO理论与实践一体化》来制订相应的教学实施计划。②对老师进行培训,优化教学理念。③让老师制订具体的计划,将CDIO开放教学模型写入其教案。④安排一体化教室。这样不仅在时间上实现了一体化教学,也为一体化教学提供了空间基础。

2. CDIO评估体系

CDIO开放教学模型的另一个重要理念就是能力正确评估。但对师生能力的评估是一个复杂的过程。为了增强CDIO开放教学模型实施的严谨性,我们引入了CMM模型。CMM是Capability Maturity Model的缩写,即表示能力成熟度模型。

CMM由美国卡耐基梅隆大学提出,该模型可以从5个不断进化的级别科学地评估软件能力与成熟度。中南大学的胡志刚、陈启元等人将CMM模型引入CDIO教学中的学生与教师的能力评估与提升中[8,9]。本文在此基础上对该模型进行改进,具体的结构如图3所示。

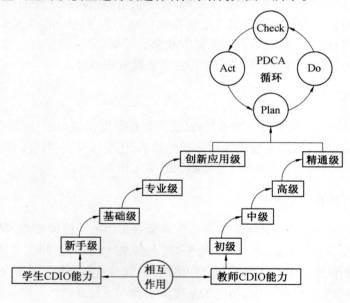

图3 CDIO评估体系模型

在图4中,我们把教师的CDIO能力成熟度由低到高划分为4个等级:初级、中级、高级和精通级。各能力成熟度等级反映了不同教师的CDIO能力和所要达到的目标,每个成熟度级别都包含实现该级别目标的若干关键过程。与此同时,我们把学生CDIO能力成熟度也分为4个等级,由低到高依次为:新手级、基础级、专业级和创新应用级。不同的成熟度等级反映了学生在CDIO工程教育中不同发展阶段的不同特征和学习内容需求。这种分等级的评价体系可以激发教师和学生的教学和学习动力,以达到更高的水平,为全面贯彻CDIO开放教学模型提供了保证。

五、结语

CDIO 开放教学模型起源于当代。经过飞速发展,已经形成了相对完善的体系。CDIO 教学改革成果无论是在中国还是在世界都取得了良好的教学效果。

在中国,为了实现对现代化人才的培养,我国的教育工作者引入了 CDIO 开放教学模型。通过对 CDIO 开放教学体系的完善,CDIO 的内涵将更加丰富。CDIO 打破了传统的教育模式,提倡学生自主学习,提高了学生学习的主动性和创新能力。在当前的教育背景下,我们应该与时俱进,对 CDIO 开放教学模型进行进一步的完善。欧洲也把 CDIO 应用到研究生与博士生等高等教育事业中。CDIO 开放教学模型提高了学生的项目管理、交流能力和研究能力。

CDIO 开放模型本身就是对教学模式的极大创新。随着更多的高校加入到 CDIO 改革中来,CDIO 的内涵也会更加丰富。在世界各地的高校都自主实践 CDIO 模型,正因为这种模型的开放性,促进了 CDIO 开放模型的不断完善。同时,各个国家的各所大学应该加强交流,不断创新,不断丰富 CDIO 开放模型的内涵,推动 CDIO 开放模型的与时俱进,从而取得更好的教学效果。

参考文献

[1] 江帆,张春良,王一军,等. 机械专业 CDIO 培养模式探索[J]. 装备制造技术,2010,39(6):192-194.

[2] 江帆,张春良,孙骅,等. 融合研究性学习与 CDIO 的机械设计实践教学[J]. 实验室研究与探索,2010,29(8):267-270.

[3] 康全礼,陆小华,熊光晶. CDIO 大纲与工程创新型人才培养[J]. 高等教育研究学报,2008,31(4):15-18.

[4] JIANG FAN. Application idea for TRIZ theory in innovation education[C]. Proceedings of the 5th International Conference on Computer Science & Education, IEEE press, 2010.

[5] 姜超. 开放教学研究[D]. 上海:华东师范大学,2007,(6):37-48.

[6] 李燕,刘杰,马晓雨. 土工实验室开放教学探讨[J]. 河北工程大学学报(社会科学版),2010,28(1):60-61.

[7] 江帆,孙骅,胡一丹,等. 基于 TRIZ 理论的机械基础创新实验教学体系的构建[J]. 装备制造技术,2010,39(2):190-192.

工科研究生培养的一些问题和对策

李小蓓，张　婧

（空军工程大学信息与导航学院　710077）

摘要：工科研究生是我国研究生中规模最大的群体，其培养涉及我国工程技术人才的发展以及相关学科的进展。但目前我国工科研究生培养出现了一些问题，不仅涉及学生方面，也涉及导师的管理和教育方面。针对这些问题提出了相关对策和建议。

关键词：工科；研究生；培养；问题

一、前言

近几年来，随着我国社会以及教育事业的发展，研究生培养规模逐步扩大，2014年全国博士研究生招生规模达71 020人，硕士研究生招生规模达560 000人。其中，工科类研究生占了相当大的比例。根据百度百科的定义：工科是应用数学、物理学、化学等基础科学的原理，结合生产实践所积累的技术经验而发展起来的学科。代表性的学科有土建类、水利类、电工类、电子信息类、热能核能类、仪器仪表类、化工制药类等。工科的培养目标是在相应的工程领域从事规划、勘探、设计、施工、原材料的选择研究和管理等方面工作的高级工程技术人才，主要是培养实际应用能力的工作人员。以上所述主要指传统工科，此外还有新型工科。新型工科是指为适应高技术发展的需要而在有关理科基础上发展起来的学科。硕士研究生的培养目标是：

（1）在本门学科上掌握坚实的基础理论和系统的专门知识。

（2）具有从事科学研究工作或独立担负专门技术工作的能力。

很显然，由于培养人数较多，工科类研究生尤其是硕士这个层次的研究生，其主要的职业方向更多的是面向具体的工程应用方面。这样才可与我国发展中国家的国情相匹配。但是从目前了解的情况看，我国工科研究生教育方面还存在诸多问题，亟待解决。

二、存在的问题

1. 学生方面

（1）学习目标不明确。

攻读研究生的学生大多是同龄人中的优秀分子，但是报考研究生的目的很多是不明确的。可以简单分为以下几类：有的是对本科毕业后的前景不能把握，自身心智还不够成熟，对自己缺乏信心，希望能在校园中多待一段时间，以让自己能够更加成熟或更有承受力；有的是家里的要求，虽然自己感觉没有什么迫切的需求，但还是满足家里的愿望，准备考试；有的是看到自己的同学在报考，有一种从众的心理；有的干脆就完全不知道为什么要上研究生，懵懵懂懂的。以此类状态进入研究生学习，自然可以想象他们的状态，没有目标自然没有什么动力，也不可能指望他们有好的学习结果。

（2）学习方法缺乏。

研究生阶段的学习与本科生阶段会有很大的不同，要求学生具有很强的自主学习能力，在这个阶段学生面对的是"导师"，而不是"老师"。"导师"的作用更主要的是引领，而不是手把手地传授，更多的一定是学生自身的自主努力。但是很多研究生在学习阶段非常不适应，有的学生依旧采用本科的学习模式,导师教我什么,我就学什么,说不到的也就不会主动去学,没有自己的研究兴趣,满足于"学习-做作业"式的学习方式;有的当导师确定研究方向后,存在"本领恐慌",发现自己什么也不会,也不知道从何开始,甚至连资料的检索页不能很好地完成。还有一个重要的方面,相当多的学生文字能力缺乏,不能很好地总结自己的工作,这将极大地影响其学习进程。

（3）工程实践能力弱。

工科类研究生应该是具备对工程类问题的深入思考以及问题的解决能力的,但是很多学生在本科阶段缺乏相关的训练。很多学生为了备战考研,对专业课程学习大大放松或无暇顾及,对考研的几门课花费功夫巨大,可以这样说,本科阶段可能就学好了某几门课,这样对专业的认知程度很低,甚至缺乏必要的专业常识;工程类的技能也不足,以笔者所处的电子信息类专业为例,发现相当多的学生在硬件方面缺乏电工的基本操作技能,不会操作基本电子测试仪器,甚至万用表都用不好,也不认识常见的电子元器件;在软件方面软件编程能力也不够强,缺乏仿真的基本技能。可以这样说,缺乏一个工程师需要的起码能力。这样使不少学生在研究生一年级的学习阶段必须补齐相关的知识和技能,而不能全身心地投入研究生内容的学习,极大地牵扯了精力,而且由于相关技能偏弱,不能有效地进入课题,有的学生的自信心会受到极大打击,从对我良好的认知到全面的否定,从一个极端到另外一个极端。

2. 教学方面

（1）管理放任自流。

在研究生阶段,由于研究生相对从属于导师,且规模较小,一般是出于一种分散管理状态,管理的职能是需要由导师大部分承担的。但是每个导师的情况不同,尤其是有的导师担任相关行政职务的,或学生数量较多的情况下,导师可能就很难有效地担负管理的责任,这样事实上造成部分导师对学生的管理上可能流于形式,甚至学生很长时间与导师也见不上一面。

（2）课题选择随意。

选题是研究生开展研究工作的基础,选题越早、方向越确定对研究生而言就越可能较早地开展研究工作。但是部分导师在研究生选题方面较为随意,在选题前缺乏论证、查新等工作,如果纠正不及时,有可能造成研究生研究工作方向性的失误。在现实中,某些学生毕业论文的评阅意见中存在选题错误的说法,当然,在这里需要强调的是,这个错误不应该由学生承担,即便选题有问题,但是完全可以肯定学生的工作。

（3）学术指导不足。

由于很多导师工作忙,或者由于其他原因,对学生的学术指导不够,往往满足于确定课题后由学生自主完成,这对于部分有良好自主能力的学生而言是足够的,但很多学生如前所述自主能力不够,因此学术指导的不足有可能会对学生的研究工作造成很多不利的影响。

上述问题的存在,使得目前我国工科研究生教育评价并不高,虽然人数很多,但是相当多的人认为,目前研究生学术能力在逐年下降,甚至不如过去的本科生,这样的学生顶着研究生的光环,自视清高,却不能从事基本的工程工作,工作后的发展前景堪忧。

三、解决的对策

面对前面提到的两个方面的诸多问题,应该重点加强或改善以下几方面的工作。

1. 改进本科生的学习能力

研究生阶段的学习是以本科生阶段的学习为基础的,因此搞好本科生阶段的学习是一个最为基础的工作。在这个阶段,最为重要的是培养学生的学习能力,应该让他们掌握以下技能。

（1）文献资料的检索能力。

（2）良好的阅读能力。

(3) 较好的文字功底。

(4) 掌握一项基本的工程技能。

2. 改进研究生的入学选拔

目前的入学选拔比较注重入学考试成绩,建议能够在更广泛的范围内考查学生,比如要综合学生本科专业学习阶段的成绩,防止学生仅仅为了考研而学习,因为具有较好的专业基础要比仅仅几门课考得好对今后的发展更为重要。

3. 加强研究生阶段的管理和指导

对导师而言,研究生不是单纯的学生,而更多的是助手,在学习以及生活上需要更多的关心和指导,保持定期的例会制度,保证对每个学生学习的基本状况有所了解。在选题上更为精心,在过程中更为细心。

四、结语

改善工科研究生的学习现状,提升工科研究生的培养质量,关系到我国未来工程技术发展的水平,作为一个发展中的大国,工程技术水平的全面提升将是我国综合国力提升的基础和关键。本文从目前学生学习以及导师指导两个方面对目前研究生学习存在的问题进行了深入分析,并提出了对策和建议,希望能有助于改善功课研究生的培养质量。

新中国早期工程教育的经验*
——以哈工大焊接专业为例

谢咏梅

（哈尔滨工业大学马克思主义学院　150001）

摘要：工程能力的缺乏已成为中国工程教育共识问题，而新中国早期工程教育的成功恰恰在于其实践优位的品质。本文以哈工大焊接专业为例，对中国早期工程教育进行历史研究，试图为工程教育改革提供本土经验。

哈工大焊接专业的实践传统源于早期作为职业技术教育学校对实用技能的强调和苏联工程教育的工程师传统；国家的教育方针契合了工程教育的实践本性；特殊的国情以及"由民转军"，确立了面向国家重大工程项目的需求进行"对象性"科研与教学的理念，进而形成"工程－研究－教学"的互动模式。今天的工程教育缺乏明确的目标和理念；当科学成为意识形态，教育从"学以致用"转变成"学以致学""为论文而创新"；科学的职业化与意识形态化之间相互支援，导致科学、教育的职业利益与社会利益分裂。工程教育改革需要自上而下的理念和体制设计，进而从理论优位的"学科化"转向实践优位的"对象化"教育。

关键词：工程教育；哈工大焊接专业；实践优位；工程传统

一、引言

中国作为一个工程大国，也是工程教育大国，然而却非工程强国。关于目前中国工程教育问题的讨论也存在诸多见解[1,2]，共识性的问题是师生实践能力的缺乏。人们在寻找解决问题途径的过程中，更多期望从欧美获得经验，却鲜有对中国本土经验的关注，成功的工程教育总是在特定的社会情境中被判定为合理的。在全球化的进程中，欧美的经验固然有意义，但本土的成功经验更值得关注。

回顾新中国高等教育发展的历史，可以肯定"文革"前的工程教育较今天有更强的实践性[3]。哈工大作为一所工科大学，在近百年的发展历程中形成了自己独特的工程教育传统，哈工大的教师和学生们以工程能力强、承担大工程项目见长的特色和优势受到企业和社会的广泛认同，成为中国工程技术领域的中坚力量[4]，其早期教育模式的影响是深远的。哈工大焊接专业在中国焊接教育史和焊接技术发展中具有极其重要的地位，其60余年的经历也是哈工大工程教育史的一部缩影。本文将通过对哈工大焊接专业的早期教育的历史研究，理解其实践性传统形成的历史与境以及师生工程能力形成的途径，希望对今天的中国工程教育提供思考。

二、焊接专业实践优位传统形成的历史与境与模式

1. 作为职业技术教育对实用技术与技能的强调

哈尔滨工业大学的前身是作为中长铁路子弟学校，由白俄主导创建于1920年的哈尔滨中俄工业学校，其建校目的一方面是为了解决中长铁路员工子弟的教育问题，另一方面为中长铁路的建设及运

---

* 基于新课改的硕士研究生政治理论课教学体系和教学模式研究（哈尔滨工业大学研究生院国家级教学研究与教学改革支持项目）。

行培养专业的管理和工程技术人才。

"九·一八"事变后,哈工大的管理权完全交由日本人控制。日本当局意识到自身工业技术水平有限,应该利用现有的俄侨师资培养一部分俄侨技术人员为己所用。这样,一所命名为"哈尔滨苏联中等技术学校"的综合技术学校作为哈工大分校正式成立了。由于当时哈尔滨的工业发展较快,各个领域的专业技术人员奇缺,为此哈工大分校拟开设三个科系:机械系、电气系、矿山工程系,以培养车工、钳工、电焊工、采矿师、制图员等。学校的实习工厂设有车工部、钳工部、电焊部、烘炉部共4个部。这是焊接技术第一次被纳入哈工大的教学范围。

1945年日本投降后,中国获得了与苏联对中长铁路的共管权,哈工大也随之进入了中苏共管阶段。但实际上苏联对哈工大的管理有着高度的自主权,先是恢复了中东铁路时期原有的建筑工程、电力机械和运输经济三个系,并将学制由四年制改为五年制。自1947年起,学校拿到苏联高等工业学校的教学计划和教育大纲,确定了7项提高办学水平的任务:(1)聘请高级技术专家或教授充实教师队伍;(2)加强实验室管理;(3)制定和贯彻加强理论联系实际的教学方法和措施;(4)组织教研室的科学研究工作;(5)大力提倡学生在科研或教学中的独立活动;(6)改革新的教学大纲;(7)引进新教材和新的设计标准。由此看来,更像是要将哈工大改造成一所苏联式的高等工业学校。

可见,不论是最初作为中长铁路的技术学校,还是作为"哈尔滨苏联中等技术学校",都确立了以培养实用技术和管理人才的目标。这种培养目标便决定了学校教育的内容实用性和对实际操作能力的重视。

2. 专业教育的初始选择——苏俄工程技术教育传统

18世纪初,俄国教育进行了西化改革,创设了各种技术专科学校即俄国高等工程技术学校的雏形。18世纪60、70年代,为了发展本国落后的工业技术,培养实用型专家(工程师),沙皇政府建立了工业大学,即多科型工学院。十月革命后,作为世界上第一个社会主义国家,苏联为摆脱西方势力在经济和政治上的封锁,推进本国政治经济建设,提高了对专业技术人才培养的关注度,加大了高等工程技术教育的发展力度。其高等工程技术教育的特点主要体现在以下几个方面:首先,办学目的是为了培养国家经济建设中生产领域的专家及工程师,因此其教学的目的性及实践性较强;其次,在专业设置方面,按照行业、工种甚至工厂车间的技术要求进行细致的划分,学生培养的针对性及其能力与实际工作环节的对接性极强;第三,在学制上,采用五年制的长学制,重视学生理论与实践能力的结合,使之得以在教学环节中得到扎实的锻炼和强化。与欧美主张的博雅教育不同,这种在学校有组织、有计划地培养工程师的特殊教育模式被称为"俄罗斯方法"。哈工大作为新中国成立之初中国政府确定的由苏联专家援建的两所重点大学之一,焊接专业由莫斯科鲍曼工学院的普罗霍洛夫教授按照莫斯科鲍曼工学院的模式创立和发展起来,由此便确立了高水准的苏俄焊接教育的传统。

焊接专业从培养目标、学制、教学内容和计划都"拷贝"了苏联。如当时仿效苏联的工程教育,最初焊接专业的培养目标是工程师(学生拿到毕业证便获得了工程师的资)。课程设置围绕着工厂工程师的要求进行严格的训练,除了焊接方法、焊接材料、焊接力学这些理论课程以外,其很大的比重是实践方面的,如焊接车间设计、焊接生产等。学生的实验、实习不仅要在实验室中进行,还要到工厂里去,五年要经历四次实习:校内金工实习、认识实习、生产实习、车间设计及工厂实习等。经过这些实习的锻炼,毕业后就可以完全胜任工程师的工作,而工程师既是他的学位又是他进入工厂后的职称。这样,哈工大的焊接专业与当时在英美传统下形成的其他大学重理论轻实践的教育模式形成了鲜明的对照,确立了实践的、实用的工程教育思想。

3. 中共教育方针下的办学目标和价值取向

1956年中苏关系紧张后,毛泽东"以苏为鉴"的思想影响到中国高等教育对苏联教育模式的反思,逐渐开始了探索中国特色高等教育模式的尝试。1958年以后,确定了"教育为无产阶级政治服务,教育与生产劳动相结合"的教育方针,直接规定了教育的培养目标。之后急国家政治军事之需、培养为无产阶级政治服务的劳动者成为高等工程教育必须遵循的原则。中苏关系紧张进而破裂,使得当时苏联援建的"156个项目"中的一些在建项目被迫停止,完成这些项目只有"自力更生",为此大学成为必须依靠的力量。1958年9月15日,邓小平来哈工大视察时曾指出:"大厂大校要关心国家命运,高等学校要成为突破科学技术的基点之一。",焊接专业承担起国家的许多重大项目,如电渣焊的技术开发与推广,浙江新安江水电站72 500水轮机转子焊接以及三门峡水电站第一台水轮机分瓣转子焊接,这些项目的完成采取了中国特色的"大兵团作战"的方式——教研室的教师和学生全面投入。这些项目的出色完成,一方面确立了哈工大焊接专业在焊接领域中的权威地位和国家与社会的认同,另一方和学生获得了来自工程实践的经验和知识。这些项目中获得的工程技术方法和经验甚至成为改革开放后承担航天项目的基础。

在上述教育方针被确定之后,知识分子必须接受实际的劳动教育,要在劳动中树立劳动者的意识和能力。这种"劳动者"的培养目标尽管有些极端,当时也在专业中引起极大的争论(究竟是培养劳动者还是培养工程师?),但是对于工程教育来讲,客观上导致了教育与生产劳动、与工程实践的密切结合。当时,教学时数大大压缩,勤工俭学、生产劳动成为正式的教学内容。同时,大跃进时期大的工程项目的上马也给工程教育提供了良好的实践机会。虽然大量的勤工俭学和生产劳动在一定程度上冲击正常的教学,但也使师生获得了书本知识以外的知识和能力。

"厂校协作"作为为一种常规性的行动,一方面,工厂对焊接专业有所期望,另一方面,为工厂解决技术难题成为教师们的自觉意识。"厂校协作"的形式不仅在焊接专业,而且在哈工大普遍展开并被鼓励,更像是一种正式制度。由于哈工大的各个专业对地方工厂的技术帮助,受到了社会的好评,时任哈尔滨市委书记任仲夷的一句话"厂校协作红旗飘,满城都说工大好",被哈工大师生视为荣耀,也进一步增加了社会责任感。这种责任感在"文革"时期以一种特殊的形式表现:焊接教研室的老师们以"接受工人阶级再教育"的名义,主动提出申请下厂直接接受工人再教育,向生产实际再学习,帮助工厂解决实际的技术问题。下厂期间教师和实验室人员参与了大功率等离子切割设备和工艺以及二氧化碳气体保护焊机的研制,这是焊接专业继"大跃进"时期"电渣焊的研究与技术推广"之后的又一次"大兵团作战"。其成果"LG—500大功率等离子切割设备及工艺(设计)"于1978年获全国科学大会奖。与工厂一同发明的"三结合"的组织形式,这也成为日后开展"产、学、研"合作积累了经验。

4."由民转军"的"对象性"教育理念的形成

1958年,"由民转军"是哈工大发展历程中的里程碑,服务国防成为哈工大十分明确的办学方向。值得指出的是"由民转军"后,学校基于原有的大部分通用专业,调整和建立一些适应国防需要的"对象性"专业。受学校委托焊接教研室开始筹办"07专业"——航空发动机焊接专业。为此,1963年学校组织大规模的专业调研,焊接教研室抽调许多教师赴军工厂和研究院进行调研。尽管后来"07"专业未能办成,但是为军工服务成为焊接专业教学和科研的重要内容,面向国家国防建设的技术需要成为焊接专业的重要研究方向。在"哈尔滨工业大学焊接教研室培养提高师资五年规划(1963～1968)"中强调:教研室全体教师树立起国防观念、敌情观念、保密观念和为国防工业技术教育服务的观念,并积极学习掌握国防工业焊接生产的术况,为提高学生质量服务;根据国防工业对技术干部的需要,积极改造更新教研室所提出的九门专业课和课程设计、课程论文、毕业设计[论文]等个教学环节的内容以及形式;积极物色、建立、稳定符合国防工业焊接技术干部的生产实习基地和毕业实习基地等,这样,服务于国防的"对象性"的教育理念被基本确立。

5."工程—研究—教学"的基本模式

上述历史可见,哈工大焊接专业的教学和研究保持着鲜明的实践优位的教育风格。

首先,教育的使命服务社会和国防,面对具体的工程实践问题,如早期的水火弯板项目、等离子弧切割设备及工艺设计、铝铜摩擦焊研究,"文革"期间核潜艇整体大环缝的焊接质量问题研究,以及改革开放以后面向航天的众多研究。这种需求是面对特殊情境的具体工程技术项目,专业的科学研究是面对工程中的实际问题,而解决的方案必须是现实和可操作的。用户对专业的期望不仅是提供基础理论,更需要在工程上实现。对于改革开放前的中国来说,基本处于半封闭状态,缺乏充分的学术信息和理论,但焊接专业所完成的项目却是具有真正创新的意义。比如水火弯板项目,是在几乎没有任何技术信息的条件下经过实验室和生产现场的"往复实践"完成的,教师和学生的工程实践能力在具体的工程实践中建立。在这一过程中实际上形成了一种由工程项目带动,进而引发科学研究并推动教学的模式。比如,电渣焊的技术试验与推广,最终集全教研室的力量撰写并了出版了《电渣焊工艺学》[5],该书成为国内系统介绍和普及有关电渣焊工艺的第一本书籍,为后来工厂的电渣焊生产及焊接专业教育提供了最早的文本资料。水火弯板项目的完成所引发的合金钢板的火焰成形技术,在国外杂志中,70年代才见到日本有这方面的报道,水火弯板的科研成果获得1978年获全国科学大会奖。三峡工程大型水力发电机涡壳材料力学性能研究等项研究,导致田锡唐教授在焊接结构脆断性断裂的一系列相关理论研究成果。"雷达微波器件铜波导银钎焊'翻浆'腐蚀问题"的研究任务,最终使陈定华教授在1964年提出了有关钎焊致密性的填缝机理(国外在20世纪70年代中期才发表类似试验研究论文)。同时,钎焊也作为一门课程进入教学,并成立了钎焊研究室。"文革"后期核潜艇整体大环缝的焊接质量问题研究,形成的电弧物理及熔滴过渡的基础理论知识、TIG焊、CO焊、MAG/MIG焊等方法等,进入了教材《气体保护焊工艺基础及工艺》[6]。

三、反思

1. 意识形态与工程教育目标和理念

早期的工程教育中,"教育为无产阶级政治服务,教育与生产劳动相结合"的教育方针始终是明确的,这一教育方针既有价值观判断,又有对能力和工具意义的强调,使得工程教育始终保持与生活、工程实践的紧密结合。在今天看来这一教育方针或许更具有意识形态的色彩,尤其是"为无产阶级政治服务"受到了许多批判,但是,在当时新中国特定的历史条件下是合理的。今天人们往往批判这种严重的意识形态色彩,但实际上意识形态是不可避免的,不过是以一种意识形态代替另一种意识形态而已。在价值和工具的双重关照的意义上,上述教育方针是值得借鉴的。

今天的工程教育的目标究竟是什么?工科大学的办学宗旨是什么?已经成为严重的问题,我们可以看到各种各样的说法,如培养创新型人才、培养领军人才、研究型大学等等,看起来似乎"创新""研究"这样的概念更具中立性和客观性,然而实际上是使得作为工具和手段的东西成为目标,真正的目的被"遗忘",工程教育从"学以致用"转变成"学以致学""为项目而研究",教育与被教育者都湮没于盲目的创新与研究的链条中。在中国,"普世价值"一直是一个被警惕的概念,但是在今天创新、研究实际上成了普世价值,当作为工具和手段的东西成为价值,我们便可以发现这一切转变的背后是哈贝马斯所言的——科学技术成为新的意识形态,进而规定了工程教育的目标和理念。

2. 科学、教育利益与社会利益的融合与分裂

在关于当下中国工程教育的问题讨论中,一个共性的问题是与企业的联系不够紧密,导致教师学生缺乏工程实践的机会,而在此前早期的工程教育与企业的结合却可以做得很好。对于这一问题的解释通常是——过去国际环境封闭使得企业必须依靠本国的大学,而今天开放的环境下,企业可以直接获得来自国外的知识。这种分析是正确的,但不是问题的全部。

建国初期的中国社会更具有中国传统社会的特征,社会的场域分化尚不充分,科学和教育深刻地嵌入于社会之中。集权的社会结构也使得政治场域对于其他场域具有更强的统治地位,而教育与科学必须依附于政治场域,其存在的合法性需要政治场域的核准。这种关系的意义是双重的:政治场域的控制在一定的程度上会制约和限制科学和教育所需要的相对独立的精神和行动;但是一旦政治场域的利益与科学与教育的利益相一致,就会在更大的程度上推动教育和科学的发展,"教育为政治服务"使得军事需要成为大学课题和经费的重要来源,"教育与生产劳动相结合"既满足了意识形态的要求,也积极地响应了工程教育的实践本性。然而,改革开放以后,中国社会朝向西方标准意义上的现代社会,场域的分化成为现代社会发育程度的标识。科学作为一种社会建制成为相对自主的空间、具有自身法则的小世界。[7]当然,科学场域的自主性是相对的,各种场域之间的关系对于场域的运作具有制约性,不同的资本之间也会存在某种兑换的可能。而当科学成为意识形态,科学的职业化与意识形态化之间相互支援,使得科学场域对其他场域(如教育)有了更强的支配,教育因为科学而获得意义,教育丧失了自己的目标和理念,教育也因借助科学或学术的理由而树立起自己作为科学和学科规训的权威,从而,科学、教育的职业利益与社会利益分裂。

过去哈工大的师生们会因为"厂校协作红旗飘,满城都说工大好"的社会认同而被激励,但是这样的评价在今天对于衡量和评估大学或专业的水平不再具有意义。中国的工程教育最初以工程师为培养目标,今天,工程师被认为是低水平的培养目标,只有"研究型人才""领军人才"的出现才可以获得体制的承认。实际上,工程师与研究型人才的培养并不矛盾,问题在于作为"卓越工程师"很难用今天体制化的指标来衡量,进而"认证"又成为一项权宜之计。

3. 回到工程教育的初衷

首先,工程能力的培养当然有许多途径,但是在真正复杂的情境中学习、解决问题是十分必要的。国防院校近些年来在工程教育方面做得比较好,但这不仅是因有大项目有经费,更是因为它们面对的是实际的工程问题,需要在真实的工程情境中给出可操作的方案或制造出可以付诸实践的人工物。哈工大由民转军后,焊接专业的研究课题绝大多数来源于各种类型企业的实际课题,从本科生到博士生的毕业设计与毕业论文都是"真刀真枪"地解决工程实践中的问题。这类课题与基金课题等相比具有更强的现实性,这一方面让教师和学生面对真正的工程情景,另一方面,研究者的研究目的和方式也极不相同,直接面向企业尤其是面向国防的项目必须以解决问题为目标。

其次,要真正理解理论与实践的关系。对世界的解释不应是科学的最终目的,科学与工程之间的关系应当是手段与目的的关系。行动,并且合理的行动才是工程教育应追求的目标。尽管人们理解"实践是检验真理"的标准,但是却往往是理论优位的。如实验室中的仿真,往往是以检验或验证理论模型服务的,学生的论文往往是这样一种循环:"建构模型—仿真—评价模型—撰写论文",实际上这种对模型的评价在一开始的模型建构的预设中就是可以估计的。

第三,"对象化"而非"学科化"。

目前,人们更多用"专业化"概念与宽口径的通识教育进行对应,实际上在工程教育的问题中强调"对象化"可能比专业化更合适。"对象化"在于强调工程教育具体化和情境化,而不是专门化。以"对象化"对应"学科化"更能反映问题的实质。学科化实际上是人类理性有限性与近代以来伴随科学建制化带来的结果,不论在认知上,抑或社会利益的层面上都是一种权宜之计。在认知的意义上,学科并被对象本身使然,而是人类有限理性分门别类认知世界的结果,学科化当然会使认识对象在一定程度上走向深入,但也因为学科的限制,对象被肢解。而在社会学的意义上,正如华勒斯坦等人注意到的,学科规训制度是一种高度制度化的形式,在这种层级界限线森严的运作前提下,学科规训制度其实是社会控制的一部分[8]。尤其在今天工程教育过于强调学科化的过程中,学科评估指标对于工科专业的发展具有更多的负面意义,甚至导致权威的滥用。

工程教育本身是一种实践,是在特定的历史情境中被主体判断为合理的选择,没有一个外部的工程教育模式可以完全适合于中国,因为我们有自己所面对的历史、文化、国情。因此,探索具有中国特色的高等工程教育模式才是我们教育改革的核心问题,而回到本土工程教育的历史寻找成功的经验也许比外部经验都更有意义。

参考文献

[1] 吴启迪. 我国工程教育的改革与发展[J]. 中国高等教育评估,2007(4):3-6.
[2] 朱高峰. 中国的工程教育———成绩、问题和对策[J]. 高等工程教育研究,2007(4):4-6.

[3] 吴启迪. 中国工程教育的问题挑战与工程教育研究[J]. 清华大学教育研究,2009(4):4-6.
[4] 周玉. 规格严格功夫到家——解读哈尔滨工业大学办学特色(上篇)[N]. 光明日报,2006-4-27(11).
[5] 电渣焊工艺学[M]. 北京:机械工业出版社,1959.
[6] 殷树言. 气体保护焊工艺基础及工艺[M]. 北京:机械工业出版社出版,2007.
[7] 皮埃尔·布尔迪厄. 科学的社会用途[M]. 张成富,等,译. 南京:南京大学出版社,2005.
[8] 华勒斯坦等. 科学. 知识. 权力[M]. 刘健芝,等,译,北京:三联书店,1999.

基于研究生综合管理信息系统的无纸化学位评定会议模式探索

徐 渭

（西安交通大学研究生院 710049）

摘要：本文结合西安交通大学学位评定工作的需求和特点，基于研究生综合管理信息系统平台和数据，给出了一套无纸化学位评定会议系统建设的思路和方向。无纸化学位评定会议系统有数据显示全面、计票处理迅速、安全性高、操作简单，易于维护的优势。

关键词：学位评定；无纸化会议

西安交通大学学位评定委员会会议是学校学位授予评定工作的最高会议，为了贯彻执行《中华人民共和国学位条例》和《中华人民共和国学位条例暂行实施办法》，结合学校的实际情况，我们提出定制一套符合西安交通大学的学位评定委员会会议管理系统，探索无纸化会议模式。

一、现状分析

近年来研究生数量的增长速度远远快于研究生管理人员的增长速度，管理人员工作量激增。负责研究生学位授予的管理部门组织学位评定会议时，各项议题所涉及的纷繁复杂的报告、表格、论文等资料准备工作耗时耗力。会议现场手工统计大量学位通过投票也给计票工作人员带来了巨大的压力。同时每份学位申请材料及学位论文原件无法做到多位学位评定委员共享审议翻阅。如何改变会议现状，减少繁重的、重复性的劳动，实现会议资料共享，提高学位管理工作的效率，把更多的精力投入到研究生学位质量监控工作中去，已成为研究生学位管理工作中需要研究的一个重要课题。

二、基本模式的思考与构建

1. 无纸化学位评定会议系统

无纸化会议顾名思义就是开会不用纸张，而是利用现代通信技术、软件技术，通过文件的电子交换来实现会议的无纸化，是一种全新的会议模式，同时保有传统会议模式的会议创建、会议签到、资料发放、投票统计、资料归档回收等基本功能。无纸化学位评定会议系统是结合现有研究生综合管理信息系统平台和数据，将无纸化会议在学位评定会议管理中的新应用。

2. 西安交通大学无纸化学位评定会议系统物理架构

系统依托研究生院综合管理信息系统，终端设备经选择后采用平板智能终端苹果 iPad Air2（16GB/WiFi 版）。而应用服务器及会议现场管理人员所使用的终端 PC 机，考虑到会议地点的灵活性及会议期间的安全性（局域网），经选择后采用高性能的笔记本电脑，参数如下：操作系统 Window 7 Home，处理器 i7，系统内存 8G，存储容量 1T。

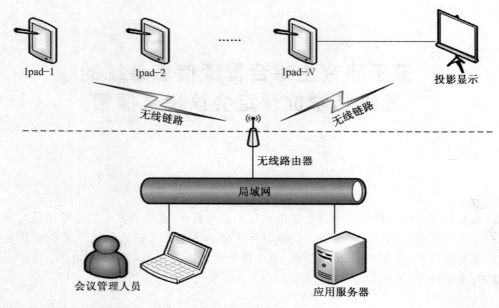

3. 西安交通大学无纸化学位评定会议系统功能

无纸化学位评定会议系统由三部分组成：服务器端、会议后台管理端、委员终端。

（1）服务器端：会议所有资料存储平台，数据来源研究生综合管理信息系统。

（2）委员终端：采用 IPAD 平板电脑投票终端。实现会议签到、会议议程浏览、学位评定、投票，再到表决结果查看的业务操作，并附设列席人员浏览的观察终端。

（3）会议后台管理端：是整个系统的核心，为会议管理员提供整个会议阶段性的管理工作。四个子模块。①学位评定会议管理：包含会议议程管理、会议批次管理、上会学生管理、学位会委员管理、会议签到维护、投票控制台及投票结果生成；②查询及统计；③数据交换；④系统管理：包含数据字典维护、机构维护、人员维护、角色维护、功能模块分配、在线用户管理、操作日志管理、学位会 IPAD 数量设置、学位会 IPAD 编号设置及学生创新性评价得分界定设置。

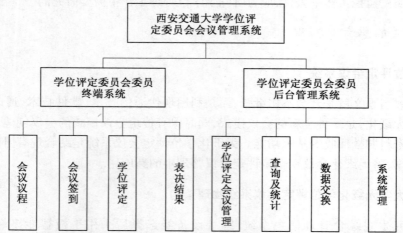

以博士学位评定为例，学位评定模块不是简单地将博士研究生名单在委员的终端进行呈现，而是将传统会议时使用的《学位评定分委员会投票情况表》《论文创新性评价得分和答辩得分统计表》中相关指标添加在每位博士生所在记录行。将《博士学位人员情况表》和《博士学位论文》在委员点击博士所在记录行后呈现在 IPAD 终端。《博士学位人员情况表》是对博士学位申请材料的浓缩，表格内容包含学生基本信息、答辩决议、攻读博士期间发表文章等，便于委员更加客观和科学地对博士学位进行审议。

表 1　博士学位情况相关指标一览表

序号	指　标	内　容
1	分委员会表决数据	同意、不同意、弃权得票
2	博士学位论文送审方式	常规评阅份数、盲审份数
3	学位论文评阅得分	常规评阅平均分、盲审平均分
4	学位论文创新性评价得分	创新点优良得票占比
5	学位论文答辩得分	答辩委员会最终评分

4. 系统流程设计

（1）会前数据准备。议程及相关附件材料上传，设置委员信息、会议时间、地点，从研究生综合信息系统抓取学生数据，并进行加工后上传服务器。

（2）会议召开时，委员登录 IPAD 客户端，浏览会议信息、会议议程内容及相关附件材料。管理员负责对参会委员在会议管理平台签到。

（3）投票进行时，委员对学生逐一投票，会务人员可根据会议实际情况在会议管理端对不表决的学生或议题进行维护控制。投票完成后，管理员关闭投票，进行投票统计，最终同步投票结果至委员客户端。

（4）会议结束后，将会议结果导入研究生综合信息系统，形成学位公报。同时将会议信息及资料电子归档。

三、无纸化学位评定会议系统的优点

1. 智能高效

集成、优化、改造传统会议流程于一体，信息传递更加快速、高效，提高了会议效率，实现会议电子资料的统一管理。系统兼容会议中各种文件格式，如 PDF、Excel 等。

2. 管理清晰

会前、会中、会后有序管理，使会务组织工作层次分明，一目了然。现场投票即投即现，投票计票良性互动。

3. 管理安全

会议终端机上没有任何存储设备，所有程序的运行都是在服务器上，所有用户端的权限也都由服务器端控制，会议终端无法更改服务器的配置，降低了资料泄露的风险。信息保存完整，方便历史会议数据查询。

4. 易操作

使用人员无须任何计算机应用知识即可熟练使用，全触摸式人机界面。

四、结语

西安交通大学在 2015 年 3 月、6 月两次学位评定委员会会议运行了无纸化学位评定会议系统，系统达到了预期效果并取得成功。虽然施行无纸化会议系统前期设备需要资金投入，但从长远看，减少了会议资料的打印、复印、派发等工作更加经济，有利于提高工作效率。更重要的是，这改变传统的开会习惯、改革开会方式，使管理者接受新观念、新意识的挑战。未来无纸化学位评定会议系统将在我校学位分委员会会议得到普及。

参考文献

[1] 陈宵雅.基于 iPad 的智能会议系统[J].信息系统工程.2013(4):82-86.
[2] 汤振华,何燕飞.移动会议系统的设计与实现[J].信息技术.2014(5):12-15.